Mein großes GRUND KOCH BUCH

Compact Verlag

Abkürzungen

EL	Esslöffel	kJ	Kilojoule
TL	Teelöffel	EW	Eiweiß
kg	Kilogramm	F	Fett
g	Gramm	KH	Kohlenhydrate
l	Liter	Bd.	Bund
ml	Milliliter	Msp.	Messerspitze
gestr.	gestrichen	Min.	Minuten
geh.	gehäuft	Std.	Stunde/n
TK	Tiefkühl...	1 kJ = 0,239 kcal	
kcal	Kilokalorien	1 kcal = 4,184 kJ	

Impressum

Einleitungstexte: Christine Barta (Allgemeine Einleitung), Rose Marie Donhauser (Suppen, Soßen, Fisch, Meeresfrüche, Rind- und Kalbfleisch, Schweinefleisch, Geflügel), Iris Hammelmann (Mehlspeisen), Maria Haumaier (Allgemeine Einleitung), Gunther Jaich (Allgemeine Einleitung), Heike Kügler-Anger (Vorspeisen, Gemüse, Desserts), Natalie Lambertz (Salate, Reis, Pasta, Wild), Eva Magin-Pelich M. A. (Kartoffeln), Dipl. oec. troph. Inga Pfannebecker (Allgemeine Einleitung), Renate Bärbel Schmid (Allgemeine Einleitung), Iris Tsakiridis (Allgemeine Einleitung)

Texte Spezialseiten: Dagmar Fronius-Gaier (Wok, Grillen), Iris Hammelmann (Fondue & Raclette), Anja Junker-Eger (Wein), Heike Kügler-Anger (Öl & Essig, Küchenkräuter, Picknick), Natalie Lambertz (Käse, Brunch), Dipl. oec. troph. Inga Pfannebecker (Gewürze, Gäste, Feste & Co., Getränke)

Chefredaktion: Dr. Angela Sendlinger
Redaktion: Isabel Martins, Lea Hoy
Produktion: Wolfram Friedrich
Umschlaggestaltung: Marion Feldmann, Schrobenhausen
Typografischer Entwurf: Marion Feldmann, Schrobenhausen

ISBN 978-3-8174-6694-8
5366941

Besuchen Sie uns im Internet: www.compactverlag.de

INHALT

SPEZIAL

Kochen & genießen kann jeder

Egal ob Kochneuling oder geübter Koch – zu leckeren Grundrezepten und Variationen gehören Hintergrundwissen & Tipps zu Küchengrundausstattung, Einkauf, Kochmethoden und Warenkunde. Mit den nötigen Basics ausgestattet macht Kochen Spaß!

TIPP

▶ Grundumsatz ist die Energie, die der Körper pro Tag bei völliger Ruhe verbraucht. Faustformel bei einer Frau: kg x 24 (Stunden des Tages) x 0,9. Beim Mann: kg x 24 (Stunden des Tages) x 1,0.

Ernährungseinmaleins

Nährstoffe sind Bestandteile der Nahrung, die Energie liefern (Fett, Eiweiß, Kohlenhydrate) oder Stoffwechselvorgänge im Körper unterstützen (Vitamine, Mineralstoffe, Spurenelemente).

KOHLENHYDRATE

Sie werden in Form von Stärke aus Getreideprodukten (Brot, Nudeln, Reis), Gemüse und Hülsenfrüchten (Kartoffeln, Bohnen), in Form von Zuckern sowie durch Ballaststoffe (v. a. aus Gemüse und Obst) aufgenommen. Idealerweise sollten 55 % der täglichen Kalorien aus Kohlenhydraten stammen.

FETTE

Fett ist ein Energiespeicher und hilft dem Körper bei der Verwertung der fettlöslichen Vitamine A, D, E und K. Bevorzugen Sie pflanzliche statt tierische Fette, da sie besser verdaulich sind. Mehrfach ungesättigte Fettsäuren wie Omega-3 kann der Körper nicht selbst herstellen.

EIWEISS (PROTEINE)

Eiweiß ist der Baustoff der Körperzellen und besteht aus Aminosäuren. Die sog. essenziellen Aminosäuren kann der Körper nicht selbst herstellen. Sie werden rein pflanzlich über Hülsenfrüchte, Nüsse, Vollkorn, Kartoffeln und Tofu aufgenommen oder über tierische Produkte wie Eier, Fisch, Fleisch und Milchprodukte. Idealerweise bestehen 15 % der täglichen Nahrung aus Eiweiß.

Was brauche ich zum Kochen?

Um gut zu kochen, brauchen Sie weder eine perfekt eingerichtete Profiküche noch eine Unmenge an Geräten. Setzen Sie vielmehr auf eine kleine, aber feine Grundausstattung. Denn gutes Werkzeug erleichtert die Arbeit in der Küche und hat ein langes Leben.

TÖPFE UND PFANNEN

▶ großer Topf (4,5 l) mit Deckel für Nudeln, Klöße oder Eintöpfe
▶ mittelgroßer Topf (3 l) mit Deckel als Allroundtopf, z. B. für Kartoffeln, Reis oder Rouladen
▶ kleiner Topf (1–2 l) mit Stiel, z. B. für Milch, Eier oder Soßen und zum Aufwärmen von Speisen
▶ beschichtete, leichte Pfanne für Eier, Pfannkuchen oder Omelett
▶ schwere Pfanne zum kräftigen Braten von Steaks und Schnitzel, aber auch für Gemüsepfannen und Fischgerichte

ZUM SCHNEIDEN

▶ großes Kochmesser zum Schneiden
▶ kleines Messer zum Gemüseputzen
▶ Sägemesser für Brot
▶ Wetzstab zum Nachschärfen der Messer
▶ Küchenschere

KLEINE HELFER

▶ großes Schneidebrett
▶ kleines Brett zum Schneiden von Gemüse, Zwiebeln oder Kräutern
▶ Haar- und Nudelsieb
▶ Sparschäler
▶ Vierkantreibe
▶ Holzkochlöffel
▶ Pfannenwender
▶ Schöpfkelle und Schneebesen
▶ Zitrus- und Knoblauchpresse
▶ Messbecher
▶ Waage
▶ Handrührgerät mit Quirlen
▶ Pürierstab
▶ Dosenöffner
▶ Wasserkocher
▶ Korkenzieher und Flaschenöffner
▶ Topflappen und Geschirrtücher
▶ Klarsicht- und Alufolie

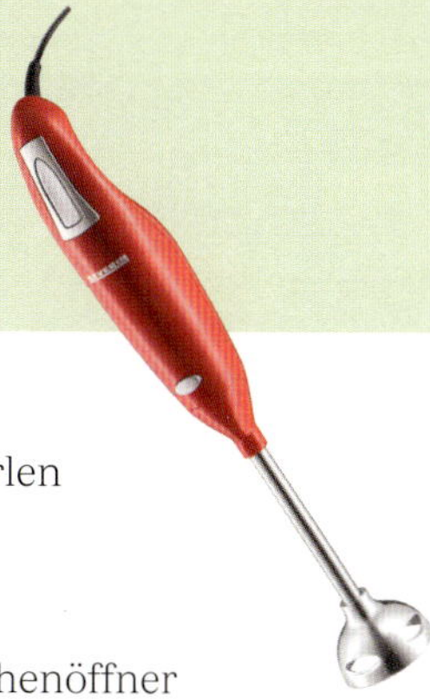

GEFÄSSE

▶ große, mittlere und kleine Schüsseln für Salat, vorbereitete Zutaten oder zum Servieren
▶ hoher Rührbecher
▶ je 1 kleine und große Auflaufform, z. B. für Lasagne
▶ Frischhalteboxen für Reste

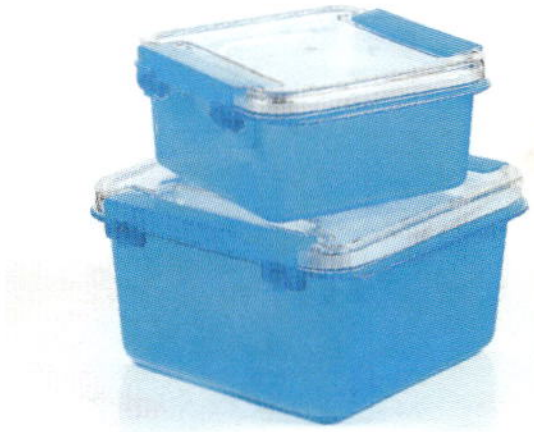

EXTRAS

▶ Wok für alle, die gern und oft asiatisch kochen
▶ Schnellkochtopf
▶ Bräter mit Deckel zum Schmoren von großen Braten oder Geflügel
▶ Schaumlöffel zum Abschöpfen von Schaum bei Brühen oder Herausheben von Klößen
▶ Fleischmesser zum Schneiden oder Tranchieren von Fleisch
▶ Tourniermesser mit gebogener Klinge zum Schälen von Obst und Gemüse
▶ Mörser für alle, die Gewürze besonders frisch mögen
▶ Muskatreibe
▶ Blitzhacker
▶ Waffeleisen
▶ Kastenkuchenform und Springform
▶ Nudelholz
▶ Salatschleuder
▶ Küchenmaschine
▶ Nudelmaschine

TIPP

▶ Küchenmesser sollten Sie unbedingt von Hand waschen, da in der Geschirrspülmaschine die Klingen leiden und schneller stumpf werden.

Rund um Einkauf und Lagerung

Ein Grundvorrat an Lebensmitteln (siehe Kasten) ist sinnvoll, um nicht jeden Tag aufs Neue in den Laden zu müssen. Füllen Sie ihn alle 3 Monate mit Dauervorräten wie Nudeln, Mehl oder Zucker, 1-mal im Monat mit Haltbarem wie Öl, Gewürzen, Tiefkühlware oder Kartoffeln und 1- bis 2-mal in der Woche mit Frischem wie Milchprodukten, Gemüse, Obst oder Brot. Frische Fisch- und Fleischwaren werden am besten am selben Tag verarbeitet oder einen Tag im Kühlschrank gelagert.

Obst und Gemüse kauft man sinnvollerweise nach Saison: Dann sind sie besonders preiswert und nährstoffreich. Ansonsten greifen Sie ruhig auch zu Tiefkühlware – durch rasche Verarbeitung haben Obst und Gemüse oft noch mehr Vitamine als lang Gelagertes.

DER VORRATSSCHRANK

Gut gelagert bleiben Ihre Vorräte länger knackig und frisch: je kühler, dunkler und luftgeschützter, desto länger die Haltbarkeit. Licht, Luft und Wärme beschleunigen den Verderb, Feuchtigkeit regt Schimmelbildung an. Schauen Sie Ihre Vorräte regelmäßig durch – so behalten Sie den Überblick und beherbergen keine »Leichen«. Verschimmelte Lebensmittel immer wegwerfen.

▶ Trockenes wie Mehl, Nüsse, Nudeln oder Hülsenfrüchte füllen Sie nach dem Öffnen am besten in fest verschließbare Schraubgläser – das schützt vor Mehlmotten.

▶ Öl und Essig werden am besten kühl und dunkel gelagert. Selbst die dunkelbraunen und grünen Flaschen bieten meist nicht genug Lichtschutz. Je hochwertiger das Öl, desto schneller wird es ranzig. Kalt gepresste Öle sollten Sie im Kühlschrank aufbewahren.

TIPPS ZUR LAGERUNG

▶ Gewürze möglichst dunkel und kühl aufbewahren.

▶ Kräuter in einer Plastikbox im Kühlschrank lagern oder klein gehackt tiefgefrieren.

▶ Obst und Gemüse in einer dunklen Vorratskammer oder, in Plastik-

GRUNDVORRAT

Überraschender Besuch, am Samstag nicht zum Einkaufen gekommen oder spontan Lust auf etwas Leckeres? Geschickt kombiniert und nach persönlichen Vorlieben erweitert, zaubern Sie mit diesen Grundzutaten fix ein kleines Festessen:

❖ Trockenes: Mehl, Grieß, Haferflocken, Nudeln, Reis, Paniermehl, Linsen, Trockenobst, Nüsse, Kerne und Samen, Zucker.

❖ Dosen, Konserven und Tiefgefrorenes: Tomaten, Tomatenmark, Thunfisch, Kidneybohnen, Obst und Gemüse nach Wahl (z. B. Pfirsiche, Schattenmorellen, Mais, Oliven), Kondensmilch.

❖ Würzendes: Salz, Essig, Öl, Gewürze, Senf, Meerrettich, Sojasoße, Ketchup, getrocknete oder TK-Kräuter, Honig, Brühe (Instant).

❖ Im Kühlschrank: Milch, Eier, Butter oder Margarine, Joghurt, Quark, Sahne, Schmand oder Crème fraîche, Parmesan.

beuteln verpackt, im Gemüsefach des Kühlschranks lagern – außer Exoten wie Ananas, Bananen, Orangen, Kiwis sowie Äpfel und Zitrusfrüchte. Avocados, Auberginen, Gurken, Kartoffeln, Knoblauch, Paprika, Tomaten, Zucchini, Zwiebeln und Bohnen mögen ebenfalls keine Kälte.

▶ Bananen, Äpfel, Birnen, Nektarinen, Pfirsiche und Melonen reifen während der Lagerung nach. Besonders Äpfel dünsten dabei das Gas Ethylen aus, das auch anderes Obst nachreifen lässt. Getrennt lagern.

Garen – welche Techniken und Methoden gibt es?

Oft spricht man von Kochen, wenn es um Garen geht. Während Kochen meist die Zubereitung einschließlich Putzen und Garnieren meint, ist Garen der eigentliche Ausdruck für die Zubereitung von Lebensmitteln unter Energieeinwirkung; ihre Konsistenz wird durch Hitze verändert und dadurch bekömmlicher.

FEUCHTE GARTECHNIKEN

Garen mit Wasser, Milch oder Brühe.

◆ Kochen
Garen in viel siedender Flüssigkeit bei Temperaturen um 100 Grad. Beim Simmern wird das Gargut schonend gekocht, ohne dass Bläschen aufsteigen, im Gegensatz zum sprudelnden Kochen.
Geeignet für:
▶ Lebensmittel, die Flüssigkeit aufnehmen sollen (Getreide, Reis, Teigwaren, Hülsenfrüchte).
▶ Speisen, bei denen die Kochflüssigkeit mitverzehrt wird (Suppen, Eintöpfe).
▶ Speisen, deren Inhaltsstoffe in die Kochflüssigkeit übergehen sollen (Brühen, Soßen).
Geschirr: hoher Topf mit fest schließendem Deckel.

◆ Blanchieren, Überbrühen
Kurzes Erhitzen (10–30 Sekunden) von Gemüse und Obst, manchmal auch Fleisch, in kochendem Wasser. Danach das Gargut mit sehr kaltem Wasser abschrecken.
Geschirr: Topf, evtl. mit Siebeinsatz.

◆ Pochieren, Garziehen
Garen in viel Flüssigkeit unterhalb des Siedepunktes (75–95 Grad). Empfindliche Lebensmittel wie Eier, Fisch oder zartes Gemüse werden dadurch geschont.
Geschirr: Topf mit Deckel.

◆ Dämpfen
Garen im Wasserdampf bei ca. 100 Grad in einem Siebeinsatz. Ge-

TIPP

▶ **Schaffen Sie Platz in der Küche und auf der Arbeitsfläche, bevor Sie loslegen.**

TIPP

▶ Stellen Sie alle Küchengeräte und Geschirr bereit, die Sie beim Kochen brauchen werden.

eignet für Gemüse und Lebensmittel, deren Form, Farbe und Inhaltsstoffe erhalten bleiben sollen.
Geschirr: Topf mit Siebeinsatz und fest schließendem Deckel oder Dampfgarer.

◆ Dünsten

Garen in wenig Flüssigkeit bei ca. 100 Grad, meist unter Zugabe von Fett. Geeignet für Lebensmittel mit hohem Wasseranteil wie Gemüse, Fisch, Obst oder zartes Fleisch. Eine Sonderform ist Glasieren von zuckerhaltigem Gemüse. Zum Ende der Garzeit entsteht eine Art Sirup, der das Gargut überzieht.
Geschirr: flacher Topf mit Deckel, Tontopf, Bratschlauch.

◆ Dampfdruckgaren

Garen im Dampfdrucktopf (Schnellkochtopf) bei Überdruck, wodurch Wasser bis 120 Grad erhitzt wird. Energiesparende Methode, geeignet für alle Lebensmittel mit längerer Garzeit wie Gemüse oder Braten.
Geschirr: Dampfdrucktopf.

TROCKENE GARTECHNIKEN

Garen ohne Zugabe von Flüssigkeit meist bei über 100 Grad. Auf diese Weise entstehen geschmacksbildende Röststoffe.

◆ Kurzbraten

Garen unter Bräunung auf der Kochstelle oder im Ofen bei einer Temperatur von 160–250 Grad. Geeignet für Fleischscheiben, Fisch, Würstchen oder Gemüse. Eine Sonderform ist das Sautieren. Klein geschnittenes Gargut wird bei großer

Hitze und wenig Fett in einer Pfanne mit hohem Rand gebraten. Durch Schwenken wird es gewendet, ähnlich dem Pfannenrühren beim Wok (siehe S. 270).
Geschirr: Bratpfanne, Schwenkpfanne (Sauteuse), Wok.

◆ Braten im Ofen

Garen unter Bräunung im Backofen bei 160–200 Grad. Geeignet für große Bratenstücke. Eine Sonderform ist das Niedrigtemperaturgaren. Nach dem Anbraten wird das Fleisch bei ca. 80 Grad im vorgeheizten Ofen langsam gegart und bleibt besonders zart.
Geschirr: ofenfester Topf, Bräter, Bratrost, Fettpfanne.

◆ Grillen

Garen durch sehr hohe und direkte Wärme bei etwa 250 Grad, wodurch eine Kruste entsteht. Der Saft im Gargut bleibt erhalten. Geeignet für Fleisch, Würstchen, Fisch, Gemüse.
Geschirr: Grillrost, Spieß, Fettpfanne.

◆ Schmoren

Kombination aus Braten und Dünsten. Anbraten bei ca. 180 Grad, weiterschmoren bei Temperaturen um 100 Grad. Geeignet für bindegewebsreiches Fleisch und Schmorgemüse (z. B. Kohl, Paprika).
Geschirr: flacher Bratentopf mit fest schließendem Deckel.

◆ Frittieren
Garen unter Bräunung, schwimmend in heißem Fett bei Temperaturen von 140–180 Grad. Das Fett tritt z. T. ins Gargut ein. Geeignet für rohe oder vorgegarte, kleinstückige Lebensmittel.
Geschirr: Fritteuse oder hoher Topf mit Siebeinsatz.

◆ Garen in der Mikrowelle
Erhitzen durch elektromagnetische Wellen, die das Wasser in Lebensmitteln zum Schwingen bringen und damit erwärmen. Geeignet für alles, was auch gedünstet oder gedämpft werden kann oder bereits gegart wurde.
Geschirr: kein Metallgeschirr, Mikrowellengeschirr, geeignete Folien.

Küchen-ABC

▶ Ablöschen: Bratensatz von Angebratenem mit Brühe oder Wein aufgießen und unter Rühren loskochen.
▶ Abschrecken: Lebensmittel nach dem Garen in ein Sieb geben und kalt abspülen oder kurz in eiskaltes Wasser tauchen.

▶ Anschwitzen: Bratgut unter Rühren in heißem Fett bei schwacher Hitze angaren, ohne dass es braun wird.
▶ Ausbacken: Gargut in siedend heißem Fett schwimmend garen.
▶ Auslassen: Speck- oder Schinkenwürfel bei milder Hitze langsam braten, sodass das Fett austritt.
▶ Bardieren: Fleisch, Wild, Geflügel oder Fisch mit Speckscheiben umwickeln.
▶ Binden: Soßen oder Suppen andicken, z. B. mit Speisestärke, Soßenbinder, Mehl oder Butter.
▶ Blanchieren: Gemüse kurz in kochendem Salzwasser garen und anschließend in kaltem Wasser →abschrecken.
▶ Blaukochen: Garmethode, bei der ganze Fische in Essigwasser gekocht werden. Dadurch wird die Haut leicht blau.
▶ Bratensatz: Das, was sich beim Braten von Fleisch, Fisch oder Geflügel am Boden absetzt und die Grundlage für Soßen bildet. Mit Flüssigkeit losgekocht wird er zum →Fond.
▶ Dressieren: Mit Küchengarn Schenkel und Flügel eng an den Körper binden, damit das Geflügel in Form bleibt und gleichmäßig gart.
▶ Einkochen: Flüssigkeit, z. B. für Soßen, bei starker Hitze ohne Deckel kochen, sodass das Wasser verdampft und ein eingedickter Rest übrig bleibt.
▶ Entfetten: Fett aus Soßen, Brühen oder Suppen entfernen. Abgekühlt kann das fest gewordene Fett einfach mit Küchenpapier abgehoben werden.

TIPP
▶ **Wenn Sie unter Zeitdruck stehen oder Gäste kommen, greifen Sie am besten auf bewährte Standardrezepte zurück.**

TIPP

▶ Stellen Sie alle Zutaten abgewogen und abgemessen bereit, bevor Sie mit dem Kochen anfangen. Wenn Sie erst beim Kochen feststellen, dass eine Zutat fehlt, wird es stressig!

▶ Filetieren: Fisch in Filets teilen oder die einzelnen Segmente aus Zitrusfrüchten lösen (Bilder oben).

▶ Flambieren: Ein heißes Gericht mit hochprozentigen Spirituosen übergießen, anzünden und abbrennen lassen. Verleiht z. B. Steaks oder Desserts ein charakteristisches Aroma.

▶ Glasig dünsten: Zwiebeln, Knoblauch oder Reis bei kleiner Hitze in Fett garen, bis sie durchscheinend wirken.

▶ Gratinieren / Überbacken: Lebensmittel im Ofen mit Käse überbacken, sodass sie eine schöne Kruste bekommen.

▶ Jus: Konzentrierter Bratensaft aus stark eingekochtem Fond. Wird beim Abkühlen geleeartig.

▶ Karamellisieren: Zucker ohne oder mit wenig Flüssigkeit bei nicht zu starker Hitze schmelzen und goldgelb bräunen. Je dunkler, desto kräftiger das Karamellaroma.

▶ Klären: Brühe durch Zugabe eines verquirlten Eiweißes von Trübstoffen befreien. Das Eiweiß gerinnt, bindet die Trübstoffe an sich und kann abgeschöpft werden.

▶ Legieren: Suppen und Soßen durch das Unterrühren von Eigelb in die heiße, aber nicht mehr kochende Flüssigkeit →binden.

▶ Marinieren: Einlegen von Fleisch, Geflügel, Fisch oder Gemüse in eine würzende Flüssigkeit, z. B. Öl mit Kräutern.

▶ Mehlieren: Bestäuben von Lebensmitteln mit Mehl, z. B. Fisch oder Fleisch beim →Panieren.

▶ Mehlschwitze: Methode zum →Binden von Suppen oder Soßen mit angeschwitztem, d. h. in Butter leicht angeröstetem Mehl, das mit Flüssigkeit aufgegossen und verrührt wird. Für helle Mehlschwitze Mehl hell anrösten, für dunkle kräftiger.

▶ Panieren / Panade: Umhüllen von Fleisch, Fisch oder Gemüsescheiben. Gargut erst in Mehl wenden, dann in verquirltem Ei und schließlich in Paniermehl.

▶ Passieren: Durchdrücken von Flüssigkeiten, Soßenfonds, gekochtem Gemüse oder Obst durch ein feines Sieb.

▶ Pochieren / Gar ziehen lassen: Fisch, Eier oder Klöße in Flüssigkeit knapp unter dem Siedepunkt garen.

▶ Quellen: Trockene Getreidekörner oder Hülsenfrüchte bei kleiner Hitze zugedeckt in Flüssigkeit garen, bis sie weich sind.

▶ Reduzieren: →Einkochen.

▶ Sorbet: Halbgefrorenes aus Fruchtsaft oder anderen Flüssigkeiten.

▶ Spicken: Mageres Fleisch oder Geflügel mithilfe einer Spicknadel mit Speckstreifen durchziehen; wird heute allerdings kaum noch gemacht, da das Fleisch durch verletzte Fasern noch stärker austrocknen kann.

▶ Tranchieren: Zerlegen von Geflügel nach dem Braten. Bratgut mit einer Fleischgabel festhalten, Schenkel und Flügel abtrennen, dann das Fleisch seitlich des Brustbeins einschneiden und die Filets auslösen.

▶ Überbrühen: Rohe Lebensmittel mit kochendem Wasser übergießen.

▶ Unterheben / Unterziehen: Zutat behutsam mit einem Holzkochlöffel o. Ä. unter eine Masse heben.

▶ Wasserbad: Erhitzen des Garguts (Soße, Creme) in einer Schüssel über einem mit heißem Wasser gefüllten Topf.

Kleine Pannenhilfe

Das Fleisch ist angebrannt, die Suppe versalzen oder das Essen zu scharf? Diese Tipps retten Alltagsgerichte & Sonntagsbraten.

◆ Der Braten ist angebrannt.
▸ Schneiden Sie das Angebrannte großzügig mit einem scharfen Messer aus. Braten Sie das Fleisch dann in einer Pfanne sorgfältig an und setzen Sie den Garvorgang fort.

◆ Der Braten ist zu salzig/pfeffrig.
▸ Bestreichen Sie das Fleisch mit etwas Honig.

◆ Das Fleisch ist nicht gar.
▸ Zerlegen Sie das Fleisch und richten Sie es auf einer vorgewärmten ofenfesten Platte an, sodass es im Ofen mit Alufolie bedeckt nachgaren kann.

◆ Das Fleisch ist zäh.
▸ Schneiden Sie das Fleisch in kleine Stücke und lassen Sie es in reichlich Soße nachziehen.

◆ Das Fleisch zieht beim Anbraten Saft.
▸ Nehmen Sie das Fleisch aus der Pfanne und tupfen Sie es ab. Dann kochen Sie den Fleischsaft so lange, bis sich auf dem Pfannenboden eine Kruste bildet. Fleisch wieder zugeben.

◆ Die Panade löst sich.
▸ Nehmen Sie das Gargut aus der Pfanne und lösen Sie die Panade mit einem Messer ab. Tupfen Sie Fleisch oder Fisch trocken und panieren Sie neu. Panade fest andrücken, sofort in heißem Fett braten.

◆ Die Suppe oder Soße ist zu dick.
▸ Pikante Soßen verdünnen Sie mit Wasser, Brühe, Fond, Wein oder Sahne. Süße Soßen verdünnen Sie je nach Rezept mit Milch oder Wasser. Die Soße sollte nicht mehr kochen, sondern nur noch vorsichtig erwärmt werden.

◆ Die Suppe oder Soße ist zu dünn.
▸ Sie können die überschüssige Flüssigkeit abschöpfen (z. B. Gemüsesuppen), einkochen (Suppen und Soßen ohne feste Einlage) oder binden: Rühren Sie dazu etwas Speisestärke mit kaltem Wasser an und geben das Ganze unter ständigem Rühren in die Suppe bzw. Soße. Oder streuen Sie etwas Grieß hinein und lassen Sie ihn ausquellen. Eine weitere Möglichkeit: Eine fein geriebene Kartoffel oder etwas Kartoffelflocken (Instant-Püree) in die Suppe bzw. Soße geben und aufkochen.

◆ Die Suppe ist versalzen.
▸ Wenn Sie Zeit haben, kochen Sie eine neue Suppe ohne Salz und mischen

TIPP

▶ **Anfänger sollten genügend Zeit für das Kochen reservieren. Wenn es hektisch wird, geht schnell etwas schief.**

Sie diese unter. Übrig gebliebene Suppe können Sie gut einfrieren. Oder waschen, schälen und würfeln Sie zwei Kartoffeln, kochen Sie diese in der Suppe weich und nehmen Sie sie anschließend heraus.

TIPP

▶ **Lesen Sie das Rezept vor dem Kochen aufmerksam durch: Die meisten Küchenpannen entstehen durch Missverständnisse.**

◆ Die Suppe oder die Soße hat Klümpchen.
▸ Nehmen Sie ggf. die Einlage mit einem Schaumlöffel aus der Suppe / Soße und rühren Sie sie kräftig mit einem Schneebesen durch.

◆ Die Soße oder Creme gerinnt.
▸ Schlagen Sie die Masse mit Mixer oder Schneebesen des Handrührgeräts auf, bei Cremes über einem warmen Wasserbad. Geronnene Buttersoßen zuerst aufschlagen, dann nochmals etwas Butter unterrühren.

◆ Die Speise ist angebrannt.
▸ Nicht umrühren! Schütten oder schöpfen Sie das Ganze vorsichtig in einen frischen Topf. Schmeckt es bereits angebrannt, können Sie versuchen, das Aroma mit einem intensiven Gewürz zu überdecken. Für pikante Speisen eignet sich Curry oder Tabasco, für Süßes Zimt oder Mandelaroma.

◆ Das Essen ist zu scharf.
▸ Entschärfen Sie das Gericht durch Zugabe von etwas Sahne, Wein oder Brühe.

◆ Das Gemüse ist verkocht.
▸ Pürieren Sie das Ganze mit etwas Sahne oder verarbeiten Sie es zu Gemüseplätzchen, -kroketten oder -puffern.

◆ Die Nudeln kleben nach dem Kochen.
▸ Geben Sie etwas Butter oder Öl zu den abgetropften Nudeln.

◆ Die Eier platzen und laufen beim Kochen aus.
▸ Eier sofort vorsichtig aus dem Wasser heben und dicht in Alufolie einwickeln, dann weiterkochen.

◆ Der Knödelteig ist zu weich.
▸ Je nach Teigart rühren Sie etwas Mehl, Paniermehl oder Kartoffelflocken (Instantpüree) unter.

◆ Der Hefeteig geht nicht auf.
▸ Kneten Sie etwas zusätzliche Hefe unter. Lassen Sie den Teig nochmals aufgehen.

◆ Der Eischnee wird nicht fest.
▸ Füllen Sie die zu flüssige Masse in einen sauberen Rührbecher um, kühlen Sie den Eischnee evtl. im Gefrierfach und versuchen Sie es dann noch einmal mit fettfreien Quirlen. Geben Sie ein paar Tropfen Zitronensaft oder eine Prise Salz dazu.

◆ Der Auflauf ist oben angebrannt.
▸ Heben Sie den gebräunten Deckel vorsichtig ab. Bei pikanten Aufläufen können Sie etwas geriebenen Käse darüberstreuen und weiterbacken, bis er geschmolzen ist.

▶ Vorspeisen

Vorspeisen: Kleine Häppchen – großer Geschmack

Die kleinen, meist salzigen Gaumenschmeichler, die als Auftakt eines mehrgängigen Menüs gereicht werden, kommen sehr abwechslungsreich daher: Von feinen Lachshäppchen, belegten Brotscheiben, gefülltem Gemüse über edle Pasteten, rustikale Terrinen, asiatische Reispäckchen oder krosses Blätterteiggebäck ist alles möglich. Ob warm oder kalt, edel oder einfach, fein oder herzhaft, aus Fisch, Fleisch, Wurst, Käse oder auch Gemüse – bei den fantasievollen, bunten Appetitanregern ist erlaubt, was Gaumen und Auge gefällt.

Kulinarischer Streifzug um die Welt

Vorspeisen haben an sich in unserer Küche keine lange Tradition. Mit der wachsenden Reiselust in den Nachkriegsjahren hielten jedoch Essgewohnheiten anderer Regionen Einzug. Plötzlich waren italienische Antipasti, spanische Tapas, französische Horsd'œuvre, türkische Mezze in aller Munde. In den letzten Jahren kamen kleine asiatische Gaumenfreuden wie Frühlingsrollen oder Satée-Spießchen, exotische Häppchen aus Indien und Afrika oder scharfe Köstlichkeiten aus Mexiko hinzu.

Heute sind die kleinen Häppchen mit dem großen Geschmack auch aus deutschen Küchen nicht mehr wegzudenken.

TIPP

▶ **Insbesondere die mediterrane Küche liebt die kleinen, leichten Genüsse. Dort werden mehrere Vorspeisen gern als großer Vorspeisenteller gereicht und können gerade in den Sommermonaten auch den Hauptgang ersetzen.**

Kulinarischer Vorspeisen-Knigge

Die Vorspeise als fester Bestandteil eines festlichen Menüs hielt im 18. Jahrhundert Einzug in die gehobene Gastronomie. Bis dahin stellte man bei mehrgängigen Festtafeln die verschiedenen Gänge mehr oder minder planlos zusammen. Im 18. Jahrhundert entstand die „klassische Speisefolge", bei der eine kalte Vorspeise den ersten Gang eines Menüs bildet und noch vor der Suppe gereicht wird. Die warme Vorspeise wird nach der kalten Vorspeise und der Suppe serviert.

Vorspeisen – machen Lust auf mehr

Im englischsprachigen Raum heißen Vorspeisen „Appetizer", womit auf die Aufgabe der Appetithäppchen hingewiesen wird: Sie sollen den Appetit anregen, das erste Hungergefühl vertreiben und den Gaumen für die weiteren Speisen vorbereiten. Auf gar keinen Fall sollen sie jedoch satt machen! Deshalb sollte man es auch bei der Menge nicht übertreiben. 100–150 g pro Person

reichen aus. Die Zutaten sollten sich etwa auf ein halbes Dutzend beschränken und die Zubereitungszeit 15–30 Minuten nicht überschreiten.

KALT & KÖSTLICH

Für kalte Vorspeisen bietet sich typisches Fingerfood an. Besteck wird dabei nicht gebraucht, eine Serviette dringend empfohlen. Als Klassiker der kalten Vorspeise gelten fantasievoll belegte Kanapees, italienische Bruschetta oder Crostini, kleine Spieße, Käsewürfel mit Trauben, frittierte Gemüse- oder Fleischhäppchen und gefüllte Weinblätter.

WARM & DELIKAT

Warme Vorspeisen sind die ideale Gelegenheit, kulinarisch schon einmal dezent darauf hinzuweisen, was in der Menüfolge noch kommen wird. Raffinesse und Einfallsreichtum sind gefragt, weil gerade die warme Vorspeise ein kleines Gericht an sich sein soll. Dennoch sollte sie nicht zu üppig ausfallen und den Appetit eher anregen als stillen.
Typische Beispiele aus der warmen Vorspeiseküche sind Riesengarnelenschwänze mit Kräuterbutter, Miniquiches oder -pasteten, überbackenes Gemüse oder gefüllte Wraps.

Wer passt zu wem?

Bei der Menüplanung empfiehlt es sich, den Hauptgang zu planen und die anderen Gänge darauf abzustimmen.
Um Abwechslung auf den Tisch zu bringen, sollte die Vorspeise in Bezug auf den Geschmack und die gewählten Zutaten einen Kontrast zur Hauptspeise bilden. So stehen die Speisen besser in Spannung zueinander.

6 goldene Regeln

1) Ein leichter Hauptgang verträgt eine üppigere Vorspeise, ein schweres Menü eine leichte Vorspeise.
2) Niemals 2 Fisch- oder Fleischgänge hintereinander kombinieren. Bei vegetarischen Gerichten die Vorspeise aus einer anderen Gemüsekategorie wählen.
3) Für Kontrast sorgen: auf milde Vorspeisen würzige Hauptgerichte folgen lassen. Auf einen leichten Gemüsegang als Vorspeise z. B. einen deftigen Auflauf reichen.
4) Es mit der Mischkultur in der Küche nicht übertreiben, also keine Tapas oder Mezze vor asiatischen Reisgerichten oder keine Couscous-Kügelchen vor rheinischem Sauerbraten.
5) Vorspeise und Hauptgang sollten, was Auswahl der Zutaten und gewählte Kochtechniken betrifft, in etwa gleiches Niveau haben.
6) So weit wie möglich, appetitanregende Gewürze und Anrichteweisen wählen.

▶ Kalte Vorspeisen

Antipasto von Möhren, Limetten, Basilikum und Pinienkernen

Für 4 Personen:

2 Limetten (unbehandelt)
600 g junge Möhren
4 EL Olivenöl (z. B. von Alnatura)
1 EL Ahornsirup
1 Bd. Basilikum
60 g Pinienkerne
Limettenscheiben zum Garnieren

Zubereitungszeit: 20 Min.
Abkühlzeit: 20 Min.

Nährwerte pro Person: 330 kcal, 1381 kJ, 5 g EW, 25 g F, 22 g KH

1 Limetten heiß waschen und trocknen. Schale der Limetten fein reiben, Saft auspressen.

2 Möhren putzen, schälen und diagonal längs halbieren. In einem Stieltopf in 1 EL Olivenöl anschwitzen, dann Limettensaft, Ahornsirup und etwas Salz dazugeben. Gemüse knapp gar dünsten. Fertige Möhren in eine Schale umfüllen und abkühlen lassen.

3 Basilikum waschen, trocken schütteln und einige schöne Stängel zum Garnieren beiseitelegen. Blätter abzupfen und fein schneiden. Zusammen mit der Limettenschale zu den lauwarmen Möhren geben und nochmals abschmecken. Zum Schluss restliches Olivenöl unterschwenken.

4 Pinienkerne in einer Pfanne ohne Fett rösten und mit den Basilikumstängeln über dem Antipasto verteilen. Nach Wunsch mit Limettenscheiben garnieren.

TIPP

▶ Statt Ahornsirup können Sie alternativ auch Honig verwenden. Der frische Limettensaft lässt sich durch Saftkonzentrat oder Zitronensaft ersetzen.

Marinierte Champignons

Für 4 Personen:

3 Schalotten
2 Knoblauchzehen
½ Bd. Petersilie
4 EL Olivenöl
⅛ l Weißwein
Saft von 2 Zitronen
Salz, Pfeffer
getrockneter Thymian
50 g Champignons

Zubereitungszeit: 25 Min.
Garzeit: 15 Min.
Marinierzeit: 1 Std.

Nährwerte pro Person: 163 kcal, 684 kJ, 4 g EW, 12 g F, 5 g KH

1 Schalotten und Knoblauch abziehen, beides fein hacken. Petersilie abbrausen, grobe Stielenden entfernen und Blätter fein hacken. Olivenöl in einer Pfanne erhitzen und Scha-

lotten, Knoblauch mit Petersilie darin unter Rühren glasig anschwitzen.

2 Mit Weißwein und Zitronensaft aufgießen. Das Ganze aufkochen, dann Hitze herunterschalten. Mit Salz, Pfeffer und Thymian kräftig abschmecken.

3 Champignons mit Küchenpapier abreiben, nach Möglichkeit nicht waschen. Stielenden abschneiden und in den Sud geben. Nach ca. 15 Minuten Sud vom Herd nehmen und auskühlen lassen.

TIPP

▶ Lassen Sie die Pilze über Nacht im Kühlschrank durchziehen.

Tomaten mit Mozzarella und Basilikum

Für 4 Personen:

250 g Mozzarella
4 feste Fleischtomaten
½ Bd. Basilikum
Salz, Pfeffer aus der Mühle
2 TL Balsamico-Essig
4 EL kalt gepresstes Olivenöl

Zubereitungszeit: 15 Min.

Nährwerte pro Person: 275 kcal, 1151 kJ, 14 g EW, 23 g F, 4 g KH

1 Mozzarella aus der Tüte nehmen und in einem Küchensieb abtropfen lassen. Danach in nicht zu dünne Scheiben schneiden.

2 Tomaten mit kaltem Wasser waschen, trocken tupfen und Stielansätze entfernen. Tomaten in Scheiben schneiden. Tomatenscheiben auf Tellern anrichten und Mozzarella darauf verteilen.

3 Basilikumblättchen von den Stängeln zupfen und unter fließendem

kaltem Wasser leicht abbrausen, dann vorsichtig trocken tupfen. Auf die Mozzarellascheiben legen.

4 Mozzarellascheiben salzen und pfeffern. In einer kleinen Schüssel Essig und Olivenöl mit einer Gabel verrühren und dann über die Mozzarella-Tomaten träufeln.

TIPP

▶ Ursprünglich wurde Mozzarella aus Büffelmilch hergestellt, heute bekommt man ihn aber meist aus Kuhmilch.

Gefüllte Weinblätter

Für 6 Personen:

250 g eingelegte Weinblätter
120 g Rundkornreis
1 mittelgroße Zwiebel
8 EL Olivenöl
30 g Pinienkerne
20 g möglichst kleine Korinthen
½ TL Zimt
¼ TL gemahlener Piment
½ TL Salz, ¼ TL Zucker
1 Bd. glatte Petersilie
1 Bd. Dill
½ unbehandelte Zitrone

Zubereitungszeit: 1 Std.
Garzeit: 1 Std.

Nährwerte pro Person: 285 kcal, 1192 kJ, 5 g EW, 20 g F, 22 g KH

1 Topf mit reichlich Wasser zum Kochen bringen. Weinblätter vorsichtig auseinandernehmen und in

TIPP
▶ Verwenden Sie für das Rezept am besten die winzigen türkischen Vogelkorinthen.

das kochende Wasser legen. 3 Minuten blanchieren, herausnehmen und in eine Schüssel mit kaltem Wasser tauchen. Abtropfen lassen.

2 Reis in einem Sieb kalt waschen und abtropfen lassen. Zwiebel abziehen und fein hacken. 4 EL Olivenöl in einem Topf erhitzen und Zwiebel bei mittlerer Hitze glasig dünsten. Den Reis einrühren und 1 Minute mitbraten.

3 Pinienkerne zugeben, unter Rühren mitbraten, bis sie sich gelb färben. Korinthen, Zimt, Piment, Salz und Zucker untermischen. 250 ml Wasser zugießen, alles aufkochen.

4 Reis zugedeckt bei geringer Hitze ca. 15 Minuten garen, bis er das Wasser aufgenommen hat. Im offenen Topf abkühlen lassen.

5 Stielchen der Weinblätter abschneiden. Hälfte der Kräuter waschen, fein hacken und unter den Reis mischen. Den Boden eines mittelgroßen Topfes mit 3–4 weniger schönen Weinblättern auslegen.

6 Auf die anderen Blätter je 1 TL Reis auf die Stielseite geben. Diese und die Seiten rechts und links darüber klappen und die Blätter bis zu den Spitzen aufrollen.

7 Röllchen mit der Blattspitze nach unten dicht nebeneinander auf die Weinblätter im Topf legen. Ist der Boden ausgefüllt, weitere Röllchen darüber schichten. 4 EL Olivenöl darüber gießen.

8 Zitronenhälfte heiß waschen, trocken reiben und in 3–4 Scheiben schneiden. Röllchen damit bedecken.

9 Alles mit einem umgedrehten Teller beschweren. $\frac{1}{4}$ l Wasser angießen, Deckel aufsetzen und Röllchen bei geringer Hitze 45 Minuten garen. Röllchen im Topf erkalten lassen, auf einer Platte anrichten und mit den restlichen Kräutern garnieren.

Eingelegte Paprikaschoten

Für 6 Personen:

je 2 große rote und gelbe Paprikaschoten
2 EL Zitronensaft
2 EL Balsamico-Essig
2 Knoblauchzehen
1 Gemüsezwiebel
4 EL Olivenöl
Salz, Pfeffer

Zubereitungszeit: 20 Min.
Garzeit: 20 Min.
Marinierzeit: 4 Std.

Nährwerte pro Person: 121 kcal, 505 kJ, 2 g EW, 10 g F, 6 g KH

1 Backofen auf 200 Grad vorheizen. Paprikaschoten mit kaltem Wasser waschen und auf den mittleren Rost im Ofen legen. Wanne darunter stellen, falls Saft austritt.

2 Nach ca. 20 Minuten wirft die Haut Blasen. Paprikaschoten herausnehmen, Haut abziehen, Stielansatz herausziehen, Saft auffangen.

3 Paprika in Stücke schneiden, Kerne und weiße Innenhäute entfernen. Zitronensaft, Essig und aufgefangenen Paprikasaft vermischen. Knoblauchzehen abziehen, zerdrücken und dazugeben.

4 Zwiebel abziehen und fein schneiden. Mit Olivenöl unter die Zitronen-Paprika-Marinade schlagen. Mit Salz und Pfeffer abschmecken.

5 Paprika lagenweise in eine flache Form schichten, jede Lage mit Soße beträufeln. Abgedeckt in den Kühlschrank stellen und gut durchziehen lassen.

TIPP

▶ Servieren Sie hierzu am besten frisches Baguette.

Feigen mit Camembert und Weichkäse

Für 4 Personen:

½ Orange (unbehandelt)
8 Feigen
4 EL Balsamico-Essig
½–1 TL Sambal Oelek
2 TL Honig
125 g Camembert
125 g Grüner-Pfeffer-Weichkäse (z. B. von Du darfst)

Zubereitungszeit: 20 Min.

Nährwerte pro Person: 195 kcal, 814 kJ, 15 g EW, 8 g F, 15 g KH

1 Orange heiß waschen, trocken reiben und die Schale fein abreiben. Den Saft auspressen. Feigen heiß waschen, trocken tupfen und halbieren.

2 Essig, Sambal Oelek, Honig und Orangenschale und -saft in einer Pfanne verrühren und leicht erhitzen. Die Feigen darin kurz anschwenken.

3 Camembert und Weichkäse in Stücke schneiden und mit Holzstäbchen auf den Feigen feststecken. Mit dem Orangensud anrichten.

Carpaccio

Für 4 Personen:

250 g rohes Rinderfilet
Salz
3 EL Zitronensaft
5 EL Olivenöl
Pfeffer aus der Mühle
75 g Parmesan

Zubereitungszeit: 20 Min.
Kühlzeit: 1 Std.

Nährwerte pro Person: 277 kcal, 1159 kJ, 19 g EW, 22 g F, 2 g KH

1 Rinderfilet 1 Stunde im Gefrierschrank anfrieren lassen. Danach in sehr feine Scheiben schneiden und auf Tellern anrichten.

TIPP

▶ Feigen stammen ursprünglich aus Vorderasien, werden heute allerdings im gesamten Mittelmeerraum sowie in Kalifornien und Australien angebaut. Sie können frisch mit Schale gegessen oder ausgelöffelt werden.

2 Ein wenig Salz mit Zitronensaft und Olivenöl kräftig verschlagen, dann mit Pfeffer abschmecken. Marinade über das Fleisch träufeln. Teller abdecken und mindestens 5 Minuten durchziehen lassen.

3 Parmesan fein hobeln. Vor dem Servieren über das Fleisch streuen.

Räucherfischterrine

Für 4 Personen:

250 g Räucherlachs
250 g geräuchertes Forellenfilet ohne Haut und Gräten
250 g Crème fraîche
Salz, Pfeffer
50 g Ketakaviar
1 Handvoll gemischte Salatblätter
2 EL Weißweinessig
3 EL Olivenöl
Dill zum Garnieren

Zubereitungszeit: 40 Min.
Kühlzeit: 12 Std.

Nährwerte pro Person: 510 kcal, 2142 kJ, 31 g EW, 42 g F, 2 g KH

1 Die beiden Räucherfischsorten nacheinander mit je der Hälfte der Crème fraîche im Mixer pürieren, mit Salz und Pfeffer abschmecken.

2 Eine kleine längliche Terrinen- oder Backform mit Klarsichtfolie auslegen. Lachsfarce darin verteilen und glatt streichen. In der Mitte Ketakaviar in einem Streifen einfüllen, alles mit Forellenfarce bedecken. Oberfläche glatt streichen und Klarsichtfolie darüber verschließen. Über Nacht in den Kühlschrank stellen.

3 Vor dem Servieren Salatblätter waschen, bei Bedarf welke Stellen entfernen, zerkleinern und in eine Schüssel geben. Essig mit Olivenöl, Salz und Pfeffer verschlagen. Vinaigrette über die Salatblätter geben und vermengen.

4 Terrine aus der Form nehmen, auf die Platte stürzen und Klarsichtfolie vorsichtig abziehen. Mit einem scharfen, heiß abgespülten Messer in Scheiben schneiden.

5 Auf Tellern mit einem Salatbouquet anrichten. Mit etwas Kaviar und Dill garnieren.

TIPP

▶ Am besten passen Eichblatt- und Friséesalat dazu. Sie machen nicht nur optisch etwas her, sondern eignen sich mit ihrem leicht nussigen Geschmack besonders gut.

Melone mit Parmaschinken

Für 4 Personen:

1 Netzmelone
Saft von 1 Limette
Salz
Pfeffer
250 g Parmaschinken, dünn geschnitten

Zubereitungszeit: 15 Min.

Nährwerte pro Person: 118 kcal, 496 kJ, 12 g EW, 4 g F, 8 g KH

1 Melone halbieren und mit einem Löffel entkernen. Jede Melonen-

hälfte in ca. 6 schmale Streifen schneiden. Mit etwas Limettensaft beträufeln, mit Salz und Pfeffer würzen.

2 Melone auf einer großen Platte anrichten. Parmaschinken auf den Melonenstreifen anrichten. Nochmals mit etwas Limettensaft beträufeln. Sofort servieren.

Russische Eier

Für 4 Personen:

4 Eier
40 g Mayonnaise
1 EL Kapern
2 Stängel Dill
Salz
weißer Pfeffer
einige Salatblätter
Kaviar nach Belieben

Zubereitungszeit: 20 Min.
Garzeit: 10 Min.

Nährwerte pro Person: 269 kcal, 1127 kJ, 16 g EW, 21 g F, 1 g KH

1 Eier in einem Topf mit Wasser bedecken und in 10 Minuten hart kochen. Danach mit kaltem Wasser abschrecken, schälen und in Hälften schneiden.

2 Dotter herauslösen und durch ein Sieb drücken. Kapern hacken. Dill abbrausen, trocken schütteln und ohne grobe Stielenden hacken.

3 Ei, Kapern und Dill mit der Mayonnaise vermengen und zu einer homogenen Creme verrühren. Das Ganze mit Salz und Pfeffer abschmecken.

4 Mayonnaise wieder in die Eihälften füllen. Salatblätter auf Teller legen, Eier darauf anrichten und mit Kaviar garniert servieren.

Amuse-Bouches mit Feigen, Walnüssen und Parmaschinken

Für 4 Personen:

ca. 100 g Walnusskerne (32 Stück)
8 Feigen
4 TL Balsamico-Essig
16 dünne Scheiben Parmaschinken (ca. 125 g)
100 g Gorgonzola
Baguette als Beilage

Zubereitungszeit: 20 Min.

Nährwerte pro Person: 395 kcal, 1635 kJ, 19 g EW, 28 g F, 16 g KH

1 Walnusskerne ohne Fett in einer Pfanne rösten, bis sie duften. Anschließend zum Auskühlen auf einen Teller geben.

2 Feigen putzen, waschen, trocken tupfen und vierteln. Fruchtfleisch mit Balsamico-Essig beträufeln.

3 Parmaschinkenscheiben längs halbieren und jeweils locker aufgerollt auf einer Servierplatte verteilen. Die Feigenviertel dekorativ darauf anrichten.

TIPP

▶ Parmaschinken ist ein luftgetrockneter Schinken aus der italienischen Provinz Parma südwestlich von Bologna. Er wird hauchdünn aufgeschnitten und klassisch mit Melonenspalten oder anderen Früchten als Vorspeise serviert.

4 Gorgonzola in Stückchen teilen und darüberstreuen. Auf jedes Feigenviertel eine Walnusskernhälfte geben. Baguette dazu reichen.

Tramezzini mit Mandelmus und Sprossen

Für 4 Personen:

20 Kirschtomaten
4 TL Mandelmus
Paprikapulver
8 Scheiben Tramezzinibrot
4 kleine Gurken
Salz, Pfeffer
100 g Sprossen

Zubereitungszeit: 20 Min.

Nährwerte pro Person: 196 kcal, 820 kJ, 8 g EW, 5 g F, 28 g KH

1 8 Tomaten fein würfeln und mit dem Mandelmus verrühren, mit etwas Paprikapulver abschmecken. Beide Tramezzinischeiben mit der Mandelpaste bestreichen.

2 Die restlichen Kirschtomaten in dünne Scheiben schneiden, dabei die Stielansätze entfernen und auf einer der Tramezzinischeiben verteilen.

3 Die Gurken schälen und längs in dünne Scheiben schneiden (am besten mit einem Sparschäler). Die Gurkenscheiben schleifenförmig auf den Tomaten verteilen. Leicht mit Salz und Pfeffer würzen.

4 Darauf die Sprossen geben und mit der anderen Brotscheibe bedecken. Diagonal halbieren, mit einem Zahnstocher zusammenstecken und servieren.

Spargel-Kerbel-Sülzchen mit Kräutercreme

Für 4 Personen:

250 g weißer Spargel
250 g grüner Spargel
½ l Geflügelbrühe
8 Blatt weiße Gelatine
⅛ l trockener Weißwein
Saft von ½ Zitrone
1 Prise Zucker
Salz
Pfeffer
1 Bd. Kerbel
100 g Graved Lachs

Zubereitungszeit: 35 Min.
Kühlzeit: 4 Std.

Nährwerte pro Person: 255 kcal, 1072 kJ, 12 g EW, 18 g F, 6 g KH

1 Weißen Spargel bis unter die Köpfe schälen, grünen Spargel waschen und holzige Enden abschneiden. Spargel in ca. 2 cm lange Stücke schneiden. Brühe erhitzen, Spargel hineingeben und 5 Minuten sprudelnd kochen lassen. Topf vom Herd nehmen und Spargel im Sud lauwarm auskühlen lassen.

2 Gelatine nach Packungsanweisung in kaltem Wasser einweichen, abtropfen lassen und ausdrücken. In einem kleinen Topf schmelzen lassen. Flüssige Gelatine unter den Spargelsud rühren. Wein und Zitronensaft dazugeben und das Ganze mit Zucker, Salz und Pfeffer würzen.

3 Tassen oder Sülzförmchen (Inhalt ca. ⅛ l) mit kaltem Wasser ausspülen, mit 2 EL Sülzflüssigkeit füllen, schwenken und im Kühlschrank erstarren lassen. Kerbel abbrausen und bis auf 4 Zweige alle Blättchen hacken. Je 1 Zweig in die Sülzförmchen legen und einen Teil der Spargelstücke an die Ränder stellen.

4 Übrigen Kerbel unter den Spargelsud mischen und Förmchen damit zu ca. ⅔ füllen. Lachsscheiben zu Rosetten drehen, in die Förmchen legen, mit Sülzflüssigkeit und Spargel auffüllen und mindestens 4 Stunden kalt stellen. Vor dem Servieren stürzen.

BEILAGE

▶ **Servieren Sie hierzu eine Kräuter-Crème-fraîche und geröstete Toastecken.**

Krabbencocktail

Für 4 Personen:

125 g Stangensellerie
½ Bd. Rucola
1 rote Grapefruit
200 g Chicorée
1 Bd. Schnittlauch
1 Bd. Dill
100 g Crème fraîche
100 g Sahne
1 EL Tomatenketchup
2 EL Cognac
Salz, Cayennepfeffer
200 g gegarte, geschälte Nordseekrabben
200 g gegarte, geschälte Eismeergarnelen

Zubereitungszeit: 25 Min.

Nährwerte pro Person: 324 kcal, 1356 kJ, 22 g EW, 17 g F, 15 g KH

1 Stangensellerie putzen, waschen und in sehr feine Würfel schneiden. Rucola waschen, trocken schütteln und grobe Stielenden entfernen.

2 Die Grapefruit mit einem scharfen Messer so schälen, dass die weiße Haut mit entfernt wird. Fruchtfilets vorsichtig auslösen und darauf achten, dass die Haut von den Grapefruitschnitzen vollständig entfernt wird. Filets in mundgerechte Stücke schneiden.

3 Chicorée putzen, waschen und die einzelnen Blätter vorsichtig vom Strunk lösen, dabei ganz lassen. Schnittlauch waschen, trocken schütteln und in feine Röllchen schneiden. Dill ebenfalls waschen, trocken tupfen und feste Stielenden abschneiden, dann fein hacken.

4 Crème fraîche, Sahne, Tomatenketchup und Cognac in eine Schüssel geben und mit einem Schneebesen gut vermengen. Mit Salz und Cayennepfeffer abschmecken.

5 Stangensellerie und Grapefruit mit den Nordseekrabben sowie den Eismeergarnelen vermengen. Dann Schnittlauch, Dill und die vorbereitete Soße unterheben.

6 Chicoréeblätter dekorativ auf 4 Teller verteilen. Zuerst Rucola in die Schiffchen geben und dann den Krabbencocktail darauf anrichten.

BEILAGE

▶ **Servieren Sie dazu warmes Ciabattabrot.**

Käse

Allein in Deutschland werden weit über 150 verschiedene Käsesorten hergestellt, überwiegend aus Kuhmilch. In den südlichen Gebieten Italiens und Frankreichs hingegen, in Griechenland, der Türkei sowie in Irland oder England sind es vorwiegend Schafe bzw. Ziegen, die die Milch beisteuern. Je nach Klima, Weidefutter und Zubereitung entsteht so eine riesige Geschmacksvielfalt.

Käse ist gesund

Käse enthält neben tierischem Eiweiß Fette, Kalzium, Magnesium und die Vitamine A, B_2 und B_{12}. Camembert enthält viel Kalzium, ebenso wie Emmentaler, Tilsiter, Gouda und Edamer. Eine ideale Magnesiumquelle sind Limburger, Blauschimmel- und Butterkäse, Emmentaler und Tilsiter.

Wie wird Käse hergestellt?

Entscheidend bei jeder Käseproduktion sind v. a. die Qualität der Milch, das Hinzufügen von Salzen, Milchsäurebakterien bzw. Enzymen und die klimatischen Bedingungen während des Reifeprozesses.

Die festen Inhaltsstoffe der Milch wie Eiweiß und Fett werden zunächst von den flüssigen getrennt. Möglich wird das durch die Gerinnung von Milcheiweiß, wobei die Milch zunächst eindickt und anschließend geschnitten bzw. in Form gebracht wird. Dabei unterscheidet man zwischen Sauermilch- und Labkäse: Für Sauermilchkäse kommen Milchsäurebakterien zum Einsatz, bei Labkäse das Enzym Lab. Die so entstandene gallertartige Masse ist die Grundlage für den späteren Käse.

Für einen typischen Sauermilchkäse, z. B. den Harzer, wird die Masse zum sog. Bruch geschnitten, dann gesalzen, um so weitere Molke zu entziehen, und anschließend in die gewünschte Form gebracht. Auch bei der Herstellung von Labkäse, z. B. Edamer, wird die Masse

zunächst geschnitten und anschließend in Formen gegeben. Zusätzlich wird der Käse gepresst. Zuletzt wird der Bruch in ein Salzbad getaucht, um dem Rand weitere Flüssigkeit zu entziehen und die Bildung einer Rinde zu fördern. Sie schützt den Käse vor dem Austrocknen, verleiht ihm Würze und macht ihn haltbarer. Einigen Käsesorten wie Weichkäse werden außerdem Bakterien oder auch Pilze zugesetzt.

Rund um die Reifung

So unterschiedlich die Käsesorten sind, so unterschiedlich sind ihre Reifeprozesse. Neben der Reifezeit sind vor allem Temperatur und Luftfeuchtigkeit entscheidend. In den großen Käsereien gibt es spezielle Reifungsräume, die je nach Käse eine Temperatur zwischen 8 und 24 Grad und eine Luftfeuchtigkeit von 85–95 % haben. In dieser Zeit wird der Käse regelmäßig gewendet, gebürstet und mit Wasser bzw. Salzlake gewaschen.

Hartkäse braucht für seine Reifung 3–12 Monate, Schnitt- und halbfester Schnittkäse mindestens 5 Wochen. Weichkäse reift von außen nach innen. Er kann relativ schnell nach der Herstellung verzehrt werden, denn seine Reifezeit beträgt nur 1–2 Wochen. Der Blauschimmelkäse wird kurz vor der Reifung mit einigen Löchern versehen, damit die Schimmelkulturen die für ihr Wachstum erforderliche Luft bekommen. Reif ist er, wenn der Blauschimmel den Teig durchdrungen und die Rinde erreicht hat.

Die geheime Formel: Fett i. Tr.

Üblicherweise wird der Fettgehalt von Käse durch die Angabe *Fett i. Tr.* auf der Verpackung deklariert. Fett i. Tr. steht für »Fett in der Trockenmasse«, eine Fettangabe, die sich auch während des Reifeprozesses des Käses, also wenn er Flüssigkeit und damit Gewicht verliert, nicht ändert – im Gegensatz zum absoluten Fettgehalt. Darum teilt man die 8 Fettstufen von Käse nach dem Wert Fett i. Tr. ein: Magerstufe (< 10 %), Viertelfettstufe (≥ 10 %), Halbfettstufe (≥ 20 %), Dreiviertelfettstufe (≥ 30 %), Fettstufe (≥ 40 %), Vollfettstufe (≥ 45 %), Rahmstufe (≥ 50 %) und Doppelrahmstufe (60–87 %). Um den annähernden Wert des absoluten Fettgehalts zu ermitteln, muss der Gehalt von Fett i. Tr. mit folgendem Faktor multipliziert werden: bei Frischkäse x 0,3, bei Weichkäse x 0,5, bei Schnittkäse x 0,6 und bei Hartkäse x 0,7.

Lagerung

Besonders Käse mit einem geringen Flüssigkeitsgehalt liebt es trocken und kühl und sollte daher im Kühlschrank gelagert werden.

TIPP

▶ **Der Fettgehalt in der Trockenmasse sagt noch nichts über den absoluten Fettgehalt aus. So enthält Quark mit 40 % Fett i. Tr. gerade einmal 10 g Fett pro 100 g.**

TIPP

▶ **Nehmen Sie Käse 30–45 Minuten vor dem Essen aus dem Kühlschrank, damit er sein Aroma entfalten kann.**

Dabei jede Käsesorte in einen eigenen Behälter oder in Folien verpacken, um das Übertragen und Annehmen von Gerüchen zu vermeiden und den Käse atmen zu lassen. Am besten ist Käsepapier, das sich aus je einer Schicht Folie und Papier zusammensetzt und in das der Käse meist an der Käsetheke eingepackt wird. Alternativen sind Alufolie (Hartkäse), Frischhaltefolie (Schnitt- und halbfester Schnittkäse) oder Frischebehälter aus Kunststoff (Weichkäse). Eine Käseglocke schützt den Käse nur vorübergehend vor dem Austrocknen und ist daher zum Anrichten auf dem Tisch geeignet.
Das Einfrieren von Käse ist ein Tabu, denn die Kälte unterbricht den Reifeprozess, sodass er sein Aroma verliert.

Sortenvielfalt

Alle Käsesorten aus Kuh-, Schafs- oder Ziegenmilch lassen sich in 8 Gruppen einteilen, die sich neben der Herstellung und Reifung vor allem in ihrer Konsistenz unterscheiden.

♦ Frischkäse: ein ungereifter Kuh-, Schafs- oder Ziegenmilchkäse, besonders streichfähig. Es gibt mehrere Fettstufen und Geschmacksrichtungen. Schichtkäse, Mascarpone und Ricotta gehören dazu.

♦ Schmelzkäse: meist unter Zusatz von Schmelzsalzen erhitzter Käse in vielen Formen und Geschmacksrichtungen (Nüsse, Kräuter, Pilze, Schinken etc.). Die Grundlage können verschiedene Käsesorten sein, daher können Schmelzkäse cremig-streichfähig oder schnittfest sein.

♦ Pasta Filata: Der überbrühte Käsebruch wird durch Kneten und Ziehen (ital. »filare«) zu einem formbaren Teig (ital. »pasta«) verarbeitet und dann in Stücke geschnitten. Diese werden in Form gebracht, in einem Wasserbad gekühlt und schließlich in Molke oder Salzlake gelegt, wie z. B. der Mozzarella. Frisch sind diese Käse weich-elastisch und feucht, getrocknet bzw. geräuchert schnittfest.

♦ Weichkäse: dazu gehören Rotschmierkäse und Weichkäse mit weißem Edelpilz wie Camembert, Brie, Romadur, Limburger und Gorgonzola. Verhältnismäßig niedriger Gehalt an Trockenmasse, d. h. der Käse enthält noch relativ viel Feuchtigkeit. Rotschmierkäse hat ein kräftig-würziges Aroma und wird in Fettstufen von 20–60 % Fett i. Tr. angegeben.

♦ Sauermilchkäse: reift aus Sauermilchquark der Magerstufe und hat weniger als 10 % Fett i. Tr.. Harzer, Mainzer, Olmützer Quargel und Bauernhandkäse sind die bekanntesten mit würzigem Aroma.

♦ Halbfester Schnittkäse: besitzt einen Trockenmassegehalt von ca. 50 %, liegt also zwischen Weich- und Schnittkäse. Beliebte Sorten sind der sahnig-milde Butterkäse und der aus Schafsmilch gewonnene Edelpilzkäse.

♦ Schnittkäse: Klassiker wie Gouda, Edamer und Tilsiter sowie Raclettekäse zählen dazu. Edamer ist leicht an seinem roten Paraffinüberzug und den wenigen erbsengroßen Löchern zu erkennen. Gouda ist jung mild wie Edamer, mit zunehmendem Alter wird der Geschmack kräftiger. Herb-pikanter Tilsiter hat eine schlitzförmige Lochung und ist mit Kümmel oder Pfeffer versetzt erhältlich.

♦ Hartkäse: sind vollreife und besonders haltbare Käse wie Emmentaler, Bergkäse oder Parmesan. Bergkäse und Emmentaler sind, wenn sie den Zusatz »Allgäuer« tragen, aus Rohmilch. Bergkäse erkennt man an den erbsengroßen Löchern und seiner festen Rinde. Die Löcher des Emmentalers haben die Größe von Kirschen und durchziehen den Käse gleichmäßig. Parmesan ist ein aus Rohmilch hergestellter Extrahartkäse.

Käse gibt Würze

Käse ist in der Küche vielseitig einsetzbar. Zu Brot, besonders Baguette, Toast oder Pumpernickel, schmeckt beinahe jede Sorte. Auch auf Käseplatten zum Brunch oder als Magenschließer ist von Camembert über Brie bis Harzer und Edamer alles erlaubt. Zum Verfeinern von Suppen und Soßen bieten sich Frisch- und Schmelzkäse an. Mögen Sie es würziger, reiben Sie etwas Schnitt- oder Hartkäse hinein.

Beim Aufpeppen von Salaten machen sich gebratener Ziegenkäse, gehobelter Hartkäse oder ein Käsedressing gut. Zum Füllen von Nudeln, Fleisch- oder Teigtaschen sind Frischkäsesorten ideal. Weichkäse, Schmelzkäse, Mozzarella oder geriebener Hartkäse eignen sich gut zum Überbacken, da sie schnell und gleichmäßig zerlaufen.

▶ Warme Vorspeisen

Bruschetta mit Gemüse

Für 4 Personen:

1 kleine rote oder gelbe Paprikaschote
4 Stangen grüner Spargel
2 Frühlingszwiebeln
3 EL Olivenöl
1 kleine Tomate
½ Bd. Basilikum
2 TL Balsamico-Essig
Salz
schwarzer Pfeffer
12 dünne Scheiben Weißbrot
1 EL Pinienkerne

Zubereitungszeit: 30 Min.

Nährwerte pro Person: 255 kcal, 1067 kJ, 6 g EW, 11 g F, 32 g KH

1 Paprika halbieren, von Kernen und weißen Innenhäuten befreien und Fruchtfleisch kalt waschen. Dann in kleine Würfel schneiden. Spargel waschen und Enden großzügig abschneiden. Dann Stangen in ca. 1 cm lange Stücke schneiden.

2 Frühlingszwiebeln gründlich waschen, welke Blätter und Wurzelansätze entfernen. Frühlingszwiebeln in feine Ringe schneiden.

3 Olivenöl in einem Topf erhitzen, Paprikawürfel und Spargel darin bei mittlerer Hitze ca. 5 Minuten braten. Dann Zwiebelringe zugeben, untermischen und alles noch ganz kurz bei mittlerer Hitze weiterbraten.

4 Tomate waschen, trocken reiben und vierteln. Stielansatz entfernen und Fruchtfleisch klein würfeln. Basilikumblättchen mit Küchenpapier abreiben, abzupfen und in feine Streifen schneiden.

5 Gebratenes Gemüse abkühlen lassen. Tomatenwürfel und Basilikum untermischen. Alles mit Balsamico-Essig, Salz und Pfeffer abschmecken.

6 Brotscheiben im Backofen bei 250 Grad oder im Toaster goldbraun rösten. Inzwischen Pinienkerne in einer Pfanne ohne Fett goldgelb rösten. Weißbrotscheiben mit dem Gemüse belegen und mit Pinienkernen bestreuen. Bruschetta sofort heiß servieren.

VARIANTE

▶ Für ganz klassische Bruschetta 4 Tomaten waschen und würfeln. Blättchen von 1 kleinen Bd. Basilikum in Streifchen schneiden. Beides mit 4 EL Olivenöl mischen, salzen und pfeffern. Brotscheiben im Toaster rösten, mit halbierten Knoblauchzehen einreiben und mit der Tomaten-Basilikum-Mischung belegen.

Käse-Kräuter-Soufflé

Für 4 Personen:

60 g Butter
6 EL Mehl
400 ml Milch
Salz, schwarzer Pfeffer
Muskatnuss, frisch gerieben
1 Bd. Petersilie
Fett und gemahlene Mandeln für die Form
150 g Cheddar
6 Eier
4 EL Pinienkerne

Zubereitungszeit: 30 Min.
Backzeit: 45 Min.

Nährwerte pro Person: 690 kcal, 2875 kJ, 33 g EW, 50 g F, 28 g KH

1 Butter in einem kleinen Topf zerlassen. Mehl hinzufügen und unter Rühren hellgelb anschwitzen. Milch nach und nach unterrühren und die Soße bei mittlerer Hitze unter Rühren 1–2 Minuten kochen lassen.

2 Soße mit Salz, Pfeffer und Muskat abschmecken, dann beiseitestellen und lauwarm abkühlen lassen. Dabei gelegentlich umrühren.

3 Inzwischen Petersilie waschen und trocken schütteln. Blättchen abzupfen, fein hacken und beiseitestellen. Backofen auf 180 Grad vorheizen. Eine Souffléform einfetten und mit Mandeln ausstreuen.

4 Käse fein reiben. Eier trennen. Eiweiß mit 1 Prise Salz zu steifem Schnee schlagen. Eigelb unter die lauwarme Béchamelsoße rühren. Käse, Petersilie und Eischnee locker unterheben. Soufflémasse in die vorbereitete Form füllen, die Pinienkerne darüberstreuen.

5 Das Soufflé im heißen Ofen auf der untersten Schiene ca. 15 Minuten backen, dann die Hitze auf 200 Grad erhöhen und das Soufflé in weiteren 30 Minuten fertig backen.

6 Das Soufflé aus dem Backofen nehmen und sofort servieren.

TIPP

▶ Für Käsesoufflé eignen sich auch andere Käsesorten. Statt Cheddar kann auch z. B. Emmentaler oder Greyerzer verwendet werden. Die Petersilie kann durch Schnittlauch, Basilikum o. Ä. ersetzt werden. Dazu passt ein gemischter Salat oder ein Tomatensalat mit Zwiebeln.

Gänsepastete mit Thymian

Für 4 – 6 Personen:

600 g Gänsebrustfilet
Pfeffer aus der Mühle
2 EL Butterschmalz
Salz
450 g TK-Blätterteig
1 Zwiebel
300 g Champignons
1 Stange Lauch
1 TL Paprikapulver edelsüß
1 TL gerebelter Thymian
1 Ei
125 g Crème fraîche
Mehl für die Arbeitsfläche
1 Eigelb

Zubereitungszeit: 50 Min.
Backzeit: 35 Min.

Nährwerte pro Person: 708 kcal, 2962 kJ, 34 g EW, 52 g F, 34 g KH

1 Backofen auf 200 Grad vorheizen. Gänsebrustfilet abspülen, trocken tupfen und mit Pfeffer einreiben. 1 EL Butterschmalz in einer ofenfesten Pfanne erhitzen und das Fleisch darin bei mittlerer Hitze goldbraun anbraten, salzen.

2 Gänsebrust ca. 20 Minuten im Ofen schmoren lassen. Anschließend Fleisch auf einen Teller legen, abkühlen lassen und in kleine Stückchen schneiden.

3 Blätterteigplatten nebeneinanderlegen und auftauen lassen. Zwiebel schälen und würfeln. Champignons putzen und in Scheiben schneiden. Lauch putzen, waschen und in dünne Ringe schneiden.

4 1 EL Butterschmalz in einer Pfanne erhitzen, Pilze, Zwiebel und Lauch darin ca. 3 Minuten andünsten. Mit Salz, Pfeffer, Paprikapulver und Thymian würzen, danach abkühlen lassen. Ei mit Crème fraîche verrühren und mit dem Fleisch zum Gemüse geben, alles gut vermischen.

5 $^2/_3$ des Blätterteigs aufeinanderlegen und auf einer bemehlten Arbeitsfläche in Größe der Pieform (26 cm Durchmesser) ausrollen. Form kalt ausspülen und mit dem Teig auskleiden, dabei einen Rand formen. Füllung gleichmäßig darauf verteilen.

6 Übrigen Blätterteig ausrollen und auf die Füllung legen. Teig an den Rändern zusammendrücken. In die Mitte des Deckels ein Loch schneiden. Eigelb verquirlen und Teig damit bestreichen. Die Pastete im Backofen in ca. 35 Minuten goldbraun backen.

Gebackener Camembert

Für 4 Personen:

5 EL Sauerkirschkonfitüre
4 EL Rotwein
2 TL scharfer Senf
1 Schalotte
Cayennepfeffer
1 Ei
5 EL Paniermehl
2 Camemberts (à 250 g, gekühlt)
Fett zum Ausbacken

Zubereitungszeit: 15 Min.

Nährwerte pro Person: 250 kcal, 1048 kJ, 17 g EW, 13 g F, 11 g KH

1 Sauerkirschkonfitüre mit Rotwein und Senf in eine Schüssel geben und mit einem Schneebesen kräftig verschlagen. Schalotte abziehen und fein würfeln, dann unter die Soße mischen. Mit Cayennepfeffer abschmecken.

2 Ei in einem tiefen Teller verquirlen. Paniermehl ebenfalls auf einen Teller geben. Camemberts halbieren. Hälften erst im Ei, dann im Paniermehl wenden. Panade leicht andrücken.

3 Fett in einer tiefen Pfanne erhitzen. Käse darin von allen Seiten goldgelb frittieren. Auf Küchenpapier abtropfen lassen. Auf Tellern anrichten und mit der Soße servieren.

Spinat-Gorgonzola-Ecken

Für 4 Stück:

200 g TK-Blattspinat
2 Platten TK-Blätterteig (à 75 g)
1 große Zwiebel
1 EL Pflanzencreme mit Butteraroma (z. B. von Biskin)
Pfeffer, Jodsalz
Muskatnuss
1 Ei
30 g Blütenzarte Haferflocken
100 g Gorgonzola

Zubereitungszeit: 20 Min.
Backzeit: 15 Min.

Nährwerte pro Stück: 324 kcal, 1347 kJ, 11 g EW, 24 g F, 16 g KH

1 Spinat und Blätterteig auftauen lassen. Backofen auf 200 Grad vorheizen.

2 Zwiebel schälen und fein würfeln. Mit Pflanzencreme anbraten, Spinat zugeben und kurz garen. Mit Salz, Pfeffer und Muskatnuss würzen.

3 Ei verquirlen. Spinat und Zwiebel in eine Schüssel geben, Haferflocken, gewürfelten Gorgonzola und den größten Teil des Eis darunter mischen.

4 Blätterteigplatten auf einer bemehlten Arbeitsfläche zusammen auf eine Größe von ca. 15 x 30 cm ausrollen. In vier Quadrate teilen. Spinat- Mischung auf die Mitte der Teigquadrate geben und diese zu Dreiecken falten, Ränder mit einer Gabel gut festdrücken.

5 Die Teigtaschen auf ein mit Backpapier ausgelegtes Backblech setzen. Mit dem restlichen Ei bestreichen. Auf der mittleren Einschubleiste des Ofens ca. 15 Minuten backen.

Gebackener Ziegenkäse mit Cranberrysoße

Für 4 Personen:

1 Orange (unbehandelt)
100 g Zucker
40 ml Rotwein
300 g Cranberrys
1 EL Senfpulver
1 EL roter Portwein
80 g Toastbrot
3 EL Sesam
2 Eier
Salz
8 Rocamadour (Ziegenkäse)
2 EL Mehl
Öl zum Ausbacken

Zubereitungszeit: 30 Min.

Nährwerte pro Person:552 kcal, 2310 kJ, 22 g EW, 30 g F, 46 g KH

5 Reichlich Frittieröl in einer tiefen Pfanne auf 170 Grad erhitzen. Ziegenkäse im heißen Fett goldbraun frittieren, herausnehmen und auf Küchenpapier abtropfen lassen. Mit der Cranberrysoße servieren.

TIPP

▶ Wer keine frischen Cranberrys bekommt, kann auch ein Relish aus getrockneten Früchten dazu reichen. Dafür 100 g getrocknete Cranberrys mit 100 ml Cranberrynektar aufkochen. Offen kochen, bis alle Flüssigkeit verdampft ist, und abkühlen lassen. 1 kleines Stück Ingwer schälen und fein hacken. Cranberrys, Ingwer, 100 ml Grapefruitsaft und 30 g braunen Zucker im Mixer pürieren. Vor dem Servieren ca. 1 Stunde ziehen lassen.

1 Orange heiß waschen und trocken reiben. Schale fein abreiben, Saft auspressen. Zucker in einer Pfanne bei mittlerer Hitze unter Rühren karamellisieren lassen. Mit Orangensaft und Rotwein ablöschen.

2 Cranberrys waschen, trocken tupfen und mit der Orangenschale zur Zuckermischung geben. Das Ganze ca. 20 Minuten einkochen lassen. Das Senfpulver mit Portwein verrühren und zum Schluss in die Soße geben.

3 Toastbrot entrinden und in der Küchenmaschine fein mahlen. Toastbrotkrumen mit Sesam vermengen. Eier in einem tiefen Teller mit ½ TL Salz verquirlen.

4 Ziegenkäse zuerst im Mehl wenden, dann durch die Eimasse ziehen und zuletzt in der Sesammischung wälzen. Käse nochmals durch die Eimasse ziehen und ein zweites Mal in der Sesammischung wälzen. Die Panade gut festdrücken.

Salbei-Leber-Crostini

Für 4 Personen:

2 kleine Zwiebeln
2 EL Olivenöl
300 g Hühnerleber
4 Scheiben gekochter Schinken
4 Salbeiblätter
Salz, Pfeffer
Zitronensaft
4 Scheiben Weißbrot
125 g Mozzarella

Zubereitungszeit: 20 Min.

Nährwerte pro Person: 354 kcal, 1481 kJ, 40 g EW, 17 g F, 11 g KH

1 Zwiebeln schälen und hacken. Olivenöl in einer Pfanne erhitzen und Zwiebeln darin unter Rühren anbraten.

2 Hühnerleber unter fließendem kaltem Wasser waschen, trocken tupfen, klein schneiden und in die Pfanne geben. Unter Rühren bei mittlerer Hitze garen.

3 Schinken fein zerschneiden. Salbeiblätter abbrausen und trocken tupfen. Beides in die Pfanne geben und kurz mitbraten. Das Ganze mit Salz und Pfeffer würzen und mit 2–3 EL Zitronensaft ablöschen.

4 Brotscheiben leicht toasten und mit der Schinken-Leber-Mischung belegen. Mozzarella darauflegen und Crostini im Ofen einige Minuten goldgelb überbacken.

5 Crostini noch warm servieren.

Klassische Chickennuggets

Für 4 Personen:

600 g Hähnchenbrustfilet
Salz
Pfeffer aus der Mühle
2 Eier
80 g Mehl
100 g Paniermehl
1 l Öl zum Frittieren
Ketchup

Zubereitungszeit: 15 Min.

Nährwerte pro Person: 497 kcal, 2081 kJ, 39 g EW, 24 g F, 33 g KH

1 Hähnchenbrustfilet unter fließendem kaltem Wasser waschen und mit Küchenpapier trocken tupfen. Das Fleisch in mundgerechte Stücke schneiden, salzen und pfeffern.

2 Eier verquirlen. Eier, Mehl und Paniermehl jeweils auf einen tiefen Teller verteilen. Hähnchenteile erst in Mehl, dann in Eiern und dann in dem Paniermehl wenden.

3 Öl in einem Topf oder einer Fritteuse erhitzen und Chickennuggets portionsweise im heißen Fett (bei ca. 170 Grad) ca. 5 Minuten goldgelb frittieren. Die Chickennuggets mit einem Schaumlöffel herausnehmen und auf Küchenpapier abtropfen lassen. Mit Ketchup servieren.

VARIANTE

▶ Kräuter-Chickennuggets: 3 Eier mit dem Saft von $^1/_2$ Zitrone, Salz und Pfeffer verquirlen. 1 EL gehackte Petersilie untermischen. 500 g Hähnchenbrustfilet waschen, trocken tupfen und in mundgerechte Stücke schneiden. In der Eiermischung 30 Minuten marinieren. 8 Salbeiblätter fein hacken, mit 2 EL gehackten Rosmarinnadeln und Salz vermischen. Fleisch aus der Marinade nehmen, in etwas Mehl wenden und im auf ca. 170 Grad erhitzten Pflanzenfett ca. 5 Minuten frittieren, auf Küchenpapier abtropfen lassen und mit dem Kräutersalz bestreuen.

Kanapees mit Tapenade von schwarzen Oliven

Für 6 Personen:

100 g Sardellenfilets
200 g entsteinte schwarze Oliven
50 g Kapern
1 Knoblauchzehe
50 ml extra natives Olivenöl
je 1 Msp. Thymian- und Lorbeerpulver
etwas Zitronensaft
1 TL Dijon-Senf
1 EL Cognac
Pfeffer aus der Mühle
30 Baguettescheiben

Zubereitungszeit: 30 Min.

Nährwerte pro Person: 973 kcal, 2816 kJ, 17 g EW, 25 g F, 92 g KH

1 Sardellen für 10 Minuten in kaltes Wasser legen und gut abtropfen lassen. Sardellen, Oliven und Kapern fein hacken und zu einer sämigen Masse verarbeiten.

2 Knoblauch abziehen und durchpressen. Olivenöl tropfenweise einrühren. Thymian- und Lorbeerpulver, Zitronensaft, Senf, Cognac sowie Knoblauch zugeben. Mit Pfeffer abschmecken.

3 Backofen auf 180 Grad vorheizen. Baguettescheiben rösten und Tapenade darauf streichen. Die Brote dann kurz im heißen Ofen überbacken.

Samosas

Für 20 Stück:

10 TK-Teigblätter für Frühlingsrollen
1 kleine Zwiebel
1 Stück Ingwer (2 cm)
1 Knoblauchzehe
1 große Kartoffel, gekocht
2 Stängel Petersilie
50 g Blumenkohl
Salz
2 EL Ghee
½ TL Chilipulver
50 g TK-Erbsen, aufgetaut
1 TL Garam Masala
1 TL Zitronensaft
2 EL Weizenmehl
Pflanzenöl zum Frittieren

Zubereitungszeit: 25 Min.

Nährwerte pro Stück: 90 kcal, 378 kJ, 2 g EW, 4 g F, 12 g KH

1 Teigblätter auftauen lassen und halbieren.

2 Für die Füllung Zwiebel, Ingwer und Knoblauch schälen. Zwiebel fein hacken, Ingwer reiben und den Knoblauch durch die Presse drücken. Kartoffel schälen und würfeln. Die Petersilie waschen, trocken schütteln und hacken.

3 Blumenkohl waschen, putzen und in Röschen zerteilen. In kochendem Salzwasser ca. 4 Minuten blanchieren. Herausnehmen und abtropfen lassen.

4 Ghee im Wok oder in einer hohen Pfanne erhitzen. Zwiebel, Ingwer und Knoblauch darin kurz anbraten.

Mit Chilipulver würzen. Kartoffel, Blumenkohl und Erbsen zugeben.

5 Garam Masala über das Gemüse streuen, umrühren und abkühlen lassen. Mit Petersilie, Zitronensaft und Salz würzen.

6 Weizenmehl mit Wasser zu einer Paste verrühren. Ränder der Teigblätter damit einstreichen. Je 1 EL Füllung auf die Teigblätter geben. Teigblätter zu Dreiecken falten, die sich überlappenden Enden mit Mehlpaste einpinseln.

7 Öl in einer Fritteuse oder einem Topf auf 190 Grad erhitzen und die Samosas darin goldgelb ausbacken. Samosas auf Küchenpapier abtropfen lassen und heiß servieren.

Königinpastetchen mit Kaninchenragout

Für 4 Stück:

250 ml Weißwein
250 ml Wildfond
1 küchenfertiges, zerlegtes Wildkaninchen
4 Pimentkörner
6 Pfefferkörner
1 Lorbeerblatt
50 g Champignons
1 Schalotte
2 EL Butter
1 EL Mehl
2 EL Cognac
Sahne nach Belieben
4 Blätterteigpastetchen
Salz, Pfeffer aus der Mühle

Zubereitungszeit: 30 Min.
Garzeit: 35 Min.

Nährwerte pro Stück: 463 kcal, 1937 kJ, 30 g EW, 24 g F, 19 g KH

1 Weißwein mit Wildfond in einem großen Topf aufkochen. Zerlegtes Kaninchen mit kaltem Wasser waschen und mit Küchenpapier trocken tupfen. Teile in den Wein-Fond-Sud legen.

2 Piment, Pfefferkörner und Lorbeer mit in den Topf geben. Das Ganze zugedeckt bei milder Hitze ca. 30 Minuten schmoren lassen. Dann Fleisch herausnehmen.

3 Fleisch von den Knochen lösen und bei Bedarf Fett und Sehnen abschneiden. Fleisch in kleine Würfel schneiden. Brühe durch ein Sieb abgießen und beiseitestellen.

4 Champignons mit Küchenpapier putzen, Stielenden abschneiden und Pilze klein würfeln. Schalotte abziehen und fein würfeln.

5 Butter in eine Pfanne geben und bei mittlerer Hitze zerlassen. Champignon- und Schalottenwürfel dazugeben und unter Rühren anschwitzen. Mit Mehl bestäuben und mit Cognac ablöschen.

6 Brühe zur Pilz-Schalotten-Mischung gießen. 5 Minuten bei milder Hitze köcheln und einredu-

zieren lassen. Nach Belieben etwas Sahne zugeben.

7 Backofen auf 150 Grad vorheizen. Blätterteigpastetchen darin in 5 Minuten warm werden lassen.

8 Pilz-Schalotten-Mischung mit Salz und Pfeffer abschmecken. Das Kaninchenfleisch zugeben und erwärmen. In die vorbereiteten Pastetchen füllen und warm servieren.

Pochierte Wachteleier

Für 4 Personen:

250 g Thai-Reis (z. B. von Oryza)
4 reife große Tomaten
2 EL Olivenöl
50 g Butter
Salz
schwarzer Pfeffer
1 Bd. glatte Petersilie
1 Bd. Sauerampfer
1 Schalotte
4 EL Weißwein
300 ml Gemüsebrühe
Zucker
150 g Crème fraîche
12 Wachteleier
2 EL Obstessig

Zubereitungszeit: 25 Min.
Garzeit: 25 Min.

Nährwerte pro Person: 584 kcal, 2443 kJ, 11 g EW, 32 g F, 55 g KH

1 Reis nach Packungsanweisung garen. Tomaten oben kreuzweise einritzen und in kochendem Wasser 1 Minute blanchieren. Herausheben, mit kaltem Wasser abschrecken und häuten. Danach halbieren, Stielansätze herausschneiden, entkernen und Fruchtfleisch in Spalten schneiden.

2 Olivenöl und 20 g Butter in einer Pfanne erhitzen. Bei mittlerer Hitze Tomaten zugeben und kurz darin schwenken. Salzen und pfeffern.

3 Petersilie und Sauerampfer waschen und trocken schütteln. Stielenden entfernen und Rest hacken. Schalotte schälen und würfeln.

4 Übrige Butter in einem Topf zerlassen. Schalotten unter Rühren bei mittlerer Hitze darin hell andünsten. Mit Weißwein und Gemüsebrühe aufgießen und bei starker Hitze etwas einkochen.

5 Mit Salz, Pfeffer und Zucker würzen. Crème fraîche einrühren und weitere 10 Minuten kochen lassen. Petersilie und Sauerampfer dazugeben und mit dem Stabmixer pürieren. Nochmals abschmecken.

6 Für die Wachteleier 1 l Wasser mit Essig und Salz aufkochen. Eier einzeln in Tassen aufschlagen und vorsichtig in das Wasser gleiten lassen. 2 Minuten ziehen lassen, dann vorsichtig herausheben.

7 Zum Anrichten die Sauerampfersoße noch einmal schaumig aufschlagen. Reis und Soße auf Tellern anrichten. Wachteleier auf die Soße setzen und in Butter geschwenkte Tomaten dazu sevieren.

Zucchiniplätzchen

Für 16 Stück:

300 g Zucchini
1 kleine Zwiebel
1 EL frische Minze
2 Stängel glatte Petersilie
35 g Kefalotyri
(griechischer Hartkäse)
30 g Mehl
1 Msp. Backpulver
1 Prise Muskatnuss
25 g Paniermehl
1 Ei
Salz
Pfeffer
Olivenöl zum Braten

Zubereitungszeit: 20 Min.

Nährwerte pro Stück: 50 kcal, 210 kJ, 2 g EW, 3 g F, 3 g KH

1 Zucchini waschen, trocknen und fein raspeln. Zwiebel schälen und fein hacken. Gemüse in die Mitte eines Küchentuchs legen, Ränder fest zusammenhalten und das Tuch drehen, um möglichst viel Flüssigkeit herauszudrücken.

2 Minze und Petersilie abbrausen und Blättchen hacken.

3 Käse reiben. Zucchini-Zwiebel-Mischung mit Käse, Mehl, Backpulver, Kräutern und Muskatnuss vermengen. Paniermehl und Ei unterrühren.

4 Das Ganze mit Salz und Pfeffer abschmecken und zu einem festen Teig verkneten. Mit einem Löffel immer so viel Teig abstechen, dass daraus 16 Zucchiniplätzchen werden.

5 Öl in einer Pfanne erhitzen und Küchlein darin goldbraun braten. Dabei mindestens einmal wenden. Noch warm servieren.

Datteln im Speckmantel

Für 4 Personen:

20 Datteln
20 Walnusskernhälften
20 Scheiben durchwachsener Speck
4 EL Öl

Zubereitungszeit: 20 Min.

Nährwerte pro Person: 821 kcal, 3435 kJ, 8 g EW, 72 g F, 37 g KH

1 Datteln auf-, aber nicht auseinanderschneiden. Kern entfernen und jeweils 1 Walnusskernhälfte in die Datteln füllen.

2 Jede Dattel mit jeweils 1 Scheibe Speck umwickeln, bei Bedarf mit Holzspießchen fixieren. Datteln mit Öl bestreichen und in der heißen Pfanne knusprig grillen.

TIPP

▶ Schmeckt auch gut: gefüllte Feigen. 12 kleine Feigen waschen, trocken tupfen und an der Oberseite kreuzweise einschneiden. Jeweils 1 kleines Stück schnittfesten Ziegenkäse hineindrücken und jede Feige mit 1 Scheibe Parmaschinken umwickeln, bei Bedarf mit Holzspießchen fixieren. Mit etwas Öl bepinseln und in der heißen Pfanne knusprig grillen.

Marinierte Austernpilze

Für 4 Personen:

600 g Austernpilze
3 Knoblauchzehen
20 g Butter
4 EL Olivenöl, 2 EL Weißweinessig
50 ml Weißwein
Salz, Pfeffer
1 EL Petersilie, gehackt
1 TL Thymian, gehackt
Zitronenspalten

Zubereitungszeit: 20 Min

Nährwerte pro Person: 133 kcal, 559 kJ, 6 g EW, 10 g F, 3 g KH

1 Austernpilze putzen, säubern und längs in Scheiben schneiden. Knoblauch schälen und fein hacken.

2 Butter und Öl in einer großen Pfanne erhitzen. Pilze und Knoblauch zugeben und einige Minuten anbraten.

3 Den Essig und Wein angießen, salzen und pfeffern. 5 Minuten bei geringer Hitze garen. Austernpilze herausnehmen und auf einer Servierplatte anrichten. Garsud etwas einkochen lassen.

4 Petersilie und Thymian einrühren, abschmecken und über die Pilze geben. Mit Zitronenspalten garniert servieren.

Falafel

Für 4 Personen:

400 g getrocknete Kichererbsen
1 Zwiebel
1 Knoblauchzehe
je 1 Stängel Petersilie und Koriander
1–2 EL Olivenöl
2–3 EL Paniermehl
gemahlener Kreuzkümmel
Korianderpulver
Salz, Pfeffer aus der Mühle
Öl zum Frittieren
250 g Joghurt
3 EL Tahin (Sesampaste)
1 EL Honig
½ TL abgeriebene Orangenschale (unbehandelt)
je ½ TL Piment- und Zimtpulver

Zubereitungszeit: 35 Min.
Einweichzeit: 12 Std.

Nährwerte pro Person: 567 kcal, 2373 kJ, 23 g EW, 23 g F, 65 g KH

1 Kichererbsen über Nacht in kaltem Wasser einweichen. Am nächsten Tag in ein Sieb abgießen, kalt abspülen und abtropfen lassen.

2 Zwiebel und Knoblauch schälen und fein hacken. Beides zu den Kichererbsen geben und in der Küchenmaschine zerkleinern oder durch den Fleischwolf drehen.

3 Petersilie und Koriander waschen, trocken tupfen, die Blättchen abzupfen und fein hacken.

4 Kichererbsenmasse mit den Kräutern, dem Öl und dem Paniermehl vermischen. Mit Kreuzkümmel, Koriander, Salz und Pfeffer kräftig würzen. Mit angefeuchteten Händen aus der Masse längliche Kroketten formen.

5 Öl in der Fritteuse oder einem hohen Topf auf ca. 170 Grad erhitzen. Falafeln darin portionsweise goldbraun frittieren. Mit der Schaumkelle herausheben, auf Küchenpapier abtropfen lassen und warm halten.

6 Joghurt mit Tahin, Honig, Orangenschale, Piment und Zimt gut vermischen. Nach Wunsch mit Salz und Pfeffer abschmecken. Joghurtdip in eine Schale geben und zu den Falafeln servieren.

TIPP

▶ Statt der getrockneten Kichererbsen kann man auch 2 kleine Dosen Kichererbsen verwenden, dann spart man sich das Einweichen über Nacht.

Champignons mit Zucchinifüllung

Für 4 Personen:

12 große Champignons
1 kleine Zucchini
2 Frühlingszwiebeln
Salz
schwarzer Pfeffer
40 g Parmesan, gerieben
1 TL Butter

Zubereitungszeit: 25 Min.
Backzeit: 10 Min.

Nährwerte pro Person: 75 kcal, 314 kJ, 4 g EW, 6 g F, 1 g KH

1 Champignons mit feuchtem Küchenpapier abreiben und putzen. Stiele herausdrehen und fein hacken.

2 Zucchini waschen und grob reiben. Frühlingszwiebeln waschen, von welken Blättern und Wurzelansätzen befreien. Nur den hellen Teil in feine Ringe schneiden.

3 Gehackte Pilzstiele, Zucchiniraspel und Frühlingszwiebelwürfel mit 1 EL Wasser in eine beschichtete Pfanne geben. Unter Rühren 10 Minuten bei mittlerer Hitze garen.

4 Flüssigkeit abgießen. Gemüse mit Salz und Pfeffer abschmecken. Parmesan unterrühren. Backofen auf 200 Grad vorheizen. Eine ofenfeste Form mit Butter einfetten.

5 Gemüsemischung in die Champignonköpfe füllen und das Ganze dann in die Form setzen. Im heißen Ofen 10 Minuten garen, bis die Pilzköpfe weich sind. Heiß servieren.

VARIANTE

▶ **Die Zucchinifüllung schmeckt auch in mittelgroßen vorgegarten Gemüsezwiebeln. Die Masse reicht für 4 Zwiebeln. Ebenso bietet sich die Füllung als Belag für vorgebackene Kartoffelhälften an: Dafür die Knollen nach der Hälfte der Garzeit aus dem Ofen nehmen, mit der Zucchinimasse bestreichen und im Backofen fertig backen.**

Frittierter Mozzarella

Für 4 Personen:

½ Bd. Rucola
200 g kleine Mozzarellakugeln
Salz
Pfeffer
1 Ei
4 EL Paniermehl
1 EL Mehl
100 ml Olivenöl

Zubereitungszeit: 15 Min.

Nährwerte pro Person: 426 kcal, 1789 kJ, 14 g EW, 37 g F, 10 g KH

1 Den Rucola verlesen, waschen, trocken schütteln und klein schneiden. Mozzarella abtropfen lassen,

salzen und pfeffern. Gleichmäßig im Rucola wenden.

2 Ei in einem tiefen Teller verquirlen. Paniermehl und Mehl auf getrennte Teller geben. Die Käsekugeln nacheinander in Mehl, Ei und dann zum Schluss in Paniermehl wenden.

3 Öl erhitzen und die Käsekugeln darin rundum goldbraun frittieren. Heiß servieren.

Gemüseröllchen mit Kräuterdip

Für 20 Röllchen:

Für den Dip:
125 g Magerquark
50 g Schmand
50 ml Buttermilch
2 Stängel Petersilie
½ Bd. Schnittlauch
3 EL Instant Flocken (z. B. von Kölln)
Paprikapulver
Salz, Pfeffer
Für die Gemüseröllchen:
300 g Kartoffeln
250 g Möhren
250 g Kohlrabi
1 große Zwiebel
2 EL Pflanzencreme mit Butteraroma
2 Knoblauchzehen
Salz, Pfeffer
Chilipulver
Muskatnuss
1 Ei
80 g Blütenzarte Haferflocken
50 g Parmesan

Zubereitungszeit: 40 Min.

Nährwerte pro Stück: 71 kcal, 298 kJ, 4 g EW, 3 g F, 7 g KH

1 Für den Dip Quark und Schmand mit Buttermilch vermengen. Petersilie und Schnittlauch abbrausen, trocken schütteln und fein hacken. Mit den Instant Flocken unter den Quark mischen. Mit Paprika, Salz und Pfeffer abschmecken. Kalt stellen.

2 Für die Röllchen Kartoffeln, Möhren und Kohlrabi schälen und waschen. Zwiebel schälen. Alles grob raspeln.

3 1 EL Pflanzencreme in einer Pfanne bei mittlerer Hitze zerlassen. Gemüse zugeben und andünsten. Knoblauch abziehen, pressen und ebenfalls in die Pfanne geben.

4 Mit Salz, Pfeffer, Chilipulver und frisch geriebener Muskatnuss würzen. Dann etwas abkühlen lassen. Ei, Haferflocken und Parmesan unter die Mischung rühren.

5 Aus der Masse Röllchen formen und diese gut auspressen. Übrige Pflanzencreme in einer Pfanne erhitzen und Röllchen darin 6 Minuten rundum goldbraun braten. Heiß mit dem Dip servieren.

▶ Suppen

Suppen: Löffel für Löffel gut

Suppen sind etwas Wunderbares: Sie sind nahrhaft, wärmend und äußerst vielseitig. Heute sind sie von unseren Speiseplänen nicht mehr wegzudenken. Nicht zuletzt, weil sie wegen ihrer schier unerschöpflichen Zutaten und Zubereitungsmöglichkeiten Fantasie und Geschmack kaum Grenzen setzen.

Während Suppen wahrscheinlich schon viele Tausend Jahre vor Christus gekocht und gegessen wurden, geht das deutsche Wort »Suppe« auf das westgermanische »supp(j)« zurück, das eine breiähnliche Speise meinte. In ihrer heutigen Definition stammt die Suppe aus dem 19. Jahrhundert und wurde als warmes Gericht zu Vor- oder Hauptspeise gereicht. Grundlage sind Wasser und Gemüse sowie Gewürze, die um Fett, Fleisch, Geflügel, Fisch, Knochen, Nudeln, Reis, Klöße oder Eierstich ergänzt werden können.

Suppen als Schlankmacher

Heute wissen wir, dass Suppe ein idealer Schlankmacher ist: Sie enthält viel Flüssigkeit und je nachdem, was »ausgekocht« wird, ist sie eine sehr kalorienarme Speise. Denken Sie nur an die Kohlsuppendiät! Was uns Sterneköche vorgemacht haben, ist inzwischen auch in den meisten Haushalten gang und gäbe: Große Mengen Sahne, Mehlschwitzen oder Butterflöckchen zum Binden werden kaum noch verwendet – jetzt wird püriert. Mit Stabmixer oder Pürierstab sparen Sie so ganz einfach Kalorien.

Aroma pur – jede Suppe ist nur so gut wie ihre Zutaten

Frische ist gefragt – dann stimmt auch der Geschmack. Denn je knackiger das Gemüse, je frischer das Fleisch oder der Fisch, desto mehr Aroma landet im Topf. Ihren individuellen Geschmack bekommt eine Suppe jedoch erst durch Kräuter und Gewürze. Achten Sie beim Kauf auf Qualität: Haben die Pflanzen braune oder welke Stellen oder sieht alles gesund und grün aus? Basilikum, Petersilie & Co. müssen Ihnen schon am Duft zeigen, dass sie frisch sind. Auch bei den Gewürzen zahlt es sich geschmacklich aus, auf Frische zu achten. Wann immer möglich,

mahlen oder zerreiben Sie die Gewürze erst kurz vor dem Gebrauch. So schmecken sie unvergleichlich besser.

Die wichtigsten Werkzeuge für die Suppenküche

Für feine Suppen unerlässlich: Ein einfacher Pürierstab oder die klassische Küchenmaschine. Ein gutes Schälmesser sowie ein Küchenmesser und ein größeres Gemüsemesser von sehr guter Qualität werden Ihnen das Vorbereiten der Zutaten erheblich erleichtern. Wichtig ist auch ein großes Schneidebrett, damit die geschnittenen Gemüsestücke darauf Platz haben. Feinmaschige und große Haarsiebe sind hilfreich, um Suppen zu passieren. Für das Abschöpfen bzw. Abschäumen empfiehlt sich ein Schaumlöffel bzw. eine Schöpfkelle.

Kleine Suppenkunde

Suppe ist gleich Suppe? Mitnichten. Was die eine von der anderen unterscheidet, klärt diese kleine Suppenkunde:

▶ Klare Suppen: Den Grundstock für klare Suppen bildet die Bouillon, eine einfache Brühe. Dafür werden Knochen, Fleisch, Fisch, Gemüse und Gewürze ausgekocht.

▶ Consommé: Hierbei wird eine einfache Fleischbrühe unter Zugabe von Fleisch und Suppengrün weitergekocht. Es entsteht eine intensive Kraftbrühe, die eine goldene Farbe hat.

▶ Consommé double: Die doppelte Kraftbrühe entsteht unter Zugabe von doppelter Fleisch- und Gemüsemenge. Die Farbe ist goldbraun, das Aroma kraftvoll und würzig.

▶ Fleischessenz: Hierbei handelt es sich um eine stark eingekochte doppelte Kraftbrühe, die meist als Zwischengang in Tässchen serviert wird. Ihre Farbe ist dunkelbraun.

▶ Gebundene Suppen: Die Bindung erfolgt durch Mehl oder püriertes Gemüse. Aber auch Sahne, Crème fraîche oder Eigelb binden.

▶ Fertige Brühen: Oft braucht man beim Kochen schnell etwas Brühe zum Ablöschen oder zum Würzen für Soßen. Industriell hergestellte Brühen können als Grundlage für Suppen verwendet und bei der Weiterverarbeitung durch Einlagen und Gewürze verfeinert werden.

Alles für die Brühe

Die Zutaten für eine Brühe sollten stets in kaltem Wasser aufgesetzt werden. So laugen sie besser aus und geben mehr Aroma ab.

Die Grundlage bildet Suppengemüse bzw. Suppengrün, das in der Regel aus Möhren, Knollensellerie,

Lauch und Petersilie besteht. Das Gemüse wird geputzt, bei Bedarf geschält, gewaschen und grob geschnitten. Einen intensiveren Geschmack erhält die Brühe, wenn sie zusätzlich mit einer angerösteten Zwiebel gekocht wird. Dazu eine geschälte Zwiebel halbieren und in einer Pfanne ohne Zugabe von Fett an den Schnittflächen dunkel anrösten. Anschließend in der Brühe mitkochen und am Ende herausfischen.

Suppenfleisch für eine Rindfleischbrühe kann ruhig etwas fettiger sein, da das Fett zusätzlichen Geschmack verleiht. Verwenden Sie dafür am besten Beinscheiben oder Teile aus der Ober- und Hochrippe. Wenn Sie das Suppenfleisch später servieren möchten, geben Sie es in kochendes Wasser – dadurch schließen sich die Poren und das Fleisch bleibt zart.

TIPP

▶ **Die schnellste Suppeneinlage sind selbstgemachte Croûtons. Dazu 1 Knoblauchzehe abziehen und fein würfeln, 4 Toastbrotscheiben würfeln und beides in 2 EL Olivenöl anbraten.**

Einlagen

Einlagen in einer klaren oder auch gebundenen, sämigen Suppe machen richtig satt. Dabei sind der Fantasie kaum Grenzen gesetzt: Suppeneinlagen können aus Geflügel, Fleisch, weiterverarbeiteten Fleischwaren wie Brät, Hackfleisch, Wurst oder aus Fisch, aus Gemüse, Backwaren (z. B. Backerbsen), Reis oder Nudeln hergestellt werden. Eierstich, Croûtons, Pfannkuchen, Griesnockerl, Markklößchen oder Leberknödel geben jeder Brühe eine besondere Note.

Binden

Suppen können Sie auf verschiedene Arten binden: Streuen Sie ein wenig Grieß, Sago, Haferflocken oder Rollgerste in die kochende Flüssigkeit – die Stärke bindet die Suppe. Auch mit Mehl wird klassisch gebunden, meist in Form einer »Mehlschwitze«: Butter und Mehl werden dabei verrührt und mit etwas Flüssigkeit aufgegossen. Sie können aber auch eine Kartoffel mitkochen und die Suppe dann mit dem Pürierstab mixen. Kalorienreicher, aber auch sehr fein sind Aromaträger wie Sahne, Crème fraîche, Crème double oder spezielle Kochsahne zum Binden.

Suppen-Knigge

Suppeschlürfen gilt in Europa als unhöflich – in China ist es ein Zeichen dafür, dass es besonders schmeckt. Während in Frankreich allein das Anheben des Suppentellers, um Reste auszulöffeln, ein Verstoß gegen die Tischsitten ist, sehen die Deutschen diese Geste lockerer: Hier ist das Ankippen des Suppentellers durchaus erlaubt. Das Pusten

zu warmer Suppen allerdings gehört sich nicht. Ist die Suppe zu heiß, wird das Essen besser mit einem Löffel umgerührt, bis es sich abgekühlt hat. Auch Brot in die Suppe zu tunken ist verpönt. In England wird Suppe übrigens traditionell nach »außen« gelöffelt, also vom Körper weg. Getrunken werden darf Suppe übrigens in westlichen Kulturkreisen nur, wenn sich an einer Suppentasse ein Henkel befindet. Der Suppenlöffel wird am Ende des Suppen-Gangs nicht zurück in den Teller, sondern auf die Untertasse oder den Unterteller gelegt.

Kleines Suppen-Abc

▶ **Abschäumen:** Beim Kochen von Fleisch steigt an der Oberfläche Schaum auf. Es handelt sich dabei um Trübstoffe, die mit einem Schaumlöffel oder einer Kelle vorsichtig abgenommen werden können.

▶ **Aufkochen:** Flüssigkeit erhitzen, bis sie sprudelnd kocht.

▶ **Brät:** eine klassische Suppeneinlage. Es handelt sich um zerkleinerte rohe Fleischmasse von Kalb, Rind oder Schwein, angereichert mit Gewürzen sowie mit Salz und Wasser. Brät kann man in der Regel frisch beim Metzger kaufen oder vorbestellen.

▶ **Fond:** eine klare, würzige, eingekochte Brühe, die konzentriert die Essenz eines Aromas, z. B. Wild, Geflügel, Fisch oder Gemüse, enthält. Einen Fond selbst zu kochen ist etwas zeitaufwendig, da er stundenlang einkochen bzw. reduzieren muss.

▶ **Klären:** Dabei wird eine Fleischbrühe mit etwas Eiweiß aufgekocht und anschließend durch ein feines Sieb abgegossen. So werden Trübstoffe in der Flüssigkeit entfernt.

▶ **Liaison/Legieren:** das Binden einer Suppe durch eine Mischung (Liaison) aus 1 Eigelb und 200 g Sahne auf 1 l Brühe. Dafür zieht man den Topf vom Herd und schlägt die Mischung kräftig unter. Nicht mehr kochen, da das Eigelb sonst ausflockt.

▶ **Reduktion:** Durch längeres Kochen werden Suppen dickflüssiger bzw. konzentriert eingekocht. Die Reduktion schmeckt intensiver, weil mehr Flüssigkeit verdampft ist.

▶ **Sud:** würzige Flüssigkeit zum Garen von Fleisch, Geflügel, Fisch oder Gemüse.

▶ **Suppengrün:** auch Suppengemüse oder -bund. Der Bund besteht in der Regel aus Möhre, Knollensellerie, Lauch sowie Petersilie und ist geputzt, gewaschen und grob geschnitten die Grundlage jeder selbst angesetzten Suppe.

Klare Suppen

Grundrezept Rindfleischbrühe

750 g – 1 kg Rindfleisch (mit Knochen, z. B. Beinfleisch, Querrippe)
2 Markknochen
Salz
1 Bd. Suppengrün, 1/2 Bd. Petersilie
1 Lorbeerblatt
6 Pfefferkörner
1 große Zwiebel

Zubereitungszeit: 20 Min.
Garzeit: 2 1/2 Std.

1 Rindfleisch und Markknochen unter fließendem kaltem Wasser abspülen und in einen großen Topf geben. Mit 2 1/2 l kaltem Wasser bedecken, 1 1/2 TL Salz zufügen und das Ganze zum Kochen bringen (Bild 1).

(1)

2 Wenn das Wasser sprudelnd kocht, die Hitze reduzieren und kurz unter dem Siedepunkt halten, dabei mit einem Schaumlöffel immer wieder den entstandenen Schaum abschöpfen. Das Fleisch bei mittlerer Hitze 1 Stunde kochen.

(2)

3 Inzwischen Suppengrün putzen, waschen, gegebenenfalls schälen. Petersilie waschen und trocken schütteln. Gemüse und Petersilie mit Küchengarn zu einem Bund binden und mit Lorbeerblatt und Pfefferkörnern zum Fleisch geben (Bild 2).

4 Zwiebel schälen und quer halbieren. Die 2 Hälften an den Schnittflächen in einer beschichteten Pfanne ohne Fett dunkel anrösten und zum Fleisch geben. Das Ganze weitere 1 1/2 Stunden garen.

5 Fleisch und Knochen aus der Brühe nehmen. Brühe durch ein feines Haarsieb oder durch ein mit einem Geschirrtuch ausgelegtes Sieb gießen (Bild 3). Die Brühe mit Salz abschmecken.

(3)

Grundrezept Hühnerbrühe

▶ **Eine Hühnerbrühe wird nach dem Grundrezept Rindfleischbrühe zubereitet. Nehmen Sie hierfür ein Suppenhuhn, gerne auch mit Herz und Leber, die sich meist in Folie verpackt im Inneren befinden. Hühnerbrühe wird besonders geschmackvoll, wenn Sie zusätzlich Kräuter und Gewürze mitgaren, wie z. B. Thymian- oder Rosmarinzweige, Koriander, Oregano oder ein Stück unbehandelte Zitronenschale.**

Leberspätzlesuppe

Für 4 Personen:

40 g Butter
125 g Leber, durchgedreht (vom Metzger machen lassen)
1 kleine Zwiebel
1 Bd. Petersilie
1 Ei
40 g Paniermehl
Salz, Pfeffer
1 Prise Muskatnuss
1/2 TL getrockneter Majoran
1 l Fleischbrühe (Instant oder selbst hergestellt)

Zubereitungszeit: 20 Min.
Ruhezeit: 40 Min.
Garzeit: 10 Min.

Nährwerte pro Person: 175 kcal, 732 kJ, 10 g EW, 10 g F, 9 g KH

1 Weiche Butter in eine Rührschüssel geben und schaumig rühren. Leber dazugeben und alles gut vermengen. Zwiebel schälen und fein hacken. Petersilie abbrausen, Blättchen fein wiegen. Beides unter die Masse heben.

2 Ei und Paniermehl zur Lebermischung geben. Mit Salz, Pfeffer, Muskatnuss und Majoran würzen. Alles durcharbeiten. Teig 30–40 Minuten ausquellen lassen.

3 Fleischbrühe erhitzen. Wenn sie kocht, Teig durch einen Spätzleseiher in die Brühe geben. 5–10 Minuten ziehen lassen.

4 Schnittlauch abbrausen, trocken schütteln und in Röllchen schneiden. Vor dem Servieren über die Suppe geben.

Eierstichsuppe

Für 4 Personen:

2 Eier
4 EL kalte Fleischbrühe oder Milch
1 Prise Salz
1 Prise Muskatnuss, frisch gerieben
Öl
1 l Fleisch- oder Gemüsebrühe (Instant oder selbst hergestellt)

Zubereitungszeit: 15 Min.
Garzeit: 20 Min.

Nährwerte pro Person: 100 kcal, 418 kJ, 5 g EW, 8 g F, 1 g KH

1 Eier mit kalter Brühe oder Milch verquirlen. Salz, Pfeffer und Muskatnuss zugeben. Ein hitzeresistentes Förmchen mit Öl einreiben und Eimasse hineingeben, gut verschließen.

2 Förmchen in einen Topf stellen. So viel heißes Wasser eingießen, bis das Förmchen zur Hälfte in Wasser steht. Eimasse bei schwacher Hitze in ca. 20 Minuten stocken lassen.

3 Dann Eierstich aus der Form lösen, stürzen und etwas abkühlen lassen. Das Ganze in Rauten oder Würfel schneiden. Einlage in die heiße Brühe geben und dann sofort servieren.

Nudelsuppe mit Tomaten und Zucchini

Für 4 Personen:

300 g Conchigliette rigate oder andere kleine Pasta
Salz
1 Zwiebel
1/4 Knollensellerie
1 EL Pflanzenöl
1 l Gemüsebrühe
1 TL getrocknete Suppenkräuter
150 g Champignons
1 Zucchini
3 Tomaten
Pfeffer aus der Mühle

TIPP

▶ 1 EL Tomatenmark oder 1 EL gehackte Kräuter unter die Eimasse rühren. So erhalten Sie eine tolle Suppeneinlage, die auch optisch einiges hermacht.

Zubereitungszeit: 25 Min.

Nährwerte pro Person: 172 kcal, 720 kJ, 8 g EW, 5 g F, 26 g KH

1 Nudeln nach Packungsanweisung in Salzwasser bissfest garen, in ein Sieb abgießen und abtropfen lassen.

2 Zwiebel schälen, halbieren und in feine Würfel schneiden. Sellerie schälen und in kleine Würfel schneiden.

3 Öl in einem großen Topf erhitzen, Zwiebel- und Selleriewürfel darin bei mittlerer Hitze unter Rühren andünsten. Brühe zugießen, Kräuter zufügen und bei schwacher Hitze ca. 10 Minuten köcheln lassen.

4 In der Zwischenzeit Champignons mit Küchenpapier putzen und in Spalten schneiden. Zucchini waschen, Enden entfernen und Zucchini in kleine Würfel schneiden. Beides in die Suppe geben und 5 Minuten mitgaren.

5 Tomaten waschen, halbieren, den Strunk entfernen und Fruchtfleisch in Spalten schneiden. Tomaten mit den Nudeln zur Suppe geben, in der Brühe ca. 3 Minuten garen. Suppe mit Salz und Pfeffer abschmecken und servieren.

Speckknödelsuppe

Für 4 Personen:

500 g alte Brötchen
200 g durchwachsener Speck
4 Eier
$^1/_4$ l Milch
Salz
Pfeffer
Muskatnuss, frisch gerieben
1 Bd. Petersilie
2 EL Mehl
1 l Fleischbrühe (Instant oder selbst hergestellt)
1 Bd. Schnittlauch

Zubereitungszeit: 25 Min.
Ruhezeit: 10 Min.
Garzeit: 15 Min.

Nährwerte pro Person: 796 kcal, 3330 kJ, 25 g EW, 41 g F, 74 g KH

1 Brötchen in kleine Würfel schneiden. Speck fein würfeln und mit Brötchen mischen.

2 Eier mit Milch verquirlen. Mit Salz, Pfeffer und Muskatnuss würzen und über die Brötchen-Speck-Mischung geben.

3 Petersilie abbrausen, trocken schütteln und ohne grobe Stiele fein hacken. Ebenfalls zur Brötchenmischung geben. 10 Minuten ziehen lassen. Dann Mehl unterrühren.

4 Aus dem Teig mit den Händen mittelgroße Klöße formen. Fleischbrühe erhitzen. Klöße in siedender

Brühe 10–15 Minuten gar ziehen lassen.

5 Schnittlauch waschen und in Röllchen schneiden. Speckknödelsuppe auf Teller verteilen und mit Schnittlauch bestreut servieren.

Grießklößchensuppe

Für 4 Personen:

20 g Butter
1 Ei
100 g Grieß
Salz
1/2 Bd. Schnittlauch
1 l Fleischbrühe (Instant oder selbst zubereitet)

Zubereitungszeit: 20 Min.
Ruhezeit: 15 Min.

Nährwerte pro Person: 153 kcal, 6450 kJ, 6 g EW, 7 g F, 17 g KH

1 Zimmerwarme Butter in eine Rührschüssel geben. Ei zugeben und das Ganze in 5 Minuten schaumig schlagen. Grieß und Salz untermengen. 15 Minuten ruhen lassen.

2 Mit 2 Esslöffeln kleine Klößchen aus der Masse formen; Löffel immer wieder kalt abspülen. Reichlich Salzwasser aufkochen, Klößchen hineinlegen und ca. 10 Minuten ziehen lassen.

3 Schnittlauch abbrausen, trocken schütteln und in feine Röllchen schneiden. Fleischbrühe erhitzen. Grießklößchen in die Suppe setzen. Heiß und mit Schnittlauch bestreut servieren.

TIPP

▶ **Kräuter geben klaren Suppen einen frischen Geschmack. Neben Schnittlauch eignen sich auch Petersilie, Kerbel, Basilikum, Kresse oder Sprossen.**

Grundrezept Fischbrühe

1 Bd. Suppengrün
1 Zwiebel
1/2 Bd. Thymian
750 g Fischreste (Gräten, Köpfe ohne Kiemen, Filets)
2 EL Sonnenblumenöl
Salz, 1 Lorbeerblatt
2 Gewürznelken
3 Pfefferkörner
Pfeffer aus der Mühle

Zubereitungszeit: 20 Min.
Garzeit: 45 Min.

1 Suppengrün putzen, waschen, gegebenenfalls schälen. Zwiebel abziehen. Das Gemüse klein würfeln. Thymian waschen und trocken schütteln. Fischreste unter fließendem kaltem Wasser abspülen.

2 Sonnenblumenöl in einem großen Topf erhitzen und Gemüse darin unter Rühren anschwitzen. 2 l Wasser angießen, mit 1 gestr. EL Salz würzen und Fischreste zugeben. Lorbeerblatt, Thymian, Gewürznelken und Pfefferkörner zufügen.

3 Das Ganze einmal aufkochen und ca. 45 Minuten bei mittlerer Hitze köcheln lassen. Anschließend die Brühe durch ein mit einem Geschirrtuch ausgelegtes Haarsieb gießen. Mit Salz und mit Pfeffer abschmecken.

TIPP

▶ **Fischbrühe ist im Kühlschrank 3–4 Tage haltbar. Was Sie nicht direkt weiterverarbeiten, am besten gleich nach dem Abkühlen einfrieren. Wenn Sie die Flüssigkeit nochmals um die Hälfte einkochen lassen, entsteht ein Fischfond, den Sie z. B. auch für Soßen verwenden können.**

▶ Gemüsesuppen

TIPP

▶ Die klare Gemüsebrühe können Sie als Grundlage für Suppen, Eintöpfe, Soßen und viele Gemüsegerichte verwenden. Im Kühlschrank ist sie 4–6 Tage haltbar, im Tiefkühlfach bis zu 5 Monate. Am besten gleich eine größere Menge kochen und portionsweise in stabilen Tiefkühldosen einfrieren. Die Brühe kann auch zu einem konzentrierten Fond eingekocht werden. Dafür die Garzeit verdoppeln und die Reduktion in Eiswürfelbehältern auf Vorrat einfrieren.

Grundrezept Gemüsebrühe

1 Zwiebel
1 Knoblauchzehe
150 g Möhren
100 g Petersilienwurzel
1/2 Stange Lauch
1/2 Knollensellerie
1 Stange Sellerie
2 Tomaten
1 EL Butter
2 TL Salz
1 Lorbeerblatt, 5 Pfefferkörner
Muskatnuss, frisch gerieben

Zubereitungszeit: 20 Min.
Garzeit: 1 Std.

1 Zwiebel und Knoblauch schälen und fein würfeln. Möhren und Petersilienwurzel schälen und waschen. Lauch putzen, längs halbieren und gründlich waschen. Knollensellerie schälen und putzen. Selleriestange waschen, harte Fäden auf der Oberseite abziehen. Gemüse in grobe Stücke schneiden. Tomaten waschen, vierteln, Stielansätze entfernen.

2 Butter in einem großen Topf erhitzen, Zwiebel und Knoblauch darin kurz anbraten. Vorbereitetes Gemüse zugeben und kurz anschwitzen.

3 2 l Wasser eingießen, salzen, Lorbeerblatt und Pfefferkörner dazugeben. Alles zum Kochen bringen und dann bei schwacher Hitze ca. 1 Stunde köcheln lassen. Zum Schluss mit Muskatnuss abschmecken.

4 Die Brühe durch ein feines Haarsieb oder durch ein mit einem Geschirrtuch ausgelegtes Sieb gießen.

Grundrezept Cremesuppe

Für 4 Personen:

1 kg Gemüse (je nach Saison und Geschmack: z. B. Möhren, Blumenkohl, Zucchini, Spargel)
1 Zwiebel
1 EL Butter
1 l Gemüsebrühe
Salz
Pfeffer

Zubereitungszeit: 20 Min.
Garzeit: 15 Min.

Nährwerte pro Person: 137 kcal, 574 kJ, 7 g EW, 6 g F, 15 g KH

1 Das Gemüse putzen, waschen, evtl. schälen und in kleine Würfel schneiden. Die Zwiebel schälen und klein schneiden.

(1)

(2)

(3)

2 Butter in einem Topf erhitzen, Zwiebel darin unter Rühren kurz anschwitzen. Gemüse hinzufügen und ebenfalls anschwitzen (Bild 1).

3 Die Gemüsebrühe angießen und einmal aufkochen, Hitze reduzieren und das Gemüse in ca. 15 Minuten weich kochen (Bild 2).

4 Suppe mit dem Pürierstab mixen, mit Salz und Pfeffer abschmecken (Bild 3).

TIPP

▶ Die Suppe kann durch 2 EL Sahne oder Crème fraîche verfeinert werden. Fügen Sie zusätzlich frisch gehackte Kräuter, Croûtons oder Fleischklößchen hinzu.

Minestrone

Für 4 Personen:

Für die Minestrone:
2 Möhren
250 g grüner Spargel
½ Blumenkohl
½ Romanesco
1 Bd. Frühlingszwiebeln
3 runde Zucchini
4 Knoblauchzehen
6 EL Olivenöl
300 g dicke Bohnen, abgetropft (Glas)
300 g Kirschtomaten
1 Stück Parmesanrinde
Salz, Pfeffer
300 g Lasagneblätter
Für das Pesto:
5 Bd. Basilikum
1 Knoblauchzehe
30 g Pinienkerne
3 EL Olivenöl
50 g Parmesan, gerieben
grobes Salz

Zubereitungszeit: 50 Min.

Nährwerte pro Person: 573 kcal, 2397 kJ, 21 g EW, 36 g F, 41 g KH

1 Das Gemüse putzen und waschen. Möhren schälen und klein schneiden. Das untere Drittel vom Spargel schälen, holzige Enden abschneiden und Spargel in Stücke schneiden.

2 Blumenkohl und Romanesco in Röschen teilen. Von den Frühlingszwiebeln nur das Grün in Stücke schneiden. Die Zucchini in Spalten schneiden. Knoblauch schälen und fein hacken.

3 1 EL Öl in einem großen Topf erhitzen. Knoblauch und Frühlingszwiebeln darin nur kurz anrösten. Möhren, Blumenkohl, Spargel, Romanesco, Bohnen und die Hälfte der gewaschenen Tomaten hineingeben, 2 l Wasser angießen und aufkochen. Hitze reduzieren und zugedeckt knapp 30 Minuten köcheln lassen.

4 5 EL Olivenöl angießen, Käserinde und restliche Tomaten einlegen. Mit Salz und Pfeffer abschmecken.

5 Lasagneblätter im kochenden Salzwasser bissfest garen und ab-

gießen. Auf Küchenpapier legen, 3-mal der Breite nach durchschneiden, in die Suppe geben und alles nochmals verrühren.

6 Für das Pesto Basilikumblättchen von den Stängeln zupfen, abbrausen und trocken tupfen. Knoblauchzehe schälen. Basilikum, Knoblauch, Pinienkerne im Mörser zu einer gleichmäßigen Paste zerstoßen. Olivenöl, Käse und wenig Salz unter die Paste rühren.

7 Minestrone in Suppenteller füllen und mit einem Klecks Pesto servieren.

TIPP

▶ Die Zwiebelsuppe gehört in Frankreich zu den Klassikern. Statt des Toastbrots können Sie auch frische Baguettescheiben nehmen. Sollten Sie keine ofenfesten Suppentassen haben, können Sie die mit Käse bestreuten Brotscheiben auf ein mit Backpapier ausgelegtes Blech legen und im vorgeheizten Backofen bei 200 Grad ca. 5 Minuten überbacken. Dann herausnehmen und auf die Suppe setzen.

Zwiebelsuppe

Für 4 Personen:

300 g Gemüsezwiebeln
2 EL Speiseöl
1 TL Mehl
700 ml Gemüsebrühe
200 ml Weißwein
Salz, Pfeffer
einige Thymianblättchen
1/4 TL gerebelter Rosmarin
150 g Leerdammer Original
4 Scheiben Toastbrot

Zubereitungszeit: 10 Min.
Garzeit: 15 Min.

Nährwerte pro Person: 300 kcal, 1255 kJ, 14 g EW, 17 g F, 15 g KH

1 Backofen auf 240 Grad vorheizen.

2 Zwiebeln abziehen, halbieren und in feine Streifen schneiden. Öl in einem großen Topf erhitzen und Zwiebeln unter Rühren andünsten.

3 Anschließend mit dem Mehl bestäuben und gut verrühren. Gemüsebrühe und Weißwein angießen. Suppe bei schwacher Hitze zugedeckt ca. 15 Minuten garen. Mit Salz, Pfeffer, Thymian und Rosmarin abschmecken.

4 Zwiebelsuppe in ofenfeste Suppentassen füllen. Käse in feine Streifen schneiden oder hobeln, auf Toastbrotscheiben verteilen und je 1 Scheibe in jede Suppentasse legen.

5 Die Suppe ca. 4 Minuten im Backofen goldbraun überbacken und heiß servieren.

Käsesuppe mit Gemüse

Für 4 Personen:

1 große Möhre
150 g frischer Blattspinat
1 Schalotte
1 kleine Zucchini
300 g Butterkäse
150 g Hörnchennudeln
Salz
2 EL Butter
200 ml Apfelsaft
300 ml Milch
300 g Sahne
4 EL Olivenöl
Pfeffer aus der Mühle

1 gestr. TL Zucker
Muskatnuss, frisch gerieben
geriebener Käse zum Garnieren

Zubereitungszeit: 35 Min.

Nährwerte pro Person: 913 kcal, 3820 kJ, 28 g EW, 77 g F, 28 g KH

1 Möhre schälen, waschen, der Länge nach vierteln und dann würfeln. Blattspinat verlesen, dabei welke Blätter entfernen. Spinat waschen und in einem Sieb abtropfen lassen. Schalotte schälen und fein hacken. Zucchini waschen und in sehr dünne Scheiben schneiden. Käse entrinden und fein würfeln.

2 Nudeln nach Packungsanweisung in Salzwasser kochen, abgießen und beiseitestellen.

3 Butter in einem großen Topf erhitzen und Schalotte darin glasig anschwitzen. Apfelsaft, Milch, Sahne und Käse zugeben, erhitzen und den Käse bei schwacher Hitze unter Rühren schmelzen lassen. Herd abschalten und die Brühe zugedeckt warm halten.

4 In einem zweiten Topf die Hälfte des Olivenöls erhitzen und Möhrenwürfel darin glasig dünsten. Salzen, pfeffern, mit Zucker bestreuen und unter Rühren glasieren. Herausnehmen und beiseitestellen.

5 Restliches Olivenöl in dem Topf erhitzen und die Zucchinischeiben darin anbraten. Spinat dazugeben und ebenfalls kurz mitbraten, bis er zusammenfällt. Mit Salz, Pfeffer und Muskatnuss würzen.

6 Die Brühe mit einem Pürierstab schaumig aufschlagen, mit Salz und Pfeffer abschmecken. Gemüse und Nudeln auf tiefe Teller verteilen, mit der Suppe aufgießen und mit Käse bestreuen.

Orientalische Linsensuppe

Für 4 Personen:

350 g rote Linsen
1 kleine Zwiebel
2 Knoblauchzehen
1 grüne Paprikaschote
2 EL Olivenöl
600 ml Gemüsebrühe
Salz, Pfeffer
1 TL gemahlener Kreuzkümmel
Saft von $^1/_2$ Zitrone
Koriander zum Garnieren

Zubereitungszeit: 15 Min.
Garzeit: 25 Min.

Nährwerte pro Person: 170 kcal, 711 kJ, 10 g EW, 3 g F, 24 g KH

1 Linsen in einem Sieb unter fließendem kaltem Wasser waschen, anschließend abtropfen lassen.

2 Zwiebel und Knoblauch schälen und in feine Würfel schneiden. Paprika längs halbieren, von Stielansatz, Kernen und Trennwänden befreien, waschen und in dünne Streifen schneiden.

TIPP

▶ Achten Sie darauf, dass die Suppe nicht zu lange kocht, da die Linsen sonst zerfallen. Hülsenfrüchte wie Linsen kochen kürzer, wenn sie erst kurz vor Ende der Garzeit gesalzen werden.

3 Öl in einem Topf erhitzen, Zwiebel und Knoblauch darin andünsten. Die Linsen und Brühe hinzufügen. Alles aufkochen und unter gelegentlichem Rühren 10 Minuten köcheln lassen.

4 Paprikastreifen zur Suppe geben und 15 Minuten weiterköcheln, bis die Linsen gar sind.

5 Linsensuppe mit Salz, Pfeffer, Kreuzkümmel und Zitronensaft abschmecken. Auf Suppenteller verteilen und mit Koriander garniert servieren.

Bündner Gerstensuppe

Für 4 Personen:

1 Zwiebel
1 Knoblauchzehe
50 g Speck
40 g Butterschmalz
1 1/2 l Gemüsebrühe
250 g Suppenknochen
2 Möhren
2 Stangen Sellerie
80 g Perlgraupen
1 Stange Lauch
Salz, Pfeffer
Muskatnuss, frisch gerieben
1 Bd. Petersilie

Zubereitungszeit: 30 Min.

Nährwerte pro Person: 532 kcal, 2226 kJ, 20 g EW, 40 g F, 26 g KH

1 Zwiebel und Knoblauch abziehen und würfeln. Speck würfeln. Butterschmalz in einem Topf erhitzen und vorbereitete Zutaten darin kurz anbraten. Mit Brühe ablöschen.

2 Knochen unter fließendem kaltem Wasser waschen und in den Topf geben. Die Suppe ca. 30 Minuten bei mittlerer Hitze kochen lassen.

3 Möhren schälen. Sellerie putzen, waschen und Fäden auf der Oberseite abziehen. Möhren und Sellerie in dünne Scheiben schneiden.

4 Knochen mit einem Schaumlöffel aus der Suppe heben und wegwerfen. Möhren, Sellerie und Graupen in die Suppe geben und 15 Minuten bei milder Hitze kochen lassen.

5 Lauch putzen, der Länge nach aufschneiden, waschen und in feine Streifen schneiden. In die Suppe geben und 5 Minuten mitkochen.

6 Gerstensuppe mit Salz, Pfeffer und Muskatnuss abschmecken. Petersilie waschen, trocken schütteln, die Blättchen abzupfen, fein hacken und unter die Suppe rühren.

TIPP

▶ Die Gerstensuppe können Sie auch mit anderen Getreidesorten, wie Hirse oder Dinkel, zubereiten. Streuen Sie kurz vor dem Servieren knusprige Croûtons über die Suppe!

Gemüsesuppe mit Reis

(Abbildung S. 41)

Für 4 Personen:

600 g Vollkornreis
Salz
2 Frühlingszwiebeln
2 große Möhren
400 g grüne Spargelstangen
250 g Zuckerschoten
2 EL Pflanzenöl
Pfeffer aus der Mühle
900 ml Gemüsebrühe

Zubereitungszeit: 25 Min.
Nährwerte pro Person: 645 kcal, 2699 kJ, 18 g EW, 8 g F, 124 g KH

1 Reis nach Packungsanweisung in Salzwasser kochen und abgießen.

2 Frühlingszwiebeln waschen, putzen, hellen Teil in Streifen, das Grün in Ringe schneiden. Beiseitestellen.

3 Möhren waschen, schälen und in feine Streifen schneiden. Das untere Drittel vom Spargel schälen, holzige Enden abschneiden. Spargel und Zuckerschoten waschen und in grobe Stücke schneiden.

4 Pflanzenöl in einem großen Topf erhitzen. Möhren, Spargel und Zuckerschoten zugeben, unter Rühren ca. 5 Minuten anbraten, anschließend mit Salz und Pfeffer würzen.

5 Gemüsebrühe zugießen und aufkochen. Das Ganze 10 Minuten bei milder Hitze köcheln lassen. Reis unterrühren und kurz ziehen lassen.

6 Suppe auf Suppentassen verteilen und mit den Frühlingszwiebeln bestreut servieren.

Gazpacho

Für 4 Personen:

8 Scheiben Toastbrot
1 Knoblauchzehe
3 EL Pflanzenöl (z. B. von Becel)
1 Salatgurke, 1 Zwiebel
je 1 kleine grüne, gelbe und rote Paprikaschote
1 Dose ganze Tomaten (400 g)
1 EL Weißweinessig
Salz
Pfeffer

Zubereitungszeit: 20 Min.
Kühlzeit: 1 Std.

Nährwerte pro Person: 240 kcal, 1005 kJ, 6 g EW, 10 g F, 31 g KH

1 5 Scheiben Toastbrot grob würfeln. Knoblauchzehe schälen und durch eine Knoblauchpresse drücken. Brotwürfel mit Knoblauch und 2 EL Pflanzenöl vermengen und 30 Minuten ziehen lassen.

2 Inzwischen Gurke waschen und trocken tupfen. Zwiebel schälen. Paprikaschoten waschen, halbieren, von Stielansätzen, Kernen und Trennwänden befreien. Jeweils $^1/_3$ von Gurke, Zwiebel und Paprika in feine Würfel schneiden und kühl stellen.

3 Restliches Gemüse grob würfeln und in einem Topf oder einer Schüssel mit dem eingeweichten Brot vermengen. Tomaten mit dem Saft aus der Dose dazugeben. Das Ganze mit dem Pürierstab mixen.

4 Die Suppe mit Weißweinessig, Salz sowie mit Pfeffer abschmecken und mindestens für 1 Stunde in den Kühlschrank stellen.

5 Restliches Toastbrot für die Croûtons entrinden und in kleine Würfel schneiden. Das restliche Öl in einer Pfanne erhitzen und die Toastwürfel

darin goldbraun anrösten. Die fertigen Croûtons nach Belieben etwas salzen und pfeffern.

6 Die Suppe gut gekühlt mit dem gewürfelten Gemüse und den Croûtons servieren.

Kartoffelsuppe

Für 4 Personen:

400 g mehligkochende Kartoffeln
300 g Knollensellerie
1 große Zwiebel
1 EL Sonnenblumenöl
1 l Gemüsebrühe
1/4 Bd. Petersilie
1 kleine Möhre
4 EL saure Sahne
Salz
Pfeffer aus der Mühle
Muskatnuss, frisch gerieben
Schnittlauch, Petersilienblättchen und Möhrenraspel zum Garnieren

Zubereitungszeit: 30 Min.

Nährwerte pro Person: 189 kcal, 792 kJ, 7 g EW, 8 g F, 22 g KH

1 Kartoffeln und Sellerie schälen, waschen und klein würfeln. Zwiebel schälen und fein hacken.

2 Öl in einem Topf erhitzen und die Zwiebel darin glasig dünsten. Kartoffeln und Sellerie dazugeben und kurz mitschmoren.

3 Brühe zugießen, aufkochen und bei schwacher Hitze zugedeckt ca. 15 Minuten kochen, bis Kartoffeln und Sellerie weich sind.

4 Petersilie waschen, trocken schütteln, Blättchen abzupfen und fein hacken. Möhre schälen und fein reiben. Möhrenraspel mit Petersilie und saurer Sahne mischen.

5 Kartoffeln und Sellerie in der Suppe mit einem Kartoffelstampfer zerdrücken. Suppe mit Salz, Pfeffer und Muskat kräftig würzen und auf Suppenteller verteilen. Sahne als Häubchen daraufsetzen.

6 Suppe mit Schnittlauch, Petersilienblättchen und Möhrenraspeln garnieren.

TIPP

▶ Die Suppe wird nicht püriert. Stattdessen werden Kartoffeln und Sellerie mit einem Kartoffelstampfer zerdrückt. So wird die Suppe schön sämig.

Spargelcremesuppe

Für 4 Personen:

500 g grüner Spargel
Salz
3 Schalotten
$^{1}/_{2}$ Bd. Petersilie
1 EL Butter
2 TL Mehl
200 g Sahne
Pfeffer aus der Mühle
Muskatnuss, frisch gerieben
4 Scheiben Toastbrot
1 EL Olivenöl

Zubereitungszeit: 25 Min.

Nährwerte pro Person: 862 kcal, 3607 kJ, 17 g EW, 70 g F, 26 g KH

1 Spargel waschen, das untere Drittel schälen und harte Enden abschneiden. Spargel in kleine Stücke schneiden. 600 ml leicht gesalzenes Wasser zum Kochen bringen und die Spargelstücke darin in ca. 7 Minuten weich kochen.

2 Spargel mit einer Schaumkelle herausheben und pürieren, dabei 8 Spargelspitzen beiseitelegen. Das Püree ins Kochwasser zurückgeben, gut verrühren und die Suppe durch ein Sieb gießen.

3 Die Schalotten schälen und klein würfeln. Petersilie waschen, trocken schütteln und fein hacken, dabei die harten Stiele entfernen.

4 Butter in einem Topf zerlassen, Schalotten darin glasig dünsten. Mit Mehl bestäuben und so lange rühren, bis die Butter das gesamte Mehl aufgenommen hat.

5 Mit der Suppe ablöschen und unter Rühren aufkochen lassen. Die Sahne dazugeben und ca. 5 Minuten bei mittlerer Hitze einkochen lassen. Mit Pfeffer, Petersilie und Muskatnuss würzen, nur wenig salzen.

6 Toastbrot in Würfel schneiden. In einer Pfanne Öl erhitzen und Brot darin goldbraun rösten. Spargelcremesuppe in Schälchen geben und mit den Spargelspitzen und den Croûtons garniert servieren.

Tomatencremesuppe

Für 4 Personen:

1,2 kg Fleischtomaten
1 große Zwiebel
2 Knoblauchzehen
2 EL Olivenöl
600 ml Gemüsebrühe
Salz, Pfeffer
4 EL Crème fraîche
4 Scheiben Zwieback
Basilikumblätter zum Garnieren

Zubereitungszeit: 25 Min.
Garzeit: 20 Min.

Nährwerte pro Person: 185 kcal, 775 kJ, 4 g EW, 13 g F, 13 g KH

TIPP

▶ Wenn es mal ganz schnell gehen soll, können Sie statt der frischen Tomaten auch 1 kg passierte Tomaten aus der Dose oder dem Tetrapak verwenden. Streuen Sie 1 Prise Zimt in die Suppe, dieses sorgt für ein besonders raffiniertes Aroma.

1 Fleischtomaten mit heißem Wasser überbrühen und kalt abschrecken. Haut vorsichtig abziehen, Tomaten vom Stielansatz befreien und in kleine Stücke schneiden.

2 Zwiebel und Knoblauch schälen und würfeln. Olivenöl in einem Topf erhitzen, Zwiebel mit Knoblauch darin unter Rühren anschwitzen.

3 Tomaten hinzufügen und ebenfalls andünsten. Gemüsebrühe angießen, salzen und pfeffern. Das Ganze einmal aufkochen lassen, dann bei milder Hitze zugedeckt ca. 20 Minuten köcheln lassen.

4 Die Suppe vom Herd nehmen, mit dem Pürierstab mixen und anschließend durch ein feines Sieb streichen.

5 Suppe in Suppentassen füllen und auf jede Portion 1 EL Crème fraîche setzen. Zwieback mit den Händen in kleine Stücke zerbrechen und über die Suppe streuen. Mit Basilikumblättern garnieren und sofort servieren.

Kürbiscremesuppe mit Cranberrys

Für 4 Personen:

500 g Hokkaidokürbis
1 mehligkochende Kartoffel
1 Zwiebel
1 walnussgroßes Stück Ingwer
2 EL Öl, 1/2 TL Currypulver
750 ml Gemüsebrühe
3 Frühlingszwiebeln
1 TL Kräuterbutter
175 g frische Cranberrys
2 TL brauner Zucker
200 g Schlagsahne
Salz
Pfeffer aus der Mühle
Saft von 2 Orangen

Zubereitungszeit: 40 Min.
Garzeit: 20 Min.

Nährwerte pro Person: 392 kcal, 1640 kJ, 5 g EW,23 g F, 24 g KH

1 Kürbis schälen und entkernen, Fruchtfleisch würfeln. Kartoffel schälen, waschen und in Stücke schneiden.

2 Zwiebel schälen und würfeln. Ingwer schälen und fein würfeln oder reiben. Öl in einem großen Topf erhitzen. Zwiebel, Ingwer und Currypulver darin anschwitzen.

3 Kürbis und Kartoffel zugeben und kurz andünsten. Brühe angießen und zugedeckt 20 Minuten köcheln lassen.

4 Frühlingszwiebeln putzen, waschen und in feine Ringe schneiden. Kräuterbutter in einer Pfanne erhitzen. Cranberrys darin andünsten und mit 1 TL Zucker bestreuen.

5 Ca. 3/4 der Cranberrys in den Kürbis-Kartoffel-Sud geben. Rest beiseitestellen.

6 Suppe mit einem Stabmixer gründlich pürieren. Die Sahne angießen, restliche Cranberrys zugeben und das Ganze einmal aufkochen. Mit Salz, Pfeffer und etwas Zucker würzen.

7 Frühlingszwiebeln und Orangensaft in die Suppe geben und kurz erhitzen, aber nicht mehr kochen lassen.

8 Suppe vor dem Servieren nochmals abschmecken. In Suppenschüsselchen geben.

VARIANTE

▶ **Kürbiscremesuppe schmeckt auch asiatisch inspiriert unwiderstehlich aromatisch! Hierfür 500 g Kürbisfleisch würfeln und 1 geschälte Kartoffel und 150 g Möhren klein schneiden. 1 Stück geschälten Ingwer, 2 abgezogene Knoblauchzehen und je nach Geschmack 1–2 Chilischoten fein würfeln. Kürbis mit dem gesamten Gemüse in 1 EL Butter anschwitzen. 300 ml Gemüsebrühe angießen und 5 Minuten köcheln lassen. Dann 400 ml Kokosmilch (Dose) dazugeben. 1 Stiel Zitronengras mehrfach knicken und im Sud mitkochen lassen. Die Suppe 30 Minuten leise köcheln lassen. Danach Zitronengrasstiel entfernen und das Ganze mit dem Stabmixer pürieren. Mit Pfeffer und Sojasoße abschmecken. Guten Appetit!**

Zucchinicremesuppe

Für 4 Personen:

1 kleine Zwiebel
1 Knoblauchzehe
400 g kleine Zucchini
2 TL Pflanzencreme (z. B. von Rama)
1/2 l Gemüsebrühe
25 g Schmelzkäse
Salz
Pfeffer
1 EL trockener Sherry
2 Scheiben Toastbrot
Basilikum zum Garnieren

Zubereitungszeit: 25 Min.

Nährwerte pro Person: 107 kcal, 455 kJ, 5 g EW, 4 g F, 12 g KH

1 Zwiebel und Knoblauch schälen und fein hacken. Zucchini putzen und waschen. Von 1 Zucchini mit dem Sparschäler längs 4 dünne Scheiben hobeln und zugedeckt beiseitestellen. Restliche Zucchini würfeln.

2 1 TL Pflanzencreme in einem Topf erhitzen, Zwiebel und Knoblauch darin hell andünsten. Zucchiniwürfel zugeben und mit anschwitzen.

3 Brühe zugießen und ca. 5 Minuten bei schwacher Hitze kochen. Schmelzkäse unterrühren. Suppe mit dem Pürierstab mixen, mit Salz und Pfeffer abschmecken und mit Sherry verfeinern.

TIPP

▶ **Mehr Einlagen gefällig? 1 kleine Zucchini oder Aubergine waschen, trocken tupfen und in kleine Würfel schneiden. Etwas Olivenöl in einer Pfanne erhitzen und die Würfel darin kurz anbraten. Herausnehmen und über die Suppe streuen.**

Gewürze: Welt der Aromen

Gewürze waren einstmals kostbare Luxusartikel, die mit Gold aufgewogen wurden. Fast alle regen Appetit und Verdauung an.

▶ Anis schmeckt frisch gemahlen süß-herb. In der Küche werden hauptsächlich die getrockneten Früchte verwendet. Anis ist das klassische Gewürz für Lebkuchen, kommt aber auch in Brot, Backwaren, Desserts, Suppen und Likören vor.

▶ Cayennepfeffer aus getrockneten Chilis oder Peperoni verschärft pikante Gerichte wie Eintöpfe, Fleisch, Fisch oder Gemüse.

▶ Currypulver ist eine indische Gewürzmischung aus Kurkuma, Kardamom, Ingwer, Piment und Zimt. Zusammensetzung und damit auch Geschmack variieren stark von mild bis scharf. Es stammt aus der asiatischen und indischen Küche. Curry verleiht Fleisch-, Gemüse- und Fischgerichten ein exotisches Aroma.

▶ Ingwer gibt es frisch als Wurzel und getrocknet oder gemahlen als Pulver. Er schmeckt fruchtig oder zitronig-scharf. Frischer Ingwer lässt sich sehr gut geschält einfrieren und bei Bedarf gefroren reiben.

▶ Kapern sind die eingelegten Knospen eines Strauches. Sie schmecken leicht bitter und etwas scharf und werden gern in Soßen, zu Tapas, Königsberger Klopsen und zu Steak Tatar serviert.

▶ Kardamom besitzt ein würziges und süßlich-scharfes Aroma. Die Samen kommen v.a. in der asiatischen Küche in Currys zum Einsatz. Hierzulande wird das Gewürz in Lebkuchen, Spekulatius, Wurst, Fleisch- und Fischgerichten sowie Likören verwendet.

▶ Kümmel hat ein beißend-herbes und leicht bitteres Aroma. Er verleiht deftigen Soßen und Gerichten wie Kohl, Gulasch oder Schweinebraten eine herbe Note. Sparsam verwenden.

▶ Kurkuma (Gelbwurz) hat ein erdiges, im Nachgeschmack leicht bitter-scharfes Aroma. Er färbt stark gelb und passt zu Reisgerichten, Currys, Fisch, Linsen, Lamm und Gemüseeintöpfen.

▶ Lorbeerblätter haben ein intensives Aroma und schmecken leicht bitter. Sie passen gut zu Schmorgerichten und Braten.

▶ Meerrettich hat eine dicke Wurzel, die gerieben ihr scharfes Aroma entfaltet und zu Räucherfisch, Wurst, Tellerfleisch und kleinen Häppchen passt. Mit Quark oder Sahne gemischt schmeckt Meerrettich auch aufs Brot. Wasabi ist der japanische Meerrettich.

▶ Muskat schmeckt frisch gerieben leicht süßlich und scharf-aromatisch. Passt gut zu cremigen hellen Soßen, Eier- und Nudelgerichten, Spinat, Kohl und in Kartoffelpüree.

▶ Nelken sind, im Ganzen oder gemahlen, ein typisches Weihnachtsgewürz. Sie schmecken gut in Schmorgerichten, Brühen und Braten, aber auch in Obstkompott.

▶ Paprikapulver wird aus gemahlenen Gewürzpaprikaschoten hergestellt. Die Sorten *delikat* und *edelsüß* sind fruchtig-mild, *rosenscharf* feurig-pikant. Vor allem in Spanien und Ungarn werden mit Paprika Gulasch, Geflügel, Kartoffel-, Bohnen- und Gemüsegerichte gewürzt.

▶ Pfeffer ist bei fast jedem pikanten Gericht unentbehrlich. Schwarzer Pfeffer ist würzig-scharf, weißer Pfeffer fein-scharf. Die unreifen grünen Pfefferbeeren sind mild.

▶ Safran wird aus der orangen Blütennarbe einer Krokussorte in Handarbeit gewonnen und ist das teuerste Gewürz der Welt. Sein Aroma ist warm, rauchig und sehr würzig. Safran harmoniert mit Suppen, Soßen, Fisch- und Reisgerichten, passt aber auch zu Desserts und Backwaren.

▶ Salz kann aus dem Meer oder Bergbau gewonnen werden und ist lebensnotwendig für unseren Stoffwechsel. Es passt zu allen deftigen Speisen, kann aber auch Kuchen und Backwaren in kleinen Prisen beigemischt werden.

▶ Senf hat ein scharfes Aroma und wird aus dem Samenkorn des weißen, braunen und schwarzen Senfs hergestellt. Als ganzes Korn, gemahlen oder als Paste würzt Senf Wurst, Fleisch, Soßen, Fisch, Salate und Gemüse.

▶ Vanille ist die Frucht einer Kletterpflanze und schmeckt getrocknet würzig, dabei warm und süßlich. Vor allem in Schokolade, Pudding, Desserts und Milchprodukten entfaltet Vanille, die das zweitteuerste Gewürz nach Safran ist, ihr volles Aroma.

▶ Zimt gibt es in Stangen oder als Pulver. Er würzt vor allem Süßspeisen, ein Hauch davon verfeinert aber auch Pikantes wie Schmorgerichte oder Soßen mit holzig-süßlichem und herb-feurigem Aroma.

TIPP

▶ **Besonders aromatisch sind Gewürze frisch gemahlen aus dem Mörser.**

4 Toastbrot entrinden und in kleine Rauten schneiden. Restliche Pflanzencreme in einer Pfanne erhitzen und Toastrauten darin goldbraun rösten. Die Zucchinischeiben in kochendem Salzwasser ca. 10 Sekunden blanchieren, kalt abschrecken und gut abtropfen lassen.

5 Suppe auf Teller verteilen, Knusperrauten und Zucchinischeiben daraufgeben und mit Basilikum garnieren.

TIPP

▶ Tiefgekühltes Gemüse ist die beste Alternative zu frischem. Durch das Schockgefrieren bei sehr niedrigen Temperaturen bleibt die Zellstruktur intakt, das Gemüse ist auch nach dem Auftauen knackig. Außerdem sind noch alle gesunden Inhaltsstoffe enthalten — oft mehr als bei gelagertem Frischgemüse.

Erbsensuppe

Für 4 Personen:

350 g TK-Erbsen, aufgetaut
1 große Kartoffel
1 l Gemüsebrühe
100 g Sahne
Salz
Muskatnuss, frisch gerieben
2 Stängel Minze

Zubereitungszeit: 10 Min.
Garzeit: 15 Min.

Nährwerte pro Person: 171 kcal, 715 kJ, 9 g EW, 9 g F, 16 g KH

1 Erbsen in einen Topf geben. Kartoffel schälen, waschen und zu den Erbsen reiben. Brühe zugießen und Suppe 15 Minuten bei mittlerer Hitze kochen lassen.

2 Einige Erbsen mit dem Schaumlöffel zum Garnieren herausnehmen und beiseitelegen.

3 Erbsensuppe mit dem Pürierstab mixen. Sahne dazugießen und mit Salz und Muskatnuss abschmecken.

4 Minze waschen, trocken schütteln und die Blätter abzupfen. Mit den beiseitegelegten Erbsen vor dem Servieren über die Suppe streuen.

VARIANTE

▶ Zusätzlich passen in die Suppe auch Schinkenstreifen oder klein gewürfelte rote Paprikaschoten. Anstelle der Minze können Sie auch Zitronenmelisse verwenden.

▶ Suppen mit Fleisch & Fisch

Linsensuppe mit Kassler

Für 4 Personen:

1 $1/2$ l Gemüsebrühe (z. B. von Knorr)
1 Lorbeerblatt
1 Zweig Thymian
250 g Linsen
500 g Kassler mit Knochen
1 Zwiebel
1 Bd. Suppengrün
Salz, weißer Pfeffer
1–2 EL Essig oder Rotwein

Zubereitungszeit: 20 Min.
Garzeit: 1 Std.

Nährwerte pro Person: 323 kcal, 1350 kJ, 34 g EW, 6 g F, 31 g KH

1 Die Gemüsebrühe mit Lorbeerblatt und Thymian in einem großen Topf aufkochen. Linsen in einem Sieb unter fließendem kaltem Wasser abspülen und mit dem Kassler zur Gemüsebrühe geben. Das Ganze bei schwacher Hitze ca. 30 Minuten köcheln lassen.

2 Inzwischen Zwiebel schälen und in Würfel schneiden. Suppengrün putzen, waschen, gegebenenfalls schälen und klein schneiden. Zwiebel und Suppengrün zu den Linsen geben. Weitere 30 Minuten garen.

3 Kassler herausnehmen, das Fleisch vom Knochen lösen und in Scheiben schneiden. Die Suppe mit Salz, Pfeffer und Essig oder Rotwein kräftig abschmecken.

4 Die Suppe in Teller füllen und je 1 Scheibe Kassler darauflegen. Sofort servieren.

VARIANTE

▶ Schwäbischer Linsentopf: 1 EL Butter erhitzen und 100 g gewürfelten Räucherspeck darin anbraten. 1 Zwiebel schälen, fein hacken. 200 g Möhren und 300 g Kartoffeln schälen und fein würfeln. 1 Stange Lauch putzen, waschen und in feine Ringe schneiden. Alles zum Speck geben, mit anbraten und $1/2$ l Fleischbrühe angießen. 20 Min. bei milder Hitze garen. 1 Dose Linsengemüse (400 g) unterrühren, mit 3 EL Essig, 1 TL Zucker, Salz, Pfeffer, Muskat und Kümmel würzen. 5 Minuten weitergaren. 4 Bockwürste in die Suppe legen und erwärmen lassen.

Rheinische Bohnensuppe mit Mettwürstchen

Für 4 Personen:

1,2 kg grüne Bohnen
4 Mettwürstchen
400 g Kartoffeln
1 l Fleischbrühe
150 g saure Sahne
1 EL Mehl

VARIANTE

▶ Bohnensuppe mit Schweinefleisch: 700 g Schweinefleisch (aus der Schulter) waschen, vierteln und in einen Topf mit 2 l kaltem Wasser legen, etwas salzen. Aufkochen und bei mittlerer Hitze garen. 1 Zwiebel schälen, hacken, in heißem Öl anschwitzen, zum Fleisch geben und alles 1 ¼ Stunden köcheln lassen. 500 g Kartoffeln schälen, würfeln. Von 800 g grünen Bohnen Enden abschneiden, Bohnen abfädeln und klein schneiden. Kartoffeln und Bohnen in den Topf geben, 20 Minuten kochen. Fleisch herausnehmen, klein schneiden und zurück in den Topf geben. Mit Salz, Pfeffer, 1 Prise Zucker, 1 TL Bohnenkraut und 1 EL Essig abschmecken.

Salz
1 EL gerebeltes Bohnenkraut (z. B. von Ostmann)
1 EL gerebelter Majoran
1 TL Pfeffer

Zubereitungszeit: 30 Min.
Garzeit: 30 Min.

Nährwerte pro Person: 553 kcal, 2319 kJ, 38 g EW, 32 g F, 30 g KH

1 Bohnen waschen, Enden abschneiden und die Fäden abziehen. Bohnen in gleichmäßige Stücke schneiden. Die Mettwürstchen in Scheiben schneiden. Kartoffeln schälen, waschen und würfeln.

2 Fleischbrühe in einem großen Topf aufkochen, Mettwürstchen, Bohnen und Kartoffeln dazugeben und ca. 30 Minuten bei mittlerer Hitze garen.

3 Saure Sahne mit Mehl gründlich vermengen und unter Rühren in die Suppe geben. Bohneneintopf mit Salz, Bohnenkraut, Majoran und Pfeffer abschmecken und 5 Minuten ziehen lassen. Eintopf auf Suppenteller verteilen und sofort servieren.

Gulaschsuppe

Für 4–6 Personen:

700 g Rindfleisch (aus der Schulter)
1 TL gerebelter Majoran
2 TL abgeriebene Zitronenschale (unbehandelt)
1 TL Paprikapulver rosenscharf
1 TL gemahlener Kümmel
Salz
Pfeffer aus der Mühle
6 Zwiebeln
2 Knoblauchzehen
70 g Butterschmalz
1 EL Paprikapulver edelsüß
2 EL Tomatenmark
30 ml Rotweinessig
1 Dose geschälte Tomaten (ca. 400 g)
350 g mehligkochende Kartoffeln
je 1 rote und grüne Paprikaschote
2 Stängel Petersilie und 1 Zweig Thymian, gehackt
1 Lorbeerblatt
1 ½ l Fleischbrühe

Zubereitungszeit: 45 Min.
Garzeit: 1 ½ Std.

Nährwerte pro Person: 586 kcal, 2452 kJ, 52 g EW, 33 g F, 21 g KH

1 Rindfleisch abspülen, trocken tupfen und in kleine Würfel schneiden. Mit Majoran, Zitronenschale, Paprikapulver, Kümmel, Salz und Pfeffer vermengen.

2 Zwiebeln und Knoblauch schälen und fein würfeln. Butterschmalz in einem Schmortopf zerlassen und die Zwiebeln darin bei mittlerer Hitze glasig schwitzen. Danach Knoblauch hinzugeben und andünsten. Mit dem edelsüßen Paprikapulver bestreuen. Tomatenmark hinzufügen und kurz andünsten.

3 Mit Essig und 2 EL Wasser ablöschen und einkochen, bis fast alle Flüssigkeit verdampft ist. Fleisch hinzugeben und 20 Minuten im eigenen Saft schmoren lassen, dabei ab und zu umrühren.

4 Die Tomaten zusammen mit dem Saft mit einem Pürierstab mixen, zum Fleisch geben und etwas einkochen lassen.

5 Kartoffeln schälen, waschen und würfeln. Paprika halbieren, Stielansätze, Kerne und Trennwände entfernen, Paprika waschen und klein würfeln. Kartoffeln und Paprika mit den Kräutern zum Fleisch geben. Mit Brühe aufgießen und zugedeckt ca. 1 ½ Stunden leicht schmoren lassen, gelegentlich umrühren.

6 Mit Salz, Pfeffer und Paprikapulver abschmecken und servieren.

Linsensuppe mit Wiener Würstchen

Für 4 Personen:

2 Bd. Suppengrün
3 Kartoffeln
300 g braune Linsen
1 ½ l Fleischbrühe
1 Lorbeerblatt
1 TL gerebelter Thymian
4 Paar Wiener Würstchen
1 Zwiebel
100 g durchwachsener Räucherspeck
1 EL Butter
2 EL Kräuteressig
Salz, Pfeffer
Zucker
2 EL Petersilie, frisch gehackt

Zubereitungszeit: 30 Min.
Garzeit: 40 Min.

Nährwerte pro Person: 874 kcal, 4231 kJ, 37 g EW, 67 g F, 29 g KH

1 Suppengrün putzen, waschen, gegebenfalls schälen und klein würfeln. Kartoffeln schälen und ebenfalls in kleine Würfel schneiden.

2 Linsen in einem Sieb mit kaltem Wasser abspülen. Fleischbrühe in einem großen Topf erhitzen, Linsen zugeben und 20 Minuten bei schwacher Hitze köcheln lassen. Dann Gemüse, Kartoffeln, Lorbeerblatt und Thymian zugeben und weitere 20 Minuten köcheln lassen.

3 1 l Wasser aufkochen und die Wiener darin erwärmen, dabei je-

doch nicht kochen, da sie sonst aufplatzen können.

4 Zwiebel schälen und fein würfeln. Speck fein würfeln. Butter in einer Pfanne erhitzen, Speck und Zwiebel darin bei mittlerer Hitze anbraten.

5 Speck und Zwiebel zur Linsensuppe geben und zugedeckt erhitzen. Mit Essig, Salz, Pfeffer und 1 Prise Zucker abschmecken.

6 Würstchen in dünne Scheiben schneiden, auf vorgewärmte Teller verteilen. Suppe darübergießen und mit Petersilie bestreut servieren.

Borschtsch

Für 4 Personen:

3 Zwiebeln
1 Bd. Suppengrün
1 kg Suppenknochen
750 g Rindfleisch (aus der Schulter)
Salz
1 TL Pfefferkörner
1 TL Wacholderbeeren
1 Lorbeerblatt
200 g Knollensellerie
800 g Rote Bete
1 Knoblauchzehe
1 EL Butter
Pfeffer aus der Mühle
1 Prise Zucker
250 g Weißkohl
Essig
1 EL Dill, gehackt

Zubereitungszeit: 1 Std.
Garzeit: 3 1/2 Std.

Nährwerte pro Person: 465 kcal, 1946 kJ, 55 g EW, 16 g F, 25 g KH

1 1 Zwiebel schälen und halbieren. Suppengrün putzen, waschen, gegebenenfalls schälen und in Stücke schneiden.

2 Suppenknochen und Rindfleisch kalt abspülen und mit den Zwiebelhälften, Suppengrün, 1 TL Salz, Pfefferkörnern, Wacholderbeeren und Lorbeerblatt in 2 l Wasser zum Kochen bringen. Bei kleiner Hitze 2 Stunden köcheln lassen, dabei den entstehenden Schaum abschöpfen.

3 Sellerie schälen und grob raffeln, Rote Bete schälen und in Würfel schneiden. Restliche Zwiebeln schälen und würfeln, Knoblauch schälen und fein hacken.

4 Knochen und Fleisch aus der Brühe nehmen. Fleisch von Fett und Sehnen befreien und würfeln. Abgedeckt beiseitestellen. Fleischbrühe durch ein Sieb gießen und ebenfalls beiseitestellen.

5 In einem großen Topf Butter erhitzen. Gewürfelte Zwiebeln und Knoblauch darin unter Rühren kurz anschmoren. Sellerie und Rote Bete zugeben und 3 Minuten mitbraten. Mit so viel Fleischbrühe aufgießen,

bis das Gemüse bedeckt ist. Mit Salz, Pfeffer und Zucker würzen, 3 EL Essig zufügen. Bei kleiner Hitze 50 Minuten köcheln lassen.

6 Vom Weißkohl die äußeren Blätter entfernen, Kohl ohne den Strunk in feine Streifen schneiden. Zum Rote-Bete-Gemüse geben, wieder so viel Fleischbrühe angießen, bis alles bedeckt ist. Weitere 30 Minuten bei milder Hitze köcheln lassen.

7 Rindfleischwürfel unter das Gemüse mischen und erwärmen lassen. Mit Essig, etwas Zucker und Salz abschmecken, zum Schluss Dill unterrühren.

Hühnersuppe süßsauer

Für 4 Personen:

1 Zwiebel
2 Knoblauchzehen
1 kleines Stück Sellerie
1 Möhre
1 kleine Stange Lauch
1 kleine Zucchini
1 rote Paprikaschote
1 EL Butter
1 l Hühnerbrühe
2 Hähnchenbrustfilets
Salz
Pfeffer
1 TL Olivenöl
1 TL Ingwer, frisch gerieben
2 EL Zuckerrübensirup
(z. B. von Grafschafter)
2 EL Reisessig
3 EL Sojasoße
2 TL Speisestärke

Zubereitungszeit: 30 Min.

Nährwerte pro Person: 215 kcal, 900 kJ, 21 g EW, 8 g F, 16 g KH

1 Zwiebel und Knoblauch schälen. Zwiebel fein würfeln, Knoblauchzehen zerdrücken.

2 Sellerie sowie Möhre schälen. Lauch und Zucchini putzen. Die Paprika halbieren und entkernen. Gemüse waschen und nach Belieben in kleine Würfel oder dünne Streifen schneiden.

3 Butter erhitzen. Zuerst Zwiebel und Knoblauch andünsten. Dann restliches Gemüse nach und nach zugeben.

4 Die Hühnerbrühe angießen, aufkochen und das Ganze ca. 15 Minuten garen.

5 Hähnchenbrustfilets waschen, trocken tupfen und mit Salz und Pfeffer würzen. Olivenöl in einer Pfanne erhitzen und das Fleisch darin von jeder Seite ca. 4 Minuten goldbraun braten.

6 Suppe mit frisch geriebenem Ingwer, Zuckerrübensirup, Reisessig und Sojasoße abschmecken. Speisestärke mit etwas Wasser anrühren und zum Binden in die Suppe einrühren.

7 Hähnchenbrustfilets in dünne Scheiben schneiden. Suppe auf Tellern anrichten und die Filetscheiben obenauf legen. Suppe sofort heiß servieren.

Kartoffel-Steinpilz-Suppe mit Heilbuttfilet

Für 4 Personen:

700 g Kartoffeln
3 Schalotten
250 g Steinpilze
8 Stängel Majoran
3 EL Butterschmalz
1 l Fisch- oder Gemüsefond (Glas oder selbst hergestellt)
Salz, Pfeffer
500 g weißes Heilbuttfilet (z. B. aus Norwegen)
2 EL Zitronensaft
1 säuerlicher Apfel (z. B. Jonagold)
200 g Sahne

Zubereitungszeit: 30 Min.
Garzeit: 20 Min.

Nährwerte pro Person: 672 kcal, 2812 kJ, 47 g EW, 39 g F, 33 g KH

1 Kartoffeln schälen, waschen und würfeln. Schalotten schälen und würfeln. Steinpilze putzen und in Stücke schneiden. Majoran waschen und trocken schütteln. Die Blättchen von 4 Stängeln zupfen und beiseitestellen.

2 1 EL Butterschmalz in einem großen Topf erhitzen. Schalotten darin unter Rühren glasig dünsten. Kartoffeln zufügen und kurz mitdünsten. Mit Fisch- oder Gemüsefond ablöschen. Majoranstängel, etwas Salz und Pfeffer zufügen und zugedeckt bei schwacher Hitze 20 Minuten garen.

3 Den Heilbutt kalt abspülen, mit Küchenpapier trocken tupfen, würfeln und mit Zitronensaft beträufeln. Apfel waschen, trocken tupfen, halbieren, vom Kerngehäuse befreien und in Spalten schneiden.

4 Sahne mit dem Handrührgerät steif schlagen. Majoranstängel aus der Suppe entfernen und die Suppe pürieren.

5 1 EL Butterschmalz in einer beschichteten Pfanne erhitzen. Steinpilze darin rundherum braten. Herausnehmen und zur Suppe geben.

Apfelspalten kurz anbraten, herausnehmen und beiseitelegen.

6 Restliches Butterschmalz in die Pfanne geben und Heilbuttwürfel darin rundum 2–3 Minuten braten.

7 Suppe kräftig mit Salz und Pfeffer abschmecken. Sahne, Heilbuttwürfel, Apfelspalten und Majoranblättchen zur Suppe geben, kurz ziehen lassen und dann servieren.

Bouillabaisse

Für 4 Personen:

500 g Fischabschnitte (z. B. Gräten, Köpfe ohne Kiemen, Schwänze, Flossen)
750 g gemischte Fischfilets (z. B. Kabeljau, Rotbarsch, Seelachs)
4 EL Zitronensaft
250 g Schalentiere (z. B. Miesmuscheln, Riesengarnelen)
250 g Tomaten
1 g Safranfäden
1 Zwiebel
2 Knoblauchzehen
1 Fenchelknolle
1 Stange Lauch
1 Stange Sellerie
5 EL Olivenöl
1 EL Tomatenmark
1 Stück frische Orangenschale (unbehandelt)
Salz, Pfeffer
je 1/2 Bd. Petersilie und Dill, fein gehackt

Zubereitungszeit: 50 Min.
Garzeit: 1 Std.

Nährwerte pro Person: 795 kcal, 3327 kJ, 138 g EW, 23 g F, 9 g KH

1 Fischabschnitte und -filets waschen und trocken tupfen. Fischfilets in mundgerechte Stücke schneiden und mit Zitronensaft beträufeln. Muscheln waschen und abbürsten. Geöffnete Muscheln wegwerfen. Garnelen längs fast ganz aufschneiden und den Darm entfernen, dann die Garnelen waschen.

2 Fischabschnitte in einem großen Topf mit 1 l Wasser ca. 30 Minuten köcheln lassen. Die entstandene Fischbrühe durch ein feines Haarsieb gießen.

3 Tomaten überbrühen und abschrecken. Häuten, vierteln, entkernen und Fruchtfleisch würfeln. Safran in 3–4 EL warmem Wasser ziehen lassen.

4 Zwiebel und Knoblauch schälen und fein würfeln. Gemüse putzen, waschen und in mundgerechte Stücke schneiden.

5 Olivenöl in einem großen Topf erhitzen, Zwiebelwürfel und Fenchel darin goldgelb anbraten. Lauch und

Sellerie zugeben und andünsten. Wenn das Gemüse beginnt, weich zu werden, Tomaten, Knoblauch, Safran, Tomatenmark, Orangenschale und Fischbrühe zugeben.

6 Salzen, pfeffern und ca. 30 Minuten bei schwacher Hitze köcheln lassen. 10 Minuten vor Garzeitende Fischwürfel, Muscheln und Garnelen zugeben und mitgaren.

7 Orangenschale entfernen. Petersilie und Dill in die Suppe rühren. Muscheln, die nicht geöffnet sind, wegwerfen. Bouillabaisse mit Salz abschmecken und servieren.

Edelfischsuppe

Für 4 Personen:

400 g Fischfilet (z. B. Zander oder Rotbarsch)
1 – 2 EL Zitronensaft
1 kleine Zwiebel
2 kleine Kartoffeln
1 – 2 Möhren
2 EL Öl (z. B. von Biskin)
400 ml Gemüsebrühe
100 g Sahne
200 ml Milch
Salz, Pfeffer
frischer Dill zum Garnieren

Zubereitungszeit: 35 Min.

Nährwerte pro Person: 279 kcal, 1167 kJ, 26 g EW, 15 g F, 10 g KH

1 Fischfilet kalt abwaschen, trocken tupfen und mit Zitronensaft beträufeln. Zwiebel, Kartoffeln und Möhren schälen, Zwiebel und Kartoffeln in dünne Scheiben schneiden, Möhren der Länge nach vierteln.

2 Öl in einem Topf erhitzen und Gemüse darin ca. 5 Minuten anbraten. Gemüsebrühe dazugeben, aufkochen und weitere 5 Minuten köcheln lassen.

3 Fisch bei geringer Hitze auf das Gemüse legen und 10 Minuten garen. Dann $\frac{1}{4}$ der Filetstücke herausnehmen und warm stellen.

4 Sahne steif schlagen. Möhren aus dem Topf nehmen, mit einem Pürierstab mixen und mit 1 EL Sahne vermischen. Gemüse-Fisch-Topf unter Zugabe von Milch mit dem Pürierstab zerkleinern und nochmals aufkochen lassen. Salzen, pfeffern und restliche Sahne unterrühren.

5 Beiseitegestellten Fisch in Stücke teilen, in die Suppe legen und kurz ziehen lassen. Suppe in Tassen anrichten und mit Möhrenschaum sowie Dill garniert servieren.

TIPP

▶ **Garnieren Sie die Suppe zusätzlich mit geviertelten und in wenig Olivenöl angerösteten Toastbrotscheiben.**

Hummercremesuppe

Für 4 Personen:

1 gegarter Hummer (ca. 500 g)
Salz, Paprikapulver edelsüß
50 g Butter
2 EL Mehl
$^3/_4$ l Hummerfond (Glas)
2 TL Tomatenmark
4 EL Hummerbutter
(Fertigprodukt)
1 Prise Cayennepfeffer
2 EL Weinbrand
200 g Sahne

Zubereitungszeit: 35 Min.

Nährwerte pro Person: 510 kcal, 2134 kJ, 25 g EW, 40 g F, 11 g KH

1 Scheren des Hummers mit einer Drehbewegung lösen und mit dem Rücken eines großen Messers aufbrechen. Den Körper mit einem festen Messer längs halbieren. Grünliche Leber und Innereien sowie den dunklen Strang entlang des Rückens, den Darm, entfernen.

2 Fleisch aus Karkasse (der Schale), Schwanz und Scheren auslösen. Etwas salzen und mit Paprikapulver bestäuben.

3 40 g Butter in einem Topf zerlassen. Mehl durch ein Sieb einstäuben, unterrühren und kurz anschwitzen, bis eine glatte, etwas zähe Masse entsteht. Hummerfond nach und nach eingießen. Tomatenmark unterrühren, aufkochen lassen und gleich von der Herdplatte nehmen. Hummerbutter mit einem Schneebesen unterrühren.

4 Suppe nochmals erhitzen, ohne sie aufkochen zu lassen. Mit Salz, Cayennepfeffer und Weinbrand abschmecken. Fleisch aus Scheren und Karkasse zugeben. Ca. 4 Minuten ziehen lassen.

5 Sahne zufügen und alles mit einem Pürierstab aufschlagen. Fleisch des Hummerschwanzes in Scheiben schneiden. In einer Pfanne restliche Butter erhitzen und Hummerfleisch darin leicht anbraten. Suppe mit dem angebratenen Hummerfleisch garniert servieren.

TIPP

▶ **Hummerfond selbstgemacht: Dafür 250 g gewaschene und zerkleinerte Hummerschalen in einem Topf in 2 EL Olivenöl andünsten. Mit 2 EL Cognac ablöschen. $^1/_2$ unbehandelte Zitrone waschen und zerkleinern. Kurz zu den Schalen geben. $^1/_2$ l Weißwein sowie 1 l Wasser angießen. Je 1 gehackte Zwiebel, Karotte und Knoblauchzehe, 1 Lorbeerblatt und 1 TL Tomatenmark unterrühren. 1 Stunde kochen lassen und durch ein Sieb abgießen. Auskühlen lassen und in gut verschließbaren Gefäßen gekühlt lagern.**

Pikante Fischsuppe

Für 4 Personen:

500 g Fischfilet (z. B. Lachs und/oder Rotbarsch)
Saft von 1 Zitrone
Salz
1 Schalotte
125 g Champignons
1 gelbe Paprikaschote
1 Tomate
1 Bd. Petersilie
2 EL Pflanzencreme (z. B. von Rama)
150 g Sahne
600 ml Gemüsebrühe
Pfeffer aus der Mühle

Zubereitungszeit: 30 Min.

Nährwerte pro Person: 344 kcal, 1435 kJ, 29 g EW, 23 g F, 5 g KH

1 Fischfilet waschen, trocken tupfen, mit der Hälfte des Zitronensaftes beträufeln, salzen und in mundgerechte Stücke schneiden. Schalotte schälen und fein würfeln.

2 Champignons gut abreiben, putzen und halbieren. Paprika halbieren, putzen, waschen, eine Hälfte grob, die andere Hälfte fein würfeln. Tomate waschen, halbieren, entkernen und ohne Stielansatz fein würfeln. Petersilie waschen, trocken schütteln und fein hacken, dabei grobe Stielenden entfernen.

3 Pflanzencreme in einem Topf erhitzen, Schalotte, Champignons und grobe Paprikawürfel darin unter Rühren andünsten. Sahne und Gemüsebrühe dazugießen und das Ganze aufkochen.

4 Den Fisch dazugeben und ca. 10 Minuten bei schwacher Hitze gar ziehen lassen. Mit Salz, Pfeffer und Zitronensaft abschmecken.

5 Die Suppe auf Teller verteilen. Mit Paprika- und Tomatenwürfeln sowie gehackter Petersilie bestreut servieren.

VARIANTE

▶ **Die Menge an Fischfilet kann mit küchenfertigen Garnelen und/oder Krebsfleisch variiert werden.**

Salate

Salate

Das Wort Salat stammt von lat. »salata«, was soviel wie »eingesalzen« und im engeren Sinn »mit Salz haltbar gemacht« bedeutet. Heute ist Salz nur noch ein Gewürz im Salat unter vielen. Das Wort Salat meint bei uns sowohl die Pflanze als auch das kalte Gericht. Beliebt ist er vor allem wegen der enormen Vielfalt an Zutaten und Geschmacksrichtungen.

Saisonale Vitaminbombe

Die zarteste Versuchung in der Kategorie Salate sind und bleiben die Garten- und Blattsalate. Sie lassen sich nach Saison, vor allem aber nach ihrem Geschmack und der Beschaffenheit ihrer Blätter einteilen: Im Frühjahr und Sommer sind besonders die zarten Sorten mit dezentem Eigengeschmack wie Eichblatt, Kopfsalat, Lollo bianco, Lollo rosso oder Batavia beliebt. Auch der Eisbergsalat, dessen Blätter leicht süßlich schmecken, ist ein begehrter Sommersalat. Im Herbst haben die nussigen Blattsalate und Salatgemüse wie Rucola, Feldsalat oder Blattspinat Saison. In den Wintermonaten sind vorwiegend bittere Sorten erhältlich: Chicorée, Radicchio, Chinakohl oder Endivie. Ihre Blätter sind knackig fest und werden von einem bitter schmeckenden Strunk oder Stiel gehalten.

Kleine Warenkunde

▶ Batavia: Züchtung aus Frankreich, die dem Kopfsalat ähnelt; mit glatten oder leicht krausen Blättern, die hellgrün bis grün mit rötlichen Spitzen sind; zarte Sorten mild-süßlich, feste Sorten würziger.
▶ Chicorée: weiße Sprossen mit zartgelben Blattspitzen, die bitter schmecken; dunkel lagern, da Licht die Blätter grün werden lässt und der Salat ungenießbar wird; hält sich 8–10 Tage; Strunk vor dem Verzehr keilförmig herausschneiden; reich an Magnesium, Kalium, Mangan, Betacarotin.
▶ Chinakohl: bekömmliche Kohlsorte mit weißgelben bis grünen länglichen Blättern, die durchgehend kraus sind; untere dicke Blattrippen entfernen, Blätter in Streifen schneiden; schmeckt kaum nach Kohl; enthält Folsäure, die Vitamine B_6 und C sowie Kalium.

▶ Eichblatt: Blätter grün bis rotbraun, ausgefranst, nach oben breiter; kein geschlossener Kopf, zarte Blätter hängen sehr locker zusammen; Aroma herzhaft-mild, leicht nussig; hält sich 1–2 Tage.

▶ Eisberg: Züchtung aus Kalifornien; geschlossener Kopf mit knackig grünen Blättern; mild im Geschmack; sehr beliebt wegen langer Haltbarkeit.

▶ Endivie: glatte Sorte mit leicht gewellten, breiten Blättern und krause Sorte, auch Frisée genannt, mit zart gefiederten Blättern; Farbe reicht von gelbgrün über dunkelgrün bis rotbraun; herber, leicht bitterer Geschmack.

▶ Feldsalat: auch Rapunzelsalat; kleine dunkelgrüne, runde Blätter, die in Rosettenform zusammenhängen; mild-nussiger Geschmack; besonders reich an Vitaminen (B_6, C, Provitamin A, Folsäure), Kalium, Zink und Eisen.

▶ Kopfsalat: traditioneller grüner Salat mit großen, weichen und leicht gewellten Blättern.

▶ Lollo bianco, Lollo rosso: hellgrüner oder rotbrauner Pflücksalat mit dickfleischigen, stark gekrausten Blättern, die locker zusammenhängen; nussiges Aroma; hält sich mehrere Tage im Kühlschrank.

▶ Löwenzahn: lange schmale und gezackte Blätter, die zartgelb bis dunkelgrün sind; für den Salat junge helle Blätter verwenden; würziger, leicht bitterer Geschmack; enthält Betacarotin, Kalzium, Magnesium, Eisen und die Vitamine A und C.

▶ Radicchio: dunkelrote bis violette zarte Blätter mit weißen Rippen, die runde, faustgroße oder kleine lang gezogene Köpfe bilden; leicht bitterer Geschmack.

▶ Römischer Salat: auch Romanasalat; feste, dünne, grüne Blätter, die zu lang gezogenem Kopf wachsen; zarte Herzen oft abgepackt im Handel erhältlich; ausgeprägte Blattrippen, die im unteren Teil vor dem Verzehr abgeschnitten werden; herzhaftes Aroma.

▶ Rucola: dt. Rauke; lange schmale Blätter, die grün und ausgefranst sind; nussiges Aroma mit leichter Senfnote; hoher Kalium- und Betacarotingehalt; Stielenden beim Putzen entfernen.

▶ Spinat: als Blatt- oder Wurzelspinat angeboten; feste, breite, dunkelgrüne Blätter, die nach oben schmaler werden und roh gegessen werden können; liefert Magnesium, Zink, Kalium, Mangan, Kalzium, die Vitamine B_6 und C, Folsäure, Biotin; Versorgung mit Eisen geringer als behauptet.

Einkauf

Wichtig beim Kauf von Salat ist die Frische. Die Blätter sollten sich entsprechend ihrer Sorte fest anfühlen, keine braunen Ränder haben und der Stiel bzw. Strunk ist am besten von heller Farbe. Salatmischungen aus der Tüte lassen Sie besser im Regal. Der Salat ist zwar bereits geputzt und schon in mundgerechte Stücke geschnitten, aber die Blätter sind häufig welk, braun und besitzen kaum noch Nährstoffe.

Lagern und putzen

Putzen und waschen Sie Salat erst, wenn Sie ihn direkt weiterverarbeiten. So lange hält er sich in einem mit etwas Luft gefüllten und fest verschlossenen Plastikbeutel oder einem feuchten Tuch im Gemüsefach des Kühlschranks. Die Köpfe und Blätter dürfen dabei nicht gequetscht werden.
Beim Putzen des Salatkopfs entfernen Sie zunächst grobe oder welke Außenblätter, lösen die restlichen Blätter einzeln ab, entfernen den Strunk bzw. den unteren hellen Blattansatz und waschen die Blätter gründlich unter fließendem kaltem Wasser – gerne auch mehrmals. Ein Wasserbad vertragen Salate jedoch nicht gut: Es entzieht ihnen wertvolle Nährstoffe und lässt sie evtl. welken. Anschließend lassen Sie den Salat in einem Sieb abtropfen oder schleudern ihn in einer Salatschleuder trocken. Erst dann zupfen oder schneiden Sie ihn in mundgerechte Stücke.

TIPP

▶ Bittere Salatsorten wie Radicchio oder Chicorée können Sie für wenige Minuten in warmes Wasser legen, damit sie milder werden.

Das Dressing

Geben Sie das Dressing erst kurz vor dem Essen über den Salat, damit die Blätter nicht zusammenfallen bzw. das Gemüse wie Gurken oder Tomaten kein Wasser zieht. Gekochtes wie Kartoffeln, Bohnen oder Nudeln machen Sie am besten einige Zeit vor dem Verzehr an, nur so entfalten diese Salate ihr volles Aroma.

VINAIGRETTE

½ TL scharfen Senf, 2 EL Weißweinessig und Salz sowie Pfeffer mit einem Schneebesen verrühren, bis sich das Salz aufgelöst hat. 5 EL Öl (z. B. Oliven- oder Sonnenblumenöl) dazugeben und das Ganze zu einer cremigen Soße verschlagen.

JOGHURTDRESSING

Saft von ½ Zitrone, 1 TL Senf und 3–4 EL Joghurt verrühren, mit Salz sowie Pfeffer abschmecken. Zum Schluss nach und nach 50 ml Öl unterschlagen, sodass eine cremige Konsistenz entsteht.

TIPP

▶ Erst Essig, Gewürze und andere Geschmacksträger verrühren, dann das Öl angießen, denn Öl bindet die Aromen.

MAYONNAISEDRESSING

2 frische Eigelbe mit 1 TL Essig, 1 Prise Salz und Pfeffer verquirlen. Unter ständigem Rühren Öl (insgesamt maximal ¼ l) tropfenweise dazugeben, bis eine dickliche Masse entsteht. Dann 1 TL Essig und restliches Öl einrühren und abschmecken.

THOUSAND-ISLAND-DRESSING

150 g Mayonnaise, 4 EL Joghurt, 2 EL Ketchup und 1–2 EL Chilisoße verrühren. Je ½ rote und grüne Paprika sowie 1 Schalotte fein hacken und darunter mischen. Das Dressing mit Paprikapulver, Salz und Pfeffer pikant abschmecken.

Blitzsalat

Eine schnelle Salatvariante sind solche aus nur einer Sorte. Dafür z. B. 300 g Tomaten waschen, vierteln, entkernen und entstielen. Das Fruchtfleisch in mundgerechte Stücke zerschneiden und mit der gewünschten Soße kurz durchziehen lassen. Oder Sie schälen 2 Salatgurken und schneiden sie in feine Scheiben. Dann mit der gewünschten Soße vermengen und kurz marinieren lassen.

Salat verfeinern

Tomaten, Paprika, Gurken, Möhren und Radieschen, Rot- und Weißkohl oder Kohlrabi, Zwiebeln, Fenchel und Stangensellerie müssen Sie lediglich putzen oder evtl. waschen und klein schneiden, Dosenmais und -spargel sowie Thunfisch untermischen. Nüsse und Kerne sind im Handumdrehen darübergestreut. Gebratene Fleischstreifen, Shrimps oder gebackener Käse werten jeden Salat zusätzlich auf. Oder wie wäre es mit gebackenem, kleinem runden Ziegenkäse mit einigen Tropfen Honig?

Als süße Variante in Form von Obstsalat ist Salat auch ein leckerer Nachtisch: Ananas, Äpfel, Bananen, Birnen, Mangos, Melonen, Papayas und Trauben gibt es das ganze Jahr; frische Beeren, Aprikosen, Kirschen, Nektarinen, Pfirsiche, Pflaumen und Zitrusfrüchte nach Saison. Waschen Sie das Obst und schneiden Sie es klein. Etwas Zitronensaft und Honig dazugeben und zum Schluss mit gerösteten Nüssen, Pinienkernen, Rosinen oder Kokosflocken verfeinern – fertig.

▶ Salat pur & mit Gemüse

BEILAGE

▶ Griechischer Bauernsalat ist ein hervorragender Salat für die Sommermonate. Servieren Sie ihn an Grillabenden – optimal passt gegrilltes Lamm dazu. Und natürlich frisches oder geröstetes Weißbrot.

Griechischer Bauernsalat

Für 4 Personen:

1 Salatgurke
3 Fleischtomaten
2 grüne Spitzpaprika
1 rote Spitzpaprika
1 milde weiße Zwiebel
150 g schwarze Oliven
250 g Fetakäse
2 Stängel Basilikum
1 Knoblauchzehe
3 EL Weißweinessig
Salz
schwarzer Pfeffer aus der Mühle
½ TL getrockneter Oregano
6 EL Olivenöl

Zubereitungszeit: 30 Min.

Nährwerte pro Person: 481 kcal, 2013 kJ, 15 g EW, 41 g F, 12 g KH

1 Salatgurke kurz abbrausen, schälen und der Länge nach halbieren. Bei Bedarf entkernen und in Stücke schneiden. Tomaten mit kaltem Wasser waschen, vierteln und Stielansätze entfernen. Tomaten dann in mundgerechte Stücke schneiden.

2 Grüne und rote Paprikaschoten waschen, Stiele entfernen und in schmale Ringe schneiden. Sind zu viele Kerne enthalten, entfernen. Die Zwiebel schälen, halbieren und in schmale Streifen schneiden.

3 Gemüse in eine Salatschüssel geben. Schwarze Oliven untermischen. Feta in grobe Stücke bröckeln und ebenfalls zugeben.

4 Basilikumblätter von den Stängeln zupfen und waschen. Trocken tupfen und in grobe Stücke rupfen. Über den Salat streuen.

5 Knoblauch schälen und sehr fein hacken. In einer kleinen Schüssel den Weißweinessig mit Salz, schwarzem Pfeffer, Knoblauch und Oregano vermengen. Olivenöl einfließen lassen und kräftig unterschlagen. Dressing über den Salat gießen und gut vermengen. Vor dem Servieren kurz durchziehen lassen.

Grüner Spargelsalat mit Preiselbeeren

Für 4 Personen:

500 g grüner Spargel
Salz
1 kleiner Kopf grüner Salat
1 kleine Zwiebel
3 EL Sonnenblumenöl
4 EL Preiselbeeren
1 EL Estragonessig
2 Stängel Petersilie
2 Stängel Dill
1 Stängel Basilikum
1 Zweig Estragon
1 Zweig Thymian
Schnittlauch (nach Geschmack)
Kresse (nach Geschmack)

125 ml Dickmilch
1 TL grober Senf
Pfeffer aus der Mühle

Zubereitungszeit: 25 Min.

Nährwerte pro Person: 119 kcal, 497 kJ, 4 g EW, 9 g F, 5 g KH

1 Unteres $\frac{1}{3}$ der Spargelstangen schälen und holzige Enden abschneiden. Wasser in einem großen Topf aufkochen, salzen und Spargel hineingeben. In ca. 7 Minuten bissfest kochen. Abgießen, abschrecken und abtropfen lassen.

2 Welke Stellen und feste Strünke des Salats abschneiden. Blätter waschen und trocken schütteln.

3 Für die Soße Zwiebel schälen, halbieren und fein würfeln. Öl in einer Pfanne erhitzen und Zwiebel darin 2 Minuten dünsten. Mit Essig ablöschen, vollständig einkochen lassen und vom Herd nehmen.

4 Kräuter waschen und trocken schütteln. Bei Petersilie und Dill grobe Stielenden entfernen und zerkleinern. Basilikum vom Stängel, Estragon sowie Thymian von den Zweigen zupfen.

5 Schnittlauch zerkleinern und alle Kräuter mit der Kresse in eine Schüssel geben, mit Dickmilch und Senf pürieren. Gedünstete Zwiebeln und Preiselbeeren unterrühren; kräftig salzen und pfeffern.

6 Spargel und Salatblätter auf Tellern anrichten. Die Soße darüber verteilen und servieren.

VARIANTE

▶ **Auch Brokkoli schmeckt sehr gut als Salat: Dafür Brokkoli in Röschen teilen und bissfest garen. Anschließend mit Kochschinkenwürfeln und Dosenmais vermischen, das Ganze mit Mayonnaise binden und mit Salz und Pfeffer abschmecken. Oder als leichtere Alternative: Gegarten Brokkoli mit einem Dressing aus Essig und Olivenöl vermengen, abschmecken und mit gerösteten Mandelblättchen oder Pinienkernen servieren.**

Caesar Salad

Für 4 Personen:

2 sehr frische Eier
Saft von $\frac{1}{2}$ Zitrone
1 TL Worcestersoße
Salz
Pfeffer aus der Mühle
12 EL Olivenöl
3 Sardellenfilets
1 Kopf Romanasalat
100 g Frühstücksspeck
2 Scheiben weißes Toastbrot
50 g Parmesan am Stück

Zubereitungszeit: 30 Min.

Nährwerte pro Person: 466 kcal, 1950 kJ, 16 g EW, 41 g F, 10 g KH

1 Wasser in einem Topf aufkochen, Eier hineinlegen und 1 Minute kochen. Herausnehmen, mit kaltem

Wasser abschrecken und schälen. Das fast noch flüssige Eiweiß und -gelb in eine Schüssel geben.

2 Zitronensaft mit Worcestersoße vermengen, mit Salz und Pfeffer würzen und dann gut mit den geschälten Eiern vermischen. 10 EL Olivenöl einfließen lassen und mit einem kleinen Schneebesen unterrühren.

3 Sardellenfilets unter fließendem kaltem Wasser abwaschen, mit Küchenpapier trocken tupfen und fein hacken.

4 Romanasalat vom Strunk lösen und eventuell welke Stellen entfernen. Salat waschen, trocken schütteln und in ca. 2 cm lange, mundgerechte Streifen schneiden. In eine Salatschüssel geben.

5 Speck in kleine Streifen schneiden. Toastbrot entrinden und in Würfel schneiden. Eine Pfanne erhitzen und Speckstreifen darin ausbraten, bis sie knusprig sind, dann herausnehmen. Restliches Olivenöl in die Pfanne geben und die Brotwürfel unter häufigem Wenden darin rösten, bis sie goldbraun sind.

6 Die gehackten Sardellen mit den Speckstreifen zum Salat geben. Marinade über den Salat gießen und gut durchmischen. Auf Teller verteilen, den Parmesan grob darüberreiben und das geröstete Brot auf den Salat geben.

Gemischter Salat mit gebratenen Pilzen

Für 2 Personen:

150 g Lollo bianco
150 g Friséesalat
100 g Löwenzahn
200 g Rettich
1 Knoblauchzehe
200 g gemischte Pilze (z. B. Champignons, Austern- und Shiitakepilze)
3 EL Sonnenblumenöl
1 Zweig Thymian
Salz
Pfeffer aus der Mühle
50 ml Gemüsebrühe
2 EL Weißweinessig
2 Stängel Dill

Zubereitungszeit: 30 Min.

Nährwerte pro Person: 248 kcal, 1038 kJ, 8 g EW, 22 g F, 6 g KH

1 Lollo bianco und Friséesalat waschen und feste Strünke entfernen. Blätter in mundgerechte Stücke zupfen und in eine Salatschüssel geben. Löwenzahn gut waschen und dicke Blattrippen abschneiden. Blätter grob zerpflücken und zu dem restlichen Salat geben.

2 Rettich waschen, schälen und in dünne Fäden hobeln. In ein Schälchen geben, mit Salz bestreuen und ca. 5 Minuten ziehen lassen. Dann das gezogene Wasser abgießen.

3 Knoblauch schälen und hacken. Pilze mit Küchenpapier abreiben und Stielenden abschneiden. Pilze in mundgerechte Scheiben schneiden.

4 Sonnenblumenöl in einer Pfanne erhitzen und Pilze hineingeben. Unter häufigem Rühren braun anschwitzen. Gehackten Knoblauch dazugeben und unterrühren. Würzig mit Salz und Pfeffer abschmecken. Herausnehmen und auf den Salat geben.

5 Den Bratensatz in der Pfanne mit Gemüsebrühe ablöschen, Essig zugeben und umrühren. Rettich dekorativ auf dem Salat anrichten. Dill waschen, trocken schütteln und die Dillspitzen abzupfen.

6 Den gelösten Bratensatz über den Salat träufeln. Das Ganze mit den Dillspitzen garnieren und sofort servieren.

Bunter Salat mit gratiniertem Ziegenkäse

Für 4 Personen:

150 g gemischte Blattsalate (z. B. Endiviensalat, Romanasalat, Lollo bianco, Kopfsalat)
250 g gemischte Beeren (z. B. Blaubeeren, Rote Johannisbeeren, Himbeeren)
100 ml Cassissée
3 EL Rotweinessig
1 EL flüssiger Honig
5 EL Olivenöl
Salz, Pfeffer aus der Mühle
250 g Ziegenkäserolle mit Weißschimmel

Zubereitungszeit: 20 Min.

Nährwerte pro Person: 418 kcal, 1749 kJ, 14 g EW, 26 g F, 21 g KH

1 Blattsalate unter fließendem kaltem Wasser waschen und trocken schütteln. Putzen, welke Blätter oder Stellen entfernen; feste Strünke abschneiden. Beeren in ein Sieb geben und mit kaltem Wasser abbrausen. Gut abtropfen lassen.

2 Für die Vinaigrette 100 g gemischte Beeren in ein höheres Plastikgefäß geben. Cassissée und Rotweinessig dazugießen, den Honig und 4 EL Olivenöl zugeben. Das Ganze mit einem Stabmixer pürieren. Vinaigrette durch ein feines Sieb passieren und kräftig mit Salz und frisch gemahlenem Pfeffer würzen.

3 Backofen auf Grillfunktion vorheizen. Backpapier auf ein Blech legen. Ziegenkäserolle in 8 gleich große Taler schneiden und auf das Blech setzen. Mit 1 EL Olivenöl beträufeln und pfeffern. Im Ofen 2–3 Minuten gratinieren, bis der Käse leicht braun wird.

4 Geputzte Blattsalate mit den übrigen gemischten Beeren auf einer Platte anrichten. Die gratinierten Ziegenkäsetaler darauf anrichten und dann alles mit der Vinaigrette beträufeln.

VARIANTE

▶ **Wer keine frischen Beeren zur Hand hat, kann den Salat auch mit einer einfachen Vinaigrette zubereiten (Rezept S. 76); diese mit ein wenig fein gehacktem Knoblauch verfeinern. Um eine fruchtige Komponente auf den Teller zu zaubern, eine Birne waschen, vierteln, entkernen und in dünne Spalten schneiden. Der Ziegenkäse kann auch einfach mal mit braunem Zucker bestreut und gratiniert werden.**

Kartoffelsalat

Für 4 Personen:

1 kg festkochende Kartoffeln
200 ml Gemüsebrühe
Salz
Pfeffer aus der Mühle
1 TL milder Senf
5 EL Weißweinessig
2 EL Sonnenblumenöl
100 g Bärlauch
1 Bd. Kerbel
1 Bd. Radieschen
1 Zwiebel

Zubereitungszeit: 20 Min.
Garzeit: 20 Min.
Marinierzeit: 45 Min.

Nährwerte pro Person: 278 kcal, 1163 kJ, 7 g EW, 9 g F, 41 g KH

1 Kartoffeln waschen und in einen Topf mit ausreichend Wasser geben. Erhitzen und in ca. 20 Minuten gar kochen. Abgießen, ausdampfen lassen und pellen. In mundgerechte Scheiben schneiden. Gemüsebrühe erhitzen und warm unter die Kartoffeln mischen.

2 Salz, Pfeffer, Senf und Essig in einer Schale mit einem kleinen Schneebesen gut verrühren; Sonnenblumenöl einfließen lassen und zu einer glatten Salatsoße verrühren. Unter die Kartoffeln mischen. Das Ganze abgedeckt ca. 30 Minuten ziehen lassen.

3 Bärlauch verlesen, feste Strünke abschneiden und unter fließendem kaltem Wasser waschen. Trocken tupfen und in feine Streifen schneiden. Kerbel mit kaltem Wasser abbrausen und trocken schütteln. Grobe Stielenden entfernen und 2 Stängel für die Garnitur beiseitelegen. Den Rest fein hacken.

4 Radieschen gründlich waschen, achteln, dabei Wurzel- und Stielansätze entfernen. Zwiebel schälen und würfeln.

5 Bärlauch, Kerbel, Radieschen und Zwiebel unter den Kartoffelsalat mischen. Nochmals zudecken und weitere 15 Minuten durchziehen lassen. Vor dem Servieren auf Tellern anrichten und mit Kerbelblättern garnieren.

VARIANTE

▶ Bei Kartoffelsalat sind der Kreativität keine Grenzen gesetzt. So kann man den Bärlauch weglassen und geputzten Rucola untermischen. Oder wie wäre es mit Ei? Dafür einfach 3 Eier in ca. 10 Minuten hart kochen und gehackt unterrühren. Eine sommerliche Note bekommt der Salat mit einem leckeren Joghurtdressing (Rezept S. 76); dafür dann die Hälfte der Gemüsebrühe weglassen.

Spinatsalat

(Abbildung S. 73)

Für 4 Personen:

1 Knoblauchzehe
1 EL Dijonsenf
Saft von ½ Zitrone

1 TL Weißweinessig
135 g Zucker
125 ml Olivenöl
185 g Mandeln, grob gehackt
150 g Babyspinat
125 g frische Cranberrys
100 g frischer Ziegenkäse

Zubereitungszeit: 25 Min.

Nährwerte pro Person: 350 kcal, 1464 kJ, 12 g EW, 28 g F, 17 g KH

1 Für die Vinaigrette Knoblauch abziehen und sehr fein hacken. Mit Senf in eine mittelgroße Schüssel geben. Zunächst das meiste von Zitronensaft und Weißweinessig unterrühren und dann 1 TL Zucker mit verquirlen. Langsam Olivenöl mit einem kleinen Schneebesen einrühren, bis eine homogene Masse entsteht.

2 Backofen auf 120 Grad vorheizen. Auf der Arbeitsfläche Backpapier ausbreiten. Restlichen Zucker in einen kleinen Topf geben und mit 2 EL Wasser und 1 Spritzer Zitronensaft bedecken. Die gehackten Mandeln auf ein Backblech geben und im Ofen erwärmen.

3 Zucker und Wasser aufkochen und so lange köcheln lassen, bis der Zucker goldbraun wird; Topf gelegentlich schwenken, um eine möglichst gleichmäßige Färbung zu erhalten.

4 Warme Mandeln einrühren. Karamellisierte Kerne sofort auf dem vorbereiteten Backpapier gleichmäßig verteilen und vollständig auskühlen lassen. Bei Bedarf die Mandeln grob hacken.

5 Spinat unter fließendem kaltem Wasser waschen und in einem Küchensieb gut abtropfen lassen. Cranberrys ebenfalls waschen und trocken tupfen. Ziegenkäse entrinden und zerkrümeln. Spinat, Cranberrys und den Käse in eine große Schüssel geben.

6 Vinaigrette über den Salat träufeln, durchmischen und auf Teller verteilen. Mit kandierten Mandeln bestreut servieren.

Krautsalat mit Speck

Für 4 Personen:

800 g Weißkraut (Weißkohl)
1 Zwiebel
Salz
200 ml Fleischbrühe
100 g durchwachsener Speck
1 TL Butterschmalz
6 EL Essig
weißer Pfeffer aus der Mühle
1 EL Kümmel
1 TL Zucker
6 EL Sonnenblumenöl
Petersilie zum Garnieren

Zubereitungszeit: 40 Min.
Marinierzeit: 1 Std.

Nährwerte pro Person: 260 kcal, 1088 kJ, 7 g EW, 23 g F, 11 g KH

1 Äußere Blätter vom Weißkohl entfernen. Kopf halbieren und den Strunk entfernen. Kohl fein hobeln

TIPP

▶ Unter Babyspinat versteht man jungen Sommerspinat, dessen Blätter besonders zart sind. Spinat fällt schnell zusammen. Daher sollte das Dressing erst kurz vor dem Servieren über den Salat gegeben werden.

oder mit einem großen Messer in sehr dünne Streifen schneiden. Zwiebel schälen und hacken. Zusammen mit dem zerkleinerten Kohl in eine große Schüssel geben, salzen und mit den Händen gut durchmischen.

2 Fleischbrühe erhitzen. Speck in kleine Würfel schneiden. Butterschmalz in einer kleinen Pfanne erhitzen und Speck darin einige Minuten braten. Mit der heißen Fleischbrühe aufgießen, aufkochen lassen und über das Kraut gießen.

3 Essig, etwas Pfeffer, Kümmel und Zucker verrühren. Sonnenblumenöl unterschlagen. Marinade unter das Kraut mengen und das Ganze ca. 1 Stunde abgedeckt ziehen lassen.

4 Petersilie waschen, trocken schütteln und die Blättchen vom Stängel abzupfen. Den Krautsalat anrichten und mit den Petersilienblättern garniert servieren.

VARIANTE

▶ **Orientalischer Krautsalat: Weißkohl wie oben beschrieben klein schneiden, 2 gehackte Knoblauchzehen zugeben und mit 3 TL Salz vermengen. 4 EL Weißweinessig mit 2 EL Honig, 1 TL Kurkuma und je 1 Prise Muskat und Zimt verrühren. 5 EL Olivenöl langsam einfließen lassen und kräftig unterschlagen. Über das Kraut geben und 1 Stunde ziehen lassen. Dann 100 g gut gewaschene Rosinen und 100 g grob gehackte Mandeln unterrühren. Dann servieren.**

Waldorfsalat

Für 4 Personen:

1 TL Dijonsenf
2 sehr frische Eigelbe
100 ml Sonnenblumenöl
3 EL saure Sahne
Salz, 1 Prise Zucker
350 g Knollensellerie
Saft von ½ Zitrone
250 g säuerliche Äpfel
60 g Walnusskerne

Zubereitungszeit: 35 Min.

Nährwerte pro Person: 444 kcal, 1858 kJ, 6 g EW, 42 g F, 13 g KH

1 Für die Mayonnaise Senf und Eigelbe in eine Schüssel geben und mit einem Schneebesen oder den Quirlen des Handrührgeräts schaumig rühren. Öl zunächst tropfenweise und dann in einem dünnen Strahl einfließen lassen; währenddessen immer weiterschlagen. So lange rühren, bis eine dickflüssige Creme entsteht.

2 Saure Sahne dazugeben und gut untermischen. Mit Salz und etwas Zucker würzen.

3 Knollensellerie unter fließendem lauwarmem Wasser waschen und schälen. In sehr feine Streifen schneiden und mit reichlich Zitronensaft vermengen.

4 Äpfel schälen, vierteln und Kerngehäuse sowie Stielansätze entfernen. Äpfel ebenfalls in sehr feine Streifen schneiden und zum Sellerie in die Zitronenmarinade geben.

5 Walnusskerne grob hacken. Mayonnaise unter die Sellerie-Apfel-Mischung heben und mit den Walnusskernen bestreut servieren.

VARIANTE

▶ **Sehr gut passt zu diesem Salat gebratenes Hähnchenfleisch. Hierfür 300 g Hähnchenbrustfilet waschen, trocken tupfen und gegen die Faser in mundgerechte Stücke schneiden. Mit etwas Pfeffer würzen. In einer Pfanne 3 EL Pflanzenöl erhitzen und das Fleisch da-**

rin von allen Seiten kräftig anbraten. Wenn es gar ist, herausnehmen, salzen und mit ½ TL Honig vermengen. Dann den Waldorfsalat wie oben beschrieben zubereiten und kurz vor dem Servieren das Fleisch unterheben. Nach Geschmack noch mit etwas Orangensaft oder 1 Schuss Portwein abschmecken.

Schichtsalat

Für 2 Personen:

2 Eier
100 g Chinakohl
2 kleine Äpfel
330 g Mais (Glas, z. B. von Alnatura)
350 g Ananas in Stücken
(Dose oder Glas)
100 g Gouda
4 EL Mayonnaise
40 g Sahne
2 EL weißer Balsamico-Essig
Meersalz
Pfeffer aus der Mühle

Zubereitungszeit: 25 Min.
Marinierzeit: 12 Std.

Nährwerte pro Person: 321 kcal, 1340 kJ, 12 g EW, 22 g F, 18 g KH

1 Wasser in einem Topf zum Kochen bringen. Eier mit einer Nadel an der stumpfen Seite anstechen. In das sprudelnde Wasser legen und in ca. 10 Minuten hart kochen. Dann herausnehmen, mit kaltem Wasser abschrecken und abkühlen lassen. Schälen und in Scheiben schneiden.

2 Chinakohl putzen und dabei welke Stellen und sehr feste Stücke vom Strunk entfernen. Unter fließendem kaltem Wasser waschen und trocken schütteln, dann in sehr feine Streifen schneiden.

3 Äpfel mit warmem Wasser waschen, trocken reiben, vierteln und das Kerngehäuse sowie den Stielansatz entfernen. Äpfel ungeschält mit einer Küchenreibe raspeln. Mais und Ananas jeweils in ein Küchensieb geben und abtropfen lassen. Gouda reiben.

4 2 Gläser oder ein größeres Gefäß mit Deckel vorbereiten. Zuerst geschnittenen Chinakohl hineinschichten, dann Ananasstücke und Äpfel einschichten. Mit dem Mais belegen, dann geriebenen Gouda daraufgeben und abschließend Eierscheiben auflegen.

5 Für das Dressing Mayonnaise mit der Sahne verrühren und weißen Balsamico-Essig unterrühren. Mit Meersalz und Pfeffer würzig abschmecken. Über den Salat verteilen, aber nicht mischen. Den Schichtsalat abgedeckt in den Kühlschrank stellen und dort ca. 12 Stunden durchziehen lassen.

Öl & Essig

Öl – das flüssige Gold

Seit alters her haben Menschen aus Samen oder Früchten ölige Säfte gepresst. Auf Kreta werden Olivenbäume, die das »flüssige Gold« des Mittelmeerraums liefern, seit etwa 3500 v. Chr. kultiviert. Noch heute ist das Olivenöl eine der Hauptzutaten der mediterranen Küche.

Doch Öl wird nicht nur aus Oliven gewonnen. Andere Fruchtfleischölpflanzen sind Öl- und Kokospalme. Bei den Samenölpflanzen wird das Öl durch Pressung der Samen entzogen. Sonnenblumen-, Raps-, Distel-, Maiskeim-, Lein- und Walnussöl sind typische Samenöle. Gleiches gilt für Soja-, Erdnuss- und Sesamöl, die in der asiatischen Küche beliebt sind.

TIPP

▶ Kalt gepresstes Öl kann man beim Einkauf auch an den Zusatzbezeichnungen »naturbelassen« und »naturrein« erkennen. Kalt gepresstes Olivenöl wird als »Natives Olivenöl« bezeichnet. »Natives Olivenöl extra« ist das hochwertigste Öl dieser Klasse.

ÖL IST NICHT GLEICH ÖL

Pflanzenöle kommen entweder sortenrein oder als Mischung mehrerer Öle in den Handel. Mischöle werden als Speise- oder Tafelöle bezeichnet. Sie sind in der Regel preiswerter und eignen sich, da sie besonders hitzestabil sind, vor allem zum Backen, Braten und Frittieren.

Sortenreine Öle sind, insbesondere wenn sie kalt gepresst wurden und naturbelassen sind, von höherer Qualität. Naturbelassene Öle werden nur durch mechanisches Pressen und anschließendes Filtern der Ölfrüchte gewonnen. Somit bleiben alle ursprünglich in der Frucht vorhandenen Vitalstoffe erhalten. Kalt gepresste Öle eignen sich besonders für die Zubereitung von kalten Speisen und Salaten. Allerdings reagieren sie auf Licht, Hitze und Sauerstoff empfindlich und verderben schneller. Geöffnete Flaschen sollten daher kühl und dunkel gelagert und innerhalb weniger Wochen verbraucht werden.

ÖL – SCHMECKT NICHT NUR, SONDERN TUT AUCH GUT

Im Gegensatz zu Ölen tierischen Ursprungs sind Pflanzenöle frei von Cholesterin, enthalten aber zahlreiche gesundheitsfördernde Stoffe. Vor allem Oliven-, Raps-, Lein- und Walnussöl dürfen in der gesundheitsbewussten Küche nicht fehlen, da sie reich an Omega-3-Fettsäuren sind und somit das Risiko von Herz-Kreislauf-Erkrankungen mindern. Die ebenfalls enthaltenen ungesättigten Fettsäuren helfen, Blutfettwerte zu senken und die Zellmembranen des Körpers zu schützen. In allen Ölen steckt viel Vitamin E, was dazu beitragen kann, die Körperzellen jung zu halten.

KLEINE ÖLKUNDE

▶ Olivenöl: Es wird aus vollreifen Oliven gewonnen. Die Farbe reicht von leicht grünlich bis gelblich, der Geschmack von fein-fruchtig bis kräftig. Kalt gepresstes Olivenöl eignet sich für Salatdressings, zum Marinieren von Fisch, Fleisch oder Gemüse sowie für Dips und kalte Vorspeisen. Olivenöl sollte jedoch nicht über 180 °C erhitzt werden, da sonst ungesunde Transfette entstehen. Zum Frittieren und starken Braten ist Olivenöl daher nicht geeignet. Besser ist es, Olivenöl lediglich zum Dünsten oder Schmoren zu verwenden.

▶ Rapsöl: Rapsöl wird aus den Samen der gelbblühenden Rapspflanze hergestellt. Aufgrund seines neutralen Geschmacks kann es als »Universalöl« eingesetzt werden. Mayonnaisen, Remouladen und feine Soßen erhalten durch Rapsöl eine goldene Farbe und milde Note. Herkömmliches Rapsöl wird raffiniert angeboten, sodass Braten und Frittieren darin problemlos möglich sind. Auch zum Backen eignet sich Rapsöl, vor allem in solchen Rezepten, die weiches Fett verlangen. Das durch kalte Pressung gewonnene Rapskernöl sollte dagegen der kalten Küche vorbehalten bleiben.

▶ Sonnenblumenöl: Dieses Öl wird aus den Kernen der Sonnenblume gewonnen und weist eine hellgelbe bis goldgelbe Farbe auf. Geschmacklich ist es eher neutral und kann ähnlich wie Rapsöl verwendet werden.

▶ Distelöl: Es wird aus den Samen der Färberdistel gepresst und ist besonders reich an ungesättigten Fettsäuren. Sein Geschmack variiert von fruchtig bis scharf. Fruchtige Sorten unterstützen den Geschmack von Gemüse, sodass es besonders für Rohkost, Sprossen und Salate geeignet ist.

▶ Leinöl: Leinöl wird aus den kleinen, braunen Samen der Leinpflanze vorwiegend durch kalte Pressung gewonnen. Das dunkelgoldene Öl hat von allen Ölen den höchsten Gehalt an Omega-3-Fettsäuren. Der würzig-kräftige Geschmack ist jedoch nicht jedermanns Sache, weshalb Leinöl eher tropfenweise zugegeben werden sollte. Leinöl wird schnell ranzig und sollte deshalb nur in kleinen Mengen gekauft und im Kühlschrank gelagert werden.

▶ Walnussöl: Das dunkelgelbe Öl wird aus Walnusskernen gewonnen und weist einen deutlichen Nussgeschmack auf. Es harmoniert wunderbar mit kräftigen Salaten wie Feldsalat und Rucola. Nussgebäck erhält durch Walnussöl ein besonders »nussiges« Aroma.

TIPP

▶ **Rund um das Mittelmeer gibt es etwa 150 verschiedene Olivenbaumarten, die Geschmack und Farbe des Öls bestimmen.**

Öl & Essig – gehören (oft) zusammen

Die kulinarische Paarung Essig & Öl gehört wie Salz & Pfeffer (oft) zusammen. Während Öl durch seine Fettanteile den Geschmack der Speisen besser zur Geltung bringt und dafür sorgt, dass alles besser »rutscht«, bringt Essig mit seinem feinen Säuregehalt von bis zu 8 % Würze ins Spiel. Außerdem werden schwere Speisen durch Essig leichter verdaulich. Bei Salaten und Rohkost verhindert Essig, dass die licht- und wärmeempfindlichen Vitamine zu schnell zerstört werden.

TIPP

▶ Essig kann krankheitserregende Bakterien abtöten.

Essig gehört zu den ältesten Lebensmitteln der Menschheit. Leider erhielt die »Lust auf Saures« lange Zeit einen Dämpfer, da nur wenige Essigsorten auf dem Markt waren. Inzwischen hat sich die Situation geändert: Apfelessig aus Deutschland, Malzessig aus Großbritannien, Balsamicoessig aus Italien, Sherryessig aus Spanien und auch Reisessig aus Japan sorgen für Abwechslung.

Essig – das unbekannte Wesen?

Aber was genau ist Essig und wie wird er hergestellt? Die Essigzubereitung wurde im Altertum durch Zufall entdeckt, als sich Wein durch offenes Stehenlassen in Essig verwandelte. Heute geht man bei Speiseessigen gezielter vor, indem alkoholhaltige Flüssigkeiten wie Wein, Apfelmost oder Bier oder zuckerhaltige Flüssigkeiten wie Traubensaft oder Malzsud mit Essigsäurebakterien geimpft werden, wodurch Essigsäure und Wasser entsteht. Anschließend wird der Essig zur Bukettentfaltung gelagert. Preiswerte Essigsorten wie Branntweinessig oder Essigessenz werden synthetisch hergestellt und haben in der gehobenen Küche (mit Ausnahme als Desinfektions- und Reinigungsmittel) nichts zu suchen.

DIE GANZE WELT DES SAUREN GENUSSES

▶ Balsamico-Essig: Italienischer Balsamico-Essig wird aus eingekochtem Traubensaft hergestellt und hat durch die leichte Süße verbunden mit einer zarten Säure ei-

nen mild-feinen Geschmack. Es gibt ihn in den Farben weiß und rot.

Roter Balsamico-Essig oder Aceto Balsamico ist der König aller Essige. Echter Aceto Balsamico Tradizionale wird aus dem Most weißer Trebbiano-Trauben hergestellt und muss mindestens 12 Jahre im Holzfass lagern. Durch die lange Reifezeit wird er zu einem dunklen, süß-säuerlichen Balsam. Allerdings hat echter Aceto seinen Preis. In der Alltagsküche greift man daher meist auf den preisgünstigeren Aceto Balsamico di Modena zurück, der aus Traubenmostkonzentrat, Weinessig und Zucker besteht. Dunkler Balsamico-Essig eignet sich für Tomatensoße und Fleisch.

Weißer Balsamico-Essig dient zum Verfeinern von hellen Fisch- und Gemüsegerichten, hellen Suppen und Spargel.

▶ Fruchtessig: Unter den Fruchtessigen ist der aus Apfelsaft oder Most von Apfelwein hergestellte Apfelessig am beliebtesten. Er schmeckt mild-säuerlich und fruchtig und harmoniert mit kräftigen Salatsorten, am besten in Kombination mit Nüssen oder Nussöl. Kürbisspeisen und gedünstetem Gemüse gibt Apfelessig den letzten Pfiff. Himbeer- und Erdbeeressig werden aus vergorenen Beeren hergestellt und versehen Salate oder Süßspeisen mit einer fruchtigen Note.

▶ Weinessig: Er wird aus rotem oder weißem Traubenwein vergoren. Roter Weinessig ist etwas kräftiger als weißer und eignet sich zum Abschmecken von kräftigen Eintöpfen oder zum Einlegen von Fleisch. Weißweinessig wird zum Einlegen von Gurken oder essigsaurem Gemüse verwendet. Aber auch Fisch erhält durch Weißweinessig eine säuerliche Note.

Sherryessig stammt aus der Region Jerez in Spanien und reift in Eichenfässern. Er verfeinert spanische Salat- und Soßenkreationen. Geflügelgerichte bekommen durch ihn ein fruchtiges Aroma.

Kräuteröl & Kräuteressig selber machen

Mit frischen Kräutern oder Gewürzen lassen sich Öl und Essig ohne viel Aufwand aromatisieren.

Für Kräuteröl die frischen Kräuter wie z. B. Rosmarin, Thymian, Oregano, Salbei, Basilikum oder andere Gartenkräuter waschen und trocken tupfen. Dann in eine Flasche geben und mit etwa einem halben Liter (Oliven-) Öl aufgießen. Öl gut verkorkt etwa 3 Wochen ziehen lassen. Danach abseihen und kühl und dunkel aufbewahren.

Kräuteressig stellt man her, indem man frische Kräuter oder Knoblauch, Schalotten, Walnüsse, Himbeeren mit Weißweinessig aufgießt und die Mixtur 2–4 Wochen ziehen lässt. Zwischendurch den Essig ab und zu durchschütteln, nach der Reifezeit abseihen.

TIPP

▶ **Anstelle von Kräutern können auch Knoblauchzehen, Chilischoten, Pfefferkörner, Lorbeerblätter oder Zitronenschale verwendet werden.**

▶ Salate mit Nudeln, Reis & Co.

Farfalle-Tomaten-Salat

Für 4 Personen:

400 g Farfalle
Salz
4 EL Olivenöl
80 g Pinienkerne
50 g Rucola
1 Bd. Basilikum
150 g getrocknete, in Öl eingelegte Tomaten (Glas)
2 EL Balsamico-Essig
1 Knoblauchzehe
60 g Schafskäse
20 schwarze Oliven (entsteint)
Pfeffer aus der Mühle
1 TL getrockneter Oregano

Zubereitungszeit: 15 Min.
Garzeit: 10 Min.

Nährwerte pro Person: 390 kcal, 1632 kJ, 14 g EW, 27 g F, 25 g KH

1 Reichlich gesalzenes Wasser aufkochen. Farfalle hineingeben und nach Packungsanweisung in 8–10 Minuten bissfest garen. Abgießen, abtropfen lassen und mit 2 EL Olivenöl vermischen.

2 Eine kleine Pfanne erhitzen und Pinienkerne ohne Fett hellbraun anrösten, dabei oft schwenken.

3 Rucola unter fließendem kaltem Wasser waschen, trocken schütteln und die festen Stielenden entfernen. Rucola quer in feine Streifen schneiden. Basilikum abbrausen und trocken tupfen. Die Blättchen von den Stängeln zupfen und ebenfalls in schmale Streifen schneiden. Beides unter die Nudeln mischen.

4 Getrocknete Tomaten aus dem Glas nehmen und abtropfen lassen, dabei 1 EL Öl auffangen. Diesen mit Balsamico-Essig und dem übrigen Olivenöl verrühren und unter den Salat mischen.

5 Knoblauch schälen und sehr fein hacken. Getrocknete Tomaten in ganz feine Scheiben schneiden und Schafskäse zerbröseln. Zusammen mit Knoblauch und den entsteinten Oliven unter den Nudelsalat mengen.

6 Salat mit Salz, frisch gemahlenem Pfeffer und getrocknetem Oregano abschmecken. Gut durchmischen, mit den gerösteten Pinienkernen bestreuen und servieren.

Grüner Pastasalat

Für 4 Personen:

300 g Hörnchennudeln
Salz
7 EL Olivenöl
200 g Zuckerschoten
½ Stange Lauch
1 Stange Sellerie
1 rote Paprika
2 EL Butter
50 ml Gemüsebrühe
4 EL weißer Balsamico-Essig
Pfeffer aus der Mühle
½ Bd. Basilikum

Zubereitungszeit: 30 Min.
Marinierzeit: 10 Min.

Nährwerte pro Person: 398 kcal, 1665 kJ, 8 g EW, 27 g F, 30 g KH

1 Reichlich gesalzenes Wasser in einem Topf aufkochen. Hörnchennudeln darin nach Packungsanweisung bissfest garen. Abgießen und das Wasser dabei auffangen. Nudeln in eine Schüssel geben und mit etwas Olivenöl verrühren.

2 Zuckerschoten putzen und waschen. Anschließend mundgerecht halbieren oder vierteln. Nudelwasser nochmals aufkochen und die Schoten darin 2 Minuten blanchieren. In ein Sieb abgießen und sofort mit eiskaltem Wasser oder Eiswürfeln abschrecken; so bleiben sie knackig und schön grün.

3 Lauch von welken Blättern und Stellen befreien, Wurzelansatz entfernen. Lauch schräg in schmale Scheiben schneiden und diese dann zerpflücken. In reichlich kaltem Wasser wässern, um ihn gründlich zu reinigen. Dann in einem Sieb abtropfen lassen.

4 Sellerie waschen. Wurzelansatz und Blätter abschneiden, Letztere beiseitelegen. Sellerie raspeln. Paprika waschen, halbieren, Kerne und weiße Innenhäute entfernen und würfeln.

5 Butter in einer Pfanne oder einem kleinen Topf erhitzen. Lauch darin kurz dünsten, dann Paprika zugeben und unterrühren. Mit der Gemüsebrühe ablöschen und ungefähr 3 Minuten unter stetigem Rühren weiterdünsten.

6 Lauch-Paprika-Mischung kräftig mit restlichem Olivenöl, Essig, Salz und Pfeffer würzen. Zu den Nudeln

geben und mit den Zuckerschoten unterrühren. Selleriegrün fein hacken. Basilikum waschen, trocken schütteln und grob hacken. Beides zum Salat geben.

7 Pastasalat mindestens 10 Minuten ziehen lassen. Dann nochmals abschmecken und lauwarm oder kalt servieren.

Toskanischer Brotsalat

Für 4 Personen:

200 g toskanisches Weißbrot, in Scheiben geschnitten (am besten vom Vortag)
4 EL Weinessig
200 g Cocktailtomaten
1 Salatgurke
1 rote Zwiebel
2 Knoblauchzehen
125 g Mozzarella
Salz
Pfeffer aus der Mühle
6 EL Olivenöl
½ Bd. Basilikum

Zubereitungszeit: 20 Min.

Nährwerte pro Person: 318 kcal, 1331 kJ, 5 g EW, 20 g F, 30 g KH

TIPP
▶ In Italien wird dieser Salat Panzanella genannt.

1 Weißbrot kräftig toasten oder in einer Pfanne von beiden Seiten anrösten. Ca. 100 ml Wasser mit etwas Weinessig vermischen und über die Brotscheiben träufeln. Einige Minuten weich werden lassen und dann ausdrücken.

2 Cocktailtomaten waschen und abtropfen lassen. Nach Wunsch halbieren oder vierteln. Salatgurke schälen und längs vierteln. Bei Bedarf die Kerne entfernen und Gurke dann in Stücke schneiden.

3 Zwiebel schälen, halbieren und in feine Streifen schneiden. Knoblauchzehen abziehen und sehr fein hacken.

4 Das weiche Brot in mundgerechte Stücke zupfen. Zusammen mit dem geschnittenen Gemüse in eine Salatschüssel geben. Den Mozzarella abtropfen lassen, zerrupfen und ebenfalls in die Salatschüssel geben.

5 Übrigen Weißweinessig mit Salz und frisch gemahlenem Pfeffer verrühren. Das Olivenöl unterschlagen. Basilikum unter fließendem Wasser waschen, trocken schütteln und die Blätter von den Stängeln zupfen. Sehr fein hacken.

6 Das Dressing über den Salat geben und vermengen. Zum Schluss gehacktes Basilikum darüberstreuen, nochmals durchrühren und servieren.

Reissalat mit Erdnussdressing

Für 4 Personen:

2 Orangen (unbehandelt)
2 kleine Zwiebeln
2 TL Sonnenblumenöl
100 g Basmatireis
Salz
2 Gewürznelken
2 Salatgurken
300 g Möhren
1 Bd. Schnittlauch
600 g Joghurt
6 EL Sojasoße
6 TL Erdnussmus (Glas)
4 TL Weißweinessig
Pfeffer aus der Mühle
Zucker

Zubereitungszeit: 25 Min.

Nährwerte pro Person: 495 kcal, 2071 kJ, 15 g EW, 32 g F, 35 g KH

1 Orangen heiß waschen, trocken reiben und von der Schale 1 TL abreiben. Orangen halbieren und Saft auspressen. Mit Wasser auf 200 ml auffüllen.

2 Zwiebeln schälen und sehr fein hacken. Sonnenblumenöl in einen Topf geben und erhitzen; Zwiebelwürfel hineingeben und bei mittlerer Hitze glasig dünsten. Basmatireis zugeben und kurz mitdünsten, dabei öfter umrühren.

3 Den Reis mit dem Orangensaft aufgießen. Etwas Salz und Gewürznelken zugeben und unterrühren. Bei schwacher Hitze zugedeckt ca. 12 Minuten ausquellen lassen. Dann Orangenreis beiseitestellen und kalt werden lassen.

4 Gurken schälen und in Würfel schneiden. Möhren schälen und grob raspeln. Schnittlauch abbrausen, trocken schütteln und in feine Röllchen schneiden.

5 Joghurt in eine Schale geben und mit Sojasoße sowie Erdnussmus vermengen. Mit Essig, Pfeffer und Zucker pikant abschmecken.

6 Orangenreis mit Gurkenwürfeln, Möhrenraspeln und dem Erdnussdressing mischen. Den Salat vor dem Servieren mit den Schnittlauchröllchen bestreuen.

TIPP

▶ Erdnussmus bekommt man am besten im Reformhaus oder Bioladen. Außer gerösteten, pürierten Erdnüssen und Meersalz enthält es keine weiteren Zusatzstoffe. Für dieses Rezept sollte das Mus möglichst fein sein.

Wildreissalat

Für 4 Personen:

150 g Wildreis
1 mittelgroßer Kohlrabi
100 g Möhren
100 g Zuckerschoten
1 Handvoll frische Spinatblätter
Salz
1 Bd. gemischte Kräuter (z. B. Schnittlauch, Zitronenmelisse, Borretsch)
1 TL scharfer Senf
1 EL Zitronensaft
1 EL Weißweinessig
schwarzer Pfeffer
4 EL Distelöl

Zubereitungszeit: 35 Min.

Nährwerte pro Person: 270 kcal, 1145 kJ, 5 g EW, 2 g F, 58 g KH

1 Wildreis in ein Küchensieb geben und waschen. Nach Packungsanweisung ausreichend Wasser aufkochen lassen und Reis darin bissfest garen.

2 Während der Reis kocht, Kohlrabi und Möhren schälen, putzen und waschen. In ca. ½ cm breite Stifte schneiden. Zuckerschoten waschen und putzen. Spinat in kaltem Wasser gründlich waschen und putzen. In einem Sieb abtropfen lassen.

3 Kohlrabi und Möhren in kochendem Salzwasser 2 Minuten garen. Zuckerschoten dazugeben und weitere 2 Minuten kochen, bis das Gemüse bissfest ist. Mit einer Schaumkelle herausnehmen und in ein Küchensieb geben. Mit kaltem Wasser abschrecken und abtropfen lassen.

4 Spinat nur kurz in das Kochwasser geben und zusammenfallen lassen. Sofort mit der Schaumkelle herausnehmen, kalt abschrecken und ausdrücken. Kochwasser zur Seite stellen.

5 Die gemischten Kräuter waschen und trocken schütteln. Blättchen abzupfen und fein hacken. Senf mit Zitronensaft, Essig, Salz und Pfeffer glatt rühren. Distelöl und 2–3 EL vom Gemüsekochwasser einrühren; gehackte Kräuter untermischen.

VARIANTE

▶ Klassischer Reissalat: 125 g Reis in Salzwasser kochen. 1 rote, 1 grüne Paprikaschote, 1 Zwiebel und 125 g Kochschinken fein würfeln und mit 1 Dose Mandarinen und der Hälfte vom Saft vermischen. Gemüse-Schinken-Mischung mit dem gekochten Reis vermengen und 250 g Mayonnaise und je 2 EL Sojasoße und Zucker darunterrühren.

6 Den Reis mit Gemüse und Salatsoße vermengen. Salat nochmals mit Salz und Pfeffer abschmecken, dann servieren.

Rote Linsen mit Kartoffelvinaigrette

Für 4 Personen:

200 g Kartoffeln
Salz
1 Möhre
150 g Knollensellerie
1 Stange Lauch
1 EL Kürbiskernöl
220 g rote Linsen
350 ml Gemüsebrühe
weißer Pfeffer
3 EL Weißweinessig (z. B. von Hengstenberg)
2 EL Olivenöl
1 Bd. Schnittlauch
1 Kopf Eichblattsalat

Zubereitungszeit: 35 Min.

Nährwerte pro Person: 346 kcal, 1448 kJ, 17 g EW, 13 g F, 39 g KH

1 Kartoffeln unter fließendem kaltem Wasser gründlich waschen. In gesalzenes Wasser legen, sodass die Kartoffeln bedeckt sind, erhitzen und in ca. 20 Minuten gar kochen.

2 Möhre und Sellerie schälen und waschen. Die äußeren Blätter und welke Stellen des Lauchs entfernen und ihn in dünne Ringe schneiden. In reichlich Wasser wässern und abtropfen lassen.

3 Kürbiskernöl erhitzen und Gemüse kurz darin andünsten. Rote Linsen dazugeben, kurz mitdünsten und mit 250 ml der Gemüsebrühe ablöschen. Zugedeckt ca. 5 Minuten kochen lassen; die Linsen müssen noch Biss haben. Mit Salz und weißem Pfeffer abschmecken und abkühlen lassen.

4 Kartoffeln abgießen, ausdampfen lassen und dann pellen. Mit einem Kartoffelstampfer oder einer Kartoffelpresse fein zerkleinern. Den Kartoffelstampf gut mit Weißweinessig, 100 ml warmer Gemüsebrühe und Olivenöl verrühren. Schnittlauch waschen, trocken schütteln und hacken. Zur Kartoffelvinaigrette geben.

5 Eichblattsalat putzen, feste Strünke entfernen und Blätter mit kaltem Wasser waschen. Trocken schütteln und in mundgerechte Stücke zupfen. Auf Tellern anrichten und die Linsen daraufgeben. Dazu die Kartoffelvinaigrette reichen.

Linsensalat

Für 4 Personen:

1 Zwiebel
4 Gewürznelken
250 g Puy-Linsen
1 Lorbeerblatt
3/4 l Gemüsebrühe
1 Prise Zucker
Salz, schwarzer Pfeffer
4 EL Rotweinessig

2 EL Olivenöl
1 Stange Lauch
250 g Tomaten
1 Knoblauchzehe
1 Bd. Petersilie

Zubereitungszeit: 30 Min.
Garzeit: 20 Min.

Nährwerte pro Person: 280 kcal, 1180 kJ, 17 g EW, 7 g F, 35 g KH

1 Zwiebel schälen und mit den Gewürznelken spicken. Diese zusammen mit den Linsen und dem Lorbeerblatt in einen Topf geben, Gemüsebrühe zugießen, aufkochen und ca. 20 Minuten garen.

2 Wenn die Linsen bissfest sind, in ein Sieb abgießen und abtropfen lassen. Brühe auffangen. Die gespickte Zwiebel und Lorbeerblatt entfernen.

3 Zucker, Salz und Pfeffer in eine kleine Schale geben. Rotweinessig zugießen und alles verrühren. Langsam Olivenöl einfließen lassen und mit einem kleinen Schneebesen gut unterrühren.

4 Die Linsen mit dem Dressing vermengen. Beiseitestellen und ca. 20 Minuten ziehen lassen.

5 In der Zwischenzeit Lauch waschen, welke Stellen und den Wurzelansatz abschneiden. Lauch längs halbieren, nochmals mit Wasser abbrausen und abtropfen lassen. Dann quer in gleichmäßige Streifen schneiden.

6 Tomaten mit heißem Wasser überbrühen und häuten. Vierteln, Stielansätze entfernen und Fruchtfleisch entkernen. Anschließend würfeln.

7 Den Knoblauch abziehen und fein hacken. Die Petersilie waschen und trocken schütteln. Grobe Stielenden entfernen und Petersilie hacken. Alles mit den Linsen mischen. Würzig mit Salz und Pfeffer abschmecken.

Warmer Couscoussalat

Für 4 Personen:

2 Möhren
1 rote Paprika
100 g Cocktailtomaten
175 g Kichererbsen (Glas, z. B. von Alnatura)
6 EL Rapsöl
50 ml Orangensaft
Saft von ½ Limette
Meersalz
Pfeffer aus der Mühle
1 Prise Kreuzkümmel
½ Bd. glatte Petersilie
125 g Couscous
½ TL körnige Gemüsebrühe

Zubereitungszeit: 30 Min.
Garzeit: 10 Min.

Nährwerte pro Person: 436 kcal, 1824 kJ, 16 g EW, 16 g F, 61 g KH

1 Möhren schälen und ohne die Enden schräg in ca. ½ cm breite Scheiben schneiden. Paprika waschen, halbieren, von Kernen und weißen Innenhäuten befreien sowie in schmale Streifen schneiden.

2 Tomaten waschen und halbieren. Kichererbsen in ein Sieb geben, mit

kaltem Wasser kurz abbrausen und gut abtropfen lassen.

3 2 EL Rapsöl in einem Topf oder einer Pfanne erhitzen. Möhren und Paprika dazugeben und 5 Minuten anbraten. Mit Orangensaft ablöschen und weitere 5 Minuten köcheln lassen. Das Ganze vom Herd nehmen, Tomaten und Kichererbsen unterrühren.

4 Das Gemüse mit restlichem Rapsöl und Limettensaft marinieren. Mit Meersalz, frisch gemahlenem Pfeffer und Kreuzkümmel abschmecken.

5 Die Petersilie unter fließendem kaltem Wasser abbrausen und trocken schütteln. Ohne die harten Stiele hacken und unter das Gemüse mengen. Alles in eine Schale geben und im Kühlschrank kalt stellen.

6 Couscous in einem Topf mit dem Gemüsebrühepulver vermischen. 250 ml Wasser aufkochen und über den Couscous gießen. Ca. 10 Minuten abgedeckt ruhen lassen, bis er ausgequellt ist. Er ist fertig, wenn keine Flüssigkeit mehr im Topf ist.

7 Noch warm mit dem gekühlten Gemüse vermengen, nochmals abschmecken und sofort servieren.

Käse-Apfel-Salat

Für 4 Personen:

150 g Edamer
150 g Leerdamer
150 g Lindenberger
4 kleine Gewürzgurken
1 Zwiebel
1 Apfel
Zitronensaft
4 EL Joghurt
1 EL Sahne
1 EL Weißweinessig
2 TL mittelscharfer Senf
½ Bd. Schnittlauch
1 Prise Zucker
Salz, Pfeffer aus der Mühle

Zubereitungszeit: 25 Min.

Nährwerte pro Person: 459 kcal, 1920 kJ, 30 g EW, 35 g F, 7 g KH

1 Edamer, Leerdamer und Lindenberger bei Bedarf entrinden. In gleichmäßige Würfel schneiden. Gewürzgurken aus der Lake nehmen und abtropfen lassen. In feine Würfel schneiden.

2 Zwiebel schälen und fein würfeln. Apfel schälen, vierteln und das Kerngehäuse entfernen. Äpfel würfeln und mit Zitronensaft beträufeln, damit die Apfelstücke nicht braun werden.

3 Für das Dressing den Joghurt mit der Sahne vermengen. Weißweinessig und Senf dazugeben und alles glatt rühren. Schnittlauch waschen, trocken schütteln und in feine Röllchen schneiden. Unter das Joghurtdressing heben. Die Soße mit etwas Zucker, Salz und frisch gemahlenem Pfeffer abschmecken.

4 Käsewürfel mit Gewürzgurken, Apfel und Zwiebel vermengen. Das Dressing über den Salat geben und kurz durchziehen lassen.

VARIANTE

▶ Käsesalat mit Mandeln und Walnüssen: je 2 EL abgezogene Mandeln und Walnusskerne in einer Pfanne ohne Fett goldbraun rösten, dann auskühlen lassen. 500 g gemischten Käse (z. B. Edamer, Leerdamer, Gouda oder Emmentaler) würfeln. 300 g kernlose blaue Weintrauben waschen und halbieren. Für die Vinaigrette 3 EL Apfelessig, 2 EL Apfelsaft, etwas Zucker, Salz und Pfeffer mit ½ TL mittelscharfem Senf und 1 TL geriebenem Meerrettich vermischen. Je 3 EL Sonnenblumen- und Mandelöl unterschlagen. 300 g Chicorée und 150 g Radicchio waschen, putzen und klein zupfen. Mit Käse, Trauben, Mandeln und Walnüssen vermengen, dann die Vinaigrette darüberträufeln.

Bulgursalat mit gegrilltem Gemüse

Für 6 Personen:

200 ml Gemüsebrühe
100 g Bulgur (z. B. von Alnatura)
½ Bd. glatte Petersilie
1 Stange Sellerie
200 g Cocktailtomaten
200 g Zucchini
200 g Aubergine
150 g gelbe Paprika
60 g grünes Pesto (Glas)
100 g schwarze Oliven (entsteint)
2 EL Olivenöl
1–2 EL Limettensaft
Salz
Pfeffer aus der Mühle

Zubereitungszeit: 25 Min.
Garzeit: 15 Min.

Nährwerte pro Person: 333 kcal, 1400 kJ, 6 g EW, 26 g F, 18 g KH

1 Die Gemüsebrühe in einem Topf aufkochen. Bulgur dazugeben und 15–20 Minuten bei schwacher Hitze ausquellen lassen. Er ist fertig, wenn keine Flüssigkeit mehr im Topf ist.

2 Petersilie waschen und trocken schütteln. Grobe Stielenden entfernen. Petersilie fein hacken und beiseitestellen. Sellerie waschen, putzen und in Stücke schneiden. Cocktailtomaten waschen, trocken reiben, halbieren und Stielansätze entfernen.

3 Zucchini und Aubergine gut waschen und in grobe Würfel schneiden. Paprika waschen und halbieren. Die weißen Innenhäute und Kerne entfernen; in grobe Würfel schneiden.

4 Geschnittenes Gemüse in eine Schüssel geben und mit grünem Pesto vermischen. Abdecken und einige Minuten ziehen lassen. Dann das Gemüse in eine Alugrillschale geben und auf den heißen Grill stellen. Ca. 15 Minuten garen; ab und zu wenden. Danach etwas abkühlen lassen.

5 Bulgur in eine große Salatschüssel geben. Die gehackte Petersilie und die Oliven untermischen, dann das gegrillte Gemüse untermengen. Den Salat mit Olivenöl, Limettensaft, Salz und frisch gemahlenem Pfeffer pikant abschmecken.

TIPP

▶ Bulgur wird aus Weizenkörnern gewonnen und ist besonders in der Küche des Mittleren und Nahen Ostens beliebt.
Das Gemüse kann auch im Ofen gegrillt werden. Dafür auf ein Backblech legen, mit einigen Tropfen Olivenöl beträufeln und die Grillfunktion einstellen. 10 Minuten grillen, dabei mehrmals umrühren.

▶ Salate mit Fisch & Fleisch

Krabbensalat

Für 2 Personen:

1 feste Tomate
1 rote Paprika
100 g Stangensellerie
400 g küchenfertige Nordseekrabben
2 EL Weißweinessig
1 EL Zitronensaft
3 EL Sonnenblumenöl
1 EL Olivenöl
Salz
Cayennepfeffer
2 Stängel Koriander

Zubereitungszeit: 25 Min.

Nährwerte pro Person: 511 kcal, 2138 kJ, 41 g EW, 32 g F, 14 g KH

1 Tomate mit heißem Wasser überbrühen und häuten. Dann vierteln und Kerne sowie Stielansatz entfernen. Fruchtfleisch in feine Würfel schneiden. Paprika waschen und halbieren, von Kernen sowie weißen Innenhäuten befreien und ebenfalls würfeln.

2 Stangensellerie unter fließendem kaltem Wasser waschen und abtropfen lassen. Blätter und Wurzelansätze abschneiden, dann in sehr feine Scheiben schneiden. Krabben gegebenenfalls aus der Lake nehmen und in einem Küchensieb abtropfen lassen.

3 Weißweinessig mit Zitronensaft vermengen, Sonnenblumen- und Olivenöl kräftig unterrühren; mit Salz und Cayennepfeffer abschmecken.

4 Alle Zutaten in eine Salatschüssel geben und mit dem Dressing übergießen. Gut durchmischen und kurz ziehen lassen. Koriander abbrausen und trocken schütteln. Blättchen von den Stängeln zupfen, hacken und unter den Krabbensalat mischen.

VARIANTE

▶ **Fruchtiger Krabbensalat: 200 g Chicorée von Strunk und welken Blättern befreien, waschen und in dünne Streifen schneiden. 2 Mandarinen schälen, in Filets teilen und in Stücke schneiden. Beides mit 200 g küchenfertigem Krabbenfleisch in einer Schüssel mischen. Je 2 EL Zitronensaft und Tomatenmark gut verrühren, dann 2 EL Olivenöl unterschlagen. Salzen, pfeffern und die Soße über den Salat geben. 3 Stängel Basilikum waschen, trocken schütteln, Blättchen hacken und mit 2 TL Sesamsamen zum Salat geben. Alles nochmal durchmengen. Kurz ziehen lassen und servieren.**

Mediterraner Meeresfrüchtesalat

Für 4 Personen:

1 Zitrone (unbehandelt)
½ TL Fenchelsamen
300 g Miesmuscheln
150 g Tintenfischringe
150 g rohe, geschälte Garnelen
2 Frühlingszwiebeln
1 rote Paprika
4 Tomaten

50 g schwarze Oliven (entsteint)
Saft von ½ Zitrone
2 EL Olivenöl
1 Knoblauchzehe
Salz, schwarzer Pfeffer
Petersilie zum Garnieren

Zubereitungszeit: 35 Min.

Nährwerte pro Person: 220 kcal, 920 kJ, 15 g EW, 12 g F, 11 g KH

1 Zitrone heiß waschen, trocken reiben und in dünne Scheiben schneiden. In einem Topf ¼ l Wasser mit den Zitronenscheiben und den Fenchelsamen aufkochen. Muscheln waschen und gut bürsten; Bärte und bereits geöffnete Exemplare entfernen.

2 Tintenfische, Garnelen und Muscheln in das Zitronenwasser geben und darin 3–4 Minuten bei mittlerer Hitze garen.

3 Die Meeresfrüchte mit einem Schaumlöffel aus dem Sud heben, abtropfen lassen und in eine Schüssel geben. Ungeöffnete Muscheln entfernen. Das Fleisch aus den geöffneten Muscheln lösen. Einige Exemplare für die Garnitur in der Schale lassen.

4 Die Zitronenscheiben entfernen und den Sud aufbewahren. Die Frühlingszwiebeln waschen, von welken Stellen und Wurzelansätzen befreien, dann in feine Ringe schneiden.

5 Paprika halbieren, Kerne und weiße Innenhäute entfernen, waschen und in feine Streifen schneiden. Tomaten waschen, achteln und die Stielansätze entfernen. Oliven in Ringe schneiden.

6 Den Zitronensaft mit 3 EL Sud und dem Olivenöl verrühren. Die Knoblauchzehe abziehen und durch die Presse dazudrücken. Das Dressing mit Salz und Pfeffer würzen. Frühlingszwiebeln, Paprikastreifen und Tomaten zu den Meeresfrüchten geben. Das Dressing daruntermischen.

7 Den Salat auf 4 Tellern anrichten. Petersilie waschen, trocken schütteln und grobe Stielansätze abschneiden. Meeresfrüchtesalat mit Petersilie und den beiseitegelegten Muscheln garnieren.

Nudelsalat mit Thunfisch

Für 4 Personen:

Salz
250 g Fusilli
8 EL Olivenöl
1 rote Zwiebel
200 g Cocktailtomaten
Saft von 1 Zitrone
1 EL Balsamico-Essig
50 ml Gemüsebrühe
Pfeffer aus der Mühle
1 Bd. Rucola
1 Bd. Basilikum
2 Dosen Thunfisch (natur, à 150 g)

Zubereitungszeit: 30 Min.

Nährwerte pro Person: 524 kcal, 2192 kJ, 22 g EW, 26 g F, 50 g KH

1 Einen Topf mit reichlich gesalzenem Wasser zum Kochen bringen und die Nudeln darin bissfest garen.

TIPP

▶ **Noch gehaltvoller wird der Salat, wenn man ihn mit selbst gemachter Mayonnaise (Rezept S. 111) anmacht. Verfeinern sollte man sie mit 50 ml Gemüsebrühe und 2 EL Joghurt. Das Ganze dann anstelle der Vinaigrette über die Nudeln geben.**

In ein Sieb abgießen und abtropfen lassen. In eine Schüssel geben und mit ca. 2 EL Olivenöl verrühren, damit die Nudeln nicht verkleben.

2 Die rote Zwiebel schälen, halbieren und in schmale Streifen schneiden. Die Cocktailtomaten waschen, abtropfen lassen und halbieren. Beides zu den Nudeln geben und vermengen.

3 Den Zitronensaft mit Balsamico-Essig und Gemüsebrühe vermischen. Kräftig mit Salz und frisch gemahlenem Pfeffer verrühren. Das Olivenöl dazugeben und kräftig unterrühren. Das Dressing über den Nudelsalat geben und ca. 10 Minuten ziehen lassen.

4 In der Zwischenzeit Rucola und Basilikum mit kaltem Wasser abbrausen und trocken schütteln. Grobe Stielenden des Rucola abschneiden und bei Bedarf mundgerecht zerpflücken. Basilikumblättchen von den Stängeln zupfen und grob hacken.

5 Thunfisch abtropfen lassen und mit einer Gabel in kleine Stücke zerteilen. Zusammen mit Rucola und Basilikum unter den Salat mischen. Nochmals mit Salz und Pfeffer abschmecken. Auf Salatschälchen verteilen und servieren.

Nizza-Salat

Für 4 Personen:

200 g Kartoffeln
200 g grüne Bohnen
Salz
3 Eier
3 Tomaten
1 grüne oder rote Paprikaschote
200 g Salatgurke
1 rote Zwiebel
150 g Thunfisch (Dose, im eigenen Saft)
1 Kopfsalat
4 EL Rotweinessig
2 TL mittelscharfer Senf
Pfeffer aus der Mühle
Zucker
8 EL Olivenöl
16 schwarze Oliven (entsteint)
Basilikumblättchen zum Garnieren

Zubereitungszeit: 40 Min.

Nährwerte pro Person: 470 kcal, 1966 kJ, 19 g EW, 35 g F, 19 g KH

1 Kartoffeln waschen, in einen Topf mit Wasser geben, sodass sie gerade bedeckt sind, und erhitzen. Ca. 20 Minuten kochen lassen, bis sie gar sind. Dann abgießen, ausdampfen lassen und pellen.

2 Bohnen waschen, putzen und Enden abschneiden. Gesalzenes Wasser in einem Topf aufkochen und Bohnen darin 8 Minuten garen. Abgießen und kalt abschrecken. Abtropfen lassen.

3 Eier an der stumpfen Seite anstechen, in einen Topf mit Wasser geben, erhitzen und in 8 Minuten hart kochen. Abgießen und abschrecken, schälen und dann achteln.

4 Tomaten waschen und achteln; Stielansätze entfernen. Paprika waschen, halbieren, Kerne und weiße Innenhäute entfernen. Paprika in dünne Streifen schneiden. Gurke schälen und würfeln. Kartoffeln in dünne Scheiben schneiden. Zwiebel schälen, halbieren und in feine Streifen schneiden.

5 Thunfisch gut abtropfen lassen und mit einer Gabel zerteilen. Kopfsalat gründlich waschen und trocken schütteln. Schlechte Stellen und feste Strünke wegschneiden. Einige der inneren Blätter aufheben, den Rest zerpflücken.

6 Essig gut mit Senf, Salz, Pfeffer und Zucker vermengen. Öl unterschlagen, sodass sich eine homogene Masse ergibt.

7 Kartoffeln, Bohnen, Tomaten, Gurke, Paprika, Thunfisch, Kopfsalat, Zwiebel und Oliven in eine große Schüssel geben. Das Dressing darübergießen und alles vorsichtig vermischen. Zum Schluss die Eier oben auflegen und mit den ganzen Salatblättern und Basilikumblättchen garnieren.

Sommersalat mit Kabeljau

Für 4 Personen:

Salz
500 g küchenfertiger norwegischer Kabeljau
Pfeffer aus der Mühle
2 Nektarinen
2 Bd. Rucola
100 g Edamer
50 g kernlose blaue Weintrauben
Saft von 1 Zitrone
2 TL Aprikosenmarmelade
3 EL Olivenöl

Zubereitungszeit: 30 Min.

Nährwerte pro Person: 292 kcal, 1223 kJ, 27 g EW, 16 g F, 10 g KH

1 Leicht gesalzenes Wasser in einem Topf erhitzen. Den Kabeljau hineingeben; er sollte aber nur halb im Wasser liegen. Ca. 15 Minuten darin dünsten und ihn dann aus dem Kochwasser nehmen.

2 Wenn der Kabeljau etwas ausgekühlt ist, von Haut und Gräten befreien. Mit den Händen in mundgerechte Stücke pflücken, mit etwas Pfeffer würzen.

3 Nektarinen unter fließendem Wasser gut waschen und trocken reiben. Halbieren, den Kern entfernen und in Spalten schneiden. Zusammen mit dem Kabeljau in eine große Salatschüssel geben.

4 Rucola putzen, welke Blätter und grobe Stielenden entfernen. Rucola mit kaltem Wasser abbrausen und trocken schütteln. Edamer bei Bedarf entrinden und in kleine Würfel schneiden. Weintrauben gut waschen und abtropfen lassen. Alles in die Salatschüssel geben.

5 Zitronensaft mit frisch gemahlenem Pfeffer, Salz und Aprikosenmarmelade gut verrühren. Dann das Öl in einem dünnen Strahl einfließen lassen und kräftig unterschlagen.

6 Dressing über die Salatzutaten träufeln und vorsichtig vermengen. Dann servieren.

VARIANTE

▶ Heringsalat: 1 Pck. Salzheringe in Stücke und 2 Zwiebeln in Ringe schneiden. Rote Bete aus dem Glas, 3 hartgekochte Eier, 1 geschälten Apfel und 3 geschälte Pellkartoffeln würfeln und das Ganze mit einem kleinen Glas Mayonnaise vermengen. Mit Salz, Pfeffer und 1 Prise Zucker abschmecken und gut durchziehen lassen.

Hähnchensalat mit Avocado und Rucola

Für 4 Personen:

400 g Hähnchenbrustfilet
2 EL Pflanzenöl
Salz
300 g Rucola
250 g Cocktailtomaten
2 Avocados

Saft von $^1/_2$ Zitrone
1 Schalotte
2 EL Joghurt
200 g Sahne
1 TL milder Senf
Cayennepfeffer

Zubereitungszeit: 35 Min.

Nährwerte pro Person: 553 kcal, 2314 kJ, 27 g EW, 45 g F, 9 g KH

1 Hähnchenbrustfilet mit kaltem Wasser waschen und trocken tupfen. Öl in eine Pfanne geben und erhitzen. Filet hineinlegen und ca. 10 Minuten braten, dabei mehrmals wenden. Herausnehmen, leicht salzen und abkühlen lassen.

2 Rucola verlesen und gründlich waschen. In einem Küchensieb gut abtropfen lassen und dann die groben Stielenden abschneiden. Cocktailtomaten waschen, abtropfen lassen und halbieren. Beides in eine Schüssel geben und vermengen.

3 Avocados halbieren, vom Kern befreien, schälen und in mundgerechte Würfel schneiden. Mit etwas Zitronensaft beträufeln, damit das Fruchtfleisch nicht braun wird.

4 Das abgekühlte Hähnchenfleisch in kleine Stücke rupfen oder schneiden. Mit den Avocados zum Salat geben.

5 Schalotte schälen und sehr fein hacken. Mit Joghurt und Sahne vermengen, den Senf zugeben und das Ganze glatt rühren. Kräftig mit Salz und Cayennepfeffer abschmecken.

6 Den Salat auf 4 Teller verteilen und mit der Soße begießen. Sofort servieren, damit der Rucola nicht zusammenfällt.

VARIANTE

▶ Eine fruchtig-frische Note geben Orangen- (süßer) oder Grapefruitfilets (herber). Hierfür, je nach Geschmack, 1 Frucht schälen. Mit einem scharfen Messer die Filets aus den Häuten lösen und in Stücke schneiden. Zusammen mit den Avocadostücken zum Salat geben.

Blattsalat mit Putenbrust und Speckstreifen

Für 4 Personen:

200 g Putenbrust
8 Champignons
Zitronensaft
1 rote Zwiebel
2 EL Sonnenblumenöl
Salz
Pfeffer aus der Mühle
8 Scheiben Frühstücksspeck
400 g gemischte Blattsalate (z. B. Romana-, Eisberg-, Kopf-, Feldsalat)
6 EL Olivenöl
3 EL Balsamico-Essig
100 g Gorgonzola

Zubereitungszeit: 30 Min.

Nährwerte pro Person: 345 kcal, 1443 kJ, 21 g EW, 27 g F, 4 g KH

1 Putenbrust unter fließendem kaltem Wasser waschen und dann trocken tupfen. Gegen die Faser in mundgerechte Stücke schneiden.

2 Champignons gut mit Küchenpapier säubern und die Stielenden abschneiden. Pilze in Scheiben schneiden. Mit etwas Zitronensaft beträufeln, damit sie nicht braun anlaufen.

3 Zwiebel schälen und in sehr dünne Ringe schneiden. Sonnenblumenöl in einer Pfanne erhitzen und das Putenfleisch darin von allen Seiten

goldbraun braten; immer wieder durchrühren. Mit Salz und frisch gemahlenem Pfeffer würzen, aus der Pfanne nehmen und beiseitestellen.

4 Champignons in das restliche Fett der Pfanne geben und ca. 1 Minute braten. Ebenfalls mit Salz und Pfeffer würzen. Herausnehmen und beiseitestellen. Frühstücksspeck in die Pfanne geben und unter mehrmaligem Wenden knusprig braten.

5 Salatblätter putzen, von welken Stellen befreien und feste Strünke abschneiden. Blätter gut waschen und trocken schütteln, dann zerpflücken und in eine große Salatschüssel geben. Champignons und Zwiebel dazugeben.

6 Olivenöl und Essig gut mit Salz und Pfeffer verrühren. Über den Salat träufeln und gut vermengen. Das Putenfleisch unterheben und den Salat auf 4 Teller verteilen.

7 Gorgonzola zerkrümeln und über den Salat streuen. Mit dem knusprig gebratenen Frühstücksspeck belegen und servieren.

Asiatischer Rindfleischsalat

Für 2 Personen:

150 g Zuckerschoten
Salz
2 Schalotten
1 reife Mango (ca. 300 g)
2 rote Chilischoten
1 Bd. Koriander
200 g Roastbeef
Pfeffer aus der Mühle
4 EL Pflanzenöl (z. B. von Livio)
3 EL helle Sojasoße
1 EL Zucker
4 EL Limettensaft

Zubereitungszeit: 30 Min.
Marinierzeit: 10 Min.

Nährwerte pro Person: 675 kcal, 2820 kJ, 36 g EW, 39 g F, 45 g KH

1 Zuckerschoten putzen und mit kaltem Wasser waschen. Wasser in einen Topf geben, aufkochen und salzen. Zuckerschoten hineingeben und 2 Minuten blanchieren. In ein Sieb abgießen und mit sehr kaltem Wasser abschrecken oder kurz in Eiswasser legen. In einem Sieb gut abtropfen lassen.

2 Schalotten schälen, halbieren und in dünne Streifen schneiden. Mango schälen und ohne Stein in mundgerechte Scheiben schneiden. Chilischoten waschen und in feine Ringe schneiden.

3 Koriander mit kaltem Wasser abbrausen und trocken schütteln. Grobe Stielenden entfernen, Koriander fein hacken. 1 Stängel für die Garnitur übrig lassen.

4 Roastbeef mit kaltem Wasser waschen und gut trocken tupfen. Anschließend salzen und pfeffern. 2 EL Öl in einer Pfanne erhitzen. Rindfleisch darin von jeder Seite ca. 4 Minuten anbraten. Herausnehmen, in Alufolie wickeln und ruhen lassen.

5 Das restliche Pflanzenöl mit Sojasoße, Zucker, Limettensaft und 3 EL Wasser vermischen. Chiliringe und gehackten Koriander unterrühren.

6 Fleisch in dünne Scheiben schneiden. Zusammen mit Zuckerschoten, Schalotten und Mangowürfeln in eine Schüssel geben. Dressing darüberträufeln und durchmischen, ca. 10 Minuten marinieren.

7 Rindfleischsalat auf Tellern anrichten und mit dem Koriandergrün garniert servieren.

Wurstsalat

Für 4 Personen:

500 g Regensburger (oder andere würzige Fleischwurst)
2 weiße Zwiebeln
½ Bd. Radieschen
4 Cornichons oder 2 Gewürzgurken (Glas)
1 Bd. Schnittlauch
1 TL scharfer Senf
Salz
Pfeffer aus der Mühle

4 EL Weißweinessig
8 EL Sonnenblumenöl

Zubereitungszeit: 15 Min.
Marinierzeit: 15 Min.

Nährwerte pro Person: 597 kcal, 2498 kJ, 19 g EW, 57 g F, 5 g KH

1 Regensburger pellen und in dünne Scheiben schneiden. Zwiebeln schälen und in hauchdünne Scheiben schneiden.

2 Radieschen waschen, Wurzel- und Stielansätze abschneiden und in dünne Scheiben schneiden. Cornichons oder Gewürzgurken aus der Lake nehmen, abtropfen lassen und ebenfalls in dünne Scheiben schneiden.

3 Schnittlauch waschen, trocken schütteln und in dünne Röllchen schneiden. Senf, etwas Salz, Pfeffer und Essig gut verrühren. Sonnenblumenöl kräftig unterschlagen.

4 Salatzutaten in einer Schüssel mit dem Dressing vermengen. Vor dem Servieren abgedeckt ca. 15 Minuten ziehen lassen.

VARIANTE

▶ Klassischer Fleischsalat: 250–300 g mageres, gekochtes Fleisch (Reste vom Vortag) in feine Streifen schneiden. 2 Essiggurken würfeln und 1 Zwiebel hacken. Alles in einer Salatschüssel gut vermischen. Aus 100–125 g Mayonnaise, 1–2 EL Joghurt, 1 EL Senf und Pfeffer nach Belieben ein Dressing anrühren und anschließend den Salat damit anmachen. Im Kühlschrank gut (am besten über Nacht) durchziehen lassen. 1 hartgekochtes Ei in Scheiben schneiden, 1 Bd. Petersilie fein hacken und den Salat damit garnieren. Fleischsalat kann man als eigenständiges Gericht, als Vorspeise oder als Brotaufstrich servieren. Zu diesem Fleischsalat passt Baguette oder auch dunkles Brot. Der Klassiker für Parties!

▶ Soßen

Soßen: Das Tüpfelchen auf dem i

Zu Nudeln, Reis oder Kartoffeln gehört eine Soße einfach dazu. Und was wäre ein leckerer Sonntagsbraten ohne Bratensoße, ein bunt gemischter Salat ohne Dressing, Kartoffel- oder Semmelknödel ohne Rahmsoße oder Grillvergnügen ohne Grillsoßen? Erst diese feine Beilage gibt den letzten Pfiff.

Soßenvielfalt

In der klassischen Soßenküche wird zwischen 4 Grundsoßen unterschieden, und zwar zwischen Brauner, Weißer, aufgeschlagener und kalter Grundsoße.

BRAUNE SOSSEN

Die Braunen Grundsoßen werden unterteilt in Braune Kraft- und Braune Wildsoßen. Für ihre Herstellung ist eine Grundbrühe Voraussetzung, die durch das Ansetzen von gerösteten Gemüsen, Knochen und nach Geschmack Fleisch hergestellt wird.
Die Bindung der etwas schwereren braunen Soßen entsteht durch langes Einkochen, was zum Verdampfen von Flüssigkeit und damit zu einer nicht zu flüssigen Soße führt.

WEISSE SOSSEN

Die Weißen Soßen unterteilt man üblicherweise in weiße Kalbs-, Geflügel- und Fischgrundsoße sowie Béchamelsoße.
Weiße Soßen erhalten ihre Farbe durch eine helle Mehlschwitze. Dabei werden Butter und Mehl zuerst geröstet, müssen aber unter ständigem Rühren weiß bleiben. Dann gießen Sie einen Grundfond von Kalbfleisch, Geflügel, Fisch oder Gemüsebrühe auf und lassen die Soße vor sich hinköcheln, bis die gewünschte Konsistenz erreicht ist.

Um helle Soßen zu binden, können sie auch legiert werden: Dazu wird Eigelb mit etwas kaltem Wasser gut verquirlt und in die nicht mehr kochenden Soße gemixt. Eine Mehlschwitze ist dann nicht mehr nötig. Béchamelsoße wird mit Milch zubereitet: Butter sowie Mehl werden bei mittlerer Hitze hell und klumpenfrei gerührt und dann mit Milch abgelöscht und aufgekocht. Anschließend passiert man das Ganze durch ein Haarsieb und würzt mit Salz, Pfeffer und Muskat.

AUFGESCHLAGENE SOSSEN

Grundlage aufgeschlagener Soßen ist die Sauce hollandaise, die aus einer Reduktion von Weißwein mit Weißweinessig, Schalottenwürfeln, Pfefferkörnern und Estragon besteht. Die fertig aufgeschlagene Soße wird mit ein paar Spritzern Worcestersoße und frisch gehacktem Kerbel sowie Estragon zur Sauce béarnaise. Bei der Sauce Maltaise wird Sauce hollandaise mit fein geriebener Schale und Saft von 1 Blutorange vermengt. Eine Sauce Mousseline wird aus Sauce hollandaise und geschlagener Sahne hergestellt. Für die Sauce Choron wird die Sauce hollandaise mit etwas Tomatenpüree vermischt.

KALTE GRUNDSOSSEN

Hier wird nichts erhitzt, statt dessen Eigelb mit Pflanzenöl kräftig aufgeschlagen, sodass sich beide cremig verbinden. Mit Salz, Pfeffer und etwas Zitronensaft abgeschmeckt erhalten Sie dabei die klassische Mayonnaise. Durch die Zugabe von Knoblauch bekommt Aioli ihren typischen Geschmack. Sauce Tartar wird mit Mayonnaise, gekochten und dann gehackten Eiern sowie Schnittlauchröllchen hergestellt. Die berühmte Frankfurter Grüne Soße wird mit mindestens 7 frisch gehackten Kräutern sowie nach Geschmack mit gewürfelten Schalotten zubereitet. Für eine Remouladensoße werden klein gehackte Gewürzgurken, Zwiebeln, Sardellen, Kapern, Petersilie, Kerbel, Estragon und Senf beigemischt.

SÜSSE SOSSEN

Zu vielen Süßspeisen werden warme oder kalte süße Soßen gereicht, deren Grundlage Milch, Obstsaft oder Wein bilden. Zum Binden der Flüssigkeiten werden Speisestärke, Soßen- und Puddingpulver, Sago oder Tapioka verwendet. Aromaträger sind meist Vanille, Orange, Zitrone, Schokolade, Karamell, Alkohol, Zucker oder Fruchtfleisch.

WER MIT WEM?

▶ Dunkle Soßen: zu dunklem Fleisch wie Wild- und Rindfleischgerichten.
▶ Helle Soßen: zu hellem Fleisch und Fisch, aber auch zu Gemüse.
▶ Aufgeschlagene Grundsoßen: zu Gemüsegerichten, zum Überbacken, Dippen, zu Fisch und Grillgerichten.
▶ Kalte Grundsoßen: als Dipsoße zu Fleisch- oder Fisch- und Gemüsegerichten.

TIPP

▶ **Selbst hergestellte Soßen in Eiswürfelbehältern einfrieren: So können Sie jederzeit, auch für Kurzgebratenes, ein paar Eiswürfel in die Pfanne oder in den Topf geben.**

Soßentipps

▶ Beim Herstellen von braunen oder hellen Grundsoßen Alkohol beim Aufgießen immer vollständig verdampfen lassen, ansonsten gerinnt die Sahne.
▶ Bratensoßen erst nach dem Einkochen würzen, denn das Einkochen intensiviert die Aromen.
▶ Soßen werden optisch schöner, wenn sie kurz vor dem Servieren durch ein Haarsieb gestrichen und dann kräftig mit dem Schneebesen aufgeschlagen werden.
▶ Beim Aufschlagen von Mayonnaise immer nur teelöffelweise das Öl unterschlagen, sonst gerinnt die Soße. Falls sie dennoch gerinnen sollte, mit ein paar Tropfen heißem Wasser versuchen, die Bindung wiederherzustellen.

Nahe Verwandte

BUTTER UND ÖLE

Heiße Buttermischungen sind zwar keine Soßen, lassen sich aber mit frischen Kräutern, Zitrone, Nüssen, Zwiebeln, Knoblauch oder einfach mit etwas Paniermehl in einen leckeren Begleiter von Nudeln, Kartoffeln oder Gemüse verwandeln.
Olivenöl mit gehackten Kräutern, zerriebener Chili, Nüssen, Gemüse oder feinen Gewürzen ist eine gesunde Dipgrundlage.

CHUTNEY, RELISH UND SALSA

Chutneys erinnern in ihrer Konsistenz an Marmelade und werden aus Früchten wie Mango, Apfel, Kürbis oder Melone hergestellt. Typisch ist die milde bis scharfe und meist süß-säuerliche Würze.
Ein Relish ist deutlich säuerlicher und beinhaltet mehr Gemüse als Früchte. Es wird gerne zu Braten, Grillgerichten und Salaten serviert. Unter den Begriff Salsa fallen Dipsoßen, die grundsätzlich scharffeurig schmecken.

FERTIGSOSSEN

Mittlerweile gibt es für (fast) alles eine fertige Soße – neben Ketchup, Remoulade oder Worcestersoße auch beinahe jede heiße Soße zum Anrühren. In wie weit jeder auf Dosen-, Glas- und Tütenware zurückgreifen möchte, ist Geschmackssache und oft eine Frage der Zeit. Viele Hobbyköche verwenden diese

Produkte als Grundlage, die dann individuell verfeinert wird. Dafür sind Gewürze das A und O: Ob mit frischen oder getrockneten Kräutern, Worcestersoße, Tabasco, Sojasoße oder Würzmischungen, ob mit Gemüse und Gewürzen wie Ingwer, Knoblauch, Schalotten, Kapern oder Zitronensaft – die Vielfalt ist schier unendlich.
Auch Curry, Cayennepfeffer, Fenchel, Piment, Kardamom, Kümmel, Muskatnuss, Nelken, Ingwer, Pfeffer, Safran, Paprikapulver oder Wacholderbeeren geben Fertigsoßen eine persönliche Note.

Alles für die Soßen-Küche

Mit diesen Helfern gelingen Soßen ohne viel Mühe und Zeitaufwand.

▶ Schneebesen: Damit schlagen Sie Mehlbutter zum Binden in die kochende Soße oder die klassische Sauce hollandaise über dem heißen Wasserbad. Führen Sie die Hand am besten in Form einer »Acht« – so kann in der hitzebeständigen Schüssel aus Edelstahl nichts ansetzen, und die Soße wird locker und cremig.

▶ Wasserbad: Dafür einen Topf mit Wasser aufkochen und eine hitzebeständige Schüssel hineinsetzen. Die Temperatur der Herdplatte wird so geregelt, dass der Dampf vom Wasser die Schüssel erhitzt.

▶ Rührlöffel: Im Soßentopf ist idealerweise der Klassiker aus Holz gefragt. Er hält auch hohen Hitzegraden stand und zerkratzt die empfindlichen Böden von Soßentöpfen nicht.

▶ Sieb: Am besten verwenden Sie Metallsiebe, die besonders stabil sind und auch hohe Temperaturen unbeschadet überstehen.

▶ Mörser: Darin können Sie ganze Gewürze wie Pimentkörner, Gewürznelken oder Lorbeerblätter mit dem Stößel zerreiben. Die Geschmacksstoffe bleiben weitgehend erhalten und erhöhen das Aroma der Soßen.

Soßen binden

Natürlich können Sie warten, bis die Soße durch langsames Vor-sich-Hinköcheln reduziert ist. Schneller geht es so: Schwitzen Sie Butter und Mehl an, gießen Sie die Grundbrühe auf und lassen Sie das Ganze sämig kochen. Sie können auch mit Speisestärke binden, die mit etwas kaltem Wasser glatt gerührt und in die kochende Flüssigkeit gegeben wird. Nur einmal kurz aufkochen. Mit eiskalten Butterstücken binden die großen Meisterköche gerne. Dazu werden die kalten Butterflocken mit einem Schwung unter die eingekochte Soße gemixt, am besten mit dem Pürierstab.

Etwas mehr Kalorien bringen spezielle Kochsahne, Crème fraîche oder Crème double in die Soße. Sie werden am Ende untergerührt und bei Bedarf kurz mit aufgekocht.

TIPP

▶ Die Soße schmeckt mehlig? Dann unter Rühren noch einmal erhitzen und leicht köcheln lassen. Oft verschwindet der Geschmack dann.

▶ Soßen zu Gemüse & Co.

Sauce hollandaise

Für 4 Personen:

250 g Butter
3 Eigelbe
60 ml trockener Weißwein
2 EL Zitronensaft
Salz, weißer Pfeffer

Zubereitungszeit: 20 Min.

Nährwerte pro Person: 540 kcal, 2259 kJ, 3 g EW, 57 g F, 3 g KH

1 Eine Kasserolle auf den Herd stellen, Butter hineingeben, erhitzen und zerlassen. Nach Wunsch den sich bildenden Schaum mit einer Schaumkelle abschöpfen.

2 Eigelbe und Weißwein in eine Metallschüssel geben. In einem größeren Topf Wasser erhitzen und die Metallschüssel hineinsetzen. Eigelbe und Wein über dem heißen Wasserbad schaumig schlagen.

3 Flüssige Butter erst tropfenweise, dann in einem dünnen Strahl unter ständigem Rühren zur Eigelbmischung gießen (Bild 1). So lange kräftig mit einem Schneebesen rühren, bis eine homogene Soße entsteht (Bild 2).

4 Sauce hollandaise mit Zitronensaft, Salz und weißem Pfeffer abschmecken. Heiß servieren.

BEILAGE

▶ Sauce hollandaise ist die klassische Soße zu Spargel. Aber auch zu Brokkoli, Kartoffeln, Möhren und anderem blanchierten bzw. gekochten Gemüse schmeckt sie hervorragend.

Zaziki

Für 4 Personen:

½ Salatgurke
Salz
3 Knoblauchzehen
1 Stängel Zitronenmelisse oder
1 Bd. Dill
200 g Sahnejoghurt
500 g Quark (20 % Fett i. Tr.)
3 EL Olivenöl, weißer Pfeffer

Zubereitungszeit: 15 Min.

Nährwerte pro Person: 118 kcal, 494 kJ, 7 g EW, 8 g F, 5 g KH

1 Gurke waschen und schälen. Dann längs halbieren und die Kerne mit einem kleinen Löffel herauskratzen.

2 Gurke mit einer Küchenreibe grob raspeln und in eine Schüssel geben. Mit 1 TL Salz bestreuen und ca. 10 Minuten ziehen lassen.

3 Knoblauch schälen und durch eine Knoblauchpresse drücken. Zitronenmelisse oder Dill unter kaltem Wasser abbrausen und trocken schütteln. Grobe Stielenden abschneiden und Rest fein hacken.

4 Sahnejoghurt mit Quark in eine Schüssel geben. Das Ganze mit Olivenöl glatt rühren.

5 Gurkenraspel gut ausdrücken. Zusammen mit Knoblauch unter die Joghurtmischung rühren. Mit Salz und Pfeffer abschmecken und abschließend die gehackten Kräuter untermischen.

BEILAGE

▶ In Griechenland reicht man die Soße gerne mit Brot als Vorspeise. Sie passt aber auch hervorragend zu gegrilltem Gemüse wie Zucchini oder Aubergine. Lecker schmeckt Zaziki auch zu Fleischgerichten wie Gyros.

Mayonnaise

(Abbildung S. 105)

Für 4 Personen:

3 sehr frische Eigelbe
2 TL Dijonsenf
3 TL Zitronensaft
Salz
200 ml neutrales Pflanzenöl
Pfeffer aus der Mühle

Zubereitungszeit: 15 Min.

Nährwerte pro Person: 508 kcal, 2125 kJ, 3 g EW, 56 g F, 1 g KH

1 Die sehr frischen Eigelbe in eine hohe Rührschüssel geben. Dijonsenf und Zitronensaft zufügen. Dann mit einer Prise Salz würzen.

2 Das Ganze mit den Quirlen des Handrührgeräts kräftig schlagen, bis die Masse schaumig wird.

3 Das Pflanzenöl zuerst tropfenweise, dann in einem dünnen Strahl zugießen. Währenddessen alles mit den Quirlen des Handrührgeräts auf höchster Stufe schlagen. So lange rühren, bis die Mayonnaise eine cremige Konsistenz hat.

4 Nach Wunsch mit Salz, Pfeffer und etwas Zitronensaft abschmecken.

VARIANTE

▶ Aioli: Dazu das Rezept für Mayonnaise vorbereiten; dabei 50 ml Pflanzenöl durch sehr gutes kalt gepresstes Olivenöl ersetzen. Dann 4 Knoblauchzehen schälen, pressen und in die Mayonnaise einrühren. Zusätzlich mit Cayennepfeffer abschmecken. Nach Belieben kann auch noch ein hart gekochtes Eigelb sehr fein gehackt und untergerührt werden.

Guacamole

Für 4 Personen:

2 reife Avocados
Saft von 1 Limette
1 rote Zwiebel
1 Knoblauchzehe
1 rote Chilischote
200 g saure Sahne
Salz, Pfeffer aus der Mühle
1 TL gekörnte Brühe

Zubereitungszeit: 15 Min.

Nährwerte pro Person: 426 kcal, 1782 kJ, 8 g EW, 25 g F, 38 g KH

1 Avocados halbieren und den Kern entfernen. Das Fruchtfleisch mit einem kleinen Löffel aus der Schale lösen. Fruchtfleisch in kleine Würfel schneiden und sofort mit dem Limettensaft pürieren.

TIPP

▶ Die Zutaten sollten alle zimmerwarm sein, damit die Mayonnaise gelingt. Sollte sie dennoch gerinnen, verquirlen Sie in einer neuen Schüssel 1 Eigelb mit etwas Salz. Dann die geronnene Mayonnaise langsam unter Rühren zufügen.

BEILAGE

▶ Guacamole wird klassisch zu Tortillachips gereicht. Aber auch auf geröstetem Weißbrot schmeckt sie hervorragend. Oder reichen Sie die Soße doch mal zu Gegrilltem.

2 Zwiebel schälen und bei Bedarf putzen. Halbieren und dann in feine Würfel schneiden. Knoblauch abziehen und fein hacken. Chilischote waschen, längs halbieren und von Kernen befreien. Dann ebenfalls fein hacken.

3 Saure Sahne zusammen mit Zwiebel- und Knoblauchwürfeln unter das Avocadopüree mengen. Gehackte Chilischote zugeben. Das Ganze mit Salz, frisch gemahlenem Pfeffer sowie etwas gekörnter Brühe abschmecken.

4 Guacamole vor dem Servieren abgedeckt kurz ziehen lassen.

TIPP

▶ In vielen Gemüsegeschäften gibt es die Kräuter für diese Soße auch schon fertig gebunden zu kaufen.

Béchamelsoße

Für 4 Personen:

1 kleine Zwiebel
1 EL Butter oder Margarine
1 EL Mehl
125 ml Milch
1 TL gekörnte Gemüsebouillon (z. B. von Knorr)
3 Stängel Petersilie
125 g Sahne
Salz, Muskatnuss

Zubereitungszeit: 20 Min.

Nährwerte pro Person: 171 kcal, 715 kJ, 3 g EW, 15 g F, 7 g KH

1 Zwiebel schälen, halbieren und sehr fein würfeln. Butter oder Margarine in einen Topf gegen und erhitzen. Zwiebelwürfel zugeben und bei mittlerer Hitze glasig anschwitzen. Dabei umrühren.

2 Mehl durch ein feines Sieb über die Zwiebeln im Topf stäuben. Kurz weiter anschwitzen.

3 Topf von der Kochstelle nehmen. 250 ml Wasser angießen und sehr gut umrühren, damit keine Mehlklümpchen entstehen. Milch angießen und Gemüsebouillon einstreuen.

4 Soße wieder auf den Herd stellen und das Ganze bei starker Hitze aufkochen. Ca. 5 Minuten bei mittlerer Hitze offen kochen lassen. Dabei gelegentlich umrühren.

5 Petersilie mit kaltem Wasser abbrausen und trocken schütteln. Grobe Stielenden abschneiden und Rest hacken.

6 Sahne zum Schluss unter die Soße rühren. Mit Salz und frisch geriebener Muskatnuss abschmecken. Gehackte Petersilie unterrühren. Béchamelsoße heiß servieren.

VARIANTE

▶ Sauce Mornay: 80 g Emmentaler Käse fein reiben und zum Schluss unter die Béchamelsoße rühren. Vor dem Servieren unter Rühren leicht andicken lassen.

Grüne Soße

Für 4 Personen:

4 Eier
1 Kästchen Kresse
½ Bd. Kerbel

1 Bd. Schnittlauch
1 Bd. Petersilie
6 Blätter Borretsch
3 Zweige Sauerampfer
2 Zweige Pimpinelle
200 g Joghurt
250 g saure Sahne
2 EL mittelscharfer Senf
Zitronensaft
Salz
Pfeffer aus der Mühle

Zubereitungszeit: 20 Min.

Nährwerte pro Person: 288 kcal, 1205 kJ, 21 g EW, 18 g F, 11 g KH

1 Die Eier in einen Topf geben und mit Wasser bedecken. Aufkochen und Eier in ca. 8 Minuten hart kochen. Danach mit eiskaltem Wasser abschrecken und schälen. Etwas auskühlen lassen und dann fein würfeln.

2 Kresse mit einer Küchenschere vom Beet schneiden. Restliche Kräuter unter fließendem kaltem Wasser abbrausen und dann trocken schütteln oder gut abtropfen lassen. Bei Bedarf feste Stielenden der Kräuter abschneiden. Dann sehr fein hacken.

3 Joghurt und saure Sahne in eine Schüssel geben. Senf zugeben und zu einer glatten Masse verrühren. Kräuter und gewürfelte Eier unterrühren.

4 Grüne Soße mit etwas Zitronensaft, Salz und frisch gemahlenem Pfeffer abschmecken. Vor dem Servieren ca. 1 Stunde durchziehen lassen.

VARIANTE

▶ **Diese typische Frankfurter Soße kann auch mit selbst gemachter Mayonnaise hergestellt werden (siehe S. 111). Diese dann mit 150 g Joghurt vermengen. Ansonsten bleibt die Zubereitung gleich.**

▶ Soßen zu Fisch & Fleisch

Senfsoße mit Dill

Für 4 Personen:

1 Schalotte
100 g Knollensellerie
1 Knoblauchzehe
1 Bd. Dill
2 EL Butter
2 EL Mehl
200 ml Weißwein
200 g Sahne
2 EL Crème fraîche
1 TL Honig
2 EL scharfer Senf
Salz

Zubereitungszeit: 15 Min.
Garzeit: 10 Min.

Nährwerte pro Person: 335 kcal, 1402 kJ, 4 g EW, 27 g F, 11 g KH

1 Schalotte abziehen und bei Bedarf putzen. Dann halbieren und fein würfeln. Sellerie schälen, putzen und ebenfalls klein schneiden. Knoblauch abziehen und fein hacken.

2 Dill kalt abbrausen und trocken schütteln. Grobe Stielenden abschneiden, den Rest fein hacken.

3 Butter in einen Topf geben und erhitzen. Schalotte, Sellerie und Knoblauch zugeben. Mehl durch ein Sieb darüber stäuben. Das Ganze farblos anschwitzen.

4 Mit Weißwein ablöschen. Bei mittlerer Hitze auf die Hälfte einköcheln lassen. Danach den Topf vom Herd nehmen und alles fein pürieren. Das Ganze wieder auf die Herdplatte stellen und Sahne angießen. Sämig köcheln lassen.

BEILAGE

▶ **Die Senfsoße passt hervorragend zu gedünstetem Fisch oder auch zu Graved Lachs. Sie ist ebenfalls ein idealer Begleiter zu hart gekochten Eiern.**

BEILAGE

▶ Die Buttersoßen werden klassisch zu pochiertem oder gedünstetem Fischfilet und Meeresfrüchten serviert.

5 Crème fraîche einrühren. Soße mit Honig, Senf und Salz abschmecken. Gehackten Dill einrühren.

Helle Buttersoße

(Bild links)

Für 4 Personen:

160 g Butter, 1 Schalotte
100 ml Weißwein, 1 TL Fischsoße
¼ l Fischfond (Glas)
1 TL heller Balsamico-Essig

Zubereitungszeit: 20 Min.

Nährwerte pro Person: 316 kcal, 1322 kJ, 6 g EW, 32 g F, 2 g KH

1 Die gut gekühlte Butter bis auf 1 TL in Stücke schneiden. Dann ins Gefrierfach legen. Schalotte schälen, putzen und fein hacken.

2 Den beiseitegelegten TL Butter in einem Topf erhitzen und die gehackte Schalotte darin bei mittlerer Hitze glasig dünsten.

3 Dann mit Weißwein ablöschen. Fischsoße, Fischfond und Essig zugeben und unterrühren.

4 Den Sud ohne Deckel bei schwacher Hitze so lange köcheln lassen, bis er auf ca. ¼ einreduziert ist.

5 Soße durch ein feines Sieb streichen. Dann die eisgekühlten Butterstücke zugeben und mit einem Pürierstab aufmixen. Buttersoße warm servieren.

VARIANTE

▶ **Dunkle Buttersoße (Bild rechts): 170 g Butter bis auf 1 EL in Stücke schneiden und ins Gefrierfach geben. 1 rote Zwiebel schälen und hacken. 1 Knolle Rote Bete mit Küchenhandschuhen (färbt ab!) schälen, putzen und würfeln. Beiseitegelegte Butter erhitzen und Zwiebel- sowie Rote-Bete-Würfel darin andüsten. 1 TL dunklen Balsamico-Essig und ¼ l Krebsfond (Glas) angießen, 1 TL frisch geriebenen Meerrettich unterrühren. Bei mittlerer Hitze unter Rühren auf ¼ einreduzieren. Soße durch ein Sieb streichen, gekühlte Butter hinzufügen und mit dem Pürierstab aufmixen. Mit 2 EL Portwein abschmecken.**

Remouladensoße

Für 4 Personen:

2 Eier, 2 Eigelbe
1 EL mittelscharfer Senf
¼ l Pflanzenöl
4 EL Weißweinessig
4 EL Crème fraîche
1 Bd. gemischte Kräuter (z. B. Kerbel, Dill, Schnittlauch, Kresse, Petersilie)
1 EL Kapern
1 kleine Zwiebel, 3 Gewürzgurken
2 Sardellenfilets
Salz, Pfeffer aus der Mühle

Zubereitungszeit: 20 Min.

Nährwerte pro Person: 718 kcal, 3004 kJ, 10 g EW, 74 g F, 6 g KH

1 2 Eier in einen Topf legen und mit Wasser bedecken. Das Ganze erhit-

zen und die Eier in ca. 8 Minuten hart kochen. Dann Wasser abgießen und Eier mit eiskaltem Wasser abschrecken.

2 Eier abkühlen lassen. Danach schälen und halbieren. Eigelbe herauslösen und in eine kleine Schüssel geben. Mit einer Gabel zerkleinern.

3 Rohe Eigelbe und Senf zu den gekochten Eigelben geben. Das Ganze mit einer Gabel gut verrühren. Öl tropfenweise einfließen lassen und dabei mit einem Schneebesen kräftig unterschlagen, sodass eine cremige Soße entsteht.

4 Essig sowie Crème fraîche zur Soße geben und unterziehen. Die Kräuter mit kaltem Wasser abbrausen und trocken schütteln. Ohne grobe Stielenden fein hacken.

5 Kapern hacken. Zwiebel abziehen und bei Bedarf putzen, dann fein würfeln. Enden der Gewürzgurken abschneiden und Gewürzgurken in sehr feine Würfel schneiden.

6 Sardellenfilets unter fließendem kaltem Wasser abspülen, trocken tupfen und klein schneiden. Hart gekochtes Eiweiß hacken.

7 Kräuter, Kapern, Zwiebel- und Gurkenwürfel, Sardellenfilets sowie gehacktes Eiweiß unter die Remoulade mischen. Die Soße mit Salz und frisch gemahlenem Pfeffer würzig abschmecken.

Cocktailsoße

Für 4 Personen:

150 g Mayonnaise (selbst gemacht oder Glas)
3 EL Ketchup
2 cl Cognac
1 EL Tomatenmark
Zitronensaft
1 TL Meerrettich
Worcestersoße
Salz
Cayennepfeffer

Zubereitungszeit: 10 Min.

Nährwerte pro Person: 290 kcal, 1213 kJ, 2 g EW, 28 g F, 5 g KH

1 Mayonnaise in eine Rührschüssel geben. Ketchup zufügen und das Ganze mit einem Schneebesen glatt rühren. Dann Cognac zugeben und mit dem Rest vermengen.

2 Tomatenmark unterrühren. Etwas Zitronensaft und Meerrettich untermengen. Dann die Soße mit Worcestersoße, Salz und Cayennepfeffer würzen und abschmecken.

3 Cocktailsoße bis zum Servieren abgedeckt in den Kühlschrank stellen. Bei Bedarf nochmals mit Zitronensaft, Salz und Cayennepfeffer abschmecken.

Minzsoße

Für 4 Personen:

1 Bd. Minze
60 ml Weißweinessig
2 EL Zitronensaft
1 TL Honig
100 ml Sonnenblumenöl
Salz
Zucker

Zubereitungszeit: 15 Min.

Nährwerte pro Person: 246 kcal, 1029 kJ, 1 g EW, 25 g F, 4 g KH

1 Minze unter fließendem kaltem Wasser abbrausen und gut trocken schütteln. Blättchen von den Stielen zupfen und Blättchen dann möglichst fein hacken.

TIPP

▶ Besonders gut schmeckt die Cocktailsoße natürlich, wenn man sie mit selbst gemachter Mayonnaise zubereitet. Das Rezept dazu finden Sie auf S. 111.

BEILAGE

▶ Servieren Sie die Soße zu Meeresfrüchten wie Garnelen oder Scampi. Auch als Begleiter zu einem klassischen Fondue macht sich die Cocktailsoße gut.

BEILAGE

▶ Minzsoßen gehören zu den englischen Küchenspezialitäten. Sie schmecken besonders zu gebratenem oder gekochtem Lammfleisch.

2 Den Essig mit Zitronensaft in ein hohes Plastikgefäß geben. Honig zufügen. Öl in einem möglichst dünnen Strahl einlaufen lassen. Dabei mit einem Pürierstab das Ganze so lange mixen, bis es eine sämige Konsistenz hat.

3 Gehackte Minze zugeben und mit einem Löffel unterrühren. Mit Salz würzen. Nach Wunsch mit ein wenig Zucker abschmecken. Bei Zimmertemperatur servieren.

Sauce béarnaise

Für 4 Personen:

200 g Butter
2 Schalotten
3 Zweige Estragon, 3 Stängel Kerbel
75 ml trockener Weißwein
75 ml Weißweinessig
3 frische Eigelbe
Salz, weißer Pfeffer

Zubereitungszeit: 15 Min.

Nährwerte pro Person: 449 kcal, 1879 kJ, 3 g EW, 47 g F, 2 g KH

1 Die Butter in eine Kasserolle geben und bei milder Hitze darin zerlassen. Nach Wunsch den sich bildenden Schaum mit einer Schaumkelle abschöpfen. Butter abdecken und beiseitestellen.

2 Schalotten schälen, bei Bedarf putzen, halbieren und fein hacken. Blätter von Estragon und Kerbel von den Zweigen bzw. Stängeln zupfen, mit kaltem Wasser abbrausen, trocken tupfen und dann fein hacken.

3 Schalotten, die Hälfte der Kräuter, Weißwein und Essig in einen kleinen Topf geben. Die Mischung aufkochen lassen. Die Flüssigkeit bei mittlerer Hitze auf ca. die Hälfte einreduzieren lassen.

4 Schalottensud vom Herd nehmen und abkühlen lassen. Dann das Ganze durch ein feines Küchensieb gießen und die Flüssigkeit beiseitestellen.

5 Eigelbe in eine kleine Metallschüssel geben. Das Ganze in ein heißes Wasserbad stellen und schaumig schlagen. Flüssige Butter erst tropfenweise, dann in einem dünnen Strahl unter ständigem Rühren zugießen, bis die Soße eine homogene Konsistenz hat.

6 Kräutersud und übrige Kräuter unter die Soße rühren, mit Salz und Pfeffer abschmecken. Heiß servieren.

BEILAGE

▶ Die Sauce béarnaise passt gut zu gegrilltem Fleisch oder gedünstetem Fisch. Oder reichen Sie sie doch zu frischem Spargel!

Scharfe Erdnusssoße

Für 4 Personen:

1 Schalotte
1 Knoblauchzehe
1 Chilischote
1 EL neutrales Öl
5 EL Erdnussbutter
400 ml Hühnerbrühe
100 ml Kokosmilch
Sojasoße, Cayennepfeffer
geröstete Erdnüsse zum Garnieren

Zubereitungszeit: 20 Min.
Garzeit: 10 Min.

Nährwerte pro Person: 262 kcal, 1096 kJ, 11 g EW, 23 g F, 4 g KH

1 Schalotte und Knoblauchzehe abziehen, dann beides fein hacken. Chilischote halbieren, waschen und Kerne entfernen; ebenfalls fein hacken.

2 Neutrales Öl in einem Topf erhitzen. Schalotte, Knoblauch und Chiliwürfel kurz darin anschwitzen. Die Erdnussbutter zugeben und einrühren.

3 Das Ganze unter Rühren leicht anrösten. Mit Hühnerbrühe und Kokosmilch ablöschen. Unter gelegentlichem Rühren ca. 10 Minuten einköcheln lassen.

4 Erdnusssoße mit Sojasoße und Cayennepfeffer abschmecken. Vor dem Servieren nach Belieben mit gerösteten Erdnüssen bestreuen.

BEILAGE

▶ **Reichen Sie zu dieser Erdnusssoße Satéspieße. Hierfür 500 g Hähnchenbrustfilet waschen und würfeln. In eine Marinade aus 3 gehackten kleinen Zwiebeln, 4 gepressten Knoblauchzehen, etwas gehacktem Ingwer, Pfeffer und 5 EL Sojasoße geben und 1 Stunde durchziehen lassen. Dann das Fleisch etwas abtropfen lassen. Je 4 Fleischwürfel auf 1 Holzspieß stecken. In einer Pfanne in Öl anbraten. Vor dem Servieren mit etwas Sesamöl beträufeln.**

Tomaten-Basilikum-Soße

Für 4 Personen:

100 g Tomatenmark, 100 ml Weißwein
1 EL Zucker
50 ml Sonnenblumenöl (z. B. von Livio)
Pfeffer aus der Mühle, Salz
Cayennepfeffer
2 Tomaten, 1 Bd. Basilikum
½ Bd. glatte Petersilie
50 g getrocknete, in Öl eingelegte Tomaten (Glas)
Basilikum zum Garnieren

Zubereitungszeit: 15 Min.

Nährwerte pro Person: 160 kcal, 665 kJ, 3 g EW, 12 g F, 10 g KH

1 Tomatenmark mit Weißwein, Zucker und Sonnenblumenöl in eine Schüssel geben und mit einem Schneebesen glatt rühren. Die Soße kräftig mit frisch gemahlenem Pfeffer, Salz und Cayennepfeffer würzen.

2 Die frischen Tomaten waschen, trocken reiben und dann vierteln. Kerne entfernen und das Fruchtfleisch würfeln, dabei die Stielansätze entfernen.

3 Basilikum und Petersilie waschen, trocken schütteln und Blättchen von den Stängeln zupfen. Blättchen fein hacken.

4 Getrocknete Tomaten aus dem Glas nehmen und leicht abtropfen lassen. Dann in kleine Würfel schneiden. Zusammen mit den frischen Tomatenstücken und den gehackten Kräutern zur Tomatenmarkmischung geben und unterrühren.

5 Die Soße mit Basilikumblättern garnieren und dann servieren.

BEILAGE

▶ **Diese Tomaten-Basilikum-Soße passt hervorragend als Begleiter zu einem Fleischfondue. Die Soße wird noch fruchtiger, wenn statt des Weißweins ca. 50 ml Traubensaft hinzugefügt werden.**

TIPP

▶ Mit der Barbecuesoße können rohe Spareribs, Steaks, Chickenwings & Co. bestrichen werden, bevor sie auf den Grill kommen. Aber auch zu fertig Gegrilltem schmeckt die Soße hervorragend.

Barbecuesoße

Für 4 Personen:

1 Schalotte
2 Knoblauchzehen
1 TL bunte Pfefferkörner
2 EL Pflanzenöl
100 ml Tomatensaft
2 EL Tomatenketchup
getrocknete Petersilie
Salz, Cayennepfeffer

Zubereitungszeit: 15 Min.
Garzeit: 5 Min.

Nährwerte pro Person: 124 kcal, 519 kJ, 2 g EW, 8 g F, 12 g KH

1 Schalotte schälen, bei Bedarf putzen und fein hacken. Knoblauchzehen abziehen und ebenfalls fein hacken. Pfefferkörner in einem Mörser grob zerstoßen.

2 Öl in einer Pfanne erhitzen. Schalotten- und Knoblauchwürfel darin bei mittlerer Hitze unter Rühren anschwitzen.

3 Zerstoßenen Pfeffer in die Pfanne geben und unterrühren. Tomatensaft angießen und ca. 5 Minuten offen leicht köcheln lassen.

4 Sud vom Herd nehmen und mit einem Stabmixer pürieren. Leicht auskühlen lassen. Ketchup zugeben und das Ganze glatt rühren.

5 Getrocknete Petersilie untermengen. Barbecuesoße mit Salz und Cayennepfeffer würzig abschmecken.

Cumberlandsoße

Für 4 Personen:

400 g rote Johannisbeeren
2 Orangen (unbehandelt)
2 Zitronen (unbehandelt)
2 Schalotten
1 TL Pfefferkörner
2 TL Pflanzenöl
6 EL Johannisbeergelee
1 TL Senfpulver
Worcestersoße
4 cl Portwein
Salz

Zubereitungszeit: 15 Min.
Garzeit: 10 Min.

Nährwerte pro Person: 207 kcal, 866 kJ, 3 g EW, 3 g F, 36 g KH

1 Johannisbeeren in ein Küchensieb geben, mit kaltem Wasser abbrausen und abtropfen lassen. Beeren von den Rispen zupfen und verlesen. In eine Schüssel geben und mit einer Gabel etwas andrücken.

2 Orangen und Zitronen heiß waschen und trocken reiben. Etwas Schale abreiben. Dann Früchte halbieren und Saft auspressen.

3 Schalotten schälen, bei Bedarf putzen und fein hacken. Pfefferkörner in einem Mörser zerstoßen.

4 Öl in einen Topf geben und erhitzen. Schalottenwürfel und Pfefferkörner im Öl unter Rühren bei mittlerer Hitze anschwitzen. Das Ganze mit Orangen- und Zitronensaft ablöschen.

5 Johannisbeeren in den Topf geben. Johannisbeergelee, abgeriebene Orangen- und Zitronenschale sowie Senfpulver unterrühren. Bei mittlerer Hitze ca. 10 Minuten einköcheln lassen.

6 Topf vom Herd nehmen und mit Worcestersoße, Portwein und Salz verfeinern. Vor dem Servieren abkühlen lassen.

BEILAGE

▶ Servieren Sie die Soße zu kurz gebratenem Kalbfleisch, Wild oder Geflügel. Auch zu Fleischfondue passt sie sehr gut.

Weißweinsoße

Für 4 Personen:

1 Zwiebel
1 EL Butter
2 EL Mehl
150 – 200 ml lieblicher Weißwein
200 ml Fisch-, Geflügel- oder Gemüsefond (je nach Gericht; Glas)
½ Bd. Schnittlauch
100 g Crème fraîche mit Kräutern
Salz
Pfefferkörner, zerstoßen

Zubereitungszeit: 20 Min.

Nährwerte pro Person: 193 kcal, 808 kJ, 6 g EW, 11 g F, 9 g KH

1 Zwiebel schälen und fein würfeln. Butter in einen Topf geben und erhitzen. Zwiebelwürfel darin unter Rühren andünsten. Mit Mehl bestäuben und hellbraun anrösten.

2 Weißwein langsam unter ständigem Rühren zu den Zwiebeln gießen. So viel Wein einrühren, bis eine breiige Masse entsteht.

3 Fond zugeben und gut verrühren. Das Ganze zum Kochen bringen, einmal aufkochen und durch ein Sieb streichen.

4 Schnittlauch waschen, trocken schütteln und in feine Röllchen schneiden. Crème fraîche zur Soße geben und das Ganze mit dem Pürierstab aufmixen.

5 Schnittlauch dazugeben, mit Salz und Pfefferkörnern würzen. Soße nochmals abschmecken und noch warm servieren.

VARIANTE

▶ Passt zu dunklem Fleisch: Rotweinsoße. 3 Schalotten und 1 Knoblauchzehe schälen, beides fein würfeln. Schalotten sowie Knoblauch in 1 EL Butter unter Rühren andünsten. 1 TL Pfefferkörner im Mörser andrücken und zur Schalottenmischung geben. Das Ganze mit etwas Mehl bestäuben und kurz anrösten. 150 – 200 ml trockenen Rotwein unter Rühren angießen, bis eine breiige Masse entsteht. 1 EL dunklen Balsamico-Essig sowie 300 ml Fleisch- oder Fischfond zufügen und alles aufkochen lassen. Soße durch ein Sieb passieren. Salzen und pfeffern.

TIPP

▶ Die Soße passt nicht nur zu hellem Fleisch, sondern auch zu Gemüse.

Soßen zu Pasta & Co.

Sugo di Pomodoro (Tomatensoße)

Für 4 Personen:

3 rote Zwiebeln
3 Knoblauchzehen
2 Stangen Sellerie
1 kleine Möhre
1 kg Tomaten
4 EL Olivenöl (z. B. von Alnatura)
2 TL getrockneter Rosmarin
1 EL Zucker, Salz, Pfeffer

Zubereitungszeit: 25 Min.
Garzeit: 1 Std.

Nährwerte pro Person: 222 kcal, 929 kJ, 4 g EW, 16 g F, 15 g KH

1 Zwiebeln schälen, bei Bedarf putzen und halbieren, dann fein würfeln. Knoblauch abziehen. Sellerie putzen, von Fäden befreien und waschen. Stangen in feine Scheiben schneiden.

2 Möhre schälen, Enden abschneiden und Möhre fein würfeln. Tomaten waschen, trocken reiben und vierteln. Stielansätze entfernen und Fruchtfleisch klein schneiden.

3 Olivenöl in einer Pfanne erhitzen. Zwiebelwürfel zugeben und anbraten. Dann Knoblauch im Ganzen zugeben, kurz mitbraten und wieder herausnehmen.

4 Sellerie mit Rosmarin zu den Zwiebeln geben und unterrühren. Nach 2 Minuten Möhrenwürfel, Tomaten, Knoblauch und Zucker hinzufügen. Das Ganze gut durchmischen.

5 Sugo bei geschlossenem Deckel auf niedrigster Stufe mindestens 1 Stunde köcheln lassen. Dann mit Salz und Pfeffer abschmecken. Heiß zu Nudeln servieren.

TIPP

▶ Für den Sugo di Pomodoro verwendet man am besten Fleisch- oder Flaschentomaten.

Käsesoße mit Thymian

Für 4 Personen:

400 ml Gemüsebrühe
200 g Doppelrahmfrischkäse
150 g Mascarpone
50 g Parmesan
2 Zweige Thymian
2 EL Zitronensaft
Salz, Pfeffer aus der Mühle
Muskatnuss, frisch gerieben
Cayennepfeffer

Zubereitungszeit: 15 Min.
Garzeit: 10 Min.

Nährwerte pro Person: 374 kcal, 1565 kJ, 14 g EW, 33 g F, 5 g KH

1 Gemüsebrühe in einen Topf geben und aufkochen lassen. Frischkäse und Mascarpone zugeben und alles glatt rühren.

2 Parmesan fein reiben und in die Soße rühren. Das Ganze bei schwacher Hitze unter Rühren kochen lassen, bis der Käse geschmolzen ist.

3 Thymian mit kaltem Wasser abbrausen und trocken schütteln. Blättchen von den Zweigen zupfen und fein hacken.

4 Thymian zur Soße geben und diese zugedeckt bei schwacher Hitze ca. 10 Minuten köcheln lassen. Dabei immer wieder umrühren.

5 Vor dem Servieren mit etwas Zitronensaft abschmecken. Mit Salz, Pfeffer, Muskatnuss sowie Cayennepfeffer würzen. Heiß servieren.

BEILAGE

▶ **Die Käsesoße passt besonders gut zu Gnocchi oder zu geformter Pasta wie z. B. Farfalle oder Fusilli, die dicke Sahnesoßen gut aufnimmt.**

Rucolapesto

Für 4 Personen:

2 Bd. Rucola
3 Knoblauchzehen
30 g Pinienkerne
30 g Parmesan
60 ml Sonnenblumenöl mit Knoblauch (z. B. von Livio)
Salz
Pfeffer

Zubereitungszeit: 20 Min.

Nährwerte pro Person: 174 kcal, 728 kJ, 2 g EW, 18 g F, 1 g KH

1 Rucola putzen, welke Blätter und grobe Stielenden entfernen. Blätter unter fließendem kaltem Wasser waschen und trocken schütteln. Dann klein schneiden.

2 Knoblauch abziehen und grob hacken. Eine beschichtete Pfanne erhitzen und Pinienkerne darin bei mittlerer Hitze ohne Zugabe von Öl rösten. Pfanne häufig schwenken, damit die Kerne nicht anbrennen.

3 Parmesan mit einer Küchenreibe fein reiben und dann in den Standmixer geben.

4 Rucola, geröstete Pinienkerne sowie Knoblauch und Sonnenblumenöl in den Mixer geben. Alles fein pürieren.

5 Vor dem Servieren mit Salz und Pfeffer abschmecken.

TIPP

▶ **Anstelle des Knoblauchs kann auch gehackter Bärlauch verwendet werden.**

VARIANTE

▶ **Klassisches Grünes Pesto: Blätter von 1 Bd. Basilikum anstelle des Rucola verwenden und das Sonnenblumen- durch Olivenöl ersetzen. Ansonsten die gleiche Zubereitung.**

Lachs-Dill-Soße

Für 4 Personen:

1 Schalotte
1 Knoblauchzehe
400 g Lachsfilet
2 EL Olivenöl
1 geh. TL Weizenmehl (Type 550)
100 ml Gemüsebrühe (z. B. von Alnatura)
100 ml trockener Weißwein
200 g Sahne
1 Bd. Dill
Meersalz, schwarzer Pfeffer
1–2 EL Zitronensaft
Rohrohrzucker

BEILAGE

▶ Servieren Sie zu dieser Soße bissfest gegarte grüne Bandnudeln.

Zubereitungszeit: 30 Min.

Nährwerte pro Person: 392 kcal, 1640 kJ, 21 g EW, 29 g F, 8 g KH

1 Schalotte schälen und bei Bedarf putzen, dann halbieren. Knoblauch abziehen und mit Schalotte fein würfeln. Lachsfilets mit kaltem Wasser abspülen, mit Küchenpapier trocken tupfen und in ca. 2 cm große Würfel schneiden.

2 Olivenöl in einer Pfanne erhitzen. Schalotten- und Knoblauchwürfel hineingeben und unter Rühren anbraten. Fisch zugeben und unter vorsichtigem Rühren mitbraten; die Würfel sollen nicht zerfallen. Von allen Seiten leicht bräunen lassen. Danach alles aus der Pfanne nehmen.

3 Mehl durch ein Sieb über den Bratensatz stäuben und unterrühren. Mit Gemüsebrühe und Wein ablöschen. Unter Rühren kräftig aufkochen lassen. Dann Pfanne vom Herd nehmen. Sahne unter Rühren zugießen. Soße wieder erwärmen, aber nicht kochen lassen.

4 Dill mit kaltem Wasser abbrausen, trocken schütteln und ohne grobe Stielenden fein hacken. Zur Soße geben und diese mit Meersalz, viel schwarzem Pfeffer, Zitronensaft und Rohrohrzucker würzig abschmecken.

5 Lachs und Zwiebeln wieder in die Soße geben. Im Sud ziehen lassen, bis der Fisch warm ist. Soße heiß servieren.

Gorgonzolasoße

Für 4 Personen:

250 g Gorgonzola
2 Schalotten
Pflanzenöl
200 g Sahne
100 g Crème fraîche
Muskatnuss
Salz, Pfeffer aus der Mühle

Zubereitungszeit: 20 Min.
Garzeit: 10 Min.

Nährwerte pro Person: 489 kcal, 2046 kJ, 14 g EW, 47 g F, 3 g KH

1 Die Rinde des Gorgonzola abschneiden und den Käse in Würfel schneiden. Schalotten abziehen, Enden abschneiden, halbieren und ebenfalls fein würfeln.

2 Etwas Pflanzenöl in einen ausreichend großen Topf geben und er-

hitzen. Schalotten zugeben und unter Rühren bei mittlerer Hitze glasig dünsten.

3 Sahne angießen und kurz aufkochen. Gorgonzolawürfel zugeben und bei mittlerer Hitze unter häufigem Rühren schmelzen lassen. Die Crème fraîche einrühren. Nochmals ganz leicht aufkochen lassen.

4 Soße mit frisch geriebener Muskatnuss, etwas Salz und Pfeffer abschmecken. Heiß servieren.

Bolognesesoße

Für 4 Personen:

1 große Zwiebel
3 Knoblauchzehen
3 Stangen Sellerie
3 Möhren
150 g geräucherter Speck
3 EL Olivenöl
500 g gemischtes Hackfleisch
Salz
Pfeffer aus der Mühle
150 ml trockener Weißwein
800 g geschälte Tomaten (Dose)
600 ml Fleischbrühe
2 EL Crème fraîche

Zubereitungszeit: 30 Min.
Garzeit: 1 ½ Std.

Nährwerte pro Person: 160 kcal, 665 kJ, 3 g EW, 12 g F, 10 g KH

1 Zwiebel schälen, halbieren und fein hacken. Knoblauch abziehen und ebenfalls fein hacken.

2 Sellerie waschen, dann putzen und in kleine Würfel schneiden. Möhren schälen, bei Bedarf putzen und klein würfeln. Speck in kleine Würfel schneiden.

3 Olivenöl in einen Topf oder eine hohe Pfanne geben und erhitzen. Zwiebel und Knoblauch hineingeben und bei mittlerer Hitze kurz andünsten.

4 Selleriewürfel, Möhren und Speck in das heiße Öl geben. Das Ganze unter Rühren ca. 10 Minuten anbraten.

5 Das Hackfleisch zugeben. Bei mittlerer Hitze ca. 10 Minuten krümelig braten, dabei immer wieder umrühren. Mit Salz und frisch gemahlenem Pfeffer würzen. Weißwein angießen und ca. 5 Minuten einkochen lassen.

6 Tomaten mit dem Saft aus der Dose zum Fleisch geben und 500 ml Fleischbrühe angießen. Topf halb abdecken und die Bolognesesoße bei schwacher Hitze ca. 1 Stunde köcheln lassen. Bei Bedarf etwas Brühe nachgießen.

7 Crème fraîche in die Soße rühren. Mit Salz und Pfeffer abschmecken und ca. 15 Minuten weiterköcheln lassen.

BEILAGE

▶ Servieren Sie Spaghetti zu dieser Soße. Besonders lecker wird das Gericht, wenn Sie fein geriebenen Parmesan über Nudeln und Soße geben.

(1)

(2)

▶ Süße Soßen

Zabaione

Für 4 Personen:

4 Eigelbe, 100 g Zucker
200 ml halbtrockener Weißwein

Zubereitungszeit: 20 Min.

Nährwerte pro Person: 215 kcal, 900 kJ, 4 g EW, 7 g F, 26 g KH

1 In einem Topf ein heißes Wasserbad vorbereiten. Eigelbe in eine Metallschüssel geben. Zucker zufügen und Schüssel in das heiße, aber nicht kochende Wasserbad stellen. Zutaten mit einem Schneebesen kräftig schlagen.

2 Eimasse im Wasserbad mit dem Schneebesen so lange schlagen, bis eine dickschaumige Creme entsteht (Bild 1). Weißwein unter Rühren dazugießen (Bild 2).

3 In einem weiteren Topf ein Bad mit kaltem Wasser vorbereiten. Schüssel mit der Creme hineinsetzen und kalt rühren.

BEILAGE

▶ Reichen Sie die Zabaione zu frischen Beeren. Verwenden Sie je 200 g Him- und Brombeeren, 150 g Heidelbeeren und 100 g rote Johannisbeeren.

TIPP

▶ Ersetzen Sie bei dieser italienischen Dessertsoße 100 ml des halbtrockenen Weißweins durch 50 ml Marsala. Dann wird sie noch süßer und aromatischer.

Himbeersoße

Für 4 Personen:

300 g frische Himbeeren, ersatzweise TK-Ware
Saft von 1 Zitrone, 60 g Puderzucker
1 Päckchen Vanillezucker
1 EL Himbeergeist

Zubereitungszeit: 15 Min.

Nährwerte pro Person: 124 kcal, 519 kJ, 1 g EW, 1 g F, 25 g KH

1 Himbeeren verlesen, dann in ein Sieb geben und mit kaltem Wasser abbrausen. Gut abtropfen lassen. Werden TK-Himbeeren verwendet, diese in einem Sieb kurz antauen lassen.

2 Früchte in ein hohes Plastikgefäß geben. Zitronensaft dazugießen und Puderzucker durch ein Sieb fein einstäuben. Vanillezucker zugeben.

3 Fruchtmischung mit einem Stabmixer fein pürieren. Himbeergeist zufügen und nochmals kurz aufmixen.

4 Himbeersoße durch ein feines Küchensieb streichen, damit die Kerne nicht in die Soße gelangen.

VARIANTE

▶ **Heidelbeersoße:** 300 g Heidelbeeren verlesen, waschen und auf Küchenpapier abtropfen lassen. 1 EL Speisestärke mit 300 ml rotem Traubensaft glatt rühren, in einen kleinen Topf geben und das Ganze einmal aufkochen. Heidelbeeren und 100 ml Sekt hinzufügen, danach mit 1 EL Zucker und 2 cl Heidelbeerlikör abschmecken. Nach Wunsch mit dem Stabmixer pürieren.

Vanillesoße

Für 4 Personen:

4 frische Eigelbe
4 EL Zucker
200 ml Milch, 200 g Sahne
2 Vanilleschoten

Zubereitungszeit: 15 Min.

Nährwerte pro Person: 178 kcal, 745 kJ, 3 g EW, 17 g F, 4 g KH

1 Eigelbe und Zucker in ein hohes Plastikgefäß geben. Mit den Quirlen eines Handrührgerätes schlagen,

bis das Ganze eine cremige Konsistenz erhält.

2 Milch und Sahne in einen Topf geben. Die Vanilleschoten längs aufschneiden und das Vanillemark mit einem Messer herauskratzen. Das Mark zu Milch und Sahne in den Topf geben und einrühren.

3 Eigelbcreme unter die Milchmischung rühren. Die Soße langsam unter ständigem Rühren erhitzen.

4 Bei schwacher Hitze unter Rühren ziehen lassen, bis das Ganze eine cremige Konsistenz aufweist. Die Soße darf aber nicht kochen, da sie sonst gerinnt!

5 Je nach Geschmack kann die Soße noch warm oder abgekühlt serviert werden.

BEILAGE

▶ Wie wär's mit gefüllten Bratäpfeln dazu? Dafür 60 g Walnüsse hacken und 60 g getrocknete Aprikosen fein würfeln. Saft von 1 Orange mit Walnüssen, Aprikosen, 1 TL Zimtpulver, 1 Päckchen Bourbon-Vanillezucker, 30 g Zucker und 2 cl Orangenlikör in einer Schüssel vermengen. 4 große säuerliche Äpfel waschen und oben einen Deckel abschneiden. Kerngehäuse herauslösen und vorbereitete Mischung in die Äpfel füllen. Deckel aufsetzen und Äpfel in eine gebutterte Auflaufform setzen. Im vorgeheizten Backofen bei 190 Grad ca. 35 Minuten braten. Mit der noch warmen Vanillesoße servieren.

Pflaumensoße

Für 4 Personen:

400 g Pflaumen
2 Birnen
2 EL brauner Zucker
50 ml asiatischer Pflaumenwein

Zubereitungszeit: 20 Min.

Nährwerte pro Person: 101 kcal, 423 kJ, 1 g EW, 0 g F, 22 g KH

1 Die Pflaumen kalt waschen und abtropfen lassen. 1 Pflaume beiseitelegen. Dann den Rest längs halbieren und entkernen.

2 Birnen waschen, schälen, vierteln und Kerngehäuse entfernen. 1 Viertel beiseitelegen und das restliche Fruchtfleisch in kleinere Stücke schneiden.

3 Pflaumen und Birnen in einen ausreichend großen Topf geben. Braunen Zucker darüber streuen und Pflaumenwein zugießen. Das Ganze erhitzen und aufkochen.

BEILAGE

▶ Servieren Sie dazu einen leckeren Fruchtsalat: 2 unbehandelte Orangen heiß waschen, trocken reiben und etwas Schale abreiben. Orange schälen, halbieren und mundgerecht schneiden. 300 g blaue Weintrauben waschen, abtropfen lassen, halbieren und entkernen. 5 getrocknete Feigen in Scheiben schneiden. Erdbeeren waschen, putzen und mundgerecht würfeln. Banane schälen und in Scheiben schneiden. Obst in eine große Schüssel geben und 1 EL Puderzucker durch ein Sieb darüberstäuben. Gut vermengen und zur lauwarmen Pflaumensoße servieren.

4 Vom Herd nehmen und Soße mit einem Stabmixer fein pürieren. Dann etwas auskühlen lassen. Nach Geschmack noch mit etwas braunem Zucker abschmecken.

5 In eine Schale füllen und mit Pflaumen- und Birnenstücken garnieren. Lauwarm servieren.

Schokoladensoße

Für 4 Personen:

1 Vanilleschote
100 g Edelbitterschokolade
250 g Sahne, 50 g Zucker

Zubereitungszeit: 25 Min.

Nährwerte pro Person: 330 kcal, 1381 kJ, 4 g EW, 23 g F, 26 g KH

1 Vanilleschote mit einem scharfen Messer längs aufschlitzen und das Mark herauskratzen. Edelbitterschokolade mit einem festen Messer grob hacken.

2 Sahne in einen Topf gießen. Vanillemark und die ausgekratzte Schote sowie den Zucker zugeben. Das Ganze unter ständigem Rühren langsam aufkochen.

3 Wenn die Sahne kocht, Vanilleschote wieder entfernen. Nach und nach die Schokolade untermengen und in dem Sud schmelzen lassen. Dabei häufig umrühren.

4 Soße bei sehr schwacher Hitze unter Rühren sanft köcheln lassen, bis sie eine dickliche Konsistenz angenommen hat.

TIPP

▶ Schokoladensoße kann nach Belieben mit einigen Tropfen Weinbrand aromatisiert werden.

BEILAGE

▶ Diese Soße ist ein Klassiker z. B. zu Vanilleeis, Vanillepudding oder auch zu pochierten Birnen.

Karamellsoße

Für 4 Personen:

3 EL Instantkaffeepulver
1–2 EL Honig
200 g Sahne, 100 g Zucker
Milch

Zubereitungszeit: 15 Min.

Nährwerte pro Person: 286 kcal, 1197 kJ, 2 g EW, 16 g F, 32 g KH

1 Instantkaffeepulver, Honig und Sahne in einen Topf geben. Das Ganze langsam erwärmen. Dabei häufig umrühren. Der Sud sollte nicht kochen!

2 Eine beschichtete Pfanne erhitzen. Den Zucker hineingeben und unter Rühren bei mittlerer Hitze schmelzen lassen, bis er zu karamellisieren beginnt.

3 Nach und nach die Sahnemischung in einem dünnen Strahl zum Zucker gießen. Dabei sorgfältig unterrühren.

4 Den Herd ausschalten und die Soße ein wenig abkühlen lassen. Je nach Konsistenz mit Milch verdünnen und lauwarm servieren.

BEILAGE

▶ Karamellsoße passt besonders gut zu Vanilleeis, Schokoladensoufflé oder Dampfnudeln.

▶ Gemüse

Gemüse

Ob gebraten, gedünstet, geschmort oder gratiniert, roh mit Soßen, Dips oder auch püriert als köstlicher Gemüsedrink: Frisches oder tiefgekühltes Gemüse hat sich als Hauptbestandteil einer leckeren wie ausgewogenen Ernährung für Jung und Alt längst etabliert. Denn keine andere Lebensmittelgruppe bringt so viel gesunde Abwechslung auf den Tisch.

Eine Frage der Definition

Die Abgrenzung, was im botanischen Sinne Obst oder Gemüse zugerechnet wird, ist knifflig. Als Grundregel gilt, dass die aus einer Blüte entstandenen Früchte von mehrjährigen Stauden und Holzgewächsen als Obst gelten. Unter dem Begriff Gemüse werden alle für den menschlichen Verzehr geeigneten Pflanzenteile (Blätter, Stängel, Wurzeln und Knollen) von einjährigen, krautigen und meist kultivierten Pflanzen zusammengefasst.

TIPP

▶ Gut zu wissen: Zum Gemüse zählen auch die Hülsenfrüchte wie (Soja-)Bohnen, Linsen und (Kicher-)Erbsen.

Paprika, Tomaten, Zucchini, Auberginen, Kürbisse und Gurken nehmen eine Sonderstellung ein, weil sie botanisch zwar den Früchten zugeordnet sind, aufgrund ihrer mangelnden Süße und Säure jedoch allgemein dem Gemüse zugerechnet werden. Pilze bilden als Fungi eine eigene Gruppe. Auch die Kartoffel ist streng genommen kein Gemüse, sondern ein Nachtschattengewächs.

Gemüse macht vital

Wer täglich Gemüse auf den Tisch bringt, hat für seine Gesundheit vorgesorgt. Denn kein anderes Nahrungsmittel enthält so viele Vitamine, Nähr- und Vitalstoffe. Empfehlenswert sind mindestens 3 Portionen Gemüse und 2 Portionen Obst am Tag, das entspricht einer Gesamtmenge von ca. 650 g. 1 Portion ist leicht zu bemessen: Bei frischem, unzerkleinertem Gemüse und bei Obst passt 1 Portion in 1 Hand. Bei zerkleinertem Gemüse oder Tiefkühlgemüse sowie bei Beeren ergeben 2 Handvoll 1 Portion.

GESUNDER SCHLANKMACHER

Der gesundheitliche Wert liegt in der Vielfalt an biologischen Substanzen, die in roten, gelben, grünen, violetten oder orangen Gemüsen zu finden sind. Vitamin C, das in vielen Gemüsesorten reichlich vorhanden ist, aktiviert den Stoffwechsel und stärkt das Immunsystem. Neben Vitamin C finden sich auch die meisten Vitamine der B-Gruppe sowie Vitamin A und Karotinoide, die Vitamine D, E und K, Folsäure, Biotin, Pantothensäure und Niacin in Gemüse. Spurenelemente wie Kalzium, Magnesium, Kalium, Eisen, Phosphor,

Zink sorgen u. a. für stabile Knochen, ein starkes Nervensystem und die Bildung roter Blutkörperchen.

Vor allem die grünen und dickblättrigen Gemüsesorten wie Mangold, Grünkohl und andere Kohlsorten, aber auch Brokkoli, Fenchel und Lauch weisen eine gute Bioverfügbarkeit von Kalzium auf, sodass sie neben Milch und Milchprodukten vor Knochenschwund und Osteoporose schützen können. Kalium, das vor allem in grünen Gemüsesorten, aber auch in Pilzen vorhanden ist, hat Einfluss auf die Wasserverteilung im Körper und sichert die einwandfreie Funktion der Muskeln. In grünem Gemüse ist Magnesium Bestandteil des Blattfarbstoffes Chlorophyll.

Damit nicht genug. Gemüse weist zudem eine beachtliche Anzahl an sekundären Pflanzenstoffen auf. Im menschlichen Körper können sie vielfältige Schutzfunktionen übernehmen und damit Herz-Kreislauf-Erkrankungen, der Entstehung verschiedener Krebserkrankungen sowie dem Wachstum von bestimmten schädlichen Bakterien, Pilzen und Viren entgegenwirken. Karotinoide, die in gelbem, orangem und rotem Gemüse enthalten sind, wirken antioxidativ und krebsvorbeugend. Außerdem senken sie das Risiko für bestimmte Augenerkrankungen. Flavonoide sind Pflanzenfarbstoffe, die unsere Zellen vor freien Radikalen schützen, das Wachstum von Bakterien und Viren eindämmen sowie entzündungshemmend wirken. Glucosinolate sind Geschmacksstoffe, die in allen Kohlarten, Rettich, Radieschen und Kresse vorkommen. Ihr scharfer Geruch und Geschmack dient im Pflanzenreich als Abwehrstoff gegen Feinde, kann im menschlichen Körper Infektionen vorbeugen und die Krebsentwicklung hemmen. Eine ähnliche Wirkung haben die schwefelhaltigen Sulfide, die in Zwiebeln, Lauch und Knoblauch enthalten sind.

Außerdem ist Gemüse ein schmackhafter Schlankmacher. Denn es enthält eine beachtliche Menge an Vital- und Ballaststoffen, jedoch nur wenige Kalorien.

Einkauf

Wer die Umwelt und den eigenen Geldbeutel schonen will, kauft Gemüse am besten saisonal und aus der eigenen Region. Wann welche Sorte erntereif ist, lässt sich dem Saisonkalender entnehmen (siehe S. 130). Frisches Gemüse erkennt man daran, dass

- Blätter oder Blüten nicht welk oder vergilbt sind,
- Knollen und Wurzeln fest und knackig sind,

▶ evtl. Schnittflächen an Stängeln oder Strünken hell und nicht braun oder verholzt sind,

▶ Fruchtgemüse wie Tomaten, Paprika, Auberginen, Gurken oder Zucchini den sortentypischen Glanz aufweisen.

Saisontabelle

	Jan	Feb	März	Apr	Mai	Juni	Juli	Aug	Sep	Okt	Nov	Dez
Auberginen						+	+	+	+			
Blumenkohl			+	+			+	+	+	+		
Brokkoli						+	+	+	+	+		
Busch- und Stangenbohnen						+	+	+	+	+		
Champignons	+	+	+	+	+	+	+	+	+	+	+	+
Chicorée	+	+	+	+						+	+	+
Chinakohl	+	+	+							+	+	+
Erbsen						+	+	+				
Fenchel						+	+	+	+	+		
Frühlingszwiebeln					+	+	+	+	+	+		
Grünkohl	+	+								+	+	+
Gurken	+	+	+	+	+	+	+	+	+	+	+	+
Knollensellerie	+	+	+						+	+	+	+
Kürbis									+	+	+	+
Lauch	+	+	+					+	+	+	+	+
Mangold								+	+	+	+	+
Möhren	+	+	+	+	+	+	+	+	+	+	+	+
Radieschen					+	+	+	+	+			
Rettich					+	+	+	+	+	+		
Rosenkohl	+	+							+	+	+	+
Rote Bete	+	+	+						+	+	+	+
Rotkohl	+	+	+				+	+	+	+	+	+
Spargel				+	+	+						
Spinat			+	+	+				+	+		
Stangensellerie	+	+	+	+	+	+	+	+	+	+	+	+
Tomaten				+	+	+	+	+	+	+		
Weißkohl	+	+	+	+					+	+	+	+
Wirsing	+	+	+	+	+				+	+	+	+
Zucchini						+	+	+	+	+		
Zuckermais								+	+	+		
Zwiebeln	+	+	+	+	+	+	+	+	+	+	+	+

Lagerung

Um die wertvollen Vitamine und Vitalstoffe zu schonen, sollte Gemüse erntefrisch eingekauft und danach rasch verbraucht werden.
Salat und Spinat am besten am selben Tag verarbeiten. Grüne Erbsen in der Schote sowie Spargel und Grünkohl halten sich in ein feuchtes Tuch eingeschlagen im Gemüsefach des Kühlschranks gut 1 Tag. Mangold und Gemüsemais überstehen den Aufenthalt im Kühlschrank 2–3 Tage.

Wasserarme Gemüsesorten wie Artischocken, Radieschen, Kohlrabi, Rosenkohl, Brokkoli und Blumenkohl kann man im Gemüsefach des Kühlschranks 3–4 Tage aufbewahren. Um Schimmelbildung zu vermeiden, am besten immer nach Sorten getrennt, locker und nicht durch Folie o. Ä. verschlossen lagern. Feste Gemüse wie Möhren, Knollensellerie und Rote Bete sind im Kühlschrank bis zu 14 Tagen lagerfähig.

Kälteempfindliche Sorten wie Tomaten, Zucchini, Gurken, Auberginen, Paprika, Zwiebeln und Kartoffeln lagern besser in einem kühlen Raum.

Langfristige Vorräte an Gemüse lassen sich auch gut in der Tiefkühl-

truhe anlegen. Eine weitere Alternative für die schnelle Küche ist feinsauer eingelegtes Gemüse. Das erntefrische Gemüse wird dabei ohne Zugabe von chemischen Konservierungsstoffen durch das Einlegen in Essig oder durch natürliche Milchsäuregärung haltbar gemacht. Auf Gemüsekonserven aus dem Glas oder der Dose sollte man dagegen, wenn man sich vollwertig und vitalstoffreich ernähren möchte, besser verzichten – sie enthalten kaum noch Nährstoffe.

Zubereitung

WASCHEN

Gemüsesorten, bei denen die Schale mitgegessen werden kann (also Tomaten, Paprika, Gurken, Zucchini, junge Möhren und neue Kartoffeln) müssen lediglich gründlich unter fließendem kaltem Wasser abgewaschen werden. Andere Gemüsesorten wie z. B. Rote Bete, Knollensellerie, Schwarzwurzeln und Kartoffeln, an denen in der Regel viel Erde haftet, werden vor dem Schälen am besten unter fließendem Wasser kurz abgebürstet. Da bei den meisten Gemüsesorten die wertvollen Vital- und Ballaststoffe direkt unter der Schale sitzen, empfiehlt es sich, Gemüse möglichst ungeschält zu verarbeiten.

SCHÄLEN

Zum Schälen eignet sich ein Gemüsemesser mit gerader Klinge oder ein Schäl- bzw. ein Tourniermesser, dessen schnabelförmige Klinge die Arbeit gerade bei rundem Gemüse erleichtert. Ein Sparschäler ist praktisch für Gemüsesorten mit glatter Schale. Zerkleinert werden kann von Hand mit einem Kochmesser oder mithilfe einer Küchenmaschine.

VORBEREITEN

Blattgemüse wird in der Regel in feine Streifen geschnitten. Grob gewürfeltes Gemüse findet in Suppen, Eintöpfen oder Ragouts Verwendung, feine Würfel dagegen in Soßen und Salaten. Geraspeltes Gemüse kommt vor allem bei Rohkost und für Gemüsefüllungen zum Einsatz. Edel und fein wirken Gemüsesorten wie Zucchini, Gurken, Möhren, Sellerie, wenn der klassische Julienneschnitt eingesetzt wird. Hierzu wird das Gemüse zuerst in ca. 3 mm dünne Scheiben, diese daraufhin streichholzdünn in Streifen geschnitten.

GAREN

Alles zu den unterschiedlichen Garmethoden von Blanchieren, Dünsten, Dämpfen, Schmoren, Braten, Frittieren, Pfannenrühren, Grillen bis Glasieren lesen Sie in der Einleitung im Kapitel »Garen« (S. 7–9).

TIPP

▶ Grüne Bohnen lassen sich gut einfrieren. Dazu die geputzten und geschnittenen Bohnen in kochendem Salzwasser ca. 2–3 Min. blanchieren, eiskalt abschrecken und gut abgetropft auskühlen lassen. Danach in Gefrierbeuteln verpackt einfrieren.

▶ Kleine Gerichte & Beilagen

Grundrezept Gemüse gekocht

Für 4 Personen:

1 kg Gemüse (Spargel, Blumenkohl, Sellerie, Spinat, Wirsing, Mangold, Kohlrabi, Bohnen, Lauch, Rosenkohl, Schwarzwurzeln, Hülsenfrüchte, Trockenpilze)
Salz
40 g Fett oder Butter
30–40 g Mehl
½ kleine Zwiebel, fein gewiegt
¼–½ l Gemüsebrühe (Instant)
Petersilie, fein gehackt
je nach Belieben Dill, Schnittlauch, Muskat, Bohnenkraut, Oregano

Zubereitungszeit: 20 Min.
Garzeit: 10 Min.

Nährwerte pro Person: 194 kcal, 811 kJ, 6g EW, 11 g F, 16 g KH

Gemüse putzen, waschen, klein schneiden, in kochendes Salzwasser geben und nicht zu weich kochen. Herausnehmen und große Stücke nochmals zerkleinern.

1. Zubereitungsart:
Einbrenne herstellen. Dazu in heißem Fett Mehl und Zwiebel andünsten, bis eine goldbraune Farbe erreicht ist. Mit der Brühe nach und nach auffüllen, durchrühren, etwas salzen, 10 Minuten kochen lassen, öfter umrühren. Gemüse dazugeben und nach Geschmack würzen.

2. Zubereitungsart:
Das gekochte Gemüse in das heiße Fett geben, durchdünsten, Mehl darüber streuen, mit Brühe aufgießen, durchkochen und nach Geschmack würzen.

3. Zubereitungsart:
Butter erhitzen, Gemüse zugeben, kurz durchrühren und nach Geschmack würzen.

Grundrezept Gemüse gedünstet

Für 4 Personen:

1 kg Gemüse (alle frischen und jungen Gemüsearten und Pilze)
½ kleine Zwiebel, feingewiegt
40 g Fett
Salz
¼–½ l Wasser oder Brühe (Instant)
20 g Mehl

Zubereitungszeit: 20 Min.
Garzeit: 20 Min.

Nährwerte pro Person: 167 kcal, 701 kJ, 4 g E, 9 g F, 15 g KH

1 Gemüse putzen, waschen, klein schneiden. Zwiebel in heißem Fett erhitzen, glasig dünsten, Gemüse dazugeben, dünsten, salzen, mit heißer Flüssigkeit aufgießen und im geschlossenen Topf nicht zu weich dünsten. Verdampfte Flüssigkeit während der Dünstzeit auffüllen.

2 Das Gemüse mit Mehl überstäuben, durchrühren, nochmals gut durchkochen lassen und nach Geschmack würzen.

Rotkohl

Für 4 Personen:

1 kg Rotkohl
2 säuerliche Äpfel
50 g Schweineschmalz
1 kleine Zwiebel

TIPP

▶ Rotkohl schmeckt hervorragend als Beilage zu Braten aller Art mit Knödeln oder Kartoffeln. Lecker ist er auch zu Bratwurst oder Wild. Sollten Sie kein Schweineschmalz greifbar haben, können Sie auch Butterschmalz verwenden.

2 Gewürznelken
125 ml Rotwein
3 TL Zucker
2 EL Rotweinessig

Zubereitungszeit: 15 Min.
Garzeit: 50 Min.

Nährwerte pro Person: 251 kcal, 1050 kJ, 4 g EW, 13 g F, 24 g KH

1 Die äußeren Blätter vom Kohlkopf entfernen, dann den Kopf halbieren und den Strunk herausschneiden. Den Kohl auf dem Gemüsehobel in feine Streifen schneiden.

2 Äpfel vierteln, schälen, Kerne entfernen und Fruchtfleisch in kleine Stücke schneiden. Das Schmalz in einem Topf erhitzen, Apfelstücke darin andünsten. Den Kohl zufügen.

3 Die geschälte Zwiebel mit den Nelken spicken und in den Topf zum Gemüse geben. 250 ml Wasser und den Rotwein angießen.

4 Den Zucker in einer Pfanne erhitzen, bis er karamellisiert. Mit Essig ablöschen, dann aufkochen lassen und zum Rotkohl geben. Zugedeckt 35–40 Minuten dünsten. Vor dem Servieren die Zwiebel und Nelken entfernen.

Blattspinat mit Käse

Für 4 Personen:

750 g Spinat
1 Zwiebel
1 Knoblauchzehe
Salz
40 g Butter
Pfeffer
Paprikapulver edelsüß
Margarine zum Einfetten
250 g Emmentaler, gerieben

Zubereitungszeit: 20 Min.
Garzeit: 15 Min.

Nährwerte pro Person: 384 kcal, 1607 kJ, 23 g E, 29 g F, 7 g KH

1 Spinat putzen, waschen, Stiele abschneiden. Zwiebel und Knoblauch schälen, Zwiebel fein hacken. Knoblauch mit Salz zerdrücken, beides in heißer Butter andünsten. Spinat dazugeben, würzen. 5 Minuten dünsten. Vom Herd nehmen.

2 Eine feuerfeste Form einfetten. Die Hälfte des Spinats einfüllen. Mit der Hälfte des Käses bestreuen. Restlichen Spinat darauf geben. Darüber kommt wieder Käse. Im vorgeheizten Ofen bei 220 Grad 10 Minuten überbacken. Sofort servieren.

Rosenkohl

Für 4 Personen:

1 kg Rosenkohl
½ TL Salz
1 ½ l Wasser
50 g Butter
1 Prise Salz
Muskatnuss, gerieben

Zubereitungszeit: 25 Min.
Garzeit: 15 Min.

Nährwerte pro Person: 156 kcal, 649 kJ, 7 g EW, 11 g F, 6 g KH

1 Von den Rosenkohlröschen die äußeren Blättchen und das unterste Ende des Strunkes entfernen. Rosenkohl am Strunk kreuzförmig einscheiden und in kochendes Salzwasser geben. Etwa 15 Minuten mit Deckel gar kochen und anschließend in einem Sieb abtropfen lassen.

2 Butter in einer Pfanne schmelzen und den Rosenkohl darin schwenken. Mit Salz und Muskat nach Belieben würzen und dann servieren.

TIPP

▶ Zu Wild oder Gans reichen.

Süßsaures Kürbisgemüse

Für 6 Personen:

1 kg Kürbisfleisch
500 g Egerlinge
2 Chilischoten, getrocknet
2 Zwiebeln
2 EL Butter
1 TL Thymian, getrocknet
Salz
Pfeffer
Saft von 2 Orangen
½ l Gemüsebrühe (Instant)
2 TL brauner Rohrzucker
4 EL Rotweinessig
2 EL Petersilie, gehackt

Zubereitungszeit: 20 Min.
Garzeit: 15 Min.

Nährwerte pro Person: 161 kcal, 674 kJ, 7 g EW, 7 g F, 18 g KH

1 Kürbisfleisch grob würfeln, Pilze säubern und braune Stellen entfernen, Hüte halbieren. Chilischoten in dünne Streifen schneiden, in heißem Wasser einweichen.

2 Zwiebeln in Ringe schneiden und in der Butter andünsten. Pilze dazugeben und unter Rühren anbräunen. Kürbisstücke dazugeben.

3 Chilischoten aus dem Einweichwasser nehmen und mit den restlichen Gewürzen zum Gemüse geben.

4 Orangensaft und Gemüsebrühe angießen, mit Zucker und Essig würzen. Zugedeckt bei schwacher Hitze 15 Minuten dünsten.

5 Kürbisgemüse mit Petersilie bestreut servieren.

Rosmarin-Tomaten mit Schafskäse

Für 4 Personen:

8 Tomaten
12 Stängel Petersilie
4 Knoblauchzehen
Salz
Pfeffer aus der Mühle
1 TL Rosmarin
2 EL Olivenöl
400 g milder Schafskäse
Fett für die Form

Zubereitungszeit: 25 Min.
Backzeit: 15 Min.

Nährwerte pro Person: 385 kcal, 1609 kJ, 19 g EW, 31 g F, 8 g KH

1 Tomaten waschen, mit dem Stielansatz nach unten in eine feuerfeste Form setzen. Oberseite kreuzweise einschneiden und eine Vertiefung eindrücken.

3 Petersilie waschen, trocken tupfen und fein hacken. Knoblauch schälen. Gewürze und Petersilie mit dem Öl vermengen, den Knoblauch dazupressen und die Mischung in die Vertiefungen geben. Schafskäse in Scheiben schneiden und um die Tomaten legen.

3 Im heißen Grill ca. 15 Minuten überbacken. Die Tomaten sollten leicht gebräunt sein. Sofort servieren.

Selleriepüree

Für 4 Personen:

500 g Knollensellerie
Salz
50 g Sahne
60 g Butter
Pfeffer aus der Mühle
Muskatnuss, frisch gerieben

Zubereitungszeit: 20 Min.
Garzeit: 25 Min.

Nährwerte pro Person: 151 kcal, 632 kJ, 3 g EW, 14 g F, 4 g KH

1 Sellerie schälen, in kleine Stücke schneiden und in wenig Salzwasser ca. 25 Minuten dünsten, bis die Stücke weich sind und das Wasser verdampft ist.

2 Sahne zugeben, dann alles mit einem Pürierstab sehr fein pürieren, die Butter unterziehen und mit Salz und Pfeffer würzen.

3 Mit frisch geriebener Muskatnuss bestäubt servieren.

VARIANTE

▶ Ein leckeres Püree erhalten Sie auch mit anderem Gemüse wie Möhren oder Kohlrabi. Wahlweise können Sie einen Teil des Gemüses auch durch die gleiche Menge an Kartoffeln ersetzen, dadurch wird das Püree etwas fester. Für Figurbewusste: Die Sahne kann durch Milch ersetzt werden.

TIPP

▶ Servieren Sie das Selleriepüree mit Maronen zu Bratwürsten, unpanierten gebratenen Kalbsschnitzeln oder zu einem kräftigen Wildschweinbraten.

Weinsauerkraut

Für 4 Personen:

500 g geräucherter Speck
2 Zwiebeln
1 Apfel
2 EL Gänseschmalz
500 g rohes Sauerkraut
1 Schuss Kirschwasser
¼ l Weißwein
½ l Brühe (Instant)
Salz, Pfeffer
Kümmel
einige Wacholderbeeren nach Belieben

Zubereitungszeit: 20 Min.
Garzeit: 90 Min.

Nährwerte pro Person: 1245 kcal, 5216 kJ, 6 g E, 120 g F, 9 g KH

1 Geräucherten Speck in feine Streifen schneiden. Zwiebeln schälen und ebenfalls in Streifen schneiden. Apfel schälen und in Scheiben schneiden.

2 In einem größeren Topf Gänseschmalz erhitzen. Zwiebelstreifen darin glasig dünsten. Apfelscheiben, Speckstreifen und Sauerkraut hinzufügen. Das Ganze einige Minuten durchrühren, mit Kirschwasser parfümieren und mit Weißwein ablöschen.

3 Zuletzt mit Brühe aufgießen. Salzen, pfeffern, Kümmel und Wacholderbeeren zusetzen. Weinsauerkraut bei milder Hitze zugedeckt etwa 1 ½ Stunden köcheln.

TIPP

▶ Passt hervorragend zu Bratwürsten und Bratkartoffeln.

Beschwipste Steinpilze

Für 4 Personen:

600 g Steinpilze
2 Knoblauchzehen
20 g Butter
2 EL Olivenöl
Saft von 1 Zitrone
50 ml Weißwein
Salz, Pfeffer
1 EL Petersilie, gehackt
1 TL Thymian, gehackt
Zitronenspalten

Zubereitungszeit: 30 Min.
Garzeit: 5 Min.

Nährwerte pro Person: 133 kcal, 559 kJ, 6 g EW, 10 g F, 3 g KH

1 Steinpilze putzen, säubern und längs in Scheiben schneiden. Knoblauch schälen und fein hacken.

2 Butter und Öl in einer großen Pfanne erhitzen. Pilze und Knoblauch zugeben und einige Minuten anbraten.

3 Zitronensaft und Wein angießen, salzen und pfeffern. 5 Minuten bei geringer Hitze garen. Steinpilze herausnehmen und auf einer Servierplatte anrichten. Den Garsud dann einreduzieren.

4 Petersilie und Thymian einrühren, abschmecken und über die Pilze geben. Mit Zitronenspalten garniert servieren.

Kürbispuffer mit Schafskäse-Dip

Für 4 Personen:

400 g Kartoffeln
400 g Kürbisfleisch
1 Knoblauchzehe
2 Eier
75 g Mehl
Salz, Pfeffer aus der Mühle
Muskatnuss
3 EL Petersilie, gehackt
5 EL Pflanzencreme
150 g Cremefine zum Verfeinern
100 g Schafskäse
50 ml Mineralwasser

Zubereitungszeit: 45 Min.

Nährwerte pro Person: 425 kcal, 1764 kJ, 14 g EW, 26 g F, 26 g KH

1 Kartoffeln schälen und waschen. Kürbis schälen und entkernen. Kartoffeln und Kürbis grob raspeln. Den Knoblauch schälen und fein würfeln.

2 Kürbis- und Kartoffelraspel mit Eiern und Mehl verrühren. Mit Salz, frisch gemahlenem Pfeffer und geriebener Muskatnuss würzen. Gehackte Petersilie unterheben.

3 Pflanzencreme in einer Pfanne erhitzen. Je 1 gehäuften EL Kürbis-Kartoffel-Masse hineingeben, zu Puffern formen und bei mittlerer Hitze ca. 4 Minuten von jeder Seite goldbraun braten.

4 Schafskäse grob hacken. Zusammen mit Cremefine und Mineralwasser pürieren. Gehackten Knoblauch unterrühren. Mit Salz und Pfeffer abschmecken.

5 Puffer warm servieren und Schafskäse-Dip dazu reichen.

TIPP

▶ **Fügen Sie der Kürbis-Kartoffel-Masse 1 TL Zimt zu, dann erhält das Gericht einen leicht orientalischen Geschmack.**

Küchenkräuter

Nur wenige Küchenkräuter wie Schnittlauch, Kerbel oder Pfefferminze stammen ursprünglich aus Nordeuropa. Die aromatischeren und gleichzeitig sonnenverwöhnteren Würzkräuter wie Basilikum, Thymian oder Koriander kommen aus dem Mittelmeerraum, Südamerika und Asien. Inzwischen verfeinern viele der früheren »Würzexoten« auch unsere Gerichte.

Einordnung

Aus kulturhistorischer Sicht werden Kräuter nach ihrem Nutzwert definiert: Küchen- oder Würzkräuter dienen der geschmacklichen Verbesserung von Speisen, während Heilkräuter wegen ihrer Wirkstoffe als Arzneimittel eingesetzt werden.
Zusätzlich lassen sich Kräuter in Kultur- und Wildkräuter einteilen. Unter Wildkräutern versteht man alle krautigen, zum Verzehr geeigneten Pflanzen, die frei in der heimischen Natur gedeihen. Küchenkräuter dagegen sind Kulturpflanzen, die angebaut werden.

Zucht & Einkauf

Küchenkräuter lassen sich im Garten oder auch im Topf auf Terrasse oder Fensterbank ziehen. Im Laden und auf Wochenmärkten haben Kräuter als Topf- oder Bundware das ganze Jahr Saison.
Machen Sie beim Einkauf die Probe: Kräuter dürfen auf keinen Fall trockene oder welke Blätter haben. Die Stängel müssen fest, die Blätter saftig grün sein. Beim Zerreiben zwischen den Fingern sollte ein duftender Saft austreten.

Aufbewahrung

Zu Hause sollten verpackte Kräuter umgehend ausgepackt werden. Außer Schnittlauch können alle Bundkräuter in ein Wasserglas gestellt werden. Schnittlauch bleibt länger frisch, wenn man ihn in ein feuchtes Tuch gewickelt im Gemüsefach des Kühlschranks aufbewahrt. Um die volle Würzkraft und die wertvollen Vitalstoffe zu bewahren, werden Kräuter am besten möglichst frisch verarbeitet.
Die einfachste Konservierungsmethode von Kräutern ist das Einfrieren. Dazu werden Stängel und Blätter fein gehackt und in Einzelportionen eingefroren. Praktisch sind auch Eiswürfel, für die die

gehackten Kräuter mit Wasser aufgefüllt und in einer Eiswürfelform eingefroren werden.
Zu den ältesten Konservierungsmethoden gehört das Trocknen, wobei die erntefrischen Kräuter an einem warmen und trockenen Platz in Sträußen gebündelt aufgehängt werden.

Kleine Kräuterkunde

Welches Kraut Sie wofür verwenden können, erfahren Sie hier.

DIE KRÄUTERKLASSIKER

▶ Bohnenkraut: auch Pfefferkraut. Die 1-jährige und immergrüne, bis 30 cm hohe Staude blüht von Juli bis zum ersten Frost. Geerntet werden die unverholzten Teile des blühenden Krautes, die Fleisch, Wurst, Wild oder Bohnengerichten frisch beigegeben werden können. In getrockneter Form wird Bohnenkraut gerebelt (getrocknet werden Blüten und Blätter abgerieben) oder als Strauß angeboten.

▶ Dill: auch Gurkenkraut. Von der 1-jährigen Pflanze können sowohl Blätter als auch Samen geerntet werden. Die klein geschnittenen Blätter passen zu Rohkost, Sommersalaten, Kartoffelsalat, feinen Dips & Soßen und auch zu Lamm, Huhn und Pilzen sowie Fischgerichten. Dill sollte nie mitgekocht, sondern erst vor dem Servieren zugegeben werden.

▶ Estragon: leicht bitteres und gleichzeitig dezent süßes Würzkraut zum Einmachen sowie für Fischgerichte und Soßen. Zum Würzen eignen sich die jungen Triebe und Blätter.

▶ Kerbel: vom Aussehen erinnert Kerbel an Petersilie, ist jedoch feinwürziger mit Anisaroma. Getrockneter Kerbel büßt viel Aroma ein. In Kombination mit Petersilie, Schnittlauch und Estragon verfeinert er Kräuteromelettes, Suppen und Soßen sowie Kräuterbutter.

▶ Koriander: Von dem 1-jährigen Kraut werden Blätter und Samen zum Würzen von Backwaren, Kohl- und Kürbisgerichten sowie eingemachtem Obst verwendet. Sie verleihen ein würzig-herbes Aroma. Das Kraut sieht glatter Petersilie ähnlich. Erst kurz vor dem Servieren zufügen.

▶ Liebstöckel: Von winterharten und bis zu 2 m hohen Pflanze finden neben den Samen v. a. die gefiederten und sehr aromatischen Blätter Verwendung. Sie besitzen einen scharf-bitteren, ein wenig an Sellerie erinnernden Geschmack und verfeinern Blattsalate, Dressings, Suppen, Eintöpfe und Fleischrouladen, aber auch einfache Butterbrote.

TIPP

▶ **Nicht nur die Franzosen lieben Kerbel zusammen mit Schnittlauch, Petersilie und Estragon in der Kräutermischung Fines Herbes.**

▶ Minze: Neben der bekannten Pfefferminze gibt es mehr als 20 verschiedene Sorten, die nach den Kriterien Duft und Aroma (z. B. Apfel-, Orangen-, Zitronen- oder Schokoladenminze), Herkunft (z. B. Belgische, Chinesische, Thai, Russische Minze) oder Inhaltsstoffe (z. B. Japanische Minze, Krauseminze, Spearmint Minze) unterschieden werden. Neben Kräutertees verfeinert Minze Lamm, Salate, Joghurtdips und frische Beeren.

▶ Petersilie: Sie kommt in 3 Varianten vor: als kraus- oder glattblättrige Petersilie sowie als Wurzelpetersilie, von der nicht die Blätter, sondern die Wurzeln verwendet werden. Die krausblättrige Petersilie wird wegen ihres milderen Aromas gern in unserer heimischen Küche verwendet. Um das Mittelmeer zieht man dagegen die glattblättrige Form vor, die neben mehr Würze auch mehr Vitamin C enthält. Erst kurz vor dem Servieren untermischen.

▶ Schnittlauch: Das Kraut kann das ganze Jahr über geschnitten werden. Die frischen oder tiefgefrorenen Stängel passen zu Suppen und Soßen, zu Quark- und Eierspeisen sowie zu Salzkartoffeln. Erst kurz vor dem Servieren zugeben.

▶ Zitronenmelisse: Die Blättchen sollten vor der Blüte im Juni oder August geerntet werden. Der spritzig-würzige Geschmack verleiht Süßspeisen, Fruchtsuppen, Bowlen, Kräutertees und Kräuterbutter ein frisches Aroma.

MEDITERRANE KRÄUTER

▶ Basilikum: Da dieses Kraut zu gutem Gedeihen viel Licht und Wärme braucht, empfiehlt sich die Aufzucht in einer sonnigen, windgeschützten Ecke im Garten oder in Töpfen auf der Fensterbank. Neben Tomatengerichten passt Basilikum zu mediterranen Salaten, Ragouts, Kräutersoßen und zu Fisch.

▶ Majoran: Der von Juli bis August rosa oder weiß blühende Majoran benötigt einen warmen Standort. Majoran ist sehr würzig und lässt sich auch gut getrocknet verwenden. Passt zu deftigen Speisen mit Kartoffeln, zu Hülsenfrüchten, Fleisch oder Wurst, zu Pizza, Pasta und Fischgerichten.

▶ Oregano: auch Dost. Wilder Majoran, der einen herb-aromatischen Duft und ein intensives Aroma besitzt. Da sich sein volles Aroma erst nach ca. 20 Minuten entfaltet, gehört er zu den wenigen Kräutern, die bereits am Anfang der Kochzeit zugegeben werden können.

▶ Rosmarin: immergrüner, bis zu 2 m hoher Strauch. Die frischen Rosmarinnadeln werden fein gehackt. Schmorgerichten kann man einen ganzen Zweig Rosmarin zu-

geben, der kurz vor dem Servieren entfernt wird. Er passt zu mediterranen Kartoffel- oder Tomatengerichten, Lammfleisch, Schweinebraten und Wildragouts.

▶ Salbei: Der Echte Salbei, auch Küchensalbei, ist ein immergrüner Halbstrauch, der als Gewürz- und Heilpflanze genutzt wird. Weil Salbei die Verdauung fördert, wird er gern fetten Speisen beigegeben und passt gut zu Kalbfleisch oder Fisch. In Olivenöl knusprig gebratene Salbeiblätter sind eine Delikatesse.

▶ Thymian: gibt es in verschiedensten Formen und Duftvariationen. Man unterscheidet u. a. zwischen Berg-, Kokos-, Lavendel- und Pinienthymian. Das feinste Aroma erhält man, wenn man Thymian kurz vor der Blüte an einem heißen Tag erntet und den Speisen kurz vor Ende der Kochzeit zufügt. Er schmeckt zu Wild, Pilzen, mediterranen Terrinen, Pasteten und Schmorgerichten. Fette Speisen werden durch Thymian leichter verdaulich.

Kraut	Saison	Verbrauch
Basilikum	Juni bis August	frisch, tiefgekühlt
Bohnenkraut	Juni bis September	frisch, tiefgekühlt, getrocknet
Dill	April bis August	frisch, tiefgekühlt
Estragon	Juni bis August	frisch, getrocknet
Kerbel	Mai bis September	frisch
Koriander	das ganze Jahr	frisch, tiefgekühlt
Liebstöckel	Juni bis September	frisch, tiefgekühlt
Minze	Juni bis September	frisch, tiefgekühlt, getrocknet
Oregano	Mai bis September	frisch, tiefgekühlt, getrocknet
Petersilie	das ganze Jahr	frisch, tiefgekühlt
Rosmarin	Mai bis September	frisch, tiefgekühlt, getrocknet
Salbei	Mai bis Juni	frisch, getrocknet
Schnittlauch	das ganze Jahr	frisch, tiefgekühlt
Thymian	Mai bis September	frisch, getrocknet
Zitronenmelisse	Mai bis August	frisch, tiefgekühlt, getrocknet

Rohkostteller mit Kräuterquark-Dip

Für 4 Personen:

ca. 750 g gemischtes Gemüse nach Wahl (z. B. Möhren, Paprika, Radieschen, Tomaten, Gurken, Fenchel, Selleriestangen)
200 g Magerquark
50 g saure Sahne
50 g Crème fraîche
1 EL Zitronensaft
Salz, Pfeffer aus der Mühle
je ½ Bd. Schnittlauch und Dill

Zubereitungszeit: 30 Min.

Nährwerte pro Person: 146 kcal, 611 kJ, 10 g EW, 7 g F, 10 g KH

1 Das Gemüse putzen, waschen und gegebenenfalls schälen. Gemüsesorten wie Zuckerschoten und Blumenkohl vor dem Verzehr in kochendem Wasser kurz blanchieren. Alles in mundgerechte Stücke bzw. Scheiben oder Streifen schneiden.

2 Magerquark mit saurer Sahne, Crème fraîche und Zitronensaft glatt rühren. Mit Salz und Pfeffer würzen. Die Kräuter waschen, trocken schütteln und hacken. Anschließend unter den Quark rühren.

3 Gemüse auf einer Platte oder einem großen Teller anrichten. Dazu den Kräuterquark in kleinen Schüsseln servieren.

TIPP

▶ Reichen Sie dazu auch Grissini, die wie das Gemüse in den Kräuterquark gedippt werden können.

VARIANTE

▶ Reichen Sie als weiteren Dip dazu doch einen Paprika-Schafskäse-Dip: 4 rote geröstete Paprikaschoten aus dem Glas pürieren. Mit ½ Bd. gehackter Petersilie, feinen Ringen von 4 eingelegten Peperoni aus dem Glas, 100 g Doppelrahmfrischkäse und 100 g mit einer Gabel zerdrücktem Schafskäse mischen. Mit Salz und Pfeffer abschmecken. Fertig!

▶ Aus Pfanne & Topf

Wirsingeintopf mit Bohnen und Tomaten

Für 4 Personen:

600 g Wirsing
1 große weiße Zwiebel
4 EL Olivenöl
1,2 l Rinderfond (Instant oder Glas)
2 Lorbeerblätter
½ Bd. Thymian
Salz
Pfeffer aus der Mühle
350 g reife Tomaten
1 kleine Dose weiße Bohnen
2 Knoblauchzehen

Zubereitungszeit: 30 Min.
Garzeit: 30 Min.

Nährwerte pro Person: 342 kcal, 1431 kJ, 26 g EW, 19 g F, 17 g KH

1 Wirsing waschen, putzen, in 3 cm breite Streifen schneiden. Zwiebel schälen und fein hacken, in 2 EL heißem Öl andünsten, dann den Wirsing dazugeben und dann kurz mitdünsten.

2 Rinderfond, Lorbeer und Thymian dazugeben. Salzen, pfeffern und zugedeckt bei mittlerer Hitze ca. 15 Minuten garen.

3 Tomaten waschen und halbieren. Bohnen in einem Sieb abspülen und abtropfen lassen. Bohnen und Tomaten zur Suppe geben. Bei geringer Hitze weitere 15 Minuten köcheln lassen.

4 Knoblauch schälen und grob hacken, dann mit 1 TL Salz im Mörser zerreiben, dabei nach und nach das restliche Olivenöl einarbeiten. Das Knoblauchöl in die Suppe einrühren. Noch einmal abschmecken und heiß servieren.

VARIANTE

▶ Statt mit Wirsing können Sie den Eintopf auch mit Grünkohl zubereiten.

TIPP

▶ Zum Verfeinern kurz vor dem Servieren Parmesan über den Eintopf reiben.

Bunter Gemüseeintopf

Für 4 Personen:

2 große Möhren
1 Brokkoli
1 rote Paprikaschote
1 Stange Lauch
2–3 Kartoffeln
½ Bd. Petersilie
etwas Selleriegrün
300 g Putenbrustfilet
1 EL Keimöl (z.B. von Mazola)
2–3 TL Gemüsebrühe (Instant)
100 g TK-Prinzessbohnen
Pfeffer

Zubereitungszeit: 45 Min.
Garzeit: 20 Min.

Nährwerte pro Person: 215 kcal, 896 kJ, 25 g EW, 4 g F, 18 g KH

1 Möhren schälen und in feine Scheiben schneiden. Brokkoli waschen und in kleine Röschen teilen.

Paprikaschote halbieren, Stielansatz, Kerne und Trennwände entfernen, Paprika waschen. Das Fruchtfleisch in grobe Stücke schneiden.

2 Lauch putzen, waschen und in Ringe schneiden. Kartoffeln schälen und in Spalten schneiden. Petersilie und Selleriegrün waschen und fein hacken.

3 Putenbrustfilet in feine Streifen schneiden. Putenstreifen in einer hohen Pfanne im heißen Öl andünsten, herausnehmen.

4 Kartoffeln, Möhren und Paprikawürfel in die Pfanne geben und dünsten. 1 l Wasser und das Gemüsebrühepulver zugeben und ca. 10 Minuten bei mittlerer Hitze kochen lassen.

5 Bohnen, Brokkoli und Lauch zugeben und weitere 5–10 Minuten kochen.

6 Fleisch wieder zugeben, Gemüseeintopf mit Pfeffer abschmecken und mit gehackter Petersilie und Selleriegrün bestreuen.

Ratatouille

Für 4 Personen:

600 g Auberginen
500 g Paprikaschoten
500 g Zucchini
500 g feste Tomaten
6 EL Olivenöl
Salz, weißer Pfeffer
1 Bd. Basilikum, gehackt
2 Knoblauchzehen, zerdrückt

Zubereitungszeit: 25 Min.
Garzeit: 30–45 Min.

Nährwerte pro Person: 247 kcal, 1038 kJ, 6 g EW, 16 g F, 18 g KH

1 Auberginen waschen, würfeln. Paprika waschen, putzen, die weißen Innenhäute und die Kerne entfernen. Paprika in breite Streifen schneiden. Zucchini waschen, putzen, in breite Scheiben schneiden. Tomaten mit heißem Wasser überbrühen, häuten und vierteln.

2 Öl in einem großem Topf erhitzen. Gemüse nacheinander kurz anbraten und schichtweise in einen gut schließenden Topf füllen. Dabei mit Auberginen beginnen und enden. Einzelne Schichten mit Salz, Pfeffer, Basilikum und Knoblauch würzen.

3 Das Gemüse zugedeckt bei schwacher Hitze in ca. 30 Minuten weich schmoren, nicht umrühren; oder im vorgeheizten Backofen bei 180 Grad ca. 45 Minuten garen.

TIPP

▶ **Schmeckt heiß und kalt mit frischem Baguette.**

TIPP

▶ Ein besonders feines Aroma erhält der Linseneintopf, wenn Sie ihn mit etwas Obstessig und Zucker süß-säuerlich abschmecken.

Linseneintopf

Für 4 Personen:

250 g Tellerlinsen (z. B. von Müller's Mühle)
1 l Gemüsebrühe
1 Zwiebel, 2–3 Möhren
4 Kartoffeln, 1 Stange Lauch
Salz, Pfeffer aus der Mühle
je 1 Prise Muskat, Cayennepfeffer
1–2 EL mittelscharfer Senf
1 Prise Zucker
4 Mettwürstchen
1 Bd. Petersilie, gehackt

Zubereitungszeit: 20 Minuten
Garzeit: 70 Min.

Nährwerte pro Person: 444 kcal, 1858 kJ, 28 g EW, 20 g F, 39 g KH

1 Linsen in einem Sieb unter fließendem kaltem Wasser waschen.

2 Gemüsebrühe in einem Topf erhitzen, Linsen hineingeben und bei mäßiger Hitze 30 Minuten garen.

3 Zwiebel schälen und fein würfeln. Möhren schälen, waschen und in Scheiben schneiden. Kartoffeln schälen, waschen und würfeln. Lauch putzen, waschen und in Streifen schneiden. Das Gemüse zu den Linsen geben und bei schwacher Hitze weitere 30 Minuten garen.

4 Linseneintopf mit Salz, Pfeffer, Muskat, etwas Cayennepfeffer, Senf und Zucker kräftig abschmecken. Die Mettwürstchen in Scheiben schneiden, zu dem Eintopf geben und weitere 10 Minuten garen.

5 Eintopf abschmecken, mit Petersilie bestreuen und sofort servieren.

Gemüsekuchen aus der Pfanne

Für 4 Personen:

500 g festkochende Kartoffeln
1 Knoblauchzehe
5 EL Rapsöl
2 Bd. Frühlingszwiebeln
500 g junge Zucchini
50 ungesalzene Pistazienkerne
7 Eier
Meersalz, Pfeffer
1 Bd. Petersilie
4 Zucchiniblüten

Zubereitungszeit: 30 Min.
Garzeit: 30 Min.

Nährwerte pro Person: 495 kcal, 2071 kJ, 22 g EW, 32 g F, 30 g KH

1 Kartoffeln schälen oder mit einer Gemüsebürste kräftig abbürsten und waschen. Anschließend in 2 mm dicke Scheiben schneiden. Knoblauch abziehen und fein würfeln.

2 2 EL Öl in einer beschichteten Pfanne erhitzen und die Kartoffeln darin zugedeckt bei mittlerer Hitze 15 Minuten garen, zwischendurch einige Male vorsichtig wenden. Die Kartoffeln dann mit dem Knoblauch mischen.

3 Frühlingszwiebeln putzen, waschen und den dunkelgrünen Teil wegschneiden. Die Zwiebeln in dünne Scheiben schneiden. Zucchini waschen, Enden wegschneiden und die Früchte in dünne Scheiben schneiden. Beides in einer weiteren Pfanne mit wenig Öl unter Rühren 5 Minuten garen.

4 Kartoffeln mit Zwiebeln, Zucchini und Pistazienkernen mischen. Das restliche Öl in die Pfanne zum Kartoffel-Gemüse-Mix geben.

5 Die Eier verquirlen und kräftig mit Meersalz und Pfeffer abschmecken. Die Petersilie waschen, trocken tupfen, hacken und dann in die Eiermasse rühren, anschließend alles über das Gemüse gießen. In der Pfanne bei kleiner Hitze stocken lassen.

6 Den Gemüsekuchen mithilfe eines großen Tellers wenden und auch auf der anderen Seite goldgelb braten.

7 Den Gemüsekuchen warm oder kalt anrichten und mit Zucchiniblüten garnieren.

Reispfanne mit Bärlauch und Gemüse

Für 4 Personen:

250 g Reismischung aus Langkorn-, Wild- und rotem Camargue-Reis (z. B. von Oryza)
Salz
1 kleine Aubergine
1 Zucchini
2 bunte Paprikaschoten
60 g Shiitakepilze
1 EL Sesamöl
1 rote Chilischote
2 EL Bärlauch, gehackt
8 EL Sojasoße
Pfeffer aus der Mühle
1 Bd. Bärlauch mit Blüten
Öl zum Frittieren

Zubereitungszeit: 30 Min.
Garzeit: 25 Min.

Nährwerte pro Person: 344 kcal, 1439 kJ, 9 g EW, 7 g F, 61 g KH

1 Den Reis in Salzwasser nach Packungsanweisung zubereiten. Inzwischen das Gemüse waschen und putzen. Dazu die Aubergine und die Zucchini von den Enden befreien.

2 Die Paprikaschoten halbieren, Stielansätze, Kerne und weiße Häute entfernen. Gemüse in mundgerechte Stücke schneiden. Shiitakepilze putzen und die Stiele abschneiden. Bei Bedarf Köpfe halbieren.

3 Sesamöl in einer Pfanne erhitzen und das Gemüse und die Pilze darin von beiden Seiten anbraten. Die Chilischote halbieren, Kerne entfernen und das Fruchtfleisch klein schneiden. Den Bärlauch klein hacken und beides unter das Pfannengemüse mengen.

4 Den gegarten Reis dazugeben und mit Sojasoße, Salz und Pfeffer würzig abschmecken. Die Bärlauchblätter und -blüten in heißem Öl frittieren und auf Tellern dekorativ anrichten. Die Reispfanne dazugeben und servieren.

TIPP

▶ **Wenn Sie den Bärlauchgeschmack noch verstärken wollen, geben Sie noch ein paar Tropfen Bärlauchöl auf das fast fertige Gericht.**

Wokgemüse mit Putenstreifen

Für 4 Personen:

350 g dünne Putenschnitzel
250 g Möhren
1 Stange Lauch
1 kleiner Spitzkohl
200 g frische Shiitakepilze
2 Selleriestangen
1 Stück frischer Ingwer
1 rote Chilischote
2 Knoblauchzehen
4 EL Sonnenblumenöl
1 EL dunkles Sesamöl
50 g ungesalzene Cashewkerne
½ Tasse Geflügelbrühe
1 EL Zucker
2 EL Sojasoße
Meersalz
Reisessig oder Weißweinessig
½ TL Speisestärke
etwas Koriandergrün oder glatte Petersilie

Zubereitungszeit: 1 Std.

Nährwerte pro Person: 507 kcal, 2121 kJ, 29 g EW, 35 g F, 22 g KH

1 Das Fleisch trocken tupfen und in schmale, mundgerechte Streifen schneiden. Gemüse putzen. Möhren schälen, vom Lauch nur den weißen Teil längs halbieren und gründlich waschen. Kohl vierteln und den Strunk entfernen.

2 Von den Pilzen die Stiele abschneiden. Von den Selleriestangen die Fäden abziehen. Die Möhren in streichholzgroße Stifte, Lauch, Kohl und Pilze in schmale Streifen, Sellerie in dünne Scheiben schneiden.

3 Den Ingwer schälen. Chilischote halbieren, Kerne und Trennwände entfernen. Knoblauch abziehen, alles in sehr kleine Würfel schneiden und mischen.

4 Beide Öle im Wok erhitzen und zunächst die Cashewkerne darin kurz anrösten. Herausnehmen und

beiseitelegen. Das Fleisch im Öl unter Rühren 1 Minute braten, dann herausnehmen.

5 Das Gemüse mit der Würzmischung in den Wok geben, kurz erhitzen, mit der Brühe ablöschen und unter Rühren bissfest garen.

6 Fleisch und Cashewkerne wieder hinzufügen, erhitzen und mit Zucker, Sojasoße und Salz abschmecken. Essig und Speisestärke glatt rühren und zum Gemüse gießen. Kurz aufkochen und mit Koriander- oder Petersilienblättern bestreuen.

Gemüseplätzchen mit Minzjoghurt

Für 4 Personen:

250 g Zucchini
250 g Möhren
1 Bd. Frühlingszwiebeln
Salz
1 Bd. Majoran
100 g Sojasprossen
4 Eier
Pfeffer aus der Mühle
50 g Haferflocken (z. B. von Kölln)
50 g zarte Haferflocken
Fett zum Braten
1 Bd. Minze
300 g Joghurt
2 EL Zitronensaft
Minze zum Garnieren

Zubereitungszeit: 30 Min.

Nährwerte pro Person: 377 kcal, 1577 kJ, 18 g EW, 19 g F, 31 g KH

1 Zucchini waschen, Enden entfernen und Zucchini grob reiben. Möhren waschen, schälen und grob reiben. Frühlingszwiebeln putzen, waschen und in Ringe schneiden. Majoran waschen, trocken tupfen und hacken. Sojasprossen waschen und abtropfen lassen.

2 Eier schaumig schlagen, mit Salz und Pfeffer kräftig würzen. Gemüse, beide Haferflockensorten und Majoran vorsichtig daruntermischen.

3 Fett in einer beschichteten Pfanne erhitzen. 12 Gemüseplätzchen darin

portionsweise goldgelb backen und abkühlen lassen.

4 Minze waschen, trocken tupfen und fein hacken. Joghurt, Zitronensaft und Minze verrühren. Mit Salz und Pfeffer abschmecken. Zu den Gemüseplätzchen servieren. Mit Minzeblättchen garnieren.

VARIANTE

▶ Statt Möhren können Sie auch Knollensellerie oder Kohlrabi verwenden. Dazu passt auch ein Kräuterquark. Rühren Sie dafür 250 g Magerquark mit Mineralwasser glatt. Geben Sie großzügig gemischte gehackte Kräuter dazu und schmecken Sie das Ganze mit Salz und Pfeffer ab.

Gemüsenudeln mit Gorgonzolasoße

Für 4 Personen:

1 Knoblauchzehe
1 kleine Zwiebel
8 Salbeiblätter
125 g Gorgonzola
4 EL Olivenöl
200 ml Gemüsebrühe
200 ml Alpro soya Cuisine
Salz
Pfeffer aus der Mühle
250 g Auberginen
250 g Zucchini
1 Bd. Frühlingszwiebeln
1 Bd. Basilikum
1 Bd. Petersilie
375 g Nudeln (z. B. Orchette)

Zubereitungszeit: 35 Min.

Nährwerte pro Person: 674 kcal, 2820 kJ, 30 g EW, 28 g F, 74 g KH

1 Knoblauch und Zwiebel schälen und fein würfeln. Salbeiblätter waschen, trocken tupfen und fein schneiden. Den Gorgonzola fein würfeln.

2 1 EL Olivenöl erhitzen. Zwiebel und Knoblauch darin glasig dünsten. Salbei zufügen und mit Gemüsebrühe und Alpro soya Cuisine ablöschen. Gorgonzola dazugeben. Kräftig mit Salz und Pfeffer würzen und leicht köcheln lassen.

3 Auberginen, Zucchini und Frühlingszwiebeln putzen, waschen und würfeln. Basilikum und Petersilie waschen, trocken tupfen und fein schneiden.

4 Nudeln in kochendem, gesalzenem Wasser nach Packungsanleitung al dente kochen. Inzwischen restliches Öl in einer Pfanne erhitzen. Gemüse darin rundherum 3–4 Minuten braten. Mit Salz und Pfeffer würzen.

5 Nudeln in einem Sieb abtropfen lassen. Nudeln, Gemüse und Soße in eine große Schüssel geben. Mit Kräutern bestreuen und alles mischen. Sofort servieren.

Gemüsecurry mit Fenchel und Kichererbsen

Für 4 Personen:

3 rote Paprikaschoten
1 Fenchelknolle
½ Bd. Frühlingszwiebeln
1 Dose Kichererbsen (ca. 340 g)
2 EL Rapsöl
1 EL grüne Currypaste
200 ml Kokosmilch
200 ml Gemüsebrühe (z. B. von Alnatura)
Saft von ½ Limette
Salz
frisches Koriandergrün zum Bestreuen, gehackt

Zubereitungszeit: 20 Min.
Garzeit: 15 Min.

Nährwerte pro Person: 186 kcal, 778 kJ, 8 g EW, 8 g F, 22 g KH

1 Paprikaschoten halbieren, von Kernen und weißen Innenwänden befreien, waschen und das Fruchtfleisch in kleine Stücke schneiden. Fenchel putzen, waschen und in feine Streifen schneiden.

2 Frühlingszwiebeln putzen, waschen und schräg in Stücke schneiden. Kichererbsen in einem Sieb abtropfen lassen.

3 Rapsöl in einem Topf erhitzen und Paprika, Fenchel, Frühlingszwiebeln darin ca. 5 Minuten anbraten. Die Kichererbsen zufügen und mitbraten.

4 Currypaste unterrühren, mit Kokosmilch und Gemüsebrühe ablöschen und 10 Minuten köcheln lassen. Curry mit Limettensaft und Salz abschmecken. Mit frisch gehacktem Koriander servieren.

TIPP

▶ Je nachdem, welche Currypaste Sie verwenden, können Sie Schärfe und Geschmack des Currys variieren: Gelbe Paste erhält ihre Farbe durch Kurkuma und ist eher mild, grüne Paste enthält Thai-Basilikum für einen kräftigen Geschmack und rote Currypaste macht scharf durch rote Chilis.

Spargel mit Sauce hollandaise

Für 4 Personen:

1 kg weißer Spargel
1 kg grüner Spargel
1 TL Salz
1 TL Butter
1 Prise Zucker
Für die Sauce hollandaise:
250 g Butter
2 Eigelb
4 EL trockener Weißwein
2 EL Zitronensaft
Salz, weißer Pfeffer aus der Mühle
Pellkartoffeln als Beilage

Zubereitungszeit: 20 Min.
Garzeit: 30 Min.

Nährwerte pro Person: 603 kcal, 2523 kJ, 11 g EW, 56 g F, 12 g KH

1 Weißen Spargel gründlich mit einem Spargel- oder Sparschäler schälen, holzige Enden abschneiden. Beim grünen Spargel nur die Enden abschneiden.

2 Reichlich Wasser mit Salz, Butter und Zucker zum Kochen bringen und den weißen Spargel ca. 18 Minuten darin garen. Grünen Spargel ca. 10 Minuten im selben Topf garen. Mit einem Schaumlöffel herausheben und abtropfen lassen.

3 Für die Hollandaise Butter zerlassen und den Schaum abschöpfen. Eigelbe und Wein in eine Metallschüssel geben und im heißen Wasserbad schaumig schlagen.

4 Anschließend die Butter zuerst tropfenweise, dann in dünnem Strahl unter ständigem Rühren dazugeben, bis eine sämige Soße entsteht. Die Eimasse darf nicht gerinnen.

5 Mit Zitronensaft, Salz und Pfeffer abschmecken und zum Spargel servieren. Dazu Pellkartoffeln reichen.

TIPP

▶ **Zum Spargel mit Pellkartoffeln und Sauce hollandaise schmeckt hervorragend gekochter Schinken und Rühr- oder Spiegelei.**

Artischocken mit Aioli und Vinaigrette

Für 4 Personen:

4 Artischocken
Salz
8 EL Zitronensaft
4 getrocknete Tomaten
50 ml Gemüsebrühe
2 EL Essig
Pfeffer
1 EL Olivenöl, 2 EL Mayonnaise
2 EL Joghurt
1 Knoblauchzehe

Zubereitungszeit: 20 Min.
Garzeit: 45 Min.

Nährwerte pro Person: 162 kcal, 664 kJ, 7 g E, 11 g F, 8 g KH

1 Artischocken waschen, in Salzwasser mit 2 EL Zitronensaft ca. 45 Minuten zugedeckt kochen. Tomaten fein würfeln.

2 Aus Brühe, Essig, Pfeffer und Öl eine Vinaigrette rühren. Tomaten zufügen.

3 Für den zweiten Dip Mayonnaise mit Jogurt, durchgepresstem Knoblauch, Pfeffer und restlichem Zitronensaft verrühren.

4 Artischocken abtropfen lassen und mit beiden Dips servieren.

TIPP

▶ **Die Artischocken sind gar, wenn sich die Blätter leicht herauszupfen lassen.**

Leipziger Allerlei

Für 4 Personen:

30 g getrocknete Morcheln
½ Blumenkohl
250 g grüne Bohnen
2 Kohlrabi
1 Bd. junge Möhren
500 g Erbsenschoten
Meersalz
12 gekochte Flusskrebse
2 EL Butter, 150 g Sahne
20 g Krebsbutter oder Hummerpaste (Fertigprodukt)
Pfeffer
Zitronensaft
½ Bd. frischer Kerbel
Rapsöl

Zubereitungszeit: 1 Std.

Nährwerte pro Person: 448 kcal, 1874 kJ, 29 g EW, 29 g F, 22 g KH

1 Die getrockneten Morcheln 30 Minuten in warmem Wasser einweichen. Blumenkohl putzen, waschen und in Röschen teilen. Bohnen waschen und Enden abschneiden. Kohlrabi und Möhren schälen und in Scheiben, Kohlrabi dann in Stifte schneiden. Erbsen aus den Schoten pulen.

2 Das Gemüse nacheinander in einem Topf mit wenig Salzwasser garen, abgießen und beiseite stellen.

3 Krebsfleisch aus dem Panzer brechen. Dazu den Kopf mit einer ruckartigen Drehbewegung vom Körper abtrennen. Das Schwanzende zwischen Zeigefinger und Daumen nehmen und durch leichtes Hin- und Herbewegen abziehen. Den Panzer von der Bauchseite aus lösen und abschälen.

4 Krebsschwänze in heißer Butter in einer Edelstahlpfanne erwärmen und zum Gemüse geben. Die Morcheln ausdrücken und bei Bedarf kurz unter kaltem Wasser abspülen, um evtl. vorhandenen Sand gut zu entfernen.

5 Das Einweichwasser durch eine Filtertüte gießen und mit den Morcheln in die Pfanne geben. Um die Hälfte einkochen. Die abgetropften Pilze zum Gemüse geben.

6 Sahne in die Pfanne zum Pilzfond gießen und etwas einkochen lassen. Die Soße mit Krebsbutter oder mit Hummerpaste leicht binden und mit Meersalz, Pfeffer und etwas Zitronensaft abschmecken. Das Gemüse kurz vor dem Servieren in die warme Soße geben und mit Kerbelblättchen dekoriert servieren.

TIPP

▶ Leipziger Allerlei passt hervorragend zu Kalbskoteletts.

▶ Gefüllt & aus dem Ofen

Kräuter-Käse-Kuchen

Für 12 Stücke:

300 g mittelalter Gouda
250 g Mehl
125 g gekühlte Margarine
Salz, Muskatnuss
je ½ Bd. Schnittlauch und Petersilie
1 Möhre, 1 kleine Peperoni
3 Eier
500 g Magerquark
100 ml Cremefine zum Verfeinern
4 EL Grieß
Pfeffer aus der Mühle

Zubereitungszeit: 35 Min.
Kühlzeit: 30 Min
Backzeit: 45 Min.

Nährwerte pro Person: 311 kcal, 1294 kJ, 16 g EW, 18 g F, 20 g KH

1 Käse fein reiben. Mehl in eine Rührschüssel sieben. Kalte Margarine in Flöckchen auf das Mehl geben und 50 g Käse, etwas Salz, frisch geriebene Muskatnuss und 60 ml Wasser zufügen.

2 Das Ganze mit den Knethaken des Handrührgerätes zu einem geschmeidigen Teig verkneten. Evtl. mit den Händen nachkneten. In Folie wickeln und ca. 30 Minuten kühl stellen.

3 Schnittlauch und Petersilie waschen und trocken schütteln. Möhre schälen und fein raspeln. Peperoni halbieren, entkernen, waschen und klein schneiden.

4 Übrigen Käse, Eier, Quark und Cremefine miteinander verrühren. Grieß, Möhre, Kräuter und Peperoni unterheben und mit Salz, frisch

gemahlenem Pfeffer und Muskatnuss abschmecken.

5 Backofen auf 200 Grad vorheizen. Teig in einer gefetteten Springform (26 cm Durchmesser) ausrollen, dabei den Rand hochziehen. Die Käse-Kräuter-Masse auf den Teig geben und im Ofen ca. 45 Minuten backen. Warm oder kalt servieren.

Tomaten-Pilz-Gratin

Für 4 Personen:

1 große Zwiebel
1 EL Öl
80 g Paniermehl
150 g Emmentaler, gerieben
Pfeffer aus der Mühle
Muskatnuss
750 g Fleischtomaten
250 g Austernpilze
40 g Knoblauchbutter
6 Salbeiblätter
100 g Sahne

Zubereitungszeit: 20 Min.
Backzeit: 40 Min.

Nährwerte pro Person: 414 kcal, 1732 kJ, 18 g EW, 28 g F, 24 g KH

1 Zwiebel schälen, hacken und im heißen Öl unter Rühren glasig dünsten. Die Pfanne vom Herd nehmen.

2 Paniermehl und Käse mit abgekühlter Zwiebel vermengen. Mit Pfeffer und geriebener Muskatnuss würzen.

3 Tomaten überbrühen und häuten. Stielansätze entfernen und Fruchtfleisch in dünne Scheiben schneiden. Pilze putzen und in breite Streifen schneiden.

4 Flache Gratinform mit Knoblauchbutter ausstreichen. Salbeiblätter waschen, trocken tupfen und in der Form auslegen. Tomaten und Pilze fächerförmig einschichten.

5 Backofen auf 200 Grad vorheizen. Tomaten und Pilze mit Paniermehlmischung bestreuen und mit Sahne begießen. Im Ofen auf der mittleren Schiene ca. 40 Minuten backen.

Kohlrabi gefüllt mit buntem Gemüse

Für 4 Personen:

4 Kohlrabiknollen
1 Schalotte
4 Zweige Thymian
3 Champignons
1 Möhre
je ½ rote und gelbe Paprikaschote
1 EL Butterschmalz (z. B. von Butaris)
1 Msp. abgeriebene Zitronenschale (unbehandelt)
2 EL Weißwein
125 g Schlagsahne
Salz, Pfeffer aus der Mühle
Thymianzweige zum Garnieren

Zubereitungszeit: 45 Min.

Nährwerte pro Person: 151 kcal, 613 kJ, 4 g EW, 12 g F, 7 g KH

1 Von den Kohlrabiknollen oben jeweils einen Deckel mit 1–2 kleinen grünen Blättern abtrennen. Unteren Teil der Knollen schälen und dann mithilfe eines Teelöffels vorsichtig aushöhlen.

2 Ausgehöhlte Kohlrabiknollen in einen Topf mit Dämpfeinsatz über kochendes Wasser setzen. Deckel auflegen und in ca. 5 Minuten weich garen.

3 Das ausgekratzte Innere der Kohlrabiknollen fein hacken. Schalotte abziehen und würfeln. Thymian waschen, trocken schütteln und Blättchen von den Zweigen streifen. Champignons mit Küchenpapier putzen und in Scheiben schneiden.

4 Möhre schälen und würfeln. Rote und gelbe Paprikaschote waschen, entkernen und weiße Innenhäute entfernen. Fruchtfleisch ebenfalls würfeln.

5 Butterschmalz in einer Pfanne erhitzen. Schalottenwürfel mit Thymianblättchen und abgeriebener Zitronenschale hineingeben und andünsten.

6 Champignonscheiben, Möhren-, Kohlrabi- sowie Paprikawürfel untermengen. Unter häufigem Rühren anschmoren lassen.

7 Gemüse mit Weißwein ablöschen und mit Schlagsahne aufgießen. Das Ganze einige Minuten bei mittlerer Hitze leicht köcheln lassen. Mit Salz und frisch gemahlenem Pfeffer abschmecken.

8 Die Gemüsemischung in die ausgehöhlten Kohlrabiknollen füllen, mit Thymian garnieren. Rohen Deckel zur Dekoration aufsetzen.

Bunter Wirsingauflauf

Für 4 Personen:

3 Kartoffeln
Salz
½ Wirsingkopf
½ Bd. Frühlingszwiebeln
2 Möhren
2 EL Pflanzenöl (z. B. von Biskin)
150 ml Gemüsebrühe
120 g Schmand
25 g Haferflocken
Pfeffer
Fett für die Form
50 g Gouda, gerieben
1 EL Haferflocken zum Überbacken

Zubereitungszeit: 1 Std.
Garzeit: 20 Min.

Nährwerte pro Person: 585 kcal, 2445 kJ, 23 g EW, 33 g F, 42 g KH

1 Kartoffeln waschen und in Salzwasser 20 Minuten kochen. Wirsing in Stücke schneiden und gut abwaschen. Frühlingszwiebeln waschen, putzen, in Ringe schneiden und mit geschälten, klein geschnittenen Möhren in einer Pfanne im Öl anbraten.

2 Wirsing und Brühe dazugeben und ca. 10 Minuten weiterdünsten. Sobald der Wirsing gar ist, Schmand und Haferflocken unterrühren und mit Pfeffer und mit Salz abschmecken.

3 Kartoffeln abgießen, pellen und in Scheiben schneiden. Eine Auflaufform einfetten, eine Schicht Kartoffelscheiben auf dem Boden auslegen, ein Teil des Wirsinggemüses daraufgeben. Abwechselnd Kartoffeln und Gemüse schichten, bis das Gemüse verbraucht ist.

4 Käse mit 1 EL Haferflocken vermischen, über den Auflauf streuen und 20 Minuten bei 180 Grad backen.

VARIANTE

▶ **Statt Haferflocken eignen sich auch Sesamsamen zum Bestreuen des Auflaufs. Er schmeckt auch mit Grünkohl statt mit Wirsing.**

TIPP

▶ **Servieren Sie zum Auflauf einen frischen grünen Salat, bestreut mit Radieschenscheiben.**

Rosmaringemüse mit Rindergeschnetzeltem

Für 4 Personen:

250 g grüner Spargel
Salz
8 junge Möhren
800 g kleine Kartoffeln
4 Zucchini
8 EL Olivenöl
300 g Rindergeschnetzeltes
Pfeffer aus der Mühle
4 Zweige Rosmarin
Weißbrot als Beilage

Zubereitungszeit: 15 Min.
Garzeit: 25 Min.

Nährwerte pro Person: 374 kcal, 1565 kJ, 25 g EW, 13 g F, 40 g KH

1 Spargel waschen, putzen, das untere Drittel schälen und Stangen ca. 8 Minuten in kochendem Salzwasser blanchieren. Möhren schälen und 4 Minuten blanchieren. Anschließend abtropfen lassen. Spargel einmal der Länge nach durchschneiden.

2 Kartoffeln mit der Schale 10 Minuten in Wasser kochen, abkühlen lassen und pellen. Die Zucchini waschen und der Länge nach in Scheiben schneiden.

3 Backblech mit 5 EL Öl bestreichen. Fleisch mit Salz und Pfeffer würzen, auf dem Blech verteilen.

4 Gemüse vermengen und zum Fleisch auf das Blech legen. Nadeln vom Rosmarin abzupfen und auf Gemüse und Fleisch streuen, erneut mit Salz und Pfeffer würzen. Mit 3 EL Öl beträufeln und ca. 20 Minuten im auf 200 Grad vorgeheizten Backofen schmoren, bis das Fleisch gar ist und das Gemüse eine goldbraune Farbe angenommen hat.

5 Gemüse mit dem Fleisch auf einer Platte anrichten und mit Weißbrot servieren.

Gefüllte Paprika mit Tomatensoße und Bratkartoffeln

Für 4 Personen:

4 rote Paprikaschoten
400 g weiße Cannellini-Bohnen (Dose)
2 Knoblauchzehen
kalt gepresstes Olivenöl
1–2 EL frische Thymianblättchen
Salz
Pfeffer aus der Mühle
125 g Mozzarella
2–3 EL Pecorino, frisch gerieben
Für die Tomatensoße:
1 kg reife Tomaten
1 weiße Zwiebel
1 Knoblauchzehe
2 EL Olivenöl

Salz
Pfeffer aus der Mühle
1 Prise Zucker
Muskatnuss, frisch gerieben
Basilikum
Für die Bratkartoffeln:
600 g kleine, festkochende Pellkartoffeln, gegart
Butter
Salz

Zubereitungszeit: 30 Min.
Garzeit: 30 Min.

Nährwerte pro Person: 451 kcal, 1887 kJ, 20 g EW, 21 g F, 45 g KH

1 Paprikaschoten waschen, jeweils einen Deckel abschneiden, die weißen Häute und Kerne entfernen.

2 Bohnen abtropfen lassen. Knoblauch schälen und fein hacken. 1 EL Öl in einer Pfanne erhitzen und die Bohnen mit dem Knoblauch darin kurz andünsten. Den Thymian dazugeben und kurz mitdünsten. Mit Salz und Pfeffer abschmecken. Abkühlen lassen.

3 Mozzarella abtropfen lassen und in winzige Würfel schneiden, diese mit den Bohnen und dem Pecorino mischen.

4 Die Paprikaschoten mit der Bohnenmischung füllen und die Deckel wieder auflegen. Paprikaschoten aufrecht in eine mit Öl eingefettete Form setzen und im auf 175 Grad vorgeheizten Backofen 20–25 Minuten backen.

5 Für die Tomatensoße die Tomaten waschen, überbrühen, pellen, halbieren und in Stücke schneiden. Zwiebel und Knoblauch schälen und fein hacken.

6 Das Öl in einem Topf erhitzen und die Zwiebel und den Knoblauch darin sanft goldgelb dünsten. Die Tomaten dazugeben und zugedeckt bei geringer Hitze 10–15 Minuten schmoren. Mit Salz, Pfeffer, Zucker und Muskatnuss abschmecken. Einige Basilikumblätter unterrühren.

7 Vorher gegarte Kartoffeln pellen. 1 EL Butter in einer Pfanne erhitzen und die Pellkartoffeln darin goldbraun braten. Leicht salzen.

8 Die gefüllten Paprikaschoten mit der Tomatensoße und den Kartoffeln anrichten, mit Basilikum garnieren und sofort servieren.

Gefüllte Zucchini mit Schafskäse

Für 4 Personen:

4 Zucchini (à 180 g)
2 kleine rote Peperoni
2 Schalotten
4 Stängel Blattpetersilie
4 Zweige Rosmarin
4 Scheiben luftgetrockneter Schinken
3 EL kalt gepresstes Olivenöl
360 g leichter Schafskäse
(z. B. von Salakis)
Salz
Pfeffer

Zubereitungszeit: 30 Min.
Garzeit: 15 Min.

Nährwerte pro Person: 285 kcal, 1192 kJ, 27 g EW, 17 g F, 6 g KH

1 Backofen auf 200 Grad vorheizen. Zucchini waschen, halbieren und das Fruchtfleisch mit einem scharfkantigen Löffel oder Kugelausstecher herausschaben. Zucchinifruchtfleisch grob hacken.

2 Die Peperoni der Länge nach halbieren, entkernen und würfeln. Die Schalotten abziehen und fein schneiden. Die Kräuter waschen, trocken tupfen, die Blättchen bzw. Nadeln abzupfen und hacken. Den Schinken in dünne Streifen teilen.

3 2 EL Öl in einer Pfanne erhitzen. Schalotten und Peperoni darin anschwitzen, Schinken und Zucchiniwürfel zufügen. Nach kurzem Mitschwitzen die Kräuter zugeben, unterrühren und zur Seite stellen.

TIPP

▶ Servieren Sie die gefüllten Zucchini mit frischem Weißbrot, Reis oder Kartoffelgnocchi.

4 Den Schafskäse abtropfen lassen, würfeln und unter das Gemüse heben. Die vorbereiteten Zucchinihälften in eine Auflaufform setzen, salzen, pfeffern und die Füllung darauf verteilen. Das restliche Öl darüberträufeln. 10 EL Wasser in die Form geben und das Gemüse im Ofen ca. 15 Minuten garen.

Zucchini-Tomaten-Quiche

Für 12 Stücke:

100 g Weizenvollkornmehl
100 g Weizenmehl
100 g Pflanzencreme mit Butteraroma (z. B. von Biskin)
1 Ei
1 Prise Salz
Für die Füllung:
2 mittelgroße Tomaten (ca. 120 g)
1 mittelgroße Zucchini (ca. 220 g)
2 EL Pflanzencreme mit Butteraroma
200 g Fetakäse
200 g Magerquark
Basilikum (tiefgekühlt oder frisch)
3 Eier
2–3 Knoblauchzehen
Salz
Pfeffer
Basilikumblätter zum Garnieren

Zubereitungszeit: 40 Min.
Garzeit: 30–35 Min.

Nährwerte pro Stück: 209 kcal, 872 kJ, 9 g EW, 13 g F, 14 g KH

1 Den Backofen auf 180 Grad vorheizen. Weizenvollkornmehl, Weizenmehl, Pflanzencreme, Ei und Salz zu einem Mürbeteig verkneten und kühl stellen.

2 Tomaten vierteln, Kerne und Stielansätze entfernen und Tomatenfleisch in kleine Stücke schneiden. Die Zucchini waschen, Enden entfernen und Zucchini in kleine Stücke schneiden. Beides kurz in 1 EL Pflanzencreme andünsten.

3 Fetakäse würfeln und mit Magerquark verrühren. Basilikum waschen, trocken tupfen und hacken. Zucchini, Tomaten, Eier, gepressten Knoblauch und gehackten Basilikum hinzufügen. Mit Salz und Pfeffer abschmecken.

4 Eine Springform mit 1 EL Pflanzencreme fetten, mit dem Teig auslegen und einen 2–3 cm hohen Rand formen. Die Füllung in die Springform geben, glatt streichen und 30–35 Minuten backen. Mit Basilikum garnieren.

VARIANTE

▶ **Diese Quiche lässt sich auch gut mit anderen Gemüsesorten wie Möhren, Sellerie oder Lauch zubereiten. Der Magerquark kann durch Schmand ersetzt werden.**

Zwiebeln mit Hackfleisch-Kräuter-Füllung

Für 4 Personen:

4 große Gemüsezwiebeln
Salz
2 EL Butter
350 g gemischtes Hackfleisch
Pfeffer aus der Mühle
2 EL Sahne
4 EL Petersilie, gehackt
Fett für die Form
$\frac{1}{8}$ l Fleischbrühe

Zubereitungszeit: 20 Min.
Garzeit: 50 Min.

Nährwerte pro Person: 296 kcal, 1239 kJ, 20 g EW, 22 g F, 6 g KH

1 Zwiebeln schälen und in leicht gesalzenem Wasser ca. 15 Minuten garen, herausnehmen und abtropfen lassen. Deckel von den Zwiebeln abschneiden und das Innere mit einem kleinen Löffel aushöhlen. Die Hälfte der entnommenen Zwiebelmasse zerkleinern.

2 Butter schmelzen. Zwiebelmasse darin glasig anschwitzen, Hackfleisch hinzufügen, kräftig anbraten und mit Salz und Pfeffer würzen. Sahne und fein gehackte Petersilie unterrühren.

3 Die Masse in die Zwiebeln füllen und diese in eine gefettete Auflaufform setzen. Mit Fleischbrühe übergießen. Bei mittlerer Hitze mit Alufolie zugedeckt im vorgeheizten Backofen bei 180 Grad ca. 35 Minuten schmoren lassen.

VARIANTE

▶ Die Hackfleischmischung eignet sich auch zum Füllen von Paprikaschoten oder Tomaten. Dafür zusätzlich 2 kleine weiße Zwiebeln schälen, hacken und glasig anschwitzen, bevor Sie das Hackfleisch hinzugeben. Paprikaschoten sollten auf die gleiche Weise wie die Zwiebeln vorgegart werden. Tomaten können roh ausgehöhlt und gefüllt werden.

Auberginen-Tomaten-Auflauf

(Abbildung S. 127)

Für 4 Personen:

2 große Auberginen
Salz
8 große Tomaten
4 EL Olivenöl
100 g Sahne
Pfeffer
150 g Greyerzer, gerieben
50 g Parmesan, geraspelt
Weißbrot als Beilage

Zubereitungszeit: 15 Min.
Garzeit: 45 Min.

Nährwerte pro Person: 403 kcal, 1686 kJ, 21 g EW, 30 g F, 13 g KH

1 Auberginen waschen, Enden abschneiden, Auberginen in Scheiben schneiden, salzen und 30 Minuten Wasser ziehen lassen.

2 Tomaten einige Sekunden überbrühen, abschrecken, häuten, in Scheiben schneiden und nach Belieben entkernen. Die Auberginen abspülen und mit einem Küchentuch abtrocknen.

3 Öl erhitzen und die Auberginenscheiben portionsweise von beiden Seiten anbraten.

4 Gemüse abwechselnd und dachziegelartig in eine Gratinform schichten, mit Sahne übergießen, salzen und pfeffern. Mit Käse bestreuen und im Backofen bei 180 Grad Umluft ca. 30 Minuten überbacken. Heiß mit Weißbrot servieren.

TIPP

▶ Als Beilage zum Auflauf passt auch sehr gut Reis. Abgerundet wird er durch einige schwarze Oliven.

VARIANTE

▶ Der Auflauf lässt sich auch mit Zucchini anstelle der Auberginen variieren. Wenn Sie die Sahne mit 4 EL passierten Tomaten verrühren, wird das Ganze fruchtig frisch.

Fenchel überbacken

Für 4 Personen:

3 Fenchelknollen mit Grün
Salz
1 TL Zitronensaft
200 g Mascarpone
4 EL Sahne
2 cl Grappa
150 g Parmaschinken
Pfeffer aus der Mühle
4 große Tomaten
1 Schalotte
1 EL Olivenöl
1 Prise Zucker
Fett für die Form
bunter Pfeffer zum Garnieren

Zubereitungszeit: 25 Min.
Garzeit: 5–10 Min.
Backzeit: 10 Min.

Nährwerte pro Person: 383 kcal, 1609 kJ, 15 g EW, 32 g F, 9 g KH

1 Fenchel putzen, das Grün beiseite legen, Knollen waschen, halbieren und die einzelnen Blätter ablösen.

2 Wasser mit Salz und Zitronensaft zum Kochen bringen und Fenchel 5–10 Minuten darin garen. Backofen auf 225 Grad vorheizen.

3 Mascarpone, Sahne und Grappa verrühren. Parmaschinken in Streifen schneiden, unter die Mascarponemischung heben, mit Salz und Pfeffer abschmecken.

4 Tomaten kreuzweise einritzen, mit kochendem Wasser überbrühen, häuten, halbieren, entkernen und das Fruchtfleisch in Würfel schneiden. Schalotte schälen, sehr fein würfeln und im heißen Olivenöl anbraten, Tomatenstücke zugeben und alles mit Zucker, Salz und Pfeffer abschmecken.

5 Tomaten in eine gefettete Auflaufform füllen, Fenchelscheiben darauflegen, mit Mascarpone abschließen und ca. 10 Minuten überbacken. Auflauf mit Fenchelgrün und mit buntem Pfeffer garniert servieren.

Bunte Gemüsespieße

Für 4 Personen:

250 g Brokkoli
Salz
4 rote Zwiebeln
2 große Möhren
16 kleine, frische Champignons
250 g Tofu
Für die Marinade:
5 EL trockener Sherry
10 EL Teriyaki Marinade & Sauce
1 TL Ingwerpulver
1 TL Fünf-Gewürze-Pulver
Salz
3 EL Honig
Petersilie zum Garnieren

Zubereitungszeit: 35 Min.
Marinierzeit: 1 Std.

Nährwerte pro Person: 270 kcal, 1130 kJ, 18 g EW, 12 g F, 19 g KH

1 Brokkoli waschen, in Röschen teilen und in kochendem Salzwasser kurz blanchieren. Zwiebeln abziehen und vierteln. Möhren waschen, schälen und in Stifte schneiden. Champignons putzen und Tofu in Würfel schneiden. Alle Zutaten bunt gemischt auf 8 Holzspieße stecken.

2 Sherry, Teriyakisoße, Ingwerpulver, Fünf-Gewürze-Pulver, Salz und Honig gut verrühren. Spieße in eine ausreichend große Schale geben, mit Marinade übergießen. Ca. 1 Stunde ziehen lassen und in dieser Zeit mehrere Male mit Marinade begießen.

3 Bunte Gemüsespieße auf dem Grill ca. 10 Minuten garen.

4 Spieße auf Tellern anrichten und nach Wunsch mit Petersilie garniert servieren.

TIPP

▶ Der Geschmack lässt sich intensivieren, wenn Sie während des Grillvorganges die Spieße noch einmal mit der Teriyakimarinade bepinseln.

▶ Kartoffeln & Reis

Kartoffeln & Reis

Kartoffeln und Reis sind günstige Sattmacher, die jede Menge wichtiger Vitamine und Mineralstoffe enthalten. Immer wieder unterschiedliche Sorten kombiniert mit Gemüsevarianten bringen jede Menge Abwechslung auf den Tisch.

Die Kartoffel

Der Mensch kennt die Kartoffel seit etwa 8000 Jahren. In Südamerika, wo sie herkommt, gibt es heute noch ca. 3000 Arten. Die Spanier brachten sie nach Europa, wo sie den italienischen Namen »tartuffoli« bekam, mehr ein Versehen, denn dass die Kartoffel kein Trüffel ist, war bald klar. Das deutsche Wort »Kartoffel« entwickelte sich aus »tartufulo« über verschiedene Stufen hinweg. Bei den Franzosen war sie sofort und ist bis heute eine »pomme de terre«, was sich auch in den deutschen Bezeichnungen als Erdapfel, Grundbirne oder Grumbiere widerspiegelt. Die Kartoffel gehört zu den Nachtschattengewächsen und ist damit mit der Tomate verwandt. Ihre Blüten sind weiß oder lila. Nach der Blüte reifen grüne, giftige Beerenfrüchte aus. Essbar an der Kartoffel sind nur die unterirdischen Teile, die botanisch betrachtet weder Wurzel noch Frucht sind, sondern eben Knolle.

TIPP

▶ **Süßkartoffeln sind die Wurzelknollen einer Windenart und nicht direkt mit Kartoffeln verwandt. Ihr Fruchtfleisch ist weißlich, gelb oder violett. Da sie leicht zerfallen, verwendet man sie am besten wie mehligkochende Sorten.**

DREI KOCHSORTEN

Die Handelsklassenverordnung teilt Kartoffeln abhängig von ihrem Stärkegehalt in 3 Klassen ein: festkochend, vorwiegend festkochend und mehligkochend.

▶ Festkochende Kartoffeln verfügen über den geringsten Stärkegehalt, weshalb sie sich auch in gekochtem Zustand durch ihre Formfestigkeit auszeichnen. Somit eignen sie sich besonders für Kartoffelsalat, als Salz- oder Pellkartoffeln sowie für Bratkartoffeln und Gratins. Bekannte Sorten sind Cilena, Linda, Selma, Hansa oder Nicola.

▶ Ein hoher Stärkeanteil zeichnet mehligkochende Kartoffeln aus. Diese Knollen brechen beim Garen schnell auf und verbinden sich leicht mit Flüssigkeiten. Sorten wie beispielsweise Afra, Sieglinde oder Likaria eignen sich vor allem für die Zubereitung von Pürees, Klößen, Eintöpfen und Suppen.

▶ Der Stärkegehalt von vorwiegend festkochenden Kartoffeln bewegt sich zwischen dem der mehligkochenden und dem der festkochenden Sorten, was sich auch auf die Kocheigenschaften auswirkt: Sie springen beim Kochen seltener auf und bieten so eine gute Grundlage für püreeartige Speisen, können aber auch für Gratins, Rösti, Puffer und Pellkartoffeln verwendet werden. Zu den bekanntesten Sorten zählen Christa, Granola, Quarta, Solara, Agria oder Secura.

GESUNDE KNOLLE

Entgegen ihrem Ruf als Dickmacher ist die Kartoffel, wenn sie nicht gebraten, frittiert oder mit Soße übergossen wird, das genaue Gegenteil: 100 g rohe und ungeschälte Kartoffeln haben nur 70 kcal – sie bestehen zum größten Teil (ca. 80 %) aus Wasser. Dazu kommen 2 g Eiweiß sowie 0,1 g Fett, 15 g Kohlenhydrate und 2–3 g Ballaststoffe, ergänzt durch Vitamine und Mineralstoffe. Außerdem sind Kartoffeln besonders reich an Kalium und haben so eine positive Wirkung auf die Anregung von Muskel- und Nervenzellen.

Kochen Sie Kartoffeln je nach Größe 20–30 Minuten und am besten in der Schale, dann gehen die darin enthaltenen wertvollen Vitamine und Mineralstoffe in die Knolle über: Pellkartoffeln sind somit vom ernährungsbewussten Standpunkt Salzkartoffeln vorzuziehen.

Rund um den Reis

Er ist nicht nur die älteste, sondern auch die wichtigste Kulturpflanze der Welt. Reis ist günstig, lange haltbar und kommt in der Küche auf vielfältige Weise zum Einsatz.

DAS KORN DES LEBENS

Reis ist bekömmlich und leicht verdaulich, sodass der Körper kaum belastet wird. Er besteht hauptsächlich aus Kohlenhydraten und Eiweiß,

und anschließend ohne Nährstoffverlust entfernt werden können.

den Vitaminen B_1, B_6, Niacin und Pantothensäure sowie Magnesium. Diese Nährstoffe stecken vor allem in Natur-, Wild- und Parboiledreis.

TYPEN

Man unterscheidet 3 Typen (Langkorn-, Mittelkorn- und Rundkornreis), die unterschiedliche Farben (weiß, braun, schwarz, rot, grün) haben. Daneben gibt es unpolierten, polierten und Parboiledreis. Unpolierter Reis wird von der Spelze befreit, jedoch nicht vom braunen Silberhäutchen, das schützend um das Korn liegt und die meisten Nährstoffe enthält.

Beim Polieren des Reiskorns gehen diese zum Großteil verloren, da neben der Silberhaut und der Kleieschicht die ebenfalls sehr nährstoffreichen Randschichten des Korns abgelöst werden. Der nun weiße Reis ist leichter verdaulich und gart beim Kochen schneller. Das Parboiled-Verfahren sorgt dafür, dass Vitamine und Mineralstoffe aus Spelze und Silberhaut durch Erzeugen von Dampf und Druck dem Reiskorn zugeführt werden

SORTEN

▶ **Langkornreis:** Die schmalen Körner dieser Reistypen haben eine Länge von ca. 6 mm und kommen meist weiß auf den Tisch. Beim Kochen bleibt der Reis locker und körnig und ist daher für Salate, Pfannengerichte, zum Füllen oder auch als Beilage geeignet.
Für jede Form von Langkornreis bietet sich Garen in Wasser an. Das Verhältnis Wasser zu Reis sollte 2:1 oder knapp 3:1 betragen. Sobald der Reis im Wasser ist, Hitze reduzieren und Körner bissfest garen, dann abtropfen lassen.

▶ **Rundkornreis:** Reissorten dieses Typs haben eine Kornlänge von ca. 5 mm und sind runder als Langkornreis. Auch den Rundkornreis gibt es poliert und unpoliert; meist erhält man jedoch die polierte Variante. Am bekanntesten sind Milchreis und die verschiedenen Sorten Risottoreis, wie z. B. Arborio, Carnaroli und Vialone. Rundkornreis hat einen weichen Kern und gibt beim Kochen viel Stärke ab. Dadurch ist er leicht klebrig, was ihn ideal für die Zubereitung von Risotto oder Paella macht.
Risottoreis wird in einem breiten Topf in Butter oder Öl unter Rühren glasig angeschwitzt, dann gießt man

etwas Brühe, Wein oder Fond an. Nach und nach wird Brühe zugegossen. Dies wiederholt man, bis nach ca. 25 Minuten der Reis außen weich und innen kernig ist. Noch ein wenig kalte Butter (Bild oben), Gewürze und frisch geriebenen Käse unterrühren – fertig.

▶ Naturreis: auch Vollkornreis. Dieser Langkornreis ist die gesündeste Reissorte und ideal für jeden, der es bissfest mag. Er ist gänzlich unbehandelt, daher auch die braune Farbe, und besitzt noch die Außenschicht – so bleiben alle Nährstoffe erhalten. Er schmeckt leicht nussig und eignet sich für Pfannengerichte, Aufläufe oder als Beilage. Einziger Nachteil: Er braucht 30–40 Minuten, bis er gar ist.

▶ Wildreis: Er heißt zwar Reis, botanisch gesehen ist er aber keiner. Es handelt sich um die länglichen Samen eines Grases, das vor allem in Nordamerika und Kanada wächst. Er wird ungeschält gegart, was ihm eine fast schwarze Farbe und einen nussig-milden Geschmack verleiht. Bei uns ist er häufig als Reismischung (mit Langkornreis) erhältlich. Die Kochzeit liegt bei 40–50 Minuten. Er schmeckt in Salaten, als Füllung, Auflauf oder Beilage zu Fischgerichten.

▶ Basmatireis: Dieser Langkornreis kommt aus dem Himalaja und entwickelt während des Kochens einen aromatischen Duft. Die Körner sind schlank und zart; sie bleiben beim Kochen locker und körnig, da der Reis kaum Stärke enthält. Er ist ideal für asiatische und orientalische Speisen oder auch als Beilage zu Fleisch-, Fisch- und Gemüsegerichten.
Am schonendsten wird Basmatireis – und auch der Jasmin- und Thaireis – mit der Dämpfmethode gegart. Man gibt den Reis in ein Dampfkörbchen aus Bambus (im Asialaden erhältlich) und stellt dieses in einen mit Wasser (ca. 1 cm) gefüllten Wok. Der vom kochenden Wasser aufsteigende Dampf zirkuliert dabei um das Bambuskörbchen. Die Garzeit beträgt ca. 25 Minuten.

▶ Jasminreis: die thailändische Variante des Langkornreises. Schon beim Kochvorgang verströmen die leuchtend weißen Körner einen blumigen Duft. Jasminreis enthält viel Stärke, sollte daher vor dem Kochen gründlich gewaschen werden, sonst klebt er. Die Garzeit liegt bei 12–15 Minuten.

▶ Thaireis: Diesen Langkornreis gibt es poliert und unpoliert (schwarz). Die unpolierten Körner werden gerne mit Kokosmilch zu Desserts gekocht und haben eine bissfeste Konsistenz. Die polierten Körner werden traditionell ohne Salz und Gewürze ca. 20 Minuten gegart und als Beilage gereicht.

TIPP

▶ Schnellkochreis sind vorgegarte und wieder getrocknete Reiskörner, die Sie nur kurz in heißes Wasser geben müssen – die schnellste Art, Reis zu kochen!

▶ Kartoffeln & Reis als Beilage

VARIANTE

▶ Pellkartoffeln: 750 g mittelgroße Kartoffeln gründlich waschen. In Wasser legen, salzen und aufkochen. In ca. 25 Minuten gar kochen. Dann abgießen und ausdampfen lassen.

Salzkartoffeln

Für 4 Personen:

750 g Kartoffeln
Salz

Zubereitungszeit: 5 Min.
Garzeit: 20 Min.

Nährwerte pro Person: 127 kcal, 531 kJ, 3 g EW, 0 g F, 27 g KH

1 Kartoffeln waschen und danach schälen. Bei ungleicher Größe Kartoffeln in gleichmäßig große Stücke schneiden, damit alle Kartoffeln zum gleichen Zeitpunkt gar werden.

2 Kartoffeln sofort in einen Topf legen und mit kaltem Wasser bedecken; ansonsten verfärben sie sich.

3 Wasser salzen und aufkochen. Kartoffeln in ca. 20 Minuten gar kochen. Kartoffeln kurz vor Ende der Garzeit mit einer Nadel oder einem spitzen, schmalen Messer anstechen, um zu prüfen, ob sie schon gar sind.

4 Wasser abgießen und Kartoffeln vor dem Servieren kurz ausdampfen lassen.

Bratkartoffeln

Für 4 Personen:

750 g festkochende Kartoffeln
Salz, 1 Zwiebel
3 EL Pflanzenöl, Pfeffer

Zubereitungszeit: 15 Min.
Garzeit: 20 Min.

Nährwerte pro Person: 135 kcal, 565 kJ, 2 g EW, 5 g F, 19 g KH

1 Kartoffeln gründlich waschen und ungeschält in einem Topf mit gesalzenem Wasser bedecken. Aufkochen und ca. 20 Minuten bei mittlerer Hitze garen lassen.

2 Wasser abgießen, Kartoffeln kurz ausdampfen lassen und dann schälen. Kartoffeln in Scheiben schneiden. Zwiebel schälen und in feine Streifen oder Ringe schneiden.

3 Fett in einer Pfanne erhitzen. Zwiebeln hineingeben und leicht anrösten. Kartoffelscheiben zubeben und goldgelb rösten. Mehrmals wenden.

4 Kartoffeln kurz vor Ende der Bratzeit mit Salz und Pfeffer würzen.

VARIANTE

▶ Bratkartoffeln aus ungekochten Kartoffeln: Zwiebel schälen und hacken, in Fett anrösten. Kartoffeln schälen, in Scheiben schneiden und im heißen Fett anbraten. Dann Hitze reduzieren und Deckel auflegen. Kartoffeln in ca. 10 Minuten weich garen; ab und zu umrühren. Kurz vor Ende der Garzeit salzen und pfeffern.

Rösti

Für 4 Personen:

750 g vorwiegend festkochende Kartoffeln
½ Zwiebel
1 TL Speisestärke
1 Ei
Salz, Pfeffer
100 g Butterschmalz

Zubereitungszeit: 20 Min.

Nährwerte pro Person: 340 kcal, 1426 kJ, 5 g EW, 21 g F, 29 g KH

1 Kartoffeln waschen, schälen und auf einer Küchenreibe grob raspeln. Kartoffelraspel kräftig auspressen. Zwiebel schälen und ebenfalls reiben. Beides vermengen.

2 Speisestärke und Ei zur Kartoffel-Zwiebel-Mischung geben. Das Ganze gut vermengen und mit Salz und Pfeffer abschmecken.

3 Butterschmalz in einer Pfanne erhitzen. Esslöffelgroße Portionen vom Teig abnehmen, in die Pfanne geben und mit einem Löffelrücken flach drücken.

4 Rösti nach dem ersten Anbacken wenden. Vor dem Servieren kurz auf Küchenpapier entfetten.

Kartoffelpüree

Für 4 Personen:

750 g mehligkochende Kartoffeln
Salz, ¼ l Milch
50 g Butter, zimmerwarm
Muskatnuss, frisch gerieben

Zubereitungszeit: 15 Min.
Garzeit: 20 Min.

Nährwerte pro Person: 260 kcal, 1096 kJ, 5 g EW, 12 g F, 30 g KH

1 Kartoffeln, waschen, schälen und in gleich große Stücke schneiden. In einem Topf mit gesalzenem Wasser bedecken, aufkochen und in ca. 20 Minuten gar kochen. Kartoffeln abgießen und ausdampfen lassen.

2 Milch erhitzen. Noch heiße Kartoffeln durch eine Kartoffelpresse drücken oder mit einem Kartoffelstampfer zerkleinern. Milch und Butter kräftig unterschlagen.

3 Kartoffelpüree vor dem Servieren mit Salz und frisch geriebener Muskatnuss abschmecken.

Kartoffelpuffer

Für 4 Personen:

750 g vorwiegend festkochende Kartoffeln
2 Eier
2 EL Mehl
Salz
125 g Fett

Zubereitungszeit: 20 Min.

Nährwerte pro Person: 469 kcal, 1243 kJ, 8 g EW, 15 g F, 30 g KH

BEILAGE

▶ Passt gut zu Sauerkraut oder Braten. Mit Apfelmus werden Kartoffelpuffer zur Hauptspeise.

1 Kartoffeln waschen, schälen und mit einer Küchenreibe möglichst fein reiben. In einer Schüssel mit Eiern und Mehl vermengen, salzen und alles zu einem glatten Teig rühren.

2 Fett in einer Pfanne erhitzen. Kartoffeln löffelweise in heißes Fett geben (Vorsicht, spritzt leicht!), mit dem Löffel flach drücken und auf beiden Seiten langsam braun braten.

3 Puffer kurz auf Küchenpapier abtropfen lassen, heiß servieren.

Kartoffelgratin

Für 4 Personen:

900 g mehligkochende Kartoffeln
1 Knoblauchzehe
¼ l Milch
200 g Sahne
100 g geriebener Emmentaler
Salz, Pfeffer, Muskatnuss
1 EL Butter

Zubereitungszeit: 15 Min.
Backzeit: 45 Min.

Nährwerte pro Person: 364 kcal, 1523 kJ, 8 g EW, 20 g F, 38 g KH

1 Kartoffeln schälen, waschen, trocken tupfen und in dünne Scheiben schneiden. Backofen auf 180 Grad vorheizen.

2 Knoblauch schälen und halbieren. Eine feuerfeste Form mit dem Knoblauch ausreiben. Milch, Sahne und Käse verrühren.

3 Kartoffelscheiben schuppenförmig in der Form verteilen. Mit Salz, Pfeffer und Muskatnuss würzen, mit der Sahnemischung begießen. Butter in Flöckchen auf dem Gratin verteilen.

4 Gratin im heißen Ofen ca. 45 Minuten backen. Die Kartoffeln müssen weich, die Flüssigkeit muss aufgesogen und die Oberfläche leicht gebräunt sein.

TIPP

▶ Garnieren Sie das Gratin nach Belieben mit frischen Kräuter wie z. B. Thymian oder Rosmarin.

Ofenkartoffeln mit Kümmel

Für 4 Personen:

800 g kleine Kartoffeln
1 EL Butter
4 EL Kümmel
grobes Salz

Zubereitungszeit: 10 Min.
Backzeit: 30 Min.

Nährwerte pro Person: 170 kcal, 711 kJ, 5 g EW, 3 g F, 31 g KH

1 Kartoffeln gründlich waschen und längs halbieren. Backblech mit Butter einfetten, dann mit Kümmel und Salz bestreuen.

2 Backofen auf 200 Grad vorheizen. Kartoffelhälften mit der Schnittseite nach unten auf das Blech setzen. Im Ofen ca. 30 Minuten backen, bis die Kartoffeln gar sind.

Pommes frites

Für 4 Personen:

750 g vorwiegend festkochende Kartoffeln
1 l Sonnenblumenöl
Salz

Zubereitungszeit: 15 Min.
Garzeit: 20 Min.

Nährwerte pro Person: 299 kcal, 1251 kJ, 4 g EW, 19 g F, 29 g KH

1 Kartoffeln schälen und waschen. Dann in Stifte von ca. 5 cm Länge schneiden. Werden sie nicht gleich weiterverarbeitet, in Wasser legen. Vor dem Frittieren gut abtropfen lassen und trocken tupfen.

2 Öl in einer Fritteuse oder einem tiefen Topf auf ca. 160 Grad erhitzen. Pommes darin portionsweise 5 Minuten vorfrittieren, bis sie weich, aber noch nicht braun sind. Pommes herausheben.

3 Temperatur des Öls auf ca. 180 Grad erhöhen. Pommes zugeben und in ca. 2 Minuten goldgelb frittieren. Auf Küchenpapier entfetten. Vor dem Servieren mit Salz bestreuen.

TIPP

▶ Servieren Sie zu den Pommes frites Ketchup.

Kartoffelkroketten

Für 4 Personen:

1 kg mehligkochende Kartoffeln
Salz
2 EL Butter
3 Eigelb
1–2 EL Mehl
Pfeffer
Muskatnuss, frisch gerieben
1 l Erdnussöl zum Frittieren

Zubereitungszeit: 25 Min.
Garzeit: 20 Min.

Nährwerte pro Person: 639 kcal, 2674 kJ, 8 g EW, 49 g F, 41 g KH

1 Kartoffeln schälen, waschen und in gleichmäßige Stücke schneiden. Dann in Salzwasser geben, erhitzen und in ca. 20 Minuten weich kochen. Abgießen und etwas ausdampfen lassen.

2 Kartoffeln noch warm durch die Kartoffelpresse drücken und sofort mit Butter, Eigelb, Mehl, Salz, Pfeffer und Muskat zu einem glatten Teig verkneten. Die Masse muss gut zusammenhalten. Sollte der Teig zu nass oder zu trocken sein, zusätzlich entweder Mehl oder Eigelb untermengen.

3 Aus der Masse kurze, daumendicke Kroketten formen. Öl so lange erhitzen, bis an einem hölzernen Kochlöffelstiel, den man ins Fett taucht, Bläschen aufsteigen.

4 Kroketten in das Öl geben und je nach Größe 3–4 Minuten portionsweise goldbraun frittieren. Vor dem Servieren auf Küchenpapier entfetten.

Kartoffelklöße

Für 4 Personen:

750 g mehligkochende Kartoffeln
200 g Mehl
50 g Grieß
2 Eier, 1 Eigelb
50 g Butter
Salz

Zubereitungszeit: 25 Min.
Garzeit: 35 Min.
Ruhezeit: 10 Min.

Nährwerte pro Person: 476 kcal, 1992 kJ, 14 g EW, 16 g F, 67 g KH

1 Kartoffeln waschen und in einen Topf mit kaltem Wasser legen. Erhitzen und Kartoffeln in ca. 25 Minuten gar kochen. Dann abgießen, Kartoffeln kurz ausdampfen lassen und schälen.

2 Kartoffeln durch ein Sieb in eine große Schüssel passieren. Mehl, Grieß und Eier zugeben und das Ganze zu einem Teig verkneten. Dann Eigelb und Butter untermengen. Mit Salz abschmecken. Teig 10 Minuten ruhen lassen.

3 Aus dem Teig Klöße formen. Salzwasser erhitzen und Kartoffelklöße hineingeben. Bei mittlerer Hitze 10–15 Minuten köcheln lassen.

4 Die Klöße sind gar, wenn sie oben schwimmen. Mit einem Schaumlöffel herausheben, kurz abtropfen lassen und heiß servieren.

Gekochter Reis

Für 4 Personen:

250 g Reis
Salz

Zubereitungszeit: 5 Min.
Garzeit: 20 Min

Nährwerte pro Person: 218 kcal, 312 kJ, 4 g EW, 0 g F, 49 g KH

1 Reiskörner in einem Sieb mit kaltem Wasser gründlich abspülen. Anschließend in einen Topf geben und mit so viel kaltem Wasser bedecken, dass es ca. 2 cm über dem Reis steht. Leicht salzen.

2 Zugedeckt zum Kochen bringen. Bei schwacher Hitze je nach Reissorte ca. 20 Minuten köcheln, bis das Wasser aufgesaugt ist. Dabei zwischendurch mit einem Holzlöffel auflockern.

Gedünsteter Reis

Für 4 Personen:

1 Zwiebel
250 g Reis
2 EL Öl
Salz

Zubereitungszeit: 5 Min.
Garzeit: 20 Min.

Nährwerte pro Person: 269 kcal, 1125 kJ, 5 g EW, 5 g F, 50 g KH

1 Zwiebel schälen und fein hacken. Reis in einem Sieb kalt waschen, danach gut abtropfen lassen.

2 Öl in einen Topf geben und erhitzen. Zwiebelwürfel sowie Reis dazugeben und bei mittlerer Hitze unter Rühren glasig dünsten.

3 Reis mit 500 ml Wasser aufgießen und salzen. Aufkochen und zudecken. Hitze stark reduzieren und Reis ca. 20 Minuten ausquellen lassen. Dabei nicht umrühren.

VARIANTE

▶ Tomatenreis: 3 Tomaten waschen, oben kreuzförmig einritzen und kurz mit kochend heißem Wasser überbrühen. Kalt abschrecken, schälen und Fruchtfleisch würfeln. Mit Zwiebel und Reis andünsten und weiter wie oben verfahren.

Risi-Bisi

Für 4 Personen:

250 g Reis
2 EL Öl
1 Zwiebel, fein gehackt
100 g grüne Erbsen, frisch gekocht
30 g Parmesan

Zubereitungszeit: 10 Min.
Garzeit: 20 Min.

Nährwerte pro Person: 348 kcal, 1456 kJ, 9 g EW, 11 g F, 52 g KH

1 Reis in einem Sieb waschen und abtropfen lassen. Öl in einem Topf erhitzen und Reis mit Zwiebel darin unter Rühren glasig dünsten. Mit 500 ml Wasser aufgießen, kurz aufkochen lassen und dann zugedeckt ausquellen lassen.

2 Wenn der Reis gar ist, mit einer Gabel auflockern. Erbsen unterrühren. Vor dem Servieren mit frisch geriebenem Parmesan bestreuen.

TIPP

▶ Wenn Sie TK-Erbsen verwenden, dünsten Sie diese mit Reis und Zwiebel an und lassen Sie sie dann mitgaren.

Risotto

Für 4 Personen:

1 Gemüsezwiebel
70 g Butter
250 g Risottoreis (z. B. von Oryza)
750 ml heiße Fleisch- oder Gemüsebrühe
250 ml trockener Weißwein
Salz
75 g Parmesan

Zubereitungszeit: 35 Min.

Nährwerte pro Person: 391 kcal, 1636 kJ, 9 g EW, 17 g F, 50 g KH

1 Zwiebel schälen und sehr fein würfeln. Hälfte der Butter in einem breiten Topf erhitzen und Zwiebel darin bei mittlerer Temperatur anschwitzen.

2 Ungegarten und ungewaschenen Risottoreis zugeben und sofort umrühren, damit er nicht ansetzt. Unter ständigem Rühren wird der Reis allmählich glasig – wichtig ist, dass weder er noch die Zwiebel Farbe bekommen.

3 Etwas heiße Brühe zufügen. Immer dann, wenn der Reis fast die komplette Flüssigkeit aufgenommen hat, wieder etwas Brühe oder Wein nachgießen. Häufig umrühren!

4 Nach ca. 25 Minuten ist der Risotto fertig: außen cremig und innen noch mit ganz leichtem Biss. Salzen und übrige Butter unterrühren. Parmesan fein reiben und ebenfalls untermengen. Heiß servieren.

(1)

(2)

(3)

(4)

Kartoffeln als Hauptgericht

Kartoffelkuchen

Für 4 Personen:

Für den Belag:
600 g Pellkartoffeln vom Vortag (Rezept siehe S.168)
1 große Zwiebel
1 Knoblauchzehe
1 Bd. Petersilie
50 g Appenzeller Käse
3 EL Milch
250 g saure Sahne
2 Eier
Salz, Cayennepfeffer
Für den Teig:
100 g Butter
Salz
abgeriebene Schale von 1 Zitrone (unbehandelt)
Muskatnuss, frisch gerieben
Cayennepfeffer
1 Ei
50 g Crème fraîche
150 g Dinkelmehl
$\frac{1}{4}$ TL Backpulver
4 EL Milch
Fett für die Form

Zubereitungszeit: 35 Min.
Backzeit: 50 Min.

Nährwerte pro Person: 240 kcal, 1004 kJ, 7 g EW, 15 g F, 19 g KH

1 Kartoffeln schälen und grob raspeln. Zwiebel und Knoblauch schälen und fein hacken. Petersilie waschen, trocken schütteln und fein wiegen. Käse reiben. Alles in eine Schüssel geben.

2 Milch, saure Sahne, Eier, Salz und Cayennepfeffer den zerkleinerten Zutaten hinzufügen und alles gut vermischen.

3 Backofen auf 160 Grad vorheizen. Für den Teig weiche Butter, Salz, die Zitronenschale, je 1 kräftige Prise Muskat und Cayennepfeffer mit den Quirlen des Handrührgeräts schaumig rühren. Ei und Crème fraîche untermischen.

4 Dinkelmehl mit Backpulver vermischen, durch ein Sieb über den Teig streuen und zusammen mit der Milch unterrühren. Springform (26 cm Durchmesser) fetten, Teig hineingeben und glatt streichen. Kartoffelfüllung darauf verteilen.

5 Kartoffelkuchen in den heißen Backofen stellen und in ca. 50 Minuten goldbraun backen. Danach herausnehmen und in der Form 10 Minuten abkühlen lassen. Aus der Form nehmen und auf einem Kuchengitter vollständig auskühlen lassen.

Erdäpfelkäs

Für 4 Personen:

250 g mehligkochende Kartoffeln
Salz
1 kleine Zwiebel
2 Gewürzgurken
½ Bd. Schnittlauch
1 Bd. Radieschen
100 g saure Sahne
3 EL Sahne
½ TL Senf
schwarzer Pfeffer
Paprikapulver edelsüß
4 Scheiben Bauernbrot
30 g Butter

Zubereitungszeit: 20 Min.
Garzeit: 25 Min.

Nährwerte pro Person: 278 kcal, 1163 kJ, 6 g EW, 13 g F, 33 g KH

1 Kartoffeln waschen und mit der Schale in leicht gesalzenes Wasser

legen. Aufkochen und in ca. 25 Minuten gar kochen.

2 Anschließend abgießen, kurz ausdampfen lassen und noch heiß pellen. Durch die Kartoffelpresse in eine Schüssel drücken und etwas abkühlen lassen.

3 Zwiebel schälen und fein hacken. Die Gewürzgurken in kleine Würfel schneiden. Schnittlauch waschen, trocken schütteln und in feine Röllchen schneiden.

4 Radieschen von den Blättern lösen und gründlich waschen. Wurzelansätze entfernen.

5 Saure Sahne, Sahne und Senf unter die Kartoffelmasse rühren. Zwiebel, Gewürzgurken und die Hälfte des Schnittlauchs ebenfalls untermengen. Kartoffelmasse mit Salz, Pfeffer und Paprikapulver pikant würzen.

6 Die Brotscheiben zuerst dünn mit Butter, dann dick mit Erdäpfelkäs bestreichen. Mit den restlichen Schnittlauchröllchen bestreuen. Brote halbieren, auf Tellern anrichten und die Radieschen dazu servieren.

Kartoffel-Auberginen-Curry

Für 4 Personen:

450 g Kartoffeln
2 Zwiebeln
1 getrocknete rote Chilischote
2 Auberginen
Salz
50 ml Rapsöl (z. B. von Alnatura)
2 TL Senfkörner
1 Handvoll Curryblätter
1 TL Kurkuma
3 TL gemahlener Koriander

Zubereitungszeit: 35 Min.
Garzeit: 20 Min.

Nährwerte pro Person: 211 kcal, 883 kJ, 4 g EW, 20 g F, 13 g KH

1 Kartoffeln waschen und in einem Topf knapp mit Wasser bedecken. Aufkochen und Kartoffeln in ca. 20 Minuten gar kochen; sie dürfen nicht zu weich sein!

2 Kartoffeln abgießen, kurz ausdampfen lassen und schälen. Zwiebeln schälen und würfeln. Chili hacken.

3 Auberginen kalt abwaschen und in mundgerechte Stücke schneiden, dann salzen. 15 Minuten ziehen lassen, dann mit den Händen gut auspressen, das austretende Wasser auffangen.

4 50 ml Rapsöl in einer großen Pfanne erhitzen. Senfkörner hineingeben und anbraten, bis sie zu springen beginnen. Curryblätter und gehackte Chilischote zugeben. Kartoffeln unterrühren.

5 Zwiebeln, 1 TL Kurkuma sowie Auberginen untermischen. Salzen und Auberginensud zugeben. Wird das Ganze zu trocken, noch etwas Wasser unterrühren.

6 3 TL gemahlenen Koriander unterrühren. Alles noch ca. 5 Minuten braten lassen, ab und zu umrühren. Heiß servieren.

Überbackene Kartoffeln mit Schafskäse

Für 4 Personen:

1 kg vorwiegend festkochende Kartoffeln
500 g Hackfleisch
Salz, Pfeffer
4 EL Olivenöl
1 kleine Dose geschälte Eiertomaten
2 Knoblauchzehen, zerdrückt
4 EL Zitronensaft
1 TL Kräuter der Provence
4 milde eingelegte Peperoni
150 g Schafskäse, fein zerbröckelt
100 g Schafskäse, in möglichst dünnen Scheiben

Zubereitungszeit: 35 Min.
Garzeit: 40 Min.

Nährwerte pro Person: 878 kcal, 3674 kJ, 42 g EW, 45 g F, 39 g KH

1 Die Kartoffeln waschen, in ausreichend Wasser in ca. 20 Minuten gar kochen. Abgießen und schälen. Kartoffeln etwas abkühlen lassen und dann in dünne Scheiben schneiden.

2 Hackfleisch mit Salz und Pfeffer würzen. Olivenöl erhitzen und das Hackfleisch darin scharf anbraten. Geschälte Tomaten mit einer Gabel zerdrücken. Knoblauch schälen und zerdrücken. Dann mit Tomaten, Zitronensaft und Kräutern der Provence vermischen.

3 Peperoni entstielen und in dünne Streifen schneiden. 1 Schicht Kartoffelscheiben flach in eine feuerfeste Form geben, darauf 1 Schicht Hackfleisch, 1 Schicht fein zerbröckelten Schafskäse und einige Peperonistreifen verteilen.

4 Den Ofen auf 200 Grad vorheizen. 1 Schöpflöffel angemachte Tomaten über die Kartoffel-Käse-Schicht gießen. In dieser Art schichtweise die Form auffüllen, bis alle Zutaten verbraucht sind.

5 Zum Abschluss den in Scheiben geschnittenen Schafskäse auf die Kartoffeln legen. Dann ca. 20 Minuten im Ofen goldbraun backen, bis der Schafskäse leicht geschmolzen ist.

BEILAGE

▶ **Servieren Sie dazu Bauernbrot und einen kräftigen Weißwein.**

Käseklöße

Für 4 Personen:

250 g Kartoffeln
Salz
20 g Butter
2 Eigelb
1–2 EL Kartoffelstärke
Muskatnuss, frisch gerieben
300 g Bavaria blu

Zubereitungszeit: 25 Min.
Garzeit: 30 Min.

Nährwerte pro Person: 1240 kcal, 5188 kJ, 41 g EW, 32 g F, 190 g KH

1 Kartoffeln schälen und waschen. In einem Dampfeinsatz über leicht gesalzenem Wasser gar dämpfen, danach etwas auskühlen lassen. Durch die Kartoffelpresse in eine Schüssel drücken.

2 Butter in einem Topf erhitzen, aufschäumen und wieder etwas abkühlen lassen. Eigelb, Kartoffelstärke und Butter zur lauwarmen Kartoffelmasse geben und vermengen. Mit Salz und frisch geriebener Muskatnuss abschmecken.

2 Aus der Kartoffelmasse mit feuchten Händen handgroße Klöße formen. Bavaria blu mit einer Gabel zerdrücken und die Masse in kleine Kugeln teilen.

3 Die Klöße auf der Handfläche auseinanderdrücken und den rund geformten Bavaria blu hineinsetzen. Ganz mit Kloßteigmasse umhüllen und wieder zu einem runden Kloß drehen.

4 Reichlich Salzwasser in einem großen Topf aufkochen. Klöße darin dann kurz aufkochen lassen und anschließend ca. 10 Minuten bei schwacher Hitze mehr ziehen als köcheln lassen.

BEILAGE

▶ **Zu Käseklößen reichen Sie am besten einen frischen gemischten Salat. Außerdem schmecken die Klöße sehr gut als Beilage zu Fleischgerichten.**

Gebackene Kartoffeltortilla

Für 4 Personen:

100 g entsteinte und in Ringe geschnittene Oliven
400 g festkochende Kartoffeln
1 Zwiebel
8 EL Olivenöl
8 Eier
8 EL Milch
8 EL Sahne
1 EL getrockneter Majoran, gerieben
Salz, Pfeffer
3 Stängel Petersilie
100 g Ziegenfrischkäse
Majoran zum Garnieren

Zubereitungszeit: 25 Min.
Garzeit: 15 Min.
Backzeit: 10 Min.

Nährwerte pro Person: 629 kcal, 2632 kJ, 22 g EW, 52 g F, 19 g KH

1 Oliven abgießen und abtropfen lassen. Kartoffeln waschen, schälen und in ca. 1 cm große Würfel schneiden. Zwiebel schälen und fein hacken.

2 Olivenöl in einer ofenfesten Pfanne erhitzen. Kartoffeln hineingeben und anbraten, dabei ständig umrühren. Kartoffeln sollen nicht zu dunkel werden! Nach ca. 10 Minuten Zwiebel zugeben und das Ganze weitere 5 Minuten braten.

3 Eier mit Milch und Sahne verquirlen, Majoran zugeben. Mischung mit Salz und Pfeffer würzen. Petersilie abbrausen, trocken schütteln, hacken und ebenfalls zur Eimischung geben. Den Käse würfeln.

4 Backofen auf 120 Grad vorheizen. Eier-Milch-Mischung über die Kartoffeln geben, Käse darüberstreuen. Auf dem Herd bei sehr kleiner Hitze stocken lassen.

5 Danach in den Ofen schieben und in ca. 10 Minuten fertig backen. Mit Majoran garniert servieren.

TIPP

▶ Noch herzhafter wird die Tortilla mit Serranoschinken. Dafür 6 Scheiben von dem Schinken nach dem Anbraten der Kartoffeln und Zwiebeln am Rand der Pfanne entlang legen; leicht an den Rand drücken. Dann die Eimischung zugeben und weiter wie im Rezept vorgehen.

Bauernfrühstück

Für 4 Personen:

750 g Kartoffeln
2 Stangen Lauch
80 g durchwachsener Speck
Salz
3 Eier
3 EL Milch
125 g Schinkenwürfel
50 g Emmentaler
½ Bd. Petersilie

Zubereitungszeit: 25 Min.
Garzeit: 20 Min.

Nährwerte pro Personen: 506 kcal, 2117 kJ, 20 g EW, 30 g F, 32 g KH

1 Kartoffeln waschen, und in einem ausreichend großen Topf knapp mit Wasser bedecken, dann ca. 20 Minuten in der Schale kochen. Wasser abgießen, Kartoffeln auskühlen las-

sen und schälen. Dann Kartoffeln in Scheiben schneiden.

2 Lauch von welken Stellen und Wurzelansätzen befreien. Lauch in Ringe schneiden und gründlich waschen. Speck klein würfeln. In eine Pfanne geben und unter Rühren anbraten. Lauch unterrühren.

3 Kartoffelscheiben mit in die Pfanne geben, salzen und hellbraun rösten. Dabei immer wieder umrühren.

4 Eier mit Milch und Salz verquirlen. Schinkenwürfel dazugeben. Käse reiben und in die Eiermilch mischen. Hitze reduzieren und Eiermischung über die Kartoffeln gießen. Das Ganze bei milder Hitze und stocken lassen.

5 Petersilie kalt abbrausen und trocken schütteln. Dann ohne grobe Stielenden fein schneiden und über das gestockte Ei streuen. Bauernfrühstück sofort servieren.

Schwäbische Bubenspitzle

Für 4 Personen:

1 Zwiebel
20 g Speck
2 kleine Äpfel
Pflanzenöl
750 g Sauerkraut
3 Wacholderbeeren
250 ml Gemüsebrühe
500 g Pellkartoffeln vom Vortag
125 g Mehl
1 Ei
1 TL Salz
1 Msp. Muskatnuss, frisch gerieben

Zubereitungszeit: 35 Min.
Garzeit: 20 Min.

Nährwerte pro Person: 304 kcal, 1272 kJ, 10 g EW, 5 g F, 53 g KH

1 Zwiebel schälen und fein hacken. Speck fein würfeln. Äpfel schälen, vierteln, Gehäuse entfernen und Fruchtfleisch würfeln.

2 Öl und Speck im Dampfkochtopf erhitzen, bis der Speck etwas ausgelassen ist. Zwiebel und Äpfel dazugeben und glasig braten.

3 Sauerkraut auflockern und mit einigen Wacholderbeeren dazugeben. Gemüsebrühe dazugießen, den Topf schließen und das Kraut 10 Minuten dampfgaren.

4 Kartoffeln schälen, waschen, fein reiben und mit Mehl und Ei, Salz und Muskat zu einem glatten Teig kneten. Aus der Masse Würstchen rollen.

5 Reichlich Salzwasser aufkochen. Bubenspitzle hineingeben und ca. 10 Minuten ziehen lassen. Dann mit einem Schaumlöffel herausheben und abtropfen lassen.

6 In einer großen Pfanne 1 EL Öl erhitzen und Bubenspitzle darin unter Wenden goldbraun braten. Sauerkraut dazugeben, alles gut vermischen und kurz durchbraten.

TIPP

▶ Bubenspitzle werden außerhalb Schwabens auch Schupfnudeln genannt.

Kartoffeln mit Gorgonzola

Für 4 Personen:

4 große festkochende Kartoffeln
125 g Gorgonzola, zerkrümelt
50 g Pecorino, geraspelt
1 TL Rosmarin, fein gehackt
3–4 EL Sojacreme
(z. B. von Alpro soya)
Pfeffer, Salz

Zubereitungszeit: 20 Min.
Garzeit: 60 Min.

Nährwerte pro Person: 367 kcal, 1536 kJ, 15 g EW, 18 g F, 36 g KH

1 Backofen auf 225 Grad vorheizen. Kartoffeln mit Schale gründlich waschen, trocknen und einzeln in Alufolie einwickeln.

2 Kartoffeln auf ein Blech legen und auf der mittleren Schiene des Ofens ca. 50 Minuten garen. Herausnehmen, Folie öffnen, abkühlen lassen.

3 Von der Oberseite der Kartoffeln ein Stückchen abschneiden. Kartoffeln etwas aushöhlen und entnommene Kartoffelstücke mit Gorgonzola, Pecorino, Rosmarin und Sojacreme mischen. Die Mischung mit Pfeffer und Salz würzen, in die Kartoffeln füllen und Margarine darüber verteilen.

4 Kartoffeln nebeneinander in eine Auflaufform legen. Im heißen Backofen ca. 10 Minuten gratinieren. Noch heiß servieren.

Labskaus

Für 4 Personen:

1 kg Kartoffeln
Salz
500 g Corned Beef (evtl. aus der Dose)
3 Zwiebeln
2 Matjesfilets
80 g Fett
200 g Rote Bete
nach Bedarf etwas Fleischbrühe
Muskatnuss
Pfeffer
1 TL grüne Pfefferkörner
2 Salzgurken
4 Spiegeleier

Zubereitungszeit: 40 Min.

Nährwerte pro Person: 771 kcal, 3226 kJ, 45 g EW, 42 g F, 46 g KH

1 Kartoffeln waschen, schälen und in gesalzenem Wasser ca. 25 Minuten garen. Dann abgießen, kurz abkühlen lassen und durch eine Kartoffelpresse drücken oder mit einem Kartoffelstampfer zerkleinern.

2 In der Zwischenzeit Corned Beef mit einem Kochlöffel auseinanderdrücken. Zwiebeln schälen, in grobe Stücke schneiden und mit Matjesfilets im Mixer möglichst fein zerkleinern.

3 In einer Pfanne Fett zerlassen. Corned Beef sowie Zwiebel-Fisch-

Mischung dazugeben und anrösten; ab und zu umrühren.

4 Rote Bete ebenfalls sehr fein zerkleinern. Dann zusammen mit den Kartoffeln in die Pfanne geben. Die Masse sollte jetzt ein lockerer Brei sein. Ist er zu fest, kann man etwas Fleischbrühe unterrühren.

5 Labskaus mit frisch geriebener Muskatnuss, Salz und Pfeffer würzen. Zum Schluss grüne Pfefferkörner unterrühren. Labskaus wird heiß mit Salzgurken und Spiegeleiern serviert.

Grillgemüse mit Folienkartoffeln

Für 4 Personen:

4 große Kartoffeln (á ca. 200 g)
je 4 kleine Zweige Thymian und Rosmarin
1 rote Paprikaschote
8 Schalotten
250 g braune Champignons
2 Zucchini
8 Blätter Bärlauch (alternativ: Schnittlauch, Basilikum, etwas frisch gepresster Knoblauch)
10 EL Teriyaki Marinade & Soße
5 EL Olivenöl
Cayennepfeffer

Zubereitungszeit: 30 Min.
Garzeit: 45 Min.

Nährwerte pro Person: 353 kcal, 1477 kJ, 12 g EW, 15 g F, 41 g KH

1 Kartoffeln waschen und mit einer Bürste reinigen. Kräuter abbrausen und trocken schütteln.

2 Backofen auf 200 Grad vorheizen. Kartoffeln mit je 1 Zweig Thymian und Rosmarin einzeln in Alufolie wickeln. Im Ofen auf der mittleren Schiene ca. 50 Minuten garen.

3 Paprikaschote halbieren, von Kernen und weißen Innenhäuten befreien und waschen. Paprika in grobe Stücke schneiden. Schalotten abziehen und halbieren.

4 Champignons gut mit Küchenpapier abreiben, nach Möglichkeit nicht waschen. Stielenden abschneiden und Pilze bei Bedarf halbieren.

5 Zucchini waschen und Enden abschneiden. Die Zucchini in grobe Stücke schneiden. Bärlauch mit kaltem Wasser abbrausen und trocken tupfen, danach in dünne Streifen schneiden.

6 Teriyaki, Olivenöl, Bärlauch und Cayennepfeffer in eine große Schale geben und verrühren. Vorbereitetes Gemüse zugeben und alles gut vermischen.

7 Pfanne erhitzen und mariniertes Gemüse hineingeben. Unter mehrmaligem Wenden in ca. 10 Minuten bei mittlerer Hitze bissfest garen.

8 Folie über den Kartoffeln öffnen, Kartoffeln kreuzweise einschneiden, etwas auseinanderdrücken und Grillgemüse in die Öffnung geben. Heiß servieren.

TIPP

▶ Sie können die Kartoffeln auch auf dem Grill zubereiten. Dafür die in Alufolie gewickelten Kartoffeln einfach für ca. 35 Minuten in die Grillglut legen. Auch das Gemüse kann in einer Grillschale auf dem Grill zubereitet werden.

▶ Reis als Hauptgericht

Paella

Für 6 Personen:

4 Tomaten
2 Zwiebeln
3–4 Knoblauchzehen
je 1 rote, gelbe und grüne Paprikaschote
100 g Keniabohnen, Salz
2 eingelegte Artischockenböden (Glas)
500 g Seeteufelfilet
Pfeffer aus der Mühle
6 EL Olivenöl
500 g Miesmuscheln, küchenfertig
1 Cabanossi, in Scheiben geschnitten
400 g Tintenfischringe, gekocht
400 g Rundkornreis
¼ TL gemahlener Safran
⅛ l Weißwein
1 l Fischfond (Glas)
150 g TK-Erbsen, aufgetaut
100 g Krabben
8 Riesengarnelen, geschält
½ Bd. glatte Petersilie
1 große Zitrone (unbehandelt), in Spalten geschnitten

Zubereitungszeit: 60 Min.
Garzeit: 30 Min.

TIPP

▶ Verwenden Sie anstelle von Cabanossi, wenn erhältlich, Chorizo, eine grobe Dauerwurst aus Spanien.

Nährwerte pro Person: 1120 kcal, 4704 kJ, 89 g EW, 33 g F, 108 g KH

1 Wasser in einem Topf aufkochen und Tomaten darin 2 Minuten blanchieren. Dann herausheben, kalt abschrecken und häuten. Von den Kernen befreien und Fruchtfleisch in Viertel schneiden.

2 Zwiebeln und Knoblauch schälen. Paprikaschoten waschen, halbieren, Kerne und weiße Innenwände entfernen. Paprika mit Zwiebeln und Knoblauch in kleine Würfel schneiden.

3 Bohnen bei Bedarf putzen und kurz in kochendem Salzwasser blanchieren. Artischockenböden aus dem Glas nehmen und abtropfen lassen, dann in Streifen schneiden. Seeteufelfilet waschen, trocken tupfen, in mundgerechte Würfel schneiden und mit Salz und Pfeffer würzen.

4 Olivenöl in einer sehr großen Pfanne erhitzen. Fisch hineingeben und von allen Seiten anbraten. Mit einem Schaumlöffel herausheben. Zwiebeln und Knoblauch zugeben, unter Rühren glasig dünsten.

5 Tomaten, Paprika und Bohnen dazugeben, unterheben und einige Minuten anschwitzen. Dann Artischocken, Miesmuscheln, Cabanossischeiben sowie Tintenfischringe hinzufügen. Seeteufelwürfel wieder in die Pfanne geben.

6 Das Ganze mit Reis bestreuen und anrösten. Mit Safran, Salz sowie Pfeffer würzen und mit Wein ablöschen. Alles kurz durchkochen lassen, dann mit dem Fischfond aufgießen und bei mittlerer Hitze offen garen.

7 Nach ca. 20 Minuten Erbsen, Krabben und Riesengarnelen untermischen und in weiteren 10 Minuten fertig garen lassen, bis die Flüssig-

keit vom Reis vollständig aufgesogen ist.

8 Petersilie waschen, trocken schütteln, Blätter abzupfen, fein hacken und mit den Zitronenschnitzen über die Paella geben. Heiß servieren.

Gebratener Gemüsereis

Für 4 Personen:

150 g Basmatireis
Salz
1 Salatgurke
3 Frühlingszwiebeln
80 g grüne Bohnen
1 Zwiebel
2 Knoblauchzehen
100 g Mais (Dose)
2 EL Öl
2 EL helle Sojasoße
2 TL grüne Thai-Curry-Paste
Pfeffer aus der Mühle
1 Limette (unbehandelt)

Zubereitungszeit: 35 Min.

Nährwerte pro Person: 176 kcal, 737 kJ, 6 g EW, 8 g F, 22 g KH

1 Reis in einem Sieb unter fließendem kaltem Wasser waschen, dann in 300 ml leicht gesalzenem Wasser aufkochen und zugedeckt bei geringer Hitze ca. 20 Minuten quellen lassen. Reis vom Herd nehmen und auskühlen lassen.

2 Salatgurke schälen, längs halbieren, mit einem Löffel entkernen und das Fruchtfleisch fein würfeln. Frühlingszwiebeln waschen, trocken tupfen und schräg in ca. 2 cm große Stücke schneiden.

3 Bohnen waschen und in ca. 1 cm große Stücke schneiden. Zwiebel schälen und fein würfeln. Knoblauch schälen und fein hacken. Mais in einem Sieb abtropfen lassen.

4 Öl in einem Wok oder einer großen Pfanne erhitzen, Knoblauch und Zwiebel darin unter Rühren 2 Minuten braten, Bohnen zugeben und weitere 3 Minuten braten.

5 Mais und Reis zugeben und nochmals 5 Minuten braten. Mit Sojasoße, Currypaste, Salz und Pfeffer würzen und weitere 2 Minuten braten.

6 Zum Schluss die Gurkenwürfel und Frühlingszwiebeln untermengen. Reis in Schälchen füllen.

7 Limette heiß waschen, trocken tupfen, in Schnitze schneiden und jede Portion damit garnieren.

TIPP

▶ Currypasten sind in Thailand Basis vieler Currygerichte. Sie bestehen aus einer Vielzahl verschiedener Gewürze und Kräuter, vor allem aber aus Chilischoten, die im Mörser zerstampft werden. Die bekanntesten Sorten sind rote, grüne, gelbe und geröstete Currypasten. Es gibt sie in verschiedenen Schärfegraden.

Erbsenreis mit Feta

Für 4 Personen:

30 g Butter
5 Kardamomkapseln
5 Nelken
350 g Langkornreis
Salz, Pfeffer
100 g frische Erbsen
½ l Gemüsebrühe
200 g Feta
3 EL Öl

Zubereitungszeit: 20 Min.

Nährwerte pro Person: 581 kcal, 2441 kJ, 17 g EW, 24 g F, 74 g KH

1 20 g Butter in einem Topf schmelzen lassen, zerdrückte Kardamomkapseln und Nelken darin anrösten. Reis zugeben und anbraten, bis er glasig ist, mit Salz und Pfeffer würzen. Erbsen zugeben, andünsten, gut durchrühren und Gemüsebrühe angießen.

2 Das Ganze einmal aufkochen und zugedeckt ca. 20 Minuten leicht köcheln lassen. Feta in 1 cm große Würfel schneiden.

3 Öl in einer Pfanne erhitzen und die Käsewürfel darin hellbraun anbraten. Zum Reis geben und gut untermengen. Die restliche Butter in Flöckchen darüber verteilen und warm servieren.

TIPP

▶ Feta wird aus Schafsmilch oder einer Mischung aus Schafs- und Ziegenmilch hergestellt. Er reift in Salzlake und hat einen intensiven Geschmack.

Reispfanne mit Pute

Für 4 Personen:

250 g Langkornreis
Salz
1 rote Paprikaschote
3 Frühlingszwiebeln
1 Dose Maiskölbchen (425 g)
400 g Putenschnitzel
1 kleines Stück Ingwerwurzel
1 Knoblauchzehe
6 EL Sonnenblumenöl
50 ml Gemüsebrühe
2 EL Sojasoße
½ TL Sambal Oelek
150 g TK-Erbsen, aufgetaut

Zubereitungszeit: 35 Min.

Nährwerte pro Person: 480 kcal, 2005 kJ, 16 g EW, 10 g F, 76 g KH

1 Gewaschenen Reis mit ½ l Salzwasser in einen Topf geben. Das Ganze erhitzen und in ca. 20 Minuten weich garen.

2 In der Zwischenzeit Paprikaschote halbieren, von Kernen und weißen Innenhäuten befreien. Dann waschen und in dünne Streifen schneiden. Frühlingszwiebeln von welken Stellen und Wurzelansätzen befreien, dann waschen und mit dem Grün in Ringe schneiden.

3 Mais abtropfen lassen. Fleisch kalt abbrausen, dann trocken tupfen und in dünne Streifen schneiden. Ingwer und Knoblauch schälen und fein hacken.

4 1 EL Öl in einer Pfanne erhitzen, Fleisch mit Ingwer und Knoblauch darin unter Rühren anbraten, anschließend herausnehmen und warm halten.

5 3 EL Öl in die Pfanne geben, Reis 5 Minuten anbraten, ab und zu wenden. Gemüsebrühe mit Sojasoße und Sambal Oelek verrühren. Paprikastreifen, Zwiebelringe und Erbsen zum Reis geben und 3 Minuten mitbraten.

6 Reis mit der Brühe ablöschen. Mais und Fleisch hinzugeben und unterrühren. Reispfanne heiße servieren.

TIPP

▶ Achten Sie beim Kauf des Fisches darauf, dass dieser frisch ist. Zu Hause sollte er am besten noch am selben Tag verarbeitet werden. Im Kühlschrank lässt er sich 1 Tag lang aufbewahren. Dazu sollten Sie ihn aus der Verpackung nehmen, abspülen, trocken tupfen und auf einen Teller legen.

Fisch-Reis-Auflauf

(Abbildung S. 163)

Für 4 Personen:

250 g Trigranoreis (Reismischung von Oryza)
165 g Tomatenpaprikastreifen (Glas)
1 kleine Dose gehackte Tomaten
Salz, Pfeffer, Zucker
4 Rotbarschfilets (à 150 g)
Saft von ½ Zitrone
50 g Speck
30 g Butter
Paprikapulver
4 frische Tomaten
1 Zwiebel

2 EL Rapsöl
200 g Schlagsahne

Zubereitungszeit: 25 Min.
Garzeit: 20 Min.

Nährwerte pro Person: 785 kcal, 3285 kJ, 37 g EW, 45 g F, 56 g KH

1 Reis nach Packungsanweisung zubereiten, die Kochzeit jedoch auf 15 Minuten verkürzen. Tomatenpaprikastreifen abgießen und mit den gehackten Tomaten vermengen. Mit Salz, Pfeffer und ein wenig Zucker würzen.

2 Fisch kalt waschen, trocken tupfen und mit Zitronensaft beträufeln. Von beiden Seiten salzen und pfeffern. Hautseite der Filets 3- bis 4-mal schräg einschneiden. Speck in hauchdünne Scheiben schneiden und in die Schlitze stecken.

3 Eine große Auflaufform mit etwas Butter einfetten und den Reis einfüllen. Die Tomaten-Paprika-Mischung darüber verteilen. Darauf nebeneinander die Fischfilets mit der Speckseite nach oben legen. Mit Paprikapulver bestäuben.

4 Frische Tomaten waschen, trocken tupfen und kreuzweise einschneiden. Salzen und zwischen die Fischfilets setzen. Restliche Butter in Flöckchen darübergeben und im vorgeheizten Backofen bei 200 Grad ca. 20 Minuten garen.

5 Inzwischen die Zwiebel schälen und würfeln. Rapsöl in einer kleinen Pfanne erhitzen und die Zwiebelwürfel darin braun braten.

6 Sahne mit 1 Prise Salz und etwas Zucker steif schlagen. Auf den fertig gegarten Auflauf löffelweise die Sahne setzen und darauf die heißen, knusprigen Zwiebelwürfel verteilen. Anschließend heiß servieren.

Griechischer Gemüse-Reis-Auflauf

Für 4 Personen:

2 Spitzen-Langkorn-Reis (Kochbeutel, z. B. von reis-fit)
2 große Auberginen
2 große Zucchini
2 rote Paprikaschoten
Salz, 7 EL Olivenöl
Pfeffer
1 große Zwiebel
2 Knoblauchzehen
200 g gemischtes Hackfleisch
125 g Fetakäse, 2 Eier
250 g Crème fraîche, 200 ml Milch
25 g Parmesan, gerieben
½ TL gerebelter Thymian
½ TL gerebelter Majoran
Öl für die Auflaufform
25 g Butterflöckchen
1 EL frische Thymianblättchen

Zubereitungszeit: 40 Min.
Garzeit: 30 Min.

Nährwerte pro Person: 1039 kcal, 4347 kJ, 36 g EW, 68 g F, 62 g KH

1 Reis nach Packungsanweisung garen.

2 Auberginen, Zucchini und Paprika waschen und trocken tupfen.

TIPP

▶ Wer es etwas orientalischer mag, würzt die Soße zusätzlich mit ½ TL Zimtpulver, 2 EL Korinthen und 1 EL gehackten Pinienkernen.

Auberginen in 1 cm dicke Scheiben schneiden, salzen und 10 Minuten ziehen lassen.

3 Zucchini ebenfalls in Scheiben schneiden. Paprikaschoten halbieren, von Kernen und weißen Innenwänden befreien und in mundgerechte Stücke schneiden.

4 Auberginen abtropfen lassen. Dann zusammen mit Zucchini und Paprika auf ein mit 2 EL Öl ausgestrichenes Backblech geben. Salzen und pfeffern.

5 3 EL Öl und 4 EL Wasser verrühren und damit Gemüse beträufeln. Im Backofen auf Grillstufe von jeder Seite je ca. 8 Minuten bräunlich grillen.

6 Inzwischen Zwiebel und Knoblauch schälen, in kleine Würfel schneiden. 2 EL Öl in einer Pfanne erhitzen und Zwiebel mit Knoblauch darin glasig dünsten. Hackfleisch zugeben und unter Rühren krümelig braten. Mit Salz und Pfeffer würzen und mit 100 ml Wasser ablöschen.

7 Fetakäse in feine Scheiben schneiden. Backofen auf 180 Grad vorheizen. Für die Soße Eier, Crème fraîche und Milch verquirlen. Parmesan unterrühren, mit Thymian, Majoran, Salz und Pfeffer kräftig abschmecken.

8 Eine Auflaufform mit Öl einfetten. Zuerst den Reis einfüllen, darauf das Hackfleisch schichten und dann das Gemüse. Mit dem Käse bestreuen. Soße darübergießen und mit Butterflöckchen bestreuen.

9 Auflauf auf die mittlere Schiene des Ofens stellen und in ca. 30 Minuten goldbraun backen. Das Ganze vor dem Servieren 5 Minuten abkühlen lassen. Mit Thymianblättchen bestreut servieren.

Nasigoreng mit Shrimps

Für 4 Personen:

150 g Langkornreis
Salz, 2 Eier
weißer Pfeffer, 6 EL Pflanzenöl
1 rote Paprikaschote
1 Stange Lauch, 2 Zwiebeln
2 Knoblauchzehen
300 g Hähnchenbrustfilet
300 g Schweineschnitzel
80 g küchenfertige, in Lake eingelegte Shrimps
½ TL Sambal Oelek, 4–5 EL Sojasoße

Zubereitungszeit: 35 Min.

Nährwerte pro Person: 621 kcal, 144 kJ, 14 g EW, 15 g F, 35 g KH

1 Den Reis im Salzwasser nach Packungsanweisung kochen. Danach auskühlen lassen.

2 Eier verquirlen und mit Salz und Pfeffer würzen. Wenig Öl in einer Pfanne erhitzen und Ei portionsweise zu hauchdünnen Küchlein backen. Abgekühlt in sehr feine Streifen teilen.

3 Paprika halbieren, von Kernen und weißen Innenhäuten befreien und waschen. Lauch von welken Stellen und Wurzelansatz befreien und sehr gründlich waschen. Zwiebeln und Knoblauch schälen.

4 Paprikaschote und Lauch in Streifen schneiden, Zwiebeln und Knoblauch würfeln. Das Hähnchen- und Schweinefleisch kalt abbrausen und trocken tupfen, dann in sehr feine Streifen schneiden.

5 3 EL Öl in einer Pfanne erhitzen. Fleisch portionsweise anbraten und danach wieder herausnehmen.

6 Restliches Öl erhitzen und das Gemüse darin unter Rühren nicht zu weich braten. Reis zufügen und hellgelb braten. Fleischstreifen und abgetropfte Shrimps darin erhitzen, mit Sambal Oelek sowie Sojasoße würzen. Eierkuchenstreifen untermischen, das Ganze abschmecken und sofort servieren.

Pilzrisotto mit Rucola

Für 4 Personen:

100 g Zwiebeln, 1 Knoblauchzehe
500 g Pilze der Saison (z. B. Steinpilze, Pfifferlinge, Champignons)
1 Bd. Rucola, 2 EL Olivenöl
250 g Risottoreis
3 Zweige Thymian
400 ml Gemüsebrühe
Salz, Pfeffer, Cayennepfeffer
¼ l Alpro soya Cuisine

Zubereitungszeit: 45 Min.

Nährwerte pro Person: 430 kcal, 1789 kJ, 11 g EW, 20 g F, 52 g KH

1 Zwiebeln und Knoblauch schälen und fein würfeln. Pilze putzen und in mundgerechte Stücke schneiden. Rucola putzen, waschen und trocken schleudern.

2 Olivenöl in einer Pfanne erhitzen. Zwiebeln und Knoblauch darin glasig dünsten. Pilze rundherum anbraten, herausnehmen und beiseite stellen. Reis und abgezupfte Thymianblättchen in die Pfanne geben und kurz andünsten. Mit der Hälfte der Gemüsebrühe ablöschen.

3 Mit Salz, Pfeffer und Cayennepfeffer würzen. 25 Minuten köcheln lassen, dabei immer wieder umrühren. Nach und nach Gemüsebrühe und Alpro soya Cuisine zufügen.

4 Zum Schluss die Pilze zugeben, den Risotto kurz aufkochen und kräftig abschmecken. Rucola klein schneiden, unter den Reis heben und sofort servieren.

6 Kräuter waschen, trocken schütteln, Blättchen von den Stielen zupfen und fein hacken. Parmesan und Gemüse unter den Risotto heben, mit Pfeffer abschmecken und mit Kräutern bestreuen. Mit Kräuterblättchen garniert servieren.

TIPP

▶ Pilze sollten nicht gewaschen, sondern nur abgebürstet werden. Sie saugen sich sonst wie ein Schwamm mit Wasser voll und verlieren an Geschmack.

Risotto provenzalisch

Für 4 Personen:

1 Zwiebel, 2 Knoblauchzehen
5 EL Olivenöl, 300 g Risottoreis
200 ml Weißwein
800 ml Gemüsebrühe
1 Zucchini, 200 g Kirschtomaten
2 gelbe Paprikaschoten
je 2 Zweige Thymian und Estragon
2 Stängel Petersilie
150 g Parmesan, frisch gerieben
Pfeffer
Kräuterblättchen zum Garnieren

Zubereitungszeit: 40 Min.

Nährwerte pro Person: 438 kcal, 1830 kJ, 15 g EW, 19 g F, 45 g KH

1 Zwiebel und Knoblauch schälen, in kleine Würfel schneiden. 4 EL Olivenöl in einem Topf erhitzen und die Würfel darin glasig andünsten.

TIPP

▶ Servieren Sie dazu feine Kalbsschnitzel: 12 dünne Kalbsschnitzel unter fließendem kaltem Wasser waschen und mit Küchenpapier trocken tupfen. Ein wenig Butterschmalz in einer Pfanne stark erhitzen und die Schnitzel von beiden Seiten 2–3 Minuten anbraten. Mit Salz sowie Pfeffer würzen, vor dem Anrichten mit etwas Zitronensaft beträufeln.

2 Reis zufügen und ebenfalls dünsten, bis die Reiskörner glasig werden. Weißwein dazugeben, aufkochen und so lange unter Rühren weitergaren, bis der Wein eingekocht ist.

3 Heiße Gemüsebrühe nach und nach unter häufigem Rühren zu dem Risotto geben. Ca. 25 Minuten bei niedriger Hitze garen. Der Reis sollte dann bissfest sein.

4 Inzwischen Zucchini waschen und in dünne Scheiben schneiden. Kirschtomaten waschen, trocken tupfen und halbieren. Paprika halbieren, von den Kernen und weißen Innenwänden befreien, waschen und in grobe Stücke schneiden.

5 Restliches Olivenöl in einer Pfanne erhitzen und Zucchini und Paprika nacheinander darin andünsten und dann vermengen. Tomatenhälften dazugeben und warm werden lassen.

Gefüllte Reisbällchen

Für 4 Personen:

Für den Reis:
250 g Risottoreis, Salz
je 2 EL Petersilie und Basilikum, gehackt
20 g Butter, 1 Ei
50 g Parmesan, frisch gerieben
Pfeffer
Für die Füllung:
10 g getrocknete Steinpilze
1 kleine Zwiebel
3 EL Pflanzenöl (z. B. von Biskin)
100 g Erbsen (frisch oder TK)
1 EL Tomatenmark
20 ml trockener Weißwein
100 g Rinderhackfleisch
Salz, 75 g Mozzarella
Außerdem:
Paniermehl zum Wenden
Pflanzenfett zum Frittieren

Zubereitungszeit: 40 Min.

Nährwerte pro Person: 642 kcal, 2686 kJ, 27 g EW, 32 g F, 62 g KH

1 Reis in ¾ l kochendes Salzwasser einstreuen und bei niedriger Temperatur 20 Minuten ausquellen lassen, dabei immer wieder umrühren. Anschließend den Topf vom Herd nehmen und Kräuter, Butter, Ei und Parmesan untermengen. Mit Pfeffer abschmecken und abkühlen lassen.

2 Pilze in wenig warmem Wasser 20 Minuten einweichen. Zwiebel schälen und fein hacken. Pilze aus dem Wasser nehmen, abtropfen lassen und klein schneiden. Das Einweichwasser beiseitestellen.

3 In einem Topf 2 EL Pflanzenöl erhitzen und die Zwiebel darin andünsten. Pilze, Erbsen, Tomatenmark und das Einweichwasser der Pilze zufügen. Wein angießen und alles bei geringer Hitze ca. 20 Minuten schmoren lassen.

4 In einer Pfanne das restliche Pflanzenöl erhitzen und das Hackfleisch darin ca. 5 Minuten kräftig anbraten, salzen und unter die Gemüsemischung geben. Zugedeckt alles so lange schmoren lassen, bis die gesamte Flüssigkeit eingekocht ist. Die Mischung abkühlen lassen.

5 Mozzarella eventuell abtropfen lassen und fein würfeln. Mit angefeuchteten Händen 1 Handvoll Reis flach drücken, 2 TL der Hackfleisch-Gemüse-Mischung sowie 2–3 Würfel Mozzarella in die Mitte geben, den Reis zur Kugel formen und in Paniermehl wälzen.

6 Die Reisbällchen portionsweise im 170 Grad heißen Pflanzenfett 4–5 Minuten goldgelb frittieren. Herausheben und auf Küchenpapier abtropfen lassen.

▶ Pasta

Pasta

Pasta ist das Grundnahrungsmittel der Italiener, vor allem im Süden, und neben der Pizza wohl der bekannteste Exportschlager unserer südeuropäischen Nachbarn. Rund 300 unterschiedliche Nudelsorten kennt man dort. Klassiker war und ist »pasta asciutta«, Pasta, die mit Soße oder Käse angerichtet wird – traditionelle Hausmannskost also.

TIPP

▶ Zum Kochen von Pasta am besten einen großen Topf verwenden. Für lange Pasta gibt es den Spaghettitopf – hoch und mit Siebeinsatz. Der Topf sollte nur bis zu $^3/_4$ mit Wasser gefüllt sein, damit die Nudeln ausreichend Platz zum »Aufquellen« haben.

WORAUS BESTEHT PASTA?

Hinter dem Begriff »Pasta« verbirgt sich eine Vielzahl kurzer oder langer, dicker oder dünner, flacher oder runder, frischer oder getrockneter Nudeln. Die typisch italienische Pasta wird aus Hartweizengrieß, Salz und Wasser, manchmal auch Olivenöl hergestellt. Vor allem Trockenpasta (pasta secca), die man in Beuteln abgepackt im Supermarkt kaufen kann, besteht aus diesem Teig. Der Basisteig frischer Pasta (pasta fresca), die man im Kühlregal und im Feinkostgeschäft bekommt, die man aber auch ohne Weiteres selbst herstellen kann, setzt sich meist aus Mehl, frischen Eiern, Olivenöl und Salz zusammen. Eine Ausnahme sind Gnocchi, kleine Klößchen, die aus Kartoffelteig gefertigt werden.

Trockenpasta: Makkaroni, Penne & Co.

Getrocknete Pasta findet man heutzutage wohl in jedem Vorratsschrank, denn sie ist, allzeit griffbereit, die Basis für schnelle und unkomplizierte Gerichte.

Pro 100 g Pasta 1 l Wasser zum Kochen bringen, ca. 1 EL Salz hinzufügen und dann die Pasta ins sprudelnd kochende Wasser geben (Bild 1). Kurz umrühren, damit die Nudeln nicht aneinanderkleben, und ohne Deckel in ca. 10 Minuten (bzw. laut Packungsaufschrift) bissfest, der Italiener sagt »al dente«, kochen. Dann die Nudeln abgießen (Bild 2). Pasta gleich mit Soße mischen, damit sie nicht kleben.

Als Richtwert kann man für ein Hauptgericht von ca. 125 g Trockenpasta pro Person ausgehen.

KLEINES LEXIKON DER TROCKENPASTA

▶ Cannelloni: große Röhrennudeln, die gefüllt im Ofen überbacken werden.
▶ Cavatappi: erinnern an kleine Korkenzieher.
▶ Conchiglie: muschelförmige Pasta in verschiedenen Größen; die großen Conchiglioni zum Füllen, die mittleren Conchiglie für Soßengerichte und die kleinen Conchigliette für die Suppe.
▶ Farfalle: schmetterlings- oder schleifenförmige Pasta; auch in Rot und Grün erhältlich.
▶ Fusilli: Pasta, die die Form einer Spirale hat; ebenfalls in verschiedenen Farben im Handel.
▶ Gnocchi: nicht zu verwechseln mit der frischen Pasta aus Kartoffelteig; Nudeln in Form einer Wolke, die von Hersteller zu Hersteller variieren kann.
▶ Makkaroni: in Italien ausschließlich kurze dünne Röhrennudeln; bei uns auch lange dünne Röhrennudeln, die im Italienischen »Zite« heißen.
▶ Orechiette: kleine gewölbte Pastasorte, die den Namen ihrer Form verdankt: Öhrchen.
▶ Penne lisce: kurze glatte Röhrennudel mit abgeschrägten Enden.
▶ Penne rigate: die geriffelte Variante der Penne lisce.

▶ Pipe rigate: auch Lumache (ital. Schnecke) genannt; geriffelte Röhrennudeln, die leicht nach innen gebogen sind und dadurch auch an Schneckenhäuser erinnern.
▶ Rigatoni: dicke Penne rigate mit glatten Enden.
▶ Rissoni: haben nicht nur die Größe und Form von Reiskörnern, sondern auch deren Konsistenz.
▶ Rotelle: Pasta in Form von Wagenrädern, die besonders dekorativ sind und sich für Salate eignen.
▶ Spaghetti: lange dünne Nudelfäden, die es in verschiedenen Farben gibt; dünnere Varianten heißen Vermicelli, Spaghettini, Fedelini und Capellini; werden auch als Nudelnester angeboten.

Frische Pasta: Tagliatelle, Ravioli & Co.

Die Auswahl im Kühlregal, ob im Supermarkt, im Feinkost- oder Spezialitätengeschäft, ist groß. Die gängigsten Sorten sind unterschiedlich breite Bandnudeln, d. h. lange und

flache Nudeln, oder gefüllte Teigtaschen in verschiedenen Formen und Größen.
Beim Kochen gibt es zwischen Trocken- und Frischpasta kaum einen Unterschied. Die Faustregeln »1 l Wasser pro 100 g Pasta« und ein ausreichend großer Topf gelten weiterhin. Frische Pasta ist jedoch bereits nach 3–7 Minuten gar – Ravioli oder Tortellini steigen dann langsam im Topf auf. Bei Bandnudeln bietet sich das übliche Prozedere an: mit einer Gabel aus dem Wasser angeln und probieren. Da frische Pasta aufgrund der im Teig enthaltenen Eier sehr sättigend ist, reichen hier im Schnitt als Hauptspeise 100 g pro Person.

KLEINES LEXIKON DER FRISCHEN PASTA

- Fettuccine: Bandnudeln mittlerer Breite (bis zu 1 cm), die es auch in Grün, Rot, Gelb, Orange oder Schwarz gibt.
- Gnocchi: kleine Teigklößchen aus Kartoffelteig.
- Lasagne: dünne rechteckige Pastaplatten, die abwechselnd mit Hackfleisch oder Gemüse sowie Soße in eine Auflaufform geschichtet und im Ofen überbacken werden; auch mit Spinatgeschmack erhältlich.
- Lasagnette: Bandnudeln mittlerer Breite mit einem gewellten Rand.
- Linguine: dünne Bandnudeln, auch unter dem Namen Trenette bekannt.
- Mezzelune: gefüllte Teigtaschen in Form eines Halbmonds.
- Pappardelle: breiteste Variante (ca. 2 cm) der Bandnudel.
- Ravioli: viereckige Teigtaschen, die einen glatten oder gezackten Rand haben; Füllung besteht aus Fleischfarce, Käse-Gemüse- oder Käse-Speck-Mischung; beliebt sind auch Gemüsefüllungen aus Pilzen oder Radicchio.
- Tagliatelle: breitere Form der Fettuccine.
- Tortellini: kleine Nudeltaschen in Ringform, die mit einer Farce aus Fleisch, rohem Schinken oder einer Spinat-Ricotta-Mischung gefüllt sind; auch als Tricolore-Mischung.

PASTA-GRUNDREZEPT

Für 4 Personen: 400 g Weizenmehl oder je 200 g Weizenmehl und -grieß mit 1 Prise Salz auf der Arbeitsfläche vermischen. Eine Mulde hineindrücken, 4 Eier sowie 1–2 EL Olivenöl dazugeben und mit einer Gabel Eier und Öl verquirlen; dabei Mehl vom Rand untermischen (Bild 1).
Mit den Händen die Masse mit dem restlichen Mehl etwa 8 Minuten verkneten, bis ein glatter Teig entstanden ist, der an einem warmen

Ort 30 Minuten unter einem Tuch ruhen darf. Dann wird der Teig auf der bemehlten Arbeitsfläche mit einem Nudelholz ca. 2,5 mm dünn ausgerollt. Bei der Nudelmaschine die breiteste Walzenstärke einstellen, Teig mit den Händen leicht hineindrücken und mithilfe der Kurbel langsam durchdrehen (Bild 2).
Die Walzenstärke von Mal zu Mal verkleinern, bis der Teig die gewünschte Stärke hat (Bild 3).

Pasta aus dem Ofen

Frische Pasta und Trockenpasta

eignen sich nicht nur zum Kochen, sondern auch zum Überbacken im Ofen. Selbst gemachte Pasta muss vorher nicht gekocht werden, frische Pasta aus dem Kühlregal sollte vorgegart oder mit ausreichend Soße bedeckt werden.
Beliebte Nudelgerichte aus dem Ofen sind Lasagne und Cannelloni. Für eine klassische Lasagne werden Nudelplatten abwechselnd mit Tomaten-Hackfleisch-Soße, einer Béchamelsoße (siehe Kapitel »Soßen«, S. 112), sowie geriebenem Käse in eine Auflaufform geschichtet. Cannelloni werden traditionell mit einer ähnlichen Hackfleisch- bzw. Ragoutmasse gefüllt, dicht nebeneinander in die Form gelegt und mit Käse bestreut. Mehr und mehr setzt sich aber auch die vegetarische Variante durch: Nudelröllchen gefüllt mit einer Masse aus Ricotta, blanchiertem, klein gehacktem Spinat und verquirltem Ei.
Zum Füllen und Überbacken bieten sich zudem Conchiglioni an. Sie lassen sich z. B. mit einer Mischung aus gekochten Spargelstücken, gewürfeltem Hühnerfleisch, Käse, Ei und Paniermehl füllen. In die Form gießt man Weißwein mit etwas Sahne, sodass der Boden gut bedeckt ist.

Für die Ofengerichte eignen sich aber auch andere Nudeln wie Fusilli, Penne, Makkaroni, Rigatoni oder Gnocchi. Sie lassen sich beliebig mit Tomaten-, Sahne-, Käse- oder Fleischsoßen kombinieren. Beim Käse greift man am besten zu würzigem Hartkäse wie Parmesan, Pecorino, Emmentaler oder Bergkäse. Aber auch mildere Käsesorten wie Mozzarella, Feta, Fontina und Gouda eignen sich zum Überbacken.

TIPP

▶ Pastareste lassen sich in einer Nudelpfanne oder einem Auflauf verwerten. Am besten mit weiteren Resten aus dem Kühlschrank wie Wurst, Schinken, Käse oder Gemüse kombinieren. Frische Kräuter, Muskat, Salz und Pfeffer geben den letzten Schliff.

▶ Pasta mit Pesto, Käse & Co.

Selbst gemachte Tagliatelle mit Pesto verde

Für 4 Personen:

400 g Mehl, 4 Eier
100 ml Olivenöl, Salz
Mehl für die Arbeitsfläche
3 Knoblauchzehen
2 Bd. Basilikum
½ TL grobes Meersalz
20 g Pinienkerne
70 g Parmesan, frisch gerieben

Zubereitungszeit: 40 Min.
Ruhezeit: 2 Std.

Nährwerte pro Person: 756 kcal, 3175 kJ, 23 g EW, 39 g F, 75 g KH

1 Für die Nudeln das Mehl in eine Schüssel oder auf die Arbeitsfläche sieben und in die Mitte eine Mulde drücken. Eier, ½ EL Olivenöl und ½ TL Salz hineingeben.

2 Alles zunächst von der Mitte aus verrühren, dann mit den Händen zu einem glatten Teig kneten. Zu einer Kugel formen, in Frischhaltefolie gewickelt 1 Stunde ruhen lassen.

3 Nudelteig portionsweise auf der leicht bemehlten Arbeitsfläche dünn ausrollen und in 1 cm breite, lange Streifen schneiden. Dann Nudeln 1 Stunde antrocknen lassen. Sie dazu am besten über lange Kochlöffelstiele, die über einen hohen Kochtopf gelegt werden, hängen.

4 Für das Pesto Knoblauchzehen schälen und fein hacken. Basilikum waschen, trocken tupfen und die Blättchen in Stücke zupfen.

5 Knoblauch, Basilikum, Meersalz und Pinienkerne im Mörser zu einer feinen Paste zerreiben. Nach und nach Käse unterarbeiten. Zum Schluss restliches Olivenöl untermischen.

6 Salzwasser in einem großen Topf aufkochen. Nudeln darin 4–5 Minuten bissfest garen. In ein Sieb abgießen und etwas Nudelwasser auffangen. Pesto mit 4–5 EL Nudelwasser verrühren und mit den Nudeln vermischen. Sofort servieren.

TIPP

▶ Zu diesem italienischen Klassiker wird traditionell frisch geriebener Parmesan gereicht.

Spaghetti mit Pesto rosso

Für 4 Personen:

350 g getrocknete, in Öl eingelegte Tomaten (Glas)
ca. 100 ml Olivenöl
2 grüne Peperoni, 1 Knoblauchzehe
30 g gemahlene Cashewkerne
30 g gemahlene Pinienkerne
75 g Pecorino, frisch gerieben
½ TL Cayennepfeffer
1 geh. TL Salz
500 g Spaghetti

Zubereitungszeit: 20 Min.

Nährwerte pro Person: 491 kcal, 2055 kJ, 14 g EW, 40 g F, 30 g KH

1 Tomaten in einem Sieb abtropfen lassen, dabei das Öl auffangen und mit Olivenöl auf 190 ml auffüllen.

2 Peperoni waschen, längs halbieren, von Kernen befreien und waschen. Knoblauch schälen und fein hacken. Tomaten, Knoblauch und Peperoni in einem Mixer zerkleinern und mit Cashew- und Pinienkernen fein pürieren. Nach und nach das Öl zufügen.

3 Pecorino untermischen. Mit Cayennepfeffer und Salz abschmecken.

4 Spaghetti in Salzwasser nach Packungsanweisung bissfest kochen und abgießen. Die Hälfte des Pestos unter die Nudeln mischen, Spaghetti auf Teller verteilen und mit einem Klecks Pesto servieren.

VARIANTE

▶ **Lust auf Mandelpesto mit Safran? Es passt besonders gut zu schwarzen Bandnudeln: 1 Päckchen Safranfäden (0,1 g) in 2 EL heißem Wasser auflösen. 1 kleine Scheibe altbackenes Weißbrot würfeln. 1 EL Olivenöl erhitzen, Weißbrot, 1 gehackte Knoblauchzehe sowie 3 EL Mandelstifte darin anrösten und abkühlen lassen. Das Ganze mit 1 TL abgeriebener Orangenschale (unbehandelt) im Mörser zerstoßen, Safran unterrühren und abschmecken. Mit 3–4 EL Orangensaft oder Mandelöl verrühren.**

Linguine mit Bärlauchpesto

Für 4 Personen:

Salz
400 g Linguine
2 Bd. Bärlauch, 3 Knoblauchzehen
100 g Pinienkerne
70 g Parmesan
Pfeffer aus der Mühle
100 ml Olivenöl
Basilikum zum Garnieren

Zubereitungszeit: 20 Min.

Nährwerte pro Person: 827 kcal, 3460 kJ, 26 g EW, 47 g F, 47 g KH

1 Salzwasser in einem großen Topf zum Kochen bringen, Linguine dazugeben und nach Packungsanweisung bissfest garen. In ein Sieb gießen und gut abtropfen lassen.

2 Bärlauch waschen, trocken schütteln und Blätter grob zerkleinern. Knoblauch schälen und hacken. 1 EL Pinienkerne beiseitestellen, restliche Kerne mit Bärlauch und Knoblauch im Mixer pürieren. 50 g Parmesan, 1 Prise Salz, Pfeffer und Olivenöl nach und nach unterrühren.

3 Pinienkerne in einer Pfanne ohne Fett rösten, bis sie anfangen zu duf-

TIPP

▶ **Diese Variante ist eine leckere Alternative zum klassischen Pesto verde mit Basilikum. Die Bärlauchsaison ist jedoch begrenzt: Von Mitte März bis Ende April ist er erhältlich.**

ten. Abgetropfte Linguine mit dem Pesto vermischen, auf vorgewärmten Tellern anrichten und mit restlichem Parmesan bestreuen. Mit gerösteten Pinienkernen und Basilikum servieren.

Spaghetti mit Knoblauchöl

Für 4 Personen:

Salz
400 g Spaghetti
8 Knoblauchzehen
2 rote Peperoni
4–5 EL Olivenöl
½ Bd. Petersilie
Pfeffer

Zubereitungszeit: 15 Min.

Nährwerte pro Person: 495 kcal, 2071 kJ, 15 g EW, 14 g F, 77 g KH

1 Reichlich Salzwasser in einem großen Topf zum Kochen bringen, Spaghetti zufügen und nach Packungsanweisung bissfest garen.

2 Knoblauch schälen und hacken. Peperoni waschen, längs aufschlitzen, Kerne und weiße Innenhäute entfernen und Fruchtfleisch fein würfeln. Olivenöl in einer Pfanne erhitzen, Knoblauch und Peperoni zugeben und nur leicht anbraten, da der Knoblauch sonst bitter wird. Pfanne vom Herd nehmen.

3 Petersilie waschen, trocken schütteln, Blätter von den Stängeln zupfen und fein hacken. Pfanne wieder auf den Herd stellen, 3–4 EL Nudelwasser hinzufügen und umrühren.

4 Nudeln in ein Sieb abgießen, gut abtropfen lassen und dann in die Pfanne geben. Mit Salz und Pfeffer abschmecken. Petersilie darüberstreuen, durchmischen und auf vorgewärmten Tellern servieren.

VARIANTE

▶ Noch ein blitzschnelles Pastarezept gefällig? Wie wär's mit Spaghetti mit Pecorino? Dafür 400 g Spaghetti nach Packungsanweisung bissfest kochen, nur kurz in einem Sieb abtropfen lassen und in eine vorgewärmte Schüssel geben. 120 g frisch geriebenen Pecorino, Pfeffer und Salz zufügen, das Ganze gut durchmengen. Nach Belieben Olivenöl zufügen, gut durchrühren und sofort servieren.

Fusilli mit Mascarpone-Tomaten-Soße

Für 4 Personen:

Salz
500 g Fusilli
4 Tomaten
1 Bd. Rucola
2 Schalotten
30 g Butter
250 g Mascarpone
100 g Parmaschinken
Pfeffer

Zubereitungszeit: 30 Min.

Nährwerte pro Person: 476 kcal, 1990 kJ, 35 g EW, 11 g F, 58 g KH

1 Salzwasser in einem großen Topf aufkochen, Fusilli hinzufügen und nach Packungsanweisung bissfest garen. In ein Sieb gießen, abtropfen lassen und evtl. warm stellen.

2 Tomaten kreuzweise einritzen, mit kochendem Wasser überbrühen, kalt abschrecken, häuten und das

Fruchtfleisch in Würfel schneiden. Rucola verlesen, waschen, trocken schütteln und bis auf einige Blätter in mundgerechte Stücke zupfen. Schalotten schälen und hacken.

3 Butter in einer Pfanne zerlassen, Schalottenwürfel zufügen und darin bei mittlerer Hitze glasig andünsten. Tomatenwürfel hinzufügen und köcheln lassen, bis die Flüssigkeit vollständig verdampft ist.

4 Mascarpone unter die Tomaten rühren und bei schwacher Hitze schmelzen lassen. Parmaschinken in breite Streifen schneiden. Soße salzen, pfeffern, zum Schluss Schinken und Rucola untermischen.

5 Fusilli auf Teller verteilen und die Soße darübergießen. Mit restlichem Rucola bestreut servieren.

TIPP

▶ **Mascarpone ist ein italienischer Frischkäse, den Sie im Kühlregal Ihres Supermarkts finden. Man kann ihn als Alternative zu Sahne in Soßen verwenden oder auch für cremige Desserts.**

Tagliatelle mit Frischkäsesoße

Für 4 Personen:

1 Schalotte
1 EL Butter
60 ml Weißweinessig
¼ l Hühnerbrühe
1 Bd. Brunnenkresse
Salz
400 g Tagliatelle
100 g Frischkäse
1 EL körniger Senf
Pfeffer

Zubereitungszeit: 25 Min.

Nährwerte pro Person: 424 kcal, 1781 kJ, 15 g EW, 20 g F, 49 g KH

1 Schalotte schälen und fein hacken. Butter in einer Pfanne zerlassen, Schalotte hinzufügen und 5 Minuten glasig andünsten. Mit Weißwein und 65 ml Wasser ablöschen und einkochen lassen, bis die Flüssigkeit fast verkocht ist. Mit Brühe auffüllen und nochmals um ca. ⅓ einkochen.

2 Kresse waschen, trocken schütteln, Blätter von den Stängeln zupfen, ¾ davon fein hacken und die restlichen Blätter für die Garnitur beiseitestellen.

3 Reichlich Salzwasser zum Kochen bringen, Tagliatelle hinzufügen und nach Packungsanweisung bissfest garen.

4 Frischkäse unter die reduzierte Soße schlagen, Senf sowie die gehackten Kresseblätter dazugeben und pikant mit Salz und Pfeffer abschmecken. Soße nicht mehr aufkochen, da die Kresse sonst ihre Farbe verliert.

5 Tagliatelle in ein Sieb abgießen, kurz abtropfen lassen und auf Teller verteilen. Die Frischkäsesoße darüber verteilen und mit den restlichen Kresseblättern garnieren.

Fettuccine mit Gorgonzolasoße

Für 4 Personen:

400 g grüne Fettuccine
Salz
150 g Gorgonzola
2 EL Butter
2 TL Zitronenschale, frisch gerieben (unbehandelt)
200 g Sahne
Pfeffer aus der Mühle
Muskatnuss, frisch gerieben
2 EL Petersilie, frisch gehackt

Zubereitungszeit: 20 Min.

Nährwerte pro Person: 478 kcal, 2000 kJ, 14 g EW, 35 g F, 30 g KH

1 Nudeln in reichlich Salzwasser nach Packungsanweisung bissfest kochen. In der Zwischenzeit Gorgonzola in kleine Würfel schneiden.

2 Butter in einer Pfanne bei schwacher Hitze zerlassen, Zitronenschale hineingeben und kurz anbraten. Sahne angießen und langsam zum Kochen bringen.

3 Sahne ca. 3 Minuten unter Rühren köcheln lassen, Gorgonzola zufügen und bei schwacher Hitze schmelzen lassen. Mit Salz, Pfeffer und Muskat würzen.

4 Nudeln in ein Sieb abgießen und etwas Nudelwasser beiseitestellen. Nudeln in die Soße geben und unterschwenken. 2–3 EL Kochwasser und Petersilie dazugeben, unterrühren und sofort servieren.

VARIANTE

▶ Wie wär's mit Gorgonzola-Nuss-Soße? Hierzu 2 EL Walnusskerne hacken, 2 Knoblauchzehen schälen und würfeln. 2 getrocknete, in Öl eingelegte Tomaten (Glas) würfeln. 1 EL Olivenöl in einer Pfanne erhitzen, Walnüsse und Knoblauch darin bei schwacher Hitze anrösten, 180 g gewürfelten Gorgonzola und ca. 8 EL Milch zufügen und unter Rühren langsam schmelzen lassen. Tomaten zugeben, salzen, pfeffern und mit gekochten Nudeln servieren.

Spaghetti alla carbonara

Für 4 Personen:

500 g Spaghetti
Salz
1 Zwiebel
100 g Emmentaler
1 TL Olivenöl
150 g gekochter Bauchspeck
4 frische Eier, 300 g Sahne
Pfeffer aus der Mühle
2 EL Petersilie, frisch gehackt

Zubereitungszeit: 30 Min.

Nährwerte pro Person: 981 kcal, 4101 kJ, 39 g EW, 50 g F, 92 g KH

1 Spaghetti in reichlich kochendem Salzwasser bissfest kochen und in ein Sieb abgießen. In der Zwischenzeit Zwiebel schälen und fein hacken. Emmentaler fein hobeln.

2 Öl in einer Pfanne erhitzen und die Zwiebel darin bei mittlerer Hitze unter Rühren goldbraun dünsten. Herausnehmen und beiseitestellen.

3 Bauchspeck in feine Würfel schneiden. In die Pfanne geben und knusprig braten. Zwiebel wieder untermischen, dann die abgetropften Spaghetti in die Pfanne geben und unter Rühren gut erhitzen.

4 Eier mit Sahne, Käse, Salz, Pfeffer und Petersilie verrühren. Masse über die Spaghetti gießen, unterheben und rühren, bis die Eier zu stocken beginnen. Pfanne vom Herd nehmen und Nudeln sofort servieren.

▶ Pasta mit Gemüse

Penne mit Cocktailtomaten

Für 4 Personen:

500 g Cocktailtomaten
1 Zwiebel, 1 Knoblauchzehe
3 EL Olivenöl, Salz, Pfeffer
400 g Penne
50 g Parmesan, gerieben
2 EL frische Weißbrotbrösel
40 g Parmesan
frischer Rosmarin zum Garnieren

Zubereitungszeit: 20 Min.

Nährwerte pro Person: 519 kcal, 2180 kJ, 21 g EW, 15 g F, 74 g KH

1 Tomaten waschen, die Hälfte der Tomaten entkernen und in Würfel schneiden. Zwiebel und Knoblauchzehe schälen und fein hacken.

2 Öl in einem Topf erhitzen, Zwiebel und Knoblauch hinzufügen, darin andünsten und anschließend die Tomatenwürfel zugeben. Mit Salz und Pfeffer kräftig würzen. Bei mittlerer Hitze ca. 10 Minuten kochen.

3 In der Zwischenzeit reichlich Salzwasser in einem großen Topf zum Kochen bringen, Penne hineingeben und nach Packungsanweisung bissfest garen. In ein Sieb abgießen und leicht abtropfen lassen.

4 Restliche Tomaten achteln, zur Tomatensoße geben und erhitzen. Mit Gewürzen abschmecken. Penne sowie geriebenen Parmesan und Weißbrotbrösel untermischen. Das Ganze auf Tellern anrichten. Nach Belieben Parmesan darüberhobeln und mit Rosmarin garniert servieren.

Spaghetti mit frischer Tomatensoße

Für 4 Personen:

500 g reife Tomaten
1 rote Zwiebel
2 Knoblauchzehen
400 g Spaghetti
Salz
1 EL Olivenöl
Pfeffer aus der Mühle
1 Prise Zucker
½ Bd. Basilikum

Zubereitungszeit: 20 Min.

Nährwerte pro Person: 203 kcal, 850 kJ, 7 g EW, 5 g F, 34 g KH

1 Tomaten waschen, jeweils den Stielansatz entfernen und das Fruchtfleisch klein würfeln. Zwiebel und Knoblauch schälen und fein hacken. Spaghetti in Salzwasser nach Packungsanweisung bissfest kochen.

2 Olivenöl in einem Topf erhitzen. Zwiebel und Knoblauch darin bei mittlerer Hitze unter Rühren glasig dünsten. Tomaten zugeben und mit Salz, Pfeffer und Zucker würzen. Ca. 10 Minuten köcheln lassen.

TIPP

▶ Statt der frischen Tomaten können Sie ebenso gut auch geschälte Tomaten aus der Dose verwenden. Für zusätzliches Aroma können Sie die Spaghetti mit Thymianblättchen bestreuen.

VARIANTE

▶ Hier ein Rezept mit halbierten Tomaten und Rucola: 400 g Tagliatelle nach Packungsanweisung bissfest kochen und abgießen. 1 Bd. Rucola waschen, trocken schütteln und grob zerkleinern, dabei harte Stiele entfernen. 400 g Cocktailtomaten waschen und halbieren. 3 EL Öl in einer Pfanne erhitzen, Tomaten darin bei mittlerer Hitze ca. 3 Minuten anschwitzen, Nudeln und Rucola zufügen, salzen und pfeffern. Das Ganze gut vermengen und sofort servieren.

3 Basilikum waschen und trocken schütteln. Blättchen von den Stängeln zupfen und fein hacken. Nudeln in ein Sieb abgießen, abtropfen lassen und in eine große Schüssel füllen.

4 Soße darübergießen und mit Nudeln vermischen. Mit Basilikumblättchen bestreut servieren.

Spaghetti mit Brokkoli und Champignons

Für 4 Personen:

10 g getrocknete Steinpilze
250 g Brokkoli
Salz
350 g Champignons
2 kleine Zwiebeln
400 g Spaghetti
2 EL Pflanzencreme mit Butteraroma (z. B. von Biskin)
Pfeffer aus der Mühle
140 g Sahne
6 EL Parmesan, gerieben
Parmesan, gehobelt, zum Garnieren

Zubereitungszeit: 30 Min.

Nährwerte pro Person: 590 kcal, 2480 kJ, 24 g EW, 22 g F, 74 g KH

1 Steinpilze putzen, ggf. waschen und in 400 ml lauwarmem Wasser ca. 20 Minuten einweichen. Brokkoli in Salzwasser waschen, in kleine Röschen teilen und in kochendem Salzwasser 5 Minuten garen. In ein Sieb gießen und abtropfen lassen. Champignons putzen und halbieren. Zwiebeln schälen und hacken.

2 Reichlich Salzwasser zum Kochen bringen und Spaghetti darin nach Packungsanweisung bissfest garen.

3 Pflanzencreme in einer Pfanne erhitzen, Zwiebeln dazugeben und darin glasig dünsten. Champignons hinzufügen und ca. 5 Minuten kräftig anbraten. Salzen und pfeffern.

4 Steinpilze mit Einweichwasser und Sahne zu den Pilzen geben, das Ganze aufkochen und bei mittlerer Hitze einreduzieren lassen. Parmesan einrühren, Brokkoli zugeben, mit Salz und Pfeffer würzen.

5 Nudeln abgießen, abtropfen lassen, mit der Soße vermischen und auf Tellern anrichten. Nach Wunsch mit Parmesanhobeln servieren.

Conchiglie mit Spinat und Schafskäse

Für 4 Personen:

750 g frischer Spinat
Salz, 1 rote Chilischote
400 g Conchiglie
3–4 EL Olivenöl
Pfeffer aus der Mühle
250 g Feta

Zubereitungszeit: 20 Min.

Nährwerte pro Person: 616 kcal, 2577 kJ, 28 g EW, 24 g F, 71 g KH

1 Spinat verlesen, d. h. welke Blätter aussortieren, waschen, abtrop-

fen lassen und in kochendem Salzwasser 1 Minute blanchieren. In ein Sieb gießen, mit eiskaltem Wasser abschrecken und warm halten. Chilischote längs halbieren, Kerne entfernen. Schote waschen und hacken.

2 Reichlich Salzwasser zum Kochen bringen, Nudeln hinzufügen und nach Packungsanweisung bissfest kochen. In ein Sieb abgießen, dabei ca. 150 ml Kochwasser auffangen und beiseitestellen.

3 Nudeln mit Olivenöl vermengen, Spinat dazugeben und mit der fein gehackten Chilischote untermischen. Mit Pfeffer pikant würzen. Zum Schluss den Käse darüberbröckeln und kurz unterheben.

VARIANTE

▶ Kein frischer Spinat zu bekommen? Hier eine Variante mit TK-Spinat: 400 g Conchiglie in Salzwasser bissfest kochen. In der Zwischenzeit 400 g TK-Rahmspinat in einem Topf unter Rühren erwärmen, mit 1 entkernten und fein gehackten Chilischote verrühren. Mit Salz, Pfeffer und geriebener Muskatnuss würzen. Nudeln abgießen und mit der Soße vermengen. Zum Schluss mit 200 g zerbröckeltem Feta vermengen.

Tagliatelle mit gemischtem Gemüse

Für 4 Personen:

300 g Brokkoli
2 rote Paprikaschoten
400 g weißer und grüner Spargel
100 g kleine Pfifferlinge
1 TL Rapsöl
Salz
Pfeffer
100 ml Gemüsebrühe
100 g Sahne
300 g Tagliatelle
1 Bd. glatte Petersilie

1 TL Limettensaft
½ TL scharfer Senf

Zubereitungszeit: 40 Min.

Nährwerte pro Person: 308 kcal, 1287 kJ, 11 g EW, 17 g F, 29 g KH

1 Brokkoli putzen, waschen und in kleine Röschen teilen. Dicke Stiele schälen und klein schneiden. Paprikaschoten halbieren, von Kernen und weißen Innenwänden befreien, waschen und in mundgerechte Stücke schneiden.

2 Spargelenden abschneiden, das untere Drittel des grünen Spargels und den weißen Spargel ganz schälen, putzen und die Stangen schräg in 1 cm dicke Stücke schneiden. Pfifferlinge mit Küchenpapier abreiben und größere Pilze halbieren.

3 Öl in einer großen Pfanne erhitzen. Brokkoli, Paprika und Spargel darin ca. 5 Minuten unter Rühren bei mittlerer Hitze andünsten. Salzen und pfeffern. Mit Brühe und Sahne aufgießen, zugedeckt ca. 6 Minuten garen. Pfifferlinge zugeben und weitere 5 Minuten garen. Falls nötig, etwas Brühe nachgießen.

4 Tagliatelle in reichlich Salzwasser nach Packungsanweisung bissfest kochen. Petersilie mit Wasser abbrausen, trocken schütteln, ohne die harten Stängel fein hacken und zum Gemüse geben.

5 Nudeln in ein Sieb abgießen, zum Gemüse geben und untermengen. Mit Limettensaft, Senf, Salz und Pfeffer abschmecken und anrichten.

TIPP

▶ Die Pasta wird schön gelb, wenn Sie etwas Kurkuma oder Safran mit ins Kochwasser geben. Zum Kochen eignen sich neben Gelbem Zentner auch Kürbisse der Sorte Hokkaido.

Pasta mit Kürbis

Für 4 Personen:

500 g Kürbis (z. B. Gelber Zentner)
1 Schalotte
2 EL Butter
Saft von $\frac{1}{2}$ Orange
200 ml Gemüsebrühe, Salz
400 g Pasta (z. B. Ballerine)
Muskatnuss, frisch gerieben
Pfeffer aus der Mühle
40 g Gruyère, gerieben

Zubereitungszeit: 25 Min.
Garzeit: 20 Min.

Nährwerte pro Person: 463 kcal, 1937 kJ, 18 g EW, 9 g F, 77 g KH

1 Kürbis schälen, von Kernen und Fasern befreien und das Fruchtfleisch in kleine Würfel schneiden. Schalotte schälen und fein hacken.

2 Butter bei mittlerer Hitze in einer Pfanne zerlassen, die Schalotte darin 3 Minuten glasig andünsten. Kürbisfleisch hinzufügen und weitere 5 Minuten schmoren. Mit Orangensaft und Brühe ablöschen und alles bei schwacher Hitze 15 Minuten einkochen lassen.

3 Reichlich Salzwasser in einem großen Topf zum Kochen bringen, Nudeln darin nach Packungsanweisung bissfest kochen.

4 Kürbisgemüse mit Muskat, Salz und Pfeffer pikant abschmecken, dann Pfanne vom Herd nehmen. In eine Schüssel füllen, Nudeln zugeben, vermengen und noch heiß mit Käse bestreut servieren.

Conchiglie mit Ofengemüse

Für 4 Personen:

je 1 rote und grüne Paprikaschote
2 Zucchini, 1 Aubergine
500 g Strauchtomaten
4 Knoblauchzehen
8 EL Olivenöl
Salz, Pfeffer
1–2 EL Balsamico-Essig
400 g Conchiglie
1 EL Rosmarinnadeln
1 TL Honig
75 g Pecorino, gehobelt

Zubereitungszeit: 45 Min.
Garzeit: 30 Min.

Nährwerte pro Person: 630 kcal, 2666 kJ, 24 g EW, 22 g F, 83 g KH

1 Backofen auf 220 Grad vorheizen. Ofenblech ca. 5 Minuten in den Backofen schieben und erhitzen.

2 Inzwischen Paprika waschen, putzen und klein schneiden. Zucchini und Aubergine waschen, putzen und klein würfeln. Tomaten waschen, vierteln, Kerne entfernen und Fruchtfleisch klein schneiden, Stielansätze entfernen. Knoblauch schälen und hacken.

3 7 EL Olivenöl auf das heiße Blech geben. Vorbereitetes Gemüse mischen und auf dem Blech verteilen. Salzen, pfeffern und für ca. 30 Minuten im Ofen garen, zwischendurch das Gemüse wenden. Kurz vor Garzeitende mit Balsamico-Essig beträufeln.

4 Nudeln nach Packungsanweisung in kochendem Salzwasser bissfest kochen. In der Zwischenzeit restliches Olivenöl in einer Pfanne erhitzen. Rosmarinnadeln darin rösten, bis sie goldgelb sind. 1 EL Honig unterrühren und beiseitestellen.

5 Nudeln in ein Sieb abgießen, abtropfen lassen und auf Teller verteilen. Ofengemüse aus dem Backofen nehmen und über die Nudeln geben. Mit Rosmarin und gehobeltem Pecorino bestreuen und servieren.

Hörnchennudeln mit Brokkoli-Zwiebel-Soße

Für 4 Personen:

700 g Brokkoli
2 Zwiebeln
2 EL Olivenöl
2 EL Sojasoße
3 EL Weißwein
300 ml Gemüsebrühe
2 EL Tomatenmark
½ TL getrockneter Thymian
Salz
Pfeffer aus der Mühle
400 g Hörnchennudeln (Chifferini)
60 g Parmesan, frisch gerieben

Zubereitungszeit: 30 Min.

Nährwerte pro Person: 510 kcal, 2510 kJ, 28 g EW, 17 g F, 60 g KH

1 Brokkoli waschen, putzen und in kleine Röschen teilen. Zwiebeln schälen und in feine Ringe schneiden. Öl in einer Pfanne erhitzen. Zwiebeln darin bei schwacher Hitze glasig dünsten. Mit Sojasoße und Weißwein ablöschen und alles kurz unter Rühren erhitzen.

2 Gemüsebrühe, Tomatenmark und Thymian hinzufügen. Soße bei mittlerer Hitze ca. 10 Minuten etwas einkochen lassen. Salzen und pfeffern.

3 Nudeln in Salzwasser nach Packungsanweisung bissfest kochen. Brokkoli in einen Topf geben, salzen, mit Wasser bedecken und zugedeckt ca. 5 Minuten garen.

4 Brokkoli in ein Sieb abgießen und mit abgetropften Nudeln, Parmesan und Zwiebelsoße vermischen. Mit Salz und Pfeffer abschmecken und auf Teller verteilen.

TIPP

▶ 2 EL Pinienkerne in einer Pfanne ohne Fett anrösten und zum Schluss über die Nudeln streuen. Da Pinienkerne schnell ranzig werden, sollten sie nach dem Kauf möglichst bald verzehrt werden.

▶ Pasta mit Fleisch, Fisch & Co.

Spaghetti Bolognese

Für 4 Personen:

2 Möhren, 2 Selleriestangen
2 Knoblauchzehen
1 große Zwiebel
100 g geräucherter Speck
2 EL Olivenöl
500 g gemischtes Hackfleisch
Salz, Pfeffer
$^1/_8$ l trockener Weißwein
1 große Dose Eiertomaten (800 g)
ca. 600 ml Rindfleischbrühe
1 EL Crème fraîche
400 g Spaghetti
Parmesanhobel zum Bestreuen

Zubereitungszeit: 25 Min.
Garzeit: 1 $^1/_2$ Std.

Nährwerte pro Person: 29 kcal, 2632 kJ, 41 g EW, 45 g F, 30 g KH

1 Möhren schälen, Sellerie putzen, waschen und mit der Möhre klein würfeln. Knoblauch und Zwiebel schälen und fein hacken. Speck klein würfeln.

2 Olivenöl in einer hohen Pfanne oder einem Topf erhitzen. Knoblauch und Zwiebel darin bei mittlerer Hitze kurz andünsten, Speck und Gemüse zufügen und unter Rühren ca. 10 Minuten anbraten.

3 Hackfleisch zufügen und bei mittlerer Hitze das Fleisch ca. 10 Minuten krümelig braten, dabei immer wieder umrühren. Salzen und pfeffern. Wein angießen und ca. 5 Minuten einkochen lassen.

4 Tomaten mit dem Saft aus der Dose und der Fleischbrühe zum Fleisch gießen und das Ganze bei schwacher Hitze halb abgedeckt ca. 1 Stunde köcheln lassen. Ab und

TIPP

▶ Nach Wunsch mit Basilikumblättchen garnieren.

zu umrühren und nach Bedarf etwas Brühe nachgießen.

5 Crème fraîche einrühren, mit Salz und Pfeffer abschmecken. Ca. 15 Minuten weiterköcheln lassen.

6 Spaghetti in Salzwasser nach Packungsangabe bissfest garen, abgießen, abtropfen lassen und auf Teller verteilen. Bolognesesoße darübergeben und mit Parmesan bestreuen.

Penne mit Rindfleisch-Gemüse-Soße

Für 4 Personen:

400 g Penne
Salz
500 g Rindfleisch (z. B. Hüftsteak)
2 EL Cognac
Pfeffer aus der Mühle
1 kleine Zwiebel
2 EL Olivenöl
1 Dose Pizzatomaten (400 g)
1 rote Paprikaschote
1 rote Chilischote
1 kleine Dose Gemüsemais (200 g)

Zubereitungszeit: 30 Min.

Nährwerte pro Person: 447 kcal, 1870 kJ, 33 g EW, 18 g F, 37 g KH

1 Penne laut Packungsanweisung in Salzwasser bissfest garen, in ein Sieb abgießen und abtropfen lassen. Rindfleisch unter fließendem kaltem Wasser waschen, trocken tupfen und in feine Streifen schneiden. In einer Schüssel mit Cognac vermischen und mit Salz und Pfeffer würzen.

2 Zwiebel schälen, quer halbieren und in dünne Streifen schneiden. Fleisch abtropfen lassen. Öl in einer Pfanne erhitzen und Fleischstücke darin scharf von allen Seiten anbraten. Aus der Pfanne nehmen und warm stellen.

3 Zwiebel in die Pfanne geben und bei mittlerer Hitze andünsten. Tomaten zugeben, Hitze auf kleinste Stufe stellen und ca. 5 Minuten köcheln lassen.

4 Paprikaschote halbieren, Kerne und weiße Innenwände entfernen, Fruchtfleisch waschen und fein würfeln. Chili längs halbieren, Kerne entfernen, Schote waschen und fein würfeln. Paprika und Chili zu den Tomaten geben.

5 Gemüse zugedeckt bei milder Hitze ca. 10 Minuten köcheln lassen. Danach Penne, abgetropften Mais und Fleisch untermischen. Das Ganze warm werden lassen, mit Salz und Pfeffer abschmecken und auf Tellern anrichten.

Tagliatelle mit Lachs und Limetten-Mascarpone-Soße

Für 4 Personen:

400 g Tagliatelle
Salz
1 Zwiebel
2 EL Olivenöl
400 ml Fischfond (Glas)
Saft von 3 Limetten
200 g Zuckerschoten
1 TL Butter
Pfeffer aus der Mühle
400 g Lachsfilet
250 g Mascarpone light (z. B. von Galbani)
3 TL Mehl
Limettenscheiben (unbehandelt) zum Garnieren

Zubereitungszeit: 25 Min.

Nährwerte pro Person: 878 kcal, 3677 kJ, 48 g EW, 39 g F, 82 g KH

1 Tagliatelle nach Packungsanweisung in kochendem Salzwasser bissfest garen.

2 Zwiebel schälen und fein hacken. 1 EL Olivenöl in einer Pfanne erhitzen, Zwiebel darin bei mittlerer Hitze unter Rühren glasig anschwitzen und mit Fischfond ablöschen. Limettensaft zufügen und ca. 10 Minuten bei schwacher Hitze köcheln lassen.

3 Zuckerschoten waschen und in Rauten schneiden. Butter in einem Topf erhitzen, Schoten darin ca. 5 Minuten bei schwacher Hitze anbraten und mit Salz und Pfeffer würzen.

4 Lachs waschen, trocken tupfen, würfeln, mit Salz und Pfeffer würzen. Restliches Öl in einer Pfanne erhitzen, Lachs zufügen und bei schwacher Hitze ca. 5 Minuten von allen Seiten anbraten.

5 200 g Mascarpone in die Soße unterrühren und aufkochen lassen. Restlichen Mascarpone mit Mehl verrühren, in die Soße geben und nochmals aufkochen lassen.

6 Lachs mit Gemüse, Nudeln und Limetten-Mascarpone-Soße auf Tellern anrichten und nach Wunsch mit Limettenscheiben garnieren und servieren.

VARIANTE

▶ **Genauso schnell können Sie Penne mit Räucherlachs zubereiten: 400 g Penne bissfest garen. 120 g Räucherlachs in feine Streifen schneiden. 2 EL Butter in einem breiten Topf erhitzen, 150 g Sahne und Hälfte vom Lachs zufügen, salzen, pfeffern, mit ½ TL getrocknetem Thymian bestreuen und erhitzen, ohne zu kochen. Penne abgießen, abtropfen lassen und mit der Soße vermischen. Penne auf Teller verteilen und mit dem restlichen Lachs bestreuen.**

Spaghetti mit Garnelen

Für 4 Personen:

400 g Spaghetti
Salz
1 kleines Stück Ingwer (ca. 5 g)
1 rote Chilischote
1 große rote Paprikaschote
200 g Sahne
2 EL Martini dry
½ TL abgeriebene Zitronenschale (unbehandelt)
1 EL Zitronensaft
Pfeffer aus der Mühle
3 EL Pflanzenöl
400 g küchenfertige Garnelen
Currypulver

Zubereitungszeit: 20 Min.

Nährwerte pro Person: 769 kcal, 3232 kJ, 32 g EW, 38 g F, 74 g KH

1 Spaghetti nach Packungsanweisung in Salzwasser bissfest garen, kalt abschrecken und abtropfen lassen. Ingwer schälen, Chilischote längs halbieren, entkernen und zusammen mit dem Ingwer fein hacken.

2 Paprikaschote mit einem Sparschäler schälen und mit einem Herzausstecher oder Messer Herzen ausstechen. Die Paprikastücke waschen.

3 Sahne in einer großen Pfanne aufkochen, Martini, Zitronenschale und -saft dazugeben. Spaghetti zufügen, vermischen und mit Salz und Pfeffer abschmecken.

4 2 EL Öl in einer Pfanne erhitzen, Ingwer, Chili und Garnelen darin bei mittlerer Hitze unter Rühren ca. 5 Minuten anbraten und mit Salz, Pfeffer und Curry würzen.

5 Restliches Öl erhitzen und die Paprikaherzen darin kurz bei mittlerer Hitze anbraten. Spaghetti auf Tellern anrichten, Garnelen darauf verteilen und mit Paprikaherzen verzieren.

Wein: köstlicher Genuss

Wein ist ein perfekter Begleiter schöner Stunden, egal ob allein, zu zweit oder mit Freunden. Doch viele stehen etwas hilflos vor den meterlangen Regalen im Fachhandel oder Supermarkt: Nach welchen Kriterien wählt man Wein aus? Und worauf achtet man beim Servieren?

Wo kaufe ich Wein?

▶ Beim Winzer: Wer ein Gefühl dafür bekommen möchte, wie viel Arbeit, aber auch Liebe im Wein steckt, sollte einen Winzer besuchen. Er bietet meist auch Weinproben an.

▶ Im Lebensmittelhandel: Hier findet man eine große Auswahl an nationalen und internationalen Weinen. Da der Lebensmittelhandel im Gegensatz zum Fachhändler in größeren Mengen einkauft, kann er vor allem im unteren und mittleren Preissegment günstige Angebote machen.

▶ Im Fachgeschäft: Viele Weinfachgeschäft haben sich auf bestimmte Regionen, Länder oder Weinsorten spezialisiert. Oft besteht die Möglichkeit, den Wein vor dem Kauf zu probieren.

▶ Im Versandhandel: Auswahl und Bestellung erfolgen via Internet oder Katalog bequem von zu Hause aus. Häufig werden Schnupperpakete angeboten, die eine Auswahl verschiedener Weine enthalten.

TIPP

▶ Auf Weinmessen treffen sich Winzer wie Händler; aktuelle Entwicklungen und Produkte werden präsentiert und der ein oder andere Wein kann verkostet werden. Termine finden Sie im Internet oder auch in der Lokalpresse.

Weinetikett richtig lesen

Das Etikett liefert einen ersten hilfreichen Hinweis auf die Qualität eines Weines. Einige Angaben sind gesetzlich geregelt: Herkunftsbezeichnung, Name und Firmensitz des Erzeugers oder Abfüllers, das Nennvolumen, der Alkoholgehalt sowie das Erzeugerland.

▶ Erzeuger bzw. Abfüller: Sind Weinerzeuger und -abfüller identisch, so wird dies auf dem Etikett mit »Gutsabfüllung« oder »Erzeugerabfüllung« vermerkt.

▶ Anbaugebiet: bestimmte Anbaugebiete geben die Herkunft von Qualitätsweinen an, liefern damit aber keine Informationen über Sorte, Machart, Geschmacksrichtung oder Qualität.

▶ Lage: Die Lage bezeichnet die genaue Herkunft der Trauben (Weinbergfläche).

▶ Rebsorte: Sie darf nur genannt werden, wenn der Wein zu mindestens 85 % aus einer Sorte besteht.

▶ Qualitätsstufe bzw. Klassifikation: Man unterscheidet Qualitätsweine bestimmter Anbaugebiete und Qualitätsweine mit Prädikat, die seit 2007 Prädikatsweine heißen. Sie werden aus Trauben gekeltert, die spezifischen Anforderungen entsprechen müssen. Dabei spielt insbesondere der Zuckergehalt der Beeren, das sogenannte Mostgewicht, eine wichtige Rolle. Deutsche Prädikatsweine werden weiterhin unterteilt in: Kabinett, Spätlese, Auslese, Beerenauslese, Trockenbeerenauslese.

▶ Alkoholgehalt: Er wird in Volumenprozent (Vol.-%) angegeben und kann je nach Weinsorte und Geschmacksrichtung zwischen 9 und 15 % schwanken. Alkohol ist ein Geschmacksträger, der den Wein im Idealfall fülliger und kräftiger macht.
▶ Jahrgang: Er benennt das Erntejahr der Trauben. Ein Jahrgang hat aufgrund der Temperaturen, Niederschlagsmengen und den damit zusammenhängenden Reifeperioden Einfluss auf die Weinqualität.
▶ Amtliche Prüfnummer: Deutsche Qualitätsweine erhalten ein amtliches Prüfzeichen, das auf den Abfüller (Betriebsnummer) und den Jahrgang der Prüfung verweist.
▶ Füllmenge: Literangabe.
▶ Sulfite bzw. Sulfide: Diese Angabe gibt Auskunft darüber, ob bei der Weinbereitung Schwefel zugesetzt wurde, der in Form von Sulfiten oder Sulfiden als Rückstand im Wein nachgewiesen werden kann.

Wein richtig genießen

Um einen edlen Tropfen voll genießen zu können, sollte er nicht zu kalt serviert werden. Mit einem Weinthermometer ausgestattet können Sie Ihren Gästen stets wohltemperierte Weine servieren. Welcher Wein zu welchem Essen passt, lesen Sie im Kapitel »Gäste, Feste & Co.« auf S. 240 und in »Getränke«, S. 402.

TIPP

▶ Kräftige Rotweine wie z. B. ein Bordeaux müssen »atmen«, um ihren Geschmack voll zu entfalten. Man füllt diese Weine daher ca. 1 Stunde vor dem Essen in eine Karaffe um.

Die richtige Trinktemperatur

16–18 °C	für kräftige Rotweine,
13–15 °C	für leichte Rotweine,
10–12 °C	für Roséweine und leichte, edelsüße Weißweine,
7–9 °C	für trockene und kräftige, edelsüße Weißweine,
5–7 °C	für Champagner, Sekt, Prosecco und andere Schaumweine.

Wichtig ist natürlich auch das Weinglas. Bauchig sollte es sein und nach oben schmäler werden, um Duftstoffe nicht zu schnell abzuge-

ben. Damit sich das Bukett eines Weines voll entfalten kann, wird das Glas nur bis zur Hälfte gefüllt. Die Farbe des Weines kommt am besten in einem farblosen Glas zur Geltung.

Wein lagern

Nach dem Transport sollten die Flaschen zunächst ruhen. Schwere Rotweine sogar einige Tage, damit sich das aufgerüttelte Depot wieder setzen kann. Ganz gleich ob weiß oder rot, Weine fühlen sich in einem dunklen, kühlen Raum mit einer konstanten Luftfeuchtigkeit von rund 70 % am wohlsten. Starke Temperaturschwankungen bekommen ihnen schlecht, 10–16 Grad sind ideal. Erschütterungen oder Fremdgerüche, wie sie beispielsweise in Heizkellern (Öltanks), Garagen oder Hobbyräumen (Farben, Lösungsmittel) auftreten können, haben ebenfalls negativen Einfluss auf den Wein.

Zudem muss bei der Lagerung sichergestellt werden, dass der Korken, sofern es sich um einen Naturkorken handelt, in ständigem Kontakt mit dem Wein und somit auch feucht bleibt – deshalb werden Flaschen am besten liegend gelagert.

Weinglossar

Abfüllung: Umfüllen von Wein in die Flasche.
Abgang: Nachgeschmack des Weins.

Barrique: Eichenholzfass mit einem Fassungsvermögen von 225 Litern, das zunächst in Frankreich verwendet wurde, in dem heute aber weltweit Weine ausgebaut werden.
Blume: Geruch des Weins; erster Eindruck beim Riechen.

Charakter: bei einwandfreiem und vielschichtigem Wein die Gesamtheit der positiven Geruchs- und Geschmackseigenschaften.
Cuvée: →Verschnitt.

Degustation: Weinverkostung.
Dekantieren: das Umfüllen von Wein aus der Flasche in eine Karaffe, sodass er sein Aroma besser entfalten kann.
Depot: dunkelfarbiger, pulvriger Bodensatz in der Weinflasche, der sich bei Rotweinen bildet und nicht als Weinfehler gilt (→Weinstein).

Extrakt: Gehalt an Zucker, Tanninen (→Gerbstoffe), Farbstoffen, Mineralstoffen und den nicht flüchtigen Säuren im Wein; je höher dieser ist, desto kräftiger und ausdrucksstärker ist der Wein.

Gärung: Vorgang, bei dem durch Hefepilze Zucker in Alkohol und Kohlensäure umgewandelt werden.
Gerbstoffe: in den Traubenschalen, -stielen und -kernen enthaltene Tannine; sie erzeugen im Mund einen trockenen Geschmack und bewirken ein Zusammenziehen der Schleimhäute.

Halbtrocken: Geschmacksangabe für Weine mit leichter Restsüße; zum Teil irreführend, da halbtrockene Weine mit hohem Säuregehalt durchaus auch trockene Geschmackseindrücke hinterlassen können.

Keltern: Auspressen der Trauben in der Presse (Kelter).
Klassifizierung: Einordnung der Herkunftsbezeichnungen und Systematik des europäischen Weinrechts, die Weine und ihre Anbaugebiete in bestimmte Klassen untergliedert.

Lage: Rebfläche mit einheitlichen klimatischen und geologischen Bedingungen; man unterscheidet zwischen Einzellagen (abgegrenzte Weinbergsfläche) und Großlagen (Zusammenschluss mehrerer Flächen innerhalb eines Anbaugebiets).
Lieblich: Geschmacksbezeichnung für Weine mit hohem Restzuckergehalt, die süß schmecken.

Most: Saft, der durch die Pressung von Weintrauben entsteht.
Mostgewicht: spezifisches Gewicht des gepressten Traubensaftes, das in Öchsle (° Oe) gemessen wird und als Indikator für den zu erwartenden Alkoholgehalt gilt.

Qualitätsweine: im EU-Recht verankerter Begriff für Weine, die höheren Qualitätsanforderungen gerecht werden als Land- oder Tafelweine.

Restsüße: nicht zu Alkohol vergorener Traubenzucker im Wein, der für die Einordnung des Weins in die Kategorien →lieblich, →halbtrocken und →trocken maßgeblich ist.

Sommelier: ausgebildeter Weinkellner.
Spritzig: lebendige Textur, macht sich durch leichtes Prickeln am Gaumen bemerkbar, mit leichter Kohlensäure.

Tannine: →Gerbstoffe.
Trocken: Geschmacksbezeichnung für Weine, deren Restzuckergehalt sehr gering ist.

Verschnitt: Vermischen von Trauben, Mosten oder Weinen, um einen höherwertigen Wein zu erhalten.

Weinsäure: Sammelbegriff für die im Wein enthaltenen Säuren wie Apfel-, Bernstein- und Milchsäure.
Weinstein: farb-, geruchs- und geschmacklose Kristalle im Wein.

Spaghetti mit Miesmuscheln

Für 4 Personen:

1 Schalotte
2 Knoblauchzehen
3 Möhren
2 Selleriestangen
1 rote Chilischote
1 kg Miesmuscheln
½ l Weißwein
6 EL Olivenöl
1 Dose geschälte Tomaten (400 g)
Salz, Pfeffer
400 g Spaghetti (z. B. von Birkel)
2 EL Basilikum, frisch gehackt

Zubereitungszeit: 45 Min.

Nährwerte pro Person: 672 kcal, 2841 kJ, 38 g EW, 11 g F, 103 g KH

1 Schalotte und Knoblauch schälen und fein hacken. Möhren schälen, waschen und klein würfeln. Sellerie putzen, waschen und in kleine Stücke schneiden. Chilischote waschen, trocken tupfen und in feine Ringe schneiden.

2 Miesmuscheln unter fließendem kaltem Wasser waschen und Bärte entfernen. Geöffnete Muscheln aussortieren und wegwerfen, da sie ungenießbar sind.

3 Muscheln in einen Topf geben, mit Wein und 4 EL Olivenöl bedecken und bei starker Hitze zugedeckt so lange kochen, bis sich die Muscheln geöffnet haben. Muscheln, die sich nicht geöffnet haben, wegwerfen. Muscheln abgießen, dabei ⅛ l Fond aufheben.

4 Restliches Olivenöl in einem Topf erhitzen, Knoblauch, Schalotte und Chilischote darin bei mittlerer Hitze kurz anbraten, Möhren und Sellerie zufügen und ca. 5 Minuten mitbraten.

5 Gemüse mit Muschelfond ablöschen, Tomaten zugeben, salzen, pfeffern und 15 Minuten bei schwacher Hitze köcheln lassen.

6 Spaghetti in Salzwasser nach Packungsanweisung bissfest kochen. Muscheln und 1 EL Basilikum in die Tomatensoße geben und bei milder Hitze darin erwärmen.

7 Spaghetti in einem Sieb abtropfen lassen. Auf Teller verteilen, Tomatensoße und Muscheln darübergeben, mit restlichem Basilikum bestreuen und servieren.

VARIANTE

▶ Pasta mit Thunfisch: 1 Knoblauchzehe hacken. 3 Sardellenfilets abspülen und hacken. Beides in 2 EL Olivenöl andünsten und etwas Tomatenmark zugeben. Oregano, Pfeffer und 1 EL Kapern einrühren, mit 100 ml Weißwein aufkochen. 185 g Thunfisch (Dose) zerpflücken und

in der Soße erhitzen. Alles mit 400 g gegarten Nudeln vermengen.

Nudelpfanne mit Rotbarsch

Für 4 Personen:

200 g Spiralnudeln
Salz
500 g Rotbarschfilet
Saft von 1 Zitrone
Pfeffer aus der Mühle
4 EL Olivenöl
1 Zwiebel
2 Knoblauchzehen
2 gelbe Paprikaschoten
2 Zucchini
1 Chilischote
1 EL Sojasoße
50 ml trockener Weißwein
100 ml Fischfond (Glas)
je 1 TL gerebelter Oregano und Thymian
gerebelter Basilikum
8 Cocktailtomaten
Basilikumblättchen zum Garnieren

Zubereitungszeit: 30 Min.

Nährwerte pro Person: 343 kcal, 1436 kJ, 29 g EW, 16 g F, 19 g KH

1 Spiralnudeln nach Packungsanweisung in reichlich Salzwasser bissfest garen. Anschließend in ein Sieb abgießen, abtropfen lassen und warm halten.

2 Fischfilet kalt abspülen, trocken tupfen und in mundgerechte Würfel schneiden. Mit Zitronensaft säuern und mit Salz und Pfeffer würzen. Öl in einer Pfanne erhitzen und die Fischwürfel darin ca. 5 Minuten unter Wenden anbraten. Anschließend herausnehmen und warm stellen.

3 Zwiebel und Knoblauch schälen und fein würfeln. Paprika und Zucchini putzen, waschen und grob würfeln. Chilischote längs halbieren, unter fließendem Wasser entkernen und in Streifen schneiden.

4 Gemüse zum verbliebenen Bratfond geben, Sojasoße zufügen. Wein und Fond angießen, mit Salz, Pfeffer, Oregano, Thymian und Basilikum würzen und aufkochen. Fischwürfel unter die Gemüsepfanne heben und alles bei schwacher Hitze ca. 5 Minuten garen.

5 Tomaten waschen, halbieren und mit den Nudeln unter die Fischpfanne heben. Das Ganze mit Salz, Pfeffer und Basilikum abschmecken und nach Wunsch mit Basilikumblättchen garniert servieren.

TIPP

▶ **Für dieses Gericht können auch Seelachs-, Seeteufel- oder Zanderfilets verwendet werden.**

▶ Pasta überbacken & gefüllt

TIPP

▶ Droht der Käse während des Backens zu dunkel zu werden, können Sie die Lasagne mit Alufolie abdecken. So kann der Käse nicht verbrennen.

Fischlasagne

Für 4 Personen:

600 g TK-Blattspinat
600 g Fischfilet (z. B. Seelachs)
2 EL Zitronensaft
Salz, Pfeffer
60 g Butter
80 g Mehl
1 l Milch
120 g Emmentaler, frisch gerieben
Muskatnuss, frisch gerieben
2 Schalotten
12 Lasagneplatten (ohne Vorkochen)

Zubereitungszeit: 40 Min.
Backzeit: 35 Min.

Nährwerte pro Person: 838 kcal, 3506 kJ, 57 g EW, 38 g F, 64 g KH

1 Spinat nach Packungsanweisung auftauen, in einem Sieb abtropfen lassen. Fisch bei Bedarf kalt abspülen, trocken tupfen und in 1 cm breite Streifen schneiden. Mit Zitronensaft, Salz und Pfeffer würzen.

2 Für die Käsesoße 40 g Butter in einem Topf erhitzen. Das Mehl einrühren und kurz unter Rühren anschwitzen. Nach und nach die Milch einrühren. Soße unter Rühren aufkochen und bei schwacher Hitze ca. 5 Minuten köcheln lassen, dabei immer wieder rühren.

3 $\frac{2}{3}$ vom Käse in die Soße geben und unter Rühren schmelzen lassen. Die Soße mit Salz, Pfeffer und Muskat abschmecken. Warm halten.

4 Schalotten schälen, fein würfeln und in restlicher heißer Butter unter Rühren glasig anschwitzen. Mit dem Spinat vermengen und mit Salz und Pfeffer würzen. Backofen auf 200 Grad vorheizen.

5 Den Boden einer ofenfesten Form mit 6–7 EL Käsesoße bedecken. Schichtweise 4 Lasagneblätter, Fisch, ca. 6 EL Soße, 4 Nudelblätter, Spinat und ca. 6 EL Soße einfüllen. Restliche Nudelblätter obenauf legen, mit übriger Soße bedecken.

6 Lasagne mit restlichem Käse bestreuen. Im heißen Ofen ca. 35 Minuten goldgelb backen.

Lasagne mit Hackfleisch

Für 4 Personen:

Bolognesesoße (siehe S. 123 oder S. 204)
200 ml Rindfleischbrühe
50 g Butter
50 g Mehl
$\frac{1}{2}$ l Milch

Salz, Pfeffer
Muskatnuss, frisch gerieben
12 Lasagneplatten (ohne Vorkochen)
100 g Parmesan

Zubereitungszeit: 1 ½ Std.
Backzeit: 45 Min.

Nährwerte pro Person: 968 kcal, 4050 kJ, 57 g EW, 65 g F, 35 g KH

1 Backofen auf 200 Grad vorheizen. Bolognesesoße erwärmen und die Rindfleischbrühe einrühren, damit die Soße dünnflüssiger wird.

2 Für die Béchamelsoße Butter in einem Topf bei schwacher Hitze zerlassen, Mehl einstreuen und mit einem Schneebesen verrühren.

3 Nun nach und nach Milch zugießen, aufkochen und dabei ständig rühren, bis die Soße glatt und cremig ist (unbedingt rühren, da die Soße leicht anbrennt). Mit Salz, Pfeffer und Muskatnuss würzen. Soße vom Herd anehmen.

4 ⅓ der Bolognesesoße auf dem Boden einer rechteckigen Auflaufform verteilen. ¼ der Béchamelsoße darauf verteilen und mit 4 Lasagneplatten bedecken.

5 Diesen Vorgang noch zweimal wiederholen, restliche Béchamelsoße obenauf verteilen und gleichmäßig mit Parmesan bestreuen. Lasagne 45 Minuten im Ofen überbacken. Vor dem Servieren etwas abkühlen lassen.

Gemüselasagne

Für 4 Personen:

500 g Champignons
2 Knoblauchzehen
1 Zwiebel
2 Bd. Rucola

3 EL Olivenöl
1 große Dose Eiertomaten (800 g)
Salz, Pfeffer
400 g Mozzarella (z. B. von Galbani)
1 TL getrockneter Oregano
12 Lasagneplatten (ohne Vorkochen)
3 EL Parmesan, frisch gerieben

Zubereitungszeit: 1 ½ Std.
Backzeit: 45 Min.

Nährwerte pro Person: 590 kcal, 2465 kJ, 33 g EW, 28 g F, 53 g KH

1 Champignons mit Küchenpapier abreiben, putzen sowie in dünne Scheiben schneiden. Knoblauch und Zwiebel schälen und fein hacken. Rucola verlesen, Stiele abschneiden, Blätter waschen, trocken schleudern und in grobe Stücke schneiden.

2 1 EL Öl in einer Pfanne erhitzen, Knoblauch und Zwiebelwürfel zufügen und bei mittlerer Hitze unter Rühren andünsten. Champignons dazugeben und bei starker Hitze

unter gelegentlichem Rühren ca. 4 Minuten anbraten.

3 Tomaten in ein Sieb abgießen, dabei den Saft auffangen. Tomaten klein schneiden, zu den Pilzen geben und Gemüse bei schwacher Hitze ca. 15 Minuten garen.

4 Nach Bedarf die Soße mit Tomatensaft auffüllen. Mit Salz, Pfeffer sowie Oregano abschmecken und Rucola vorsichtig unterheben. Backofen auf 200 Grad vorheizen. Mozzarella abtropfen lassen und in dünne Scheiben schneiden.

5 ¼ der Gemüsesoße auf dem Boden einer rechteckigen Auflaufform verteilen, ¼ des Mozzarellas daraufgeben und mit 4 Lasagneplatten belegen. Vorgang zweimal wiederholen, sodass sich oben die letzte Schicht Soße-Mozzarella befindet.

6 Lasagne mit Parmesan bestreuen, mit restlichem Öl beträufeln und ca. 45 Minuten im Ofen backen.

Gefüllte Cannelloni mit Tomatensoße

Für 4 Personen:

600 g frischer Blattspinat
Salz
2 Zwiebeln
1 Knoblauchzehe
2 EL Öl
Pfeffer aus der Mühle
1 TL gekörnte Gemüsebrühe
800 g stückige Tomaten (Dose)
1 TL getrockneter Oregano
200 g Mozzarella
je 1 EL Basilikum und Petersilie, frisch gehackt
200 g Magerquark
Muskatnuss, frisch gerieben
18 Cannelloni (ca. 120 g)
1 TL frische Thymianblättchen
2 EL Parmesan, frisch gerieben

Zubereitungszeit: 40 Min.
Backzeit: 30 Min.

Nährwerte pro Person: 363 kcal, 1519 kJ, 27 g EW, 20 g F, 18 g KH

1 Spinat waschen, verlesen, putzen und tropfnass in ein wenig kochendem Salzwasser ca. 3 Minuten zusammenfallen lassen. Abgießen, mit kaltem Wasser abschrecken, abtropfen lassen, ausdrücken und hacken.

2 Zwiebeln und Knoblauch schälen und würfeln. 1 EL Öl in einem Topf erhitzen, die Hälfte der Zwiebelwürfel und Knoblauch darin bei mittlerer Hitze unter Rühren anschwitzen.

3 Spinat zugeben, mit Salz, Pfeffer und Gemüsebrühe würzen und bei mittlerer Hitze unter Rühren 5 Minuten anbraten. Topf vom Herd nehmen und abkühlen lassen.

4 Restliche Zwiebel in 1 EL Öl anschwitzen, Tomaten samt Saft zufügen, mit Salz, Pfeffer, Oregano würzen und bei schwacher Hitze 10 Minuten köcheln lassen.

5 Mozzarella abtropfen lassen und fein würfeln. Basilikum und Petersilie mit Quark und Mozzarella mit Spinat mischen, mit Salz, Pfeffer und Muskat würzen. Mischung mit einem Teelöffel in die Cannelloni füllen.

6 Hälfte der Tomatensoße in eine rechteckige Auflaufform geben und gefüllte Cannelloni darauflegen. Mit übriger Soße übergießen, mit Thymian und Parmesan bestreuen. Im vorgeheizten Backofen bei 200 Grad 30 Minuten backen.

Pasta-Tomaten-Auflauf

Für 4 Personen:

1 Zwiebel
2 EL Olivenöl
1 Dose gewürfelte Eiertomaten (400 g)
1 EL Tomatenmark
1 TL getrockneter Thymian
1 TL getrockneter Oregano
1 TL Zucker
Salz, Pfeffer
300 g Rigatoni
50 g Butter
50 g Mehl
½ l Milch
Muskatnuss, frisch gerieben
2 EL Paniermehl
3 EL Parmesan, frisch gerieben

Zubereitungszeit: 25 Min.
Backzeit: 15 Min.

Nährwerte pro Person: 534 kcal, 2234 kJ, 17 g EW, 29 g F, 52 g KH

1 Zwiebel schälen und fein hacken. Öl in einem Topf erhitzen und die Zwiebel darin unter Rühren bei mittlerer Hitze glasig dünsten. Tomaten und eine Dosenfüllung Wasser angießen, Tomatenmark, Thymian, Oregano und Zucker zufügen und bei schwacher Hitze 15 Minuten köcheln lassen. Salzen und pfeffern.

2 Ofen auf 200 Grad vorheizen. Rigatoni nach Packungsanweisung bissfest garen. Für die Béchamelsoße Butter in einem Topf bei milder Hitze zerlassen, Mehl einstreuen und mit Schneebesen verrühren.

3 Nach und nach Milch zugießen, aufkochen und dabei ständig rühren, bis die Soße glatt und cremig ist (unbedingt rühren, da die Soße sonst leicht verbrennt). Mit Salz, Pfeffer und Muskatnuss würzen und Soße vom Herd nehmen.

4 Nudeln in einem Sieb gut abtropfen lassen und in einer Auflaufform verteilen. Tomatensoße darübergeben und gut durchmengen. Béchamelsoße darüberträufeln und die Nudeln mit einer Gabel auflockern, sodass die Soße in die Zwischenräume fließen kann.

TIPP

▶ **Nach Wunsch können Sie mit der Zwiebel noch etwas Gemüse anrösten. Beispielsweise 1 gewürfelte Zucchini, Möhre oder gelbe Paprikaschote. Statt Parmesan eignen sich auch Mozzarella und Gouda zum Überbacken.**

5 Den Auflauf mit Paniermehl und Käse bestreuen. Im Backofen 15 Minuten goldbraun überbacken.

Überbackene Maccheroni

Für 4 Personen:

4 Tomaten
200 g Hinterschinken in Scheiben
500 g Maccheroni
Salz
2 EL Butter
200 g Sahne
2 EL Crème fraîche
Pfeffer aus der Mühle
100 g Paniermehl
100 g Emmentaler, gerieben

Zubereitungszeit: 15 Min.
Backzeit: 10 Min.

Nährwerte pro Person: 679 kcal, 2841 kJ, 28 g EW, 38 g F, 57 g KH

1 Tomaten waschen, halbieren, vom Stielansatz befreien und entkernen. Das Fruchtfleisch in feine Streifen schneiden. Schinken ebenfalls in feine Streifen schneiden.

2 Maccheroni nach Packungsanweisung in Salzwasser sehr bissfest garen, in ein Sieb abgießen und abtropfen lassen. Backofen auf 220 Grad vorheizen.

3 Butter in einer Pfanne erhitzen und die Schinkenstreifen darin bei mittlerer Hitze ca. 5 Minuten unter Rühren anschwitzen. Tomaten und abgetropfte Nudeln zugeben und 2 Minuten mitbraten.

4 Nudeln in eine Auflaufform füllen. Sahne mit Crème fraîche verrühren, mit Salz und Pfeffer würzen und über die Nudeln gießen. Mit Paniermehl und Käse bestreuen und im

Ofen bei 220 Grad ca. 10 Minuten goldbraun überbacken.

VARIANTE

▶ Wenig Zeit und trotzdem Lust auf überbackene Pasta mit Tomatensoße? Einfach 400 g Pasta in Salzwasser nach Packungsanweisung bissfest kochen, abgießen und kurz abtropfen lassen. Pasta in eine eingefettete Auflaufform geben, 2 Gläser Tomatensoße (Fertigprodukt) zufügen, mit getrocknetem Thymian und Oregano würzen, gut vermengen und mit 100 g geriebenem Mozzarella bestreuen. Im auf 200 Grad vorgeheizten Backofen ca. 15 Minuten überbacken.

Ravioli mit Rucola-Ricotta-Füllung

(Abbildung S. 189)

Für 4 Personen:

400 g Mehl, 4 Eier
1 ½ EL Olivenöl
Salz
300 g Rucola, 1 Zwiebel
250 g Ricotta
50 g Pecorino, gerieben
Pfeffer aus der Mühle
Muskatnuss, frisch gerieben
Mehl für die Arbeitsfläche
40 g Butter
50 g Parmesan

Zubereitungszeit: 1 ¼ Std.

Nährwerte pro Person: 680 kcal, 2844 kJ, 32 g EW, 36 g F, 58 g KH

1 Für den Pastateig Mehl, Eier, ½ EL Öl und 1 TL Salz zu einem glatten Teig verkneten. Bei Bedarf etwas Wasser oder Mehl dazugeben, damit ein geschmeidiger, nicht klebriger Teig entsteht. Zu einer Kugel formen und abgedeckt 30 Minuten ruhen lassen.

2 Rucola waschen und trocken tupfen. 200 g Rucola ohne Stiele klein schneiden. Zwiebel schälen und hacken. Zwiebel in restlichem Öl glasig dünsten, Rucola zugeben und unter Rühren bei mittlerer Hitze dünsten, bis die Flüssigkeit verdampft ist. Rucola abkühlen lassen, mit Ricotta und Pecorino mischen und mit Salz, Pfeffer und Muskat abschmecken.

3 Teig durchkneten und mit einer Nudelmaschine oder auf einer leicht bemehlten Arbeitsfläche messerdick ausrollen. Die Hälfte des Teigs in Abständen von ca. 3 cm mit je 1–2 TL Rucola-Ricotta-Füllung belegen (Bild 1) und mit dem restlichen Teig bedecken (Bild 2).

4 Teig um die Füllung herum gut andrücken (Bild 3) und mit einem Teigrädchen oder Messer Taschen ausschneiden (Bild 4). Reichlich Salzwasser zum Kochen bringen, Ravioli hineingeben und 3–4 Minuten garen.

5 Butter zerlassen. Ravioli mit einer Schaumkelle abschöpfen, abtropfen lassen und auf vorgewärmten Tellern anrichten. Mit zerlassener Butter beträufeln, mit restlichem Rucola bestreuen und den Parmesan mit einem Sparschäler darüberhobeln.

(1)

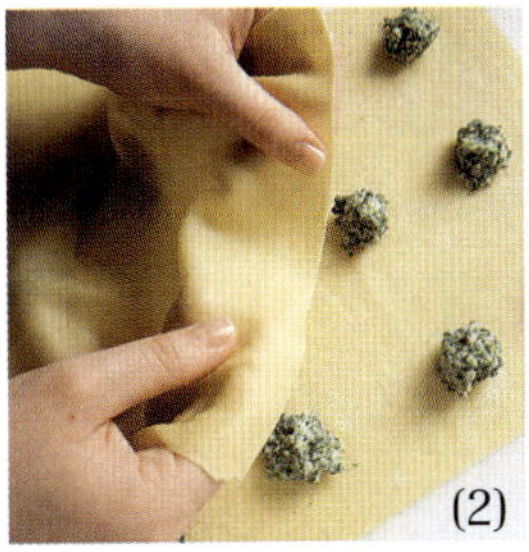

(2)

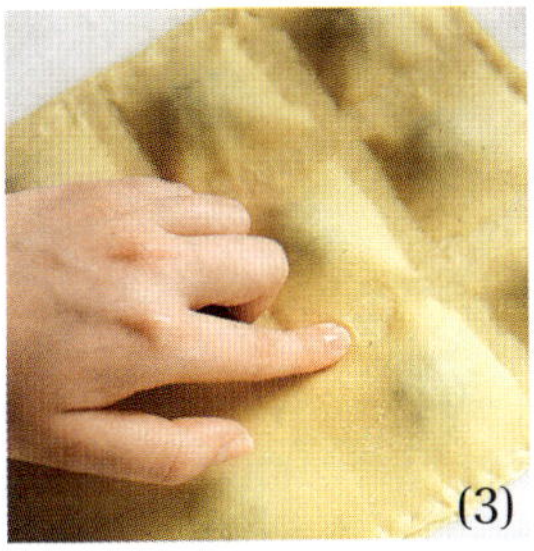

(3)

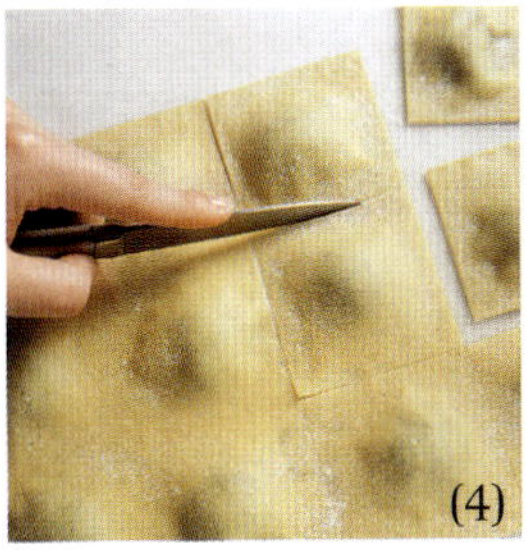

(4)

Tortellini mit Hähnchenfüllung und Tomatensoße

Für 4 Personen:

Für den Teig:
400 g Mehl
4 Eier
½ EL Olivenöl
½ TL Salz
Mehl für die Arbeitsfläche
Für die Füllung:
¼ l Geflügelbrühe
300 g Hähnchenbrustfilet
1 EL Ricotta
4 EL Parmesan, frisch gerieben
3 Eigelb
abgeriebene Schale von ½ Zitrone (unbehandelt)
Salz, Pfeffer
Muskatnuss
Außerdem:
Tomatensoße (siehe S. 120 oder S. 199)

Zubereitungszeit: 1 ½ Std.

Nährwerte pro Person: 748 kcal, 3130 kJ, 46 g EW, 29 g F, 76 g KH

1 Mehl, Eier, ½ EL Öl und Salz in einer Schüssel oder auf der Arbeitsfläche zu einem glatten Teig verkneten. Bei Bedarf etwas Wasser oder Mehl dazugeben, damit ein geschmeidiger, nicht klebriger Teig entsteht. Zu einer Kugel formen und in Frischhaltefolie gewickelt 30 Minuten ruhen lassen.

2 Geflügelbrühe in einem Topf erhitzen und Hähnchenbrust darin ca. 15 Minuten bei schwacher Hitze garen. Anschließend herausnehmen und das Fleisch ganz fein hacken.

3 Gehacktes Fleisch in eine Schüssel geben, mit Ricotta, Parmesan, 2 Eigelbe, Zitronenschale, Salz, Pfeffer und ein wenig geriebener Muskatnuss vermengen.

4 Teig auf einer bemehlten Arbeitsfläche dünn ausrollen und mit einer runden Ausstechform (5 cm Ø) Kreise ausstechen. Je ½ TL der Hähnchenfüllung in die Mitte geben, Kreisränder mit restlichem Eigelb bestreichen und zusammenklappen, dabei Ränder fest aneinanderdrücken.

5 Die halbmondförmigen Teigtaschen nun um den Zeigefinger legen und die beiden Enden zusammenpressen (Bild rechts). Tortellini auf ein mit Mehl bestäubtes Küchentuch legen, leicht mit Mehl bestäuben und antrocknen lassen, während die restlichen Tortellini geformt werden.

6 Tortellini in kochendem Salzwasser ca. 5 Minuten garen, bis sie an die Oberfläche steigen. Herausnehmen, abtropfen lassen und mit Tomatensoße auf vorgewärmten Tellern servieren.

▶ Fisch

Fisch bittet zu Tisch

In Meeren, Seen und Flüssen leben Fische unzähliger Arten, Sorten, Farben, Formen und Größen. Eine Vielfalt, die auf dem Teller gesund, abwechslungsreich und lecker ist.

Rundum gesund

Vor allem das Eiweiß macht Fisch gesund: Aus 100 g Fischeiweiß kann der Mensch bis zu 94 g körpereigenes Eiweiß aufbauen. Hinzu kommen die Omega-3-Fettsäuren, die besonders Seefische aus kalten Gewässern, wie z. B. der Lachs, enthalten. Diese Fettsäuren senken Blutfette und schützen unser Herzsystem. Salzwasserfische versorgen uns außerdem mit Jod, das die Schilddrüse zur Hormonherstellung braucht.

Wie erkennt man frischen Fisch?

- ▶ Augen: prall, glänzend, klar, mit durchsichtiger Hornhaut
- ▶ Haut: glatt, glänzend, straff
- ▶ Kiemen: hellrot, leuchtend, fest anliegend
- ▶ Schuppen: festsitzend, anliegend, mit einer feinen durchsichtigen Schleimschicht überzogen
- ▶ Muskelfleisch: fest, aber elastisch, glatte Oberfläche
- ▶ Mittelgräte bei frischem Fisch: keine Verfärbung, sitzt sehr fest
- ▶ Geruch: angenehm frischer Geruch nach Meer und Seeluft

VOM FISCHHÄNDLER, TK ODER AUS DER DOSE

Kaufen Sie frischen Fisch am besten im Fachgeschäft, wo Sie auch beraten werden. Frische Fische sollten auf Eis oder in speziellen Kühltheken angeboten werden. Lassen Sie ihn im Fachgeschäft küchenfertig vorbereiten: ohne Kopf, teilweise in Stücke geschnitten, gehäutet, filetiert und ausgenommen. Legen Sie ihn zu Hause auf einen umgedrehten Suppenteller in eine Schüssel auf Eis, sodass das Schmelzwasser ablaufen kann.

Gesäuberte Fische halten sich nur 1 Tag im Kühlschrank.
Alternative Tiefkühlfisch: Sie werden bereits auf dem Meer auf riesigen Schiffen mit integrierten Kühl-, Gefrier- und Fertigungsanlagen verarbeitet und direkt schockgefrostet. Das Ergebnis ist »seegefrosteter Fisch« von einwandfreier Qualität. Thunfisch, Sardinen und Heringe werden auch in der Dose angeboten. Sie sind hitzesterilisiert und ohne Konservierungsmittelzusatz. Daneben gibt es Halbkonserven wie Bismarckheringe, Rollmöpse oder Geleeheringe, die nicht hitzesterilisiert sind; besonders diese beinhalten Zusätze von chemischen Konservierungsstoffen (Zusatzangaben lesen!).

Gut vorbereitet ist halb zubereitet

▶ Schuppen: Fisch auf eine rutschfeste Unterlage mit dem Schwanzende zum Körper legen. Dann am Schwanz mit einem Küchentuch festhalten und mit einer flach gehaltenen Messerklinge in Richtung Kopf die Schuppen abstreifen. Danach immer unter fließendem kaltem Wasser gründlich waschen. Nur beim Blaukochen wird der Fisch nicht geschuppt.

▶ Ausnehmen: Erst nach dem Schuppen die Flossen mit einer Schere abschneiden und Fisch auf der Bauchseite von der Afterflosse bis zwischen die Kiemen aufschneiden. Innereien vorsichtig auf einmal herausnehmen. Bauchraum mit kaltem Wasser reinigen.

▶ Häuten: Plattfische am Kopfende einschneiden und Haut bis zur Schwanzflosse hin abziehen (Bild 1). Rundfische erst nach dem Filetieren häuten.

▶ Filetieren: Küchenfertigen Plattfischen (z. B. Scholle, Seezunge) mit einer Schere rundum den Flossensaum abschneiden.
Dann mit einem spitzen Messer entlang der Mittelgräte schneiden und die beiden Filets nach außen hin arbeitend heraustrennen (Bild 2).
Fisch wenden und nach derselben Methode vorgehen.
Rundfische (z. B. Forelle) am Rücken entlang, vom Kopf ausgehend, oberhalb der Mittelgräte tief und durchgehend einschneiden. Mit Querschnitten an Kopf und Schwanz das Filet vorsichtig herauslösen. Fisch wenden und nach derselben Methode verfahren.

▶ Entgräten: Rohe Fischfilets am besten über die Arbeitsbrettkanten legen und sachte mit der Hand darüberstreifen. Wird etwas Spitzes bemerkt, an der Stelle mit einer Pinzette oder Fischzange ansetzen. Beim Herausziehen der Gräten das umliegende Fischfleisch mit den Fingern etwas zurückhalten, damit es nicht mit herausgelöst wird.

Fisch ist nicht gleich Fisch

Süßwasserfische leben in stehenden Gewässern wie z. B. Seen oder Teichen oder in Fließgewässern wie Flüssen und Bächen. Salzwasser-

(1)

(2)

TIPP

▶ »3-S-Regel«: Für Fische gilt bei Köchen immer noch die alte Grundregel: säubern, säuern und salzen – genau in dieser Reihenfolge. Durch das Säuern, entweder mit Essig oder Zitronensaft, zieht sich das Fischfleisch zusammen und bleibt bei der Zubereitung stabiler. Würde man den Fisch zuerst salzen, würde das Salz abträufeln.

fische stammen aus den Weltmeeren. Fische, die ihren Lebensraum wechseln können, werden als Wanderfische bezeichnet.

DIE BELIEBTESTEN SÜSSWASSERFISCHE

▶ Flussbarsch: bis zu 40 cm lang und 3 kg schwer; lebt in Seen, Bächen und Flüssen, vornehmlich in Europa und Nordasien. Er liefert mageres, weißes Fleisch, hat aber viele Gräten und eignet sich v. a. zum Braten.

▶ Zander: fettarm und v. a. zum Braten und für Fischfarcen geeignet. Mit 40–80 cm und bis zu 6 kg im Verkauf.

▶ Brasse: auch Blei oder Brachse, ein schmaler Karpfenfisch. Das eher weiche Fischfleisch schmeckt gegrillt, geräuchert oder gekocht.

▶ Forellenfische: auch Salmoniden. Die Familie umfasst zahlreiche Speisefische wie Äschen, Felchen (Renken) und Forellenarten. Sie eignen sich zum Blaukochen, Schmoren, Backen, Grillen, Garen in Folie oder Dünsten.

▶ Saibling: zählt zu den Forellenfischen, stammt aus klaren, kalten Gebirgsseen und -flüssen bzw. aus Zuchtfarmen. Er wird im Ganzen gekocht, gebraten, gegrillt oder seine Filets werden gedünstet, pochiert und gedämpft.

▶ Karpfen: Wildfische in Europa und Asien, ca. 40 cm lang und mit ca. 2 kg. Es gibt 3 Arten: Lederkarpfen, Spiegelkarpfen und Schuppenkarpfen. Am besten schmecken junge Karpfen und Karpfenmännchen vor der Geschlechtsreife.

DIE BELIEBTESTEN SALZWASSERFISCHE

▶ Thunfisch: einer der wenigen Warmblüter unter den Fischen. Frisches Fleisch ist fest und hat kaum Gräten. Selten erhält man ganze Fische, weil sie bis zu 3 m lang und über 100 kg schwer werden können. Der Bonito, die wirtschaftlich bedeutendste Thunfischart, wird 1 m lang und bis zu 20 kg schwer.

▶ Kabeljau: auch als Dorsch im Angebot. Erreicht eine durchschnittliche Größe von 60 cm und ein Gewicht von 2 ½ kg.

▶ Weißer Heilbutt: bis zu 300 kg schwer und bis zu 4 m lang, damit der größte Plattfisch. Doch je kleiner die Fische, desto schmackhafter ist das Fleisch.

▶ Hering: einer der wichtigsten Konsumfische. Der »neue« (junge) Hering wird in Holland gefangen und in Salzlake zu Matjes eingelegt. Als Bismarckhering werden in Essig roh eingelegte Heringsfilets be-

zeichnet. Aufgerollt heißt er Rollmops, gebraten und in Essig eingelegt Brathering. Saison hat er von April bis November. Kleine Heringe von 10–15 cm nennt man auch Sprotten, geräuchert Kieler Sprotte oder eingelegt (unechte) Anchovis.

▶ Sardine: bis zu 25 cm lang, kräftig im Geschmack, gebraten oder gegrillt serviert.

▶ Sardelle: kleinere Schwester der Sardine. Besonders im Mittelmeerraum sind sie gebraten oder frittiert eine Delikatesse. Ein Großteil wird gesalzen und konserviert als (echte) Anchovis verkauft.

▶ Lachs: wird den Wanderfischen zugeteilt, weil er den größten Teil seines Lebens zwar im Meer verbringt, aber zur Fortpflanzung in die Flüsse aufsteigt. Wildlachs ist selten und teuer. Fast der ganze Lachskonsum wird durch Aquafarmen in Norwegen und Kanada abgedeckt. Er hat festes, rosafarbenes Fleisch und wird frisch, geräuchert, gebeizt oder verarbeitet angeboten.

▶ Makrele: ein Zugfisch, bewegt sich in großen Schwärmen am Nordkap, an der europäischen Atlantikküste, in Ostsee und Mittelmeer. Der bis zu 1 kg schwere und ca. 40 cm lange Wanderer kommt vor allem geräuchert, gesalzen und tiefgekühlt, aber auch im Ganzen frisch in den Handel.

▶ Rotbarsch: auch Goldbarsch, bis zu 1 m groß und bis zu 15 kg schwer. Gehört zur Familie der Stachelflosser und lebt im Nordatlantik. Das feste, hellrosa und fettreiche Fleisch gelangt überwiegend als TK-Ware in den Handel.

▶ Scholle: auch Goldbutt. Ein Plattfisch, der an vielen rötlichen Flecken auf der Haut erkennbar ist. Er lebt in Nordsee, Nordostatlantik und Mittelmeer. Im Mai sind die jungen, bis zu 30 cm langen Fische im Ganzen sehr begehrt, größere Fischexemplare werden in Filets geschnitten angeboten.

▶ Seelachs: auch Köhler, gehört zur Familie der Weichflosser. Das feste, würzig pikante Fleisch vom Seelachs wird frisch und tiefgefroren als Filets angeboten. Auch geräuchert, gedörrt oder als Salzfisch kommt er in den Handel.

▶ Seeteufel: Die Hälfte des bis zu 2 m langen Fischs, auch Lotte genannt, nimmt der (gespenstisch aussehende) Kopf ein, aber dieser sowie die Haut werden bereits nach dem Fang entfernt. Im Angebot sind Schwanzstück, Filets und Medaillons.

▶ Schellfisch: Verwandter vom Kabeljau und an seiner tiefschwarzen Seitenlinie erkennbar. Das feste, fettarme Fischfleisch ist besonders gebraten, gekocht, pochiert und geräuchert beliebt.

TIPP

▶ Fische wie Hering, Wels, Sprotte oder Makrele haben mehr als 10 % Fettanteil, mittelfette Fische wie Wildlachs, Thunfisch, Sardine, Sardelle, Karpfen, Forelle oder Rotbarsch 1–10 % und fettarme Fische wie Kabeljau, Zander, Hecht, Scholle oder Seelachs weniger als 1 % Körperfett.

▶ Kalt aufgetischt

Tomaten mit Thunfischfüllung

Für 4 Personen:

8 Tomaten
Salz, weißer Pfeffer
1 Dose Thunfisch (im eigenen Saft, 185 g)
200 g Magerquark
1 TL abgeriebene Zitronenschale (unbehandelt)
1 EL Zitronensaft
1 Stück Zucchini (4–6 cm lang)
1–2 EL Kapern
1 Handvoll Basilikumblättchen

Zubereitungszeit: 25 Min.

Nährwerte pro Person: 167 kcal, 701 kJ, 18 g EW, 8 g F, 6 g KH

TIPP

▶ Die Thunfischmasse eignet sich auch gut zum Füllen ausgehöhlter Zucchinihälften oder halbierter Paprikaschoten. Auch als Brotaufstrich oder als Dip mit rohen Gemüsesticks schmeckt die Füllung.

1 Tomaten waschen, trocken tupfen, einen Deckel abschneiden und das Fruchtfleisch mit einem Löffel vorsichtig herauslösen. Tomaten innen leicht salzen und pfeffern.

2 Thunfisch in einem Sieb abtropfen lassen und mit einer Gabel grob zerpflücken. Mit Quark, Zitronenschale und gut der Hälfte vom Zitronensaft mit dem Stabmixer cremig pürieren. Bei Bedarf Wasser zufügen.

3 Zucchini putzen, waschen und auf der Gemüsereibe fein raffeln. Kapern hacken. Basilikum waschen und trocken tupfen. Einige Blättchen zum Garnieren ganz lassen, restliche in feine Streifen schneiden.

4 Zucchini, Kapern und Basilikumstreifen unter die Thunfischmasse mengen. Füllung mit Salz, Pfeffer und restlichem Zitronensaft würzen.

5 Thunfischmasse mit einem Löffel in die ausgehöhlten Tomaten füllen und die Deckel schräg aufsetzen. Mit Basilikumblättchen garnieren.

Schwertfischcarpaccio

(Abbildung S. 221)

Für 4 Personen:

400 g sehr frischer Schwertfisch am Stück
1 Handvoll junge Spinatblätter (ersatzweise 1 kleines Bd. Rucola)
1 Zitrone (unbehandelt)
Salz, weißer Pfeffer
6 EL bestes Olivenöl

Zubereitungszeit: 20 Min.
Kühlzeit: 1 Std.

Nährwerte pro Person: 272 kcal, 1138 kJ, 21 g EW, 19 g F, 4 g KH

1 Das Fischstück in Klarsichtfolie wickeln und ca. 1 Stunde ins Ge-

frierfach legen. So lässt sich der Fisch später leicht in dünne Scheiben schneiden.

2 Kurz vor Ende der Gefrierzeit Spinat verlesen, dabei grobe Stielenden entfernen. Spinat in einer Schüssel kalt waschen, dann trocken schütteln. 4 Teller mit den Spinatblättern auslegen.

3 Zitrone heiß waschen und trocken reiben. Etwas Zitronenschale dünn abschälen und fein hacken, Zitronensaft auspressen. 3 EL Zitronensaft in einer kleinen Schüssel mit etwas Salz und Pfeffer verrühren. Öl mit einem Schneebesen unterschlagen, bis die Soße cremig ist.

4 Den Fisch aus dem Gefrierfach nehmen und mit einem scharfen Messer in hauchdünne Scheiben schneiden. Die Scheiben auf den Spinatblättern dekorativ anrichten und mit dem Dressing beträufeln. Mit der Zitronenschale bestreuen und sofort servieren.

TIPP

▶ **Für Fischcarpaccio eignen sich ebenso sehr frisches Thunfisch-, Heilbutt- oder Lachsfilet.**

Graved Forellen

Für 4 Personen:

Für die Forellen:
4 frische Forellenfilets mit Haut
1 großes Bd. Dill
$^1/_2$ EL weiße Pfefferkörner
2 EL Salz, 1 EL Zucker
Für die Senfsoße:
1 TL Senf
$^1/_2$ TL Zucker
Salz, weißer Pfeffer
1 EL Weißweinessig
4 EL Öl
$^1/_2$ Bd. Dill

Zubereitungszeit: 20 Min.
Marinierzeit: 1 Tag

Nährwerte pro Person: 265 kcal, 1109 kJ, 27 g EW, 15 g F, 6 g KH

1 2 Forellenfilets mit der Hautseite nach unten in eine Porzellanschüssel legen. Den Dill waschen, trocken schütteln, Spitzen abzupfen und mit den Pfefferkörnern grob hacken.

2 Gehackten Dill und Pfeffer mit Salz und Zucker mischen und auf den 2 Forellenfilets verteilen. Restliche Forellenfilets mit der Hautseite nach oben darauflegen.

3 Fischfilets mit Klarsichtfolie abdecken, ein Brett o. Ä. darüberlegen und beschweren. Forellen in den Kühlschrank stellen und mindestens 1 Tag marinieren. Dabei die Schüssel gelegentlich herausnehmen und Forellen in der Form wenden. Wenn sich Flüssigkeit in der Form gesammelt hat, Fische damit beträufeln.

4 Für die Senfsoße kurz vor dem Servieren den Senf mit Zucker, Salz,

TIPP

▶ **Die etwas bekanntere Variante mit Lachs kann auf die gleiche Weise hergestellt werden.**

Pfeffer, Essig und 1 EL Marinade aus der Schüssel verrühren. Das Öl kräftig unterschlagen. Dill waschen, trocken schütteln, die Spitzen abzupfen und unter die Soße mengen.

5 Forellenfilets aus der Form nehmen und Dillmischung abstreifen. Filets leicht schräg von der Haut schneiden und dekorativ auf Tellern anrichten. Mit Senfsoße servieren.

VARIANTE

▶ Auch gut als Füllung für die Tramezzini: Forellencreme. 2 geräucherte Forellenfilets grob hacken und mit 2 EL Crème fraîche, 1 EL Zitronensaft und 1 TL mittelscharfem Senf vermengen. Mit Salz und Pfeffer würzen und mit dem Stabmixer pürieren.

Tramezzini al tonno

Für 4 Personen:

2 Dosen Thunfisch (im eigenen Saft, à 185 g)
1 EL Kapern
2 TL Pistazien, geschält
100 g Ricotta
2 TL Zitronensaft
Salz, Pfeffer
4 schöne Salatblätter
8 Scheiben Sandwichbrot

Zubereitungszeit: 15 Min.

Nährwerte pro Person: 448 kcal, 1874 kJ, 26 g EW, 18 g F, 46 g KH

1 Thunfisch in einem Sieb abtropfen lassen und mit einer Gabel grob zerpflücken. Kapern und Pistazien hacken.

2 Thunfisch, Kapern und Pistazien in einer Schüssel mit dem Ricotta vermischen. Mit Zitronensaft, Salz und Pfeffer würzig abschmecken.

3 Salatblätter waschen und trocken schleudern, dicke Blattrippen flach schneiden. Hälfte der Sandwichscheiben mit Salat belegen und mit der Creme bestreichen.

4 Übrige Brotscheiben auflegen, an den Rändern festdrücken und vor dem Servieren diagonal in Dreiecke schneiden.

Rollmops

Für 4 Personen:

6 Salzheringe
2 Gewürzgurken
1 EL scharfer Senf
3 Zwiebeln
1 EL Kapern
$^1/_4$ l Essig
8 Pfefferkörner
2 Lorbeerblätter
Senfkörner

Zubereitungszeit: 20 Min.
Kühlzeit: 2–3 Tage

Nährwerte pro Person: 168 kcal, 706 kJ, 20 g EW, 6 g F, 5 g KH

1 Heringe kurz wässern, halbieren und entgräten. Gurken würfeln. Jede Heringshälfte mit Senf bestreichen und mit Gurken belegen. 1 Zwiebel schälen. Würfeln und ebenfalls auf den Heringen verteilen.

2 Kapern auf die Fische legen und Hälften aufrollen. Mit einem Zahnstocher feststecken und in eine Form setzen.

3 Restliche Zwiebeln schälen und in Ringe schneiden. Aus Essig, 1/8 l Wasser sowie Gewürzen in ca. 10 Minuten einen Sud kochen. Diesen warm über die Rollmöpse gießen. Abdecken und 2–3 Tage kalt stellen.

Lachstatar

Für 4 Personen:

Für das Lachstatar:
2 Gewürzgurken
3 EL Kapern
1/2 Bd. Frühlingszwiebeln
350 g Graved Lachs
1 EL Sojasoße
1 EL Limettensaft
1 TL rosa Pfefferkörner
Für das Topping:
150 g Crème fraîche
1 EL Dill, frisch gehackt
1 TL Meerrettich (Glas)
Salz
Pfeffer
Kräuter zum Garnieren

Zubereitungszeit: 20 Min.
Marinierzeit: 1 Std.

Nährwerte pro Person: 270 kcal, 1130 kJ, 18 g EW, 18 g F, 8 g KH

1 Gewürzgurken und Kapern fein hacken. Frühlingszwiebeln putzen, waschen und in Ringe schneiden. Lachs würfeln und alles vermengen.

2 Lachsmischung mit Sojasoße und Limettensaft verrühren, Pfefferkörner zerstoßen und unterheben. Limetten-Lachs-Tatar im Kühlschrank ca. 1 Stunde marinieren.

3 Lachstatar in kleine Gläser füllen. Für das Topping Crème fraîche, Dill und Meerrettich verrühren und mit Salz und Pfeffer abschmecken.

4 Topping auf dem Fischtatar verteilen und nach Wunsch mit Kräutern garniert servieren.

Matjestatar mit Pumpernickel

Für 4 Personen:

2 Eier
4 Matjesfilets (à ca. 150 g)
4 Gewürzgurken
1 kleine Zwiebel
1 Bd. Schnittlauch oder Dill
Salz, Pfeffer
1 EL Zitronensaft
1 Packung kleine Pumpernickeltaler
20 g Butter

Zubereitungszeit: 20 Min.

Nährwerte pro Person: 545 kcal, 2281 kJ, 33 g EW, 41 g F, 11 g KH

1 Eier in Wasser in ca. 8 Minuten hart kochen. Anschließend abgießen, abschrecken und pellen.

TIPP

▶ Der benötigte Graved Lachs kann nach dem Rezept auf Seite 227 auch selbst hergestellt werden. Für Tatar können auch Filets von Brasse, Lachsforelle, Saibling oder Wolfsbarsch verwendet werden.

TIPP

▶ Matjes schmeckt milder, wenn man ihn 30 Minuten vor Verzehr in Buttermilch einlegt. Auf diese Weise wird ihm überschüssiges Salz entzogen.

2 Matjesfilets und Gewürzgurken in feine Würfel schneiden. Zwiebel schälen und klein würfeln. Schnittlauch oder Dill waschen, trocken schütteln und fein schneiden, grobe Stielenden entfernen.

3 Matjes-, Gurken- und Zwiebelwürfel mit den Kräutern vermischen. Mit Salz und Pfeffer würzen.

4 Die abgekühlten Eier fein hacken. Mit dem Zitronensaft unter das Matjestatar mischen und dieses nochmals abschmecken. Brotscheiben dünn mit der Butter bestreichen. Tatar portionsweise anrichten und mit Pumpernickelscheiben servieren.

Sahneheringe mit Pellkartoffeln

Für 4 Personen:

6 Matjesfilets
1 roter Apfel
1/2 Bd. Dill
1 Zwiebel
1 EL Kapern
150 g saure Sahne
100 g Sahne
Pfeffer
1 EL Zitronensaft
1 TL Zucker
750 g kleine Kartoffeln
Salz

Zubereitungszeit: 30 Min.
Ruhezeit: 12 Std.
Garzeit: 15 Min.

Nährwerte pro Person: 601 kcal, 2519 kJ, 31 g EW, 33 g F, 37 g KH

1 Matjesfilets waschen und trocken tupfen. In grobe Streifen schneiden. Apfel und Dill waschen, Apfel achteln, Kerngehäuse entfernen und in Stücke schneiden. Dill abbrausen, trocken schütteln und fein hacken.

2 Zwiebel schälen und in dünne Ringe schneiden. Kapern abtropfen lassen. Saure Sahne mit Sahne und Dill verrühren. Mit Pfeffer, Zitronensaft und Zucker abschmecken. Hering, Apfel, Zwiebel und Kapern unterheben.

3 Sahneheringe am besten über Nacht im Kühlschrank ziehen lassen. Kartoffeln unter fließendem kaltem Wasser gründlich abbürsten; in kochendem Salzwasser ca. 25 Minuten garen. Abgießen und zu den Sahneheringen servieren.

▶ Pochiert, gedämpft & gedünstet

Fisch im Sud gegart

Für 4 Personen:

3 Möhren
1 Petersilienwurzel
3 Stangen Sellerie
2 Zitronenscheiben (unbehandelt)
je 1 EL Pfeffer-, Piment- und Senfkörner
1 großer oder 4 kleine küchenfertige Fische

Zubereitungszeit: 20 Min.
Garzeit: 15–30 Min.

Nährwerte pro Person: 331 kcal, 1385 kJ, 60 g EW, 7 g F, 6 g KH

1 Möhren und Petersilienwurzel schälen, putzen, waschen und klein schneiden. Sellerie putzen, waschen und quer in ca. 1 cm dicke Stücke schneiden.

2 2 l Wasser in einem großen, weiten Topf oder einem Fischbräter aufkochen. Zitronenscheiben, Pfeffer-, Piment- sowie Senfkörner zugeben. Das Ganze abgedeckt bei starker Hitze ca. 20 Minuten kochen.

3 Hitze reduzieren, den Fisch bzw. die Fische in den Sud legen und knapp über dem Siedepunkt gar ziehen lassen. Bei einem großen Fisch dauert dies ca. 30 Minuten, kleine Fische benötigen je nach Größe 15–20 Minuten.

TIPP

▶ Man kann z. B. Saiblinge, Renken oder Zander verwenden. Den Sud anschließend nicht wegschütten, er ist die Basis für leckere Fischsoßen. Er lässt sich auch gut einfrieren; einfach durch ein Sieb gießen und in Gefrierbeuteln oder passenden Gefäßen portionsweise einfrieren.

Gefüllte Renken

Für 4 Personen:

4 küchenfertige Renken (à ca. 350 g)
Salz, Pfeffer
Fett für die Form
1 Zwiebel
2 Möhren
2 Stangen Sellerie
8 EL Butter
2 EL Petersilie, frisch gehackt
4 EL Paniermehl
2 Eigelb
150 ml trockener Weißwein
2 Bd. Basilikum

Zubereitungszeit: 35 Min.
Garzeit: 20 Min.

Nährwerte pro Person: 689 kcal, 2883 kJ, 69 g EW, 37 g F, 14 g KH

1 Renken mit kaltem Wasser abspülen, trocken tupfen und innen wie außen mit Salz und Pfeffer einreiben. Eine Auflaufform einfetten und die Fische mit der Bauchöffnung nach oben hineinsetzen.

2 Zwiebel und Möhren schälen und fein würfeln. Sellerie putzen, waschen und mit etwas Grün hacken.

1 EL Butter in einer Pfanne erhitzen und die Gemüsewürfel darin anbraten. 2–3 EL Wasser zufügen und zugedeckt 6–7 Minuten dünsten.

3 Pfanne vom Herd nehmen. Gemüse salzen und pfeffern, Petersilie untermengen. Paniermehl und Eigelb unterrühren und Mischung in die Bauchöffnungen der Renken füllen. Ofen auf 200 Grad vorheizen.

4 Den Wein in die Auflaufform gießen und die Fische im heißen Ofen auf der mittleren Schiene ca. 20 Minuten garen.

5 Inzwischen Basilikum waschen, trocken schütteln, die Blättchen abzupfen und fein schneiden. Restliche Butter erhitzen und das Basilikum darin schwenken.

6 Renken aus dem Ofen nehmen, auf vorgewärmten Tellern anrichten und mit Basilikumbutter übergießen.

Kabeljau in Dillsoße

Für 4 Personen:

4 Kabeljaufilets
Saft von $^1/_2$ Zitrone
Salz, Pfeffer, $^1/_4$ l trockener Weißwein
300 g Mangold
150 g Schmand
$^1/_2$ Bd. Dill
1 Prise Muskatnuss, frisch gerieben

Zubereitungszeit: 35 Min.

Nährwerte pro Person: 355 kcal, 1485 kJ, 29 g EW, 17 g F, 6 g KH

1 Kabeljaufilets waschen, trocken tupfen und mit Zitronensaft beträufeln. Etwas salzen und pfeffern.

2 Weißwein erhitzen. Inzwischen Mangold putzen, dicke Blattrippen flach schneiden und Blätter gut wa-

schen. Große Blätter längs halbieren und alles quer in Streifen schneiden.

3 Mangold in den leicht köchelnden Wein geben. Bei geschlossenem Deckel ca. 5 Minuten zusammenfallen lassen. Kabeljau auf den Mangold legen und alles ca. 5 Minuten dünsten.

4 Dill abbrausen und ohne grobe Stiele hacken. Fischfilets aus dem Topf nehmen und warm stellen. Schmand und Dill in den Weinsud geben und Soße offen etwas einkochen lassen.

5 Das Ganze mit Salz, Pfeffer und Muskat abschmecken. Fisch auf Mangold auf Tellern anrichten und mit Soße begießen.

TIPP

▶ **Dieses Gericht können Sie auch sehr gut mit TK-Fisch zubereiten. Anstelle des Weißweins kann auch Gemüsebrühe verwendet werden.**

Fisch in der Folie

Für 4 Personen:

4 Fischfilets (à ca. 180 g, z. B. Zander, Kabeljau oder Rotbarsch)
Saft von 1 Zitrone
Salz, weißer Pfeffer
$^1/_2$ TL Kümmelpulver
2 Stangen Lauch
100 g Knollensellerie
2 Möhren
200 g Champignons
1 EL Butter
1 Bd. Schnittlauch
150 g Sahne
1–2 TL körniger Senf

Zubereitungszeit: 35 Min.
Garzeit: 30 Min.

Nährwerte pro Person: 342 kcal, 1431 kJ, 40 g EW, 16 g F, 9 g KH

1 Fischfilets kalt abspülen und trocken tupfen. Mit Zitronensaft beträufeln und mit Salz, Pfeffer sowie Kümmel würzen.

2 Lauch putzen und längs halbieren. Gründlich waschen und in feine Streifen schneiden. Knollensellerie und Möhren schälen, putzen und waschen. Beides zuerst in dünne Scheiben, dann in feine Stifte oder mit dem Sparschäler in feine Streifen schneiden.

3 Champignons mit Küchenpapier abreiben, putzen und in Scheiben schneiden. Backofen auf 220 Grad vorheizen.

4 4 große Stücke Alufolie auf der Arbeitsfläche ausbreiten. Jeweils ein Fischfilet darauflegen und mit dem vorbereiteten Gemüse und den Champignons bestreuen, dann salzen und pfeffern. Mit Butterflöckchen belegen und die Folie über den Zutaten zusammenfalten, die Ränder gut zusammendrücken.

5 Die Fischpäckchen auf dem Rost in den heißen Ofen schieben und ca. 30 Minuten garen. Schnittlauch waschen, trocken schütteln und in feine Röllchen schneiden.

6 Die Folienpäckchen aus dem Ofen nehmen und den Saft, der sich darin gebildet hat, in einen Topf geben. Sahne dazugießen, alles bei starker Hitze aufkochen, Hitze reduzieren und etwas einkochen lassen. Soße vom Herd nehmen und mit Senf abschmecken. Schnittlauchröllchen einrühren.

7 Fischfilets auf Teller verteilen und mit Soße begießen. Mit Schnittlauchröllchen bestreut servieren.

Schollenröllchen mit Gemüsefüllung

Für 4 Personen:

300 g Möhren
250–350 ml Gemüsebrühe
250 g Zucchini
1 Zitrone (unbehandelt)
8 Schollenfilets (à ca. 100 g)
Salz, schwarzer Pfeffer
800 g festkochende Kartoffeln
1 EL Speisestärke
1 Eigelb
100 g saure Sahne
Zucker
3 EL Petersilie, frisch gehackt

Zubereitungszeit: 50 Min.

Nährwerte pro Person: 410 kcal, 1705 kJ, 43 g EW, 9 g F, 36 g KH

1 Möhren schälen, putzen, waschen und mit dem Sparschäler längs in dünne Streifen schneiden. $^1/_4$ l Brühe aufkochen und Möhrenstreifen darin 1 Minute kochen. Mit dem Schaumlöffel herausheben, abschrecken und abtropfen lassen. Brühe beiseitestellen.

2 Zucchini putzen, waschen und mit dem Sparschäler längs in Scheiben schneiden. Zitrone heiß waschen, trocken reiben und 2 EL Schale abreiben. Saft auspressen.

3 Fischfilets mit 2 EL Zitronensaft, Salz und Pfeffer würzen. Möhrenstreifen darauf verteilen und mit Zitronenschale bestreuen. Zucchini daraufgeben, Filets aufrollen und mit Holzstäbchen fixieren. In einen Dämpfeinsatz setzen und zugedeckt beiseitestellen.

4 Kartoffeln waschen und ungeschält in wenig Wasser 20 Minuten garen. Die beiseitegestellte Brühe in einem großen Topf aufkochen und den Dämpfeinsatz hineinstellen. Zugedeckt 10 Minuten garen.

5 Backofen auf 100 Grad vorheizen. Schollenröllchen abgedeckt im heißen Ofen warm halten. Brühe durch ein Sieb gießen, auf $^1/_4$ l auffüllen und aufkochen. Speisestärke mit 4 EL kaltem Wasser verrühren. In die Brühe

einrühren, aufkochen und die Hitze reduzieren.

6 Eigelb und saure Sahne verrühren und in die Soße geben, dabei nicht mehr kochen lassen. Mit restlichem Zitronensaft, Salz und Zucker würzen. Kartoffeln abgießen und pellen. Petersilie unter die Soße rühren, zu Schollenröllchen und Kartoffeln servieren.

Buntes Fischgulasch

Für 4 Personen:

2 große Zwiebeln
400 g festkochende Kartoffeln
2 rote Paprikaschoten
400 g Tomaten
1 EL Öl
300 ml Fischfond (Glas)
2 EL Paprikapulver edelsüß
Salz, weißer Pfeffer
700 g Fischfilet (z. B. Seelachs, Rotbarsch, Karpfen, Zander)
1/2 Bd. Dill oder Petersilie
1 EL Zitronensaft
100 g Crème fraîche

Zubereitungszeit: 40 Min.
Schmorzeit: 25 Min.

Nährwerte pro Person: 487 kcal, 2038 kJ, 47 g EW, 19 g F, 30 g KH

1 Zwiebeln schälen, halbieren und in dünne Streifen schneiden. Kartoffeln schälen, waschen und in ca. 1 cm große Würfel schneiden. Paprika halbieren, putzen, waschen und würfeln. Tomaten waschen und ohne Stielansätze würfeln.

2 Öl in einem großen Topf erhitzen. Die Zwiebeln darin unter Rühren bei mittlerer Hitze andünsten. Kartoffel- und Paprikawürfel hinzugeben und kurz mitbraten. Fond und Tomaten untermengen, mit Paprikapulver, Salz und Pfeffer abschmecken. Alles zugedeckt bei mittlerer Hitze ca. 20 Minuten schmoren.

3 Fischfilet kalt abspülen, trocken tupfen und in mundgerechte Stücke schneiden. Dill oder Petersilie waschen, trocken schütteln und hacken, grobe Stielenden entfernen.

4 Zitronensaft und Crème fraîche unter das Gemüse rühren, bei Bedarf nachwürzen. Fischwürfel auf das Gemüse legen und zugedeckt bei schwacher Hitze ca. 5 Minuten ziehen lassen. Dann vorsichtig untermischen und vor dem Servieren mit Dill oder Petersilie bestreuen.

VARIANTE

▶ **Besonders herzhaft wird das Gulasch, wenn man ca. 150 g Chorizo (spanische Paprikawurst) untermengt. Von der Wurst die Haut abziehen, Chorizo klein schneiden, mit dem Gemüse anbraten und wie beschrieben fortfahren.**

Seezungenpfanne mit grünem Spargel und Kartoffeln

Für 4 Personen:

700 g Seezungenfilet
1 Schalotte
400 g grüner Spargel
400 g kleine neue Kartoffeln
100 g Butter
Salz
Pfeffer aus der Mühle
80 ml Weißwein
120 ml Geflügelbrühe
1 kleines Lorbeerblatt
1 Msp. Piment
¼ Bd. Estragon

Zubereitungszeit: 30 Min.

Nährwerte pro Person: 396 kcal, 1657 kJ, 37 g EW, 17 g F, 19 g KH

1 Seezungenfilet kalt abspülen, trocken tupfen und schräg in 2–3 cm breite Streifen schneiden. Schalotte schälen und würfeln.

2 Spargel waschen, putzen, holzige Enden abschneiden und bei Bedarf das untere Drittel der Spargelstangen schälen. Kartoffeln so sauber waschen, dass die Schale mitgegessen werden kann. Spargel und Kartoffeln in möglichst dünne Scheiben schneiden.

3 In einer großen beschichteten Pfanne 50 g Butter zerlassen und das Gemüse darin 2 Minuten anschwitzen. Mit Salz und Pfeffer würzen und mit Weißwein ablöschen. Geflügelbrühe, Lorbeerblatt und Piment hinzufügen und das Ganze 8–10 Minuten bei geschlossenem Deckel dünsten.

4 Estragon waschen, trocken schütteln und grob hacken, dabei grobe Stielenden entfernen. Seezungenstreifen salzen und pfeffern. Fisch und Kräuter zum Gemüse geben und das Ganze in ca. 3 Minuten fertig garen.

5 Restliche kalte Butter in Würfel schneiden. Butter vorsichtig unter die Seezungenpfanne heben, die Pfanne schwenken, sodass der Dünstfond leicht gebunden wird. Abschmecken und servieren.

Forelle blau

Für 4 Personen:

4 küchenfertige Bach- oder Regenbogenforellen (à ca. 350 g)
1 Zwiebel
1 große Möhre
60 g Petersilienwurzel
1 große Stange Lauch
50 g Salz
1 Stängel Petersilie
2 Zweige Thymian
1 Lorbeerblatt
2 Wacholderbeeren
15 weiße Pfefferkörner
100 ml Weißweinessig

Zubereitungszeit: 40 Min.
Garzeit: 40 Min.

Nährwerte pro Person: 431 kcal, 1810 kJ, 74 g EW, 12 g F, 5 g KH

1 Forellen kalt abwaschen und mit Küchengarn in Form binden, dabei mit einer starken Nadel einen dop-

(1)

pelten Faden durch Schwanz und Kiemendeckel ziehen (Bild 1). Zunächst ein Ende an einem Zahnstocher festknoten, dann Kopf und Schwanz zusammenbinden und das zweite Fadenende ebenfalls um einen Zahnstocher knoten.

2 Für die Brühe Zwiebel, Möhre und Petersilienwurzel schälen. Möhre und Petersilienwurzel putzen, waschen und zusammen mit der Zwiebel in Scheiben bzw. Stifte schneiden. Lauch putzen, längs aufschlitzen, waschen und schräg in Scheiben bzw. Stifte schneiden.

3 Gemüse in einen großen, breiten Topf füllen und 3 l Wasser zugießen. Salz, Kräuter und Wacholderbeeren zufügen und alles zugedeckt ca. 30 Minuten bei geringer Hitze köcheln lassen. Pfefferkörner in einem Mörser leicht andrücken und kurz vor Garzeitende in die Brühe geben.

4 Essig in die Brühe gießen und die vorbereiteten Forellen hineinsetzen (Bild 2). Bouillon bis zum Siedepunkt erhitzen und kurz aufwallen lassen. Hitze sofort reduzieren und Forellen in 8–10 Minuten gar ziehen lassen.

(2)

5 Forellen mit einem Schaumlöffel aus der Brühe heben, leicht abtropfen lassen und mit dem Gemüse auf Tellern anrichten.

TIPP

▶ Für eine asiatische Note sorgen etwas frische Ingwerwurzel, geschält und in Scheiben geschnitten, und Zitronengras, wobei beide Zutaten einfach mit in den Dämpfeinsatz gelegt werden.

Gedämpfter Saibling

Für 4 Personen:

8 Saiblingsfilets (à ca. 120 g)
Salz, weißer Pfeffere
1 EL Zitronensaft
4 EL Wermut
1 kleine Stange Lauch
2 kleine Möhren
80 g Knollensellerie
1/8 l trockener Weißwein
50 g Butter
1 Limette
1 EL Petersilie, frisch gehackt
Worcestersoße

Zubereitungszeit: 40 Min.

Nährwerte pro Person: 406 kcal, 1699 kJ, 48 g EW, 16 g F, 7 g KH

1 Saiblingsfilets mit Salz und Pfeffer würzen. Auf einen Teller legen und mit Zitronensaft und Wermut gleichmäßig beträufeln.

2 Lauch putzen, längs halbieren, waschen und in dünne Streifen schneiden. Möhren und Sellerie schälen, putzen, waschen und in feine Stifte schneiden.

3 In einem Topf mit Dämpfeinsatz den Weißwein mit so viel Wasser aufkochen, dass der Dämpfeinsatz nicht mit dem Sud in Berührung kommt.

4 Dämpfeinsatz mit wenig Butter bestreichen und die Fischfilets hineinlegen. Gemüse darauf verteilen. Das Ganze zugedeckt bei mittlerer Hitze ca. 10 Minuten dämpfen.

5 Limette so schälen, dass die weiße Haut mitentfernt wird. Fruchtfilets mit einem Messer herauslösen. Restliche Butter in einer Pfanne erhitzen, Limettenfilets und Petersilie kurz darin schwenken. Mit Pfeffer und Worcestersoße würzen.

6 Saiblingsfilets mit dem Gemüse auf Tellern anrichten und mit Limettenbutter beträufeln.

Karpfen mit Rosinen

Für 4 Personen:

1 mittelgroßer Karpfen (küchenfertig)
3 Schalotten
Öl
1 EL Zucker
1 EL Mehl
1 Schuss Essig
50 g Rosinen
50 g gestiftelte Mandeln
Salz
Pfeffer

Zubereitungszeit: 35 Min.
Garzeit: 45 Min.

Nährwerte pro Person: 305 kcal, 1276 kJ, 24 g EW, 12 g F, 20 g KH

1 Karpfen bei Bedarf schuppen, dann unter fließendem kaltem Wasser waschen und trocken tupfen. Schalotten schälen und dann fein würfeln.

2 Öl in einem großen Topf erhitzen. Schalottenwürfel zugeben und bei mittlerer Hitze unter Rühren glasig dünsten.

3 Schalotten mit Zucker bestreuen. Weiterrühren und mit Mehl bestäuben. Sobald das Mehl aufgelöst ist, mit 1 l Wasser und Essig aufgießen. Rosinen und Mandelstifte hinzufügen. Alles bei schwacher Hitze ca. 15 Minuten köcheln lassen.

4 Karpfen salzen, pfeffern und in den Sud legen. Weitere 30 Minuten dünsten. Dann Fisch herausheben. Auf eine vorgewärmte Platte legen und mit Kochflüssigkeit übergießen. Heiß servieren.

Pochierte Lachsmedaillons

Für 4 Personen:

500 g Salatgurke
4 TL Essig
Salz, 20 g Zucker, 2 TL Olivenöl
3 TL Zitronensaft
1 TL Meerrettich, frisch gerieben
200 g Sahne, 50 g Crème fraîche
1/2 TL Dijonsenf, Pfeffer
400 g Lachsfilet (z. B. aus Norwegen)
10 weiße Pfefferkörner,
2 Lorbeerblätter
nach Wunsch Petersilie und
Forellenkaviar zum Garnieren

Zubereitungszeit: 40 Min.
Marinierzeit: 1 Std.

Nährwerte pro Person: 392 kcal, 1640 kJ, 21 g EW, 29 g F, 12 g KH

1 Für den Gurkensalat Gurke schälen, mit dem Sparschäler der Länge nach in dünne Scheiben schneiden und in eine Schüssel geben. Essig, 1 Prise Salz und Zucker miteinander vermengen. Öl unterrühren, über die Gurkenscheiben geben und 1 Stunde marinieren.

2 Für die Meerrettichsahne Zitronensaft und Meerrettich in einer Schüssel vermengen und abgedeckt ca. 15 Minuten ziehen lassen. Sahne, Crème fraîche und Senf im Mixer schaumig rühren. Zitronen-Meerrettich-Mischung dazugeben, mit Salz und Pfeffer abschmecken.

3 Lachsfilet kalt abspülen, trocken tupfen und in 4 gleich große Medaillons schneiden. 2 l Wasser mit 80 g Salz, Pfefferkörnern und Lorbeerblättern aufkochen, die Gewürze kurz darin ziehen lassen.

4 Topf vom Herd nehmen, Lachsmedaillons zugeben und 10–12 Minuten abgedeckt gar ziehen lassen. Lachs mit einem Schaumlöffel aus dem Wasser heben und auf Küchenpapier abtropfen lassen.

5 Gurkensalat mit Salz und Pfeffer abschmecken. Auf Tellern anrichten, Lachsmedaillons darauf platzieren und mit einem Klecks Meerrettichsahne servieren. Nach Wunsch mit Petersilie und Forellenkaviar garnieren.

Gäste, Feste & Co.

Laden Sie doch wieder einmal Freunde ein! Denn so richtig schön wird Essen erst in einer größeren Runde. Damit Sie der Einladung ganz entspannt entgegensehen können, finden Sie hier alles Wichtige rund um Planung, Speisen- und Getränkeauswahl.

Die Planung

Je mehr Gäste Sie erwarten, desto wichtiger ist die Vorbereitung. Fangen Sie 4–6 Wochen vor der Einladung an – so behalten Sie den Überblick. Einen kompletten Organisationsplan finden Sie im Kapitel »Brunch«, S. 438.

Rezeptauswahl

Wählen Sie Rezepte aus, die sich gut vorbereiten lassen. Alles, was erst kurz vor dem Servieren fertig gestellt werden muss, ist ungeeignet – Sie verbringen mehr Zeit in der Küche als bei Ihren Gästen. Bedenken Sie bei der Rezeptauswahl auch, dass es besser ist, den Backofen nicht doppelt zu belegen: Schmort der Braten für den Hauptgang schon in der Röhre, wird es schwierig, ein Soufflé als Dessert machen. Außerdem ist es sinnvoll, das Essen in Schüsseln oder auf Platten zu servieren. Tellergerichte müssen einzeln angerichtet und aufgetragen werden – Stress ist hier vorprogrammiert.

Das Menü

Am besten stimmt man das Essen auf Anlass und Jahreszeit ab: Eine gefüllte Ente beim Sommerfest ist ähnlich unpassend wie ein rustikaler Eintopf beim Sektempfang. Abwechslung dagegen kommt immer an, sowohl geschmacklich als auch optisch. Zu milden Gerichten passen keine scharf gewürzten Beilagen, kalorienreiche Speisen sollten am besten mit leichten Beilagen serviert werden, Vorspeise und Hauptgericht sollten nicht nach der gleichen Garmethode zubereitet sein (z. B. wenn Vorspeise gekocht, dann Hauptspeise gebraten). Gut macht sich nach einer Cremesuppe etwas Knackiges und nach einem üppigen Hauptgang eine leichte Nachspeise.

TIPP

▶ Bitten Sie vorab 1 oder 2 Helfer, Ihnen bei der Feier zur Hand zu gehen. Einer kann z. B. für Getränkenachschub sorgen, der andere beim Servieren und Abdecken helfen.

AUFBAU EINES MENÜS

Bei einem »konventionellen« Menü werden 3 Gänge serviert:
- Suppe
- Hauptgericht
- Nachspeise

Bei einem festlichen Menü wird vor der Suppe eine kalte Vorspeise und zwischen Suppe und Hauptspeise ein warmes Zwischengericht oder Fisch gereicht.
Das ganz große Menü wird zu besonderen Anlässen (Geburtstage, Verlobung, Hochzeit) serviert:
- Kalte Vorspeise
- Suppe
- Warmes Zwischengericht oder Fisch
- Sorbet (nach Belieben)
- Hauptgericht mit Beilagen
- Käse (nach Belieben)
- Dessert
- Mokka oder Espresso

DAS GEDECK

Wer sich nach dem Lehrbuch richten möchte, deckt den Tisch folgendermaßen ein:
- In der Mitte steht der Platzteller mit einem Deckchen.
- Darauf kommt der Teller für denn ersten Gang.
- Auf diesen Teller legen Sie die gefaltete Serviette.
- Das Besteck liegt von Anfang an vollständig auf. Auf die linke Seite kommen die Gabeln mit den Zinken nach oben, auf die rechte Seite die Messer mit der Schneide nach innen. Was zuerst benutzt wird, liegt außen.
- Auch sämtliche benötigten Gläser sollten Sie schon vor dem Essen auf den Tisch stellen.

Vor Beginn des Menüs bietet man normalerweise Brot oder Brötchen sowie Butter auf einem kleinen Teller an. Dieser Teller wird später durch den Salatteller ausgetauscht. Den Platzteller nimmt man vor dem Zwischengang weg, und falls dieser entfällt, vor dem Hauptgang. An seine Stelle kommt der vorgewärmte Speiseteller. Nach jedem Menügang werden gebrauchtes Geschirr, Besteck und benützte Gläser abgetragen. Nur das Wasserglas bleibt während des gesamten Menüs auf dem Tisch.
Bei offiziellen Essen werden die Speisen von links serviert und gebrauchtes Geschirr von rechts abgetragen. Getränke schenkt man von rechts ein.
Sind mehr als 10 Gästen geladen, bietet sich auf jeden Fall ein Buffet an. Das bedeutet zwar mehr Vorbereitung, aber beim Fest selbst haben Sie mehr Zeit für Ihre Gäste.

Welches Getränk zu welchem Gericht?

Getränke sollen das Essen abrunden. Bieten Sie immer einige alkoholfreie und 3 oder 4 alkoholische Getränke an, wie Rot- und Weißwein sowie Bier, Sekt oder einen Likör.

◆ Aperitif: Er lockert zur Begrüßung die Gästerunde auf und stimmt auf das Essen ein. Die einfachste Lösung sind Prosecco oder Sekt. Im Sommer sind gefrorene Himbeeren ein toller Blickfang im Glas, im Winter tiefgefrorene Kumquats (Zwergorangen). Bereiten Sie ein Tablett mit Gläsern vor, sodass Sie nur noch einschenken müssen, wenn die Gäste eintreffen.

◆ Wasser und Säfte: Je heißer es ist und je mehr Kinder und Autofahrer unter Ihren Gästen sind, desto großzügiger sollten Sie die Wassermenge bemessen. Im Sommer gutes Kühlen nicht vergessen! Andere alkoholfreie Getränke wie Fruchtsäfte oder Limonade runden das alkoholfreie Angebot ab.

◆ Bier: Gekühlt findet es fast immer Abnehmer und passt zu beinahe jedem Essen, besonders aber zu eher rustikalen, deftigen Speisen, zu Gegrilltem oder Asiatischem. Erlaubt ist eigentlich alles: Weißbier, Pils, Export – auf jeden Fall aber immer gut gekühlt und nach Möglichkeit im passenden Glas servieren. Mehr zu Bier finden Sie auch im Kapitel »Getränke« auf S. 402.

◆ Wein: Er ist der perfekte Essensbegleiter, besonders wenn es etwas festlicher zugeht. Generell gilt: Zu den meisten Speisen harmonieren trockene oder halbtrockene Weine besser als liebliche. Mehr zu diesem Thema finden Sie auch im Kapitel »Wein« auf S. 208.

▶ *Rotweine* passen zu dunklem Fleisch wie Rind, Lamm oder Wild und zu Speisen mit kräftigen Aromen wie Geschmortem oder Gegrilltem. Je kräftiger das Essen, desto schwerer darf auch der Wein sein. Bei 13–18 Grad schmeckt Rotwein besonders gut.

▶ *Weißweine* passen gut zu hellem Fleisch wie Kalb, Geflügel oder Schwein, zu Fisch, Gemüse mit heller Soße und allem, was eher zart ist und ein dezentes Aroma besitzt. Ein leichter, trockener Weißwein harmoniert gut gekühlt mit beinahe jedem Gericht. Zu asiatischem Essen passt ein voller Riesling mit fruchtiger Säure. Im Sommer ist eine erfrischende Weinschorle, halb Wein, halb Wasser, ein leichter Begleiter zum Essen. Weißwein serviert man am besten gekühlt, bei etwa 10 Grad.

▶ *Roséweine* sind fülliger als Weiß-, aber nicht so kräftig wie Rotweine.

TIPP

▶ **Wer seine Gäste zum Digestif richtig verwöhnen möchte, reicht noch ein paar Kekse, Pralinen oder frisches Obst dazu.**

Trockene Rosés wie ein Spätburgunder Weißherbst ergänzen gut gekühlt fast jedes Gericht.
▶ *Edelsüße Weine* wie Auslesen oder Eiswein passen als Aperitif, zum Käse oder zum Dessert.

◆ Digestif: Er beschließt das Essen. Klassiker sind klare Schnäpse wie Obstler oder Grappa, Cognac oder Likör. Kaffee, Espresso & Co. machen gerade nach schweren Speisen wieder munter. Ihr Aroma entfaltet sich am besten, wenn sie frisch aufgebrüht werden. Tassen mit Löffel, Zucker und Milch stellt man auf einem Tablett bereit.

Wer isst und trinkt wie viel?

Sobald mehr als 4 Esser am Tisch sitzen und es mehrere Gänge gibt, können Sie sich nicht mehr auf die Personenzahl im Rezept verlassen. Je mehr Gänge Sie anbieten, desto weniger kommt pro Gang auf den Teller. Ein 4-Personen-Rezept reicht so auch für 6 oder 8 Esser. Bei einem Buffet kalkuliert man pro Person ohnehin kleinere Portionen, da es eine größere Auswahl gibt. Als »stille Reserve« halten Sie am besten Brot, Käseplatte und Obstkorb in Hinterhand.

Gericht bzw. Getränk	Menge pro Person
Klare Brühe	¼ l
Suppe	400 ml
Salat	200 g
Fleisch oder Fisch	150 – 200 g
Gemüse	300 – 350 g
Kartoffeln	300 g
Reis, Nudeln, Getreide	80 – 100 g
Sauce	100 ml
Dessert	150 – 200 g
Obst	80 – 100 g
Käse	50 g
Brot	80 – 100 g
Aperitif	1–2 Gläser
Wein	½ – 1 l
Bier	1 ½ – 2 l
Wasser	1 ½ l
Digestif	1 Glas
Kaffee & Co.	1–2 Tassen

Die Tischdekoration

Stimmen Sie die Dekoration auf Anlass, Motto und die Speisen ab. Weniger ist häufiger mehr, denn schließlich steht das Essen im Mittelpunkt. Achten Sie auf jeden Fall darauf, dass genug Platz für Teller, Gläser und Platten bleibt und die Gäste sich auch über den Tisch hinweg sehen. Einige Dekoideen finden Sie im Kapitel »Brunch« auf S. 438.

▶ Gegrillt, gebraten & gebacken

Gebratene Thunfischsteaks

Für 4 Personen:

10 g frische Ingwerwurzel
1 rote Chilischote
4 EL Öl
Pfeffer aus der Mühle
4 Thunfischsteaks (à ca. 175 g)
1 Mango
1 rote Zwiebel
1 EL Korianderpulver
2 EL Ahornsirup
Saft von 1/2 Zitrone
Salz
2 Knoblauchzehen
Salatblätter zum Garnieren

Zubereitungszeit: 30 Min.
Marinierzeit: Fisch 1 Std., Salsa 20 Min.

Nährwerte pro Person: 549 kcal, 2293 kJ, 39 g EW, 37 g F, 15 g KH

1 Ingwer schälen und fein hacken. Chilischote längs halbieren, unter fließendem Wasser entkernen und auch fein hacken. Beides mit 2 EL Öl und etwas Pfeffer verrühren.

2 Thunfisch kalt abspülen, trocken tupfen und von beiden Seiten mit Ingwer-Chili-Öl bestreichen. Steaks abgedeckt ca. 1 Stunde marinieren.

3 Mango schälen, Fruchtfleisch vom Kern schneiden und fein würfeln. Zwiebel schälen und in Ringe schneiden. Beides im verbliebenen Bratfett andünsten, Koriander, Ahornsirup und Zitronensaft zugeben, mit Salz und Pfeffer abschmecken und 20 Minuten ziehen lassen.

4 Knoblauch schälen und fein hacken, restliches Öl in einer Pfanne erhitzen und den Knoblauch darin andünsten. Thunfischsteaks einlegen und von beiden Seiten ca. 5 Minuten anbraten, herausnehmen und warm stellen.

5 Thunfischsteaks auf Tellern anrichten, Salsa darauf verteilen und mit Salatblättern garnieren.

VARIANTE

▶ Schmeckt auch toll zu den Steaks: Apfel-Mandel-Salsa. 1 grünen und 1 rötlichen Apfel waschen, halbieren, ohne Kerngehäuse in kleine Würfel schneiden und mit etwas Zitronensaft beträufeln. 1 große rote Zwiebel schälen und hacken. 50 g geröstete Mandelstifte, Zwiebel, 2 EL Champagneressig, 2 TL gehackte Rosmarinnadeln und 1/2 TL Zitronensaft zu den Äpfeln geben. Mit Salz und Pfeffer abschmecken.

Lachsspieße auf Linsengemüse

Für 4 Personen:

600 g Lachsfilet
(z. B. aus Norwegen)
Öl für die Holzspieße
1 TL Garam Masala
4 EL Olivenöl
200 g Linsen
2 rote Zwiebeln
1 Knoblauchzehe
Saft von 1 Limette
Salz
Pfeffer
1 Handvoll Korianderblättchen

Zubereitungszeit: 35 Min.
Marinierzeit: 30 Min.

Nährwerte pro Person: 404 kcal, 1690 kJ, 41 g EW, 14 g F, 30 g KH

1 Lachs kalt abspülen, trocken tupfen und in fingerdicke Streifen schneiden. Ziehharmonikaartig auf leicht geölte Holzspieße stecken. Garam Masala mit 2 EL Olivenöl verrühren und den Lachs damit bepinseln. Abgedeckt 30 Minuten kühl stellen.

2 Linsen in einem Topf mit Wasser 25–30 Minuten kochen. Zwiebeln schälen und in dünne Streifen schneiden. Knoblauch schälen.

3 Linsen abgießen und zurück in den Topf schütten. Mit Zwiebeln, Limettensaft und restlichem Olivenöl verrühren. Knoblauch dazupressen und unterrühren. Salzen und pfeffern, dann warm stellen.

4 Eine große beschichtete Pfanne heiß werden lassen. Die Lachsspieße darin von jeder Seite 2 Minuten braten. Mit Salz und Pfeffer würzen. Korianderblättchen waschen und trocken tupfen.

5 Linsen auf Teller geben, Lachsspieße darauf anrichten. Mit Korianderblättchen bestreut servieren.

Lachsforellenfilets vom Grill

Für 4 Personen:

1 TL Chilipulver
2 TL brauner Zucker
1 TL Kümmelpulver
1 TL getrockneter Thymian
1 TL Salz
2 TL Olivenöl
4 Lachsforellenfilets (à ca. 200 g)
frischer Thymian zum Garnieren

Zubereitungszeit: 15 Min.
Marinierzeit: 15 Min.

Nährwerte pro Person: 447 kcal, 1866 kJ, 40 g EW, 31 g F, 2 g KH

1 Chilipulver, braunen Zucker, Kümmelpulver, getrockneten Thymian und Salz mit Olivenöl in einer

TIPP

▶ Garam Masala ist eine indische Mischung aus zumeist gemahlenen Gewürzen, darunter Kreuzkümmel, Nelken sowie Kardamom. Man kann sie in asiatischen Lebensmittelläden kaufen.

Schüssel gut vermischen. Backofengrill oder Holzkohlengrill vorheizen.

2 Fischfilets kalt abspülen, trocken tupfen und jeweils auf beiden Seiten mit der Öl-Kräuter-Mischung bestreichen. Abgedeckt ca. 15 Minuten ziehen lassen.

3 Forellenfilets auf einem Blech unter die heiße Grillschlange schieben bzw. auf den Grill legen. Von beiden Seiten ca. 4 Minuten lang grillen, bis die Forellen leicht zerfallen.

4 Auf Tellern anrichten und mit frischem Thymian garnieren.

TIPP

▶ Auch gut für Fischgrilladen: Knoblauch-Koriander-Marinade. 4 Knoblauchzehen schälen und mit 1 EL Koriander, frisch gehackt, 6 EL Olivenöl und 2 EL Sherryessig im Mixer fein pürieren. Mit Salz abschmecken und wie beschrieben verwenden.

Fischfrikadellen

Für 4 Personen:

80 g Paniermehl
650 g Seelachs- oder Rotbarschfilet
1 kleine Zwiebel
1/2 TL getrockneter Majoran
1 Ei
Salz
weißer Pfeffer
Schale und Saft von 1/2 Zitrone (unbehandelt)
3 EL Öl

Zubereitungszeit: 35 Min.

Nährwerte pro Person: 320 kcal, 1339 kJ, 35 g EW, 12 g F, 18 g KH

1 Paniermehl und 100 ml Wasser in einer Schüssel vermengen und 5 Minuten quellen lassen. Fischfilet waschen, trocken tupfen und klein schneiden, anschließend portionsweise im Mixer zerkleinern.

2 Zwiebel schälen und fein hacken. Majoran, Paniermehl und Zwiebel mit dem Ei unter das Fischpüree mengen. Mit Salz, Pfeffer, Zitronenschale und -saft abschmecken.

3 Mit feuchten Händen aus der Masse kleine Frikadellen formen. Öl in einer Pfanne erhitzen und Frikadellen darin bei mittlerer Hitze auf jeder Seite ca. 5 Minuten braten. Herausnehmen, auf Küchenpapier kurz abtropfen lassen und servieren.

VARIANTE

▶ Ebenfalls eine runde Sache: Thunfischfrikadellen. Dazu 1 rote Paprika waschen, putzen und fein würfeln. 1 Zwiebel schälen und fein hacken. 2 Dosen Thunfischfilets (im eigenen Saft, à 185 g) abtropfen lassen und mit einer Gabel grob zerpflücken. 200 g Magerquark in einem Sieb abtropfen lassen. Thunfisch mit Paprika, Zwiebel und Quark vermischen. Mit Salz, Pfeffer und

Paprikapulver würzen. 3 EL Öl in einer Pfanne erhitzen. 4 Frikadellen aus der Thunfischmischung formen und im heißen Öl von beiden Seiten goldbraun braten.

Rotbarschfilets in Mandelpanade

Für 4 Personen:

600 g kleine festkochende Kartoffeln
Salz
1 Zwiebel
120 ml Gemüsebrühe
2–3 EL Weißweinessig
1 EL Senf
Pfeffer aus der Mühle
4 EL Olivenöl
1 Bd. Radieschen
200 g Mandeln, gehackt
50 g Paniermehl
40 g Mehl
Cayennepfeffer
1 Ei, 4 EL Milch
4 Rotbarschfilets (à ca. 150 g)
1 Bd. Schnittlauch
1 Kästchen Gartenkresse

Zubereitungszeit: 50 Min.
Backzeit: 15 Min.

Nährwerte pro Person: 760 kcal, 3192 kJ, 46 g EW, 47 g F, 38 g KH

1 Kartoffeln waschen, in einem Topf in reichlich Salzwasser bei geschlossenem Deckel aufkochen und 20 Minuten kochen lassen.

2 Zwiebel schälen und fein würfeln. Brühe aufkochen, Zwiebelwürfel zugeben und 3 Minuten kochen lassen. Topf vom Herd nehmen, Essig und Senf einrühren, kräftig salzen und pfeffern. Öl mit dem Schneebesen unterrühren.

3 Kartoffeln abgießen, noch heiß pellen, in 1/2 cm dicke Scheiben direkt in die Brühe schneiden und untermengen. Radieschen putzen, waschen und in Scheiben schneiden. Radieschen unter die Kartoffeln heben und beiseitestellen.

4 Backofen auf 200 Grad vorheizen. Mandeln mit Paniermehl mischen und auf einen Teller geben. Mehl mit Salz, Pfeffer und 1 Prise Cayennepfeffer würzen und ebenfalls auf einen Teller geben. Ei und Milch in einem tiefen Teller verquirlen.

5 Fischfilets abspülen und trocken tupfen. Im Mehl wenden, überschüssiges Mehl abklopfen. Dann Fisch im Ei und den Mandelbröseln wenden, Panade gut andrücken.

6 Die panierten Fischfilets auf ein mit Backpapier ausgelegtes Backblech legen. Im Ofen auf der zweiten Schiene von unten ca. 15 Minuten backen.

7 Inzwischen Schnittlauch waschen, trocken schütteln und in feine Röllchen schneiden. Kresse abschneiden, waschen und trocken tupfen. Kartoffelsalat bei Bedarf nachwürzen, Kräuter unterheben und zum Fisch servieren.

Panierte Pangasiusfilets

Für 4 Personen:

400 g dunkle Trauben
4 EL Kerbel, frisch gehackt
100 g Mandeln, gemahlen
Salz
Pfeffer aus der Mühle
2 Eiweiß
8 Pangasiusfilets (à ca. 80 g)
60 g Butter
6 EL Weißwein
8 Salbeiblättchen
Salbeiblättchen zum Garnieren

Zubereitungszeit: 30 Min.

Nährwerte pro Person: 526 kcal, 2201 kJ, 49 g EW, 29 g F, 19 g KH

TIPP

▶ Statt der Mandelmischung kann für eine Fischpanade natürlich einfach Paniermehl verwendet werden — entweder pur oder mit geriebenem Käse, Kräutern oder ganz exotisch mit Kokosflocken vermischt.

1 Trauben waschen, entstielen, halbieren und bei Bedarf entkernen. Kerbel, Mandeln, etwas Salz und Pfeffer mischen. Mischung auf einem flachen Teller ausbreiten. Backofen auf 75 Grad vorheizen. Eiweiß in einem Teller mit 1 EL Wasser verquirlen.

2 Pangasiusfilets trocken tupfen, rundherum im Eiweiß wenden, dann in der Mandelmischung wenden, Panade fest andrücken.

3 40 g Butter in einer Pfanne erhitzen. Die Filets beidseitig in 5–6 Minuten goldbraun braten, dann im vorgeheizten Ofen warm stellen.

4 Trauben in restlicher Butter bei mittlerer Hitze 1 Minute dünsten. Wein hinzufügen, aufkochen, mit Salz und Pfeffer abschmecken. Salbeiblättchen waschen, trocken tupfen, in Streifen schneiden und unter die Traubensoße mischen.

5 Den Fisch mit den Trauben auf Tellern anrichten und mit Salbeiblättchen garniert servieren.

Forelle Müllerinart

Für 4 Personen:

4 kleine Forellen (küchenfertig)
2 EL Zitronensaft
Salz, weißer Pfeffer
Mehl
2 EL Butterschmalz
1 Bd. Petersilie

Zubereitungszeit: 30 Min.

Nährwerte pro Person: 397 kcal, 1661 kJ, 57 g EW, 15 g F, 1 g KH

1 Forellen bei Bedarf schuppen. Dann innen und außen unter fließendem kaltem Wasser abspülen und trocken tupfen.

2 Fische mit Zitronensaft beträufeln. Salzen und pfeffern. Mehl auf einen tiefen Teller geben und Fische darin wenden. Überschüssiges Mehl abklopfen.

3 In einer Pfanne Butterschmalz erhitzen. Fische in das heiße Fett geben und bei mittlerer Hitze von jeder Seite so lange braten, bis sie schön gebräunt sind. Petersilie abbrausen, trocken schütteln und ohne grobe Stiele hacken.

4 Gebratenen Fisch aus der Pfanne nehmen und auf vorgewärmte Teller geben. Petersilie in das Bratfett geben und kurz darin schwenken. Bratfett mit Petersilie über den Fisch gießen.

Fischfilets in Kräuterhülle

Für 4 Personen:

4 Zanderfilets (à ca. 180 g)
Saft von 1 Zitrone
Salz, Pfeffer
2 Eier
2–3 EL Milch
2 EL Sojamehl
2 EL Dinkelmehl
1 Bd. Schnittlauch oder Petersilie
1 TL Thymianblättchen
Butterschmalz zum Braten
frischer Thymian zum Garnieren

Zubereitungszeit: 30 Min.

Nährwerte pro Person: 180 kcal, 747 kJ, 26 g EW, 6 g F, 4 g KH

1 Fischfilets kalt abspülen, trocken tupfen und auf einen Teller legen. Mit Zitronensaft beträufeln, salzen und leicht pfeffern.

2 Eier mit Milch und Soja- sowie Dinkelmehl verquirlen. Schnittlauch oder Petersilie waschen, trocken schütteln und sehr fein hacken, dabei grobe Stielenden entfernen. Mit den Thymianblättchen unter den Teig rühren.

3 In einer beschichteten Pfanne etwas Butterschmalz erhitzen. Die Fischfilets mit einer Gabel im Teig wenden, etwas abtropfen lassen und im heißen Fett bei mittlerer Hitze auf beiden Seiten goldbraun braten. Auf Küchenpapier abtropfen lassen. Mit frischem Thymian garniert servieren.

VARIANTE

▶ Auch ein Klassiker: Fisch im Bierteig. Dazu 200 g Mehl mit 1/4 l Bier, 2 Eiern und etwas Salz gut verquirlen. Teig ca. 30 Minuten quellen lassen. Fischfilets (ca. 700 g) mundgerecht würfeln und mit 2 EL Zitronensaft vermengen. In einer hohen Pfanne ca. 3/4 l Frittieröl stark erhitzen. Fischstücke in den Bierteig legen, mit einer Gabel herausnehmen, etwas abtropfen lassen und im heißen Fett ca. 2 Minuten frittieren. Mit einem Schaumlöffel herausheben und auf Küchenpapier abtropfen lassen.

TIPP

▶ Auch Dorade, Lachsforelle oder Wolfsbarsch können für dieses Rezept verwendet werden.

Zander im Salzmantel

Für 4 Personen:

1 küchenfertiger Zander (1 ½–1,8 kg)
Pfeffer aus der Mühle
½ Bd. Petersilie
ca. 2 kg grobes Meersalz
6 Eiweiß

Zubereitungszeit: 20 Min.
Garzeit: 40 Min.

Nährwerte pro Person: 353 kcal, 1477 kJ, 78 g EW, 3 g F, 2 g KH

1 Fisch kalt abspülen, trocken tupfen und innen und außen mit Pfeffer einreiben. Petersilie waschen, trocken schütteln, grob zerteilen und in die Bauchhöhle stecken. Backofen auf 200 Grad vorheizen.

2 Das Salz in eine Schüssel geben, Eiweiß leicht schaumig schlagen und unter das Salz rühren. Evtl. etwas Wasser unterrühren, sodass ein formbarer Teig entsteht.

3 Ein Stück extrastarke Alufolie abschneiden und Kontur des Fisches nachformen, auf ein Backblech geben und die Hälfte des Salzteiges darauf verteilen. Fisch daraufsetzen und mit dem restlichen Teig bedecken. Oberfläche mit einem nassen Teigschaber o. Ä. glatt streichen.

4 Fisch im heißen Ofen ca. 40 Minuten garen. Den Fisch in der Salzkruste servieren, erst am Tisch die Kruste aufbrechen.

VARIANTE

▶ Besonders aromatisch wird der Fisch, wenn ½ Bd. gehackte Kräuter (Rosmarin, Salbei oder Thymian) unter den Salzteig gemengt wird.
Die Bauchhöhle des Fisches kann auch mit einer Mischung aus 2 gewürfelten Zitronen (unbehandelt), 1 Bd. Zitronenmelisse, gehackt, und 2 TL Pfefferkörnern gefüllt werden.

Schwertfisch gebraten

Für 4 Personen:

2 Bd. gemischte frische Kräuter
200 g Cocktailtomaten
2 Kartoffeln
400 g grüne Bohnen
2 Sardellenfilets (in Öl, Glas)
1 rote Chilischote
1 rote Zwiebel
1 Knoblauchzehe
8 Schwertfischsteaks (à ca. 100 g)
Salz
Pfeffer
6 EL Olivenöl
Saft von 2 Zitronen
Kräuter zum Garnieren

Zubereitungszeit: 45 Min.

Nährwerte pro Person: 440 kcal, 1842 kJ, 44 g EW, 23 g F, 12 g KH

1 Kräuter waschen, trocken schütteln und hacken, dabei grobe Stielenden entfernen. Tomaten waschen und halbieren, dabei Stielansätze entfernen. Kartoffeln schälen, waschen und fein würfeln. Bohnen putzen und waschen.

2 Sardellenfilets klein schneiden. Chilischote längs halbieren, unter fließendem Wasser entkernen und fein hacken. Zwiebel und Knoblauch schälen, Zwiebel in Ringe, Knoblauch in Scheiben schneiden. Schwertfischsteaks abspülen, gut trocken tupfen, salzen und pfeffern.

3 Bohnen und Kartoffeln getrennt in kochendem Salzwasser 8–10 Minuten garen. Abtropfen lassen und beides mit 4 EL Öl, Sardellen, Tomaten, Zwiebelringen, Chilischote und Kräutern mischen. Kräftig mit Salz und Pfeffer würzen, mit Zitronensaft mischen und warm stellen.

4 Restliches Öl in einer Pfanne erhitzen, Schwertfischsteaks mit Knoblauch ca. 1 Minute von jeder Seite scharf anbraten. Schwertfisch auf dem warmen Gemüsesalat anrichten und mit frischen Kräutern garniert servieren.

Karpfenmedaillons

Für 4 Personen:

4 kleine Zwiebeln
80 g Butter
150 ml Milch
50 g Sahne
2 EL Paniermehl
60 g Meerrettichwurzel, frisch gerieben
Zitronensaft
600 g Möhren
Salz, 1 EL Zucker
1 Karpfen von etwa 2 kg (filetiert und gehäutet; siehe S. 223)
Pfeffer

Zubereitungszeit: 35 Min.

Nährwerte pro Person: 645 kcal, 2699 kJ, 63 g EW, 30 g F, 20 g KH

TIPP

▶ Fisch wird noch knuspriger und zerfällt beim Wenden in der Pfanne nicht, wenn man etwas Salz oder Zitronensaft ins Bratfett gibt.

1 Zwiebeln schälen und fein hacken. 20 g Butter erhitzen und Zwiebeln kurz darin anschwitzen. Mit Milch und Sahne aufgießen. Paniermehl und Meerrettich unterrühren und das Ganze mit Zitronensaft abschmecken.

2 Möhren waschen, schälen und in Scheiben schneiden. Dann in 20 g Butter sautieren, salzen und mit Zucker bestreuen. Weitere 5 Minuten garen.

3 Karpfen in kleine Medaillons schneiden, salzen und pfeffern. Restliche Butter in einer Pfanne erhitzen und Karpfen 2–3 Minuten darin braten.

4 Soße auf Teller verteilen. Karpfenmedaillons darauf anrichten und Möhren dazu reichen.

BEILAGE

▶ **Servieren Sie dazu Salzkartoffeln.**

Gefüllte Sardinen aus dem Ofen

Für 4 Personen:

800 g küchenfertige Sardinen
100 g altbackenes Weißbrot
1 Bd. Petersilie
2–3 Knoblauchzehen
1 getrocknete oder frische Pfefferschote
1 großes Ei
Salz
2–3 EL Olivenöl
Zitronenschnitze
Petersilie zum Garnieren

Zubereitungszeit: 50 Min.
Backzeit: 10 Min.

Nährwerte pro Person: 335 kcal, 1402 kJ, 34 g EW, 15 g F, 16 g KH

1 Sardinen abspülen und bei Bedarf schuppen. Köpfe und Schwanzflossen abschneiden. Fische am Bauch

aufschneiden und aufklappen. Mittelgräte mit einem Löffelstiel anheben und abziehen.

2 Das Brot in etwas Wasser einweichen. Petersilie waschen und trocken schütteln. Die Blättchen abzupfen und fein hacken. Knoblauch schälen und fein hacken. Getrocknete Pfefferschote im Mörser zerstoßen oder die frische waschen, putzen und fein schneiden.

3 Backofen auf 250 Grad vorheizen. Brot ausdrücken und zerpflücken. Mit Petersilie, Knoblauch, Pfefferschote und Ei mischen. Die Masse mit Salz würzen.

4 Die Kräutermasse auf die Fischbäuche verteilen und die Fischfiletseiten darüberklappen. Sardinen mit der offenen Seite nach oben in eine ofenfeste Form legen. Das Olivenöl darüberträufeln.

5 Fische im heißen Ofen ca. 10 Minuten backen, bis die Füllung fest und leicht gebräunt ist. Die Sardinen mit Zitronenschnitzen und Petersilie garniert servieren.

Seelachs auf Gemüse

Für 4 Personen:

4 mittelgroße Kartoffeln
Salz
500 g Brokkoli
1 Zwiebel
1 EL Olivenöl
1 Prise Currypulver
4 Seelachsfilets (à ca. 150 g)
Zitronensaft
50 g Parmesan, Pecorino oder Manchego
$^{1}/_{8}$ l Milch, Kaffeesahne oder Sahne

Zubereitungszeit: 35 Min.
Backzeit: 15–20 Min.

Nährwerte pro Person: 321 kcal, 1341 kJ, 27 g EW, 15 g F, 19 g KH

1 Kartoffeln schälen, waschen, trocken tupfen und auf dem Gemüsehobel in feine Scheiben schneiden. Leicht salzen. Kartoffeln in einem Dämpfeinsatz oder in wenig Wasser zugedeckt in ca. 5 Minuten nicht ganz weich kochen.

2 Brokkoli putzen, waschen, in kleine Röschen teilen, Stiele schälen und würfeln. Zwiebel schälen und in kleine Würfel schneiden.

3 Olivenöl in einer Pfanne erhitzen und Zwiebelwürfel darin unter Rühren goldbraun braten. Brokkoli zugeben, mit Salz und Curry würzen und alles bei milder Hitze unter Rühren ca. 5 Minuten dünsten. Bei Bedarf 1–2 EL Wasser zugeben.

4 Backofen auf 225 Grad vorheizen. Fischfilets abspülen, trocken tupfen, mit Zitronensaft säuern und salzen.

5 Kartoffeln auf dem Boden einer großen Gratinform oder 4 kleinen -formen verteilen. Brokkolimischung darauf ausbreiten, die Fischfilets daraufsetzen. Käse reiben und darüberstreuen. Die Milch oder Sahne darübergießen.

6 Das Gericht im heißen Ofen auf der mittleren Schiene 15–20 Minuten gratinieren, bis sich eine schöne Kruste gebildet hat.

Minipizzen mit Thunfisch

Für 18 Stück:

20 g Hefe
1 Prise Zucker
400 g Mehl
Salz
75 ml Olivenöl

200 g Thunfisch (Dose)
2 Knoblauchzehen
2 EL Kapern
2 EL Petersilie, fein gehackt
1 EL Zitronensaft
1 Spritzer Tabasco
Pfeffer aus der Mühle
9 Cocktailtomaten
1 Zitrone
Petersilie zum Garnieren

Zubereitungszeit: 45 Min.
Ruhezeit: 30 Min.
Backzeit: 15 Min.

Nährwerte pro Stück: 148 kcal, 619 kJ, 5 g EW, 6 g F, 18 g KH

1 Hefe in $^1/_8$ l lauwarmem Wasser mit Zucker auflösen. Mit Mehl, 1 TL Salz und Öl zu einem glatten Teig verkneten. Abgedeckt an einem warmen Ort 20–30 Minuten gehen lassen.

2 Thunfisch abtropfen lassen und mit einer Gabel grob zerpflücken. Knoblauch schälen und zum Thunfisch pressen. Kapern grob hacken. Thunfischmischung mit Kapern, Petersilie, etwas Salz, Zitronensaft und Tabasco zu einer Masse verrühren, mit Pfeffer abschmecken.

3 Teig nochmals gut durchkneten, zu einer Rolle formen, 18 Scheiben abschneiden und mit einem Nudelholz kleine Pizzaböden formen, dabei den Rand etwas hochdrücken. Pizzaböden auf zwei mit Backpapier ausgelegte Bleche legen und abgedeckt etwas gehen lassen.

4 Teigböden mit der Thunfischmischung bestreichen. Tomaten waschen und halbieren, dabei Stielansätze entfernen. Zitrone schälen und das Fruchtfleisch in dünne Scheiben schneiden. Die Tomatenhälften und Zitronenscheiben auf den Pizzen verteilen.

5 Minipizzen im vorgeheizten Backofen bei 220 Grad ca. 15 Minuten backen. Die fertigen Minipizzen mit Petersilie garniert servieren.

Lachs-Zander-Strudel mit Spinat

Für 4 Personen:

je 250 g Lachs- und Zanderfilet (ohne Haut und Gräten)
Salz
Pfeffer aus der Mühle
300 g Spinat
300 g Möhren
300 g Zwiebeln
2 EL Butter
2 Eier
100 g Crème fraîche
100 g Gruyère
200 g Strudelteig (Fertigprodukt)
Mehl für das Tuch
100 g Paniermehl
Öl für das Blech
Eigelb zum Bestreichen
1/4 l Geflügelfond (Glas)
1 TL abgeriebene Limettenschale (unbehandelt)
Saft von 1/2 Limette

Zubereitungszeit: 40 Min.
Backzeit: 30 Min.

Nährwerte pro Person: 710 kcal, 2971 kJ, 51 g EW, 35 g F, 48 g KH

1 Fischfilets trocken tupfen und in 2 cm breite Streifen schneiden. Salzen, pfeffern und kühl stellen.

2 Spinat waschen, verlesen und tropfnass in wenig kochendem Salzwasser zusammenfallen lassen. Abgießen, abschrecken, abtropfen lassen und leicht ausdrücken.

3 Möhren schälen, putzen, waschen und in feine Streifen schneiden. Zwiebeln schälen und hacken.

4 Butter zerlassen und die Hälfte der Zwiebeln und Möhren darin ca. 5 Minuten dünsten. Kurz abkühlen lassen. Die Möhren-Zwiebel-Mischung mit dem Spinat, den Eiern und der Crème fraîche kräftig verrühren, salzen und pfeffern.

5 Käse fein reiben. Strudelteig auf einem bemehlten Küchentuch ausbreiten, die Gemüsemischung darauf verteilen und mit Käse und Paniermehl bestreuen. Die Fischstücke daraufgeben und den Strudel mithilfe des Tuches vorsichtig aufrollen. Die Seiten mit wenig Wasser befeuchten und einschlagen.

6 Den Strudel mit der Nahtstelle nach unten auf ein geöltes Backblech legen und mit verquirltem Eigelb bestreichen. Den Lachs-Zander-Strudel im vorgeheizten Ofen bei 180 Grad ca. 30 Minuten backen.

7 Inzwischen die restlichen Zwiebelwürfel und Möhrenstreifen im Geflügelfond 25 Minuten kochen, dann fein pürieren. Das Gemüsepüree mit Limettenschale, -saft und Salz abschmecken und zum Strudel reichen.

Fischbällchen

Für 4 Personen:

1 reife Mango
1 Limette (unbehandelt)
1 Knoblauchzehe
2 Schalotten
4 EL Reisessig
55 g Zucker
1 EL Ingwer, frisch gehackt
300 g Kabeljaufilet
2 EL rote Currypaste
1 Ei
1 EL Fischsoße
2 EL Maisstärke
5 Kaffirlimettenblätter
1 frische grüne Peperoni (mild)
1 EL Koriander, frisch gehackt
6 EL Sonnenblumenöl
Korianderblättchen zum Garnieren

Zubereitungszeit: 45 Min.

Nährwerte pro Person: 281 kcal, 1176 kJ, 17 g EW, 11 g F, 26 g KH

BEILAGE

▶ Dazu passt auch ein einfacher Limetten-Dip. Hierfür den Saft von 4 Limetten mit etwas Salz oder Sojasoße, Pfeffer und 2 EL frisch gehacktem Koriander verrühren.

1 Mango schälen, das Fruchtfleisch vom Kern schneiden und klein würfeln. Limette heiß waschen, trocken reiben, erst in dünne Scheiben, dann in Streifen schneiden. Knoblauch und Schalotten schälen und fein hacken.

2 Essig und 50 g Zucker mit 4 EL Wasser im Wok oder in einem kleinen Topf aufkochen. Dabei rühren, bis sich der Zucker aufgelöst hat. Anschließend die Zuckermischung erkalten lassen.

3 Mango, Limette, Knoblauch, Schalotten und Ingwer unter die Zuckermischung rühren. Dann das Relish beiseitestellen.

4 Fisch kalt abspülen, trocken tupfen, auf Gräten überprüfen und diese gegebenenfalls entfernen. Den Fisch würfeln, mit Currypaste und Ei in der Küchenmaschine zu einer Paste verarbeiten. Die Fischsoße mit restlichem Zucker und der Maisstärke untermischen.

5 2 Limettenblätter waschen, trocken schütteln und in sehr dünne Streifen schneiden. Peperoni längs halbieren, unter fließendem Wasser waschen, nach Wunsch entkernen und ebenfalls in dünne Streifen schneiden.

6 Peperoni- und Limettenblätterstreifen mit dem gehackten Koriander unter den Fischteig mischen. Aus je 1 knappen EL Fischteig kleine Bällchen formen und diese leicht flach drücken.

7 Öl im Wok stark erhitzen und die Bällchen darin portionsweise in 4–5 Minuten goldbraun braten. Auf Küchenpapier entfetten. Gebratene Bällchen warm halten.

8 Fischbällchen auf einer Servierplatte anrichten. Mit übrigen Limettenblättern und Korianderblättchen garnieren. Das Relish dazu reichen.

▶ Meeresfrüchte

Meeresfrüchte: aus Poseidons Tiefen

Der Begriff »Meeresfrüchte« umfasst alle genießbaren Meerestiere, die keine Fische oder Wale sind, sowie einige Süßwassertiere. Überall auf der Welt werden sie mal pur, mal exotisch gegart genossen.

Gesundheit aus dem Meer

Meeresfrüchte sind meist nicht nur kalorienarm, sondern liefern auch wertvolles Eiweiß. Krustentiere enthalten neben Eiweiß viele Vitamine, vor allem Niacin und Vitamin B_{12}. Dazu kommen Mineralstoffe wie Zink und Kupfer, allerdings auch viel Cholesterin. Schal- und Weichtiere wie Muscheln und Tintenfische sind reich an Eiweiß und an Mineralstoffen, zudem enthalten sie wenig Fett und Cholesterin.

Bunte Vielfalt

Meeresfrüchte werden in Krustentiere, Schaltiere und Weichtiere eingeteilt.

KRUSTENTIERE

Das sind alle in Meereswasser – oder, wie der Flusskrebs, in Süßwasser – lebenden wirbellosen Tiere, deren Körper von Panzern geschützt werden. Sie schwimmen nicht, sondern bewegen sich gehend. Das charakteristische Rot vieler gegarter Exemplare entwickelt sich erst durch Wärmezufuhr beim Kochen.

▶ Hummer: der edelste Vertreter unter den Meeresfrüchten mit 2 Scheren. Der Amerikanische Hummer ist bis zu 9 kg schwer, der Norwegische nur 400–800 g. Er hat von Oktober bis Dezember Saison. Im Handel: lebend, frisch gekocht oder tiefgekühlt. Reich an Kalium, Zink und Niacin.

▶ Languste: wird weltweit gefangen, wiegt 800–2000 g und ist 30–50 cm lang.
Die Europäische Languste lebt überwiegend vor Norwegen und Schottland; man erkennt sie an weißen Flecken auf dem violettbraunen Schwanzteil. Langusten sind leicht von Hummern zu unterscheiden, da sie keine Scheren, sondern lange Fühler besitzen. Atlantiklangusten sind meist rötlichbraun, Pazifiklangusten eher grünlich. Im Handel: lebend, frisch gekocht oder tiefgekühlt. Reich an Niacin, Zink und Vitamin B_{12}.

▶ Kaisergranat: wird mit seinen langen, schlanken Scheren gern als Norwegischer Hummer bezeichnet, auch Scampo, Langustine oder Tiefseekrebs. Gewicht um 100 g. Im Handel: gekocht oder tiefgefroren.
▶ Flusskrebs: sieht aus wie ein kleiner Hummer und lebt im Süßwasser, um die 10–15 cm lang.
Im Handel: lebend, gekocht oder tiefgefroren. Reich an Niacin, Vitamin B_{12}, Kalium, Phosphor und Kupfer.
▶ Langostino: wird auch Chilekrabbe genannt und ist ein sehr kleiner Vertreter der Hummergruppe aus dem Pazifik.

▶ Garnele: auch Langschwanzkrebs. Man erkennt sie am spitzen mittleren Schwanzfächerblatt. Sie werden in Salzwasser- und Süßwassergarnelen sowie Warm- und Kaltwassergarnelen eingeteilt.
Im Handel: roh, vorgegart, frisch, tiefgefroren, mit oder ohne Kopf, mit oder ohne Panzer. Reich an Vitamin B_{12} und Niacin.
▶ Riesengarnelen: große Garnelenart. Hier gibt es allerdings keine offiziellen Standardisierungen.
▶ Eismeergarnele: auch Grönland- oder Tiefseegarnele.
▶ Cocktailgarnele: eine Verarbeitungsform von Garnelen: geschält bis auf das letzte Panzersegment sowie den Schwanzfächer.

▶ Tiger Prawn: auch Black Tiger. Sie ist die größte Garnele im Krustentierangebot. Gefarmt oder gefischt im Indischen Ozean und Westpazifik.
▶ Gambas: spanische Bezeichnung für verschiedene kleinere Garnelen, aber auch die Handelsbezeichnung für ungeschälte Riesengarnelen mit Kopf, etwa 15–30 cm groß.
▶ Scampi: Plural von Scampo, gehören zur Hummergruppe. Die meisten Scampi leben in atlantischen Küstengewässern und im Pazifik. Reich an Kalzium, Phosphor und Eisen.
▶ Nordseekrabbe: bis 9 cm groß; müsste eigentlich Nordseegarnele heißen.
▶ Krabbe: auch Krebs. Gemeint sind die »rundlichen« Tiere, die seitwärts laufen und Scheren haben. Sehr beliebt ist der Taschen- oder Kurzschwanzkrebs, aber auch die kostbare Kamtschatka-Krabbe, oft Königskrabbe genannt.

▶ Taschenkrebs: bis zu 30 cm groß mit kräftigem, bräunlichem Panzer aus Mittelmeer und Atlantik.
▶ Große Seespinne: lebt auf sandigen Meeresböden und hat lange, schlanke Scheren.

SCHALTIERE

▶ Auster: nur geschlossene Austern sind lebendig. Es gibt flache und seltene Rundaustern sowie die häufigere tiefe oder bauchige Felsenauster. Größen von 4–10 cm je nach Sorte. Jede Auster entwickelt einen für ihre Region typischen

TIPP

▶ **Shrimps ist der englische Begriff für kleine Garnelen, Prawn für große.**

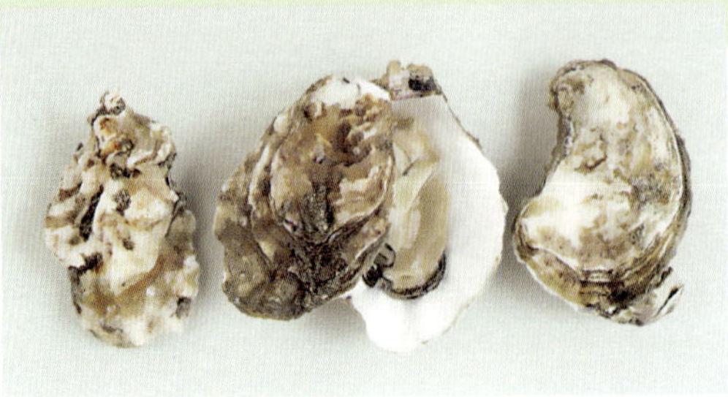

Geschmack. In der unteren tiefen Schale, dem »Becher«, liegt das Fleisch und wird vom »Deckel«, der oberen Schale, geschützt. Maximal 5 Tage bei 2–7 Grad lagern. Die tiefe Schale soll dabei unten liegen.

▶ **Mies- oder Pfahlmuschel:** Werden bis zu 8 cm groß und kommen fast überall an Meeresküsten vor.
Im Handel: lebend (auf geschlossene Schalen achten), ohne Schalen im Glas oder TK-Ware. Reich an Eisen, Zink, Jod und Selen sowie Vitamin A, C, E und Vitamine der B-Gruppe.

▶ **Venusmuschel:** auch Vongole. Familie mit über 500 Arten, v.a. im Mittelmeer heimisch.
Im Handel: lebend in geschlossenen Schalen, konserviert ohne Schalen und als TK-Ware.

▶ **Herzmuschel:** auch Coque. Diese äußerst delikate Muschel wird an den westeuropäischen Küsten industriell gefischt.

TIPP

▶ Bei frischem Tintenfisch zieht man die Haut ab und entfernt den Beutel oberhalb der Augen sowie die Fangarme – der Mittelteil wird nicht verwendet. Jetzt die Fangarme umstülpen und die Kauwerkzeuge (kleiner dunkler Stachel) wegschneiden. Der übrige Körper kann in Ringe geschnitten werden.

▶ **Jakobs- oder Pilgermuschel:** Besonders bekannt ist die große Pilgermuschel Coquille Saint Jacques aus der Bretagne. Aus den USA stammen die Queen Scallops und Bay Scallops.

WEICHTIERE

Wirbellose Tiere mit weichen Körpern, zu denen Kalmar, Oktopus und Sepia zählen, und die alle als Tintenfisch bezeichnet werden. Sie besitzen keine Außenschalen, sondern Innenknorpel und Saugarme. Bei Gefahr stoßen sie Tinte aus. Kulinarisch gesehen sind alle 3 Arten gleich beliebt. Dabei werden der schlauchförmige Körper, die mit Saugnäpfen besetzten Fangarme und der Kopfteil im Handel entweder in ganzen Stücken oder bereits geschnitten angeboten.

▶ **Sepia** (Gemeiner Tintenfisch): hat einen schlauchförmigen Körper und kurze Fangarme.

▶ **Kalmar:** hat einen längeren Körper und längere Fangarme als die Sepia.

▶ **Oktopus:** der größte Tintenfisch, auch Krake genannt.

Einkauf

Gut sortierte Fischgeschäfte bieten auch Meeresfrüchte an. »Frisch« heißt hier meist »lebend«: Hummer oder Languste gibt es aus dem Bassin. Wer das nicht mag, kann auf ein riesiges TK-Angebot zurückgreifen, das gegenüber den lebenden Tieren kaum Qualitätseinbußen hat. Auch im Kühlregal finden sich Meeresfrüchteprodukte wie gegarte und ausgelöste Flusskrebsschwänze, Cocktailgarnelen oder ausgelöste Muscheln.

Lagerung

Fangfrische Meeresfrüchte werden am besten am Tag des Einkaufs verarbeitet. Im Kühlschrank sollten sie luftdicht in Folie verpackt sein. Tiefkühlprodukte sollten im Kühlschrank auftauen.

So werden sie gegessen

▶ Scampi und Garnelen: Ihnen wird der Kopf durch ruckartiges Drehen abgenommen. Das Schwanzende fest zwischen Zeigefinger und Daumen nehmen und durch Hin- und Herbewegen abziehen. Den Panzer von der Bauchseite aus lösen und abschälen. Dann am Rücken entlang aufschneiden und den Darm herauslösen. Nun unter kaltem Wasser abspülen und trocken tupfen.

▶ Austern: Fest mit einem Handtuch halten und mit der anderen Hand ein festes Messer zwischen die Schalenhälften schieben (Bild 1).
Das Messer nun kraftvoll hin- und herbewegen, sodass der Schließmuskel durchtrennt wird und sich die Auster aufklappen lässt. Wasser abkippen und das Fleisch lösen (Bild 2).

(1)

(2)

▶ Hummer: Beim gekochten Hummer trennt man Schwanz und Kopf voneinander, indem man leicht dreht und zieht (Bild 3).
An der unteren Seite des Schwanzes den dünnen Chitinmantel mit einer Schere rechts und links aufschneiden und wie einen Deckel abheben, dann das Fleisch herausnehmen. Das Schwanzfleisch am Rücken entlang einschneiden und den schwarzen Darmfaden herausziehen. Die Scheren lösen sich durch eine Drehbewegung vom Körper (Bild 4).
Dann mit dem Messerrücken anschlagen, längs mit der Küchenschere aufschneiden und das Fleisch auslösen.

(3)

(4)

TIPP

▶ Der Austernliebhaber beträufelt die rohe Auster nach Belieben mit etwas Zitronensaft, setzt die Schale an den Mund und schlürft die Auster mit ihrem Wasser in einem Schluck hinunter.

▶ Kochen, dünsten & Co.

Tintenfisch in Tomaten-Basilikum-Soße

Für 4 Personen:

30 Blättchen Basilikum
500 g geschälte Tomaten im Saft (Dose)
1 Zwiebel
2 Knoblauchzehen
2 frische rote Chilischoten
750 g rohe kleine Tintenfische
5 EL Olivenöl
Salz, Pfeffer aus der Mühle
1/4 l trockener Weißwein
2 Lorbeerblätter
1 Zweig Thymian

Zubereitungszeit: 25 Min.
Garzeit: 25 Min.

Nährwerte pro Person: 421 kcal, 1761 kJ, 33 g EW, 22 g F, 13 g KH

1 Basilikum unter fließendem kaltem Wasser waschen, vorsichtig trocken tupfen und einige Blättchen zum Garnieren beiseitelegen. Den Rest in feine Streifen schneiden. Tomaten aus dem Saft nehmen und klein schneiden, danach wieder in den Saft legen.

2 Zwiebel und Knoblauch abziehen und beides fein würfeln. Die Chilischoten waschen, 1 davon halbieren, entkernen und würfeln. Tintenfische in ein Sieb legen, abbrausen und abtropfen lassen.

3 Olivenöl erhitzen und darin Chili-, Zwiebel- und Knoblauchwürfel ca. 3 Minuten andünsten. Danach die Tintenfische und die ganze Chilischote hinzufügen, unterrühren und mitdünsten.

4 Alles mit Salz sowie frisch gemahlenem Pfeffer würzen und mit Weißwein ablöschen. Ca. 5 Minuten bei mittlerer Hitze kochen und dann die Tomatenstücke mit Tomatensaft einrühren. Lorbeerblätter und Thymianzweig einlegen. Tintenfische bei kleiner Hitze ca. 20 Minuten schmoren lassen.

5 Zum Servieren das Gericht auf eine große Platte geben und mit ganzen Basilikumblättern garnieren.

Spaghetti vongole

Für 4 Personen:

Salz
400 g Spaghetti
2 Stangen Lauch
1 frische rote Chilischote
1 kg Venusmuscheln
3 EL Olivenöl
250 ml trockener Weißwein
Pfeffer aus der Mühle
1 Zweig Thymian zum Garnieren

Zubereitungszeit: 35 Min.
Garzeit: 20 Min.

Nährwerte pro Person: 626 kcal, 2619 kJ, 42 g EW, 8 g F, 86 g KH

1 Reichlich gesalzenes Wasser aufkochen und Nudeln darin bissfest garen. Anschließend abgießen und abtropfen lassen. Warm stellen.

2 Lauch längs halbieren, welke Stellen und Wurzelansätze entfernen. Lauch gründlich waschen, trocken schütteln und in feine Ringe schneiden. Chilischote längs halbieren, entkernen und waschen; in kleine Würfel schneiden.

3 Venusmuscheln unter fließendem kaltem Wasser gründlich waschen und mit einer Bürste reinigen. Offene Muscheln wegwerfen.

4 Olivenöl in einen großen Topf geben und erhitzen; Lauch und Chili bei mittlerer Hitze darin andünsten. Muscheln dazugeben, Wein angießen und bei starker Hitze ca. 5 Minuten kochen, bis sich die Muscheln geöffnet haben.

5 Muscheln mit Gemüse in ein Sieb abgießen, den Sud auffangen. Geschlossene Muscheln entfernen.

6 Kochsud salzen und pfeffern. Nudeln einrühren und erwärmen. Mit Muscheln und Gemüse auf Tellern anrichten. Thymian waschen, trocken schütteln, evtl. zerrupfen und über die Nudeln streuen.

VARIANTE

▶ **Auch gut zu Nudeln: Sepia-Sugo. 400 g Sepia säubern und ohne Fangarme in Ringe schneiden. Mit etwas Zitronensaft beträufeln. 300 g Tomaten überbrühen, häuten, vierteln, Stielansätze entfernen und Tomaten entkernen. 4 Knoblauchzehen und 1 Zwiebel schälen und hacken. 1 Bd. Petersilie waschen, trocken schütteln und Blättchen hacken. 6 EL Olivenöl erhitzen; Knoblauch und Zwiebel andünsten, Sepia zugeben. Nach 5 Minuten Tomaten untermischen, salzen und pfeffern. 25 Minuten leise köcheln lassen; kurz vor Ende Petersilie unterrühren. Dann zu den Nudeln servieren.**

Meeresfrüchte-Risotto

Für 4 Personen:

400 g gemischte Meeresfrüchte (z. B. ausgelöste Muscheln, Tintenfischchen, Hummerfleisch)
150 g Surimi (Krebsfleischimitat)
Saft von 1 Zitrone
200 g rohe Garnelen ohne Kopf
1 Zwiebel
1 Knoblauchzehe
4 EL Olivenöl
200 g Risottoreis
400 ml Fischfond (Glas)
4 cl trockener Wermut
300 ml Gemüsebrühe
150 g stückige Tomaten (Dose)
50 g Parmesan
2 Stängel Petersilie
2 EL Butter
Salz, Pfeffer aus der Mühle

Zubereitungszeit: 45 Min.

Nährwerte pro Person: 573 kcal, 2410 kJ, 37 g EW, 25 g F, 47 g KH

1 Meeresfrüchte und Surimi waschen, abtropfen lassen und mit

Zitronensaft beträufeln. Panzer der Garnelen vorsichtig bis auf die Schwanzenden ablösen. Mit einem spitzen Messer den Rücken längs einschneiden und den schwarzen Darmfaden entfernen. Garnelen abspülen und abtropfen lassen.

2 Zwiebel und Knoblauchzehe abziehen und beides fein würfeln. 2 EL Olivenöl in einen Topf geben und erhitzen. Die Zwiebel- und Knoblauchwürfel darin leicht andünsten.

3 Risottoreis hinzufügen und unter häufigem Rühren glasig werden lassen. Mit etwas Fischfond und Wermut ablöschen. Flüssigkeit einkochen lassen.

4 Unter häufigem Rühren noch etwas Fischfond und einen Teil der Gemüsebrühe zufügen. Wenn die Flüssigkeit wieder eingekocht ist, Tomaten, restlichen Fond und Gemüsebrühe zugeben. Unter häufigem Rühren ca. 10 Minuten ausquellen lassen.

5 Die gemischten Meeresfrüchte und Surimi mundgerecht zerschneiden und unter den Reis mengen. Weitere 10 Minuten garen.

6 Restliches Öl in einer Pfanne erhitzen und Garnelen darin von jeder Seite ca. 2 Minuten braten. Parmesan reiben. Petersilie waschen, trocken schütteln, Blätter hacken.

7 Butter in kleinen Flocken mit Parmesan und Petersilie unter den Risotto mischen. Mit Salz und Pfeffer abschmecken. Risotto mit den Garnelen auf einer Platte anrichten und heiß servieren.

TIPP

▶ Surimi wird aus zerkleinertem Fisch hergestellt. Seine Herstellung hat in Japan eine 300 Jahre alte Tradition.

Miesmuscheln in Tomatensud

Für 4 Personen:

2 kg Miesmuscheln
1 Zwiebel
2 Knoblauchzehen
300 g Tomaten
½ Bd. Petersilie
½ Bd. Basilikum
3 EL Olivenöl
Salz, schwarzer Pfeffer

Zubereitungszeit: 35 Min.
Garzeit: 10 Min.

Nährwerte pro Person: 185 kcal, 770 kJ, 14 g EW, 11 g F, 8 g KH

1 Miesmuscheln unter fließendem kaltem Wasser gut abbürsten. Bärte entfernen und geöffnete Muscheln wegwerfen. Zwiebel schälen und würfeln. Knoblauch abziehen und hacken. Tomaten mit heißem Wasser überbrühen und die Haut abziehen. Vierteln, Stielansätze entfernen und Tomaten klein würfeln.

2 Petersilie und Basilikum waschen und trocken schütteln. Grobe Stielenden entfernen und Kräuter fein hacken. Olivenöl in einem großen Topf erhitzen. Zwiebel und Knoblauch darin unter Rühren goldgelb braten, aber nicht braun werden lassen. Tomaten zugeben und alles

unter Rühren 3 Minuten köcheln lassen.

3 Miesmuscheln und Kräuter dazugeben. Salzen und zugedeckt ca. 8 Minuten kochen lassen, bis die Muscheln geöffnet sind. Geschlossene Muscheln entfernen. Muscheln mit dem Tomatensud in einer Schüssel anrichten und mit Pfeffer bestreuen.

VARIANTE

▶ **Miesmuscheln Rheinische Art:** Muscheln wie oben beschrieben reinigen. 1 Zwiebel und 1 Knoblauchzehe schälen und hacken. 2 Möhren schälen und in dünne Streifen schneiden. 1 Stange Lauch putzen, waschen und in dünne Streifen schneiden. 50 g Knollensellerie schälen und in dünne Streifen schneiden.
In einem großen Topf 3 EL Butter zerlassen. Zwiebel, Knoblauch und restliches Gemüse darin einige Minuten andünsten. 1 Bd. Petersilie waschen, trocken schütteln und Blättchen hacken; in den Topf geben. 250 ml Weißwein angießen. Muscheln zugeben, zugedeckt ca. 8 Minuten dünsten, bis sie sich geöffnet haben. Dabei öfter am Topf rütteln. Geschlossene Muscheln entfernen. Mit Sud auf tiefe Teller verteilen.

Gedämpfte Riesengarnelen

Für 4 Personen:

600 g rohe, ungeschälte Riesengarnelen ohne Kopf (12–16 Stück)
Saft und Schale von 1 Limette (unbehandelt)
1 Zweig Thymian
1 Stängel Oregano
2 Stängel Basilikum
40 g weiche Butter
3 Knoblauchzehen
100 g Paniermehl
Salz, schwarzer Pfeffer
1 Msp. Cayennepfeffer
1 TL Ingwer
½ rote Chilischote
6 EL helle Sojasoße
2 EL Sesamöl
1 Msp. Zucker

Zubereitungszeit: 1 Std.
Garzeit: 15 Min.

Nährwerte pro Person: 513 kcal, 2146 kJ, 52 g EW, 22 g F, 27 g KH

1 Panzer der Riesengarnelen auf den Innenseiten mit der Küchenschere aufschneiden. Dann vorsichtig so ablösen, dass die Schalen dabei nicht zerbrechen (Bild rechts).

2 Garnelen entlang der gewölbten Rückenseite mit einem scharfen Messer einschneiden und schwarzen Darmfaden entfernen. Garnelen kalt abspülen, trocken tupfen und mit 1 EL Limettensaft beträufeln.

3 Thymian, Oregano und Basilikum waschen und trocken schütteln. Blätter vom Zweig bzw. von den Stängeln zupfen und hacken.

4 Weiche Butter in eine kleine Schüssel geben. Knoblauch schälen, 2 Zehen durch die Knoblauchpresse drücken und unterrühren. Paniermehl, ½ TL Salz, etwas Pfeffer, Thymian, Oregano und Cayennepfeffer auf einem tiefen Teller mischen.

5 Garnelen zuerst mit der Knoblauchbutter einpinseln, in der Gewürz-Kräuter-Panade wälzen und wieder in ihre Panzer stecken. In einen Dämpfeinsatz legen und zum Marinieren kurz beiseitestellen.

6 Für die Soße Ingwer schälen und reiben. Chilischote waschen, entkernen und hacken. Dann Sojasoße, Sesamöl, Ingwer und Chilischote mit Zucker verrühren, bis sich der Zucker aufgelöst hat. Die restliche Knoblauchzehe dazupressen und unter die Soße ziehen.

7 Restlichen Limettensaft und Limettenschale mit 1/4 Liter Wasser im Wok aufkochen. Den Dämpfeinsatz mit den Riesengarnelen darübersetzen. Zugedeckt ca. 15 Minuten dämpfen. Mit der Soße zum Dippen servieren.

Herzmuscheln in Weißweinsud

Für 4 Personen:

2 kg Herzmuscheln mit Schale
1 Bd. Frühlingszwiebeln
5 Knoblauchzehen
1 Bd. glatte Petersilie
2 Stängel Koriander
6 EL Olivenöl
1–2 EL Pfefferkörner
1 l trockener Weißwein
abgeriebene Schale von 1/2 Zitrone (unbehandelt)
1 Lorbeerblatt
Salz

Zubereitungszeit: 35 Min.

Nährwerte pro Person: 654 kcal, 2736 kJ, 32 g EW, 26 g F, 29 g KH

TIPP

▶ Reichen Sie hierzu einen kräftigen trockenen Weißwein und viel frisches Weißbrot. Damit kann der Weißwein-Muschel-Sud am besten aufgetunkt werden.

1 Muscheln unter fließendem Wasser waschen und mit einer Bürste reinigen. Bereits geöffnete Muscheln entfernen.

2 Frühlingszwiebeln putzen, welke Blätter entfernen und Wurzelansätze abschneiden. Frühlingszwiebeln waschen, trocken schütteln und in feine Röllchen schneiden. Knoblauch abziehen und hacken.

3 Petersilie und Koriander kalt abbrausen und trocken schütteln. Die groben Stielenden entfernen und Kräuter klein schneiden.

4 Olivenöl in einen ausreichend großen Topf geben und erhitzen. Frühlingszwiebeln und Knoblauch hineingeben und bei mittlerer Hitze ca. 4 Minuten anschwitzen, ab und zu umrühren.

5 Pfefferkörner in einem Mörser grob zerstoßen. Weißwein in den Topf geben, Zitronenschale und Lorbeerblatt zugeben. Kräftig salzen und pfeffern. Aufkochen.

6 Herzmuscheln in den Topf geben und Deckel auflegen. Sud ca. 5 Minuten köcheln lassen, bis sich die Muscheln geöffnet haben, ab und zu am Topf rütteln. Ungeöffnete Exemplare entfernen. Mit dem Sud auf tiefe Teller verteilen und heiß servieren.

Venusmuscheln mit Gemüse

Für 2 Personen:

1 Zwiebel
2 Knoblauchzehen
3 Tomaten
1 rote Paprika
12 Minizucchini
1/2 g Safranfäden
2 EL Olivenöl

100 ml trockener Weißwein
2 EL Cognac
250 ml Fischfond (Glas)
500 g Venusmuscheln
Salz, Pfeffer aus der Mühle
2 Zweige Thymian

Zubereitungszeit: 35 Min.
Garzeit: 20 Min.

Nährwerte pro Person: 544 kcal, 2276 kJ, 36 g EW, 20 g F, 34 g KH

1 Die Zwiebel schälen, halbieren und in feine Streifen schneiden. Knoblauch schälen und hacken. Tomaten waschen, mit heißem Wasser überbrühen und häuten. Vierteln, Stielenden entfernen, Fruchtfleisch entkernen und in Streifen schneiden.

2 Paprika waschen und halbieren. Von Kernen und weißen Innenhäuten befreien und in Streifen schneiden. Minizucchini mit kaltem Wasser waschen und längs halbieren. Safranfäden in 2 EL lauwarmem Wasser einweichen.

3 Olivenöl in einem Topf erhitzen. Zunächst die Zwiebel hineingeben und kurz andünsten. Dann Knoblauch, Paprika und Zucchinihälften zugeben und 3 Minuten mitdünsten. Danach Tomatenstreifen unterrühren. Das Ganze mit Weißwein und Cognac ablöschen.

4 Gemüse mit Fischfond aufgießen und eingeweichten Safran zugeben. Ca. 10 Minuten leicht köcheln, ab und zu umrühren.

5 Venusmuscheln unter fließendem Wasser mit einer Bürste reinigen. In den Topf geben und zugedeckt ca. 5 Minuten ziehen lassen, bis sie sich geöffnet haben, ab und zu am Topf rütteln. Ungeöffnete Muscheln entfernen. Mit Salz und Pfeffer abschmecken.

6 Thymian waschen, mit Küchenpapier trocken tupfen, Blättchen abzupfen und grob hacken. Die Gemüsemuscheln entweder auf einer Platte oder auf Tellern anrichten. Mit dem Thymian bestreuen und sofort heiß servieren.

Garnelen Provençale

Für 4 Personen:

16 Riesengarnelen
1 Zwiebel
½ Bd. Frühlingszwiebeln
2 große Tomaten
1 Knoblauchzehe
1 Zweig Rosmarin
2 Zweige Thymian
2 EL Pflanzencreme
Salz, Pfeffer aus der Mühle
200 ml Cremefine zum Kochen

Zubereitungszeit: 35 Min.

Nährwerte pro Person: 233 kcal, 965 kJ, 22 g EW, 14 g F, 5 g KH

1 Riesengarnelen vorsichtig aus der Schale lösen. Mit einem spitzen Messer an der Wölbung des Rückens entlang schneiden und den schwarzen Darmfaden entfernen. Garnelen unter fließendem kaltem Wasser waschen, trocken tupfen.

Wok: Kochen asiatisch inspiriert

Im Wok können Lebensmittel schonend und fettarm gegart werden – so bleiben Farbe, Vitamine, Mineralstoffe und Aroma weitgehend erhalten. Die hohe Temperatur am Pfannenboden bewirkt, dass sich appetitanregende Röst- und Aromastoffe bilden. Und: Das Essen ist im Handumdrehen fertig.

TIPP

▶ Elektrische Woks verfügen über ein eingebautes Heizelement – so kann direkt auf dem Tisch gegart werden.

Die Modelle

Damit in einem Wok auch größere Mengen (4 Portionen) zubereitet werden können, sollte der Durchmesser 30–35 cm betragen. In kleineren Woks von 25–28 cm Durchmesser können nur 1–2 Portionen gegart werden.

Der klassische Wok besteht meist aus dünnem Eisen oder Stahl und heizt sich schnell und gleichmäßig auf. Die traditionelle kantonesische Version hat beidseitig des Randes kurze, abgerundete Griffe, der Pekingwok (pau) ist mit einem langen Stiel ausgestattet. In seiner ursprünglichen Halbkugelform hat dieser Wok allerdings einen Nachteil: Er kann nur über einer Gasflamme verwendet werden und benötigt zusätzlich einen speziellen Metallring (Stellring), der für Standfestigkeit und den richtigen Abstand zur Flamme sorgt. Viele hiesige Wokmodelle haben einen glatt geschliffenen Boden, der für Elektro- und Gaskochplatten geeignet ist.

Wokvarianten aus Gusseisen sind preisgünstig, benötigen aber eine spezielle Pflege.

Leichte Woks aus Aluminium verrutschen beim Pfannenrühren, vertragen keine große Hitze, werden schnell schwarz und die Zutaten brennen leicht an. Teurer, aber hervorragend im Gebrauch sind Edelstahlwoks. Der dicke Boden ist ein guter Wärmeleiter, außerdem kann man mit relativ wenig Fett garen. Es gibt auch gute beschichtete Woks aus Stahl, in denen auch bei großer Hitze das Gargut nicht ansetzt.

Gebrauch und Pflege

Alle Wokmodelle, mit Ausnahme der beschichteten, müssen vor dem ersten Gebrauch präpariert werden (siehe Gebrauchsanleitung). Die meisten Woks werden zunächst gründlich mit heißem Wasser und Spülmittel gewaschen. Dann wird der Wok abgetrocknet und bei schwacher Hitze auf die Heizquelle gestellt. Man verteilt 2 EL Öl mit etwas Küchenpapier auf der gesamten Oberfläche. Der Wok wird langsam 10–15 Minuten erhitzt und anschließend mit Küchenpapier ausgerieben. Ab jetzt sollte er nur noch mit Wasser behandelt werden. Eisen- und Gusseisenwoks reibt man zudem nach jeder Benutzung mit etwas Öl aus, damit sie nicht rosten.

Zubehör

Die meisten Wokmodelle werden mit Zubehör verkauft. Man kann einzelne Teile aber auch in Asia-Läden und Haushaltwarengeschäften kaufen.

▶ Den Pfannenrührer brauchen Sie zum Durchrühren, Wirbeln und Wenden der Zutaten im Wok, um Anbrennen zu verhindern. Es gibt Modelle aus Holz oder hitzebeständigem Nylon.

▶ Der Schöpflöffel dient dem Begießen des Bratgutes und um Flüssigkeit bzw. Speisen zu entnehmen.

▶ Der Sieblöffel aus Drahtgeflecht wird zum Herausnehmen von frittierten oder gebackenen Speisen benutzt. Ein langer Griff aus Bambus oder Holz ist ideal.

▶ Das halbrunde Abtropfgitter wird am Wokrand eingehängt. Auf ihm werden während des Garvorgangs bereits fertige Speisen zum Abtropfen oder Warmhalten abgelegt.

▶ Den Dämpfkorb aus Metall oder Bambus gibt es in mehreren Größen. Den Wok beim Garen mit dem Dämpfkorb immer mit einem sauberen Tuch verschließen.

▶ Die Bambusbürste ist ideal zum Reinigen des Woks, da sie die geölte Oberfläche nicht angreift.

Richtiges Anbraten

Vor dem Garvorgang muss der Wok leer erhitzt werden. Ist die richtige Temperatur erreicht, reibt man ihn vorsichtig mit Küchenpapier oder einem Pinsel mit Speiseöl aus. Nun wird das eigentliche Bratöl zugefügt (ideal sind Sonnenblumen-, Maiskeim-, Soja- oder Erdnussöl) und bis kurz vor dem Rauchpunkt erhitzt; dann werden die Zutaten zugefügt.

Für das Braten von Fleischstücken ohne Fett ist ein Wok aus Edelstahl ideal. Dabei wird der Wok auf der Herdplatte zunächst leer erhitzt. Das Gargut wird ohne Fett hineingegeben und erst gewendet, wenn es sich von selbst vom Wokboden löst, etwa nach 2 Minuten.

TIPP

▶ **Eine Wasserprobe zeigt, wann die Zutaten in den Wok können: Verzischt ein Wassertropfen im Wok, ist er noch nicht heiß genug. Die perfekte Temperatur ist erreicht, wenn sich kleine tanzende Wasserkugeln bilden.**

Garmethoden

Das Universalgenie Wok eignet sich für fast alle Garmethoden.

▶ Pfannenrühren: die klassische Garmethode der asiatischen Küche. Durch die schnelle Hitzeentwicklung und -verteilung im Wok verschließen sich die Poren von Fleisch und Gemüse rasch. So werden Vitamine, Mineralstoffe und Eigenaromen bewahrt. Die erste Gemüsesorte wird angebraten, aber nicht gebräunt, wobei alle Stücke nebeneinander liegen sollten; dann wird das Gemüse zum Warmhalten ringförmig an den Wokrand hochgeschoben.
Mit den weiteren Zutaten verfährt man ebenso. Der Bratvorgang dauert 5–10 Minuten. Will man etwas Soße zum Gericht, fügt man nach 2–3 Minuten etwas Flüssigkeit (Wasser, Brühe, Sherry oder Wein) zu und dünstet die Zutaten weitere 2–3 Minuten.

▶ Schmoren: Reicht das Pfannenrühren zum Garen nicht aus, brät man die Zutaten in wenig Fett kurz an, würzt (mit Ausnahme von Salz), löscht mit etwas Flüssigkeit (Wasser, Gemüsebrühe, Wein) ab und gart bei schwacher Hitze fertig. Die Garzeit beträgt 3–30 Minuten.
▶ Dämpfen: Beim Dämpfen bleiben Vitamine und Aromastoffe der Lebensmittel am besten erhalten. Die Zutaten legt man in den Dämpfkorb, stellt ihn in den mit Wasser gefüllten Wok und gart das Ganze in wenigen Minuten im Wasserdampf. Die Flüssigkeit darf den Dämpfeinsatz nicht berühren. So behält Gemüse seinen Biss und seine frische Farbe.

▶ Braten mit anschließendem Dämpfen: Die Zutaten werden zur Krustenbildung zunächst in Öl scharf angebraten, anschließend gedämpft. So bleiben Fleisch und Fisch zart.
▶ Frittieren: Gegenüber Fritteusen kann man im Wok mit relativ wenig Öl frittieren. Immer nur kleine Mengen frittieren, damit das Fett nicht abkühlt. Sinkt das Frittiergut zu Boden, ist das Fett bzw. Öl nicht heiß genug; wird es sofort braun, ist die Temperatur zu hoch.

Typische Zutaten

Mittlerweile bekommt man viele asiatische Zutaten im Supermarkt; ansonsten finden Sie alles Nötige im Asia-Laden. Weitere Gewürze finden Sie im Kapitel »Küchenkräuter« (S. 138).

▶ Asiatische Chilisoße: ist schärfer als die europäische und hat einen süßlicheren Geschmack.
▶ Austernsoße: braune Würzsoße für die Fischküche.
▶ Bambussprossen: in Dosen und Gläsern erhältlich. Sie werden Speisen weniger wegen ihres Geschmacks, als wegen ihres knackigen Bisses zugefügt.
▶ Chinesische Eiernudeln: lange dünne Fäden, zu Päckchen gepresst. Vor dem Garen werden sie 10 Minuten in heißem Wasser eingeweicht.
▶ Chinesische Pilze: Wolkenohrpilze, Strohpilze oder Shiitakepilze werden meist getrocknet angeboten und müssen vor der Verarbeitung eingeweicht werden.
▶ Fischsoße: Würzsoße zum Aromatisieren von Fleisch, Geflügel, Fisch, Gemüse und Reis.
▶ 5-Gewürze-Pulver: scharfe und leicht süßliche Mischung aus Szechuanpfeffer, Fenchelsamen, Gewürznelken, Sternanis und Zimt.
▶ Garnelenpaste: aus gesalzenen, eingekochten und getrockneten Krabben.
▶ Glasnudeln: transparente Nudeln aus Mungobohnenmehl.
▶ Hoisinsoße: rotbraune Würzsoße aus Sojabohnen, Essig, Zucker und Gewürzen.
▶ Kokosmilch: wird in Dosen angeboten; aus der geraspelten Kokosnuss gepresst und mit Wasser vermischt.
▶ Mirin: schwerer, leicht süßlicher Reiswein.
▶ Pak-Choi: asiatischer Senfkohl.
▶ Pflaumensoße: würzige, süßscharfe Soße aus Pflaumenmus, Chilis, Essig, Gewürzen und Zucker.
▶ Reisnudeln: bestehen aus Reismehl und Wasser. Sie müssen vor dem Garen bis zu 1 Stunde in kaltem Wasser eingeweicht werden.
▶ Sojasoße: Würzsoße aus Sojabohnen, Getreide und Wasser. Es gibt helle (Shoyu) und dunkle Sojasoße (Tamari).
▶ Sojasprossen: aus der grünen Mungobohne, enthalten viel pflanzliches Eiweiß.
▶ Tofu: auch Sojabohnenquark; wird aus Sojamilch gewonnen, ist geschmacksneutral, eiweißreich, kalorienarm und cholesterinfrei.
▶ Wan-Tan-Teigblätter: werden mit Hackfleisch oder Gemüse gefüllt, gebraten, gedämpft oder als Suppeneinlage verwendet.
▶ Wasserkastanien: süßes weißes Wurzelgemüse, meist in Dosen erhältlich; walnussgroß und von knackiger Konsistenz.
▶ Zitronengras: ca. 60 cm lange Halme; wird nach dem Garen aus den Speisen entfernt.

2 Zwiebel schälen und würfeln. Frühlingszwiebeln von welken Stellen befreien und Wurzelansätze abschneiden. Frühlingszwiebeln kalt waschen, trocken schütteln und in ca. 1 cm lange Röllchen schneiden. Tomaten waschen, vierteln, Stielansätze entfernen, entkernen und grob würfeln.

3 Knoblauch schälen und in dünne Scheiben schneiden. Rosmarin- und Thymianzweige mit Wasser abbrausen und trocken schütteln.

4 Pflanzencreme in eine Pfanne geben und erhitzen. Garnelen mit Rosmarin, Thymian und Knoblauch darin kurz rundherum anbraten. Danach alles aus der Pfanne nehmen und beiseitestellen.

5 Zwiebelwürfel in die Pfanne geben und im verbliebenen Fett bei mittlerer Hitze glasig dünsten. Frühlingszwiebeln und Tomatenwürfel hinzugeben und das Ganze salzen und pfeffern. Durchrühren und mit Cremefine ablöschen.

6 Die Soße köcheln lassen und bis zur gewünschten Konsistenz reduzieren. Die Garnelen wieder zugeben und in der Soße gar ziehen lassen.

▶ Braten, frittieren & Co.

Knoblauchgarnelen aus der Pfanne

Für 2 Personen:

400 g Riesengarnelen
4 Knoblauchzehen
1 frische rote Chilischote
1 Stängel Basilikum
½ Bd. Petersilie
4 EL Olivenöl
Salz
Pfeffer aus der Mühle

Zubereitungszeit: 35 Min.

Nährwerte pro Person: 310 kcal, 1297 kJ, 44 g EW, 9 g F, 12 g KH

1 Die Garnelen in der Schale und mit Kopf unter fließendem kaltem Wasser waschen. In ein Sieb legen und gut abtropfen lassen. Die Knoblauchzehen abziehen, die eine Hälfte in sehr dünne Scheiben schneiden, die andere fein hacken.

2 Chilischote waschen, halbieren, entkernen und fein hacken. Basilikum und Petersilie mit kaltem Wasser abbrausen und trocken schütteln; feste Stielenden entfernen. Kräuter mit einem scharfen Messer in sehr feine Streifen schneiden.

3 Olivenöl in einer Pfanne erhitzen. Den Knoblauch mit gehackter Chilischote zugeben und bei mittlerer Hitze kurz anschwitzen. Die Garnelen dazugeben und ebenfalls bei mittlerer Hitze anbraten. Mehrmals wenden, bis sie eine kräftige rote Farbe haben.

4 Kräuterstreifen darüberstreuen, mit Salz sowie Pfeffer würzen und

kurz durchschwenken. Sofort heiß servieren.

VARIANTE

▶ Ofengarnelen: Backofen auf 200 Grad vorheizen. Die gleiche Menge an Garnelen aus Schale und vom Kopf lösen, mit einem scharfen Messer längs den Rücken aufschneiden und schwarzen Darmfaden entfernen. Garnelen waschen und abtropfen lassen. 2 Chilischoten waschen und in feine Ringe schneiden. 4–6 Knoblauchzehen schälen, in feine Scheiben schneiden und ½ Bd. Petersilie waschen, trocken schütteln und hacken. Garnelen in 2 feuerfeste Formen geben, mit Olivenöl beträufeln, 1 EL Butter dazugeben, Chilis, Knoblauch und Petersilie untermischen, salzen und pfeffern. Im Ofen ca. 10 Minuten braten, dabei mindestens einmal umrühren.

Frittierte Scampi auf Sprossensalat

Für 4 Personen:

500 g geschälte TK-Scampi ohne Kopf
150 g Rucola
50 g Alfalfasprossen
50 g Sojasprossen
1 Bd. Radieschen
Salz
6 EL Sonnenblumenöl
3 EL Balsamico-Essig
1 TL Honig
1 TL Senf
Pfeffer
1 EL Zitronensaft
50 g Weizenmehl (Type 405)
1 Ei
1 TL Paprikapulver
Pflanzenöl zum Frittieren (z. B. von Biskin)

Zubereitungszeit: 55 Min.

Nährwerte pro Person: 564 kcal, 2342 kJ, 29 g EW, 44 g F, 13 g KH

1 Scampi in einem Sieb auftauen lassen. Rucola unter fließendem Wasser waschen, trocken tupfen und verlesen. Die harten Stiele entfernen. Alfalfa- und Sojasprossen in ein Sieb geben, mit kaltem Wasser abbrausen und abtropfen lassen.

2 Radieschen putzen, dabei die Ansätze der Stängel und Wurzeln abschneiden. Radieschen mit kaltem Wasser gründlich waschen, in dünne Scheiben schneiden und in eine kleine Schüssel geben. Salzen, damit sie Wasser ziehen.

3 Sonnenblumenöl mit Balsamico-Essig verrühren und Honig sowie Senf zugeben; gut vermengen. Mit Salz und Pfeffer abschmecken.

4 Scampi unter fließendem kaltem Wasser abspülen, mit Küchenpapier trocken tupfen und in einer Schale mit Zitronensaft, Salz sowie Pfeffer würzen. Gut durchmischen.

5 In einer weiteren Schüssel Mehl mit Ei und 50 ml Wasser vermengen und zu einem glatten Teig verrühren. Das Ganze mit Paprikapulver, Salz sowie Pfeffer würzen.

6 In einer Fritteuse oder einem hohen Topf reichlich Pflanzenöl auf ca. 170 Grad erhitzen. Scampi durch den vorbereiteten Teig ziehen und im heißen Fett portionsweise in ca. 5 Minuten knusprig frittieren. Mit einem Schaumlöffel herausnehmen und auf Küchenpapier abtropfen lassen.

7 Rucola, Radieschen, Alfalfa- und Sojasprossen auf Tellern anrichten. Salatsoße darüberträufeln. Frittierte Scampi auf den Salat setzen und noch warm servieren.

Garnelen mit Koriander

Für 4 Personen:

6 Frühlingszwiebeln
4 Fleischtomaten
1 Bd. Koriander
12 ungeschälte Riesengarnelen ohne Kopf
Salz, weißer Pfeffer
4 EL Olivenöl
2 TL Balsamico-Essig

Zubereitungszeit: 25 Min.

Nährwerte pro Person: 305 kcal, 1276 kJ, 42 g EW, 12 g F, 7 g KH

1 Frühlingszwiebeln von den Wurzelansätzen und welken Außenblättern befreien. In kaltem Wasser waschen und trocken tupfen. Mit dem zarten Zwiebelgrün in feine Röllchen schneiden.

2 Tomaten mit heißem Wasser überbrühen und häuten. Vierteln, Stielansätze entfernen und Fruchtfleisch würfeln. Koriander waschen, trocken schütteln und hacken.

3 Riesengarnelen vorsichtig aus der Schale lösen, mit einem scharfen Messer am Rücken einschneiden und schwarzen Darmfaden entfernen. Garnelen kalt abspülen, mit Küchenpapier trocken tupfen, salzen und pfeffern.

4 Olivenöl in eine Pfanne geben und erhitzen. Garnelen darin von allen Seiten anbraten, danach herausnehmen und warm halten. Frühlingszwiebeln in dieselbe Pfanne geben und 1 Minute unter Rühren bei mittlerer Hitze schmoren.

5 Dann gewürfelte Tomaten und Balsamico-Essig zugeben. Alles einmal kurz, aber kräftig aufkochen. Koriander unterrühren.

6 Die Tomaten-Koriander-Soße auf Teller verteilen und die Garnelen dekorativ darauf anrichten. Noch heiß servieren.

TIPP

▶ Reichen Sie unbedingt frisches Weißbrot dazu; damit kann man die Soße einfach am besten auftunken. Außerdem passt ein knackiger grüner Salat.

Frittierte Tintenfischringe

Für 4 Personen:

Für die Tintenfischringe:
600 g Tintenfischtuben
Salz
Zitronensaft
60 g Mehl
1 Knoblauchzehe
2 Eier
100 g Paniermehl
Cayennepfeffer
1 TL gerebelter Thymian

Pflanzenfett zum Frittieren
Für den Aioli-Dip:
2 Knoblauchzehen
4 EL Mayonnaise
2 EL Joghurt
2 EL gemischte Kräuter (nach Belieben)
Zucker, Salz, Pfeffer
Für den Paprika-Dip:
1 Schalotte
2 EL Joghurt
4 El Ajvar
Salz, Pfeffer, Zucker

Zubereitungszeit: 50 Min.

Nährwerte pro Person: 702 kcal, 2913 kJ, 37 g EW, 43 g F, 41 g KH

1 Tintenfischtuben unter fließendem kaltem Wasser gründlich waschen und bei Bedarf nachputzen. In einem großen Topf reichlich gesalzenes Wasser aufkochen. Tintenfisch hineingeben und ca. 2 Minuten blanchieren. Herausnehmen, kalt abschrecken und in einem Sieb gut abtropfen lassen.

2 Tintenfischtuben in ca. 1 cm breite Ringe schneiden und mit Zitronensaft beträufeln. Mehl in einen tiefen Teller geben. Knoblauch abziehen, fein hacken und in einem zweiten tiefen Teller mit Salz und Eiern verquirlen. In einem dritten Teller Paniermehl mit Cayennepfeffer, Salz und Thymian vermengen.

3 Fett in einer tiefen Pfanne oder einem Topf erhitzen. Tintenfischringe nacheinander in Mehl, Eiermischung und Gewürzpaniermehl wenden, sodass sie von allen Seiten gut bedeckt sind. Portionsweise im heißen Fett knusprig backen. Danach herausnehmen und auf Küchenpapier abtropfen lassen.

4 Für den Aioli-Dip Knoblauch abziehen und sehr fein hacken. Mit der Mayonnaise und dem Joghurt in einer kleinen Schale vermengen. Die gemischten Kräuter und ½ TL Zucker unterrühren. Mit Salz und Pfeffer abschmecken.

5 Für den Paprika-Dip Schalotte schälen und fein hacken. In einer Schüssel mit Joghurt und Ajvar glatt rühren. Dip pikant mit Salz, Pfeffer sowie Zucker würzen.

6 Die Tintenfischringe zusammen mit den beiden Dips anrichten und servieren.

Gebratene Miesmuscheln

Für 4 Personen:

1 kg Miesmuscheln
Salz
100 ml Sonnenblumenöl
Mehl zum Wenden
schwarzer Pfeffer
1 Zitrone

Zubereitungszeit: 40 Min.

Nährwerte pro Person: 233 kcal, 975 kJ, 14 g EW, 10 g F, 18 g KH

1 Muscheln mit kaltem Wasser waschen und gründlich abbürsten. Bereits geöffnete Muscheln wegwerfen.

2 Muscheln und 2 ½ l gesalzenes Wasser in einen großen Topf geben und zudecken. Das Ganze erhitzen und bei mittlerer Hitze ca. 8 Minuten kochen, bis sich die Muscheln öffnen. Muscheln in ein Sieb abgießen, ungeöffnete wegwerfen. Das Fleisch vorsichtig aus den Schalen lösen.

3 Sonnenblumenöl in einer Pfanne erhitzen. Mehl auf einen Teller geben. Muscheln mit etwas Pfeffer würzen und im Mehl wenden. Portionsweise in Öl von allen Seiten goldbraun braten.

4 Fertig gebratene Muscheln auf reichlich Küchenpapier abtropfen lassen und dann auf einer Servierplatte anrichten. Zitrone halbieren und Muscheln mit Zitronensaft beträufeln. Heiß servieren.

VARIANTE

▶ Frittierte Miesmuscheln: Hierfür die Muscheln wie oben beschrieben kochen und auslösen. Etwas Mehl auf einen Teller sieben und Muscheln darin wenden. Überschüssiges Mehl abschütteln. Aus 3 EL Mehl, 1 EL Speisestärke, 1 Eigelb und 1 Schuss hellem Bier einen flüssigen Teig herstellen; leicht salzen. Reichlich Sonnenblumenöl in einer Pfanne erhitzen. Jeweils 3–4 Muscheln auf Holzzahnstocher stecken (diese vorher einige Minuten in Wasser einweichen), durch den Teig ziehen und in Öl goldgelb ausbacken. Auf Küchenpapier abtropfen lassen.

Flusskrebsbällchen

Für 4 Personen:

300 g Flusskrebsschwänze (ausgelöst)
1 Zwiebel
3 Knoblauchzehen
1 kleines Stück frischer Ingwer
2 Eier
100 g Mehl
Salz, Pfeffer
½ Bd. Petersilie
½ l Pflanzenöl zum Frittieren

Zubereitungszeit: 1 Std.

Nährwerte pro Person: 249 kcal, 1042 kJ, 22 g EW, 7 g F, 24 g KH

1 Flusskrebsschwänze unter fließendem kaltem Wasser waschen und trocken tupfen, dann das Fleisch hacken. Zwiebel, Knoblauch und Ingwer schälen und fein hacken. Mit dem Krebsfleisch vermengen.

2 Eier in eine große Schüssel geben. Mehl durch ein Sieb einstäuben und alles glatt rühren. Teig kräftig salzen und pfeffern.

3 Petersilie unter fließendem kaltem Wasser waschen und trocken schütteln. Grobe Stielenden abschneiden und Petersilie hacken. Zusammen mit der Flusskrebsmischung unter den Eierteig rühren.

4 Pflanzenöl in einem großen Topf erhitzen. Aus dem Teig walnussgroße Kugeln formen und portions-

weise im heißen Fett in ca. 4 Minuten rundum goldbraun frittieren. Mit einem Schaumlöffel herausnehmen und auf Küchenpapier abtropfen lassen. Heiß oder kalt servieren.

TIPP

▶ Wenn Sie ganze Flusskrebse verwenden, dann gehen Sie ähnlich wie beim Hummer vor. Wenn sie gegart sind, trennen Sie den Kopf vom Rumpf mit einer Drehbewegung ab. Den Panzer lösen Sie seitlich an der Körperunterseite mit einem scharfen Messer oder einer Küchenschere.

Gebratene Jakobsmuscheln mit Spaghettini

Für 4 Personen:

200 g Spaghettini
Salz
1 Schalotte
1 Knoblauchzehe
1 kleiner Radicchio
8 Blätter Lollo rosso
3 EL Olivenöl
2 EL Sherryessig
Pfeffer aus der Mühle
2 EL Butter
8–12 Jakobsmuscheln mit Rogen, ausgelöst
100 ml Prosecco
100 g Kräuter-Crème-fraîche

Zubereitungszeit: 40 Min.

Nährwerte pro Person: 436 kcal, 1824 kJ, 19 g EW, 27 g F, 25 g KH

1 Spaghettini in kochendem Salzwasser bissfest garen. Schalotte und Knoblauch abziehen, beides fein würfeln. Radicchio und Lollo rosso kalt waschen, trocken tupfen und putzen. Anschließend in Streifen schneiden.

2 Olivenöl mit Sherryessig, Salz und Pfeffer verrühren. Dann mit dem in Streifen geschnittenen Salat vermengen. Das Ganze auf 4 großen Tellern anrichten. Butter in einer Pfanne erhitzen und die Schalotten- und Knoblauchwürfel hineingeben. Unter häufigem Rühren glasig dünsten.

3 Die ausgelösten Jakobsmuscheln in die noch heiße Pfanne geben und rundherum ca. 4 Minuten braten. Mit Salz und Pfeffer würzen und herausnehmen. Den Bratensatz mit Prosecco ablöschen und die Kräuter-Crème fraîche einrühren.

4 Die gar gekochten Spaghettini in ein Sieb gießen und abtropfen lassen. Dann in die Pfanne zur Soße geben. Anschließend darin mit den Jakobsmuscheln locker vermengen. Auf den Salaten anrichten und sofort servieren.

VARIANTE

▶ Gedämpfte Jakobsmuscheln: ausgelöste Muscheln mit Salz und Pfeffer würzen. 1 Bd. Frühlingszwiebeln putzen, waschen und in Röllchen schneiden. In einem großen Topf 200 ml Weißwein und 150 ml Wasser aufkochen. Muscheln in einen Dämpfeinsatz geben, Zwiebeln darüberstreuen und zugedeckt 10 Minuten im Dampf garen lassen. Herausnehmen und warm stellen. Sud bei starker Hitze einkochen lassen und mit ½ TL Fischsoße aus dem Asialaden und etwas Cayennepfeffer abschmecken. Über die Muscheln gießen und servieren.

Gefüllte Tintenfischtuben

Für 4 Personen:

250 g Zucchini
1 Zwiebel
2 Knoblauchzehen
2 EL Olivenöl (z. B. von Mazola)
Salz
Pfeffer aus der Mühle
1 Ei
3 EL Paniermehl
2 Stängel Petersilie
450 g Tintenfischtuben
Pflanzenöl zum Braten

Zubereitungszeit: 40 Min.

Nährwerte pro Person: 219 kcal, 849 kJ, 25 g EW, 6 g F, 15 g KH

1 Zucchini putzen, unter fließendem Wasser waschen und die Enden abschneiden. Zucchini der Länge nach halbieren und dann in sehr kleine Würfel schneiden. Zwiebel schälen und in feine Würfel schneiden. Knoblauch abziehen und fein hacken.

2 Olivenöl in eine Pfanne geben und erhitzen. Das klein geschnittene Gemüse in die Pfanne geben und ca. 5 Minuten dünsten, ab und zu umrühren. Kurz vor Ende der Garzeit mit Salz und frisch gemahlenem Pfeffer abschmecken.

3 Gemüse etwas abkühlen lassen, dann mit Ei und Paniermehl mischen. Petersilie waschen, trocken schütteln und grobe Stielenden entfernen. Petersilie fein hacken und zum Gemüse geben.

4 Tintenfischtuben bei Bedarf säubern. Mit kaltem Wasser waschen und mit Küchenpapier trocken tupfen. Die Gemüsemasse mithilfe eines Spritzbeutels oder eines kleinen Löffels in die Tintenfischtuben füllen. Tuben mit einem Holzspieß verschließen.

5 In einer Pfanne etwas Pflanzenöl erhitzen. Tintenfischtuben darin ca. 10 Minuten von allen Seiten braten. Heiß servieren.

TIPP

▶ Im Sommer eignet sich das Rezept hervorragend zum Grillen. Dafür einfach die gefüllten Tintenfischtuben in eine Grillschale legen und auf dem vorgeheizten Grill in ca. 10 Minuten garen, dabei mehrmals wenden.

▶ Aus dem Ofen & vom Grill

Tintenfisch vom Grill

Für 4 Personen:

500 g Tintenfischtuben
1 Bd. Schnittlauch
10 EL Teriyaki Marinade & Sauce
1 Limette (unbehandelt)
2 Knoblauchzehen
150 g Mayonnaise
200 g Joghurt
3 EL Sojasoße

Zubereitungszeit: 30 Min.
Marinierzeit: 30 Min.

Nährwerte pro Person: 564 kcal, 2342 kJ, 29 g EW, 44 g F, 13 g KH

1 Tintenfischtuben unter fließendem kaltem Wasser waschen, mit Küchenpapier trocken tupfen, halbieren und gegebenenfalls säubern. Die Haut leicht gitterförmig einritzen. Den Schnittlauch waschen, trocken schütteln und dann in feine Röllchen schneiden.

2 Teriyaki und Schnittlauch in einer Schüssel verrühren und den Tintenfisch hineinlegen. Das Ganze vermengen und zugedeckt ca. 30 Minuten marinieren.

3 Für den Dip Limette heiß abwaschen und trocken reiben. Limettenschale fein abreiben, ohne zu viel von der weißen Haut abzulösen. Saft auspressen.

4 Knoblauch schälen und sehr fein hacken. Mit Limettenschale und -saft, Mayonnaise, Joghurt sowie Sojasoße in eine Schüssel geben. Die Zutaten gut miteinander verrühren. Den Dip abdecken und beiseitestellen.

5 Den Tintenfisch aus der Marinade nehmen und abtropfen lassen. In eine Alugrillschale legen und für ca. 7 Minuten auf den heißen Grill stellen. Auf Tellern anrichten und nach Wunsch mit der Marinade beträufeln. Zusammen mit dem Limetten-Knoblauch-Dip servieren.

VARIANTE

▶ Der Tintenfisch kann auch im Backofen gegrillt werden. Dafür die Grillfunktion einstellen und kurz vorheizen. Den Tintenfisch in eine backofenfeste Form geben und für ca. 5 Minuten unter den Grill stellen.

Gratinierte Jakobsmuscheln

Für 4 Personen:

32 Jakobsmuscheln mit Schale
grobes Meersalz
4 Möhren
4 Stangen Sellerie
8 kleine Zucchini
60 g Butter
Salz, Pfeffer
4 Msp. Safran, gemahlen
800 g Sahne
8 cl Noilly Prat
8 Eigelb
5 Stängel Petersilie
8 EL Sahne, geschlagen
8 EL Weißbrot, frisch gerieben
einige Blättchen Basilikum zum Garnieren

Zubereitungszeit: 40 Min.

Nährwerte pro Person: 891 kcal, 3687 kJ, 24 g EW, 78 g F, 18 g KH

TIPP

▶ Wer den Rogen nicht mag, kann ihn auch weglassen.

1 Muscheln unter fließendem Wasser mit einer Bürste reinigen. Mit einem kurzen, kräftigen Messer am Schalenrand entlangfahren und dabei den Schließmuskel durchtrennen. Deckel abheben, Fleisch rundherum lösen, Magensack und grauen Rand entfernen.Weißes Muskelfleisch (Nüsschen) vom orangeroten Rogen (Corail) trennen.

2 Fleisch, Rogen und Schalen gründlich waschen und trocken tupfen. Nuss in Scheiben schneiden. Schalen in eine mit grobem Meersalz ausgelegte ofenfeste Form legen.

3 Möhren schälen, Sellerie sowie Zucchini waschen und putzen; alles in kleine Würfel schneiden. 20 g Butter in einer Pfanne erhitzen und leicht aufschäumen lassen. Gemüse unter Rühren darin anschwitzen und mit Salz, Pfeffer und Safran würzen.

4 Mit Sahne und Noilly Prat aufgießen und bei starker Hitze sämig einkochen. Dann vom Herd nehmen, Eigelb unterziehen und etwas abkühlen lassen.

5 In der Zwischenzeit Petersilie waschen, trocken schütteln und Blätter abzupfen. Fein hacken. Zusammen mit der geschlagenen Sahne unter die Gemüse-Sahne-Mischung heben. Den Grill des Backofens vorheizen. 30 g Butter in einer Pfanne zerlassen und Nuss und Corail darin 2 Minuten durchschwenken.

6 Die Hälfte der Gemüsemischung auf die Muschelschalen verteilen. Muschelfleisch darauf anrichten und mit restlichem Gemüse bedecken. Mit dem geriebenen Weißbrot bestreuen und die restliche Butter in Flöckchen daraufsetzen.

7 Unter dem Grill wenige Minuten gratinieren und mit frischem Basilikum garniert servieren.

Hummer im Blätterteig

Für 4 Personen:

2 gegarte Hummer (je 500 g)
8 große Kopfsalatblätter
Salz
1 Stange Lauch
8 Champignonköpfe
50 g Butter
100 g Sahne
Pfeffer aus der Mühle
2 Scheiben TK-Blätterteig
Mehl für die Arbeitsfläche
1 Ei
2 EL Milch

Zubereitungszeit: 1 ¼ Std.
Backzeit: 15 Min.

Nährwerte pro Person: 703 kcal, 2941 kJ, 55 g EW, 43 g F, 26 g KH

1 Hummerscheren mit einer Drehbewegung

abbrechen (Bild links) und mit dem Rücken eines großen Messers aufbrechen. Fleisch mit einer Hummergabel auslösen. Rücken längs mit einem festen Messer aufschneiden und weißes Fleisch auslösen. Kalt stellen.

2 Salatblätter waschen und festen Strunk abschneiden. Etwas gesalzenes Wasser aufkochen und Blätter darin 3 Sekunden blanchieren. In Eiswasser abschrecken und je 2 etwas überlappend nebeneinander auf einem Küchentuch auslegen.

3 Lauch längs halbieren, gut waschen und welke Stellen sowie dunkles Grün und Wurzelansatz entfernen. Lauch in Streifen schneiden. Champignons gut abreiben und in Streifen schneiden.

4 Lauchstreifen in kochendes Salzwasser geben und ca. 20 Sekunden blanchieren; kalt abschrecken und abtropfen lassen. Butter in einem kleinen Topf erhitzen, bis sie leicht schäumt. Champignons dazugeben und andünsten.

5 Lauch und Sahne mit Champignons vermengen. Bei mittlerer Hitze 5 Minuten einkochen lassen. Salzen und pfeffern. Auf einem Teller abkühlen lassen.

6 Hummerfleisch zerkleinern. Beide Blätterteigscheiben auf einer bemehlten Arbeitsfläche je halbieren und leicht ausrollen. Backofen auf 200 Grad vorheizen.

7 Etwas Lauchmischung auf die Salatblätter streichen. Hummerfleisch darauf verteilen und mit restlicher Gemüsemischung bedecken. Zu 4 Kugelpäckchen aufrollen. Je 1 Salat-Hummer-Kugel auf 1 Blätterteigscheibe legen und einpacken.

8 Ei mit Milch verquirlen und damit Blätterteig einstreichen. Ränder damit verkleben. Die Pakete auf ein Blech legen und im Ofen 12–15 Minuten backen.

Pizza frutti di mare

Für 4 Personen:

Für den Teig:
500 g Mehl
1 TL Salz
½ Würfel Hefe
Pflanzenöl für das Backblech
Mehl für die Arbeitsfläche
Für den Belag:
400 g gemischte Meeresfrüchte (Dose oder Glas)
1 Zwiebel
1 Knoblauchzehe
10 EL Olivenöl
2 große reife Tomaten
Salz
schwarzer Pfeffer
2 Zweige Thymian

Zubereitungszeit: 1 Std.
Ruhezeit: 2 ¼ Std.
Backzeit: 12 Min.

Nährwerte pro Person: 899 kcal, 3761 kJ, 31 g EW, 41 g F, 102 g KH

1 Für den Teig Mehl und Salz in einer Schüssel mischen. In die Mitte eine Mulde drücken. Hefe hineinbröckeln und mit 50 ml lauwarmem Wasser und etwas Mehl zu einem Vorteig verrühren. Zudecken und

an einem warmen Ort 15 Minuten gehen lassen.

2 Danach 200 ml lauwarmes Wasser hinzufügen und alles zu einem glatten Teig kneten. Teig schlagen, bis er sich vom Schüsselboden löst. Zugedeckt an einem warmen Ort 1 Stunde gehen lassen.

3 Ein Backblech mit Pflanzenöl einfetten. Teig auf einer bemehlten Fläche in Größe des Blechs ausrollen und darauflegen. Noch einmal zudecken und 1 Stunde ruhen lassen.

4 Backofen auf 250 Grad vorheizen. Meeresfrüchte in einem Sieb abtropfen lassen. Zwiebel und Knoblauch schälen, fein würfeln.

5 In einem Topf 2 EL Olivenöl erhitzen, Zwiebel- und Knoblauchwürfel darin glasig dünsten. Tomaten mit heißem Wasser überbrühen, häuten und vierteln. Stielansätze entfernen und Fruchtfleisch in kleine Stücke schneiden.

6 Tomaten ebenfalls in den Topf geben und 10 Minuten mitdünsten. Salzen und pfeffern. Meeresfrüchte dazugeben und erhitzen, aber nicht kochen. Soße zudecken und warm halten.

7 Pizzaboden im heißen Backofen auf der mittleren Schiene (Umluft 230 Grad, Gas Stufe 6) 10 Minuten vorbacken und herausnehmen. Belag darauf verteilen.

8 Thymianblättchen von den Zweigen abzupfen, waschen, trocken tupfen, hacken und über die Pizza streuen. Die Pizza mit dem restlichen Olivenöl beträufeln und im Ofen noch 2 Minuten erhitzen.

Langustenschwänze aus dem Ofen

Für 4 Personen:

2 gegarte Langusten (je ca. 1 kg)
2 Knoblauchzehen
100 g Walnusskerne
1 Bd. glatte Petersilie
1 Stängel Koriander
1 Bd. Frühlingszwiebeln
2 EL Olivenöl
100 g weiche Butter
Saft von 1 Zitrone
Meersalz, Pfeffer
$\frac{1}{4}$ l Weißwein

Zubereitungszeit: 55 Min.

Nährwerte pro Person: 485 kcal, 2030 kJ, 36 g EW, 35 g F, 8 g KH

1 Langustenkörper durch eine Drehbewegung von den Scheren trennen. Mit einem großen, festen Messer den Panzer längs halbieren. Kopfteil des Panzers (Sitz u. a. des ungenießbaren Magens) abschneiden oder -brechen.

2 Das helle Fleisch im Ganzen aus dem Panzer lösen. Panzer auswaschen und trocken tupfen. Fleisch

kalt waschen und trocken tupfen. Scheren mit einem festen Messer aufbrechen und Fleisch auslösen; fein schneiden.

3 Knoblauchzehen schälen und hacken. Walnusskerne hacken. Petersilie und Koriander mit kaltem Wasser abbrausen, trocken schütteln und Blätter von den Stängeln zupfen. Beides hacken.

4 Frühlingszwiebeln von welken Blättern und Wurzelansatz befreien und waschen. In feine Ringe schneiden. Olivenöl in einer kleinen Pfanne erhitzen und Frühlingszwiebeln sowie das Langustenfleisch aus den Scheren kurz bei mittlerer Hitze darin andünsten. Aus der Pfanne nehmen.

5 Weiche Butter in einer Schale mit Knoblauch, Walnüssen und Kräutern vermengen. Mit Zitronensaft, Meersalz und Pfeffer würzig abschmecken.

6 Langustenpanzer innen mit der Buttermischung bestreichen und Fleisch wieder hineinlegen. Restliche Knoblauch-Kräuter-Butter darauf verteilen. In eine ofenfeste Form setzen und Boden mit etwas Weißwein bedecken.

7 Grill im Ofen vorheizen. Langusten auf der mittleren Schiene des Ofens 5 Minuten grillen. Frühlingszwiebeln darüber verteilen und für weitere 2 Minuten grillen.

Gratinierte Austern

Für 4 Personen:

24 Austern
600 ml Champagner bzw. Sekt
6 EL Crème double
4 EL Pastis
4 EL kalte Butter
2 EL Paniermehl

Zubereitungszeit: 40 Min.

Nährwerte pro Person: 191 kcal, 799 kJ, 10 g EW, 8 g F, 8 g KH

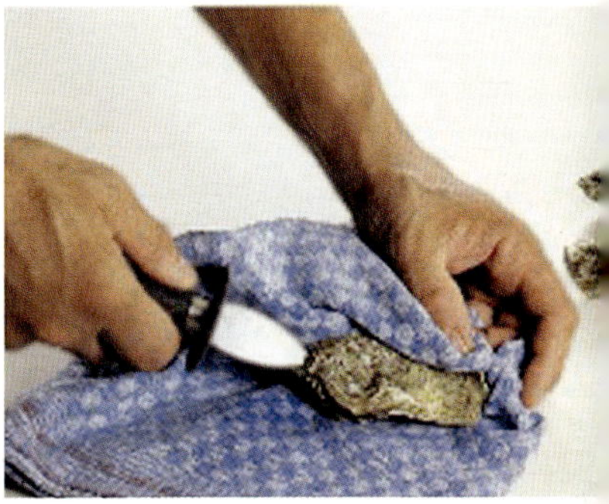

1 Austern mit einem kurzen, kräftigen Messer oder einem Austernmesser öffnen (Bild rechts). Austern aus den Schalen lösen, flache Schalenhälften wegwerfen, tiefe Hälften mit Wasser ausspülen und trocken tupfen. Das Austernwasser in einem Glas auffangen.

2 Ofen auf 200 Grad vorheizen und Austernschalen darin erwärmen.

3 In der Zwischenzeit Austernwasser durch ein Sieb in einen Topf gießen, mit der Hälfte des Champagners bzw. Sekts vermischen, zum Köcheln bringen und Austernfleisch kurz darin erhitzen. Sie sollten sich fest, aber elastisch anfühlen.

4 Austern mit einem Schaumlöffel herausnehmen und warm stellen. Die restliche Flüssigkeit mit Crème double verrühren und bei starker Hitze auf $\frac{1}{3}$ reduzieren.

5 Pastis und restlichen Champagner bzw. Sekt hinzufügen. Flüssigkeit noch einmal reduzieren. Topf vom Herd nehmen und Soße mit einem Schneebesen sämig aufschlagen, dabei nach und nach Butterstücke hinzugeben und einrühren.

6 Austern auf vorgewärmte Schalen verteilen und gleichmäßig mit Soße begießen. Mit Paniermehl bestreuen und im Backofen bei maximaler Oberhitze wenige Minuten goldbraun gratinieren.

Hummer Thermidor

Für 2 Personen:

1 Petersilienwurzel
1 Stange Sellerie
1 Möhre
1 Zwiebel
150 ml Weißwein
3 Stängel Petersilie
1 Lorbeerblatt
2 Zweige Thymian
Salz, Cayennepfeffer
1 gegarter Hummer (ca. 800 g)
4 cl Cognac
1 Schalotte
1 EL Butter
400 ml Fischfond (Glas)
4 EL Béchamelsoße (Fertigprodukt oder selbst gemacht)
$^1/_2$ TL scharfer Senf
2 EL Sahne
50 g Gouda oder Gruyère, gerieben

Zubereitungszeit: 55 Min.
Garzeit: 25 Min.

Nährwerte pro Person: 724 kcal, 3029 kJ, 75 g EW, 30 g F, 22 g KH

1 Petersilienwurzel, Stangensellerie und Möhre schälen und waschen. Zwiebel abziehen und alles in grobe Würfel schneiden.

2 1 $^1/_2$ l Wasser und 100 ml Weißwein in einem Topf aufkochen. Gemüse, Petersilienstängel, Lorbeerblatt und Thymianzweige zugeben. Salzen, pfeffern und 15 Minuten köcheln lassen. Hitze reduzieren und Hummer hineingeben. In der Brühe 10 Minuten gar ziehen lassen, aber nicht kochen. Hummer herausnehmen und kalt abschrecken.

3 Hummer längs in der Mitte mit einem großen, festen Messer teilen. Scheren abbrechen und mit dem Rücken eines breiten Messers aufbrechen. Fleisch aus Schwanz und Scheren auslösen, dabei grünliche Leber, Innereien und den Darmfaden entfernen. Fleisch in dicke Scheiben schneiden und mit Cognac marinieren.

4 Karkasse (Panzer) mit kaltem Wasser auswaschen, mit Küchenpapier gut trocken tupfen und auf ein mit Backpapier ausgelegtes Backblech legen. Den Grill des Ofens vorheizen.

5 Schalotte schälen und fein würfeln. In einer Pfanne die Butter erhitzen und Schalotte darin anschwitzen, danach mit dem restlichen Weißwein ablöschen.

6 Etwas einreduzieren lassen und den Fischfond angießen. Auf $^1/_4$ einkochen lassen, dann Béchamelsoße unterrühren. Durch ein Sieb abgießen und scharfen Senf einrühren. Mit Salz sowie mit Cayennepfeffer abschmecken.

7 Etwas Soße in die Karkassenhälften füllen und mariniertes Hummerfleisch daraufsetzen. Sahne in die restliche Soße rühren und über dem Fleisch verteilen. Mit dem geriebenen Käse bestreuen. Ca. 4 Minuten unter dem Grill gratinieren und heiß servieren.

▶ Rind- & Kalbfleisch

Rind- & Kalbfleisch

Rind- und Kalbfleisch werden gegart kalt, warm oder heiß, im Ganzen, geschnetzelt, geschnitten oder gerollt gegessen. Es kann gebraten, geschmort, gedünstet, gekocht oder gegrillt werden. Hauchdünn geschnitten und mit Olivenöl verfeinert schmeckt es roh sogar als Carpaccio oder fein geschabt als Tatar oder Schabefleisch.

Rindfleisch ist gesund

Rindfleisch enthält Eiweiß mit einer hohen biologischen Wertigkeit, wichtige Energieträger (Fett), Vitamine (v.a. der B-Gruppe), Mineralstoffe (Eisen) und wertvolle Spurenelemente (Zink). In Maßen genossen trägt es so zu einer ausgewogenen Ernährung bei.

Rind ist nicht gleich Rind

In Deutschland sind vor allem die Rinderzüchtungen vom Deutschen Fleckvieh, dem Deutsch Angus, dem Uckermärker und dem Deutschen Gelbvieh im Handel. Besonders im »Steak-Bereich« sind aber auch Rindfleischsorten aus Amerika, Argentinien sowie Chile erhältlich. Dabei wird noch unterschieden, von welchem Tier das Fleisch stammt:

▶ **Jungbullen:** männliche, nicht kastrierte Rinder, die mit 16–22 Monaten geschlachtet werden. Das Fleisch ist grobfaseriger als z. B. Färsen- oder Ochsenfleisch und hat einen geringeren Fettgehalt.

▶ **Kälber:** Jungtiere, die im Alter von 4–12 Monaten und einem Gewicht von bis zu 150 kg geschlachtet werden. Meist sind sie männlichen Geschlechts, die weiblichen Tiere werden eher als Milchkühe aufgezogen. Besonders zart und fein im Geschmack ist Milchkalbfleisch; dazu werden die Tiere fast ausschließlich mit Milch gefüttert. Kalbfleisch ist hellrosa, fettarm und mit feiner Fleischstruktur.

▶ **Ochsen:** kastrierte männliche Rinder, die nach dem Mastverfahren

Die wichtigsten Fleischteile beim Rind

1 Hals/Nacken
2 Hohe Rippe/Hochrippe
3 Schulter, Bug oder Schaufel
4 Brust
5 Roastbeef
6 Filet
7 Hüfte
8 Ober- und Unterschale
9 Schwanzstück
10 Bein/Hesse
11 Kugel/Nuss
12 Dünnung

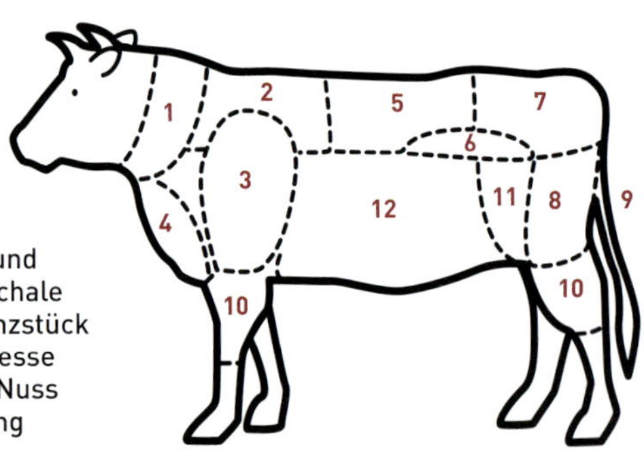

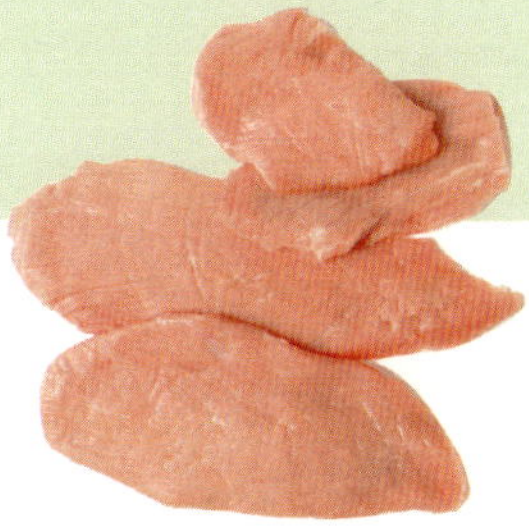

aufgezogen und mit 20–30 Monaten geschlachtet werden. Ochsenfleisch zeichnet sich durch feinfaserige, zarte und teils marmorierte Qualität (gleichmäßig schön durchzogene Fettfasern im Fleisch) aus.

▶ Färsen: junge weibliche Rinder, die noch nicht gekalbt haben. Das Schlachtalter bewegt sich zwischen 20–30 Monaten. Die Fleischqualität ist ähnlich dem Ochsenfleisch.

▶ Kühe: das Fleisch von weiblichen Tieren, die bereits gekalbt haben, aber nicht älter als 5 Jahre sind. Die Fleischfarbe ist dunkel, das Fleisch im Geschmack eher streng und wird oft nur zum Kochen verwendet.

Welches Teil wofür?

Fleischteile wie Haxe, Schulter oder Nacken können unter Umständen zäh sein, da sie viel dehnbares Elastin enthalten. Teile aus der Hüfte und Filet gehören zu den zartesten Stücken, mittelzarte Teile stammen aus Ober- oder Unterschale.

Rindfleisch von jüngeren Tieren hat eine kräftig rote, von älteren Tieren hingegen eine dunkel- bzw. blaurote Farbe.

Bei Kalbfleisch soll die Farbe einen rosa bis dunkelrosa Ton aufweisen. Weißes bis blassrosa Fleisch ist meist von minderer Qualität. Kalbfleisch ist im Vergleich zu Rindfleisch wesentlich fettärmer, hat somit weniger Kalorien und wird gerne von kalorienbewussten Köchen verwendet.

Grundvoraussetzung für Genuss: Qualität

Am besten holen Sie Ihr Fleisch beim Metzger bzw. Fleischer Ihres Vertrauens, gerne auch Bio. Auf jeden Fall sollte nachvollziehbar sein, woher das Fleisch stammt, wann das Tier geschlachtet wurde und wie lange es haltbar ist. Seit dem Jahr 2000 gilt in allen Staaten der Europäischen Union die obligatorische Rindfleischetikettierung; damit werden Herkunft und Haltbarkeit für den Verbraucher deutlich nachvollziehbar.

Vorbereitung

Waschen Sie Rind- und Kalbfleisch vor dem Garen kurz kalt ab und tupfen Sie es mit Küchenpapier trocken. Tiefgefrorenes Fleisch sollte sanft im Kühlschrank aufgetaut werden. Hierzu das Fleisch in eine Schüssel auf einen umgedrehten Teller legen und mit Folie bedecken, wenn möglich, am Tag zuvor.

Wenn Sie Fleisch selbst portionieren, schneiden Sie immer quer zur Faser. Falls nötig, die Fleischscheiben zwischen 2 Lagen Klarsichtfolie nur leicht klopfen oder mit einem Messerrücken plattieren.

TIPP

▶ Fettes Rindfleisch können Sie bis zu 8 Monate, mageres Rindfleisch bis zu 10 Monate tiefgefrieren.

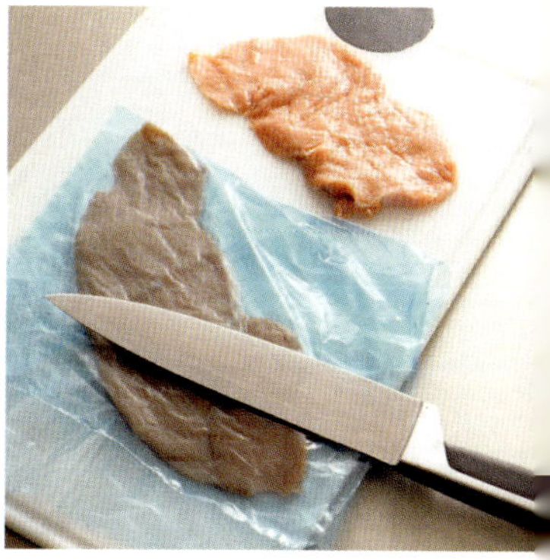

Garen

Rindfleisch ist vielseitig und kann im Backofen oder in der Pfanne gebraten, in Folie, Pergament, Bratschlauch oder Römertopf gegart oder gegrillt, geschmort und gedämpft werden.
Die Garzeit der Fleischstücke ist immer abhängig von der Größe bzw. Dicke. Grundsätzlich gilt: je größer und dicker, desto länger die Garzeiten.

TIPP

▶ Steaks würzt man besser erst nach dem Braten. Pfeffer verbrennt beim scharfen Braten und wird bitter, während Salz dem Fleisch Saft entzieht.

IM BACKOFEN

Das Entscheidende im Backofen ist die Kerntemperatur im Innern. Sie muss 70 Grad betragen. Zu diesem Zweck ist es ungeheuer praktisch, sich ein Fleischthermometer zuzulegen. Dieses wird in die dickste Stelle des Fleisches gesteckt, sodass die Kerntemperatur abgelesen werden kann (Gebrauchsanweisung beachten). Ist das Fleisch bei besagter Kerntemperatur angelangt, ist der Bratvorgang abgeschlossen.
Zum Braten eignen sich besonders Roastbeef, Filet, Hohe Rippe, Keulen- und Schwanzstück, Hüfte, Schwanzrolle, dicker Bug und Beinscheiben.

IN DER PFANNE

Die Pfanne, ob aus Gusseisen oder beschichtet, sollte zunächst erwärmt werden. Danach geben Sie einen Schuss Öl oder je nach Rezept ein anderes Fett hinzu. Legen Sie nun das Fleisch ein; es soll kräftig anbräunen und die Poren schließen. Die Fleischstücke werden am besten mit einer speziellen Fleischzange vorsichtig gewendet. So wird auch das Fleisch nicht unnötig mit Metallgegenständen verletzt und der wertvolle Fleischsaft bleibt im Innern.

RUHEZEIT

Sie ist das A und O bei einem Stück Fleisch. Beim Braten und Garen bei hoher Hitze im Ofen oder in der Pfanne fließt der Saft in die Mitte des Fleischstückes. Nehmen Sie das fertig gebratene Fleisch daher aus dem Backofen oder der Pfanne und lassen Sie es je nach Größe mindestens 5–10 Minuten ruhen. Das ist immens wichtig: Wird das Fleisch sofort aufgeschnitten, hat der Saft keine Zeit, in Ruhe wieder zurück in alle Poren zu fließen. Das Ergebnis wäre ein außen trockenes Fleisch und der Saft vom Kern würde beim Anschneiden auf dem Arbeitsbrett sofort wegfließen. Am besten das fertige Fleisch zum Ausruhen in Alufolie hüllen; den entstandenen Bratensaft aus der Folie können Sie später in die Soße rühren.

Steaks

▶ T-Bone-Steak wird aus Roastbeef und Filet geschnitten und durch einen T-förmigen Knochen zerteilt. Gewicht von 500–600 g.

▶ Porterhouse-Steak ist dem T-Bone-Steak ähnlich, wird aber mehr zu den Rippen geschnitten und ist meist doppelt so dick. Gewicht von 600–1000 g.

▶ Prime Rib wird aus der Hochrippe geschnitten und ist mit Knochen und Fettrand versehen.

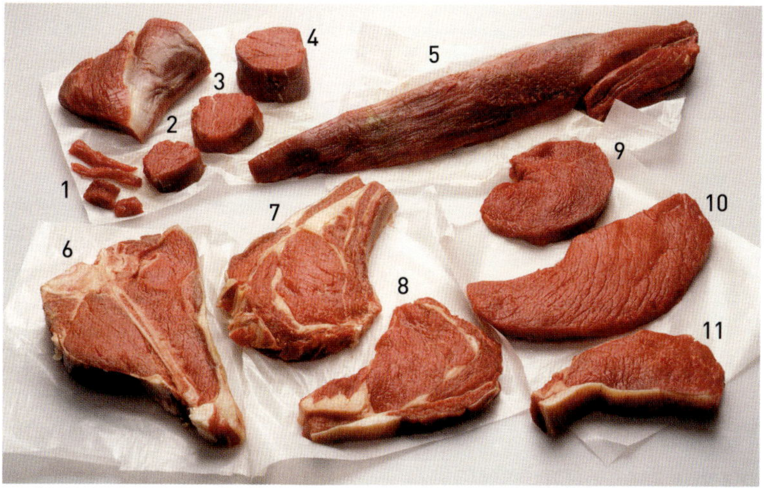

1 Filetspitzen
2 Filet mignon
3 Tournedo
4 Chateaubriand
5 ganzes Filetstück
6 T-Bone-Steak
7 Prime Rib
8 Rib-Eye-Steak
9 Hüftsteak
10 Kluft-/Beefsteak
11 Rumpsteak

▶ Rib-Eye ist ähnlich dem Prime Rib, aber mit Fettfasern marmoriertes Fleisch.
▶ Chateaubriand ist ein doppelt geschnittenes Steak aus dem breiten Ende des Filets.
▶ Tournedos sind kleinere Filetstücke aus dem schmalen Stück des Filets; ein Filet mignon wiegt ca. 100 g.
▶ Filetstücke aus der Mitte des Filets sind besondere Leckerbissen und werden als »normale« Filetsteaks verkauft.
▶ Entrecote ist ein ca. 6 cm dickes Zwischenrippenstück, das aus der Mitte des flachen Roastbeefs geschnitten wird.
▶ Ein Rumpsteak hat einen Fettrand, ist ca. 3 cm hoch und aus dem hinteren Teil des Roastbeefs geschnitten.
▶ Ein Hüftsteak ist ein ca. 3 cm dick geschnittenes Stück aus der Hüfte.
▶ Die Filetspitze ist besonders zart und wird zumeist für Geschnetzeltes verwendet.

RAW ODER WELL DONE?

Wie »durch« das Fleisch sein soll, ist reine Geschmackssache. Die im Folgenden angegebene Bratdauer gilt jeweils für ein Steak von ca. 200 g.
▶ Fast roh (blau), raw, bleu: Das Steak ist außen knusprig braun gebraten, aber innen roh. Bratdauer pro Seite 1 Minute.
▶ Blutig (roh), rare, saignant: Das Steak ist außen kräftig angebraten, innen rosa, aber im Kern blutig. Bratdauer pro Seite 2 Minuten.
▶ Rosa, medium, à point: Das Steak ist außen kräftig braun angebraten und im Kern rosa. Bratdauer pro Seite 3 Minuten.
▶ Durch, well done, bien cuit: Das Steak ist völlig durchgebraten. Bratdauer pro Seite 5 Minuten.

Blutig gebratenes Roastbeef

Rosa gebratenes Roastbeef

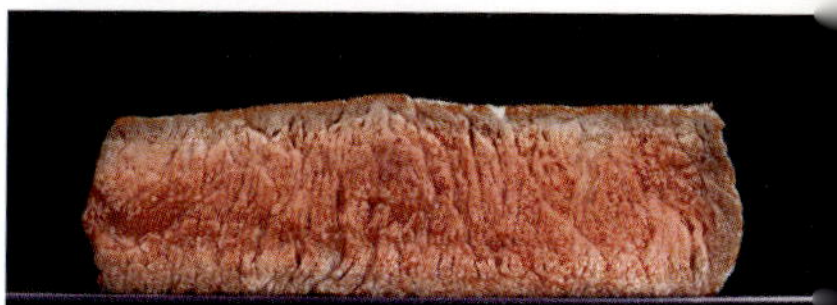
Gut durchgebratenes Roastbeef

▶ Kurz gebraten

Glasierte Rindersteaks

Für 4 Personen:

800 g Rindersteaks
2 EL Öl
Salz, Pfeffer
4 EL Honig
4 EL Butter
2 EL Portwein
1 TL Balsamico-Essig
frischer Thymian zum Garnieren

Zubereitungszeit: 25 Min.

Nährwerte pro Person: 460 kcal, 1929 kJ, 45 g EW, 23 g F, 16 g KH

1 Steaks kalt abspülen und gut trocken tupfen. Öl in einer Pfanne erhitzen, die Steaks darin bei mittlerer Hitze 3 Minuten braten. Die Fleischstücke wenden, salzen, pfeffern und weitere 3 Minuten braten.

2 Honig, Butter, Portwein, Balsamico-Essig sowie 2 EL Wasser hinzufügen und mit einem Kochlöffel rühren, bis sich der Honig aufgelöst hat.

3 Fleischstücke nochmals wenden und Soße bei schwacher Hitze einkochen, bis die Steaks damit glänzend überzogen sind. Mit frischem Thymian garnieren.

TIPP

▶ Sollten die Steaks Fettränder haben, diese mehrmals einkerben, aber dabei nicht ins Fleisch schneiden. Dadurch wellen sich die Steaks beim Braten nicht, außerdem fördert der Fettrand den intensiven Geschmack.

BEILAGE

▶ Ganz klassisch: Folienkartoffeln. 400 g gleich große mehligkochende Kartoffeln gut abbürsten, waschen, trocken tupfen und in gefettete Alufolienstücke wickeln. Im vorgeheizten Backofen bei 225 Grad auf der mittleren Schiene ca. 50 Minuten backen. Mit Crème fraîche oder Kräuterquark servieren.

Rinderfiletsteaks auf Rösti mit roter Pfeffersoße

Für 4 Personen:

Für Steak und Pfeffersoße:
100 ml trockener Rotwein
2 EL Sherryessig
150 ml Rinderfond (Glas)
1 TL Tomatenmark
4 Rinderfiletsteaks (à ca. 200 g)
100 g Butterschmalz (z. B. von Butaris)
Pfeffer, Salz
1 EL rosa Pfeffer, 1 EL Zucker
Für die Rösti (ca. 12 Stück):
500 g festkochende Kartoffeln
1 kleine Zwiebel
2 EL Mehl, 3 Eier
Pfeffer, Salz
Muskatnuss, frisch gerieben
Butterschmalz zum Braten

Zubereitungszeit: 1 Std.

Nährwerte pro Person: 910 kcal, 3813 kJ, 53 g EW, 64 g F, 29 g KH

1 In einem Topf den Rotwein mit Sherryessig, Rinderfond und Tomatenmark bei mittlerer Hitze auf ca. die Hälfte einkochen lassen.

2 Steaks kalt abspülen und mit Küchenpapier gut trocken tupfen. 80 g Butterschmalz in Stücke schneiden und in das Gefrierfach legen, restli-

ches Schmalz in einer Bratpfanne stark erhitzen.

3 Die Steaks im heißen Fett zunächst von jeder Seite ca. 1 Minute scharf anbraten. Dann erneut wenden und von jeder Seite 3–5 Minuten (je nach Wunsch) braten. Herausnehmen, pfeffern, salzen, in Alufolie einschlagen und an einem warmen Ort ruhen lassen.

4 Bratfett abgießen, eingekochte Fondmischung in die heiße Pfanne geben und den Bratensatz loskochen. Rosa Pfeffer und Zucker unter Rühren hinzufügen und die Soße nochmals einkochen lassen.

5 Die Pfanne von der Kochstelle nehmen und restliches, kaltes Butterschmalz aus dem Gefrierfach in die Soße einrühren. Die Soße mit Pfeffer und Salz abschmecken.

6 Für die Rösti Kartoffeln schälen, waschen, trocken tupfen und auf einer Küchenreibe grob raffeln. Zwiebel schälen und hacken. Zwiebel, Mehl, Eier und Kartoffeln vermischen. Mit Pfeffer, Salz und Muskat würzen.

7 Etwas Butterschmalz in einer Pfanne erhitzen und Teig portionsweise (ca. 2 EL Teigmischung) in das heiße Fett geben, mit einem Löffel in Form bringen und Rösti von jeder Seite ca. 3 Minuten braten. Auf Küchenpapier abtropfen lassen und mit Steaks und Soße anrichten.

Pfeffersteaks mit Bratkartoffeln und grünen Bohnen

Für 4 Personen:

800 g festkochende Kartoffeln
Salz
6 EL Butterschmalz
Pfeffer aus der Mühle
600 g grüne Bohnen
4 Rumpsteaks (à ca. 200 g)
400 g Sahne
2 EL Cognac
4 EL eingelegter grüner Pfeffer (Glas)
2 EL Butter

Zubereitungszeit: 1 Std.

Nährwerte pro Person: 883 kcal, 3709 kJ, 70 g EW, 48 g F, 38 g KH

1 Kartoffeln waschen und in einen Topf geben. Wasser angießen, leicht salzen und das Ganze aufkochen lassen. Den Deckel auflegen und bei mittlerer Hitze ca. 25 Minuten garen. Anschließend abgießen, ausdampfen lassen und pellen.

TIPP

▶ Zum Kurzbraten braucht es — zumindest anfangs — Temperaturen von weit über 100 Grad. Deshalb muss der Fettstoff zum Anbraten hoch erhitzbar sein. Besonders geeignet, da geschmacksneutral, sind Butterschmalz, Erdnussöl oder Kokosfett.

2 Kartoffeln in Scheiben schneiden. 2 EL Butterschmalz in einer großen Pfanne erhitzen und die Kartoffelscheiben darin unter Wenden langsam knusprig braun braten. Mit Salz und Pfeffer würzen.

3 Bohnen putzen, waschen und in kochendem Salzwasser in ca. 10 Minuten bissfest garen. Anschließend in ein Sieb abgießen, abschrecken und abtropfen lassen.

4 Fettrand der Steaks 3–4-mal einschneiden. Restliches Butterschmalz in einer Pfanne erhitzen und Steaks darin zunächst pro Seite ca. 1 Minute scharf anbraten, dann auf jeder Seite 3–5 Minuten (je nach Wunsch) braten. Herausnehmen, salzen und pfeffern, in Alufolie einschlagen und 5 Minuten ruhen lassen.

5 Inzwischen die Sahne in einer Pfanne mit Cognac auf ca. die Hälfte einkochen lassen. Grünen Pfeffer einrühren, salzen und warm halten. Butter in einer Pfanne erhitzen und die Bohnen darin bei mittlerer Hitze unter Wenden erhitzen.

6 Steaks aus der Folie nehmen und den ausgetretenen Fleischsaft in die Soße rühren. Steaks auf Tellern mit der Soße anrichten. Bratkartoffeln und Bohnen dazu servieren.

Rinderfiletsteaks mit Senfkruste

Für 4 Personen:

4 Rinderfiletsteaks (à ca. 200 g)
Pfeffer, grob gemahlen
2 TL Butterschmalz
Salz, 1 Ei
Pfeffer aus der Mühle
3 EL körniger Senf
2 EL Paniermehl
frischer Thymian zum Garnieren

Zubereitungszeit: 30 Min.

Nährwerte pro Person: 315 kcal, 1318 kJ, 46 g EW, 12 g F, 5 g KH

1 Steaks kalt abspülen, trocken tupfen und mit etwas Pfeffer einreiben. Butterschmalz in einer Pfanne erhitzen und die Steaks darin auf jeder Seite ca. 2 Minuten anbraten, dann salzen. Herausnehmen und warm stellen. Backofen auf 200 Grad vorheizen.

2 Ei in einer Metallschüssel mit etwas Salz und Pfeffer mit einem Schneebesen verrühren. Die Schüssel in einen Topf mit kochendem Wasser setzen und die Eimasse schaumig schlagen. Die Schüssel aus dem Wasserbad nehmen, Senf einrühren und Paniermehl untermengen.

3 Die Steaks in eine ofenfeste Form geben und die obere Seite mit der Ei-Senf-Mischung bestreichen. Im heißen Ofen 5–7 Minuten überbacken. Mit frischem Thymian garniert servieren.

VARIANTE

▶ Auch gut: Steaks mit Meerrettichkruste. Dazu 1 EL Butter mit 2 EL Meerrettich (Glas), 2 EL geriebenem Parmesan, 2 EL Paniermehl sowie 1 Bd. gehackter Petersilie verrühren. Mit Salz und Pfeffer würzen und wie beschrieben statt der Ei-Senf-Mischung verwenden.

Steaks im Speckmantel

Für 4 Personen:

4 Rinderfiletsteaks (à ca. 200 g)
4 Scheiben Frühstücksspeck
1 kg mehligkochende Kartoffeln
Salz
$^1/_8$ l Milch, 75 g Sahne
40 g Butter
Pfeffer aus der Mühle
Muskatnuss, frisch gerieben
2 EL Petersilie, frisch gehackt
500 g grüne Bohnen
1 EL Butterschmalz
150 ml trockener Weißwein
1 EL eingelegter grüner Pfeffer (oder grüne Pfefferrispen, Glas)

Zubereitungszeit: 45 Min.

Nährwerte pro Person: 687 kcal, 2874 kJ, 56 g EW, 28 g F, 45 g KH

1 Filetsteaks kalt abspülen und trocken tupfen. Frühstücksspeck bei Bedarf zurechtschneiden, jeweils 1 Scheibe um den Rand eines Filetsteaks wickeln und das Ganze mit Küchengarn in Form binden.

2 Kartoffeln schälen, waschen und in reichlich Salzwasser in ca. 25 Minuten garen. Dann abgießen, noch warm durch die Kartoffelpresse drücken oder zerstampfen und mit Milch, Sahne sowie Butter verrühren. Mit Salz, Pfeffer und Muskat würzen. Petersilie untermengen.

3 Bohnen putzen, waschen und in reichlich kochendem Salzwasser ca. 10 Minuten garen. Anschließend in ein Sieb abgießen, abschrecken und warm halten.

4 Butterschmalz in einer Pfanne erhitzen und die Steaks darin auf jeder Seite bei starker Hitze 1 Minute scharf anbraten. Anschließend die Hitze reduzieren und die Steaks nochmals 3–5 Minuten (je nach Wunsch) pro Seite weiterbraten.

5 Steaks salzen und pfeffern, herausnehmen, in Alufolie einschlagen und warm halten. Bratfett vorsichtig abgießen, Temperatur erhöhen, Bratensatz mit Wein ablöschen, grünen Pfeffer zugeben, etwas einreduzieren lassen und Soße mit Salz abschmecken.

6 Zum Servieren die Steaks mit Kartoffelpüree und Bohnen auf Tellern anrichten und mit etwas Pfeffer-Wein-Soße beträufeln.

Kalbsschnitzel mit Kräutercreme

Für 4 Personen:

4 Kalbsschnitzel (à ca. 150 g)
Salz
Pfeffer
50 g Butter
¼ l trockener Weißwein
200 g frisches Basilikum
200 g fettarmer Frischkäse mit Kräutern (z. B. von Du darfst)
4 EL Milch
2 EL scharfer Senf (z. B. Dijonsenf)

Zubereitungszeit: 25 Min.

Nährwerte pro Person: 347 kcal, 1449 kJ, 41 g EW, 13 g F, 6 g KH

1 Die Schnitzel trocken tupfen, zwischen zwei Lagen Klarsichtfolie legen und mit der glatten Seite des Fleischklopfers oder einem Topf vorsichtig platt klopfen. Mit Salz und Pfeffer würzen.

2 Butter in einer Pfanne erhitzen und Schnitzel darin von beiden Seiten goldbraun braten. Herausnehmen, warm stellen.

3 Bratensatz mit Weißwein loskochen und ca. 3 Minuten auf die Hälfte einkochen lassen. Basilikum waschen, trocken schütteln und Blättchen von den Stängeln zupfen. Einige Blättchen zum Garnieren ganz lassen, restliche mit Frischkäse, Milch und Senf mit dem Stabmixer oder im Mixer pürieren.

4 Basilikumcreme in den reduzierten Weißwein rühren und vorsichtig – die Soße soll nicht mehr kochen – erwärmen. Salzen und pfeffern. Soße zu den Schnitzeln servieren und mit Basilikumblättchen garnieren.

TIPP

▶ Zum Anbraten eignen sich am besten einfache Metallpfannen. Edelstahlpfannen haben den Nachteil, dass Fleisch gerne kleben bleibt, wenn sie nicht heiß genug sind. Benutzt man beschichtete Pfannen, benötigt man weniger bzw. kein Fett zum Braten.

BEILAGE

▶ Servieren Sie die Schnitzel einfach mit knusprigem Baguette. Gut passen aber auch Bandnudeln, Gnocchi oder knackige Kaiserschoten dazu.

Kalbsschnitzel mit Zitrone und Rosmarin

Für 4 Personen:

4 Kalbsschnitzel (à ca. 120 g)
2 Knoblauchzehen
1 EL Olivenöl
1 EL Butter
1 Zitrone (unbehandelt)
Fett für die Form
2 Zweige Rosmarin
Saft von 1 Zitrone
Salz
Pfeffer
40 g Parmesan, frisch gerieben

Zubereitungszeit: 25 Min.

Nährwerte pro Person: 265 kcal, 1109 kJ, 27 g EW, 14 g F, 7 g KH

1 Schnitzel kalt abspülen, gut trocken tupfen, zwischen zwei Lagen Klarsichtfolie vorsichtig flachklopfen und halbieren. Knoblauchzehen schälen und in Viertel schneiden.

2 Öl und Butter in einer beschichteten Pfanne erhitzen, Knoblauch

hinzufügen und unter Rühren goldgelb braten, anschließend herausnehmen. Die Schnitzel im verbliebenen Fett von jeder Seite bei starker Hitze 1–2 Minuten braten.

3 Backofengrill vorheizen. Zitrone heiß waschen, trocken reiben und in dünne Scheiben schneiden. In eine gefettete Auflaufform geben.

4 Rosmarin waschen, trocken schütteln und auf die Zitronenscheiben geben. Schnitzel darauflegen, mit Zitronensaft beträufeln, salzen, pfeffern und mit Parmesan bestreuen.

5 Kalbsschnitzel unter den heißen Grill schieben und ca. 4 Minuten grillen, bis der Käse geschmolzen und die Oberfläche goldgelb ist. Auf Teller verteilen und sofort servieren.

Saltimbocca

Für 4 Personen:

8 dünne Kalbsschnitzel (à ca. 60 g)
8 dünne Scheiben roher Schinken
8 große Salbeiblätter
4 EL Butter
Salz
Pfeffer
1/8 l Weißwein

Zubereitungszeit: 25 Min.

Nährwerte pro Person: 298 kcal, 1247 kJ, 30 g EW, 17 g F, 2 g KH

1 Backofen auf 75 Grad vorheizen, Teller darin anwärmen. Schnitzel trocken tupfen und zwischen 2 Lagen Klarsichtfolie leicht flach klopfen. Auf jedes Schnitzel 1 Scheibe Schinken und 1 Salbeiblatt legen, mit Holzspießchen fixieren.

2 In einer Pfanne 2 EL Butter erhitzen. Die Schnitzel hineingeben und pro Seite ca. 2 Minuten anbraten.

Leicht salzen und pfeffern, herausnehmen und im Ofen abgedeckt warm stellen.

3 Den Bratensatz mit Weißwein ablöschen und kräftig aufkochen. Mit einem Schneebesen die restliche Butter in Flöckchen in die Soße einrühren. Soße mit Salz und Pfeffer abschmecken.

4 Schnitzelchen in der Soße nochmals kurz erwärmen und auf den vorgewärmten Tellern servieren.

BEILAGE

▶ Typische Beilagen für diese Spezialität aus der römischen Küche sind Kartoffelpüree oder Risotto.

VARIANTE

▶ Saltimbocca-Röllchen: Die Kalbsschnitzel samt Schinken und Salbei aufrollen, mit Holzspießchen fixieren, in der Pfanne scharf anbraten, den Wein angießen und bei geschlossenem Deckel fertig garen. Herausnehmen, Holzspieße entfernen und warm stellen. Die Soße mit 2 EL Crème fraîche andicken und zu den Röllchen servieren.

▶ Geschnetzelt & paniert

Zürcher Geschnetzeltes

Für 4 Personen:

250 g Champignons
2 EL Zitronensaft
3 Schalotten
750 g Kalbfleisch (aus der Nuss, Schulter oder Oberschale)
2 EL Mehl, 3 EL Butter
2 EL Öl
Salz, Pfeffer
1/8 l trockener Weißwein
250 g Sahne
frische Petersilie zum Garnieren

Zubereitungszeit: 40 Min.

Nährwerte pro Person: 531 kcal, 2222 kJ, 41 g EW, 35 g F, 8 g KH

1 Champignons mit Küchenpapier gut abreiben, putzen, halbieren und in Scheiben schneiden. In einer Schüssel mit Zitronensaft vermengen, so laufen sie nicht braun an. Schalotten schälen und hacken. Backofen auf 50 Grad vorheizen.

2 Fleisch kalt abspülen, trocken tupfen und quer zur Faser in ca. 1 cm dicke Scheiben schneiden. Die Scheiben portionsweise aufeinanderstapeln und in ebenso dünne Streifen schneiden. Die Fleischstreifen dünn mit Mehl bestäuben.

3 In einer großen Pfanne 1 EL Butter und 1 EL Öl erhitzen. Die Fleischstreifen darin portionsweise bei starker Hitze ca. 1 Minute anbraten, dabei nach und nach das restliche Öl zugießen. Fleischstreifen mit einem Schaumlöffel herausheben, salzen, pfeffern und im heißen Backofen warm stellen.

4 Das Bratfett abgießen und die restliche Butter darin erhitzen. Die Schalotten darin unter Rühren anschwitzen, die Champignons zufügen und alles so lange dünsten, bis die gesamte Flüssigkeit verdampft ist. Mit Salz und Pfeffer würzen.

5 Weißwein angießen und bei starker Hitze etwas einkochen lassen. Sahne zugeben und das Ganze ca. 5 Minuten kochen lassen, bis die Soße cremig wird. Hitze reduzieren, Fleisch in die Soße geben und erwärmen (nicht mehr kochen!). Salzen und pfeffern. Mit Petersilie garniert servieren.

BEILAGE

▶ Dazu passen klassisch Rösti (siehe S. 169) oder auch Bandnudeln.

Rindergeschnetzeltes mit Paprika

Für 4 Personen:

650 g Rindfleisch (aus der Hüfte)
2 grüne Paprikaschoten
2 gelbe Paprikaschoten
400 g gelbe Tomaten
200 ml Gemüsebrühe
2 TL Distelöl
Salz
Pfeffer
2 TL Kartoffelmehl

Zubereitungszeit: 35 Min.

Nährwerte pro Person: 351 kcal, 1469 kJ, 35 g EW, 17 g F, 14 g KH

1 Fleisch kalt abspülen, trocken tupfen und in dünne Streifen schneiden. Paprikaschoten halbieren, von Stielansätzen sowie Kernen befreien und waschen. In dünne Streifen schneiden.

2 Tomaten waschen und vierteln, dabei die Stielansätze entfernen. Tomatenviertel im Mixer mit der Gemüsebrühe pürieren.

3 Distelöl in einer Pfanne erhitzen und das Fleisch darin portionsweise rundum anbraten. Paprikastreifen zugeben und kurz mit anbraten. Mit Salz und Pfeffer würzen.

4 Tomatenmischung zum Fleisch geben, aufkochen und das Ganze bei schwacher Hitze ca. 10 Minuten leise kochen lassen.

5 Kartoffelmehl in wenig kaltem Wasser anrühren und Geschnetzeltes damit binden. Abschmecken, auf Teller verteilen und servieren.

TIPP

▶ **Frische Kräuter wie Petersilie, Basilikum oder Thymian »peppen« dieses Gericht auf. Einfach 1 Bd. Kräuter waschen, trocken schütteln und hacken, dabei grobe Stielenden entfernen. Vor dem Servieren unter das Geschnetzelte mengen und kurz miterwärmen.**

Rinderfilet aus dem Wok

Für 4 Personen:

200 g Rinderfilet
1 Msp. Wasabipaste
3 EL Öl
200 g grüner Spargel
200 g Chinakohl
1 Stange Lauch
80 g Walnüsse
2–3 EL Sake (Reiswein)
2–3 EL Sojasoße
20 g eingelegter Ingwer (aus dem Asia-Laden)

Zubereitungszeit: 40 Min.
Marinierzeit: 30 Min.

Nährwerte pro Person: 294 kcal, 1231 kJ, 16 g EW, 22 g F, 7 g KH

1 Rinderfilet kalt abspülen, trocken tupfen und in feine Scheiben bzw. dünne Streifen schneiden. Wasabipaste und 1 EL Öl vermischen, die Fleischstücke damit einreiben und abgedeckt 30 Minuten im Kühlschrank ziehen lassen.

2 Spargel waschen, bei Bedarf das untere Drittel schälen und holzige Enden abschneiden. Die Spargelstangen erst längs halbieren, dann quer in Stücke schneiden.

3 Chinakohl abspülen, putzen und in Streifen schneiden. Lauch putzen, in Ringe schneiden und gründlich waschen. Beides in einem Sieb gut abtropfen lassen. Die Walnüsse grob hacken.

4 Restliches Öl im Wok erhitzen. Walnüsse darin kurz anrösten, mit

einem Schaumlöffel herausnehmen und beiseitestellen. Rinderfilet im verbliebenen heißen Öl unter Rühren anbraten, anschließend an den Rand des Woks schieben.

5 Spargel in die Mitte des Woks geben, 2–3 Minuten unter Rühren braten, ebenfalls an den Rand schieben. Kohl und Lauch in die Mitte geben und 1–2 Minuten unter Rühren braten. Alles vermengen, mit Reiswein und Sojasoße würzen.

6 Ingwer beliebig klein schneiden und unterrühren. Rinderfilet mit dem Gemüse auf vorgewärmten Tellern oder in Schalen anrichten. Mit Walnüssen bestreut servieren.

Rindfleisch mit Brokkoli pfannengerührt

BEILAGE

▶ **Unbedingt dazu:** Reis oder Reisnudeln.

Für 4 Personen:

600 g mageres Rindfleisch (ohne Knochen)
4 gestr. EL Speisestärke
6 EL Sojasoße (z. B. von Kikkoman)
1 TL Zucker
1 TL Ingwer, frisch gehackt
1 Knoblauchzehe
1 Zwiebel
500 g Brokkoli
3 EL Öl

Zubereitungszeit: 30 Min.
Marinierzeit: 15 Min.

Nährwerte pro Person: 332 kcal, 1390 kJ, 37 g EW, 14 g F, 15 g KH

1 Fleisch kalt abspülen, trocken tupfen und dann in dünne Streifen schneiden. 2 EL Speisestärke und 3 EL Sojasoße mit Zucker und Ingwer vermischen.

2 Knoblauch und Zwiebel schälen, Knoblauch zerdrücken und Zwiebel würfeln. Knoblauch in die Stärke-Sojasoße-Mischung geben und Fleisch darin mindestens 15 Minuten einlegen.

3 Inzwischen Brokkoli putzen, waschen, die Röschen abtrennen und diese der Länge nach halbieren. Den Stiel schälen und in kleine, schmale Streifen schneiden.

4 Restliche Speisestärke und restliche Sojasoße mit 350 ml Wasser mischen. 1 EL Öl in einer großen Pfanne oder im Wok erhitzen. Das Fleisch aus der Marinade nehmen, abtropfen lassen und im heißen Öl ca. 1 Minute lang unter ständigem Rühren scharf anbraten, dann aus der Pfanne nehmen.

5 Restliches Öl in derselben Pfanne oder dem Wok erhitzen. Brokkolistiel und -röschen sowie Zwiebelwürfel zugeben und so lange unter Rühren anbraten, bis alles bissfest ist.

6 Fleisch und Sojasoße-Stärke-Mischung dazugeben und zum Kochen bringen. So lange köcheln lassen, bis die Soße dickflüssig ist.

Panierte Kalbsschnitzel mit Petersilienkartoffeln

Für 4 Personen:

4 Kalbsschnitzel (à ca. 150 g)
Salz, Pfeffer
80 g Mehl
2 Eier
100 g Paniermehl
500 g festkochende Kartoffeln
Butterschmalz zum Braten
(z. B. von Butaris)
1 Bd. Petersilie
Zitronenscheiben und Petersilienblättchen zum Garnieren

Zubereitungszeit: 50 Min.

Nährwerte pro Person: 840 kcal, 3520 kJ, 43 g EW, 51 g F, 52 g KH

1 Die Schnitzel kalt abspülen, trocken tupfen und zwischen 2 Lagen Klarsichtfolie leicht flach klopfen. Salzen und Pfeffern. Mehl auf einen Teller geben. Eier in einem tiefen Teller verquirlen. Paniermehl auf einen Teller geben.

2 Kartoffeln schälen, waschen und in reichlich Salzwasser ca. 20 Minuten garen, anschließend abgießen und warm stellen.

3 Schnitzel zuerst im Mehl (Bild 1), dann in der Eimasse (Bild 2) und zum Schluss im Paniermehl (Bild 3) wenden, dabei Panade fest andrücken.

4 Butterschmalz in einer Pfanne erhitzen und die Schnitzel darin von beiden Seiten ca. 7 Minuten goldbraun ausbacken. Herausnehmen, auf Küchenpapier abtropfen lassen und warm stellen.

5 Petersilie waschen, trocken tupfen und hacken, dabei grobe Stielenden entfernen. 20 g Butterschmalz in einer Pfanne zerlassen und die Kartoffeln kurz darin schwenken, dann mit Petersilie bestreuen.

6 Die Schnitzel mit Zitronenscheiben und den Petersilienkartoffeln auf Tellern anrichten. Mit Petersilienblättchen garniert servieren.

TIPP

▶ Panierte Kalbsschnitzel heißen auch Wiener Schnitzel.

(1)

(2)

(3)

Fondue & Raclette

Fondue wie Raclette stammen aus der Schweiz und haben dort den Rang von Nationalgerichten. Das Wort *Fondue* leitet sich vom Französischen »fondre« her und bedeutet *schmelzen*. Den Caquelon, einen Topf aus Keramik, stellt man auf eine Wärmequelle und schmelzt Käse darin. Man taucht Brotstücke hinein und isst diese dann.
Auch das Wort *Raclette* stammt aus dem Französischen. »Râcler« heißt so viel wie *schaben* oder *kratzen*. Ab dem 13. Jahrhundert hat man große Käsehälften mit der Schnittstelle ans Feuer gelegt; begann der Käse zu schmelzen, wurde die weiche Schicht mit einem Spezialmesser, dem sog. Raclette (frz. Spatel oder Schabeisen), abgekratzt.

Die Grundausstattung

Fonduetopf oder Raclettegerät plus ein paar wenige Accessoires – mehr braucht es nicht für eine gemütliche Essensrunde.

FONDUE

Topf, Brenner, Gabeln oder Spieße sowie Körbchen – das ist die Grundausstattung fürs Fondue. Man hat die Wahl zwischen rostfreien Stahl-, klassischen Ton- oder Kupfertöpfen. Wer sich traditionsbewusst für einen irdenen Caquelon entscheidet, sollte unbedingt auf hohe Qualität achten. Der gefüllte Topf kann recht schwer werden, sodass die Henkel brechen können.
Beim Rechaud wird heute überwiegend mit Pasten-Sicherheitsbrennern gearbeitet. Die Paste lässt sich einfach und tropffrei dosieren und hat damit einen deutlichen Vorteil gegenüber Spiritus. Idealerweise befindet sich über dem Brenner nicht nur ein Gitter, auf dem der Topf steht, sondern eine induktionsfähige Wärme-Verteilplatte: Sie sorgt für eine dauerhafte, gleichmäßige Wärme und gibt sicheren Halt.

Eine Alternative ist das Elektrofondue. Die abnehmbaren Töpfe sind heute fast ausschließlich aus Edelstahl, die Heizelemente aus hitzebeständigem Kunststoff. Selbstverständlich besitzen diese Geräte einen einstellbaren Temperaturregler.

RACLETTE

Trotz der Entwicklung hin zu kleinen Öfen, in die jeder gleichzeitig sein Pfännchen schiebt, werden auch Raclettegeräte angeboten, die das traditionelle Schmelzen eines Käselaibs ermöglichen. Es gibt sie mit Käsehaltern für eckige oder halbe bzw. geviertelte runde Laibe. Auch 2 Halter nebeneinander für die Verwendung von 2 Käsesorten sind erhältlich. Wer mit diesem traditionellen Raclette arbeitet, sollte sich ein Raclettemesser anschaffen.

Viele Raclettegeräte werden mit einer Grillfläche auf der Oberseite angeboten. Darauf kann man Gemüsescheiben knusprig braun braten oder kleine Fleischstückchen bzw. Meeresfrüchte garen. Solche Geräte werden an Strom angeschlossen, nehmen nicht viel Platz weg und sind einfach zu pflegen. Es gibt sie sogar für Single- und Kleinhaushalte.

Fondues kochen

Brühe, am besten selbst angesetzt oder der Fond aus dem Glas, gibt Fleisch während des Garens Geschmack und ist fettarm. Für Fettfondues werden oft weiße feste Pflanzenfette wie Kokos- oder Palmfett genutzt. Hier reicht eine 1-kg-Packung. Gesünder ist ein 1 l Traubenkern- oder Olivenöl (nicht kalt gepresst!) – wer es geschmacksneutraler mag, greift zu Erdnuss- oder hellem Sesamöl.

FLEISCHFONDUE

Für ein Fleischfondue eignet sich Rinderfilet ebenso wie Rumpsteak oder Kasseler. Sie können auch Hähnchen-, Enten- oder Putenbrust sowie Filet vom Lamm, Kalb oder Schwein wählen. Die Stücke sollten möglichst klein sein, um die Garzeit kurz zu halten. Hackbällchen können im Körbchen gegart werden. Man rechnet 200–300 g Fleisch pro Person.

FISCHFONDUE

Gerade bei Fisch funktioniert Brühe besser als Fett, da sie den Geschmack gut annimmt und als Suppe weiterverwendet werden

TIPP

▶ Fondue-Fleisch schmeckt besonders gut, wenn Sie die Brühe mit ein wenig Sherry oder etwas Sojasoße verfeinern.

kann. Im Grunde sind alle Süß- und Salzwasserfische sowie Meeresfrüchte (Garnelen, Tintenfische, Muscheln) für Fondue geeignet. Wenn man nur Spieße verwendet, sollte das Fleisch des Fisches fest sein, wie beim Lachs, Zander oder Barsch. Man kann mit 250 g Fisch und Meeresfrüchten (ohne Schalen, Gräten etc.) pro Person rechnen.

GEMÜSEFONDUE

Alles, was sich aufspießen lässt, kann in der Brühe gegart werden: Blumenkohl, Paprika, Zucchini, Kohlrabi, Tomaten, Zwiebeln, Pilze, Zuckerschoten oder Möhren. Beim japanischen Fondue, dem Shabu Shabu, tunkt man die Gemüsestückchen zunächst in einen Teig und hängt sie dann im Körbchen in heißes Fett, in dem sie frittiert werden. Man geht von 300 g Gemüse pro Person aus.

KÄSEFONDUE

Besonders gut funktioniert es mit Emmentaler oder Greyerzer; grundsätzlich eignet sich aber jede ältere Käsesorte, die gute Schmelzeigenschaften hat. Fettreiche Sorten zerfließen leichter als fettarme. Eine besondere Variante des Käsefondues ist die italienische »Fonduta Valdostana«. Dazu schmilzt man milden Fontinakäse, eine Spezialität aus dem Aostatal, mit Milch und Eigelb. Als Krönung werden dann Trüffel aus dem Piemont ganz frisch darübergehobelt.

SÜSSES FONDUE

Auch als Dessert lässt sich Fondue genießen. Kekse, Kuchenstückchen oder Früchte wie Äpfel, Birnen, Pfirsiche, Bananen, Kiwi, Sternfurcht, Kirschen, Erdbeeren oder Ananas spielen hier die Hauptrolle, besonders beliebt in Schokoladensoße. Die sollte übrigens immer eine Temperatur von ca. 40 Grad haben, damit die Schokolade schön sämig bleibt.

Raclettevariationen

Beim Raclette sorgen unterschiedliche Käsesorten für eine große Vielfalt. Der italienische Butterkäse Bel Paese etwa schmeckt leicht säuerlich, während der Greyerzer, auf Französisch »Gruyère«, kräftig-würzig und Mozzarella eher mild im Geschmack ist. Für das Raclettegerät mit Pfännchen muss der gesamte Käse in 2–3 mm dicke Scheiben geschnitten werden, die etwas kleiner als die Pfännchen sind. Halbe oder Viertel-Laibe mit gereinigter Rinde, wie man sie für die traditionellen Raclettegeräte verwendet, gibt es fertig zu kaufen. Man rechnet mit 150–250 g Käse pro Person.

Deftig wird Raclette mit Schinken, Salami, Bündner Fleisch und kleinen Frikadellen. Bei der vegetarischen Variante kommen Gemüse wie Paprika, Pilze oder Kartoffeln zum Überbacken auf den Tisch. Das maritime Raclette überrascht mit Meeresfrüchte und Fisch. Aber

auch Früchte wie Ananas, Bananen oder Mangos können mit Käse überbacken und mit Soßen und Dips verfeinert werden.

Vorbereitung

Wenn Familie und Gäste zusammenkommen, ist am besten alles vorbereitet: Soßen und Salate fertiggestellt, die Zutaten geschnitten, das Brot aufgebacken, der Tisch gedeckt, Getränke bereitgestellt. Wein, Wasser oder Saft bieten sich für deftige Varianten an, zum Schokofondue passen auch Kaffee oder Tee.

RACLETTEGERÄTE

Beide Raclette-Gerätetypen sollten ca. 5 Minuten vorheizen, bevor mit dem Schmelzen begonnen werden kann.

BRÜHE- UND FETTFONDUES

Fonduebrühe wird auf dem Herd aufgekocht und dann auf den vorgeheizten Rechaud gestellt. Kocht die Brühe weiter, reduziert man die Hitze. Werden Fleisch und Fisch nicht gar, die Hitze erhöhen. Fettfondues werden ebenfalls zunächst auf dem Herd erhitzt. Der Topf sollte bis zur Hälfte gefüllt sein und dann eine Temperatur von ca. 180 Grad erreichen.

KÄSEFONDUES

Für Käsefondue zunächst den Topf kräftig mit Knoblauch ausreiben. Nun wird etwas Weißwein, je nach Rezept möglicherweise mit einem Schuss Kirschwasser, leicht erwärmt. Darin wird der Käse unter ständigem Rühren geschmolzen. Ist die Temperatur zu gering, wird die Masse immer wieder klumpig. Bei zu starker Hitze besteht die Gefahr, dass der Käse auf dem Boden ansetzt. Damit das Fondue etwas luftiger wird, verwenden Kenner eine Messerspitze Natron. Es wird einfach eingestreut und rund 3 Minuten untergerührt, bevor der Topf auf den Rechaud gebracht wird.

Beilagen

Das klassische Walliser Raclette wird ausschließlich mit Pellkartoffeln serviert, Silberzwiebeln, kleine Gewürzgurken und Senffrüchte kommen noch dazu. Oliven, Pilze, Kräuterbutter, Peperoni, eingelegte Artischocken und Tomaten, Maiskölbchen, Mixed Pickles, eingelegter Kürbis und natürlich Baguette ergänzen sowohl ein Fondue als auch das Raclette. Salatvariationen sowie pikante Muffins sorgen zusätzlich für Abwechslung. Abgesehen von Fertigsoßen von Chili bis Knoblauch bieten sich auch hausgemachte Kreationen wie Tzatziki, Frühlingsquark, Pesto oder Frischkäse als Beilage und Dip an.

TIPP

▶ So prüfen Sie die richtige Temperatur von Fett: Tauchen Sie eine Fonduegabel mit einer Zutat ins heiße Fett. Steigen rundherum Bläschen auf, ist die Temperatur optimal. Spritzt und zischt es, ist das Fett zu heiß.

Mailänder Schnitzel

Für 4 Personen:

1 Zwiebel
1 Zweig Rosmarin
6 EL Olivenöl
400 g stückige Tomaten (Dose)
2 Eier
3 EL Paniermehl
3 EL Parmesan, gerieben
4 dünne Kalbsschnitzel (à ca. 120 g)
Salz, Pfeffer
1 Bd. Basilikum
1 EL Butter

Zubereitungszeit: 35 Min.

Nährwerte pro Person: 374 kcal, 1565 kJ, 31 g EW, 23 g F, 10 g KH

1 Zwiebel schälen und hacken. Rosmarin waschen und trocken schütteln. 2 EL Öl in einer Pfanne erhitzen und Zwiebel darin anbraten. Tomaten und Rosmarin zugeben und zugedeckt bei schwacher Hitze ca. 10 Minuten köcheln lassen, gelegentlich umrühren.

2 Eier in einem tiefen Teller verquirlen. Paniermehl mit Parmesan auf einem zweiten Teller vermengen.

3 Schnitzel kalt abspülen, trocken tupfen und zwischen 2 Lagen Klarsichtfolie etwas flach klopfen. Salzen und pfeffern, erst durch das Ei ziehen und dann in der Paniermehlmischung wenden. Panade leicht andrücken.

4 Restliches Öl in einer Pfanne erhitzen und die Schnitzel darin bei mittlerer Hitze auf beiden Seiten goldbraun braten. Zugedeckt warm halten.

5 Basilikum waschen, trocken schütteln und Blättchen abzupfen. Einige Blättchen zum Garnieren ganz lasssen, die restlichen klein schneiden. Rosmarin aus der Tomatenmasse nehmen und das Ganze salzen. Butter und Basilikum untermengen, Soße auf Tellern anrichten und Schnitzel darauflegen. Mit Basilikum garnieren.

TIPP

▶ Auch anderer Hartkäse, der im Kühlschrank hart geworden ist, kann gerieben und für die Panadenmischung verwendet werden.

▶ Geschmort & gekocht

Chili con carne

Für 4 Personen:

100 g durchwachsener Räucherspeck
2 Zwiebeln
50 g Butterschmalz
500 g Rinderhackfleisch
2 rote Paprikaschoten
400 ml Rindfleischbrühe
400 g Tomaten
400 g Kidneybohnen (Dose)
Salz
Pfeffer
1 TL Chilipulver
1 EL Paprikapulver edelsüß
saure Sahne zum Garnieren

Zubereitungszeit: 25 Min.
Garzeit: 50 Min.

Nährwerte pro Person: 558 kcal, 2338 kJ, 34 g EW, 34 g F, 20 g KH

1 Speck in kleine Würfel schneiden. Zwiebeln schälen und ebenfalls fein würfeln. Butterschmalz in einem Topf erhitzen, Speck- und Zwiebelwürfel hineingeben und bei mittlerer Hitze goldbraun anbraten. Hackfleisch dazugeben, Temperatur erhöhen und Hackfleisch unter ständigem Rühren krümelig braten, bis es Farbe angenommen hat.

2 Paprikaschoten waschen, halbieren, Stielansatz, Kerne und Trennwände entfernen. Fruchtfleisch in Würfel schneiden, zum Hackfleisch geben und kurz mitbraten. Mit Fleischbrühe aufgießen. Das Ganze 10 Minuten zugedeckt bei schwacher Hitze schmoren, dabei gelegentlich umrühren.

3 In der Zwischenzeit Tomaten kreuzweise am Stielansatz einritzen, mit kochend heißem Wasser überbrühen und kalt abschrecken. Die Haut abziehen und das Fruchtfleisch in Würfel schneiden.

4 Kidneybohnen in einem Sieb abtropfen lassen. Die Tomaten und Kidneybohnen zum Chili geben, gründlich unterrühren und mit den Gewürzen kräftig abschmecken.

5 Chili weitere 20 Minuten bei schwacher Hitze köcheln lassen, davon 10 Minuten zugedeckt. Chili auf Suppentassen verteilen und mit einem Klecks saurer Sahne garnieren.

TIPP

▶ Wer es besonders scharf mag, kann einige Spritzer Tabasco oder eine frische, fein geschnittene rote Chilischote zum Chili geben. Wärmt man das Chili am nächsten Tag auf, schmeckt es noch besser.

Pichelsteiner

Für 4 Personen:

750 g Rindfleisch (aus der Brust)
2 Markknochen
400 g mehligkochende Kartoffeln
½ Sellerieknolle
2 Zwiebeln
4 Möhren
2 Petersilienwurzeln
1 Stange Lauch
2 EL Sonnenblumenöl
Salz, Pfeffer

1 TL Kümmel
1 Lorbeerblatt
$^{1}/_{2}$ l Fleischbrühe

Zubereitungszeit: 35 Min.
Garzeit: 1 $^{1}/_{2}$ Std.

Nährwerte pro Person: 675 kcal, 2824 kJ, 52 g EW, 41 g F, 24 g KH

VARIANTE

▶ In der bayerischen Variante werden jeweils zu gleichen Teilen Rind-, Lamm- und Schweinefleisch (je 250 g), außerdem statt Lauch Wirsing (300 g) verwendet.

1 Fleisch abspülen, trocken tupfen und in mundgerechte Würfel schneiden. Mark aus den Knochen lösen und in Scheiben schneiden.

2 Kartoffeln, Sellerie sowie Zwiebeln schälen und würfeln. Möhren und Petersilienwurzeln schälen, putzen, waschen und in Scheiben schneiden. Lauch putzen, waschen und in Ringe schneiden.

3 Öl in einem großen ofenfesten Topf erhitzen. Fleischwürfel zugeben und ringsum anbraten. Danach herausnehmen.

4 Die Hälfte der Markknochenscheiben auf den Topfboden legen, darauf schichtweise Fleischwürfel, Kartoffeln und Gemüse legen. Jede Lage mit Salz, Pfeffer und Kümmel bestreuen. Lorbeerblatt obenauf legen.

5 Restliche Markscheiben auf den Eintopf legen, mit Brühe übergießen und Topf gut verschließen. Im vorgeheizten Backofen bei 180 Grad ca. 1 $^{1}/_{2}$ Stunden garen.

Paprikagulasch

(Abbildung S. 285)

Für 4 Personen:

500 g Zwiebeln
3 Knoblauchzehen
3 EL Öl
750 g Rindfleisch (aus der Oberschale)
3 EL Paprikapulver edelsüß
Salz
Pfeffer
$^{1}/_{2}$ l Fleischbrühe
400 g rote Paprikaschoten
300 g vorwiegend festkochende Kartoffeln
4 EL Tomatenmark

Zubereitungszeit: 40 Min.
Schmorzeit: 1 $^{1}/_{2}$ Std.

Nährwerte pro Person: 544 kcal, 2276 kJ, 50 g EW, 24 g F, 31 g KH

1 Zwiebeln sowie Knoblauch schälen und in grobe Würfel schneiden. Beides in einem Topf im heißen Öl kurz anbraten.

2 Das Fleisch kalt abspülen, trocken tupfen und grob würfeln. Fleischwürfel im Topf bei mittlerer Hitze rundum mit anbraten.

3 Paprikapulver darüberstreuen, alles gut vermengen und mit Salz und Pfeffer pikant würzen. Fleischbrühe nach und nach angießen. Das Ganze zugedeckt bei schwacher Hitze ca. 1 $^{1}/_{2}$ Stunden sanft schmoren lassen. Gelegentlich umrühren.

4 Paprika halbieren, putzen, von Kernen und Innenhäuten befreien, waschen und in ca. 1 cm dicke

Streifen schneiden. Kartoffeln schälen, putzen, waschen und würfeln.

5 15–20 Minuten vor Garzeitende das Tomatenmark in das Gulasch einrühren, Paprikastreifen und Kartoffelwürfel zugeben. Mit Salz und Pfeffer abschmecken und zugedeckt fertig schmoren.

VARIANTE

▶ Statt Paprika und Kartoffeln können auch Kürbisfleisch und Möhren verwendet werden.

Rinderrouladen

Für 4 Personen:

4 große, dünne Scheiben Rindfleisch (à ca. 150 g, aus der Schulter)
Salz, Pfeffer
4 TL mittelscharfer Senf
1 große Zwiebel
4 kleine Gewürzgurken
4 dünne Scheiben Speck
3 EL Öl
1 Bd. Suppengrün
1/8 l Fleischbrühe
1/8 l trockener Rotwein
200 g Sahne

Zubereitungszeit: 45 Min.
Schmorzeit: 1 1/4 Std.

Nährwerte pro Person: 606 kcal, 2536 kJ, 35 g EW, 47 g F, 7 g KH

1 Fleisch trocken tupfen und zwischen 2 Lagen Klarsichtfolie vorsichtig flach klopfen. Jede Scheibe salzen, pfeffern und jeweils auf einer Seite mit 1 TL Senf bestreichen.

2 Zwiebel schälen und fein würfeln. Gewürzgurken längs in dünne Streifen schneiden. Speck von der Schwarte befreien. Je 1 Scheibe Speck auf die Mitte jeder Roulade legen, Zwiebelwürfel und Gurkenstreifen darauf verteilen, dabei links und rechts einen kleinen Streifen freilassen (Bild 1).

3 Längsseiten der Rouladen etwas einschlagen, dann von der Schmalseite her gleichmäßig und fest aufrollen (Bild 2). Mit Holzspießchen, Rouladennadeln oder Küchengarn fixieren (Bild 3).

4 Öl in einem Bräter erhitzen, Rouladen zufügen. Hitze evtl. erhöhen und die Rouladen von allen Seiten scharf anbraten.

5 Suppengrün putzen, waschen und grob würfeln. Zum Fleisch geben und kurz mitbraten. Brühe und Rotwein angießen, alles einmal aufkochen lassen und zugedeckt bei mittlerer Hitze ca. 1 1/4 Stunden schmoren lassen.

6 Backofen auf 50 Grad vorheizen. Fertige Rouladen aus dem Topf nehmen und im Ofen warm halten.

7 Bratflüssigkeit ca. 10 Minuten offen einkochen lassen, dann Soße und Gemüse mit dem Stabmixer fein pürieren. Sahne zugeben, Soße erwärmen, mit Salz und Pfeffer abschmecken. Zu den Rinderrouladen servieren.

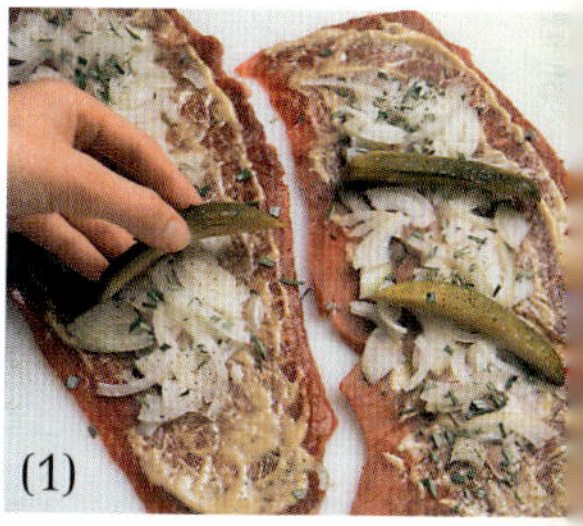
(1)

(2)

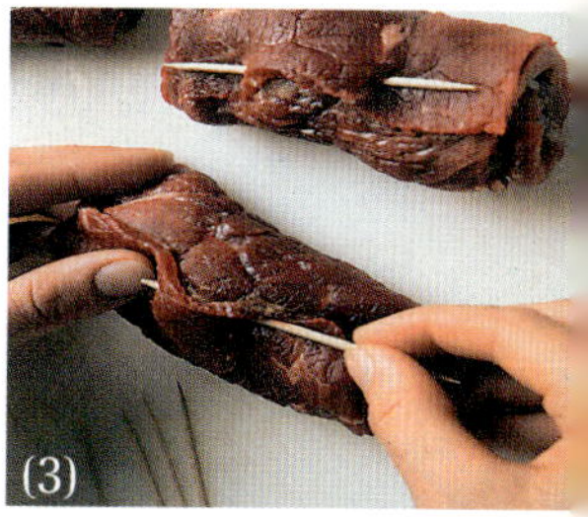
(3)

Tafelspitz mit grüner Soße

Für 4 Personen:

Für den Tafelspitz:
1 Zwiebel
160 g Fleischknochen
Salz, Pfeffer
1 $^1/_2$ Knoblauchzehen
200 g Suppengemüse
480 g Tafelspitz (Rindfleisch aus der Hüfte)
1 kleiner Zweig Thymian
1 kleines Lorbeerblatt
Für die grüne Soße:
80 g gemischte Kräuter (z. B. Petersilie, Kerbel, Kresse, Schnittlauch)
1 $^1/_2$ Eier, hart gekocht
200 g saure Sahne
1 EL Senf
Salz

Zubereitungszeit: 45 Min.
Garzeit: 2 $^1/_2$ Std.

Nährwerte pro Person: 321 kcal, 1343 kJ, 39 g EW, 15 g F, 8 g KH

1 Einen großen Topf erhitzen. Die Zwiebel halbieren und mit den Schnittflächen auf dem Topfboden rösten, bis sie braun sind. Die Knochen hinzufügen, salzen, pfeffern und mit 1 l Wasser auffüllen. Alles zum Kochen bringen, dabei den sich bildenden Schaum mit einer Schaumkelle abschöpfen.

2 Knoblauch schälen. Suppengemüse putzen, waschen und klein schneiden. Fleisch abspülen, trocken tupfen, in die kochende Brühe geben und bei milder Hitze ca. 2 $^1/_2$ Stunden gar ziehen lassen.

3 Thymian waschen, trocken schütteln und nach der ersten Stunde mit Knoblauch, Suppengemüse und Lorbeerblatt zum Fleisch geben.

4 Kräuter waschen, trocken schütteln und hacken, grobe Stielenden entfernen. Eiweiß der gekochten Eier würfeln. Eigelb mit saurer Sahne und Kräutern pürieren, mit Senf abschmecken und leicht salzen. Eiweißwürfel unterheben.

5 Tafelspitz aus der Brühe nehmen, in Scheiben schneiden und auf Teller verteilen. Mit wenig Brühe begießen und mit grüner Soße servieren.

BEILAGE

▶ Passt auch gut dazu: Meerrettich. Entweder pur aus dem Glas oder als Apfelkren. Dazu 2 säuerliche Äpfel schälen, ohne Kerngehäuse klein schneiden und mit 2 EL Weißwein, 1 EL Zucker und 1 Prise Salz weich kochen. Mit dem Stabmixer pürieren und mit 1 $^1/_2$ EL frisch geriebenem Meerrettich vermengen.

Gaisburger Marsch

Für 4 Personen:

750 g Rindfleisch aus der Schulter
4 Zwiebeln
2 Lorbeerblätter
2 Nelken
Salz
1 Stange Lauch
$^1/_2$ Knollensellerie
400 g Kartoffeln
250 g Spätzle (vorgegart)
Muskatnuss, frisch gerieben
2 EL Butter
1 Bd. Petersilie

Zubereitungszeit: 50 Min.
Garzeit: 2 Std.

Nährwerte pro Person: 497 kcal, 2079 kJ, 45 g EW, 21 g F, 32 g KH

1 Rindfleisch kalt abspülen und mit Küchenpapier trocken tupfen. 1 Zwiebel schälen und mit Lorbeerblättern sowie den Gewürznelken spicken.

2 Ca. 1,5 l gesalzenes Wasser in einem Topf aufkochen und Fleisch einlegen. Kurz aufkochen, dann Hitze reduzieren. Gespickte Zwiebel zugeben. Zudecken und Fleisch in ca. 2 Stunden weich kochen.

3 Lauch von welken Stellen und Wurzelansatz befreien. Längs halbieren und gründlich waschen. Lauch in schmale Streifen schneiden. Sellerie schälen, waschen und in dünne Streifen schneiden.

4 Kartoffeln waschen, schälen und in mundgerechte Würfel schneiden. Kartoffeln mit Lauch und Sellerie ca. 15 Minuten vor Garzeitende zum Fleisch geben, Zwiebel entfernen.

5 Fleisch aus der Brühe nehmen. Spätzle für die letzten 5 Minuten mit in den Topf geben. In der Zeit Fleisch mundgerecht würfeln, dann wieder zugeben. Das Ganze mit Muskatnuss abschmecken.

6 Übrige Zwiebeln schälen und in dünne Ringe schneiden. Butter in einer kleinen Pfanne zerlassen und Zwiebeln darin anrösten. Petersilie waschen, trocken schütteln und Blättchen fein hacken.

7 Gaisburger Marsch auf Teller verteilen. Zwiebelringe und Petersilie darüber streuen. Heiß servieren.

TIPP

▶ Wenn Sie der Brühe in der ersten Stunde 1 Suppenknochen zugeben, wird der Geschmack noch kräftiger.

Tellerfleisch mit grüner Spargelsoße

Für 4 Personen:

2 Zwiebeln
100 g Knollensellerie
2 Möhren
1 Stange Lauch
1 Lorbeerblatt
Salz
800 g Rindfleisch zum Kochen (z. B. Tafelspitz)
1 Bd. grüner Spargel
2 Schalotten
10 g Butter
2 EL Paniermehl
2 EL Crème fraîche
1 Bd. Schnittlauch, gehackt

Zubereitungszeit: 45 Min.
Garzeit: 2 ½ Std.

Nährwerte pro Person: 417 kcal, 1745 kJ, 45 g EW, 22 g F, 10 g KH

1 Zwiebeln schälen. Sellerie und Möhren schälen, putzen und waschen. Lauch putzen und waschen. Gemüse klein schneiden und mit Lorbeerblatt, etwas Salz und 1 ½ l

BEILAGE

▶ Statt des Möhren-Sellerie-Gemüses schmecken auch Bandnudeln dazu. Diese bissfest garen, abgießen, abtropfen lassen und in einer Pfanne kurz in 1 EL heißer Butter mit ca. 10 frisch geschnittenen Salbeiblättern schwenken.

Wasser in einem Topf aufkochen. Zugedeckt bei mittlerer Hitze ca. 10 Minuten köcheln lassen.

2 Fleisch kalt abspülen, trocken tupfen und in die Brühe geben. Das Ganze erhitzen, bis die Brühe kocht. Die Temperatur am Siedepunkt halten und das Fleisch zugedeckt in ca. 2 ½ Stunden gar ziehen lassen.

3 Spargel waschen, unteres Drittel schälen und holzige Enden entfernen. Spargel in reichlich Salzwasser ca. 7 Minuten kochen. Anschließend abgießen, abschrecken, 8 Spargelstangen beiseitelegen und den Rest klein schneiden.

4 Schalotten schälen, fein würfeln und in der heißen Butter andünsten. Klein geschnittenen Spargel, Paniermehl, Crème fraîche und etwas von der Fleischbrühe zugeben. Alles einmal kurz aufkochen und mit dem Pürierstab durchmixen.

5 Fleisch aus der Brühe nehmen, in Scheiben schneiden und mit den warmen Spargelstangen anrichten. Soße und etwas Brühe über das Fleisch geben und mit Schnittlauchröllchen bestreut servieren.

Boeuf bourguignon

Für 4 Personen:

750 g Rindfleisch
80 g Frühstücksspeck
2 EL Olivenöl
3 EL Tomatenmark
½ l Rotwein
¼ l Fleischbrühe
1 TL getrockneter Thymian
1 Lorbeerblatt
400 g Champignons
400 g Schalotten
2 EL weiche Butter
1 EL Mehl
Salz, Pfeffer
300 g Bandnudeln
frischer Thymian zum Garnieren

Zubereitungszeit: 40 Min.
Schmorzeit: 2 ½ Std.

Nährwerte pro Person: 845 kcal, 3535 kJ, 59 g EW, 31 g F, 65 g KH

1 Rindfleisch kalt abspülen, trocken tupfen und in ca. 2 cm große Würfel schneiden. Speck in feine Streifen schneiden.

2 In einem ofenfesten Topf Öl erhitzen und Speckstreifen darin anbraten, dann herausnehmen. Fleischwürfel zugeben und rundum anbraten, dann Tomatenmark unterrühren.

3 Mit Wein und Brühe ablöschen, Speck mit Thymian und Lorbeerblatt zugeben und alles abgedeckt im vorgeheizten Backofen bei 180 Grad ca. 1 Stunde schmoren lassen.

4 Pilze gut abreiben, putzen, bei Bedarf halbieren. Schalotten schälen. Weiche Butter mit Mehl verkneten und mit Schalotten unter das Fleisch mischen. Salzen und pfeffern und offen 1 weitere Stunde schmoren lassen.

5 Champignons zugeben und das Ganze erneut 30 Minuten schmoren. Bandnudeln nach Packungsanweisung in reichlich Salzwasser bissfest kochen, dann abgießen und abtropfen lassen.

6 Fertiges Boeuf bourguignon mit Nudeln auf Tellern anrichten und mit Thymian garniert servieren.

TIPP

▶ **Das Rindfleisch wird besonders zart, wenn es vor dem Anbraten mit wenig Backpulver bestreut wird.**

Vitello tonnato

Für 4 Personen:

2 Möhren
2 Stangen Sellerie
1 Zwiebel
750 g Kalbfleisch (aus der Nuss)
2 Lorbeerblätter
2 Gewürznelken
1 l trockener Weißwein
Salz, weißer Pfeffer
150 g Thunfisch in Öl (Dose)
4 Sardellenfilets in Öl
50 g Kapern
50 g Cornichons
2 ganz frische Eigelbe
Saft von 1 Zitrone
8 EL Olivenöl

Zubereitungszeit: 40 Min.
Marinierzeit: 1 Tag
Garzeit: 1 1/4 Std.

Nährwerte pro Person: 652 kcal, 2728 kJ, 47 g EW, 26 g F, 12 g KH

1 Möhren schälen, putzen und waschen. Sellerie putzen und waschen. Zwiebel schälen. Alles in dünne Stifte schneiden. Fleisch abspülen, trocken tupfen und mit Gemüse, Lorbeerblättern und Gewürznelken in eine Schüssel legen. Mit Wein begießen und über Nacht marinieren.

2 Am nächsten Tag das Fleisch aus der Marinade nehmen, fest in ein Baumwolltuch einrollen und mit Küchengarn fixieren, damit das Fleisch beim Kochen die Form behält.

3 Fleisch in einen Topf mit Deckel geben. In einem zweiten Topf die Marinade aufkochen, dann über das Fleisch gießen. Bei Bedarf etwas kochendes Wasser angießen; es soll gut mit Flüssigkeit bedeckt sein.

4 Sud salzen und pfeffern. Fleisch bei schwacher Hitze zugedeckt so lange leise sieden lassen, bis es gar, aber noch fest ist (ca. 1 1/4 Stunden). In der Brühe abkühlen lassen.

5 Thunfisch abtropfen lassen und mit Sardellenfilets, Kapern und Cornichons fein hacken. Eigelb mit Zitronensaft mit dem Handrührgerät schaumig rühren, dann tropfenweise das Öl dazugießen, bis eine dickcremige Soße entsteht.

6 Fein gehackte Zutaten unter die Soße mischen. Etwas Kochflüssig-

keit einrühren, mit dem Stabmixer pürieren und mit Salz und Pfeffer abschmecken.

7 Fleisch auswickeln, trocken tupfen und mit einem scharfen Messer in sehr dünne Scheiben schneiden. Auf einer Platte dachziegelartig anrichten. Mit der Soße übergießen. Mit Klarsichtfolie abdecken und 5–6 Stunden kühl stellen.

Ossobuco (Geschmorte Kalbshaxenscheiben)

Für 4 Personen:

4 Kalbshaxenscheiben (à ca. 300 g)
1 Bd. Suppengrün
3 Zwiebeln
3 Knoblauchzehen
Salz, Pfeffer
1 EL Mehl
3 EL Olivenöl
150 ml trockener Weißwein
$^1/_4$ l Kalbsfond (Glas)
2 EL Tomatenmark
1 TL abgeriebene Zitronenschale (unbehandelt)
je 1 TL getrockneter Thymian und Rosmarin
1 Lorbeerblatt
300 g Möhren
300 g Stangensellerie
30 g Butter
frische Petersilie zum Garnieren

Zubereitungszeit: 40 Min.
Schmorzeit: 1 $^1/_2$ Std.

Nährwerte pro Person: 577 kcal, 2414 kJ, 69 g EW, 24 g F, 14 g KH

1 Fleisch abspülen und trocken tupfen. Suppengrün putzen, waschen und klein würfeln. Zwiebeln und Knoblauch schälen, Zwiebeln fein würfeln, Knoblauch hacken.

2 Kalbshaxenscheiben salzen, pfeffern und in Mehl wenden. In einem Bräter Öl erhitzen und Fleischscheiben portionsweise rundum kräftig anbraten, dann herausnehmen.

3 Suppengemüse, Zwiebeln und Knoblauch kurz im verbliebenen Bratfett anbraten, dann mit Wein und Fond ablöschen. Tomatenmark, Zitronenschale und Kräuter zugeben, salzen und pfeffern.

4 Die Haxenscheiben auf das Gemüsebett legen, mit etwas Gemüse bedecken und zugedeckt bei geringer Hitze in ca. 1 $^1/_2$ Stunden weich schmoren.

5 Die Möhren schälen, putzen, waschen und in lange Stifte schneiden. Sellerie putzen, waschen und ebenfalls in Stifte schneiden. Beides in kochendem Salzwasser ca. 6 Minuten blanchieren, abgießen, abschrecken und abtropfen lassen.

6 Möhren und Sellerie in einer Pfanne in heißer Butter schwenken, salzen und pfeffern. Mit geschmorten Kalbshaxenscheiben anrichten und mit Petersilie garnieren.

BEILAGE

▶ Dazu passen Petersilienkartoffeln oder Kartoffelklöße.

▶ Feines aus der Bratenküche

Sauerbraten mit Kartoffelklößen

Für 6 Personen:

1 $1/2$ kg Rinderschmorbraten
2 Zwiebeln
4 Gewürznelken
1 Bd. Suppengrün
300 ml trockener Rotwein
150 ml Weißweinessig
1 Lorbeerblatt
1 TL Pfefferkörner
1 TL Wacholderbeeren
40 g Butterschmalz
$1/4$ l Fleischbrühe
4 EL Rosinen
Salz, Pfeffer
Zucker
dunkler Soßenbinder nach Belieben
750 g Kartoffelkloßteig (Fertigprodukt aus der Kühltheke)

Zubereitungszeit: 45 Min.
Marinierzeit: 3 Tage
Schmorzeit: 2 Std.

Nährwerte pro Person: 639 kcal, 2674 kJ, 56 g EW, 28 g F, 31 g KH

1 Fleisch kalt abspülen und trocken tupfen, mit Küchengarn in Form binden und in eine Schüssel mit Deckel legen. Zwiebeln schälen und jeweils mit 2 Nelken spicken. Suppengrün putzen, waschen, bei Bedarf schälen und grob würfeln.

2 In einem Topf Zwiebeln und Suppengrün mit 1 $1/2$ l Wasser, Rotwein, Essig und Gewürzen aufkochen. Vom Herd nehmen, abkühlen lassen, die Marinade über das Fleisch gießen und dieses zugedeckt 3 Tage im Kühlschrank marinieren, dabei gelegentlich wenden.

3 Fleisch aus der Marinade nehmen und trocken tupfen, die Marinade durch ein Sieb passieren, $1/8$ l davon beiseitestellen. In einem Topf Butterschmalz erhitzen und Fleisch darin rundum anbraten. Mit Brühe ablöschen und den Braten bei mittlerer Hitze ca. 2 Stunden schmoren lassen.

4 Herausnehmen, Fleisch in Alufolie wickeln und 10 Minuten ruhen lassen. Abgemessene Marinade in den Topf zur Schmorflüssigkeit gießen, Rosinen zugeben und mit Salz, Pfeffer und Zucker würzen. Nach Wunsch mit Soßenbinder andicken.

5 Reichlich Salzwasser in einem Topf aufkochen. Mit feuchten Händen aus dem Kartoffelteig Klöße formen und diese nach Packungsanweisung garen. Herausheben und warm halten.

TIPP

▶ Wie sie Kartoffelklöße selbst zubereiten, finden Sie auf S. 172.

6 Sauerbraten in gleichmäßig dünne Scheiben schneiden, auf Tellern mit den Kartoffelklößen anrichten und mit Soße übergießen.

Gefüllte Kalbsbrust mit Rahmwirsing

Für 6 Personen:

1 $^{1}/_{2}$ kg Kalbsbrust
1 Schalotte
3 EL Butter
2 EL Petersilie, frisch gehackt
150 g Champignons
8 Scheiben Toastbrot
1 Ei
$^{1}/_{8}$ l heiße Milch
Salz
Pfeffer
2 Zwiebeln
1 kleiner Kopf Wirsing
1 Zitrone (unbehandelt)
200 g Sahne
Muskatnuss, frisch gerieben

Zubereitungszeit: 45 Min.
Bratzeit: 1 Std.

Nährwerte pro Person: 610 kcal, 2552 kJ, 54 g EW, 32 g F, 26 g KH

1 Fleisch kalt abspülen, trocken tupfen und in das Fleisch eine Tasche einschneiden. Schalotte schälen und fein hacken. In 1 EL heißer Butter glasig anschwitzen, Petersilie zugeben und kurz mit anbraten.

2 Champignons mit Küchenpapier gut abreiben und klein schneiden. Toastbrot entrinden und würfeln.

3 Pilze, Brotwürfel, Ei, heiße Milch und Schalottenmischung vermengen. Das Ganze ca. 15 Minuten quellen lassen. Dann salzen, pfeffern, in die Kalbsbrust füllen und diese mit Küchengarn zunähen oder mit Zahnstochern fixieren.

4 Zwiebeln schälen und in Spalten schneiden. Kalbsbrust außen mit Salz und Pfeffer einreiben und mit den Zwiebelspalten in einen Bratschlauch geben, zubinden und bei 180 Grad im vorgeheizten Backofen ca. 1 Stunde braten.

5 Die Wirsingblätter vom Strunk schneiden und in kochendem Salzwasser mit der zerkleinerten Zitrone 3 Minuten blanchieren, dann abschrecken und abtropfen lassen. Zitronenstücke entfernen und Wirsing in Streifen schneiden.

6 Restliche Butter in einer Pfanne erhitzen, Wirsingstreifen darin andünsten, Sahne zugeben und 8 Minuten köcheln lassen. Mit Salz, Pfeffer und Muskat würzen. Braten aus dem Schlauch nehmen und in Scheiben schneiden. Kalbsbrust mit den Zwiebeln und dem Wirsinggemüse servieren.

Rinderschmorbraten

Für 4 Personen:

1 kg Rindfleisch (aus der Schulter)
Salz, Pfeffer
20 ml Sonnenblumenöl
180 g Butter
200 ml helles Bier
200 g Perlzwiebeln
80 g Esskastanien (geschält und vorgegart, Dose)
400 g Süßkartoffeln
Muskatnuss, frisch gerieben
1 ½ Bd. Schnittlauch

Zubereitungszeit: 50 Min.
Schmorzeit: 1 ½–2 Std.

Nährwerte pro Person: 798 kcal, 3339 kJ, 54 g EW, 44 g F, 43 g KH

1 Backofen auf 180 Grad vorheizen. Das Schulterstück kalt abspülen, trocken tupfen und mit Salz und Pfeffer einreiben. Anschließend in einem schweren Schmortopf im heißen Öl und 100 g Butter von allen Seiten anbraten.

2 Hälfte des Biers angießen, zudecken und im Ofen insgesamt 1 ½–2 Stunden schmoren. Dabei nach und nach das restliche Bier zugeben und den Braten ab und zu wenden. Er ist fertig, wenn eine Rouladennadel sich leicht einstechen und wieder herausziehen lässt.

3 Die Perlzwiebeln schälen, nach Wunsch auf lange Holzspieße stecken und nach ca. 45 Minuten zusammen mit den Esskastanien zur Rinderschulter geben.

4 Für das Püree die Süßkartoffeln schälen, in große Stücke schneiden und in einem Topf mit reichlich Salzwasser weich kochen. Süßkartoffeln abgießen, im Mixer mit 40 g Butter fein pürieren und mit Salz, Pfeffer und Muskat abschmecken.

5 Schnittlauch waschen, trocken schütteln und fein schneiden. Den Braten auf eine Platte legen, Soße aus dem Bräter in einen Topf gießen. Übrige, kalte Butter in Stücken in die Soße rühren, Schnittlauch zugeben und abschmecken.

6 Dazu Schnittlauchsoße und Süßkartoffelpüree servieren.

Rinderrollbraten mit Rotweinsoße

Für 4 Personen:

600 g Rinderlende
Salz
Pfeffer
4 EL gemischte Kräuter, frisch gehackt
2 Schalotten
2 Zweige Rosmarin
4 Zweige Thymian
2 EL Öl
5 EL Sojasoße
2 rote Zwiebeln
20 g brauner Zucker
½ l Rotwein
½ l Portwein
20 g kalte Butter

Zubereitungszeit: 45 Min.
Garzeit: 1 Std.

Nährwerte pro Person: 503 kcal, 2105 kJ, 33 g EW, 22 g F, 18 g KH

1 Backofen auf 110 Grad vorheizen. Rinderlende kalt abspülen, trocken tupfen und längs auf-, aber nicht durchschneiden. Ein Stück Klarsichtfolie darauflegen und vorsichtig flach klopfen. Folie entfernen, das Fleisch salzen, pfeffern und mit den Kräutern bestreuen.

2 Fleisch zu einer Roulade aufrollen und mit Küchengarn in Form binden. Schalotten schälen und würfeln. Rosmarin und Thymian mit kaltem Wasser abbrausen und trocken schütteln.

3 Öl in einer ofenfesten Pfanne erhitzen und die Roulade darin rundum anbraten. Schalotten, Rosmarin und 2 Thymianzweige dazugeben und kurz mit anbraten. Mit Sojasoße ablöschen und köcheln lassen, bis die Schalotten glänzen. Die Pfanne in den heißen Ofen stellen und ca. 1 Stunde garen.

4 Für die Soße die roten Zwiebeln schälen und in Spalten schneiden. Zucker in einem Topf bei mittlerer Hitze schmelzen lassen, bis er hellbraun ist. Zwiebeln zugeben und kurz mitrösten. Mit Rotwein ablöschen, restliche Thymianzweige zugeben und die Flüssigkeit auf ca. die Hälfte einkochen lassen.

5 Portwein zur Soße geben, alles auf ca. 100 ml reduzieren und durch ein feines Sieb gießen. Die kalte Butter in Stücke schneiden und in die Soße einrühren. Fleisch aus dem Ofen nehmen, kurz ruhen lassen, in Scheiben schneiden und mit der Soße servieren.

BEILAGE

▶ **Dazu passen Bratkartoffeln oder ein Kartoffelgratin.**

Roastbeef mit lauwarmer Käsesoße

Für 4 Personen:

600 g Roastbeef
1 EL Butterschmalz
je 1 TL Pimentkörner und Wacholderbeeren
Salz
Pfeffer
2 EL Öl
200 g gemischter Frühlingssalat
3 TL Weißweinessig
1 TL Senf
1 TL Zucker
50 ml Olivenöl
1 kleine milde Peperoni
40 g Edelpilzkäse
40 g Raclettekäse
20 g Parmesan
60 ml Milch
40 g Walnüsse
40 g Cashewkerne
3 TL Butter

Zubereitungszeit: 45 Min.
Bratzeit: 25 Min. (+ 1 Std. Ruhezeit)

Nährwerte pro Person: 629 kcal, 2632 kJ, 47 g EW, 44 g F, 11 g KH

1 Backofen auf 200 Grad vorheizen. Roastbeef evtl. von Haut und Sehnen befreien, kalt abspülen und trocken tupfen. Butterschmalz in einer Pfanne erhitzen und das Fleisch darin von allen Seiten anbraten.

2 Pimentkörner und Wacholderbeeren im Mörser zerstoßen oder mit einem breiten Messerrücken quetschen. Das Fleisch mit Salz, Pfeffer, Wacholder und Piment bestreuen, im heißen Öl rundum anbraten und ca. 25 Minuten im heißen Ofen braten.

3 Das rosa gebratene Roastbeef aus dem Ofen nehmen, in Alufolie einschlagen und auf einer Platte mindestens 1 Stunde ruhen lassen. Salat putzen, waschen und trocken schleudern. Weißweinessig, Senf, Zucker und Olivenöl verrühren, mit Salz und Pfeffer abschmecken.

4 Peperoni waschen, entkernen und fein hacken. Edelpilzkäse zerbröseln, Raclettekäse in Würfel schneiden, den Parmesan reiben. Milch in einem Topf erhitzen, alle drei Käsesorten unter ständigem Rühren darin erhitzen, bis der Käse schmilzt. Die Soße darf nicht kochen! Peperoni untermengen.

5 Walnüsse und Cashewkerne grob hacken. Butter in einer beschichteten Pfanne erhitzen und die Nüsse darin 1–2 Minuten bei mittlerer Hitze unter Rühren rösten.

6 Roastbeef mit einem scharfen Messer in gleichmäßig dünne Scheiben schneiden und auf Tellern dekorativ anrichten. Blattsalat mit der Vinaigrette vermengen und neben dem Fleisch verteilen. Käsesoße darüberträufeln und mit gerösteten Nüssen bestreuen.

Filet Wellington

Für 6 Personen:

1 kg Rinderfilet
Salz
Pfeffer
2 EL Butterschmalz
1 Zwiebel
70 g kalte Butter
500 g Champignons
450 g TK-Blätterteig
1 TL getrockneter Thymian
Mehl für die Arbeitsfläche
1 Eigelb

Zubereitungszeit: 50 Min.
Garzeit: 75 Min.

Nährwerte pro Person: 741 kcal, 3100 kJ, 44 g EW, 50 g F, 30 g KH

1 Fleisch kalt abspülen und trocken tupfen. Mit Salz und Pfeffer rundum einreiben. Backofen auf 150 Grad vorheizen.

2 Butterschmalz in einem Bräter erhitzen und das Filet darin rundum scharf anbraten. Herausnehmen, kurz abkühlen lassen, in Alufolie wickeln, auf ein Backblech legen und im heißen Ofen auf der mittleren Schiene ca. 30 Minuten garen.

3 Fleisch herausnehmen und in der Folie abkühlen lassen. Zwiebel schälen, fein hacken und in 1 EL heißer Butter anbraten. Champignons gut abreiben, putzen, fein hacken und zugeben. So lange dünsten, bis die austretende Flüssigkeit verdampft ist. Abkühlen lassen.

4 Blätterteig nach Packungsanweisung auftauen lassen. Zwiebel-Pilz-Mischung mit restlicher Butter pürieren. Mit Salz, Pfeffer und Thymian würzen, dann kühl stellen. Backofen auf 200 Grad vorheizen.

5 Blätterteigplatten auf der bemehlten Arbeitsfläche so auslegen, dass die Ränder leicht überlappen. Mit dem Nudelholz dünn ausrollen. $^1/_3$ der Pilzmischung auf die Teigmitte streichen, Filet aus der Folie nehmen und daraufsetzen. Fleisch mit restlicher Masse bedecken und mit dem Teig umwickeln. Nahtstellen fest zusammendrücken.

6 Eigelb verquirlen und den Teig damit bepinseln. Backblech kalt abspülen, Filet daraufsetzen und im heißen Ofen ca. 30 Minuten backen, bis die Oberfläche goldbraun ist. Dann Filet im ausgeschalteten Ofen bei geöffneter Tür weitere 15 Minuten ruhen lassen.

▶ Schweinefleisch

Schweinefleisch

Das Schwein ist eines der am längsten domestizierten Haustiere überhaupt und wird ausschließlich zur Fleischerzeugung gehalten. Schweinefleisch wird weltweit verzehrt, außer von Muslimen und Juden. In Europa und in Ostasien ist es die am häufigsten verspeiste Fleischsorte. Durchschnittlich werden knapp 40 kg pro Kopf und Jahr gegessen, das sind ⅔ des gesamten Fleischkonsums. Was nicht im Ganzen auf den Esstisch kommt, findet seine Bestimmung häufig in Wurstwaren.

Schweinefleisch und Gesundheit

Der menschliche Körper kann das im Fleisch enthaltene leicht verdauliche und hochwertige Eiweiß speichern, weshalb man nicht täglich Schweinefleisch zu sich nehmen muss.
Daneben ist Schweinefleisch reich an Vitaminen und Mineralstoffen wie Eisen und Magnesium. Schweinefilet und Schnitzelfleisch enthalten ca. 2 % Fett, das fetteste Stück, das Bauchfleisch, enthält ca. 29 % Fett. Schulter, Kamm und Kotelett weisen 5–10 % Fett auf. In Maßen genossen kann Schweinefleisch also eine ausgewogene Ernährung unterstützen.
Artgerechte Haltung, lückenlose Herkunft sowie eine richtige Fütterung kennzeichnen das zertifizierte Biofleisch.

Frisch auf den Tisch

Das Durchschnittsalter von schlachtreifen Tieren liegt bei ca. 9 Monaten, teils noch vor der Geschlechtsreife. Das Fleisch ist sehr wasserhaltig, saftig und blassrot. Fleisch älterer Tiere ist eher dunkelrot und trocken. Beim Schwein hat das Geschlecht übrigens keinen Einfluss auf die Fleischqualität. Schweinefleisch von guter Qualität besitzt eine hell- bis rosarote Färbung, ist feinfaserig und weich sowie leicht mit Fett durchzogen. Sogenanntes PSE-Fleisch (pale = blass, soft = weich, exudative = wässrig) ist von minderer Qualität und gut an der zu blassen Farbe zu erkennen. Es verliert beim Garen viel Saft.

TIPP

▶ Achten Sie beim Fleischkauf nach Möglichkeit auf Qualität. Die hat natürlich ihren Preis, aber es ist sinnvoller, 1–2 mal pro Woche sehr gutes Fleisch zu verzehren als jeden zweiten Tag minderwertiges.

Noch Mitte des letzten Jahrhunderts hatte das Schwein 12 Rippen, wurde aber auf 16 Rippen hochgezüchtet. Auch hat Schweinefleisch durch den »mageren« Anspruch der Verbraucher sehr abgespeckt. Es werden heute also auch schlankere Schweine gezüchtet, die bis zu 50 % weniger Speck haben. Zwar möchte man eine Schwarte, aber doch lieber ohne all zu dicke Fettschicht. Die Tiere werden entsprechend gefüttert und das Ergebnis ist kalorienärmer und sogar vitaminreicher.

Junge Ferkel, die höchstens 6 Wochen alt sind und ein Gewicht von bis zu 15 kg haben, nennt man Spanferkel. Das Wort »Span« leitet sich von säugen/spänen ab; es ist also ein Jungtier, das noch säugt.

Schwein von Kopf bis Fuß

▶ Nacken: Eignet sich mit oder ohne Knochen im Ganzen zum Braten. Die in Scheiben geschnittenen Nackenkoteletts sind durch die Fettfaserung perfekt zum Grillen. Nacken, auch in kleinere Stücke geschnitten, ist ideal für Schmorgerichte, Gulasch und Kurzgebratenes. Zusätzlich gepökelt und leicht geräuchert wird Nacken als Kassler angeboten.

▶ Kotelett: Entsprechend der Rippen- und Wirbelknochen gibt es Teilstücke wie Stielkotelett und Filetkotelett. Das ausgebeinte, d. h. herausgelöste Lendenkotelett nennt man Lende. Einzelne Koteletts sind hervorragend zum Braten, Grillen und Schmoren geeignet. Kotelett wird bevorzugt für gekochte Rippchen und Kassler verwendet. Im Ganzen ist es als Schweinebraten besonders beliebt.

▶ Filet: Es ist das teuerste, aber auch feinste und zarteste Stück vom Schwein. Es kann im Ganzen geschmort oder in Scheiben als Medaillons kurz gebraten werden. In einigen Regionen nennt man Filet auch Lende.

▶ Schinken: Aus dem Schweineschinken lassen sich 4 Teile schneiden: Oberschale, Unterschale, Hüfte und Nuss. Alle Teilstücke sind für ganze Braten beliebt, aber auch in Scheiben geschnitten als Schnitzelfleisch.

▶ Schulter: Wird auch als Blatt oder Bug bezeichnet. Mit Knochen und Schwarte ist sie ideal als Schweinebraten. Aber auch ohne Fettschwarte und Knochen eignet sie sich gut zum Schmoren und

Die wichtigsten Fleischteile beim Schwein

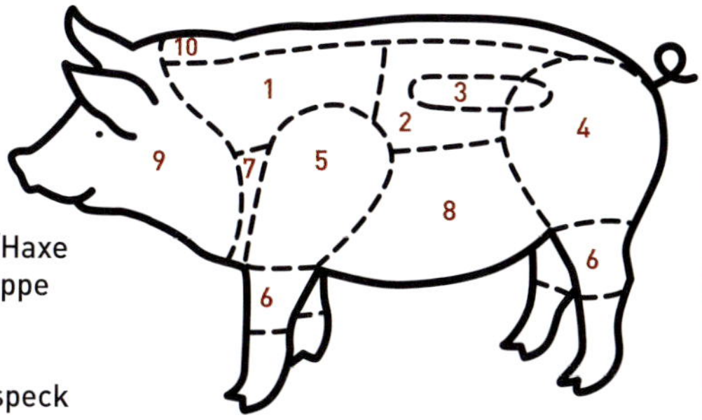

1 Nacken
2 Kotelett
3 Filet
4 Schinken
5 Schulter
6 Eisbein/Haxe
7 Dicke Rippe
8 Bauch
9 Kopf
10 Rückenspeck

1 Hüfte 2 Lende 3 Nuss 4 Hals

Braten. Außerdem wird aus der Schulter der Rollbraten gerollt oder das Fleisch für Gulasch gewürfelt. In Scheiben zerlegt wird die Schulter für Schnitzel verwenden.

▶ Eisbein: So bezeichnet man die Vorderhaxe beim Schwein. Es ist durchwachsen und eignet sich hervorragend zum Kochen, Braten, Schmoren und Grillen. Berühmt ist in Bayern die gegrillte Schweinshaxe und in Berlin das gepökelte Eisbein mit Sauerkraut.

▶ Dicke Rippe: Die Brustspitze zwischen Kopf und Schulter wird gekocht, gebraten, gegrillt und geschmort. Man verwendet sie für Gulasch und Eintöpfe, aber auch einzeln in Spareribs geschnitten und gegrillt.

▶ Bauch: Er wird frisch gesalzen oder geräuchert angeboten, mit oder ohne Schwarte und mit oder ohne Knochen. Schweinebauch wird gerne gefüllt und gebraten, aber auch gegrillt und für Rouladen verwendet.

▶ Schweinekopf: Alles, was mit dem Schweinekopf zu tun hat, so auch die Backen und Ohren, wird für deftige Eintöpfe oder für Sülzen verwendet.

▶ Rückenspeck: Man bezeichnet ihn auch als Kernstück oder Fetten Speck; er wird vielfach für Gekochtes wie Eintöpfe und Suppen verwendet. Für Schweineschmalz wird der Speck einfach im heißen Topf ausgelassen.

TIPP

▶ Fettes Schweinefleisch können Sie bis zu 3 Monate, mageres Schweinefleisch bis zu 6 Monate tiefgefrieren.

Lagerung

Das Fleisch sollte man nach dem Einkauf am besten auspacken und in einen tiefen Teller legen. Dann deckt man es mit Folie ab und lagert das Fleisch bis zur Verarbeitung im kältesten Bereich des Kühlschranks – am besten nur 1 Tag, höchstens 2–3. Auch gesalzenes oder mariniertes Fleisch sollte nach spätestens 3 Tagen verbraucht werden. Je fetthaltiger das Fleisch ist, desto kürzer ist es haltbar.

Vorbereitung

Vor der Verarbeitung ist es ratsam, rohes Fleisch kalt zu waschen und mit Küchenpapier trocken zu tupfen. Bei Fleischstücken mit Knochen kann man entweder die Knochen vor dem Braten ausschneiden und diese einfach so mitbraten oder auch mit dem Fleischstück im Ganzen schmoren. Bei Schweinesteaks schneidet man den Fettrand ein, da sich dieser sonst beim Braten wölben kann. Panieren vermindert den Saftverlust erheblich – gleich nach dem Panieren das Fleisch braten. Beim Braten in der Pfanne empfiehlt es sich, grundsätzlich zunächst das Fett zu erhitzen und erst dann das Fleisch einzulegen. Auf diese Weise schließen sich die

Fleischporen sofort und wertvoller Bratsaft kann nicht ausfließen.

Zubereitung

Schweinefleisch sollte unbedingt stets durchgegart werden, denn nur durch die Hitzeeinwirkung werden mögliche Trichinen (winzige Fadenwürmer) zerstört. Die unterschiedlichen Fleischteile benötigen unterschiedliche Behandlung. Zarte Stücke wie Filet, Lende, Schnitzel oder Kotelett brät am besten kurz oder grillt sie. Größere Stücke hingegen werden geschmort oder eben länger, vor allem im Backofen, gebraten. Sichtbares Fett an Bratenstücken entfernt man am besten erst nach dem Braten – so wird das Fleisch schön aromatisch und bleibt saftig.

Welches Stück wofür?

▶ Zum Braten: Nacken, Kotelett, Oberschale, Nuss, Schulter, Unterschale, Haxe, Hüfte – je nach Gusto ganze Stücke mit Schwarte, Filet im Ganzen, Spanferkel, meist im Ganzen gebraten.

▶ Zum Schmoren: Brustspitz, Schulter, Kotelettstück, Bauch, Schinken, Fleisch vom Nacken.

▶ Zum Grillen: magere und durchwachsene Koteletts, in Scheiben geschnittener Schweinenacken mit und ohne Knochen, Schweinerippen (Spareribs), Filetmedaillons.

▶ Zum Kochen: rohe Schweinshaxen, gepökeltes Eisbein, Kassler und gepökelter Schweinebauch.

▶ Garen bei Niedrigtemperatur: Sie können jedes Fleischstück direkt in den Bräter legen und ohne Anbraten in den auf 80 Grad (Ober- und Unterhitze) vorgeheizten Backofen schieben. Die Garzeiten der Fleischstücke sind abhängig von der Größe bzw. Dicke des Fleisches. Umso größer und dicker, desto längere Garzeiten. Bei einer Dicke von 8 cm werden bis zu 5 Stunden empfohlen, bei einer Dicke von 12 cm sind bis zu 8 Stunden sinnvoll. Das Entscheidende ist die Kerntemperatur im Innern des Bratens. Sie soll 70 Grad betragen und kann mit einem Bratenthermometer gemessen werden.

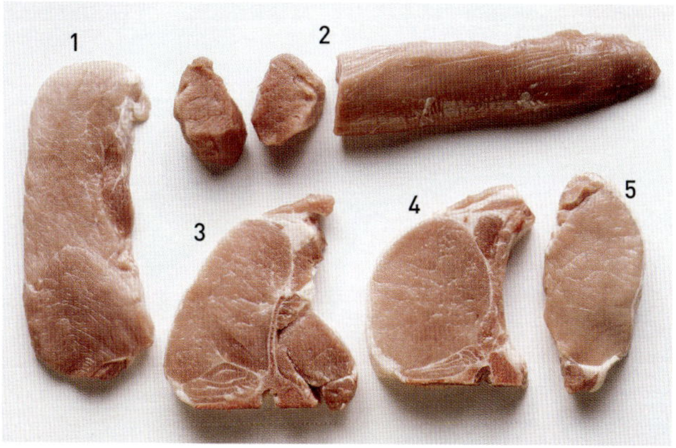

1 Schnitzel
2 Filet
3 Filetkotelett
4 Stielkotelett
5 Steak

▶ Kurz gebraten

Schweineschnitzel in Kapern-Sahne-Soße

Für 4 Personen:

4 Schweineschnitzel (à ca. 150 g)
Pfeffer aus der Mühle
2 EL Butterschmalz
1 EL Mehl
200 ml Fleischbrühe
100 g Sahne
2 EL Zitronensaft
2 EL Kapern
Salz
½ Bd. Petersilie

Zubereitungszeit: 25 Min.

Nährwerte pro Person: 406 kcal, 1699 kJ, 35 g EW, 26 g F, 8 g KH,

1 Schnitzel kalt abspülen, mit Küchenpapier gut trocken tupfen. Zwischen 2 Lagen Frischhaltefolie mit einer schweren Pfanne oder mit dem Messerrücken vorsichtig flach klopfen. Mit Pfeffer würzen.

2 Butterschmalz in einer Pfanne erhitzen und die Schnitzel bei starker Hitze von beiden Seiten goldbraun anbraten. Fleisch herausnehmen und Mehl durch ein Sieb in die Pfanne stäuben. Mit Brühe und Sahne ablöschen und unter Rühren aufkochen lassen.

3 Zitronensaft und Kapern zur Soße geben, mit Salz und Pfeffer abschmecken. Petersilie waschen, trocken schütteln und hacken, dabei harte Stiele entfernen. Einige Blätter für die Garnitur beiseitelegen.

4 Gehackte Petersilie zur Soße geben und Schnitzel wieder einlegen. Ca. 2 Minuten sanft gar ziehen lassen, dann mit der Soße anrichten. Mit Petersilienblättchen bestreut servieren.

TIPP

▶ Durch das Klopfen wird das Fleisch auf eine gleichmäßige Dicke gebracht und zarter. Hierzu sollte man jedoch keinen zackigen Fleischklopfer verwenden, da das Fleisch sonst zäh wird.

Jägerschnitzel mit Bratkartoffeln

Für 4 Personen:

1 kg festkochende Kartoffeln
2 Zwiebeln
3 EL Speiseöl
Salz, Pfeffer
gerebelter Thymian
gerebelter Majoran
250 g Champignons
200 g Pfifferlinge
1 EL Butter
4 Schweineschnitzel (à 150 g)
200 ml Gemüsebrühe
50 g Sahne
1 EL Soßenbinder

Zubereitungszeit: 40 Min.

Nährwerte pro Person: 388 kcal, 1628 kJ, 35 g EW, 12 g F, 34 g KH

1 Kartoffeln schälen, waschen und in Scheiben schneiden. Zwiebeln schälen und würfeln. 2 EL Öl in einer Pfanne erhitzen, Kartoffelscheiben und Hälfte der Zwiebeln 10–15 Minuten bei mittlerer Hitze unter Wen-

den darin braten. Mit Salz, Pfeffer, Thymian und Majoran würzen.

2 Pilze mit Küchenpapier abreiben, putzen und Champignons vierteln. Butter in einer Pfanne erhitzen, Pilze und restliche Zwiebelwürfel darin bei mittlerer Hitze unter Rühren ca. 5 Minuten andünsten.

3 Schnitzel waschen, trocken tupfen und flach klopfen. Restliches Öl in der Pfanne erhitzen und Schnitzel darin bei starker Hitze von jeder Seite goldbraun anbraten. Salzen und pfeffern, aus der Pfanne nehmen und warm stellen.

4 Gemüsebrühe zu den Pilzen geben, Sahne einrühren, kurz aufkochen lassen, mit Salz und Pfeffer abschmecken und Soßenbinder einrühren. Die Schnitzel mit der Pilzsoße auf Tellern anrichten und die Bratkartoffeln dazu reichen.

VARIANTE

▶ **Oder lieber Zigeunerschnitzel? Fleisch wie oben beschrieben zubereiten. Für die Soße 3 Tomaten waschen und in Würfel schneiden. 200 g Champignons putzen und vierteln. Je 1 rote und gelbe Paprikaschote putzen, waschen und in dünne Streifen schneiden. 1 Zwiebel schälen und fein würfeln. 2 EL Öl in einer Pfanne erhitzen, Zwiebel darin andünsten, restliches Gemüse zufügen und anbraten. 1/8 l Gemüsebrühe angießen und ca. 10 Minuten dünsten. Mit Salz, Pfeffer und Paprikapulver abschmecken.**

Schweinekoteletts mit Ratatouille

Für 4 Personen:

1 Aubergine
2 kleine Zucchini (250 g)
je 1 rote, gelbe und grüne Paprikaschote
2 Zwiebeln
2 Knoblauchzehen
500 g Tomaten
50 g Kokosfett (z. B. von Palmin)
200 ml Gemüsebrühe
3 EL Tomatenmark
1 EL Kräuter der Provence
2 Lorbeerblätter

Salz, Pfeffer
4 Schweinekoteletts (à ca. 220 g)
1 Bd. Petersilie

Zubereitungszeit: 45 Min.

Nährwerte pro Person: 690 kcal, 2885 kJ, 71 g EW, 38 g F, 16 g KH

1 Aubergine und Zucchini putzen, waschen und in mundgerechte Stücke schneiden. Paprikaschoten halbieren, von Kernen und weißen Innenwänden befreien, waschen und in kleine Stücke schneiden.

2 Zwiebeln schälen und vierteln. Knoblauch schälen und fein hacken. Tomaten waschen und vierteln, dabei Stielansätze entfernen.

3 Die Hälfte des Kokosfetts in einem Topf erhitzen. Zwiebeln und Knoblauch darin unter Rühren andünsten. Das vorbereitete Gemüse zugeben und kurz mitbraten.

4 Brühe zum Gemüse gießen und aufkochen. Tomatenmark unterrühren. Kräuter der Provence und Lorbeerblätter untermischen. Salzen, pfeffern und ca. 15 Minuten bei schwacher Hitze schmoren lassen.

5 Schweinekoteletts waschen, trocken tupfen, mit Salz und Pfeffer würzen. Restliches Fett in einer breiten Pfanne erhitzen. Koteletts darin bei starker Hitze von beiden Seiten scharf anbraten. Anschließend bei mittlerer Hitze unter Wenden weitere 6 Minuten braten.

6 Petersilie waschen, trocken schütteln, Blättchen abzupfen und fein hacken. Petersilie über das Gemüse streuen. Koteletts mit Ratatouille auf Tellern anrichten und servieren.

Überbackene Schweinemedaillons

Für 4 Personen:

1 kg herbe Äpfel (z. B. Gravensteiner)
30 g Butter
600 g Schweinefilet
Salz
Pfeffer
100 g Preiselbeeren (Glas)
200 g Gouda, gerieben
1 kleine Zwiebel
2 cl Apfelbrand
125 g Sahne
100 ml Bratenfond (Glas)

Zubereitungszeit: 20 Min.

Nährwerte pro Person: 567 kcal, 2374 kJ, 26 g EW, 34 g F, 38 g KH

1 Äpfel waschen, Kerngehäuse ausstechen und die ungeschälten Äpfel in fingerdicke Ringe schneiden. Etwas Butter in einer Pfanne erhitzen und 8 Apfelringe von beiden Seiten darin anbraten. Herausnehmen und auf Küchenpapier abtropfen lassen.

2 Schweinefilet waschen, trocken tupfen, in 8 Scheiben schneiden, mit Salz und Pfeffer würzen. Restliche Butter in der Pfanne erhitzen und die Medaillons auf jeder Seite ca. 3 Minuten kräftig anbraten.

3 Aus der Pfanne nehmen und nebeneinander in eine Auflaufform legen. Mit je 1 Apfelring, etwas Preiselbeeren und Gouda belegen und für ca. 10 Minuten in den auf 200 Grad vorgeheizten Backofen schieben.

4 Restliche Apfelringe klein würfeln. Zwiebel schälen und fein hacken. In der Pfanne die Apfelwürfel und Zwiebel anbraten. Mit dem Apfelbrand ablöschen und mit Sahne und Bratenfond aufgießen. Soße einmal aufkochen, vom Herd nehmen und zu den Medaillons servieren.

BEILAGE

▶ Wie wär's mit Weißweinkartoffeln dazu? 1 kg festkochende Kartoffeln schälen, waschen und in Scheiben schneiden. In kochendem Salzwasser halbfest garen und abgießen. 1 Zwiebel schälen und in sehr dünne Ringe schneiden. 50 g Butter in einer Pfanne zerlassen, Kartoffeln und Zwiebeln darin unter Rühren ca. 5 Minuten anbraten. 80 ml Weißwein angießen und 10 Minuten bei schwacher Hitze köcheln lassen. 250 g Sahne angießen und etwas einkochen lassen. Mit Salz und Pfeffer abschmecken.

Schweinesteaks mit Pilzsoße

Für 4 Personen:

4 Schweinesteaks (à ca. 200 g)
Salz, Pfeffer
4 EL Olivenöl
1 Zwiebel
500 g Champignons
1 Bd. Petersilie
100 ml trockener Weißwein
100 g Sahne
200 g Schmelzkäse
500 g frische Tagliatelle (Kühltheke)
250 g Kirschtomaten
50 g gehobelte Mandeln

Zubereitungszeit: 30 Min.
Garzeit: 25 Min.

Nährwerte pro Person: 834 kcal, 3501 kJ, 55 g EW, 47 g F, 45 g KH

1 Backofen auf 80 Grad vorheizen. Steaks waschen und trocken tupfen. Mit Salz und Pfeffer würzen.

2 2 EL Öl in einer breiten Pfanne erhitzen. Steaks darin rundum bei starker Hitze 3–4 Minuten anbraten. Steaks herausnehmen, auf eine vorgewärmte Platte legen und im Ofen ca. 25 Minuten nachgaren lassen.

3 Zwiebel schälen und in Spalten schneiden. Pilze mit einem Küchentuch trocken abreiben und vierteln. Petersilie abbrausen, trocken schütteln und ohne harte Stiele hacken.

4 Pilze und Zwiebeln im Bratensatz ca. 5 Minuten unter Rühren andünsten, salzen, pfeffern und mit Wein ablöschen. Sahne dazugeben, Käse einrühren und schmelzen lassen.

5 Petersilie einrühren und Steaks in die Soße legen. Tagliatelle nach Packungsanweisung garen.

6 Kirschtomaten waschen, trocken tupfen, halbieren und mit den Man-

TIPP

▶ Durch die hohe Hitze beim Anbraten schließen sich die Poren des Fleisches schnell; so bleibt es zart und saftig.

deln im restlichen Öl andünsten. Tagliatelle untermischen, mit Salz und Pfeffer würzen. Schweinesteaks mit Pilzsoße und Nudeln servieren.

Schweinemedaillons mit Champignons

Für 4 Personen:

400 g kleine Champignons
1 Zwiebel
600 g Schweinefilet
2–3 EL Pflanzenöl
Salz, Pfeffer
1 TL eingelegte rosa Pfefferkörner (Glas)
50 ml trockener Sherry
$^1/_8$ l Rinderfond (Glas)
150 g Sahne
2 EL Soßenbinder

Zubereitungszeit: 20 Min.

Nährwerte pro Person: 329 kcal, 1377 kJ, 28 g EW, 20 g F, 8 g KH

1 Pilze trocken abreiben, putzen, jedoch nicht waschen. Zwiebel schälen und fein würfeln. Fleisch kalt waschen, trocken tupfen und in 8 Scheiben schneiden.

2 Öl in einer Pfanne stark erhitzen und die Medaillons darin von jeder Seite ca. 3 Minuten anbraten. Salzen, pfeffern und herausnehmen, in Alufolie schlagen und warm halten.

3 Zwiebelwürfel in der Pfanne bei mittlerer Hitze andünsten. Dann Champignons und Pfefferkörner zugeben und mit anbraten.

4 Sherry, Rinderfond und Sahne einrühren und aufkochen lassen. Soßenbinder einstreuen und alles 1 Minute köcheln lassen. Mit Salz und Pfeffer abschmecken. Medaillons in die Soße geben und servieren.

BEILAGE

▶ Dazu passen Rösti. Wie Sie diese selbst zubereiten, finden Sie auf S. 169.

Schweinemedaillons mit Aprikosen und Gorgonzola

Für 4 Personen:

2 Schweinefilets (à ca. 400 g)
Salz, Pfeffer
2 EL Olivenöl
1 Knoblauchzehe
6 vollreife Aprikosen
150 g Gorgonzola
Fett für die Form

Zubereitungszeit: 20 Min.
Garzeit: 10 Min.

Nährwerte pro Person: 518 kcal, 2167 kJ, 49 g EW, 32 g F, 7 g KH

1 Fleisch kalt abspülen, mit Küchenpapier trocken tupfen und in 12 Scheiben schneiden. Salzen und pfeffern. Olivenöl in einer Pfanne erhitzen und Medaillons darin von jeder Seite ca. 3 Minuten braten. Knoblauch schälen, in Scheiben schneiden und kurz mitbraten.

2 Die Aprikosen kreuzweise leicht einritzen, mit kochendem Wasser überbrühen, kurz ziehen lassen,

dann mit kaltem Wasser abschrecken und häuten. Aprikosen halbieren und entsteinen. Gorgonzola in 2–3 mm dicke Scheiben schneiden.

3 Backofen auf 200 Grad vorheizen. Schweinemedaillons nebeneinander in eine leicht gefettete feuerfeste Form legen und mit jeweils 1 Aprikosenhälfte belegen. Gorgonzola darauf verteilen und die Medaillons im heißen Ofen ca. 10 Minuten überbacken.

TIPP

▶ **Wer keine frischen Aprikosen hat, kann auch getrocknete verwenden. Diese vorher in etwas warmem Wasser einlegen und vor Gebrauch ausdrücken.**

BEILAGE

▶ **Dazu schmecken Ciabattabrot, Rucolasalat und ein fruchtiger Weißwein.**

Schweinemedaillons im Speckmantel mit pikanter Currysoße

Für 4 Personen:

600 g Schweinefilet
8 Scheiben Frühstücksspeck
Salz, Pfeffer
4 EL Speiseöl
2 Zwiebeln
1 EL Currypulver
¼ l Cremefine zum Kochen
100 ml Gemüsebrühe
¼ l Tomatenketchup
1 TL Sambal Oelek
Cayennepfeffer

Zubereitungszeit: 30 Min.

Nährwerte pro Person: 456 kcal, 1978 kJ, 41 g EW, 24 g F, 20 g KH

1 Schweinefilet waschen, nach Bedarf von Sehnen und Fett befreien und in 8 Scheiben schneiden. Jede Scheibe mit 1 Scheibe Frühstücksspeck umwickeln und mit etwas Salz und Pfeffer würzen.

2 2 EL Öl in einer breiten Pfanne erhitzen und Medaillons ca. 5 Minuten rundum kräftig anbraten. Dann herausnehmen und warm stellen.

3 Zwiebeln schälen, würfeln, im Bratensatz unter Rühren andünsten. Mit Currypulver bestäuben.

4 Mit Cremefine und Brühe ablöschen und Ketchup einrühren. Mit Sambal Oelek, Cayennepfeffer und Salz würzen, dann pürieren.

5 Schweinemedaillons in die Pfanne geben, kurz in der Soße ziehen lassen und servieren.

BEILAGE

▶ **Dazu passt ein Gurken-Tomaten-Salat: 1 Salatgurke waschen, trocken tupfen und in sehr dünne Scheiben schneiden. 300 g Kirschtomaten waschen und halbieren. ½ Bd. Frühlingszwiebeln putzen, waschen und in feine Ringe schneiden. 2 EL Balsamico-Essig sowie 6 EL Olivenöl miteinander verrühren, mit Salz und Pfeffer würzen und nach Wunsch mit etwas Oregano verrühren. Das Dressing unter das Gemüse mischen und mit Basilikumblättern garnieren.**

▶ Geschnetzelt & paniert

Paniertes Schweineschnitzel (Abbildung S. 319)

Für 4 Personen:

4 Schweineschnitzel (à ca. 150 g)
Salz, Pfeffer
2 EL Mehl
100 g Paniermehl
2 Eier
Pflanzenöl zum Braten

Zubereitungszeit: 20 Min.

Nährwerte pro Person: 258 kcal, 1080 kJ, 31 g EW, 13 g F, 4 g KH

1 Schnitzel waschen und trocken tupfen. Zwischen 2 Lagen Frischhaltefolie mit einem Messerrücken oder einer schweren Pfanne leicht klopfen. Anschließend von beiden Seiten etwas salzen und pfeffern.

2 Mehl und Paniermehl jeweils auf flache Teller verteilen. Eier in einem weiteren Teller leicht verschlagen. Schnitzel zunächst in Mehl (Bild 1), dann in den Eiern (Bild 2) und zum Schluss im Paniermehl wenden und dieses leicht andrücken (Bild 3).

3 Öl in einer großen Pfanne erhitzen. Schnitzel darin bei mittlerer Hitze 8–10 Minuten von beiden Seiten goldbraun braten. Anschließend aus der Pfanne nehmen und auf Küchenpapier abtropfen lassen.

TIPP

▶ Die Schnitzel während des Bratens und auch später beim Warmhalten nicht abdecken, da sich sonst die Panade lösen kann. Damit die Panade nicht anbrennt, sollte stets genügend Öl oder Butterschmalz in der Pfanne sein.

BEILAGE

▶ Und dazu gibt's Kartoffel-Brokkoli-Püree: 750 g mehligkochende Kartoffeln schälen und je nach Größe vierteln. In Salzwasser ca. 20 Minuten gar kochen. Nach der Hälfte der Garzeit 400 g klein geschnittene Brokkoliröschen zugeben. Dann abgießen, etwas ausdampfen lassen und mit einem Kartoffelstampfer zerdrücken. 50 ml warme Milch, 1 EL weiche Butter, etwas Salz, Pfeffer und geriebene Muskatnuss zugeben und mit einem Holzlöffel unter das Püree rühren.

Cordon bleu

Für 4 Personen:

4 Schweineschnitzel (à ca. 200 g)
Salz
Pfeffer
4 Scheiben Emmentaler
4 Scheiben gekochter Schinken
2 EL Mehl
100 g Paniermehl
2 Eier
3 EL Pflanzenöl
1 Zitrone (unbehandelt)

Zubereitungszeit: 25 Min.

Nährwerte pro Person: 425 kcal, 1778 kJ, 28 g EW, 23 g F, 27 g KH

(1)

(2)

(3)
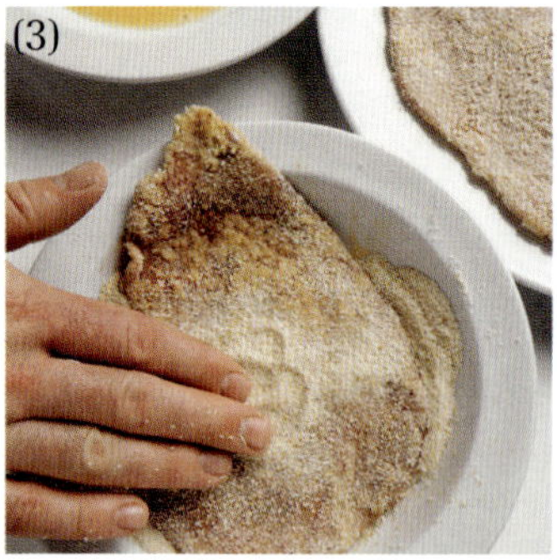

1 In die Schweineschnitzel am besten schon vom Metzger eine Tasche schneiden lassen. Die Schnitzel waschen und mit Küchenpapier trocken tupfen. Innen und außen mit etwas Salz und Pfeffer würzen.

2 Jedes Schnitzel mit je 1 Scheibe Käse und Schinken füllen und die Öffnungen mit Zahnstochern schließen.

3 Mehl und Paniermehl auf je einen Teller geben. Eier in einem weiteren Teller verquirlen. Jetzt die Schnitzel zunächst in Mehl, dann im Ei und schließlich im Paniermehl wenden. Panade leicht andrücken.

4 Öl in einer breiten Pfanne erhitzen und Schnitzel bei mittlerer Hitze ca. 12 Minuten braten, ab und zu wenden. Aus der Pfanne nehmen und auf Küchenpapier abtropfen lassen. Zitrone waschen, vierteln und zum Cordon bleu servieren.

BEILAGE

▶ Reichen Sie dazu einen Kartoffel-Gurken-Salat: 750 g festkochende Kartoffeln schälen, waschen, in reichlich Salzwasser in ca. 20 Minuten gar kochen. Abgießen und auskühlen lassen. 1 große Zwiebel schälen, fein hacken und mit 2 EL gehacktem Dill, 4 EL Essig und 1 EL Senf verrühren. Mit Salz, Pfeffer und 1 Prise Zucker abschmecken. Kartoffeln in Scheiben schneiden. 1 Salatgurke waschen, trocken tupfen, längs vierteln und in breite Stücke schneiden. Zusammen mit den Kartoffelscheiben zum Dressing geben und das Ganze ca. 30 Minuten durchziehen lassen. Vor dem Servieren nochmals mit Salz und Pfeffer abschmecken.

Schweinekoteletts im Mandelmantel

Für 4 Personen:

ca. 150 g Mandeln, gehackt
1 TL frische Thymianblättchen
je ½ TL Salz und Pfeffer
4 Schweinekoteletts (à ca. 180 g)
3 EL Rapsöl
2 Birnen
400 g Rotkohl
⅛ l Hühnerbrühe, Weißwein oder Wasser

Zubereitungszeit: 35 Min.

Nährwerte pro Person: 550 kcal, 2310 kJ, 39 g EW, 34 g F, 18 g KH

1 Backofen auf 180 Grad vorheizen. Mandeln mit Thymian, Salz und Pfeffer in einer flachen Schüssel oder einem tiefen Teller vermengen.

2 Koteletts kalt abspülen, mit Küchenpapier trocken tupfen und in der Mandelmischung wenden, sodass beide Seiten damit überzogen sind. Panade festdrücken.

3 Öl in einer Pfanne bei mittlerer Temperatur erhitzen. Schweinekoteletts hineingeben, die Temperatur erhöhen und ca. 5 Minuten braten. Koteletts mit einer Zange wenden und von der anderen Seite ebenfalls 5 Minuten goldbraun braten.

4 Koteletts aus der Pfanne nehmen, in eine feuerfeste Form legen und im vorgeheizten Ofen ca. 15 Minuten fertig backen. Die austretende Bratflüssigkeit sollte zum Schluss klar sein.

5 Pfanne mit Küchenpapier auswischen, aber nicht völlig entfetten. Birnen schälen, halbieren, Kerngehäuse und Stielansätze entfernen, Fruchtfleisch in Spalten schneiden. Äußere Blätter des Rotkohls entfernen, Kohl halbieren, Strunk entfernen und Blätter in Streifen schneiden.

6 Pfanne erhitzen, Birnenspalten zufügen und bei mittlerer Hitze unter gelegentlichem Rühren einige Minuten bräunen. Rotkohl zufügen und Flüssigkeit angießen. Deckel auflegen und bei schwacher Hitze ziehen lassen, bis der Kohl weich ist.

7 Koteletts aus dem Ofen nehmen, Rotkohl auf Teller verteilen und je 1 Kotelett auf dem Rotkohl-Birnen-Bett anrichten.

Geschnetzeltes mit Champignons

Für 4 Personen:

600 g Schweineschnitzel
2 EL Senf
3 EL Pflanzenöl
Salz, Pfeffer
1 Zwiebel
1 Apfel
2 Gläser Champignonscheiben (à 280 g)
200 ml Milch
200 ml Gemüsebrühe
1 TL heller Soßenbinder
½ Bd. Frühlingszwiebeln
glatte Petersilie zum Garnieren

Zubereitungszeit: 30 Min.

Nährwerte pro Person: 264 kcal, 1101 kJ, 39 g EW, 6 g F, 13 g KH

1 Schnitzel kalt abspülen, trocken tupfen und in feine Streifen schneiden. Senf, 2 EL Öl, Salz und Pfeffer verrühren und Fleisch untermischen.

2 Zwiebel schälen und in Würfel schneiden. Apfel waschen, trocken tupfen, vierteln, Kerngehäuse entfernen und Fruchtfleisch in Spalten schneiden. Champignons in einem Sieb abtropfen lassen.

3 Restliches Öl in einer Pfanne erhitzen und das Fleisch darin bei mittlerer Hitze unter Rühren ca. 5 Minuten anbraten. Zwiebel, Apfel und Champignons zufügen und weitere 5 Minuten andünsten.

4 Milch und Brühe angießen, aufkochen, mit Salz sowie Pfeffer abschmecken. Soßenbinder einrühren und die Soße andicken lassen.

5 Frühlingszwiebeln putzen, waschen und in Ringe schneiden. Geschnetzeltes damit bestreuen. Mit glatter Petersilie garnieren.

TIPP

▶ Für Geschnetzeltes können Sie auch anderes mageres Fleisch vom Schwein nehmen, so z. B. Filet oder ausgebeintes Lendenkotelett.

BEILAGE

▶ Reichen Sie dazu frisches Baguette. Gekochte Bandnudeln passen auch hervorragend.

Pikant Geschnetzeltes

Für 4 Personen:

190 g Mu-Err-Pilze (Glas)
2 Chilischoten
8 Knoblauchzehen
400 g grüne Bohnen
Salz
600 g Schweineschnitzel
2 EL Pflanzenöl
1–2 EL Chilisoße süßsauer
1–2 EL helle Sojasoße

Zubereitungszeit: 45 Min.

Nährwerte pro Person: 276 kcal, 1155 kJ, 38 g EW, 11 g F, 7 g KH

1 Pilze in ein Sieb geben, mit kaltem Wasser abspülen, abtropfen lassen und grob schneiden. Chilischoten waschen und in Ringe schneiden. Knoblauch schälen.

2 Bohnen waschen, putzen, die Enden abschneiden und quer halbie-

TIPP

▶ Wer es nicht ganz so scharf mag, kann die Chilischoten vor dem Anbraten entkernen. In den Kernen steckt nämlich die meiste Schärfe. Beim Schneiden von Chilischoten sollten Sie Handschuhe tragen und unbedingt Augenkontakt vermeiden.

ren. Reichlich Salzwasser in einem Topf erhitzen und die Bohnen darin bei mittlerer Hitze in ca. 10 Minuten bissfest kochen. In ein Sieb abgießen, mit kaltem Wasser abschrecken und abtropfen lassen.

3 Schnitzelfleisch waschen, trocken tupfen und in feine Streifen schneiden. Das Öl in einem Topf erhitzen, Fleisch darin bei starker Hitze unter Rühren ca. 10 Minuten anbraten.

4 Pilze, Chili, Bohnen und Knoblauch zugeben und ca. 5 Minuten mit anschwitzen. 5 EL Wasser zugießen und mit Chili- und Sojasoße abschmecken und servieren.

Schweinefleisch süßsauer

Für 4 Personen:

250 g Thaireis (z. B. von Oryza)
400 g Schweinefilet
100 g Shiitakepilze
1 gelbe Paprikaschote
3 Möhren
100 g grüne Bohnen
Salz
200 g Sojasprossen
2 Schalotten
4 EL Öl
6 EL Sojasoße
3 EL Reisessig
Pfeffer aus der Mühle
brauner Zucker
Chilipulver

Zubereitungszeit: 35 Min.

Nährwerte pro Person: 545 kcal, 2289 kJ, 35 g EW, 18 g F, 60 g KH

1 Reis in einem Sieb mit kaltem Wasser gründlich waschen. Mit 375 ml Wasser zum Kochen bringen, den Deckel schließen und den Reis bei schwacher Hitze nach Packungsanweisung köcheln lassen.

2 Schweinefilet nach Wunsch von Fett und Sehnen befreien, waschen, trocken tupfen und in mundgerechte Stücke schneiden.

3 Stiele der Shiitakepilze entfernen und Hüte halbieren. Paprika halbieren und Kerne sowie weiße Innenwände entfernen. Paprika waschen und in feine Streifen schneiden.

4 Möhren schälen, längs halbieren und in dünne Scheiben schneiden. Bohnen waschen, Enden abschneiden und 10 Minuten in kochendem Salzwasser blanchieren. Anschließend mit kaltem Wasser abschrecken und in ca. 3 cm lange Stücke schneiden.

5 Sojasprossen in ein Sieb geben und mit kochendem Wasser übergießen. Schalotten schälen und in Spalten schneiden.

6 Öl in einem Wok oder Topf erhitzen. Fleisch hinzugeben und unter Rühren kräftig anbraten. Gemüse hinzufügen und 6–8 Minuten darin anbraten, dabei immer wieder rühren. Mit Sojasoße, Essig und 5 EL Wasser ablöschen.

7 Alles etwas einkochen lassen und dann mit Salz, Pfeffer, Zucker und Chili abschmecken. Den Reis dazu servieren.

Wokgemüse mit Schweineschnitzel

Für 4 Personen:

500 g Schweineschnitzel
1 Bd. Frühlingszwiebeln
250 g Möhren
250 g Sojasprossen
1 Glas Bambussprossen (Abtropfgewicht 180 g)
200 g Shiitakepilze
2 Knoblauchzehen
25 g Kokosfett (z. B. von Palmin)
250 g Zuckerschoten
100 ml Gemüsebrühe
2 TL Ingwer, frisch gerieben

Salz
Sojasoße

Zubereitungszeit: 25 Min.

Nährwerte pro Person: 310 kcal, 1305 kJ, 39 g EW, 10 g F, 16 g KH

1 Fleisch abspülen, mit Küchenpapier trocken tupfen und in Streifen schneiden. Frühlingszwiebeln putzen, waschen und Möhren schälen. Frühlingszwiebeln in Ringe, Möhren in Scheiben schneiden.

2 Sojasprossen waschen und abtropfen lassen. Bambussprossen in einem Sieb abtropfen lassen. Pilze putzen und halbieren. Knoblauch schälen und fein hacken.

3 Kokosfett in einem Wok erhitzen und den Knoblauch darin anbraten. Fleisch zufügen und unter Rühren kräftig anbraten. Zuckerschoten, Frühlingszwiebeln, Möhren, Pilze sowie Bambussprossen zugeben und ca. 5 Minuten braten.

4 Brühe angießen. Sojasprossen kurz mitgaren, mit Ingwer, Salz sowie etwas Sojasoße würzen.

BEILAGE

▶ Reichen Sie dazu Reis oder chinesische Reisnudeln.

Grillen: Genuss & Spaß pur

Grillen ist die älteste Garmethode und meint das Braten über offenem Feuer. Der Begriff leitet sich von lat. »craticulum« für »kleiner Rost« ab. Holz gibt beim Grillen sowohl Röst- als auch Aromastoffe ab, die dem Grillgut einen besonders würzigen Geschmack verleihen.

Verschiedene Modelle

3 Hauptgruppen stehen hier zur Wahl: die traditionellen Holzkohlegrills, Elektrogrills und Gasgrills.

DER HOLZKOHLEGRILL

Mit ihm wird noch immer am häufigsten gegrillt. Der unverkennbare aromatische Geschmack, die fettarme Garmethode sowie ein Hauch von Lagerfeuerromantik sind wohl die wichtigsten Gründe. Wenn Sie den Glutkorb mit Alufolie auskleiden, wird die Hitze stärker reflektiert, und nach dem Grillen kann man die Asche sauber entfernen. Die Folie sollte an den Luftlöchern des Grills eingeschnitten werden, damit die Luftzirkulation gewährleistet ist. Den Grill windgeschützt und kippsicher aufstellen.

Das Brennmaterial (Holz, Holzkohle oder Holzkohlebriketts) wird in der Mitte des Grillkorbes angehäuft, dann wird das Feuer am einfachsten mit Grillanzündern entfacht. Verwendet man Brennspiritus oder spezielle flüssige Grillanzünder, werden diese über das Brennmaterial geschüttet und dann mit einem langen Streichholz von der Seite aus angezündet. Mit einem Blasebalg lässt sich die Glut in Gang bringen. Wenn keine Flammen mehr flackern, wird der Rost eingesetzt.
Sobald das Brennmaterial mit einer feinen Ascheschicht überzogen ist – bei Holzkohle nach ca. 20 Minuten, bei Briketts nach ca. 40 Minuten –, können Sie mit dem Grillen loslegen. Durch Verstellen des Grillrostes wird die Hitze reguliert. Zum langsamen Garen den Rost höher, zum Rösten auf die untere Stufe setzen. Mittlere Hitze herrscht ca. 10 cm über dem Feuer.

Kugel- und Kesselgrills haben einen runden Deckel. Geschlossen verkürzen sich die Garzeiten, das Holzkohlearoma kommt stärker zur Geltung. Sie eignen sich am besten für das eigentliche Barbecue, bei dem oft ganze Hühnchen oder Schinken bei geschlossenem Deckel gegart werden. Daneben gibt es Modelle mit Windschutz und höhenverstellbaren Rosten oder Gartengrills mit abnehmbaren Windschutzhauben, in die batteriebetriebene Drehspieße für größere Braten eingesetzt werden können.

Bei Grillgeräten, in denen sich die Holzkohle senkrecht neben dem Grillgut befindet, kann kein Fett in die Glut tropfen.

DER ELEKTROGRILL

Elektrisch beheizte Geräte können sowohl innen als außen verwendet werden und sind einfach zu bedienen, eignen sich aber eher für kleinere Portionen. Der Rost wird durch Heizschlangen erhitzt – eine sehr saubere Methode. Herabtropfendes Öl fängt eine Wanne mit Wasser auf.

Eine andere Art des Elektrogrillens sind Kontaktgrillgeräte, bei denen das Grillgut auf beheizten Platten, ähnlich wie beim Braten in der Pfanne, gegart wird.

DER GASGRILL

Der leicht zu handhabende und umweltfreundliche Gasgrill erfreut sich nicht nur bei uns, sondern auch in den USA, dem Ursprungsland des Barbecues, zunehmender Beliebtheit. In einer Brennplatte verbrennt dabei Propangas, das aus einer Gasflasche eingespeist wird. Die Roste sind schnell heiß und die Hitze ist ganz leicht über Drehknöpfe zu regulieren.

Gasgrillgeräte sind außerdem meist mit einem Deckel ausgestattet, sodass man mit ihnen auch braten, überbacken und dämpfen kann. Zum Räuchern Holzstücke 30 Minuten in Wasser einweichen, in einer Aluschale unter den Rost auf die Flavorizer-Stäbe stellen und Grillgut auf den Rost geben.

Handwerkszeug und Zubehör

Folgende Utensilien leisten Ihnen beim Grillen gute Dienste:

- Stabiler Schürhaken mit isoliertem Griff, um Kohle und Glut verteilen bzw. in die gewünschte Position schieben zu können.
- Grillzange mit extralangen, gut isolierten Griffen zum Wenden des Grillgutes.
- Drahtkörbe für empfindliches Grillgut wie Fisch.
- Spieße für dekorative Grillspieße mit Fleisch, Geflügel, Fisch, Gemüse und Obst.
- Blasebalg, mit dem Sie das Feuer anfachen können.

- ▶ Grillhandschuhe, möglichst lang und dick gepolstert.
- ▶ Tranchiermesser und -gabel aus robustem Edelstahl.

Was kommt auf den Grill?

Fisch, Fleisch, Würste, Gemüse, Käse – kaum etwas, das sich nicht Grillen ließe. Durch das besondere Aroma entfalten viele gegrillte Produkte ganz besondere Geschmacksnoten.

FLEISCH

Ob klassisches Kotelett, Filet, Frikadelle oder Steak – zum Grillen eignen sich fast alle Fleischsorten von Rind, Schwein, Lamm oder Wild, aber natürlich auch Geflügel. Fett ist Geschmacksträger und hält das Fleisch saftig. Gut also, wenn das Grillfleisch fein marmoriert, also nicht zu mager ist. Dünne Fleischstücke sind in ca. 3 Minuten gar, Steaks in 4–6 Minuten. Sie können das mit der Grillzange testen: Ist das Fleisch beim Drücken fest, ist es innen gar, fühlt es sich weich an, ist es im Kern noch rot. Schweine- und Geflügelfleisch sollte immer völlig durchgegart werden.

FISCH

Fettreiche Fische mit stabilem Fleisch eignen sich zum Grillen besonders gut, also z. B. Lachs, Thunfisch, Forelle oder Barsch, aber auch Filets und Koteletts von Kabeljau, Heilbutt, Zander oder Rotbarsch. Am besten legt man ganzen Fisch in einen Fischkorb, ein spezielles kleines Gitter. Fisch kann aber auch in Alufolie gegart werden. Vorher mariniert, schmeckt er besonders fein.

Wer den Fisch direkt auf den Rost gibt, reibt Rost und Grillgut mit Öl ein und wendet den Fisch mit 2 Gabeln. Je nach Größe ist Fisch nach 5–15 Minuten gar – dann ist sein Fleisch weiß. Auch Languste, Hummer und Garnelen lassen sich gut grillen.

VEGETARISCH

Der Klassiker ist die Folienkartoffel – zuvor mit Meersalz bestreut und mit einem Rosmarinzweig 30–40 Minuten gegart schmeckt sie besonders fein. Bei Grilltomaten werden halbierte Tomaten mit der Schnittseite nach unten auf den Grill gelegt, nach 1–2 Minuten umgedreht und fertig gegart. Nach Belieben mit Salz und mit Pfeffer abschmecken.

Auch Käse lässt sich gut grillen, vor allem in Alufolie gewickelter

und eingeölter Feta. Mozzarella kann mit Cocktailtomaten aufgespießt und mit Basilikumblättern verfeinert gegrillt werden. Daneben eignen sich viele Gemüse in Scheiben geschnitten oder aufgespießt zum Grillen, wie Zucchini, Auberginen, Paprika, Zwiebeln, Sellerie, Fenchel oder Tomaten.

Die Kunst des Würzens

Grillfleisch von hoher Qualität schmeckt schon mit 1 Prise Salz und frisch gemahlenem Pfeffer. Für Abwechslung sorgen Gewürzmischungen, Kräuter, Öle und Marinaden, die das Fleisch auch noch zart machen. Soßen und Dips von mild bis pikant (wie Ketchup, Senf, Zaziki, Cocktail- oder Knoblauchsoße) werden getrennt zu gegrilltem Fleisch, Fisch oder Gemüse gereicht.

MARINADEN

Öle halten das Grillgut feucht und bewahren es vor dem Austrocknen. Zum Marinieren eignen sich v. a. Olivenöl und Nussöle. Öl ist die Basis der meisten Marinaden, die mit frischen oder getrockneten Kräutern wie Oregano, Rosmarin, Thymian, Estragon, Pfefferkörnern, Knoblauch, Senf oder Honig verfeinert werden können. Probieren Sie einmal selbst gemachtes Knoblauchöl (125 ml Öl und 5–6 Knoblauchzehen), Pfefferöl (125 ml Öl, 1 TL grüne Pfefferkörner und 1 Knoblauchzehe) oder Provenzalisches Öl (125 ml Öl, 1 TL Kräuter der Provence und 1 Knoblauchzehe). Für eine Essigmarinade z. B. nehmen Sie 8 EL Essig, 8 EL Wasser, 1 EL Rosmarin, 1 EL Thymian, 1 gehackte Zwiebel, 4 Wacholderbeeren, 2 Lorbeerblätter und 4 Pfefferkörner.

Mageres Fleisch oder weißen Fisch legt man in fettreichen Marinaden ein, zu fettigerem Grillgut passen eher Marinaden auf Essig- oder Weinbasis. Zum Marinieren spült man das Grillgut kalt ab und tupft es mit Küchenpapier trocken. So vorbereitet kann es bis zu 12 Stunden in die Marinade eingelegt und zugedeckt in den Kühlschrank gestellt werden. Zum Grillen das Fleisch mit einer Grillzange herausnehmen, abtropfen lassen und am besten auf Alufolie garen. Das Fleisch kann auch während des Grillens mit Marinade bestrichen werden. In Grillmarinaden aber besser auf Salz verzichten, da es dem Grillgut Wasser entzieht. Grillgut immer erst nach dem Grillen salzen!

TIPP

▶ Während des Grillens kann das Grillgut auch mit holzartigen Kräutern (z. B. Rosmarin, Thymian, Oregano) gewürzt werden, die man in die heiße Glut streut und die beim Verbrennen ihr Aroma an das Grillgut abgeben.

Geschmort & gekocht

Geschmorte Schweinekoteletts

Für 4 Personen:

4 Schweinekoteletts (à 220 g)
Salz
Pfeffer
3 EL Pflanzenöl
3 Knoblauchzehen
400 g stückige Tomaten (Dose)
1 TL gerebelter Oregano
100 ml trockener Rotwein
1 EL Tomatenmark

Zubereitungszeit: 30 Min.

Nährwerte pro Person: 419 kcal, 1753 kJ, 49 g EW, 21 g F, 6 g KH

1 Koteletts waschen, trocken tupfen, salzen und pfeffern. 2 EL Öl in einer Pfanne erhitzen und die Koteletts darin bei hoher Hitze von beiden Seiten ca. 3 Minuten anbraten. Dann das Fleisch aus der Pfanne nehmen und mit Alufolie abgedeckt beiseitestellen.

2 Knoblauch schälen und grob hacken. 1 EL Öl in der verwendeten Pfanne erhitzen und den Knoblauch darin bei schwacher Hitze anbraten, Tomaten und Oregano zufügen.

3 Wein mit Tomatenmark verrühren, zu den Tomaten in die Pfanne geben und das Ganze aufkochen lassen. Die Soße bei mittlerer Hitze ca. 5 Minuten einkochen lassen, salzen und pfeffern.

4 Koteletts in die Pfanne legen und bei schwacher Hitze zugedeckt 15 Minuten in der Soße schmoren lassen. Mit Tomatensoße servieren.

TIPP

▶ Durch das sanfte Schmoren in der Soße werden die Koteletts schön zart. Den eventuellen Fettrand der Koteletts vor dem Braten mehrmals einschneiden. Dadurch wellt sich das Fleisch beim Braten weniger.

BEILAGE

▶ Dazu Gnocchi oder Nudeln servieren.

Schweinefilet mit Pilzen und Cremesoße

Für 4 Personen:

4 große Kartoffeln (ca. 1 kg)
Salz
600 g Schweinefilet
1 kg gemischte Pilze (z. B. Champignons, Pfifferlinge, Austernpilze)
1 Zwiebel
1 Zweig Rosmarin
1 TL eingelegte grüne Pfefferkörner (Glas)
2 EL Olivenöl
Pfeffer aus der Mühle
$\frac{1}{4}$ l Cremefine zum Kochen
100 ml Fleisch- oder Gemüsebrühe
2 TL rosa Pfefferkörner

Zubereitungszeit: 25 Min.
Garzeit: 25 Min.

Nährwerte pro Person: 492 kcal, 2048 kJ, 45 g EW, 18 g F, 35 g KH

1 Kartoffeln gründlich säubern und waschen. Mit Schale in reichlich Salzwasser ca. 15 Minuten kochen, herausnehmen und in Alufolie wickeln. Schweinefilet nach Bedarf von Fett und Sehnen befreien (Bild unten), kurz kalt abspülen und mit Küchenpapier gut trocken tupfen.

2 Pilze mit Küchenpapier abreiben, putzen und klein schneiden. Zwiebel schälen und würfeln. Rosmarin kalt abspülen. Pfefferkörner abtropfen lassen und hacken. Backofen auf 200 Grad vorheizen.

3 Öl in einer ofenfesten Pfanne erhitzen. Fleisch darin ca. 10 Minuten von allen Seiten kräftig anbraten, dann herausnehmen, salzen, pfeffern und in Alufolie gewickelt beiseitestellen. Pilze, Zwiebel und Rosmarin in den Bratfond geben und unter Rühren anbraten.

4 Cremefine, Brühe, gehackte sowie rosa Pfefferkörner zur Pilzmischung geben und etwas einkochen lassen. Schweinefilet darauflegen. Pfanne zusammen mit den eingewickelten Kartoffeln für ca. 25 Minuten in den heißen Ofen geben. Heiß servieren.

TIPP

▶ Pilze sollten nie lange im Wasser liegen, da sie sich sonst vollsaugen und ihr Aroma verlieren. Pfifferlinge nur kurz unter fließendem kaltem Wasser putzen, danach trocken abreiben. Champignons und Austernpilze mit einem Küchentuch oder Pinsel abreiben bzw. abbürsten.

Schweinefilet in Krauthülle

Für 4 Personen:

800 g Schweinefilet (in 2 Stücken à 400 g)
Salz
Pfeffer
6 Scheiben Frühstücksspeck
2 EL Pflanzenöl mit Butteraroma (z. B. von Biskin)
6 große Wirsingkohlblätter
1 kleine rote Paprikaschote
250 g Sauerkraut (Dose)
300 ml Bier
150 g Sahne
1 EL Paprikapulver edelsüß
Petersilie zum Garnieren

Zubereitungszeit: 50 Min.
Garzeit: 20 Min.

Nährwerte pro Person: 614 kcal, 2562 kJ, 62 g EW, 38 g F, 6 g KH

1 Schweinefilet kalt abspülen und trocken tupfen. Salzen, pfeffern und mit Speckscheiben umwickeln. Öl in einem Bräter erhitzen, die Filets darin rundum kräftig anbraten und herausnehmen.

2 Wirsingblätter waschen, trocken tupfen und dicke Rippen flach schneiden. Die Blätter kurz in leicht gesalzenem Wasser kochen. Paprikaschote längs halbieren, von Kernen und weißen Innenwänden befreien, waschen und in Streifen schneiden. Sauerkraut in einem Sieb abtropfen lassen.

3 Je 3 Kohlblätter etwas überlappend zusammenlegen. Sauerkraut und Paprika darauf verteilen. Filets darauflegen und Wirsingblätter ein-

BEILAGE

▶ Mit Petersilie bestreute Salzkartoffeln dazu reichen.

rollen. Mit Küchengarn fixieren. Rollen im verbliebenen Bratfett rundum anbraten. Bier angießen, aufkochen und zugedeckt bei mittlerer Hitze ca. 20 Minuten schmoren.

4 Wirsingrollen herausnehmen und warm stellen. Sahne halb steif schlagen und unter den Fond rühren. Mit Salz, Pfeffer und Paprikapulver abschmecken.

5 Filet in Scheiben schneiden und mit der Soße auf Tellern anrichten. Mit Petersilie garniert servieren.

TIPP

Wie Sie Sauce hollandaise selbst zubereiten, finden Sie auf S. 110.

Schweinefilet mit Spargel und Kartoffeln

Für 4 Personen:

600 g Schweinefilet
Salz, Pfeffer
2 EL Rapsöl
1 kg Spargel
125 g Butter
2 EL Zitronensaft
2 TL Zucker
500 g Frühkartoffeln
1 Packung Sauce hollandaise (1/4 l, Fertigprodukt)
150 g Crème fraîche
1 kleines Glas Kapern
1 Bd. glatte Petersilie

Zubereitungszeit: 30 Min.
Garzeit: 25 Min.

Nährwerte pro Person: 944 kcal, 3924 kJ, 39 g EW, 73 g F, 31 g KH

1 Backofen auf 180 Grad vorheizen. Schweinefleisch waschen, trocken tupfen und mit Salz und Pfeffer würzen. Öl in einer Pfanne erhitzen und das Filet bei starker Hitze von allen Seiten kurz anbraten. Aus der Pfanne nehmen, in Alufolie wickeln und im Backofen ca. 20 Minuten garen.

2 Spargel waschen, schälen und holzige Enden abschneiden. In einem breiten Topf 2 l Wasser mit 2 EL Butter, Zitronensaft, Zucker und Salz aufkochen und Spargel darin 12–15 Minuten garen. Anschließend abgießen.

3 Kartoffeln schälen, waschen und in Salzwasser ca. 20 Minuten garen. Sauce hollandaise nach Packungsanweisung zubereiten und Crème fraîche unterrühren. Kapern abtropfen lassen, untermischen, mit Salz und Pfeffer abschmecken.

4 Petersilie waschen, trocken tupfen und fein hacken, dabei die harten Stiele entfernen. Restliche Butter in einer Pfanne erhitzen und Kartoffeln kurz darin schwenken. Petersilie untermischen und mit Salz und Pfeffer würzen.

5 Schweinefilet aus dem Ofen nehmen, Folie entfernen, das Filet in Scheiben schneiden und zu Kartoffeln, Spargel und der Soße servieren. Mit Petersilie garnieren.

Gefülltes Schweinefilet mit Rotweingemüse

Für 4 Personen:

Für das Fleisch:
600 g Schweinefilet
Salz
weißer Pfeffer
1 Knoblauchzehe
1 Chilischote
120 g Schafskäse
1 TL Kräuter der Provence (z. B. von Ostmann)
2 EL Olivenöl
Für das Gemüse:
300 g Möhren
1 Zucchini
2 Schalotten
1 EL Butter
je 200 ml Rotwein und Gemüsebrühe
Salz
weißer Pfeffer
1 Prise Zucker
1 TL Kräuter der Provence

Zubereitungszeit: 40 Min.

Nährwerte pro Person: 379 kcal, 1586 kJ, 40 g EW, 18 g F, 7 g KH

1 Backofen auf 200 Grad vorheizen. Filet nach Bedarf von Fett und Sehnen befreien, waschen und trocken tupfen. Das Fleisch der Länge nach ein-, aber nicht durchschneiden. Von allen Seiten salzen und pfeffern.

2 Knoblauch schälen, fein hacken. Chilischote längs halbieren, entkernen, waschen und fein hacken. Mit Knoblauch und Schafskäse vermengen, mit Kräutern der Provence und Pfeffer würzen.

3 Filet mit der Masse füllen, die Öffnung mit Küchengarn oder kleinen Holzspießen fixieren. Öl in einer breiten Pfanne stark erhitzen und das Filet von allen Seiten kräftig anbraten. Anschließend in eine ofenfeste Form legen und im Backofen 20 Minuten garen.

4 Möhren schälen, Zucchini putzen, Möhren schräg in Scheiben, Zucchini der Länge nach halbieren und ebenfalls in Scheiben schneiden. Schalotten schälen und würfeln.

5 Butter in der Pfanne erhitzen, Gemüse und Schalotten darin bei mittlerer Hitze unter Rühren ca. 10 Minuten andünsten. Wein und Brühe zugießen und 15 Minuten garen. Mit Salz, Pfeffer, Zucker und Kräutern der Provence abschmecken.

6 Fleisch aus dem Ofen nehmen, in Scheiben schneiden und mit dem Gemüse auf Tellern anrichten.

BEILAGE

▶ **Reichen Sie dazu gekochten Reis.**

Schweinegulasch mit grünen Bohnen

Für 4 Personen:

600 g Schweinefleisch (z. B. Schulter)
5 Zwiebeln
400 g grüne Bohnen
4 Tomaten
2 EL Pflanzenöl
2 TL Paprikapulver edelsüß
Salz, Pfeffer
300 ml Fleischbrühe
1 Stängel Bohnenkraut
2 EL saure Sahne

Zubereitungszeit: 30 Min.
Schmorzeit: 1 Std.

Nährwerte pro Person: 406 kcal, 1699 kJ, 40 g EW, 22 g F, 12 g KH

1 Fleisch unter fließendem kaltem Wasser waschen, mit Küchenpapier trocken tupfen und in mundgerechte Stücke würfeln.

2 Zwiebeln schälen und in Spalten schneiden. Bohnen waschen, putzen, Enden abschneiden und Bohnen in Stücke schneiden. Tomaten waschen, Stielansätze herausschneiden und Tomaten achteln.

3 Pflanzenöl in einem breiten Topf erhitzen, Fleisch darin bei starker Hitze unter Rühren ca. 15 Minuten anbraten. Zwiebeln zugeben und mitbraten.

4 Fleisch mit Paprikapulver, Salz und Pfeffer würzen. Fleischbrühe zufügen. Zugedeckt ca. 30 Minuten bei schwacher Hitze schmoren.

5 Bohnen, Bohnenkraut sowie Tomaten zugeben und weitere 30 Minuten garen. Gulasch mit Salz und Pfeffer abschmecken und die saure Sahne unterrühren.

TIPP

▶ Statt der grünen Bohnen können Sie auch 400 g in Streifen geschnittene Paprikaschoten verwenden. Dann aber auch das Bohnenkraut weglassen. Wer mag, kann auch 2 geschälte und gewürfelte Kartoffeln mitschmoren.

BEILAGE

▶ Salzkartoffeln oder Kartoffelpüree.

Zigeunereintopf

Für 4 Personen:

250 g Schweinefleisch (z. B. Ober-, Unterschale, Nuss, Hüfte)
500 g Tomaten
je 1 rote, grüne und gelbe Paprikaschote
250 g Zwiebeln
5 Knoblauchzehen
125 g geräucherter Speck
1 EL Butterschmalz
Salz
Cayennepfeffer
¼ l Rotwein
2 getrocknete rote Chilischoten
400 g Kidneybohnen (Dose)
1 Prise Zucker
je ½ TL gerebelter Oregano und Thymian

Zubereitungszeit: 25 Min.
Garzeit: 30 Min.

Nährwerte pro Person: 753 kcal, 3157 kJ, 33 g EW, 36 g F, 56 g KH

1 Schweinefleisch waschen, trocken tupfen und in feine Streifen oder Würfel schneiden. Tomaten waschen, mit heißem Wasser überbrühen, kalt abschrecken, häuten und Fruchtfleisch würfeln.

2 Paprikaschoten halbieren, von Kernen und weißen Innenwänden befreien, waschen und in dünne Streifen schneiden. Zwiebeln schälen, halbieren und ebenfalls in Streifen schneiden. Knoblauch schälen und fein hacken. Speck würfeln.

3 Butterschmalz in einem großen Topf stark erhitzen und das Fleisch darin unter gelegentlichem Rühren ca. 10 Minuten kräftig anbraten.

4 Nacheinander Speck, Zwiebel- und Paprikastreifen einstreuen und mitbraten. Knoblauch, Salz und Cayennepfeffer hinzufügen. Das Ganze mit Wein ablöschen und Chilischoten zugeben.

5 Tomatenwürfel, abgetropfte Bohnen, Zucker, Oregano und Thymian unterrühren. Mit ¾ l Wasser auffüllen und bei schwacher Hitze ca. 30 Minuten köcheln lassen. Zum Schluss Chilischoten herausnehmen, mit Salz und Cayennepfeffer abschmecken.

Szegediner Gulasch

Für 4 Personen:

200 g Speck
2 Knoblauchzehen
300 g Zwiebeln
500 g Schweinefleisch (z. B. Bug, Nuss)
3 EL Pflanzenöl
1 EL Paprikapulver edelsüß
1 TL Thymianblättchen, gehackt
Salz, Pfeffer
1 TL gemahlener Kümmel
3 TL Tomatenmark
500 g Sauerkraut (Dose)
125 g saure Sahne
1 EL Sesam
Basilikumblättchen und Thymianzweige zum Garnieren

Zubereitungszeit: 20 Min.
Schmorzeit: 1 Std.

Nährwerte pro Person: 537 kcal, 2245 kJ, 38 g EW, 39 g F, 9 g KH

1 Speck in kleine Würfel schneiden. Knoblauchzehen schälen und fein hacken. Zwiebeln schälen, halbieren und in feine Streifen schneiden. Fleisch waschen, trocken tupfen und in mundgerechte Stücke würfeln.

2 Öl in einem breiten Topf erhitzen, Zwiebeln und Knoblauch darin unter Rühren andünsten. Fleisch mit Speck zugeben und bei starker Hitze ca. 15 Minuten anbraten.

3 Paprikapulver, Thymian, Salz, Pfeffer, Kümmel und Tomatenmark zufügen und verrühren. Sauerkraut zum Fleisch geben und mit so viel Wasser aufgießen, dass alles knapp bedeckt ist.

4 Zugedeckt bei schwacher Hitze ca. 1 Stunde schmoren lassen, bis das Fleisch weich ist. Zum Schluss

TIPP

▶ Kochen Sie gleich eine größere Menge, denn aufgewärmt schmeckt Gulasch besonders gut.

die saure Sahne unterrühren und anrichten. Nach Wunsch mit Sesam bestreuen und mit Basilikum und Thymianzweigen garnieren.

VARIANTE

▶ Um dem Gulasch eine fruchtige Note zu verleihen, können Sie gleichzeitig mit dem Sauerkraut auch eine kleine Dose abgetropfte Ananasstückchen zum Fleisch geben und mitschmoren.

Wurzelgemüseeintopf mit Schweinshaxe

Für 4 Personen:

1 kg Schweinshaxe
1 Möhre
200 g Knollensellerie
100 g Petersilienwurzel
2 Zwiebeln
2 Knoblauchzehen
1 Lorbeerblatt
4 Wacholderbeeren
1 EL Pfefferkörner
Salz
2 EL Essig
2 EL Butter
2 EL Mehl
100 g Graupen
je 2 EL Möhren- und Meerrettichraspel
Pfeffer aus der Mühle

Zubereitungszeit: 35 Min.
Garzeit: 2 ½ Std.

Nährwerte pro Person: 528 kcal, 2209 kJ, 41 g EW, 25 g F, 36 g KH

BEILAGE

▶ Dazu schmeckt frisches Schwarzbrot.

1 Die Schweinshaxe waschen, trocken tupfen und in einen großen Suppentopf legen. Möhre, Sellerie und Petersilienwurzel schälen, waschen und grob würfeln. Zwiebeln schälen und vierteln.

2 Das Gemüse mit angedrücktem Knoblauch zum Fleisch in den Topf geben, Lorbeerblatt, Wacholderbeeren, Pfefferkörner und etwas Salz zufügen und das Ganze mit 2 l kaltem Wasser und Essig bedecken.

3 Den Eintopf ca. 2 Stunden bei schwacher Hitze köcheln lassen, bis sich das Fleisch leicht vom Knochen löst. Fleisch herausnehmen, vom Knochen ablösen und in kleine Würfel schneiden. Brühe durch ein Sieb in einen Topf gießen.

4 Butter und Mehl in einem Topf bei mittlerer Hitze unter Rühren anschwitzen und mit der Brühe aufgießen. Graupen hineingeben und in 25–30 Minuten gar kochen.

5 Zum Schluss das gewürfelte Fleisch und die Möhren- und Meerrettichraspel hineingeben und im Sud erwärmen lassen. Den Eintopf mit Salz und Pfeffer abschmecken.

Graupeneintopf mit Gemüse und Schweinefleisch

Für 4 Personen:

1 Möhre
400 g festkochende Kartoffeln
1 Bd. Frühlingszwiebeln
600 g Schweinefleisch (z. B. Nuss oder Schulter)
100 g Speck
2 EL Pflanzenöl
Salz, Pfeffer
1 l Fleischbrühe
2 Lorbeerblätter
100 g Graupen
Schnittlauch für die Garnitur

Zubereitungszeit: 20 Min.
Garzeit: 45 Min.

Nährwerte pro Person: 579 kcal, 2423 kJ, 54 g EW, 30 g F, 26 g KH

1 Möhre und Kartoffeln schälen und klein würfeln. Frühlingszwiebeln putzen, waschen und in feine Ringe schneiden.

2 Fleisch unter fließendem kaltem Wasser abspülen, mit Küchenpapier trocken tupfen und in mundgerechte Stücke schneiden. Speck fein würfeln.

3 Pflanzenöl in einem Topf erhitzen und das Fleisch sowie den Speck darin bei starker Hitze ca. 10 Minuten kräftig anbraten, dabei immer wieder umrühren. Salzen und pfeffern.

4 Gemüse zugeben, kurz mitbraten und das Ganze mit der Fleischbrühe ablöschen. Lorbeerblätter und Graupen zugeben und zugedeckt ca. 45 Minuten bei schwacher Hitze schmoren lassen.

5 Den Eintopf mit Salz und Pfeffer abschmecken und mit Schnittlauch garniert in Suppentellern servieren.

▶ Feines aus der Bratenküche

Schweinebraten mit Senfkruste

Für 4 Personen:

2 Zwiebeln
1 Knoblauchzehe
1 kg Schweinebraten (z. B. Schulter)
Salz, Pfeffer aus der Mühle
1 EL Senf
2 EL Speiseöl
150 g TK-Suppengrün, aufgetaut
⅛ l trockener Rotwein
800 g TK-Rotkohl
3 Gewürznelken
8 Semmelknödel (Fertigprodukt)
¼ l Fleischfond (Glas)
2 EL dunkler Soßenbinder

Zubereitungszeit: 30 Min.
Bratzeit: 2 Std.

Nährwerte pro Person: 1021 kcal, 4275 kJ, 66 g EW, 49 g F, 72 g KH

1 Zwiebeln und Knoblauch schälen, Zwiebeln grob würfeln und Knoblauch halbieren. Schweinefleisch waschen, trocken tupfen und mit

BEILAGE

▶ Wie Sie Semmelknödel selbst zubereiten, finden Sie auf S. 428.

Salz, Pfeffer, Knoblauchhälften und Senf einreiben.

2 Backofen auf 180 Grad vorheizen. Öl in einem Bräter erhitzen und Schweinebraten von allen Seiten darin kräftig anbraten. Suppengrün und Zwiebelwürfel mit anbraten, Rotwein angießen und den Braten im Ofen ca. 2 Stunden schmoren.

3 Rotkohl nach Packungsanweisung garen, Nelken zugeben und mitgaren. Semmelknödel nach Packungsanweisung in kochendem Salzwasser gar ziehen lassen.

4 Braten aus dem Bräter nehmen und warm stellen. Die Soße mit einem Stabmixer pürieren, Fleischfond auffüllen und einmal kräftig aufkochen lassen.

5 Salzen, pfeffern und Soßenbinder mit dem Schneebesen einrühren. Schweinebraten in Scheiben schneiden und mit Rotkohl und Semmelknödeln servieren.

Schweinebraten mit Speckschwarte

Für 4–6 Personen:

1 Bd. Suppengrün
1 große Zwiebel
1 Knoblauchzehe
1,2 kg Schweinebraten (Schinken mit Schwarte)
Salz, Pfeffer
2 EL Pflanzenöl
3 Lorbeerblätter
8 Pfefferkörner
550 ml Gemüsebrühe
150 ml trockener Rotwein
2 EL dunkler Soßenbinder (z. B. von Mondamin)

Zubereitungszeit: 40 Min.
Bratzeit: 1 $^1/_4$ Std.

Nährwerte pro Person: 697 kcal, 2926 kJ, 59 g EW, 38 g F, 11 g KH

1 Suppengemüse putzen, waschen, gegebenenfalls schälen und würfeln. Zwiebel und Knoblauch schä-

len und grob hacken. Fleisch waschen, trocken tupfen, mit Salz und Pfeffer einreiben. Die Speckschwarte rautenförmig einschneiden.

2 Öl in einem Bräter erhitzen und Fleisch darin bei starker Hitze rundum anbraten, dabei die Schwarte auslassen. Gemüse, Zwiebel, Knoblauch, Lorbeerblätter und Pfefferkörner um das Fleisch herum verteilen und mit 200 ml Brühe aufgießen.

3 Im vorgeheizten Backofen bei 220 Grad 30 Minuten braten. Danach die Temperatur auf 200 Grad reduzieren und weitere 50–60 Minuten braten, dabei das Fleisch nach und nach mit 200 ml Brühe begießen.

4 Braten aus dem Bräter nehmen, auf eine tiefe ofenfeste Platte legen und im abgeschalteten Ofen warm halten. Bratenfond durch ein Sieb in einen Topf gießen, dabei Gemüse vorsichtig ausdrücken.

5 Den Fond mit übriger Brühe und Rotwein aufkochen und 2–3 Minuten einkochen lassen. Soßenbinder mit einem Schneebesen einrühren, 1 Minute kochen lassen und abschmecken. Den Braten in Scheiben schneiden und mit Soße servieren.

Gefüllter Schweinebraten mit Rahmgemüse

Für 6 Personen:

1,2 kg Schweinenacken ohne Knochen
Salz, Pfeffer
2 TL mittelscharfer Senf
½ Bd. Petersilie
2 Stängel Majoran
300 g Kalbsbrät
4 EL Öl
2 Zwiebeln
400 ml Gemüsefond (Glas)

4 Stangen Lauch
1 Möhre
2 EL Butter
200 g Sahne
1 EL heller Soßenbinder
1 Bd. Schnittlauch
2 EL dunkler Soßenbinder

Zubereitungszeit: 45 Min.
Schmorzeit: 2 Std.

Nährwerte pro Person: 701 kcal, 2934 kJ, 54 g EW, 49 g F, 12 g KH

1 Fleisch waschen, trocken tupfen, salzen, pfeffern und mit Senf bestreichen. Petersilie und Majoran waschen, trocken schütteln, Blättchen abzupfen und fein hacken.

2 Gehackte Kräuter mit Kalbsbrät, etwas Salz und Pfeffer vermengen. Masse auf dem Fleisch verteilen, dieses aufrollen und mit Küchengarn zu einem Rollbraten binden (Bild rechts).

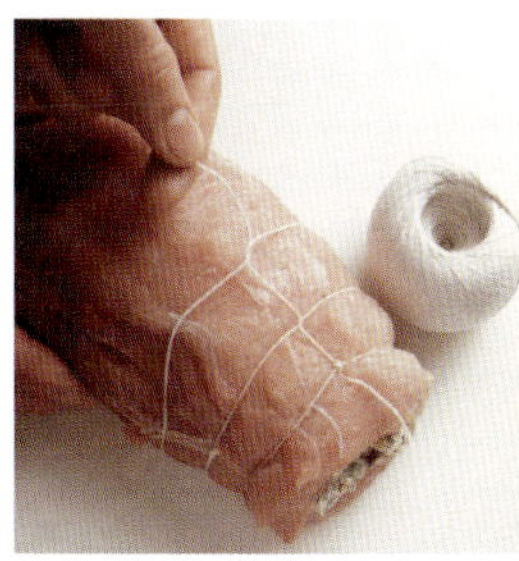

3 Öl in einem Bräter erhitzen und das Fleisch darin ringsum kräftig anbraten. Zwiebeln schälen, hacken und kurz mitbraten. Fond zugeben und Rollbraten zugedeckt bei schwacher Hitze ca. 2 Stunden schmoren.

4 Den Lauch putzen, waschen und schräg in Scheiben schneiden. Möh-

re putzen, waschen und ebenfalls schräg in Scheiben schneiden. Butter in einer Pfanne erhitzen und beides darin kurz anschwitzen. Sahne angießen und alles bei leiser Hitze etwas einkochen lassen.

5 Hellen Soßenbinder unter das Gemüse rühren und mit etwas Salz und Pfeffer würzen. Schnittlauch waschen, trocken schütteln, in Röllchen schneiden und kurz vor dem Servieren untermengen.

6 Braten aus dem Bräter nehmen, zugedeckt ruhen lassen. In den Bratfond den dunklen Soßenbinder einrühren. Mit Salz und Pfeffer abschmecken.

7 Braten in Scheiben schneiden und mit dem Rahmgemüse und der Bratensoße anrichten.

Knusprige Spanferkelscheiben

Für 4 Personen:

1,2 kg Spanferkelrücken am Knochen
½ TL Kardamomsamen
½ TL schwarzer Pfeffer
½ Fenchelknolle
300 ml Dessertwein (z. B. Beerenauslese)
200 g Schalotten
Salz
120 g Wirsing
50 g Butter
250 g Pfifferlinge, geputzt
Pfeffer aus der Mühle

Zubereitungszeit: 1 Std.
Marinierzeit: mind. 12 Std.
Bratzeit: 80 Min.

Nährwerte pro Person: 604 kcal, 3782 kJ, 61 g EW, 45 g F, 38 g KH

1 Spanferkelrücken auslösen (oder am besten gleich vom Metzger vorbereiten lassen) und kreuzweise einschneiden. Kardamom und schwarzen Pfeffer im Mörser zerstoßen.

2 Fenchelknolle putzen, waschen und in Scheiben schneiden. Fleisch in einem flachen Gefäß mit der Kardamom-Pfeffer-Mischung, Fenchel und Wein mischen. Im Kühlschrank über Nacht marinieren.

3 Backofen auf 180 Grad vorheizen. Schalotten schälen, 1 Schalotte fein würfeln und beiseitelegen. Restliche Schalotten vierteln. Spanferkel aus der Marinade nehmen, die Marinade in einem Bräter aufkochen und den aufsteigenden Schaum mit einem Schöpflöffel abschäumen.

4 Spanferkelrücken mit der Speckschwarte nach unten in die heiße Marinade legen und bei kleinster Hitze 10 Minuten ziehen lassen.

5 Spanferkelrücken wenden, kräftig salzen, geviertelte Schalotten zugeben und im Ofen 70–80 Minuten garen, evtl. zwischendurch noch einmal etwas Wasser zugeben.

6 Wirsing putzen und waschen, 3–4 Minuten in Salzwasser kochen, abgießen, abschrecken und ohne dicke Blattrippen in dünne Streifen schneiden. Butter in einer Pfanne erhitzen, Pilze und gewürfelte Schalotten darin unter Rühren 2 Minuten anbraten. Wirsing zugeben und 3 Minuten dünsten. Salzen und pfeffern.

7 Kurz vor Ende der Garzeit den Backofengrill einschalten und den Spanferkelrücken einige Minuten knusprig grillen. Aus dem Ofen nehmen, in Scheiben schneiden und mit den Beilagen servieren.

Spanferkel auf Biergemüse

Für 4 Personen:

2 Knoblauchzehen
2 Zwiebeln
2 Schalotten
2 Möhren
1 Petersilienwurzel
2 Stangen Sellerie
1 kg Spanferkelschulter oder -keule
Salz
Pfeffer
Kümmel
3 EL Pflanzenöl
ca. 1/4 l Bier
1/2 l Bratenfond (Glas)

Zubereitungszeit: 40 Min.
Bratzeit: 80 Min.

Nährwerte pro Person: 683 kcal, 2858 kJ, 61 g EW, 43 g F, 12 g KH

1 Backofen auf 200 Grad vorheizen. Knoblauch schälen und fein hacken. Zwiebeln und Schalotten schälen und vierteln. Möhren und Petersilienwurzel schälen und in grobe Stücke schneiden. Sellerie putzen, waschen und klein schneiden.

2 Spanferkelhaut rautenförmig einschneiden oder mit einer dicken Nadel mehrmals einstechen.

3 Fleisch mit Salz, Pfeffer, Kümmel und Knoblauch einreiben. Das Öl in einem Bräter erhitzen und das Fleisch darin bei hoher Hitze anbraten. Zwiebeln und Schalotten zufügen, kurz mit anbraten und den Bräter in den Ofen stellen.

4 Nach ca. 30 Minuten das restliche Gemüse um das Fleisch herum verteilen. Das Fleisch mit ein wenig Wasser und etwas Bier begießen und weitere 45 Minuten garen. Dabei immer wieder mit etwas Bier beträufeln.

5 Fleisch aus dem Ofen nehmen, 20 Minuten abkühlen lassen, in eine frische Form legen und im Ofen bei 220 Grad einige Minuten kross braten, um eine knusprige Schwarte zu erhalten.

6 In der Zwischenzeit Gemüse im Bräter mit Bratenfond und restlichem Bier auffüllen, auf dem Herd ca. 10 Minuten einkochen lassen. Dann mit Salz und Pfeffer abschmecken. Spanferkel aus dem Ofen nehmen und mit Biergemüse anrichten.

BEILAGE

▶ Dazu passen Semmel- oder Kartoffelknödel und ein kühles Bier.

Schweinshaxen mit Gemüse

Für 4 Personen:

2 Möhren
2 Stangen Sellerie
1 Stange Lauch
2 Zwiebeln
1 Lorbeerblatt
4 kleine Schweinshaxen
Salz, Pfeffer
1 EL Kümmel
¾ l Fleischbrühe
1 Bd. Majoran

Zubereitungszeit: 20 Min.
Bratzeit: 1 Std.

TIPP

▶ Die Schwarte wird besonders knusprig, wenn Sie gegen Garzeitende kurz den Ofengrill einschalten und die Schwarte mit Wasser oder Bier begießen. Wird die Schwarte beim Braten zu dunkel, ein Stück Alufolie über den Bräter legen.

Nährwerte pro Person: 468 kcal, 1958 kJ, 49 g EW, 23 g F, 17 g KH

1 Möhren schälen, längs vierteln und in grobe Stücke schneiden. Sellerie und Lauch putzen, waschen, Sellerie in grobe Stücke und Lauch in feine Ringe schneiden.

2 Zwiebeln schälen und in Spalten schneiden. Bis auf den Lauch Gemüse und das Lorbeerblatt in einen Bräter legen.

3 Schwarte der Haxen rautenförmig einschneiden. Haxen mit Salz, Pfeffer und Kümmel einreiben und auf das Gemüse legen.

4 Die Hälfte der Brühe angießen und das Ganze im vorgeheizten Ofen bei 200 Grad ca. 1 Stunde schmoren lassen, dabei das Gemüse mehrmals wenden und das Fleisch jeweils mit etwas Fleischbrühe übergießen.

5 Nach ca. 30 Minuten den Lauch unter das Gemüse mengen. Die letzten 5 Minuten die Majoranstängel, bis auf einige für die Garnitur, mit in den Bräter legen.

6 Bräter aus dem Ofen nehmen, Fleisch auf eine vorgewärmte Platte legen. Den Bratfond mit Salz und Pfeffer abschmecken und die Haxen mit dem Gemüse anrichten. Mit Majoran garniert servieren.

Kassler auf Spitzkohl

Für 6 Personen:

Für das Kassler:
100 g Schalotten
2 EL Olivenöl
1 kg Kassler ohne Knochen
⅛ l trockener Weißwein
3 EL Aprikosenmarmelade
1 EL Senf

$^{1}/_{2}$ TL gemahlener Ingwer
$^{1}/_{2}$ TL gemahlener Koriander
$^{1}/_{8}$ l Rindfleischbrühe
Salz, Pfeffer aus der Mühle
Für den Spitzkohl:
1 Spitzkohl (ca. 400 g)
300 g Kartoffeln
2 Zwiebeln
50 g getrocknete Tomaten
4 EL Olivenöl
Salz
Pfeffer
Chilipulver
$^{1}/_{2}$ EL Zucker
$^{1}/_{2}$ l Gemüsebrühe

Zubereitungszeit: 30 Min.
Bratzeit: 55 Min.

Nährwerte pro Person: 446 kcal, 1864 kJ, 38 g EW, 24 g F, 17 g KH

1 Backofen auf 200 Grad vorheizen. Schalotten schälen und halbieren. Öl in einem Bräter bei mittlerer Hitze erhitzen und Kassler darin von allen Seiten anbraten.

2 Schalottenhälften zugeben und mitbraten. Mit Wein ablöschen und im Ofen ca. 20 Minuten braten.

3 Aprikosenmarmelade, Senf, Ingwer, Koriander und Rindfleischbrühe verrühren, mit Salz und Pfeffer würzen und den Braten damit bestreichen. Braten weitere 35 Minuten braten und dabei mehrfach mit dem Bratenfond begießen.

4 Den Spitzkohl putzen, waschen und in Stücke schneiden, dabei den harten Mittelstrunk entfernen. Kartoffeln, Zwiebeln und Tomaten in Würfel schneiden.

5 Öl in einem Topf erhitzen, Gemüse darin unter Rühren anschwitzen. Mit Salz, Pfeffer, Chilipulver, Zucker würzen und die Gemüsebrühe angießen. Ca. 25 Minuten bei mittlerer Hitze garen.

6 Kassler aus dem Ofen nehmen, in Scheiben schneiden und mit dem Bratenfond und Spitzkohl servieren.

Kassler mit Honigkruste und Ananas

Für 4–6 Personen:

4 EL Honig
2 TL Senf
1 kg Kassler
3 EL Butter
1 Ananas
125 g Sahne
1–2 TL Speisestärke

Zubereitungszeit: 20 Min.
Bratzeit: 80 Min.

Nährwerte pro Person: 771 kcal, 3229 kJ, 44 g EW, 51 g F, 36 g KH

1 Backofen auf 180 Grad vorheizen. Honig und Senf verrühren. Fleisch waschen, trocken tupfen und mit der Mischung bestreichen.

2 Bräter mit 1 EL Butter ausstreichen, Fleisch hineinlegen und restliche Butter darauf in Flöckchen verteilen. Bräter mit einem Deckel verschließen und im Backofen ca. 20 Minuten garen.

BEILAGE

▶ **Dazu passt gekochter Reis.**

3 Inzwischen die Ananas schälen, der Länge nach vierteln, den Strunk entfernen und Fruchtfleisch in 1 cm dicke Scheiben schneiden. Nach 20 Minuten Bratzeit Ananas um das Fleisch herum verteilen und offen weitergaren.

4 Nach weiteren 20 Minuten Bräter aus dem Ofen nehmen, Fleisch und Ananas herausheben und den entstandenen Bratenfond mit Sahne aufgießen. Speisestärke mit einem Schneebesen einrühren und die Soße einmal aufkochen lassen.

5 Kassler in Scheiben schneiden und mit den Ananasstücken und der Soße servieren.

Kalter Schweinerollbraten mit Kräutern

Für 6 Personen:

1,2 kg Schweinerollbraten
Salz, Pfeffer
3 Knoblauchzehen
1 Bd. Basilikum
1 Bd. glatte Petersilie
3 Zweige Rosmarin
4 Stängel Oregano
4 Zweige Thymian
3 Zweige Zitronenthymian
3 Stängel Minze
8 Salbeiblätter
3 EL Zitronensaft
5 EL Olivenöl
200 ml Weißwein

Zubereitungszeit: 30 Min.
Marinierzeit: 3 Std.
Bratzeit: 2 Std.

Nährwerte pro Person: 442 kcal, 1849 kJ, 42 g EW, 28 g F, 2 g KH

1 Rollbraten ausbreiten und etwas flach klopfen. Das Fleisch mit Salz und Pfeffer einreiben. Die Knoblauchzehen schälen, fein hacken und in eine Schüssel geben.

2 Kräuter abbrausen, ohne harte Stiele fein hacken und zum Knoblauch geben. Alles mit Zitronensaft und 2 EL Olivenöl vermengen.

3 Das Fleisch mit ⅔ der Kräutermischung einreiben. Den Braten aufrollen und mit Küchengarn fest zusammenbinden. Rundherum mit der übrigen Kräutermischung bestreichen, dann in Frischhaltefolie wickeln und im Kühlschrank ca. 3 Stunden durchziehen lassen.

4 Den Backofen auf 180 Grad vorheizen. In einem gusseisernen Bräter 3 EL Olivenöl erhitzen und den Braten darin rundum scharf anbraten. Mit Weißwein ablöschen und in den Backofen stellen. Die Temperatur auf 150 Grad reduzieren und den Braten 2 Stunden garen.

5 Zwischendurch das Fleisch immer wieder mit dem Wein begießen. Zum Schluss Braten unter dem Grill oder bei 250 Grad Oberhitze 5 Minuten bräunen.

6 Das Fleisch aus dem Ofen nehmen, vollständig abkühlen lassen und in dünne Scheiben schneiden.

TIPP

▶ Der kalte Schweinerollbraten ist hervorragend für unterwegs geeignet; mit einem Kartoffelsalat ist er ein leckeres Picknickgericht.

▶ Geflügel

Geflügel

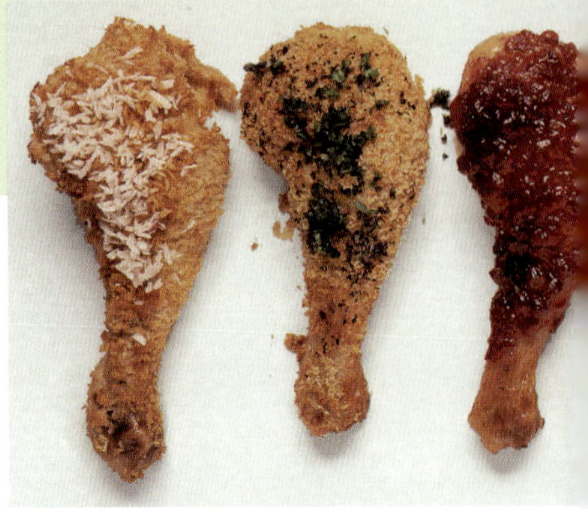

Geflügelfleisch ist ein zartes, nahrhaftes, preiswertes und, mit einem typischen Eigengeschmack, köstliches Fleisch, das sich mit jeder Würzung sofort einverstanden erklärt. Ob im Ganzen oder in Keulen, Flügel & Brüste geteilt, mit oder ohne Haut und Knochen oder sogar als Hackfleisch – es ist der problemlose Umgang, der Geflügelfleisch in fast allen Küchen der Welt so populär gemacht hat.

TIPP

▶ Auf dem Etikett steht, ob Sie im Inneren des Tieres Innereien finden: »grillfertig« bedeutet ohne Innereien, bei »bratfertig« erhalten Sie die Innereien in einem Beutel und bei »teilweise ausgenommen« sind Magen, Darm und Galle entfernt.

Geflügel ist gesund

Besonders Hähnchen- und Putenfleisch haben wegen ihrer sehr guten Bekömmlichkeit, der leichten Verdaulichkeit, des mageren Fleisches und der niedrigen Kalorienzahl ihren festen Platz in der Diätküche. Geflügelfleisch enthält genauso viel Eiweiß wie rotes Fleisch. Der Fettgehalt variiert je nach Geflügelart, dabei sind Gans und Ente fetthaltiger als Huhn oder Pute. Auch die einzelnen Geflügelteile haben einen unterschiedlichen Fettgehalt. So ist beispielsweise Brustfleisch magerer, Schenkelfleisch fetthaltiger.
Achten Sie auch hier, wie bei allen Fleischsorten, auf Qualität. Freilandhaltung ist der Massenaufzucht vorzuziehen. Bio ist natürlich erste Wahl; erkundigen Sie sich aber auf jeden Fall nach Herkunft und Alter der Tiere.

A, B und C – Wichtiges über Handelsklassen

Beim Kauf von ganzen Hähnchen oder von Hähnchenteilen, frisch oder tiefgekühlt, sind die Handelsklassen entscheidend für Qualität und somit auch für den Preis. Tiere der Handelsklasse A sind vollfleischig, mit einer gleichmäßigen, dünnen Fettauflage; das Produkt weist keine sichtbaren Verletzungen wie Quetschungen oder Rötungen auf. Tiere der Handelsklasse B sind fleischig, mit ungleichmäßigem Fettansatz. Kleine Quetschungen, Risse oder optisch nicht einwandfreies Aussehen sind zulässig. Tiere der Handelsklasse C sind in der Regel nicht im Angebot, sondern werden industriemäßig weiterverarbeitet.

Der Umgang mit TK-Geflügel

Vor allem bei Geflügelfleisch wird der Großteil als Tiefkühlware verkauft. Beim Einkauf sollte man darauf achten, dass die Verpackung kein sichtbar gefrorenes Wasser enthält. Das deutet auf eine unterbrochene Kühlkette oder schlechtes Einschweißen der Folie hin.

Die ideale Lagertemperatur beträgt –18 Grad und sollte eine Dauer von

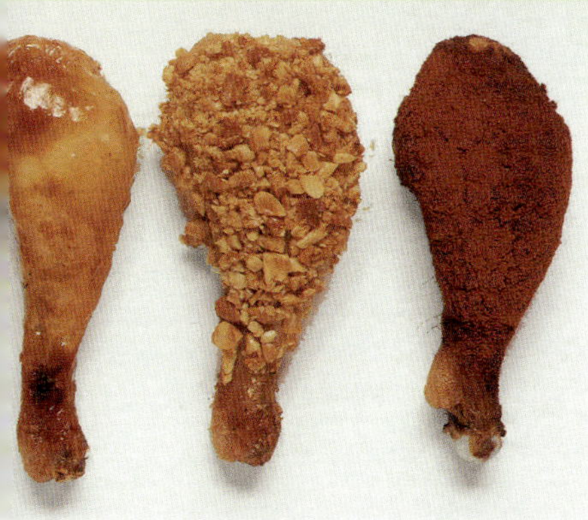

8–10 Monaten nicht überschreiten. Tauen Sie tiefgekühltes Geflügel am besten sanft und nicht im Eiltempo mit heißem Wasser oder gar in der Mikrowelle auf. Das würde der Fleischqualität außerordentlich schaden und zudem die Salmonellengefahr erhöhen. Legen Sie das Fleisch statt dessen ohne Folie in eine Schüssel auf einen umgedrehten Teller oder ein Sieb. So kann die Auftauflüssigkeit abfließen.
Die Schüssel am besten abdecken und Fleisch bei Zimmertemperatur in 6–8 Stunden auftauen. Im Kühlschrank beträgt die Auftauzeit ca. 12 Stunden, bei großem Geflügel entsprechend länger.

Vorbereitung von Geflügelfleisch

Die Innereien sind meistens in Folie verpackt im Bauchraum zu finden; vor der Weiterverarbeitung herausnehmen. Jedes ganze Tier sollte vor dem Garen unter fließendem kaltem Wasser gründlich abgespült werden. Am besten spült man auch den Bauchraum aus und tupft das Fleisch anschließend mit Küchenpapier trocken. Wegen der hohen Salmonellengefahr Geflügelfleisch niemals roh verzehren! Achten Sie daher auch darauf, dass es vollständig durchgegart wird.

Das Zerlegen von Geflügel ist kinderleicht, wenn man weiß wie: Mit einem großen, sehr scharfen Messer zunächst das Fleisch zwischen Brust und Schenkel, danach das Gelenk durchtrennen. Je nach Bedarf können Sie die Schenkel durch einen Schnitt am Gelenk in Ober- und Unterschenkel teilen (Bild 1). Bei den Flügeln gehen Sie genauso vor: das Fleisch am Rumpf einschneiden und das Gelenk abtrennen. Dann das Fleisch an beiden Seiten des Brustbeins einschneiden und lösen (Bild 2).

(1)
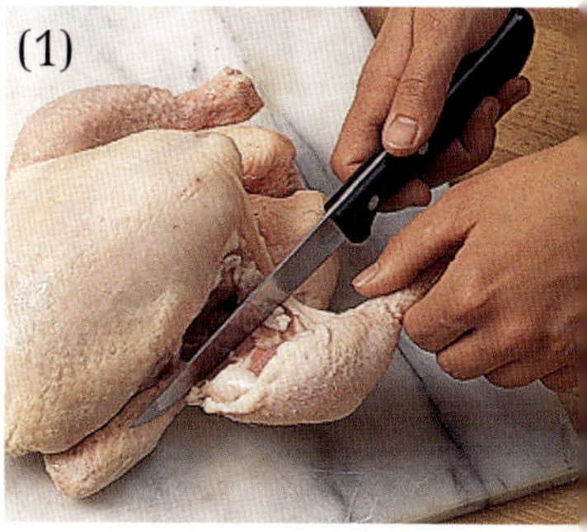

(2)

Dressieren

Damit ganze Tiere wie Gans, Ente, Huhn oder Truthahn beim Braten besonders saftig werden und in Form bleiben, wird Geflügel mit Küchengarn gebunden bzw. dressiert. So verhindert man, dass Flügel oder Keulen beim Braten abstehen, und das Geflügel gart gleichmäßig. Man umwickelt das Geflügel mit Küchengarn um den Bürzel, sodass auf jeder Seite die Hälfte vom Faden liegt (Bild 3).

(3)
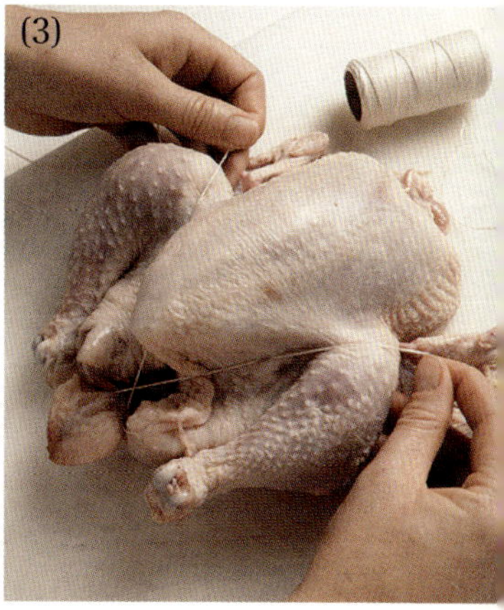

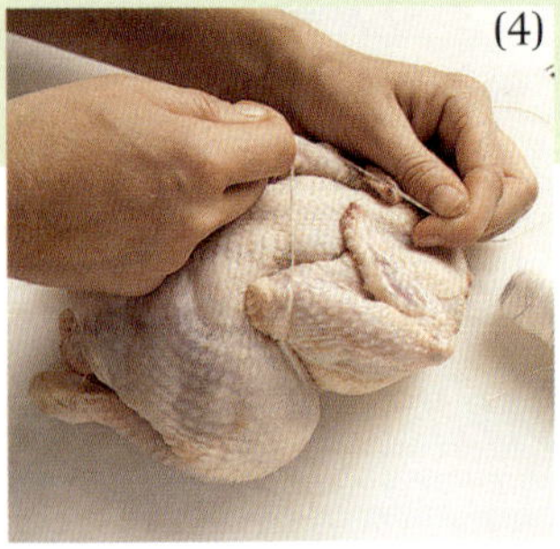

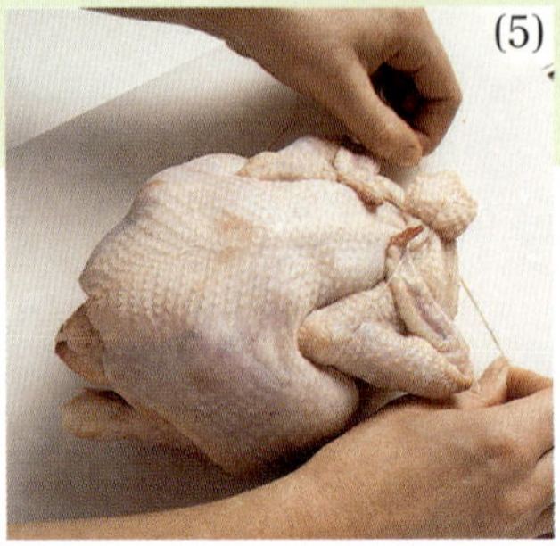

TIPP

▶ Eine einfache Füllung zaubern Sie aus Äpfeln, geschälte Orangen, Weintrauben und Rosinen. Befüllen Sie das Geflügel locker damit und nähen Sie es mit Küchengarn, das Sie durch eine große Nadel führen, zu.

Dann über den Schenkeln kreuzen und umwickeln. Die Fadenenden fest anziehen und das Tier umdrehen, so dass die Brustseite vor Ihnen liegt. Die beiden Fäden nach oben längs den Brustseiten ziehen und um die beiden Flügel legen (Bild 4). Garn um die Flügel ziehen (dabei die Halshaut mit einbeziehen) und verknoten. Überstehende Fadenenden abschneiden (Bild 5).

Tranchieren

Das Wichtigste sind eine lange Fleischgabel und ein großes, scharfes Messer. Das Bratgut mit der Fleischgabel fest anstechen, damit es einen guten Stand hat. Mit dem Messer die Haut zwischen Schenkel und Brust durchschneiden. Schenkel nach außen biegen, dabei etwas »ruckeln« und die Gelenke durchschneiden. Nachdem die Schenkel abgeschnitten sind,

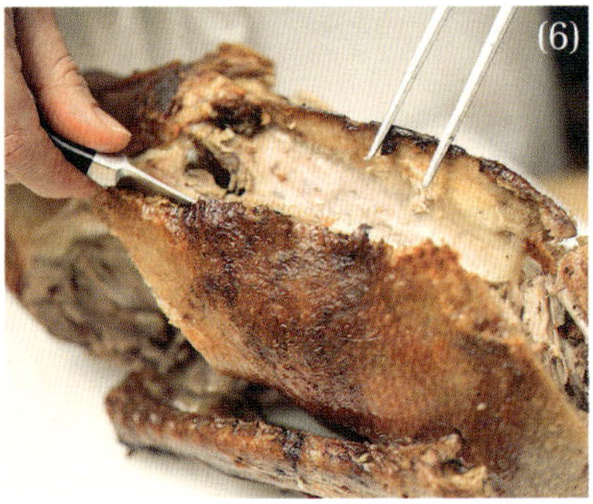

die Flügel abschneiden (Bild 6). Nun das Fleisch an beiden Seiten des Brustbeins mit dem Messer bis auf den Knochen einschneiden, sorgfältig vom Knochengerüst lösen und das Fleisch schräg in Scheiben schneiden (Bild 7).

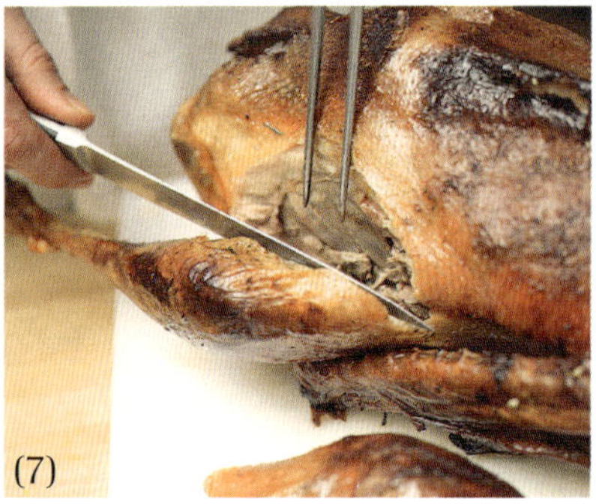

Vielfältiges Federvieh

Die beliebtesten Geflügelarten sind Huhn, Pute, Ente und Gans. Neben diesem Haus- und Hofgeflügel gibt es noch das sogenannte Wildgeflügel. Dazu zählen Rebhuhn, Wachtel, Fasan, Perlhuhn, Moorhuhn und Wildente.

▶ Huhn: Das 5–6 Wochen alte Hähnchen oder Hühnchen vor der Geschlechtsreife hat ein Gewicht ab 800 g. Es spielt keine Rolle, welchen Geschlechts es ist, generell nennt man es in diesem Stadium Masthähnchen oder -hühnchen.

▶ Suppenhuhn: Das klassische Suppenhuhn bildet nach 12–15 Monaten des Eierlegens die perfekte Grundlage für eine gute Suppe. Es ist dann 1,2–2,5 kg schwer, allerdings nicht mehr so saftig wie das Fleisch jüngerer Artgenossen.

TIPP

▶ Fasan, Perlhuhn, Rebhuhn und Wachtel zählen zum Wildgeflügel. Alles hierzu finden Sie ab S. 386.

▶ Pute: Die im Handel erhältlichen Puten (auch Truthahn genannt) haben meist ein Gewicht von 4–7 kg. Besonders oft werden die ca. 4 Monate alten Puter und Puten zerlegt angeboten, so z.B. in Ober- und Unterkeule, ganze Keulen, Flügel, Brust, Filets und Rollbraten.

▶ Babypute: Nach 3 Monaten Mastzeit kommen die jungen Puten mit einem Gewicht von 2–3 kg in den Verkauf. Das Fleisch ist besonders zart und sehr schmackhaft.

▶ Gans: Gänse sind von Oktober bis Januar frisch im Angebot, das Jahr hindurch als TK-Ware erhältlich. Frühmastgänse werden im Alter von ca. 10 Wochen mit einem Gewicht von 2–3 kg angeboten. Fleischigere Jungmastgänse gibt es mit 4,5–5 kg.

▶ Ente: Die Brust dieses Vogels ist eines der besten Stücke Fleisch auf dem Teller. Frühmastenten heißen sie bis 9 Wochen, Jungenten bis zu 8 Monate. Alles, was älter ist, kann leicht tranig schmecken.

Welches Teil wofür?

▶ Schenkel: Sie werden gerne für Koch- und Schmorgerichte verwendet. Oder auch paniert schwimmend in heißem Öl frittiert.

▶ Flügel: Sie enthalten nicht viel Fleisch, sind aber knusprig gegrillt gut zu knabbern. Flügel sind preiswert und lassen sich durch entsprechende Dipsoßen gut für Barbecues verwenden.

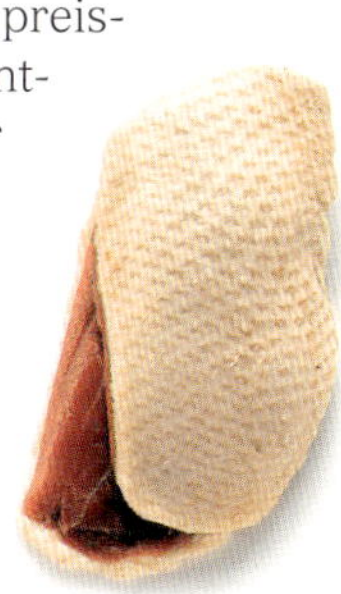

▶ Brust: Mit oder ohne Knochen und Haut ist sie vielseitig einsetzbar, ob gebraten, gegrillt, gerollt, gefüllt oder gekocht.

Ganzes Geflügel

Klassisches Brathähnchen

Für 2 – 3 Personen:

1 küchenfertiges Brathähnchen (ca. 1,2 kg)
2 EL Speiseöl
Salz, Pfeffer
1 EL Paprikapulver
Cayennepfeffer
1 EL Honig
1 EL Butter für den Bräter

Zubereitungszeit: 15 Min.
Bratzeit: 1 Std.

Nährwerte pro Person: 832 kcal, 3481 kJ, 104 g EW, 45 g F, 4 g KH

1 Backofen auf 200 Grad vorheizen.

2 Hähnchen unter fließendem kaltem Wasser innen und außen gut waschen. Mit Küchenpapier trocken tupfen.

3 Speiseöl mit Salz, Pfeffer, Paprikapulver, Cayennepfeffer und Honig vermischen. Hähnchen mit der Marinade von allen Seiten bestreichen und innen salzen und pfeffern. Das Hähnchen dressieren (siehe S. 357), in einen mit der Butter eingefetteten Bräter legen.

4 Anschließend im Ofen ca. 1 Stunde braten. Dabei ab und zu mit dem heraustretenden Saft bestreichen. Hähnchen herausnehmen und auf einer vorgewärmten Platte servieren.

TIPP

▶ **Durchschnittlich rechnet man bei ganzen Hähnchen mit einer Gardauer von ca. 1 Stunde. Bei Gänsen und Enten rechnet man pro kg mit ca. 1 Stunde, bei Puten pro kg mit ca. 50 Minuten. Lassen Sie außerdem, wie bei allen Braten, das Geflügel vor dem Servieren ca. 10 Minuten ruhen, damit sich der Fleischsaft besser verteilen kann und das Geflügel saftiger schmeckt.**

Paprikahähnchen im Bratschlauch

Für 4 Personen:

400 g kleine Zwiebeln
je 1 grüne, rote und gelbe Paprikaschote
1 großes Hähnchen (ca. 1,5 kg)
Salz, Pfeffer
3 EL Paprikapulver rosenscharf
$^{1}/_{2}$ Bd. Majoran
100 ml Hühnerbrühe

TIPP

▶ Wenn Sie Fett sparen möchten, sollten Sie vor dem Garen sichtbares Fett abschneiden und später auf den Verzehr der Haut verzichten.

Zubereitungszeit: 20 Min.
Bratzeit: 1 Std.

Nährwerte pro Person: 490 kcal, 2050 kJ, 42 g EW, 26 g F, 14 g KH

1 Zwiebeln schälen und in schmale Spalten schneiden. Paprikaschoten vierteln, Stielansatz, Trennwände und Kerne entfernen. Paprikaviertel quer in breite Streifen schneiden.

2 Backofen auf 200 Grad vorheizen. Hähnchen innen sowie außen kalt waschen und trocken tupfen. Innen und außen mit Salz, Pfeffer und Paprikapulver einreiben.

3 Majoran waschen und trocken schütteln. Einige Stängel in das Hähnchen geben und das Hähnchen dressieren (siehe S. 357). Von den übrigen Majoranstängeln die Blättchen abzupfen.

4 Zwiebeln mit Paprika und Majoran mischen. Mit dem Hähnchen in einen Bratschlauch geben. Den Bratschlauch auf einer Seite verschließen. Brühe hineingießen und Schlauch verschließen; mit einer Gabel oben einmal einstechen.

5 Paprikahähnchen im Ofen 1 Stunde garen. Herausnehmen und mit dem Gemüse anrichten.

Gefüllte Gans

(Abbildung S. 355)

Für 8 Personen:

400 g Kartoffeln
1 küchenfertige Gans (ca. 4 kg)
Salz, weißer Pfeffer
Paprikapulver edelsüß
Saft einer 1/2 Zitrone
2 Äpfel
2 Zwiebeln
1 EL Butter
250 g geschälte und gekochte Maronen (Glas)
1/2 TL gerebelter Thymian
2 TL gerebelter Beifuß
1 Knoblauchzehe
100 ml dunkles Bier

BEILAGE
▶ Semmelknödel: Wie Sie die selbst zubereiten, finden Sie auf S. 428.

Zubereitungszeit: 1 Std.
Bratzeit: 3 1/2 Std.

Nährwerte pro Person: 1350 kcal, 5648 kJ, 105 g EW, 93 g F, 23 g KH

1 Kartoffeln mit Schale in reichlich Wasser weich kochen, abgießen und 30 Minuten abkühlen lassen. Backofen auf 190 Grad vorheizen.

2 Gans innen und außen heiß waschen und trocken tupfen. Innen und außen mit Salz, Pfeffer und Paprikapulver einreiben, mit etwas Zitronensaft beträufeln.

3 Kartoffeln pellen und mit einem Kartoffelstampfer zerdrücken. Äpfel schälen, vierteln, vom Kernhaus befreien und in Scheiben schneiden. Mit etwas Zitronensaft beträufeln.

4 Zwiebeln schälen und fein würfeln. Butter in einer Pfanne erhitzen und die Zwiebelwürfel darin glasig anschwitzen. Äpfel zugeben und in ca. 3 Minuten weich dünsten.

5 Mit den abgetropften Maronen, Thymian, Beifuß und durchgepresstem Knoblauch unter die Kartoffelmasse ziehen. Mit Salz, Pfeffer und Paprikapulver würzen.

6 Gans von der Halsöffnung her mit der Hälfte der Kartoffelmasse füllen, dann Öffnung mit Holzspießchen zustecken. Restliche Füllung von der Bauchöffnung her einfüllen und verschließen.

7 Die Gans mit der Brustseite nach unten in einen großen Bräter legen und mit 1/2 l heißem Wasser übergießen. Bräter auf die untere Backofenschiene schieben.

8 Nach ca. 1 Stunde die Gans aus dem Ofen nehmen, mit einem Löffel das Fett vom Bratensud abschöpfen. Gans mit der Brustseite nach oben auf ein Backrost legen und zurück in den Ofen stellen. Eine Fettpfanne darunter schieben. Gans weitere 2 1/2 Stunden braten, dabei mit dem entfetteten Sud begießen.

9 Sollte die Gans zu dunkel werden, Haut mit Alufolie abdecken. 20 Minuten vor Garzeitende den Ofen auf 225 Grad hochschalten, Gans mit dem Bier bepinseln.

10 Gans aus dem Ofen nehmen und Füllung aus der Gans herausnehmen. Fettpfanne aus dem Ofen nehmen, Bratensatz in einen Topf umfüllen. Fond entfetten. Dazu vorsichtig Küchenpapier über die Oberfläche ziehen. Soße bei mittlerer Hitze etwas einkochen lassen. Gans mit Füllung und Soße servieren.

Gebratene Ente mit Kräutern und Früchten

Für 4 Personen:

1 küchenfertige Ente (ca. 2,5 kg)
Salz, Pfeffer
2 Zwiebeln
1 großer Apfel
1 TL gerebelter Majoran
2 EL Petersilie, frisch gehackt
1/2 EL Butter
1/2 l Geflügelfond (Glas)
1 Orange
je 2 kleine Limetten und Äpfel
2 frische Feigen
1 Sternfrucht
Wirsingblätter
4 Zweige Thymian

Zubereitungszeit: 50 Min.
Bratzeit: 2 Std.

Nährwerte pro Person: 776 kcal, 3259 kJ, 60 g EW, 57 g F, 6 g KH

1 Backofen auf 200 Grad vorheizen. Ente kalt abspülen und trocken tup-

fen. Flügelspitzen abtrennen, grob hacken und beiseitestellen. Ente außen und innen mit Salz und Pfeffer einreiben.

2 Zwiebeln und Apfel schälen, Apfel entkernen und alles grob würfeln. Mit den Kräutern vermischen. Ente mit Apfelmischung füllen und mit Holzspießchen feststecken und dressieren.

3 Ente mit der Brustseite nach unten in einen Bräter legen, ca. $^1/_4$ l Wasser angießen und im heißen Ofen in ca. 2 Stunden goldbraun braten. Nach der Hälfte der Bratzeit die Ente wenden. Ente während des Backvorgangs mehrmals mit austretendem Bratenfond begießen.

4 Ente aus dem Bräter nehmen, Füllung entfernen und Ente im Ofen bei 70 Grad warm halten. Bratenfond gründlich entfetten: die klare Fettschicht mit einem Löffel abschöpfen, das restliche Fett mit Küchenpapier aufsaugen.

5 Butter in einem Topf zerlassen und Flügelspitzen darin kräftig anbraten, mit dem Bratenfond ablöschen, Füllung und Geflügelfond zugeben und 15–20 Minuten leicht köcheln lassen. Soße durch ein Sieb in einen zweiten Topf passieren, mit Salz sowie Pfeffer abschmecken. Warm halten.

6 Kurz vor dem Servieren Ofengrill einschalten. Ente mit der Brust nach

oben in 5 Minuten knusprig grillen. Obst waschen. Orange und Limetten in Spalten schneiden. Äpfel vierteln und entkernen. Feigen vierteln und Sternfrucht in Scheiben schneiden.

7 Zum Servieren Ente auf Wirsingblättern anrichten, vorbereitete Früchte und Kräuter rundherum arrangieren. Soße getrennt dazu reichen.

Gefüllter Truthahn

Für 8 Personen:

200 g Putenleber
250 g Putenschnitzel
2 altbackene Brötchen
3 Äpfel (Boskop)
100 g Maronen (Dose)
2 Zwiebeln
2 Möhren
100 g Walnusskerne
1 Bd. Petersilie
2 Bd. Oregano
1 Ei
40 ml Apfellikör
Salz
Pfeffer
1 küchenfertige Pute (3–4 kg)
60 g Butter
200 ml Weißwein
1 EL Sahne

Zubereitungszeit: 50 Min.
Bratzeit: 2 1/2 Std.

Nährwerte pro Person: 1360 kcal, 5690 kJ, 133 g EW, 80 g F, 17 g KH

1 Leber und Schnitzel abspülen und trocken tupfen. Zusammen mit den Brötchen durch den Fleischwolf drehen.

2 Äpfel schälen, entkernen und fein würfeln. Maronen abtropfen lassen und ebenfalls würfeln. Zwiebeln und Möhren schälen, fein würfeln. Walnüsse grob hacken. Petersilie und Oregano waschen, trocken schütteln und hacken, harte Stiele entfernen.

3 Die oben genannten Zutaten mit Ei, Apfellikör, Salz und Pfeffer in einer Schüssel zu einer Füllung vermengen und dann 1 Stunde ruhen lassen.

4 Pute innen wie außen waschen und trocken tupfen. Überschüssiges Fett entfernen. Anschließend die Füllung in die Pute hineingeben. Öffnung mit Küchengarn zunähen und Pute dressieren (siehe S. 357).

5 Pute in einen großen Bräter legen, mit Salz und Pfeffer bestreuen. Butter in Flöckchen daraufsetzen. Im vorgeheizten Backofen bei 180 Grad 2 1/2 Stunden braten. Zwischendurch mit Wein und etwas Wasser begießen.

6 Pute aus dem Ofen nehmen und auf eine Servierplatte legen. Küchengarn entfernen. Fond in einen Topf gießen und etwas einkochen lassen. Salzen, pfeffern und 1 EL Sahne unterrühren. Soße zur Pute reichen.

▶ Brust & Keule aus Pfanne & Topf

Hähnchenbrust italienisch

Für 4 Personen:

4 Hähnchenbrustfilets mit Haut
12 Salbeiblätter
8 Scheiben Parmaschinken
Pfeffer
10 EL Pflanzenöl
(z. B. von Biskin)
8 EL Essig
Salz
200 g Artischockenherzen (Glas)
300 g Kirschtomaten
2 Bd. Rucola
je 50 g grüne und schwarze Oliven ohne Stein

Zubereitungszeit: 35 Min.

Nährwerte pro Person: 384 kcal, 1592 kJ, 20 g EW, 4 g F, 32 g KH

1 Filets waschen und mit Küchenpapier trocken tupfen. Jedes Filet mit 3 Salbeiblättern belegen und mit je 2 Scheiben Parmaschinken umwickeln. Pfeffern.

2 5 EL Öl in einer Pfanne erhitzen. Die Hähnchenbrüste hineingeben und bei mittlerer Hitze ca. 10 Minuten rundum anbraten.

3 Das restliche Pflanzenöl mit Essig, Salz und Pfeffer glatt rühren. Artischockenherzen in einem Sieb abtropfen lassen und dann in Scheiben schneiden. Die Kirschtomaten waschen, trocken tupfen und halbieren. Rucola putzen, waschen und trocken schleudern. Zutaten in einer Salatschüssel mit Oliven und Dressing vermengen.

4 Die Hähnchenbrüste aus der Pfanne nehmen und mit dem Salat auf Tellern anrichten.

BEILAGE

▶ Kräuterrisotto: 1 Zwiebel sowie 1 Knoblauchzehe schälen, fein hacken und in 1 EL Butter anschwitzen. 400 g Risottoreis einstreuen und glasig dünsten. 1/8 l trockenen Weißwein darin unter Rühren aufkochen lassen. Nach und nach 1 l Fleischbrühe nachgießen und einkochen lassen. Dabei oft umrühren. Nach ca. 25 Minuten, wenn der Reis außen weich ist, aber innen noch einen festen Kern hat, Risotto salzen und pfeffern. 1 Bd. gemischte, gehackte Kräuter (z. B. Basilikum, Petersilie) und 100 g geriebenen Parmesan unterrühren.

Picknick: Auf ins Grüne!

Die Briten haben uns 2 kulinarische Besonderheiten beschert: Sandwich und Picknick. Beide gehören zusammen, denn die Briten servieren bei einem Picknick auf die feine englische Art stets Tee und Sandwiches. Populär wurde das Picknick zu Zeit Königin Victorias (1819–1901). Da sie dies im königlichem Stil zu tun pflegte, wurde für sie der klassische Picknickkorb erfunden, der neben Geschirr und Besteck auch eine wasserabweisende Decke enthält.

Damit man vor unliebsamen Überraschungen verschont bleibt, ist auch für ein Picknick ein wenig Planung angesagt. Dazu gehört auch, dass man sich vorher auf ein schönes Plätzchen einigt. Picknicken lässt es sich überall: im Park, am Badesee oder Strand, am Waldrand oder auf einer großen Wiese.

TIPP

▶ Im günstigsten Fall sollte der gewählte Platz sowohl Schatten als auch Sonne bieten.

Gut geplant ist gut gepicknickt

Damit beim Picknick nichts schief geht, sollten Sie Folgendes mitnehmen:

- ▶ einen Picknickkorb und/oder eine große Kühltasche mit ausreichend Kühlakkus,
- ▶ eine nicht zu dünne Decke oder eine spezielle Picknickdecke,
- ▶ Geschirr, Gläser oder Tassen, Besteck und Servietten.

Klassische Picknickkörbe sind für 2–4 Personen ausgerichtet und bieten alles, was man fürs Picknick braucht, also auch ein Taschenmesser mit Korkenzieher und Flaschenöffner, eine Thermoskanne, einen Salz- und Pfefferstreuer, Geschirrtücher.

Falls sie keinen speziellen Picknickkorb verwenden möchten, können Sie die Zutaten in einen herkömmlichen Korb schichten. Dabei die schweren Sachen unten platzieren, die leichteren kommen nach oben.

- ▶ Porzellangeschirr ist edler, Kunststoffgeschirr aber unzerbrechlich,
- ▶ leichte Kunststoffdosen mit fest verschließbarem Deckel für die Speisen,
- ▶ Müllbeutel,
- ▶ Jacke oder Pullover,
- ▶ feuchte Tücher, um klebrige Finger abzuwischen,
- ▶ Sonnencreme und Insektenspray.

Picknick-Food

Nur Tee mit Sandwiches zu servieren, wäre zwar klassisch, aber eher langweilig. Stellen Sie Ihren Picknickkorb mit vielen kleinen Leckereien zusammen. Fingerfood ist ideal. Hier einige Vorschläge:

- ▶ bunte Gemüsespieße mit Dips
- ▶ Blätterteigtaschen
- ▶ Miniquiche
- ▶ Minifrikadellen und Miniwürstchen
- ▶ Dim sum (gefüllte chinesische Teigtaschen)

- gefüllte Weinblätter
- Minisandwiches
- marinierte Geflügel- oder Fleischspieße
- Räucherlachshäppchen
- Wraps

Gerade die mediterrane Küche bietet viele Köstlichkeiten, die für das Picknick wie geschaffen sind:

- eingelegte Paprika, Zucchini oder Auberginen
- Fleischpastetchen
- Kirschtomaten mit Mozzarella
- Serranoschinken-Röllchen
- gebratene Speckdattelrouladen
- Garnelenspieße

Käse und Oliven gehören ebenfalls zum Picknick. Sie werden mit Brot, meistens Baguette gereicht, aber auch Laugengebäck, Bagel und Ciabatta sind picknicktauglich. Salate wie Nudel-, Reis- oder Kartoffelsalat erfreuen sich stetiger Beliebtheit. Möchte man Blattsalate mitnehmen, sollte man festere Sorten wie Friséesalat, Römersalat oder Radicchio vorziehen, da sie nicht so schnell zusammenfallen. Das Dressing getrennt mitnehmen und erst beim Picknick untermischen.

Zum süßen Abschluss bietet sich frisches Obst an. Damit ein Obstsalat schön frisch bleibt, kann man ihn vor dem Picknick einfrieren und kurz vor Aufbruch aus dem Gefrierschrank nehmen. Gleiches gilt für Fruchtspieße. Gut transportierbar sind auch Muffins, Kekse und festere, in Scheiben geschnittene Rührkuchen. Pudding oder Früchte-Quarkcremes lassen sich portionsweise in verschließbaren kleinen Kunststoffdosen transportieren. Damit niemand hungrig nach Hause geht, sollte man pro Person mit 750–800 g Speisen rechnen, das heißt pro Person etwa 150 g Brot, 200 g Salat oder Gemüse, 150 g Fleisch, Wurst oder Braten, 50 g Fisch, 80 g Käse sowie 150 g Dessert oder Obst einplanen. Ausnahmen bestätigen auch hier die Regel.

Für den großen Durst

Picknicken macht durstig. Daher dürfen die Getränke nicht fehlen. Diese sollten schon gut gekühlt ins Picknick starten. Mineralwasser, Eistee und Saftschorlen in Plastikflaschen sind immer gefragt. Picknickprofis legen diese vorher ins Gefrierfach, damit sie den Tag über kühl bleiben. Während des Transports dienen sie als Kühlakkus.

Beim romantischen Picknick darf ein Gläschen Sekt oder Prosecco nicht fehlen, der ebenfalls schon gut gekühlt am Picknickplatz ankommen sollte. Wenn man gefrorene Obststücke dazugibt, hat man schnell eine köstliche Bowle. Für Weinliebhaber darf eine Flasche Wein, für Freunde des »kühlen Blonden« ein Bier nicht fehlen.

TIPP

▶ Von Speisen mit rohen Eiern, rohem Fisch oder Meeresfrüchten sollte man absehen, da sie schnell verderblich sind.

Putengeschnetzeltes mit Rahmgemüse

Für 4 Personen:

500 g Putenbrustfilet
1 Zwiebel
500 g gemischtes Gemüse (Möhren, Blumenkohl, Brokkoli, Zucchini)
Salz, Pfeffer
2 EL Pflanzenöl
350 ml Gemüsebrühe
200 g Sahne
Muskatnuss, frisch gerieben
1 EL Speisestärke
150 g TK-Erbsen, aufgetaut

Zubereitungszeit: 35 Min.

Nährwerte pro Person: 250 kcal, 1046 kJ, 29 g EW, 11 g F, 7 g KH

1 Putenbrustfilet unter fließendem kaltem Wasser waschen, trocken tupfen und in Würfel schneiden. Zwiebel schälen und fein hacken.

2 Gemüse putzen, waschen, gegebenenfalls schälen und in mundgerechte Stücke schneiden. In einem Topf 1 l Wasser aufkochen, salzen und das Gemüse darin 5 Minuten blanchieren. Gemüse in ein Sieb abgießen, abschrecken und beiseitestellen.

3 Putenwürfel salzen und pfeffern. Öl in einem Topf erhitzen, Fleisch darin bei starker Hitze von allen Seiten goldbraun anbraten und anschließend herausnehmen. Zwiebel im Topf andünsten, Gemüsebrühe eingießen, aufkochen, Sahne einrühren und mit Salz, Pfeffer und Muskatnuss würzen.

4 Stärke mit wenig kaltem Wasser glatt rühren und in die Gemüse-Sahne-Brühe einrühren. Putenwürfel, Gemüse und Erbsen in die Soße geben. Das Ganze kurz erhitzen und sofort servieren.

TIPP

▶ Durch das Abschrecken mit kaltem Wasser behält das Gemüse seine intensive Farbe. Geben Sie statt Salz 1 EL gekörnte Gemüsebrühe (ohne Geschmacksverstärker) mit ins Kochwasser, dadurch schmeckt das Gemüse später aromatischer. Dazu passen gekochter Reis oder Käsespätzle.

Hähnchenfrikassee

Für 4 Personen:

1 gebratenes Hähnchen (selbst zubereitet oder vom Metzger/Imbiss)
200 g TK-Erbsen
100 g Möhren
1 Kohlrabi
Salz
1 Zwiebel
2 EL Butter
1 EL Mehl
$^{1}/_{2}$ l Hühnerbrühe
200 g Sahne
Pfeffer
2 EL Petersilie, fein gehackt

Zubereitungszeit: 40 Min.

Nährwerte pro Person: 620 kcal, 2595 kJ, 27 g EW, 46 g F, 16 g KH

1 Die Haut vom Hähnchen entfernen, das Fleisch von den Knochen lösen und in kleine Stücke schneiden.

2 Erbsen in einem Sieb auftauen lassen. Möhren schälen, waschen und in Scheiben schneiden. Kohlrabi schälen, halbieren und die Stücke in dünne Scheiben schneiden.

3 1 ½ l Wasser in einem Topf erhitzen, salzen und das Gemüse darin 5 Minuten garen. Anschließend in ein Sieb abgießen, kalt abschrecken und abtropfen lassen.

4 Zwiebel schälen und fein würfeln. Butter in einem großen Topf erhitzen und die Zwiebelwürfel darin glasig dünsten. Mehl darüberstäuben und verrühren.

5 Hühnerbrühe angießen und aufkochen lassen. Sahne hinzufügen, Fleisch und Gemüse dazugeben und gut verrühren. Danach mit Salz und Pfeffer würzen. Bei schwacher Hitze 10 Minuten köcheln lassen. Zum Schluss die Petersilie untermengen.

VARIANTE

▶ Mit gekochtem Hähnchenfleisch: 1 Hähnchen (ca. 1 kg) waschen, in einen Topf legen, mit 2 l Wasser bedecken und aufkochen. 1 Zwiebel schälen, halbieren, 1 Bd. Suppengrün putzen, grob würfeln und mit Salz, 2 Lorbeerblättern und 2 Stängeln Petersilie zum Hähnchen geben. Ca. 1 ½ Stunden leicht köcheln lassen, dabei den aufsteigenden Schaum abschöpfen. Hähnchen aus der Brühe nehmen, etwas abkühlen lassen. Brühe durch ein feines Haarsieb gießen und ½ l abmessen. Weiter vorgehen wie oben beschrieben.

Gefüllte Putenschnitzel mit Rucolasalat

Für 4 Personen:

8 dünne Putenschnitzel (je 80 g)
Pfeffer aus der Mühle
4 EL Pesto (Glas)
8 dünne Scheiben Schafskäse
1 Bd. Basilikum
200 g Rucola
200 g Kirschtomaten
1/2 Salatgurke
6 EL Pflanzenöl (z. B. von Biskin)
3 EL Weißweinessig
1 TL Senf
Salz
25 g Butterschmalz

Zubereitungszeit: 30 Min.

Nährwerte pro Person: 690 kcal, 2865 kJ, 49 g EW, 2 g F, 54 g KH

1 Putenschnitzel unter fließendem kaltem Wasser waschen, mit Küchenpapier trocken tupfen und flach klopfen. Mit Pfeffer würzen.

2 Jedes Schnitzel auf der Oberseite mit etwas Pesto einstreichen, mit einer Schafskäsescheibe und einigen Basilikumblättchen belegen. Die Schnitzel zusammenfalten und mit Holzspießchen feststecken.

3 Rucola putzen, die harten Stiele entfernen, Rucola waschen und trocken schleudern. Tomaten waschen, trocken tupfen, halbieren. Die Gurke waschen, trocken tupfen und in feine Scheiben schneiden.

4 Öl, Essig und Senf in einer Salatschüssel verrühren. Mit Salz und Pfeffer würzen, Rucola, Tomaten und Gurken darin vermengen.

5 Putenschnitzel salzen und pfeffern. Butterschmalz in einer Pfanne erhitzen und Schnitzel darin bei starker Hitze ca. 2 Minuten pro Seite braten. Zusammen mit dem Salat anrichten.

TIPP

▶ Pesto selbst gemacht: Blätter von 2 Bd. Basilikum abzupfen, 1 Knoblauchzehe schälen und mit 50 g Pinienkernen im Mörser oder mit einem Pürierstab zerkleinern. Nach und nach 50 ml Olivenöl eingießen. Zum Schluss 30 g fein geriebenen Parmesan untermischen. Mit Salz und Pfeffer abschmecken.

Bandnudeln mit Entenragout

Für 4 Personen:

2 Entenkeulen
4 Schalotten
3 EL Olivenöl
Salz
Pfeffer
1 TL Tomatenmark
1/4 l Rotwein
4 Thymianzweige
600 ml Gemüsebrühe
10 große Blätter Sauerampfer
400 g Bandnudeln
2 EL Parmesan, frisch gerieben

Zubereitungszeit: 45 Min.

Nährwerte pro Person: 459 kcal, 1922 kJ, 33 g EW, 18 g F, 30 g KH

1 Keulen waschen und trocken tupfen. Haut abziehen und in kleine Würfel schneiden. Fleisch von den Knochen lösen und ebenfalls klein würfeln. Schalotten schälen und fein hacken.

2 2 EL Olivenöl in einem Topf erhitzen und die Schalotten darin anschwitzen. Entenfleisch hinzufügen und bei mittlerer Hitze gut anbraten. Danach salzen und pfeffern. Tomatenmark zugeben und kurz mitrösten. Mit Rotwein ablöschen und kurz einkochen lassen.

3 Thymian waschen, trocken schütteln und mit der Gemüsebrühe zum Fleisch dazugeben. Zugedeckt ca. 50 Minuten bei schwacher Hitze gar köcheln lassen.

4 1 EL Olivenöl in einer kleinen Pfanne erhitzen und gewürfelte Entenhaut kross braten. Herausnehmen, auf Küchenpapier abtropfen lassen und leicht salzen.

5 Sauerampfer waschen, trocken tupfen und in feine Streifen schneiden. Bandnudeln in kochendem Salzwasser bissfest garen, abgießen, abtropfen lassen und auf vorgewärmte Teller verteilen.

6 Entenragout mit Salz und Pfeffer abschmecken und über die Nudeln verteilen. Mit Sauerampfer, Entenhaut und Parmesan bestreut servieren.

Entenbrust mit gebratenen Nudeln

Für 4 Personen:

2 Entenbrüste mit Haut
Salz, Pfeffer
2 Knoblauchzehen
1 kleines Stück Ingwerwurzel
2 Chilischoten
je 1 rote und gelbe Paprikaschote
1 Bd. Frühlingszwiebeln
250 g Zuckerschoten
3 EL Sesamöl
250 g chinesische Eiernudeln
60 ml Sojasoße
1/8 l Gemüsebrühe

Zubereitungszeit: 40 Min.

Nährwerte pro Person: 764 kcal, 3194 kJ, 59 g EW, 35 g F, 48 g KH

1 Entenbrüste waschen und trocken tupfen. Die Haut rautenförmig einschneiden. Das Fleisch von beiden Seiten mit etwas Salz und Pfeffer einreiben.

2 Knoblauch schälen und mit dem Ingwer fein hacken. Chili waschen, längs aufschneiden, entkernen und ebenfalls fein hacken. Paprika waschen, von Stielansatz, Kernen und Trennwänden befreien und in Streifen schneiden. Frühlingszwiebeln putzen, waschen und schräg in Streifen schneiden. Zuckerschoten waschen und schräg in grobe Stücke schneiden.

3 Öl im Wok oder in einer großen Pfanne erhitzen. Entenbrüste darin mit der Haut nach unten kräftig anbraten, nach ca. 10 Minuten wenden und in 3 Minuten fertig garen. Fleisch herausnehmen und zugedeckt warm halten.

4 Eiernudeln nach Packungsangabe zubereiten und abtropfen lassen.

5 Überschüssiges Fett aus Wok oder Pfanne abgießen. Ingwer, Knoblauch, Chili, Paprika, Frühlingszwiebeln und Zuckerschoten hineingeben und unter Rühren anbraten. Mit Sojasoße und Gemüsebrühe ablöschen. Alles gut vermengen und Eiernudeln unterrühren.

6 Entenbrüste in feine Streifen schneiden und unter die Nudel-Gemüse-Mischung heben. Alles bei schwacher Hitze 5 Minuten garen und anschließend servieren.

Asiatische Reispfanne mit Hähnchenbrust

Für 4 Personen:

300 g Basmatireis
400 g Brokkoli
1 Bd. Frühlingszwiebeln
1 rote Paprikaschote
4 Hähnchenbrustfilets
2 rote Chilischoten
2 Knoblauchzehen
1 EL Balsamico-Essig
8 EL Sojasoße (z. B. von Kikkoman)
2 EL Honig
5 EL Öl
$^1/_2$ Ananas
50 g Erdnüsse
$^1/_8$ l Geflügelbrühe
Koriander- oder Petersilienblättchen zum Garnieren

Zubereitungszeit: 35 Min.

Nährwerte pro Person: 735 kcal, 3087 kJ, 53 g EW, 23 g F, 77 g KH

1 Reis nach Packungsanweisung garen. Backofengrill vorheizen. Brokkoli waschen und in Röschen teilen. Grobe Stiele schälen und in Scheiben schneiden. Frühlingszwiebeln putzen, waschen und in 5 cm lange Stücke schneiden. Paprika waschen, halbieren, von Stiel, Kernen sowie Trennwänden befreien und in Streifen schneiden.

2 Hähnchenbrustfilets abspülen, trocken tupfen und in je 3 Stücke teilen. Chilischoten waschen, halbieren, entkernen und fein würfeln. Knoblauch abziehen und fein hacken. Chilischoten, Knoblauch, Balsamico-Essig, 3 EL Sojasoße, Honig und 2 EL Öl verrühren und die Hähnchenstücke damit bestreichen.

3 Das Fleisch auf einem Backblech verteilen und unter dem Grill 15–20 Minuten grillen. Zwischendurch mit der restlichen Marinade bestreichen und umdrehen.

4 3 EL Öl in einer Pfanne erhitzen und Gemüse unter Rühren 5 Minuten anbraten. Ananas schälen und Fruchtfleisch ohne Strunk in kleine Stücke würfeln. Mit Erdnüssen in die Pfanne geben und gut verrühren.

5 Reis unter das Gemüse mischen, Geflügelbrühe angießen und mit

5 EL Sojasoße abschmecken. 5 Minuten unter Rühren ziehen lassen.

6 Die Hähnchenbrüste aus dem Ofen nehmen und zur Reispfanne servieren. Mit Koriander- oder Petersilienblättchen garnieren.

Gemüseeintopf mit Hähnchen

Für 4 Personen:

1 Hähnchenbrust mit Haut und Knochen (ca. 450 g)
1 Zwiebel
1 l Gemüsebrühe
1 Lorbeerblatt
2 Pimentkörner
1 Gewürznelke
Salz, Pfeffer
1 Bd. Suppengrün
500 g Brokkoli
1 Kohlrabi
1 kleine rote Chilischote
1 Zitrone (unbehandelt)

Zubereitungszeit: 45 Min.

Nährwerte pro Person: 319 kcal, 1335 kJ, 32 g EW, 16 g F, 11 g KH

1 Hähnchenbrust unter fließendem kaltem Wasser waschen. Zwiebel schälen und in Spalten schneiden.

2 Hähnchenfleisch und Zwiebelspalten in einen großen Topf geben, mit der Gemüsebrühe übergießen und aufkochen lassen. Anschließend die Gewürze hinzufügen und das Ganze bei schwacher Hitze ca. 25 Minuten köcheln lassen. Dabei den aufsteigenden Schaum mit einem Schaumlöffel entfernen.

3 Suppengrün putzen, waschen, gegebenenfalls schälen und in grobe Stücke schneiden. Brokkoli putzen, waschen und in Röschen teilen, dabei die groben Stiele entfernen.

Kohlrabi schälen, waschen und in grobe Stücke schneiden.

4 Chilischote waschen, von den Kernen befreien und in feine Ringe schneiden. Gemüse und Chilischote zum Eintopf geben und ca. 10 Minuten weitergaren.

5 Fleisch mit einem Schaumlöffel herausheben, kurz abkühlen lassen und von Haut und Knochen lösen. Zitrone heiß abspülen, trocken tupfen und in Spalten schneiden.

6 Fleisch in mundgerechte Stücke schneiden und mit der Zitrone bei schwacher Hitze kurz im Eintopf erwärmen. Mit Salz und Pfeffer abschmecken, sofort servieren.

Enten-Linsen-Eintopf

Für 4 Personen:

2 Entenkeulen
Salz
Pfeffer aus der Mühle
1 Bd. Suppengrün
2 EL Olivenöl
1 Lorbeerblatt
200 g braune Linsen

200 g Champignons
1 Zucchini
1 EL Balsamico-Essig
1/2 Bd. Petersilie

Zubereitungszeit: 30 Min.
Garzeit: 2 1/4 Std.

Nährwerte pro Person: 556 kcal, 2326 kJ, 37 g EW, 32 g F, 30 g KH

1 Entenkeulen waschen und trocken tupfen. Mit etwas Salz und Pfeffer einreiben. Suppengrün putzen, waschen, bei Bedarf schälen und in mundgerechte Stücke schneiden.

2 1 EL Öl in einem großen Topf erhitzen und die Entenkeulen darin rundum kräftig anbraten. Gemüse zugeben und kurz mitdünsten. 1 1/2 l Wasser eingießen, Lorbeerblatt zugeben. Den Eintopf bei schwacher Hitze ca. 1 1/2 Stunden garen.

3 Anschließend die Keulen aus dem Topf nehmen. Die Brühe durch ein feines Haarsieb gießen und zurück in den Topf füllen. Linsen hineingeben und bei schwacher Hitze zugedeckt in 45 Minuten weich kochen.

4 Champignons putzen und in feine Scheiben schneiden. Die Zucchini waschen, längs halbieren und in Scheiben schneiden. Restliches Öl in einer Pfanne erhitzen, Champignons und Zucchini darin anbraten, salzen und pfeffern.

5 Entenkeulen häuten, Fleisch von den Knochen lösen und in kleine Stücke schneiden. Fleisch mit Zucchini und Pilzen zum Eintopf geben, Essig zufügen. Mit Salz und Pfeffer abschmecken.

6 Petersilie waschen, trocken schütteln und fein hacken, dabei die harten Stiele entfernen. Den Eintopf in Suppentellern anrichten und mit Petersilie bestreut heiß servieren.

Italienische Chickennuggets mit Basilikumdip

Für 4 Personen:

2 Schalotten
2 Knoblauchzehen
1 Bd. Basilikum
600 g Dickmilch
2 EL Zitronensaft
3 TL abgeriebene Zitronenschale (unbehandelt)
Salz, Pfeffer
600 g Hähnchenbrustfilet
60 g Vollkornbrot
40 g Parmesan
2 Eiweiß
4 EL Olivenöl

Zubereitungszeit: 35 Min.

Nährwerte pro Person: 467 kcal, 1954 kJ, 45 g EW, 24 g F, 18 g KH

1 Schalotten und Knoblauch schälen. Schalotten fein würfeln, Knoblauch durch die Presse drücken. Basilikum waschen, trocken schütteln, die Blättchen abzupfen und fein hacken.

2 Dickmilch, Schalotten, Knoblauch, Basilikum, Zitronensaft und 2 TL Zitronenschale gut verrühren. Den Dip mit Salz und mit Pfeffer würzen.

3 Das Hähnchenfilet kalt abspülen, trocken tupfen, in ca. 2 cm dicke Scheiben schneiden und mit Salz und Pfeffer würzen. Das Brot fein hacken oder zerkrümeln. Parmesan reiben. Brotkrümel, Parmesan und restliche Zitronenschale auf einem Teller mischen. Eiweiß in einem zweiten Teller verquirlen.

4 Hähnchenfiletstücke erst im verquirlten Eiweiß, dann in der Brotmischung wenden. Die Panade fest

andrücken. Olivenöl in einer beschichteten Pfanne erhitzen und die Chickennuggets darin von allen Seiten bei mittlerer Hitze goldbraun braten. Zum Entfetten auf Küchenpapier legen und mit dem Dip servieren.

Hähnchenspieße mit Erdnusssoße

Für 4 Personen:

Für die Hähnchenspieße:
500 g Hähnchenbrustfilet
Salz
Pfeffer
150 g Kirschtomaten
2 rote Zwiebeln
1 rote Paprikaschote
50 g Weizenmehl
1 Ei
1 l Pflanzenöl zum Frittieren
(z. B. von Biskin)
Für die Soße:
1 Zwiebel
1 Knoblauchzehe
1 EL Pflanzenöl
200 g Erdnusscreme
2 EL Limettensaft
2 EL süße Sojasoße
Salz, Pfeffer

Zubereitungszeit: 40 Min.

Nährwerte pro Person: 640 kcal, 2649 kJ, 44 g EW, 45 g F, 17 g KH

1 Filet unter fließendem kaltem Wasser waschen, trocken tupfen und in ca. 4 cm kleine Würfel schneiden. Salzen und pfeffern. Tomaten waschen und trocken tupfen. Zwiebeln schälen und vierteln. Paprikaschote waschen, halbieren, von Stielansatz, Kernen und Trennwänden befreien und grob zerschneiden.

2 Mehl, Ei, 50 ml Wasser, etwas Salz und Pfeffer in einer Schüssel verrühren. Fleisch untermengen.

3 Pflanzenöl in einem Topf oder einer Fritteuse auf ca. 170 Grad erhitzen und Fleisch darin portionsweise ca. 5 Minuten knusprig frittieren. Mit einem Schöpflöffel herausnehmen und auf Küchenpapier abtropfen lassen.

4 Fleischwürfel, Tomaten, Zwiebeln und Paprika abwechselnd durch 8 Holzspieße ziehen.

5 Für die Soße Zwiebel und Knoblauch schälen und fein hacken. Pflanzenöl in einem Topf erhitzen. Zwiebel und Knoblauch darin bei mittlerer Hitze unter Rühren glasig dünsten.

6 Erdnusscreme mit in den Topf geben und ca. 200 ml Wasser zugießen. Das Ganze mit einem Schneebesen glatt rühren und einmal aufkochen. Mit Limettensaft, Sojasoße, Salz und Pfeffer abschmecken.

7 Die warme Erdnusssoße zu den Spießen servieren.

Putenpiccata auf Spaghetti

Für 4 Personen:

500 g passierte Tomaten (Tetrapak)
200 ml Gemüsebrühe
Salz
Pfeffer
2–3 TL Zucker
400 g Spaghetti
4 Putenschnitzel (à ca. 120 g)
4 Eier
60 g Parmesan, gerieben
Mehl zum Wenden
60 g Butterschmalz
1 Bd. Basilikum

Zubereitungszeit: 35 Min.

Nährwerte pro Person: 775 kcal, 3243 kJ, 52 g EW, 27 g F, 78 g KH

1 Tomaten mit der Brühe in einen Topf geben und bei mittlerer Hitze ca. 10 Minuten kochen. Mit Salz, Pfeffer und Zucker würzen. Inzwischen Spaghetti nach Packungsanweisung in reichlich Salzwasser garen, dann abgießen, abtropfen lassen und warm halten.

2 Putenschnitzel trocken tupfen, quer halbieren, zwischen 2 Lagen Klarsichtfolie etwas flach klopfen, salzen und pfeffern. Eier mit Parmesan, etwas Salz und Pfeffer verquirlen.

3 Schnitzel zuerst in Mehl wenden, dann durch die Eimasse ziehen, etwas abtropfen lassen und im heißen Butterschmalz von beiden Seiten goldbraun braten. Basilikum waschen, trocken schütteln, die Blättchen abzupfen und fein schneiden.

4 Spaghetti mit Tomatensoße auf Teller verteilen, Schnitzel daraufgeben und mit Basilikum bestreuen.

▶ Brust & Keule aus dem Ofen

Chickenwings mit Kräuterdip und Mais

Für 4 Personen:

Für die Chickenwings:
16 Chickenwings (Hähnchenflügel)
Salz, Pfeffer
1 EL Paprikapulver edelsüß
3 EL Pflanzenöl
3 EL Ketchup
1 EL Sojasoße
Für den Dip:
150 g saure Sahne, 50 g Crème fraîche
Salz, Pfeffer
3 EL gemischte Kräuter (z. B. Petersilie, Dill, Basilikum, frisch gehackt)
Für den Mais:
1 Dose Mais (285 g)
1 EL Butter
Salz, Zucker

Zubereitungszeit: 25 Min.

Nährwerte pro Person: 515 kcal, 2155 kJ, 26 g EW, 40 g F, 15 g KH

1 Hähnchenflügel kalt abwaschen und trocken tupfen. Mit Salz, Pfeffer und Paprikapulver einreiben. Öl in einer Pfanne erhitzen und die Hähnchenflügel darin bei starker Hitze rundherum goldbraun anbraten.

2 Ketchup mit Sojasoße verrühren und die Hähnchenflügel dünn damit bestreichen. Unter dem Grill in ca. 5 Minuten braun braten. Wenn Sie einen Backofen ohne Grillfunktion haben, können Sie die Hähnchenflügel in die oberste Schiene des auf 250 Grad vorgeheizten Ofens schieben.

3 Für den Dip die saure Sahne mit Crème fraîche verrühren und mit Salz und Pfeffer abschmecken. Zuletzt die Kräuter unterrühren.

4 Mais in einem Sieb abtropfen lassen. Butter in einem Topf schmelzen und Mais darin kurz erwärmen. Mit Salz und Zucker abschmecken.

5 Chickenwings mit dem Kräuterdip und dem Mais warm servieren.

VARIANTE

▶ Chickenwings mal asiatisch: 2 Knoblauchzehen schälen und fein hacken. 2 Frühlingszwiebeln putzen, waschen und in feine Ringe schneiden. 1 Orange (unbehandelt) waschen, Schale abreiben, Saft auspressen und mit Knoblauch, Frühlingszwiebeln, 1 TL geriebenem Ingwer und 60 ml Sojasoße verrühren. Die Hähnchenflügel damit 15 Minuten marinieren und auf dem Grill ca. 8 Minuten grillen, dabei mehrmals wenden.

Coq au Vin

Für 4 Personen:

4 Hähnchenkeulen
Salz
Pfeffer
2 EL Butterschmalz
250 g Möhren
250 g Petersilienwurzel
2 große Zwiebeln
4 Knoblauchzehen
200 g Champignons
1 TL gerebelter Thymian
1 Lorbeerblatt
1 Zweig Rosmarin
1/4 l Rotwein
1/4 l Hühnerbrühe
1 EL Soßenbinder

Zubereitungszeit: 30 Min.
Bratzeit: 50 Min.

Nährwerte pro Person: 615 kcal, 2575 kJ, 49 g EW, 33 g F, 20 g KH

1 Hähnchenkeulen kalt abspülen, trocken tupfen, mit Salz und Pfeffer einreiben. Butterschmalz in einer Pfanne erhitzen, die Keulen darin zugedeckt bei mittlerer Hitze von jeder Seite 5 Minuten anbraten.

2 Den Backofen auf 180 Grad vorheizen.

3 Möhren und Petersilienwurzel waschen, schälen und in feine Scheiben schneiden. Zwiebeln und Knoblauch schälen und in Streifen schneiden. Champignons mit Küchenpapier abwischen und vierteln. Alles vermischen, mit Thymian, Salz und Pfeffer würzen.

4 Gemüse, Lorbeerblatt und Rosmarin in einen Bräter geben und die Keulen darauflegen. Wein und Brühe angießen und 50 Minuten im Backofen garen.

5 Bräter aus dem Ofen nehmen, die Hähnchenkeulen auf einen Teller legen. Soßenbinder in die Gemüsesoße einrühren, etwas andicken lassen und zum Fleisch servieren.

TIPP

▶ Coq au Vin ist ein Klassiker aus dem Burgund, der traditionell mit trockenem Rotwein zubereitet wird. Verwenden Sie zum Kochen am besten den Wein, den Sie später zum Essen servieren möchten. Gute deutsche Weine erkennen Sie an der Bezeichnung »Prädikatswein«, italienische an der Qualitätsstufe DOC und DOCG. Bei französischen Weinen sollte auf dem Etikett »Appellation Contrôlée« stehen.

Hähnchenteile im Lauchbett

Für 4 Personen:

4–6 Hähnchenteile (Brustfilets, Keulen)
Salz, Pfeffer
Paprikapulver edelsüß
3 Möhren
3 Stangen Lauch
60 ml Pflanzencreme (z. B. von Biskin)
$^1/_4$ l Gemüsebrühe
$^1/_2$ Bd. Thymian
2 EL Crème fraîche

Zubereitungszeit: 30 Min.
Bratzeit: 20 Min.

Nährwerte pro Person: 574 kcal, 2417 kJ, 94 g EW, 9 g F, 18 g KH

1 Backofen auf 175 Grad vorheizen.

2 Hähnchenteile waschen, mit Küchenpapier trocken tupfen. Mit Salz, Pfeffer und Paprikapulver einreiben.

3 Möhren waschen und schälen. Lauch gründlich putzen, waschen und wie die Möhren in feine Scheiben schneiden.

4 Pflanzencreme in einer Pfanne erhitzen. Hähnchenteile darin von allen Seiten kräftig anbraten. Anschließend in eine feuerfeste Form geben und im Ofen ca. 20 Minuten weitergaren.

5 Fett in der Pfanne abgießen und nur eine dünne Schicht übrig lassen. Möhren darin ca. 5 Minuten bei mittlerer Hitze andünsten, den Lauch zufügen, weitere 5 Minuten garen. Mit Salz und Pfeffer abschmecken. Thymian waschen, trocken schütteln, Blätter mit Crème fraîche unter das Gemüse rühren.

6 Hähnchenteile aus dem Ofen nehmen und mit dem Gemüse anrichten.

VARIANTE

▶ **Tauschen Sie Lauch und Möhren gegen 6 große Tomaten und würzen Sie die Soße zusätzlich mit frischem Basilikum — schon haben Sie eine köstliche Mittelmeervariante!**

Gänsekeulen mit Maronen

Für 4 Personen:

16 Maronen
4 Gänsekeulen (à 400 g)
Salz, Pfeffer
2 Äpfel (Boskop)
2 Zwiebeln
3 Zweige Beifuß
2 EL Öl
100 ml Weißwein
200 ml Wild- oder Geflügelfond (Glas)

Zubereitungszeit: 40 Min.
Bratzeit: 1 $^1/_2$ Std.

Nährwerte pro Person: 1050 kcal, 4393 kJ, 90 g EW, 64 g F, 26 g KH

BEILAGE

▶ Dazu passen Kartoffelklöße. Ein leckeres Rezept finden Sie auf S. 172.

1 Maronen in 1 l Wasser aufkochen und 5 Minuten bei mittlerer Hitze köcheln lassen. Anschließend in ein Sieb abgießen und so heiß wie möglich schälen.

2 Gänsekeulen kalt abspülen, trocken tupfen und rundum mit Salz und Pfeffer einreiben. Äpfel schälen, vierteln, vom Kernhaus befreien und in grobe Stücke schneiden.

3 Zwiebeln schälen und würfeln. Beifuß waschen, trocken schütteln und die kleinen, bitteren Blättchen entfernen. Backofen auf 180 Grad vorheizen.

4 Öl in einem großen Bräter erhitzen. Gänsekeulen darin bei starker Hitze rundum in 10 Minuten kräftig anbraten, das ausgetretene Fett mit einem Löffel abschöpfen. Zwiebeln, Äpfel und Maronen zu den Keulen geben und 5 Minuten mit anbraten.

5 Alles mit Wein und Fond ablöschen. Mit Salz, Pfeffer und Beifuß würzen. Gänsekeulen zugedeckt im Backofen 1 $^1/_2$ Stunden schmoren lassen.

Entenkeulen auf Apfelrotkohl

Für 4 Personen:

4 Entenkeulen
Salz, Pfeffer
1 Rotkohl (ca. 800 g)
2 Zwiebeln
1 kleines Stück Ingwerwurzel
2 EL Rotweinessig oder Balsamico-Essig
1–2 TL Zucker
4 Gewürznelken
4 Wacholderbeeren
4 Pimentkörner
1 Prise Muskatnuss, frisch gerieben
1 Prise Zimtpulver
2 EL Johannisbeergelee
2 säuerliche Äpfel

Zubereitungszeit: 40 Min.
Bratzeit: 1 $^1/_2$ Std.

VARIANTE

▶ Anstelle von Rotkraut schmeckt auch Sauerkraut mit Apfel- oder Ananasstücken vermischt.

Nährwerte pro Person: 473 kcal, 1978 kJ, 33 g EW, 29 g F, 15 g KH

1 Backofen auf 200 Grad vorheizen. Entenkeulen waschen und trocken tupfen. Sichtbares Fett abschneiden und ca. 1 TL davon klein würfeln. Die Keulen salzen und pfeffern.

2 Gewürfeltes Fett bei mittlerer Hitze in einem breiten ofenfesten Topf mit Deckel ausbraten. Die Keulen beidseitig darin anbraten, dabei mit der Hautseite nach unten beginnen. Danach die Keulen wieder aus dem Topf nehmen.

3 Rotkohl putzen und ohne den Strunk fein hobeln. Zwiebeln schälen und in Streifen schneiden. Ingwer waschen, hacken und mit den Zwiebeln im verbliebenen Fett anbraten. Rotkohl hineingeben und mitdünsten. Mit Essig und ein wenig Wasser ablöschen und die Gewürze untermengen. Das Johannisbeergelee einrühren.

4 Die Entenkeulen mit der Hautseite auf das Gemüse legen und zugedeckt 1 Stunde im Ofen schmoren.

5 Äpfel waschen, schälen, vom Kernhaus befreien und in Stücke schneiden. Keulen aus dem Ofen nehmen und auf einen Teller legen. Die Apfelstücke unter das Kraut mischen und die Keulen mit der Hautseite nach oben wieder drauflegen. Das Ganze ohne Deckel noch 30 Minuten braten.

Hähnchenschenkel Toskana

Für 4 Personen:

1 Stängel Basilikum
4 EL Pflanzencreme (z. B. von Biskin)
1/2 TL grober Pfeffer
1 EL Zitronensaft
1 TL Paprikapulver rosenscharf
1 TL Currypulver
4 Hähnchenschenkel (à 150 g)
je 1 rote und grüne Paprikaschote
2 Zwiebeln
3 Knoblauchzehen
100 g schwarze Oliven ohne Kerne
300 g geschälte Tomaten (Dose)
Salz, Pfeffer
Thymian zum Garnieren

Zubereitungszeit: 30 Min.
Bratzeit: 45 Min.

Nährwerte pro Person: 527 kcal, 2196 kJ, 45 g EW, 8 g F, 35 g KH

1 Backofen auf 200 Grad vorheizen. Basilikum waschen, trocken tupfen, Blätter abzupfen und fein hacken. In einem Schälchen Pflanzencreme mit Pfeffer, gehackten Basilikumblättern, Zitronensaft, Paprika- und Currypulver verrühren.

BEILAGE

▶ Reichen Sie hierzu frisches Ciabattabrot oder Gnocchi.

2 Hähnchenschenkel waschen und trocken tupfen. Mit der Marinade bestreichen, in eine Auflaufform legen und im Backofen ca. 15 Minuten garen.

3 In der Zwischenzeit Paprikaschoten halbieren, von Stielansatz, Kernen und Trennwänden befreien und würfeln. Zwiebeln und Knoblauch schälen. Zwiebeln in Würfel schneiden, Knoblauch fein hacken.

4 Form aus dem Ofen nehmen, Zwiebeln und Knoblauch hineingeben, ebenso die abgetropften Oliven. Tomaten grob zerdrücken und zusammen mit der Flüssigkeit dazugießen. Das Ganze salzen und pfeffern, gut verrühren und weitere 30 Minuten garen.

Gefüllte Putenröllchen

Für 4 Personen:

2 gelbe Paprikaschoten
2 kleine Zucchini
8 dünne Putenschnitzel (à ca. 80 g)
Salz
8 Scheiben Rindersaftschinken
1 TL Rapsöl
400 ml Gemüsebrühe
1 Msp. Ingwerpulver

Zubereitungszeit: 25 Min.
Backzeit: 20 Min.

Nährwerte pro Person: 239 kcal, 1000 kJ, 38 g EW, 8 g F, 4 g KH

1 Backofen auf 180 Grad vorheizen.

2 Paprikaschoten halbieren, von Stielansatz, Kernen und Trennwänden befreien, waschen und in feine Streifen schneiden. Zucchini putzen, waschen und ebenfalls in feine Streifen schneiden.

3 Putenschnitzel unter fließendem kaltem Wasser waschen und trocken tupfen. Auf beiden Seiten mit Salz würzen. Die Schnitzel flach auslegen und mit je 1 Scheibe Schinken belegen. Paprika- und Zucchinistreifen darauf verteilen, Schnitzel einrollen und mit Küchengarn zusammenbinden.

4 Rapsöl in einer beschichteten, ofenfesten Pfanne erhitzen und die Röllchen darin rundherum bei mittlerer Hitze anbraten. Gemüsebrühe angießen und im Ofen ca. 20 Minuten garen. Putenröllchen ab und zu wenden und mit Soße übergießen.

5 Putenröllchen aus dem Backofen nehmen und das Küchengarn entfernen. Die Soße mit Salz und Ingwer abschmecken. Röllchen anrichten und mit der Soße übergießen.

BEILAGE

▶ Servieren Sie dazu Kartoffelpüree (siehe S. 169) und einen frischen Gurkensalat: 1 Salatgurke waschen, Enden abschneiden und die Gurke in dünne Scheiben schneiden. 4 EL saure Sahne mit 2 EL Rapsöl, 2 EL frisch gepresstem Zitronensaft, 1 Prise Zucker, etwas Salz und Pfeffer gründlich verrühren und die Gurke damit vermischen. Das Ganze 15 Minuten ziehen lassen. 1 Bd. Dill waschen, trocken schütteln und ohne harte Stiele fein hacken. Vor dem Servieren unter den Gurkensalat mischen.

Gänsebrust mit Feigen

Für 4 Personen:

1 Gänsebrust (ca. 1 kg)
Pfeffer, Salz
400 ml Geflügelfond (Glas)
2 frische Feigen
2 Orangen (unbehandelt)
1 EL Butter
2 EL Aprikosenkonfitüre
1 EL Mehl
1 EL eingelegter grüner Pfeffer (Glas)
2 EL Cognac

Zubereitungszeit: 35 Min.
Bratzeit: 1 1/2 Std.

Nährwerte pro Person: 440 kcal, 1841 kJ, 27 g EW, 22 g F, 18 g KH

1 Gänsebrust waschen und trocken tupfen. Hautseite pfeffern, Unterseite mit Salz und Pfeffer einreiben. Gänsebrust in einem Bräter im auf 200 Grad vorgeheizten Backofen 1 1/2 Stunden braten. Nach und nach die Hälfte des Geflügelfonds und 1/2 l Wasser angießen. Fleisch damit während des Garens begießen.

2 Feigen und Orangen waschen und trocken tupfen. Feigen in Spalten schneiden, Orangen halbieren und in Scheiben schneiden. Butter in einem Topf erhitzen und die Konfitüre einrühren. Obst dazugeben und 2 Minuten darin bei mittlerer Hitze schwenken.

3 10 Minuten vor Garzeitende die Gänsebrust mit kaltem Wasser bestreichen und den Ofen auf 250 Grad stellen. Anschließend das Fleisch aus dem Ofen herausnehmen und abgedeckt warm stellen.

4 Den Bratenfond durch ein Sieb in einen Topf gießen. Bratensatz mit übrigem Geflügelfond unter Rühren vom Bräterboden lösen und zum Bratenfond in den Topf gießen. Die Soße bei starker Hitze kurz einkochen lassen.

5 Mehl in wenig kaltem Wasser glatt rühren und in die Soße mischen. Mit Salz, Pfeffer und Cognac abschmecken. Mit den Früchten zur Gänsebrust reichen.

Entenbrust mit Orangensoße

Für 4 Personen:

2 Entenbrustfilets (à ca. 300 g)
Salz
Pfeffer
2 EL Öl
5 Orangen
1/4 l Kalbsfond (Glas)
abgeriebene Schale von 1 Orange (unbehandelt)
50 g kalte Butter
2–3 EL Cointreau

Zubereitungszeit: 45 Min.

Nährwerte pro Person: 769 kcal, 3217 kJ, 36 g EW, 55 g F, 27 g KH

1 Backofen auf 180 Grad vorheizen. Entenbrustfilets waschen und trocken tupfen. Hautseite rautenförmig mit einem scharfen Messer einritzen, salzen, pfeffern.

2 Öl in einer feuerfesten Pfanne erhitzen und Entenbrüste zuerst auf der Fettseite bei starker Hitze anbraten. Hitze reduzieren und Brust von der anderen Seite anbraten. Anschließend das Fleisch im Ofen ca. 15 Minuten weiterbraten.

3 Saft von 4 Orangen auspressen, in einen Topf geben, aufkochen und auf die Hälfte einkochen lassen. Restliche Orange so schälen, dass auch die weiße Haut mit entfernt wird. Filets zwischen den Trennwänden herausschneiden.

TIPP

▶ Puten-, Hähnchen- und Gänsefleisch sollten stets durchgegart sein. Nur Entenbrüste können innen noch rosa sein, aber nicht blutig.

4 Entenbrust aus dem Ofen nehmen, in Alufolie wickeln und im abgeschalteten Ofen noch ca. 15 Minuten ruhen lassen.

5 Zum reduzierten Orangensaft den Kalbsfond gießen, die abgeriebene Orangenschale zugeben und wieder etwas einkochen lassen. In die Soße die kalte Butter einrühren, jedoch nicht mehr kochen! Orangenfilets zugeben, mit Salz, Pfeffer und Cointreau abschmecken.

6 Entenbrust in Scheiben schneiden und auf Tellern anrichten. Die Orangensoße über die Entenbrust gießen und sofort servieren.

BEILAGEN

▶ **Ganz klassisch:** Apfelrotkohl sowie Kartoffelklöße.

Putenauflauf mit Brokkoli

Für 4 Personen:

600 g Brokkoli
Salz
200 g große Champignons
3 Zwiebeln
3 Knoblauchzehen
500 g Putenbrustfilet
2 EL Olivenöl
Pfeffer aus der Mühle
1 Prise Muskatnuss, frisch gerieben
1 EL Butter
4 Eier
150 g Sahne
4 EL Käse, frisch gerieben (z. B. Edamer)
3 EL Mandelblättchen

Zubereitungszeit: 30 Min.
Backzeit: 20 Min.

Nährwerte pro Person: 724 kcal, 3030 kJ, 52 g EW, 53 g F, 11 g KH

1 Backofen auf 200 Grad vorheizen.

2 Brokkoli putzen, waschen, in kleine Röschen teilen. Dabei die Stiele abschneiden, schälen und klein würfeln. Die Brokkoliröschen in kochendem Salzwasser 3 Minuten blanchieren, mit kaltem Wasser abschrecken und in einem Sieb gut abtropfen lassen.

3 Champignons trocken abwischen (nicht waschen) und in Scheiben schneiden. Zwiebeln und Knoblauch schälen, Knoblauch fein hacken, Zwiebeln in sehr dünne Streifen schneiden.

4 Putenbrustfilet unter fließendem kaltem Wasser abspülen, trocken tupfen und in Streifen schneiden. Olivenöl in einer großen Pfanne erhitzen und die Putenbruststreifen darin bei starker Hitze anbraten. Champignons, Brokkolistiele, Knoblauch und Zwiebeln dazugeben und kurz mitbraten. Alles mit Salz, Pfeffer und Muskatnuss würzen und mit den Brokkoliröschen vermischen.

5 Eine Auflaufform dünn ausbuttern und die Fleisch-Champignon-Masse einfüllen. Eier mit Sahne verquirlen und den Käse unterrühren. Die Eier-Käse-Sahne über den Auflauf gießen. Mit den Mandeln bestreuen und im Backofen ca. 20 Minuten überbacken.

▶ Wild & Lamm

Wild & Lamm

Im Herbst beginnt die Hauptsaison für frisches einheimisches Wildfleisch. Importiertes und tiefgekühltes Wildfleisch gibt es das ganze Jahr, ebenso wie Lamm.

TIPP

▶ Auf Innereien von Wild sollte wegen der hohen Schadstoffbelastung besser verzichtet werden.

Wild: eine gesunde Delikatesse

Wildfleisch ist reich an hochwertigem Eiweiß (ca. 20 %), B-Vitaminen sowie Eisen und Kalium. Da es viel Muskelfleisch besitzt, ist es außerdem fettarm (ca. 8 %). In Maßen genossen kann Wildfleisch eine ausgewogene Ernährung ergänzen, wegen seines hohen Harnsäuregehalts ist es für Rheuma- und Gichterkrankte allerdings tabu.

IN WALD UND FLUR: WILDARTEN

Wild lässt sich in 2 Gruppen unterteilen: das Haarwild, zu dem Reh, Rot- und Damwild, Wildschwein, Hase und Wildkaninchen zählen, und das Federwild, zu dem Wildente und -gans, Fasan, Rebhuhn, Perlhuhn, Taube und Wachtel gehören. Viele Arten, wie Damwild, Fasane, Perlhühner und der Exot Strauß, der ebenfalls zum Federwild zählt, werden heute in Freigehegen gezüchtet.

▶ Fasan: aus Jagd oder Zucht. Das Brustfleisch des Fasans ist hell und sehr zart, das aus der Keule deutlich dunkler und kräftiger im Geschmack. Die Tiere werden im Ganzen gebraten und zuvor am besten bardiert, also mit Speck umwickelt.

▶ Hase: v. a. aus Importen. Beliebt ist das dunkle Fleisch des Rückens, das Filet sowie Keulen und Blätter. Sie werden mariniert, dann im Ganzen gebraten bzw. geschmort oder zu Ragout verarbeitet. Ein ganzes Tier reicht für 4 Personen.

▶ Perlhuhn: aus Zucht. Wie der Fasan ein Hühnervogel. Da das Fleisch sehr fettarm ist, sollte man es nie vollständig durchgaren.

▶ Rebhuhn: aus Jagd. Es gilt als wahre Delikatesse und ist über Jäger, im Geflügel- bzw. Wildfachhandel oder Feinkostladen zu bekommen.

▶ Reh: aus Jagd. Die kleinste Hirschart. Im Verkauf sind Hals (für Ragout und Rollbraten), Schulter (für Gulasch und Ragout, zum Braten im Ganzen), Keule mit falscher Lende

und Nuss (je nach Teilstück für Ragout, Gulasch, Schnitzel, Steak, zum Braten im Ganzen), Rücken (zum Braten im Ganzen) und Filets (für Medaillons zum Kurzbraten).

▶ Rot- und Damwild: aus Jagd und Zucht. Größere Verwandte des Rehs. Das Fleisch ist dunkel und wohlschmeckend. Eine Keule reicht für 8–10 Personen. Damwildfleisch ist heller als Rotwildfleisch. Beide Wildarten sind wie das Reh als Hals, Schulter, Keule, Rücken und Filet sowie als Rippenbogen erhältlich.

▶ Strauß: aus Zucht. Das Fleisch erinnert in Farbe und Geschmack an Rind. Es ist dunkelrot und fettarm. Im Handel werden Teile aus der Brust (für Gulasch bzw. Ragout), den muskulösen Oberschenkeln (zum Kurzbraten) und den Unterschenkeln (zum Braten und Schmoren) verkauft.

▶ Taube: aus Zucht. Aromatisches und zartes Fleisch, das vor allem gebraten oder zu Frikassee verarbeitet wird. Erhältlich sind Tauben im Geflügel- oder Wildfachhandel.

▶ Wachtel: Import aus Mastbetrieben. Das Fleisch ist saftig und zart und hat einen leicht nussigen Geschmack. Die im Fachhandel und in gut sortierten Supermärkten erhältlichen Wachteln haben in der Regel ein Gewicht von 150 g für 1 Portion. Man bereitet sie meist im Ganzen zu, häufig gefüllt.

▶ Wildente: aus Jagd. Ihr Fleisch ist aromatischer und fettärmer als das der Hausenten. Meist sind Brust und Keulen im Angebot.

▶ Wildkaninchen: aus Jagd. Kleiner als Hauskaninchen, das Fleisch ist rosafarben und sehr zart. Ein Wildkaninchen reicht für 2–3 Personen, man sollte es jedoch nicht im Ganzen zubereiten, da Rücken, Keule etc. unterschiedliche Garzeiten haben.

▶ Wildschwein: auch Schwarzwild, aus Jagd. Am besten Fleisch von Frischlingen bzw. Überläufern kaufen, für Ragout bzw. Sauerbraten. Ansonsten werden Nacken (für Braten), Schulter (für Braten, Ragout bzw. Gulasch), Rücken bzw. Filet, Rippen (für Ragout und Rollbraten), Keule mit Nuss (für Schnitzel und Steaks, zum Braten und Schmoren im Ganzen) und Haxe (für Eintöpfe und Fonds, zum Schmoren) angeboten.

EINKAUF

Kaufen Sie Fleisch von jungen Tieren. Orientieren Sie sich an Farbe und Geruch: Das Fleisch darf leicht säuerlich riechen, aber nicht faulig. Es sollte rotbraun bis dunkelrot sein, auf keinen Fall aber schwarz, kupferrot oder grünlich.

TIPP

▶ Reh und Hirsch gehören zu 2 unterschiedlichen Familien. Das männliche Reh heißt Bock, das weibliche Ricke. Den männlichen Hirsch nennt man Hirschbulle, den weiblichen Hirschkuh.

LAGERUNG

Frisches Wildfleisch kann 2–3 Tage im Kühlschrank aufbewahrt werden. Haarwildfleisch wird zuvor gehäutet und evtl. in kleinere Portionen geteilt. Bei –18 Grad kann es 8–10 Monate im Tiefkühlfach liegen, Federwildfleisch nur 6 Monate. Wildgeflügel wird vor dem Einfrieren gewaschen, trocken getupft und im Ganzen dressiert, also zusammengebunden.

VORBEREITUNG

Bevor Federwild gründlich von außen und innen abgewaschen und trocken getupft wird, entfernt man evtl. Federkiele und bei Wassergeflügel die Bürzeldrüse. Bei älteren Tieren zieht man zusätzlich die gesamte Haut ab und entfernt das Fett, indem man das Fleisch in kochendes Wasser taucht.

Auch Haarwild wird gewaschen und trocken getupft, danach von der dünnen, aber festen Haut, von Sehnen und Fett befreit. Wildschwein, Reh, Rot- und Damhirsch gibt es meist portioniert, Hase und Kaninchen erhalten Sie oft im Ganzen. Waschen Sie dieses Fleisch erst nach dem Portionieren, damit evtl. Knochensplitter entfernt werden. Zum Zerlegen brauchen Sie ein größeres, scharfes Küchenmesser, um Hals und Rippen vom Rumpf abzutrennen. Zum Entfernen der Läufe legt man das Tier auf die Seite. Vorderläufe schneidet man am besten im Gelenk durch, die Keulen trennt man jeweils mit dem halben Becken heraus. Für Filets schneidet man zunächst an der Wirbelsäule von vorne nach hinten, dreht das Tier und fährt mit dem Messer in entgegengesetzter Richtung am Rippenansatz entlang.

ZUBEREITUNG

Die Garzeiten für Wild richten sich nach Qualität, Größe und Art des Fleischstücks. Tiefgefrorenes, mariniertes und gebeiztes Fleisch ist schneller gar als frisches. Um mögliche Bakterien abzutöten, sollte es aber über mehrere Minuten bei mindestens 80 Grad gegart werden – vor allem Fleisch aus Jagd. Übertreiben Sie es mit dem Garen aber nicht, sonst wird das Fleisch trocken – auch mit Speckmantel.

Lammfleisch

Vor allem in der mediterranen und nordafrikanischen Küche wird Lammfleisch hoch geschätzt. Es ist zart und schmeckt aromatisch-würzig, was vor allem auf die Haltung im Freien mit Frischfutter zurückzuführen ist.

LAMM ODER HAMMEL?

Lammfleisch stammt von Tieren bis zum Alter von 1 Jahr. Saftiges Lammfleisch ist hellrot, bei älteren Tieren etwas dunkler. Milchlämmer sind zwischen 8 Wochen und 6 Monaten alt, Mastlämmer bis zu 1 Jahr. Hammelfleisch stammt von 1–2-jährigen, Schaffleisch von mindestens 2-jährigen Tieren. Sie bekommen es in Metzgereien oder direkt beim Schäfer. Dieses Fleisch ist meist stärker im Geschmack als das jüngerer Tiere.

GESUNDES LAMMFLEISCH

100 g Lammfleisch aus der Keule enthalten 18 g Eiweiß, daneben viele B-Vitamine und Mineralstoffe. Der Cholesteringehalt entspricht dem von Rindfleisch. Der Fettgehalt schwankt je nach Alter und Teil zwischen ca. 3,5 % bei Lammfilet und ca. 35 % bei Hammelbrust.

WELCHES TEIL WOFÜR?

▶ Brust: saftig, durchwachsen. Im Stück, mit oder ohne Knochen, für Gulasch, Eintöpfe, gefüllte Lammbrust.

▶ Nacken: saftig, durchwachsen. Im Stück, mit oder ohne Knochen, für Gulasch, Braten, Eintöpfe.

▶ Rücken: auch Lammkarree; das zarteste Stück. Lammfilets mit oder ohne Knochen, zum Braten, Kurzbraten und Grillen.

▶ Kotelett: Stiel- oder Lendenkotelett, meist als Schmetterlingskotelett; saftig und zart. Zum Grillen und Kurzbraten.

▶ Schulter: auch Bug oder Blatt; zartes, saftiges Fleisch. Im Stück, mit oder ohne Knochen, für Gulasch, Eintöpfe, Rollbraten und Spieße.

▶ Keule: auch Schlegel; mager und zart. Im Stück, mit oder ohne Knochen, für Braten, Gulasch, zum Grillen, für Spieße.

▶ Haxe: kräftig. Im Stück, mit Knochen, zum Braten und Schmoren.

TIPP

▶ Lammfleisch kann geschmort, gebraten oder gegrillt werden. Es harmoniert sehr gut v. a. mit Thymian, Rosmarin, Wacholderbeeren und Lorbeerblättern. Klassisch britisch wird es mit Minzsoße angerichtet.

▶ Kurz gebraten

Rehfiletsteaks mit Wacholdersoße

Für 4 Personen:

12 kleine Möhren
4 Rehfiletsteaks (à ca. 125 g)
Salz, schwarzer Pfeffer
4 Scheiben Tiroler Speck
4 Schalotten
20 g Butterschmalz
8 Wacholderbeeren
40 ml Calvados
300 ml Wildfond (Glas)
1 TL Balsamico-Essig
100 g Crème double

Zubereitungszeit: 25 Min.
Garzeit: 10 Min.

Nährwerte pro Person: 444 kcal, 1858 kJ, 40 g EW, 24 g F, 8 g KH

1 Möhren schälen, waschen und Enden abschneiden. Möhren zuerst längs und dann quer halbieren.

2 Rehfiletsteaks mit kaltem Wasser abspülen, mit Küchenpapier trocken tupfen und zwischen 2 Lagen Klarsichtfolie vorsichtig etwas flach klopfen. Mit Salz und Pfeffer würzen. Speck um die Fleischstücke wickeln und mit Küchengarn fixieren.

3 Backofen auf 80 Grad vorheizen. Schalotten schälen, halbieren und in feine Würfel schneiden. Butterschmalz in einer ausreichend großen Pfanne erhitzen und Rehfilets sowie Möhren hineingeben. Von allen Seiten insgesamt ca. 8 Minuten braten.

4 Rehfilets und Möhren aus der Pfanne nehmen und auf einen Teller geben. Im heißen Ofen warm stellen.

5 Schalotten im verbliebenen Fett in der Pfanne unter Rühren glasig dünsten. Wacholderbeeren mit einem Messerrücken leicht andrücken, zu den Schalotten in die Pfanne geben und 1 Minute mitdünsten. Dann mit Calvados und Wildfond ablöschen.

6 Soße offen auf die Hälfte einkochen lassen. Mit Salz, schwarzem Pfeffer sowie Balsamico-Essig abschmecken. Crème double unterrühren. Soße sanft kochen lassen, bis sie sämig ist.

7 Rehfiletsteaks mit Möhren auf Tellern anrichten. Heiß mit der Soße servieren.

Rehmedaillons mit Zimt-Orangen-Rotkohl

(Abbildung S. 385)

Für 4 Personen:

1,2 kg Rotkohl
2 rote Zwiebeln
2 Orangen
4 EL Keimöl
200 ml Wildfond (Glas)
2 TL Zimtpulver

Salz
Pfeffer aus der Mühle
4 Rehmedaillons (à ca. 160 g)

Zubereitungszeit: 30 Min.
Garzeit: 25 Min.

Nährwerte pro Person: 406 kcal, 1699 kJ, 45 g EW, 14 g F, 22 g KH

1 Vom Rotkohl äußere Blätter entfernen. Den Rotkohl längs vierteln und festen Strunk herausschneiden. Die Blätter quer in dünne Streifen schneiden. Zwiebeln schälen und in feine Ringe schneiden.

2 Die Orangen mit einem scharfen Messer so schälen, dass die weiße Haut mit entfernt wird. Dann das Fruchtfleisch in grobe Stücke schneiden.

3 2 EL Keimöl in einem Topf erhitzen. Zwiebelringe hineingeben und darin bei mittlerer Hitze glasig anschwitzen. Rotkohl zugeben und unter Rühren andünsten.

4 Fond zum Kohl gießen und umrühren. 20 Minuten bei mittlerer Hitze garen. Der Rotkohl sollte bissfest bleiben. Dann Zimt und Orangenstücke einrühren. Mit Salz und frisch gemahlenem Pfeffer würzen und warm stellen.

5 Rehmedaillons kurz kalt abspülen und mit Küchenpapier trocken tupfen. Rundum mit Salz und Pfeffer bestreuen.

6 Übriges Öl in einer Pfanne erhitzen. Medaillons darin von beiden Seiten kräftig anbraten, dann Hitze reduzieren und Fleisch unter mehrmaligem Wenden in ca. 3 Minuten von jeder Seite fertig braten.

7 Zimt-Orangen-Rotkohl auf Teller verteilen. Die Rehmedaillons darauf anrichten und sofort servieren.

Wildschweinkoteletts mit Kartoffelstroh

Für 4 Personen:

8 Wildschweinstielkoteletts
500 g festkochende Kartoffeln
Öl zum Frittieren
Salz, Pfeffer
2 Wacholderbeeren
1 Zweig Rosmarin
2 EL Butterschmalz, 2 EL Butter

Zubereitungszeit: 40 Min.

Nährwerte pro Person: 452 kcal, 1891 kJ, 42 g EW, 23 g F, 19 g KH

1 Wildschweinstielkoteletts waschen und trocken tupfen. Die Kartoffeln schälen und waschen. In ca. 2 mm dicke Scheiben und diese in 2 mm breite Streifen schneiden. Kartoffeln sofort in kaltes Wasser geben und ca. 4 Minuten darin wässern.

2 Kartoffeln portionsweise mit einem Schaumlöffel aus dem Wasser heben und auf Küchenpapier sehr gut abtropfen lassen, am besten zusätzlich trocken tupfen.

3 Öl in einer Fritteuse erhitzen und Kartoffelstreifen darin portionsweise in ca. 2 Minuten goldgelb und knusprig ausbacken. Herausheben und kurz abtropfen lassen. Offen im

TIPP

▶ Stielkoteletts sollten Sie bei Ihrem Metzger vorbestellen.

Backofen warm stellen. Vor dem Anrichten salzen.

4 Stielkoteletts salzen und pfeffern. Wacholderbeeren mit einer Gabel andrücken. Rosmarin abbrausen und trocken schütteln.

5 Butterschmalz in eine Pfanne geben und erhitzen. Wacholderbeeren mit den Koteletts hineingeben. Fleisch darin von beiden Seiten je nach Dicke ca. 3 Minuten braten.

6 Fett abgießen. Butter und Rosmarin hineingeben und das Fleisch in der Butter noch jeweils 2 Minuten von jeder Seite nachbraten. Dabei das Fleisch immer wieder mit der flüssigen Butter übergießen.

7 Wildschweinkoteletts mit Kartoffelstroh auf Tellern anrichten.

Hirschkalbrücken in Marsalasoße

Für 4 Personen:

je 2 Zweige Thymian und Rosmarin
8 Medaillons vom Hirschkalbrücken (à ca. 70 g)
Salz, Pfeffer
3 Schalotten
400 g Pfifferlinge
4 EL Olivenöl
1–2 TL Pesto Verde (Glas, z. B. von Bertolli)
60 g Butter
8 cl Marsala
400 ml Wildfond (Glas)
2 TL Mehl

Zubereitungszeit: 40 Min.

Nährwerte pro Person: 484 kcal, 2025 kJ, 37 g EW, 32 g F, 6 g KH

1 Thymian und Rosmarin mit kaltem Wasser abbrausen und trocken schütteln. Blättchen bzw. Nadeln fein hacken. Das Ganze auf einen Teller geben und vermengen.

2 Fleisch mit Salz und Pfeffer würzen, dann in den Kräutern wälzen. Kräutermantel leicht andrücken. Schalotten schälen und fein würfeln. Pfifferlinge mit Küchenpapier oder einem Pinsel reinigen und putzen. Nur im Notfall waschen.

3 2 EL Olivenöl in eine beschichtete Pfanne geben und erhitzen. Hirschmedaillons bei mittlerer Hitze von jeder Seite ca. 3 Minuten braten. Herausnehmen und warm stellen.

4 Übriges Olivenöl in die Pfanne geben. Pfifferlinge darin bei starker Hitze 2 Minuten braten. Mit Pesto abschmecken, je nach Geschmack mit Salz und Pfeffer würzen. Ebenfalls warm stellen.

5 30 g Butter in die Pfanne geben und Schalottenwürfel zugeben. Unter Rühren darin glasig dünsten. Mit Marsala ablöschen und aufkochen. Wildfond zufügen und den Sud auf die Hälfte einkochen.

6 Mehl und übrige Butter verkneten und in kleinen Stückchen in die Soße rühren. Ca. 4 Minuten bei

schwacher Hitze kochen lassen. Soße mit Salz und Pfeffer abschmecken und mit Pfifferlingen zu den Hirschkalbmedaillons servieren.

Lammhüftsteaks mit Rosmarin

Für 4 Personen:

4 Lammhüftsteaks (à 150 g, z. B. aus Neuseeland)
6 Zweige Rosmarin
800 g Pastinaken
1 kleine rote Chilischote
4 Zweige Thymian
140 g Butter
1 EL Honig
300 ml Weißwein
1 Orange (unbehandelt)
1 Zimtstange
Meersalz
Zucker
4 Eigelbe
1 TL Speisestärke
Pfeffer
2 EL Olivenöl

Zubereitungszeit: 45 Min.

Nährwerte pro Person: 804 kcal, 3364 kJ, 45 g EW, 58 g F, 13 g KH

1 Fleisch mit Küchenpapier abtupfen. Rosmarinzweige waschen, trocken schütteln und je 1 Zweig mit etwas Küchengarn um die Außenkanten der Steaks wickeln. Von den übrigen Zweigen die Nadeln abzupfen.

2 Pastinaken waschen, schälen und längs in 2–3 cm lange Stücke schneiden. Chili längs aufschlitzen, entkernen und fein hacken. Thymianblättchen von den Zweigen zupfen.

3 40 g Butter erhitzen und Pastinaken darin rundherum anbraten. Chili und Honig zufügen und weitere 2 Minuten braten. Mit 50 ml Weißwein ablöschen und zugedeckt 10 Minuten schmoren. Pastinaken warmstellen.

4 Restlichen Weißwein erhitzen. Orange heiß waschen und trocken reiben. ¼ der Orangenschale sehr dünn abschälen. Ca. 1 TL Orangenschale dünn abreiben.

5 Geschälte Orangenschale, Zimtstange, Salz und etwas Zucker zum Wein geben und ein wenig einkochen lassen. Sud durch ein Sieb gießen und abkühlen lassen.

6 100 g Butter schmelzen. Eigelbe, Speisestärke, Wein-Orangen-Sud, abgeriebene Orangenschale, Butter und 1 EL Zucker in einen Topf geben und sehr gut verrühren. Masse ganz langsam erhitzen und dabei kräftig rühren, bis die Masse anfängt, dicklich zu werden. Die Soße darf nicht kochen, sonst gerinnt sie. Im Wasserbad warm stellen.

7 Öl in einer beschichteten Pfanne erhitzen und Steaks mit Rosmarinnadeln darin rundum ca. 7 Minuten bei mittlerer Hitze braten. Mit Salz und Pfeffer würzen. Dazu die Pastinaken und Sauce béarnaise servieren.

VARIANTE

▶ Verwenden Sie anstelle der Pastinaken Kartoffeln.

BEILAGE

▶ Servieren Sie dazu ein Tomatenchutney. Dafür 500 g Tomaten klein würfeln. 2 Zwiebeln fein würfeln. Tomaten, Zwiebeln, 1 TL gehackten Rosmarin, 100 ml Essig, 25 g braunen Zucker, 1 TL Senfkörner und 1 TL grüne Pfefferkörner in einem Topf aufkochen. Bei mittlerer Hitze 20 Minuten kochen, bis alles andickt. Ab und zu umrühren. Salzen und pfeffern. Vor dem Servieren abkühlen lassen.

Lammkeulensteaks

Für 4 Personen:

4 Lamm-Grillscheiben aus der Keule mit Knochen (TK, à ca. 175 g)
1 Zitrone (unbehandelt)
½ Bd. Oregano
2 Zweige Rosmarin
½ Bd. Thymian
2 Knoblauchzehen
7 EL Olivenöl
Salz, Pfeffer

Zubereitungszeit: 50 Min.
Marinierzeit: 12 Std.

Nährwerte pro Person: 541 kcal, 2264 kJ, 45 g EW, 39 g F, 3 g KH

1 Lammscheiben über Nacht im Kühlschrank auftauen lassen.

2 Zitrone heiß waschen, trocken reiben und in dünne Scheiben schneiden. Oregano, Rosmarin und Thymian waschen, trocken schütteln und Blättchen bzw. Nadeln fein hacken.

3 Knoblauch schälen und würfeln. Olivenöl, Kräuter und Knoblauch verrühren. Mit Salz und Pfeffer würzen.

4 Steaks mit den Zitronenscheiben in eine flache Schale einschichten und mit der Marinade begießen. Zugedeckt ca. 12 Stunden kalt stellen.

5 Steaks aus der Marinade nehmen und abtropfen lassen. Eine große Grillpfanne erhitzen. Wenn sie heiß ist, Steaks von jeder Seite 5–6 Minuten grillen. Fleisch sofort servieren.

Straußenmedaillons mit Rosmarin auf Gnocchi

Für 4 Personen:

8 kleine Straußenfilets (à ca. 70 g)
8 Zweige Rosmarin
500 g Gnocchi (Fertigprodukt)
Salz, 2 Knoblauchzehen
2 EL Olivenöl, 1 EL Butter
Pfeffer aus der Mühle
400 g Cocktailtomaten
2 EL Basilikumpesto (Glas)

Zubereitungszeit: 35 Min.

Nährwerte pro Person: 406 kcal, 1695 kJ, 38 g EW, 14 g F, 41 g KH

1 Straußenmedaillons kurz kalt abspülen und mit Küchenpapier trocken tupfen. Rosmarin waschen, trocken schütteln und halbieren. Nadeln am unteren Ende der Zweige entfernen und beiseitelegen.

2 Die Medaillons mit einem scharfen, spitzen Messer jeweils zweimal seitlich einstechen und je ½ Rosmarinzweig in die Medaillons stecken.

3 Gnocchi in einem Topf mit reichlich Salzwasser nach Packungsanweisung garen. Dann abgießen und warm stellen. Knoblauch schälen und mit einem breiten Messerrücken leicht andrücken.

4 In einer Pfanne 1 EL Öl mit der Butter erhitzen und die Medaillons

darin von jeder Seite 3–4 Minuten braten. In den letzten 3 Minuten die angedrückten Knoblauchzehen und die beiseitegelegten Rosmarinnadeln zufügen.

5 Straußenmedaillons aus der Pfanne nehmen und mit Salz und Pfeffer würzen. In Alufolie wickeln und warm stellen.

6 Tomaten waschen, trocken tupfen und im restlichen Öl ca. 3 Minuten unter Rühren dünsten. Mit Salz und Pfeffer würzen. Gnocchi und das Pesto unterrühren. Alles nochmals erhitzen.

7 Gnocchi mit Tomaten auf Teller verteilen, Straußenmedaillons darauf anrichten und servieren.

Rehschnitzel in Kräuterpanade

Für 4 Personen:

4 Scheiben Rehfleisch aus der Oberschale (à ca. 100 g)
100 g Toastbrot
4 Zweige Thymian, 6 Stängel Petersilie
3 Stängel Majoran, 1 Zweig Rosmarin
2 Eier, 250 g Sahne
Salz, Pfeffer
40 g Mehl
150 g Butterschmalz
400 g Pfifferlinge
2 Schalotten, 1 Knoblauchzehe
20 g Butter
50 ml Weißwein
1 EL Speisestärke

Zubereitungszeit: 45 Min.

Nährwerte pro Person: 624 kcal, 2611 kJ, 34 g EW, 42 g F, 27 g KH

1 Rehfleisch unter Frischhaltefolie vorsichtig flach klopfen. Werden die Stücke zu groß, halbieren. Toastbrot im Mixer mahlen.

2 Thymian, Petersilie, Majoran und Rosmarin abbrausen, dann trocken schütteln. Blättchen hacken und bis auf 2 EL Petersilie zum Brot geben. Eier mit 1 EL Sahne verquirlen.

3 Schnitzel salzen und pfeffern. Mehl auf einen Teller geben und Fleisch darin wälzen, dann durch die Ei-Sahne-Mischung ziehen und mit der Brotmischung panieren.

4 Butterschmalz in einer Pfanne erhitzen. Die Schnitzel darin knusprig braten. Auf Küchenpapier entfetten, dann warm stellen.

5 Für das Pfifferlingsragout die Pfifferlinge mit Küchenpapier putzen. Schalotten und Knoblauch schälen und fein würfeln. Butter in die Pfanne geben und Pfifferlinge anbraten. Schalotten sowie Knoblauch dazugeben und ebenfalls anbraten; der Knoblauch sollte aber nicht zu dunkel werden.

6 2 EL Sahne steif schlagen. Übrige Sahne mit Weißwein zu den Pfifferlingen geben und einkochen lassen. Salzen und pfeffern. Stärke in etwas Wasser glatt rühren und damit bei Bedarf die Soße binden.

BEILAGE

▶ Reichen Sie zum Rehschnitzel in heißer Butter geschwenkte Spätzle und Preiselbeeren.

7 Übrige Petersilie zugeben und geschlagene Sahne unterheben. Rehschnitzel auf dem Pfifferlingsragout anrichten.

Pfefferreh mit Kartoffel-Kürbis-Püree

Für 4 Personen:

Für das Fleisch:
600 g Rehfilet
6 EL Speiseöl
150 ml Rotwein
2 TL grüner Pfeffer
(ganz, z. B. von Fuchs)
1 Knoblauchzehe
½ TL Salz
Für das Kartoffel-Kürbis-Püree:
20 g getrocknete Steinpilze
500 g mehligkochende Kartoffeln
300 g Kürbis
Salz
100 g Sahne
2 Msp. gemahlene Muskatnuss
1 EL Butter
100 ml Wildfond (alternativ Brühe)
grüner Pfeffer und frische Kräuter
zum Garnieren

Zubereitungszeit: 40 Min.
Marinierzeit: 40 Min.

Nährwerte pro Person: 585 kcal, 2448 kJ, 51 g EW, 30 g F, 22 g KH

1 Rehfilet unter fließendem kaltem Wasser waschen und mit Küchenpapier trocken tupfen. In ca. 4 cm dicke Medaillons schneiden.

2 Für die Marinade 4 EL Öl mit Rotwein verrühren. Grünen Pfeffer etwas zerstoßen. Knoblauch schälen und hacken. Zusammen mit grünem Pfeffer und Salz zur Rotwein-Öl-Mischung geben.

3 Rehmedaillons in einer Schüssel mit der Marinade begießen und ca. 1 Stunde zugedeckt ziehen lassen. Steinpilze nach Packungsanweisung in Wasser einweichen, danach abtropfen lassen.

4 Für das Püree Kartoffeln sowie Kürbis schälen. Kartoffeln waschen. Den Kürbis halbieren und die Kerne entfernen. Kartoffeln und Kürbis würfeln. Beides in kochendem Salzwasser ca. 10 Minuten garen.

5 Nach Garzeitende abgießen und durch eine Kartoffelpresse in ein Plastikgefäß drücken. Sahne zugießen und mit Salz und Muskatnuss abschmecken. Gut vermengen.

6 Steinpilze klein schneiden. Butter erhitzen und Pilze 2 Minuten darin schwenken. Dann unter das Püree mengen und warm stellen.

7 Filets aus der Marinade nehmen und trocken tupfen. Restliches Öl erhitzen und Medaillons darin von beiden Seiten ca. 4 Minuten braten. Danach ebenfalls warm stellen.

8 Bratensatz mit der übrigen Marinade und Wildfond ablöschen. Sud etwas einreduzieren lassen. Dann mit den Gewürzen abschmecken. Rehmedaillons mit Soße und Püree servieren.

▶ Geschmort & gekocht

Rehragout mit Cranberrys und Pfifferlingen

Für 4 Personen:

1 kg Rehkeule
1 TL Wacholderbeeren
1 TL Fenchelsamen
3 EL Sonnenblumenöl
5 Schalotten
4 Knoblauchzehen
200 g Möhren
340 g frische Cranberrys
6 EL Butter
Salz
Pfeffer
3 EL brauner Zucker
250 ml dunkles Bier
750 ml Cranberrysaft
250 g Pfifferlinge
1 Bd. Schnittlauch

Zubereitungszeit: 35 Min.
Garzeit: 65 Min.

Nährwerte pro Person: 617 kcal, 2582 kJ, 59 g EW, 18 g F, 45 g KH

1 Rehkeule unter fließendem kaltem Wasser waschen und trocken tupfen. Dann in ca. 3 cm große Würfel schneiden. Wacholderbeeren und Fenchelsamen grob hacken oder im Mörser zerkleinern. Gewürze und Fleisch mit 1 EL Sonnenblumenöl in einer Schüssel vermischen.

2 Schalotten und Knoblauch abziehen und beides fein hacken. Möhren schälen und klein würfeln. Die Cranberrys waschen und verlesen.

3 Übriges Öl in einem großen Topf erhitzen. Fleisch darin bei großer Hitze unter Rühren 2–3 Minuten anbraten. 1 EL Butter zugeben und aufschäumen. Gemüse und Cranberrys unterrühren.

4 Fleisch leicht salzen und pfeffern. Braunen Zucker darüber streuen. Nach kurzem Braten mit einem Schuss Bier ablöschen. Flüssigkeit reduzieren, dann erneut ablöschen. Den Vorgang wiederholen, bis alles Bier aufgebraucht ist. Das dauert ca. 20 Minuten.

5 Ragout mit Cranberrysaft aufgießen und 45 Minuten zugedeckt garen, dabei immer wieder umrühren. Am Ende der Garzeit soll die Flüssigkeit stark eingekocht sein. Ist die Soße noch zu dünn, einige Minuten ohne Deckel weiter einkochen.

6 Pfifferlinge mit Küchenpapier gründlich putzen. Schnittlauch waschen, trocken schütteln und in Röllchen schneiden.

7 3 EL Butter erhitzen. Pfifferlinge darin ca. 3 Minuten braten, dabei immer wieder umrühren. Mit Schnittlauch bestreuen. Die restliche Butter unter das Rehragout rühren. Nochmals mit Gewürzen abschmecken und mit den Pilzen servieren.

TIPP

▶ Anstelle von Cranberrys können auch Preiselberen verwendet werden.

Wildgulasch mit Spätzle

Für 4 Personen:

800 g Wildgulasch
1 Zwiebel
4 EL Speiseöl
Salz, Pfeffer aus der Mühle
2 EL Mehl
3 EL Tomatenmark
$\frac{1}{4}$ l Rotwein, $\frac{1}{2}$ l Wildfond
1 Zweig Thymian
1 TL gerebelter Majoran
2 Gewürznelken, 2 Lorbeerblätter
3 Äpfel
2 EL Zitronensaft
3 EL Zucker
100 ml Apfelsaft
2 EL Butter
400 g Eierspätzle (Fertigprodukt, z. B. von Henglein)
2 EL Crème fraîche
2 TL Preiselbeeren (Glas)

Zubereitungszeit: 35 Min.
Garzeit: 1 Std.

Nährwerte pro Person: 836 kcal, 3498 kJ, 43 g EW, 35 g F, 78 g KH

1 Gulasch mit kaltem Wasser waschen und trocken tupfen. Zwiebel schälen und würfeln.

2 Speiseöl in einem großen Topf erhitzen. Fleisch portionsweise hineingeben und im heißen Öl scharf anbraten. Zwiebelwürfel dazugeben und kurz mitbraten. Das Ganze mit Salz und Pfeffer würzen.

3 Mehl durch ein Sieb über das Fleisch stäuben. Tomatenmark hinzufügen und einrühren. Kurz anschwitzen. Dann mit Rotwein ablöschen und mit Wildfond auffüllen.

4 Thymian waschen, trocken schütteln und Blättchen fein hacken. Zusammen mit Majoran, Nelken und Lorbeer in den Topf geben und unterrühren. Das Ganze zugedeckt ca. 1 Stunde schmoren.

5 Äpfel schälen, vierteln und Kerngehäuse entfernen. Die Äpfel in Spalten schneiden und mit Zitronensaft beträufeln.

6 Zucker in eine Pfanne geben und bei mittlerer Hitze karamellisieren. Dann mit Apfelsaft ablöschen. Apfelspalten hinzufügen und ca. 5 Minuten garen.

7 Butter erhitzen. Eierspätzle darin in ca. 5 Minuten goldgelb braten.

8 Gulasch salzen und pfeffern. Crème fraîche mit Preiselbeeren vermischen, zum Gulasch geben und kurz miterhitzen. Wildgulasch mit Spätzle und Apfelspalten servieren.

Hirschfilet in Weintraubensoße

Für 4 Personen:

1 kg Hirschfilet
Salz, Pfeffer aus der Mühle
Paprikapulver
250 g frische Steinpilze
1 Zwiebel, 1 Knoblauchzehe

3 EL Speiseöl mit Butteraroma (z. B. von Biskin)
80 ml Sherry
100 ml Gemüsebrühe
150 g helle Weintrauben
50 g Sahne

Zubereitungszeit: 40 Min.
Garzeit: 20 Min.

Nährwerte pro Person: 525 kcal, 2197 kJ, 74 g EW, 21 g F, 10 g KH

1 Hirschfilet mit kaltem Wasser waschen und mit Küchenpapier trocken tupfen. Mit einem scharfen Messer eine Tasche in das Filet einschneiden. Von innen und außen mit Salz, frisch gemahlenem Pfeffer und Paprikapulver würzen.

2 Steinpilze mit Küchenpapier oder einem Pinsel gründlich putzen. Die Zwiebel schälen und fein hacken. Knoblauch abziehen und durch eine Knoblauchpresse drücken.

3 1 EL Speiseöl in einer Pfanne erhitzen. Zwiebel mit Knoblauch und Steinpilzen hineingeben und bei mittlerer Hitze darin andünsten. Alles mit Salz, Pfeffer und Paprikapulver würzen.

4 Die Pilzmasse in die Tasche des Hirschfilets füllen. Das Ganze mit Holzspießen fixieren und verschließen. Restliches Öl in einem Bräter erhitzen und das gefüllte Filet darin 10 Minuten rundum braten.

5 Sherry und Gemüsebrühe zum Fleisch gießen. Das Ganze weitere 10 Minuten bei sehr milder Hitze ziehen lassen.

6 Weintrauben waschen, trocken tupfen, halbieren und entkernen. Kurz vor Garzeitende zum Fleisch geben.

7 Das Hirschfilet aus dem Bräter nehmen und warm stellen. Den Fond mit Weintrauben aufkochen lassen und die Sahne einrühren. Kurz köcheln lassen. Alles mit den Gewürzen abschmecken und bei Bedarf mit Soßenbinder andicken.

Hirschrouladen mit Pfifferlingsfüllung

Für 4 Personen:

4 Hirschschnitzel aus der Keule (à ca. 80 g)
Salz, Pfeffer aus der Mühle
360 g Pfifferlinge
2 kleine Zwiebeln
2 Knoblauchzehen
3 Stängel Petersilie
1 TL Butterschmalz
2 TL Tomatenmark
2 TL Mehl
1 l Gemüsebrühe
1 Lorbeerblatt
8 Wacholderbeeren
8 Pfefferkörner
je 2 Zweige Thymian und Rosmarin

Zubereitungszeit: 35 Min.
Garzeit: 30 Min.

Nährwerte pro Person: 185 kcal, 773 kJ, 20 g EW, 7 g F, 7 g KH

1 Hirschschnitzel mit kaltem Wasser abbrausen und trocken tupfen. Das Fleisch zwischen Frischhaltefolie legen und mit einem Topfboden dünn klopfen. Mit Salz und Pfeffer würzen.

2 Pfifferlinge mit einem Pinsel oder mit Küchenpapier putzen und klein schneiden. Zwiebeln abziehen und in feine Würfel schneiden, Knoblauch abziehen und zerdrücken. Petersilie abbrausen, trocken schütteln und Blätter hacken.

BEILAGE

▶ Besonders gut passt zu den Hirschrouladen Kartoffelpüree.

3 Zwiebel in einer beschichteten Pfanne ohne Fettzugabe bei schwacher Hitze anbraten. Pfifferlinge, Knoblauch und gehackte Petersilie dazugeben und einige Minuten dünsten.

4 Die Pilz-Zwiebel-Mischung auf den Hirschschnitzeln verteilen, das Fleisch einrollen und mit einem Faden zusammenbinden. Butterschmalz in einem Topf erhitzen und die Rouladen darin rundherum anbraten.

5 Tomatenmark dazugeben und leicht anrösten. Mehl darüber stäuben und unter Rühren mit Gemüsebrühe ablöschen. Gewürze und Kräuter hinzufügen und alles bei mittlerer Hitze zugedeckt 30–35 Minuten schmoren lassen.

6 Soße mit Salz und Pfeffer abschmecken. Rouladen herausnehmen und den Bindfaden entfernen. Fleisch quer durchschneiden, anrichten und mit Soße umgießen.

Pochiertes Wildkaninchen

Für 4 Personen:

Für das Fleisch:
4 Wildkaninchenkeulen (à ca. 250 g)
4 Wacholderbeeren
1 Bd. Suppengrün, 2 Zwiebeln
2 Zweige Thymian
½ l Wildfond (Glas)
1 Lorbeerblatt
1–2 TL Meersalz
1 Gewürznelke
½ l Roséwein, 4 cl Madeira
1 EL Öl
75 g Sahne
Pfeffer
2 TL Speisestärke
Für das Gemüse:
500 g Brokkoli
250 g Mangold (möglichst kleine Blätter)
1 Schalotte, 1 Knoblauchzehe
Salz
2 EL Butter
100 ml Gemüsefond
Pfeffer

Zubereitungszeit: 45 Min.
Garzeit: 50 Min.

Nährwerte pro Person: 669 kcal, 2799 kJ, 66 g EW, 25 g F, 21 g KH

1 Fleisch kalt waschen und trocken tupfen. Keulen im Gelenk durchschneiden. Wacholderbeeren andrücken. Suppengrün putzen, waschen und klein schneiden. 1 Zwiebel schälen und grob würfeln. Thymian waschen und trocken schütteln.

2 Fond in einem großen Topf mit Wacholderbeeren, Suppengrün, Zwiebel, Lorbeer, Meersalz, Nelke und Thymian aufkochen. Hitze reduzieren und Wein mit Madeira dazugießen und erwärmen.

3 Fleisch in den heißen Sud geben und 40 Minuten halb zugedeckt bei schwacher Hitze pochieren. Anschließend Kaninchenfleisch herausnehmen und in Alufolie gewickelt warm halten. Sud beiseitestellen.

4 Übrige Zwiebel schälen und in Halbringe schneiden. Im heißen Öl dünsten, Kaninchensud durch ein Sieb dazugießen und etwas einkochen lassen. Sahne einrühren, Soße salzen und pfeffern.

5 Speisestärke mit wenig kaltem Wasser anrühren und Soße damit binden. Fleisch in die Soße geben, 5–10 Minuten ziehen lassen.

6 Brokkoli waschen und ohne festen Strunk in Röschen zerteilen. Mangold putzen, Blätter waschen und abtropfen lassen. Dicke Rippen flach schneiden.

7 Schalotte und Knoblauch schälen und fein hacken. Reichlich Salzwasser aufkochen, Brokkoli darin bissfest blanchieren. Abgießen, eiskalt abschrecken und abtropfen lassen.

8 Butter in einer Pfanne zerlassen, Schalotten- und Knoblauchwürfel darin unter Rühren glasig dünsten. Mangold dazugeben, Gemüsefond angießen und Mangold bissfest dünsten. Der Fond soll fast vollständig verdampfen.

9 Brokkoli zum Gemüse geben, bis er warm ist. Gemüse salzen und pfeffern und auf Teller verteilen. Kaninchenfleisch darauf anrichten und mit Soße beträufelt servieren.

Irish Stew

Für 4 Personen:

700 g Lammfleisch (aus der Schulter)
2 Zwiebeln
2 Knoblauchzehen
1 Stange Lauch
2 EL Butterschmalz
ca. 1 ½ l Fleischbrühe
500 g festkochende Kartoffeln
½ kleiner Wirsing
Salz
Pfeffer
½ Bd. Petersilie
1 TL frische Thymianblättchen

Zubereitungszeit: 35 Min.
Garzeit: 55 Min.

Nährwerte pro Person: 738 kcal, 3077 kJ, 48 g EW, 49 g F, 27 g KH

1 Lammfleisch waschen, trocken tupfen und in mundgerechte Stücke schneiden. Zwiebeln und Knoblauchzehen schälen und beides grob hacken. Lauch putzen, längs aufschneiden, waschen und in dünne Halbringe schneiden.

2 In einem großen Topf das Butterschmalz erhitzen. Fleisch darin portionsweise kräftig anbraten und herausnehmen. Zwiebeln, Knoblauch und Lauch in den Topf geben und darin andünsten. Anschließend das Fleisch hinzufügen. Ca. 1 l Brühe angießen, sodass das Fleisch ganz von der Flüssigkeit bedeckt ist. Alles bei schwacher Hitze ca. 30 Minuten garen.

3 Kartoffeln schälen, waschen und in ca. 1 cm große Würfel schneiden. Wirsing waschen, vierteln, Strunk herausschneiden und Wirsing klein schneiden.

4 Die Kartoffeln zum Fleisch geben. Nach Bedarf noch etwas Brühe angießen, aufkochen und bei milder Hitze weitere 15 Minuten garen. Wirsing hinzufügen und den Ein-

TIPP

▶ Bereiten Sie die doppelte Menge zu, denn der Eintopf lässt sich gut einfrieren und nach Bedarf wieder auftauen.

Flüssige Begleiter: Getränke

Rund 2 l Flüssigkeit pro Tag sollen wir laut Ernährungsforschern trinken, am besten Wasser und ungesüßten Tee. Mit ihrer Hilfe werden Nährstoffe und Sauerstoff zu den Zellen transportiert und Abfallprodukte abgeleitet. Geschmackliche Abwechslung zu Wasser und Tee bringen weitere alkoholfreie sowie alkoholische Getränke.

Wasser

Leitungswasser ist das günstigste Getränk, stammt aus der öffentlichen Trinkwasserversorgung und kann in unseren Breiten meist aufgrund der hohen Qualität ohne Vorbehalte getrunken werden.

▶ Mineralwasser stammt aus einer unterirdischen Quelle. Auf seinem Weg dorthin wurde Regenwasser in den verschiedenen Gesteinsschichten gefiltert und mit Spurenelementen sowie Mineralstoffen angereichert. Oft wird es mit Kohlensäure versetzt und von Eisen gereinigt.

▶ Heilwasser ist ebenfalls ein Quellwasser und gehört aufgrund seiner krankheitsvorbeugenden oder heilenden Wirkung zu den Medikamenten, kann aber trotzdem täglich getrunken werden.

▶ Tafelwasser ist mit Kohlensäure, Mineralstoffen oder sogar Meerwasser versetztes Trinkwasser.

TIPP

▶ Alles zum Thema Wein erfahren Sie auf den entsprechenden Spezialseiten auf S. 208–211.

Saft & Limonade

SÄFTE

Fruchtsaft ohne Zuckerzusatz enthält 100 % Fruchtsaft. Normaler Fruchtsaft besteht ebenfalls zu 100 % aus Fruchtsaft, kann aber bis zu 15 g zusätzlich Zucker pro Liter enthalten. Fruchtnektar muss je nach Fruchtart nur 25–50 % Fruchtsaft enthalten, Fruchtsaftgetränk nur 6–30 %. Hier wird oft mit Zucker bzw. Süßstoff, Wasser und Konservierungsstoffen aufgefüllt. Direktsaft wird gleich nach der Herstellung abgefüllt, während bei Saft aus Konzentrat dem Saft zunächst das Wasser entzogen und später wieder zugesetzt wird.

LIMONADEN

Dieses mit Kohlensäure versetzte Erfrischungsgetränk enthält Wasser, Zucker bzw. Süßstoff, Fruchtauszüge, Zitronensäure und Aromastoffe. Ursprünglich wurde mit dem Begriff Limonade eine Mischung aus Wasser und Zitronensaft bezeichnet.

Bier & Spirituosen

BIER

Bier entsteht durch Gärung aus den Grundzutaten Wasser, Malz und Hopfen, für den Gärungsprozess wird Hefe zugegeben.

▶ Obergäriges Bier wird bei 15–22 Grad gegärt, wodurch mehr Alkohol entsteht und die Hefe nach oben steigt. Ale, Alt, Berliner Weiße, Gose, Kölsch, Malz-, Roggen- und Steinbier sowie Weizen/Weiß- und Dinkelbier gehören zu dieser Gruppe.

▶ Untergärige Biere reifen langsamer, werden unter 10 Grad gegärt und die Hefe sinkt nach unten. Hierzu zählen Bock, Doppelbock, Diätbier, Dunkles, Helles, Export, Lager, Märzen, Pils, Urtyp und Schwarzbier.

SPIRITUOSEN/SCHNAPS

Sie besitzen einen Mindestalkoholgehalt von 15 % Vol. und werden durch das Brennen vergorener Pflanzenteile hergestellt.

▶ Die Grundlage von Bränden gärt zunächst und wird dann gebrannt. Sie können aus Obst, Getreide, Zuckerrohr oder Wein hergestellt werden, wie Cognac, Whiskey oder Wodka.

▶ Liköre beinhalten mindestens 100 g Zucker pro Liter und bestehen neben Alkohol und Wasser aus Geschmackszutaten wie Milch, Rahm, Obst, Kräutern oder Wein. Zu ihnen zählen z. B. Amaretto oder Eierlikör.

▶ Zur Herstellung eines Geistes werden Beeren alkoholisiert und die Flüssigkeit anschließend destilliert. Grundlage sind z. B. Holunder- oder Himbeeren.

▶ Für Gin, Aquavit, Ouzo oder Raki wird Alkohol aus Kartoffeln oder Getreide ein Gewürz zugesetzt, beispielsweise Kümmel oder Anis.

Tee

▶ Schwarzer Tee wird aus Blättern hergestellt und durchläuft bei seiner Herstellung 5 Schritte: Welken, Rollen, Oxidation bzw. Fermentation, Trocknung, Aussortieren. Die 3 bei uns bekanntesten Schwarzteesorten sind der feine Darjeeling aus dem Himalaja (2–4 Minuten ziehen lassen), der kräftige Assamtee aus Indien (3–5 Minuten ziehen lassen) und der leicht herbe Ceylontee aus Sri Lanka (3–5 Minuten ziehen lassen).

▶ Pu-Ehr-Tee ist ein mehrere Jahre gelagerter Schwarztee aus China, dem entgiftende Wirkung zugeschrieben wird.

▶ Oolong-Tee mit blumigem Aroma ist teilweise fermentiert und liegt im

TIPP

▶ **Alkoholfreies Bier enthält immerhin noch 0,5 % Vol. Alkohol und ist damit für Kinder tabu.**

TIPP

▶ Bei Rauchtee werden die Blätter im Rauch von harzigem Holz getrocknet, sodass intensiver Duft und Geschmack entstehen. Bekannt ist vor allem die Sorte Lapsang Souchong.

Koffeingehalt zwischen Schwarzem und Grünem Tee. Seine Ziehzeit liegt bei 3 Minuten.

▶ Grüner Tee enthält gesundheitsfördernde sekundäre Pflanzenstoffe und wird nicht oxidiert. Er kann mehrmals mit ca. 60 Grad warmem Wasser aufgegossen werden und sollte nur 1–2 Minuten ziehen. Er schmeckt etwas herber als schwarzer Tee.

▶ Weißer Tee ist unfermentiert und beinhaltet immunstimulierende Stoffe. Da er nur aus ganz jungen Blattknospen hergestellt wird, gehört er zu den teuersten Tees. Ziehzeit nur 1 Minute, sehr mild im Geschmack.

▶ Rooibos-Tee wird aus einem Strauch gewonnen und sollte ca. 3 Minuten ziehen. Er enthält kein Koffein und soll gesundheitsfördernde Wirkung haben.

▶ Lapachotee wird aus der Innenrinde eines Baumes hergestellt. Er schmeckt leicht erdig und süßlich und regt die Verdauung an.

▶ Matetee wird aus den Blättern des Matestrauches gewonnen. Er wirkt anregend und verdauungsfördernd, nachdem er 3–5 Minuten gezogen hat.

▶ Kräutertee enthält keine Teepflanze, sondern wird aus Kräutern hergestellt. Beliebte Zutaten sind u. a. Pfefferminze, Kamille, Salbei oder Brennnessel.

▶ Früchtetee enthält ebenfalls keine Teepflanzen, sondern in Hauptbestandteilen meist Hagebutten und Malvenblüten, die z. B. durch Apfelsinenschalen oder Apfelstücke ergänzt werden.

▶ Gewürztees wie Yogi- und Chai-Tee bestehen aus Gewürzmischungen u. a. mit Zimt, Ingwer, Pfeffer und Nelken.

Kaffee & Kakao

Beide waren lange Zeit Luxusgetränke, die heute mit vielfältigen Aromen überraschen.

KAFFEE

Geröstete und gemahlene Kaffeebohnen sind die Grundlage dieses koffeinhaltigen Heißgetränks (1–2 % Koffein). Bohnenkaffee wird grundsätzlich von Ersatzkaffee aus Gerstenmalz, Zichorien oder Getreide unterschieden.

Die 2 wichtigsten Kaffeesorten hierzulande sind Arabica-Kaffee mit feinem Aroma sowie Robusta-Kaffee mit doppelt so viel Koffein und einem bittereren Geschmack. Die Qualität des Kaffees beruht v. a. auf Bohnensorte und Anbauort. Auch die Mahlung ist wichtig: Aus fein gemahlenen Bohnen wird türkischer Kaffee hergestellt, mittelfein dient er für Filterkaffee, und grob gemahlen wird Kaffee für Espresso verwendet.
Entkoffeinierter Kaffee hat höchsten 0,1 % Koffein, Schonkaffee enthält weniger Säure und Reizstoffe und ist somit magenfreundlicher.

KAKAO

Das Pulver wird aus den Kakaobohnen (Samen) hergestellt, die dazu geröstet, entschalt und gemahlen werden. Entölt wird daraus Pulver, das, je weniger Fett es enthält, umso besser wasserlöslich ist. Dem Kakaogetränk wird oft Zucker und Milchpulver zugesetzt.

Menübegleiter

Getränke zum Essen können Aromen hervorheben, Scharfem oder Fettem entgegenwirken und ein gelungenes Menü abrunden (siehe auch das Kapitel »Gäste, Feste & Co.«, S. 240).

DER APERITIF

Der Aperitif wird oft als Stehdrink gereicht. Sekt, Champagner oder Sherry sowie Cocktails sind ideal. Soda, Tonic oder Saft bieten sich für Kinder und Autofahrer an.

DIE VORSPEISE

Hier passt ein trockener Weißwein mit einem Glas Wasser.

DER HAUPTGANG

Rotwein harmoniert mit Fleisch- und Gemüsegerichten, zu Fisch und Geflügel passt immer noch ein Weißwein sehr gut – allerdings ist das längst kein Muss mehr und kann nach persönlichem Geschmack variiert werden.
Ein Glas Wasser zum Essen befreit die Geschmacksnerven von Aromen. Wasser mit Kohlensäure hebt bei Wein die Säure hervor, während Wasser ohne Kohlensäure gerade Weißweine mit viel Säure milder schmecken lässt.
Zu sehr fettem Essen passen neben säurehaltigem Wein auch Getränke auf Joghurtbasis, während die türkische und chinesische Küche gut mit Tee harmoniert. Süße Weine mildern übrigens scharfe Speisen.

DER DIGESTIF

Kaffee oder Espresso schließen bei vielen den Magen, vor allem nach einem süßen Dessert. Nach einem kräftigen Essen können Grappa, Magenbitter oder Cognac für Erleichterung sorgen. Süßwein oder Champagner passen fast immer als Abschluss eines Menüs.

topf in 10 Minuten fertig garen. Mit Salz und Pfeffer abschmecken.

5 Petersilie waschen, trocken schütteln und fein hacken, dabei die harten Stiele entfernen. Petersilie mit den Thymianblättchen unter den Eintopf rühren. Heiß servieren.

Scharfes Lammcurry

Für 4 Personen:

600 g Lammfleisch
2–3 EL Vindaloopaste
(z. B. von Bamboo Garden)
1–2 EL Garam Masala
50 ml Essig, 1 TL Zucker
2 Zwiebeln
2 Knoblauchzehen
1 Stück Ingwer (ca. 10 cm)
2 EL Ghee
3 EL Lammfond (Glas)
Chapati als Beilage

Zubereitungszeit: 25 Min.
Marinierzeit: 1 Std.
Garzeit: 45 Min.

Nährwerte pro Person: 347 kcal, 1452 kJ, 45 g EW, 14 g F, 10 g KH

1 Das Lammfleisch kalt waschen, trocken tupfen und in Würfel schneiden.

2 Vindaloopaste mit Garam Masala, Essig und Zucker in einer großen Schüssel verrühren, das Lammfleisch zufügen, alles gut vermengen und mindestens 1 Stunde abgedeckt im Kühlschrank ruhen lassen.

3 Zwiebeln und Knoblauch schälen, beides fein hacken. Ingwer ebenfalls schälen und fein reiben.

4 Ghee in einer hohen Pfanne erhitzen und Zwiebeln und Knoblauch darin goldbraun braten. Lammfleisch und Ingwer dazugeben und 2–3 Minuten darin anbraten.

5 Fleisch mit Lammfond ablöschen und alles aufkochen lassen. Das Ganze bei geschlossenem Deckel ca. 45 Minuten köcheln lassen und dabei ab und zu umrühren.

6 Lammcurry auf Tellern anrichten und mit Chapati als Beilage servieren.

TIPP

▶ Vindaloopaste und Garam Masala geben diesem Gericht einen charakteristisch indischen Geschmack. Diese Zutaten, genauso wie Ghee, eine Art Butterschmalz, erhalten Sie in gut sortierten Supermärkten oder im Asia-Laden.

Geschmorte Hasenkeulen

Für 4 Personen:

4 Wildhasenkeulen (à ca. 400 g)
2 Möhren
Salz, Pfeffer aus der Mühle
½ TL Lebkuchengewürz
1 EL Mehl
2 Zwiebeln
4 EL neutrales Öl
1 EL Tomatenmark
400 ml Rotwein, 600 ml Wildfond
200 ml Buttermilch
1 Lorbeerblatt
1 EL Butter
300 g Kirschen, 1 EL Puderzucker
100 ml Portwein, 100 ml Kirschsaft
1 EL Speisestärke, 100 g Sahne

Zubereitungszeit: 45 Min.
Garzeit: 3 ½ Std.

Nährwerte pro Person: 735 kcal, 3075 kJ, 57 g EW, 31 g F, 35 g KH

1 Hasenkeulen waschen und trocken tupfen. Fleisch im Ganzen vom Knochen ablösen. Möhren schälen und quer halbieren; anstelle des Knochens in die Keulen stecken.

2 Fleisch mit Küchengarn so zusammenbinden, dass es nicht auseinanderfällt. Rundum mit Salz, Pfeffer und Lebkuchengewürz einreiben, mit Mehl bestäuben.

3 Zwiebeln schälen und würfeln. Öl in einem Bräter erhitzen. Fleisch hineingeben und rundum kurz anbraten, dann wieder herausnehmen. Zwiebelwürfel hineingeben und im Bratensatz anschwitzen. Tomatenmark unterrühren und mit Rotwein ablöschen. Flüssigkeit um die Hälfte einreduzieren lassen.

4 Backofen auf 100 Grad vorheizen. Wildfond in den Bräter gießen und Fleisch wieder einlegen. Aufkochen lassen und dann Buttermilch einrühren. Lorbeerblatt einlegen. Bräter in den Ofen stellen und 3 Stunden schmoren lassen.

5 Kirschen waschen, abtropfen lassen, entsteinen und halbieren. Puderzucker in einem Topf erhitzen und karamellisieren. Mit Portwein und Kirschsaft ablöschen und einreduzieren lassen, bis der Sud sämig ist.

6 Stärke mit etwas kaltem Wasser verquirlen. Zur Soße geben und unter Rühren damit binden. Kirschen einlegen und Topf vom Feuer nehmen.

7 Keulen aus dem Topf nehmen und Soße durch ein Sieb passieren. Sahne in die Soße geben, auf dem Herd nochmals erhitzen und sämig einköcheln lassen. Mit Salz und Pfeffer abschmecken.

8 Kalte Butter unter die Soße mixen. Küchengarn von den Keulen lösen und Fleisch quer halbieren, dann wieder in die Soße legen. Das Fleisch mit Kirschen und Soße auf Tellern anrichten.

Fasanenbrüstchen im Spitzkohlmantel

Für 4 Personen:

6 Scheiben Toastbrot
2 Zweige Thymian
80 g Gänseleber-Pâté (Dose)
1 Ei
30 g Sahne, gut gekühlt
Salz, Pfeffer aus der Mühle
4 große Spitzkohlblätter
400 ml Entenfond (Glas)
4 Fasanenbrüstchen, ohne Haut und Knochen
1 EL Butter
90 g weiße Trüffelsoße (Glas, z. B. von Lacroix)

Zubereitungszeit: 40 Min.
Garzeit: 25 Min.

Nährwerte pro Person: 556 kcal, 2326 kJ, 51 g EW, 27 g F, 27 g KH

1 Toastbrot zerbröseln und in eine Schüssel geben. Thymian abbrausen, trocken schütteln und Blättchen mit Gänseleber-Pâté und Ei zum Brot

geben. Das Ganze mit dem Stabmixer pürieren.

2 Die Sahne zur Toast-Pasteten-Mischung geben. Mit Salz und Pfeffer würzen und alles verrühren.

3 Reichlich Salzwasser aufkochen. Die Spitzkohlblätter waschen und festen Strunk ausschneiden. Blätter im kochenden Wasser sehr kurz blanchieren. Mit eiskaltem Wasser abschrecken, zwischen 2 Geschirrtücher legen und vorsichtig glatt drücken.

4 Entenfond in einen Topf gießen und erhitzen. Dann aufkochen und bei mittlerer Hitze um die Hälfte reduzieren.

5 Fleisch waschen und trocken tupfen. Mit einem scharfen Messer in die Brüstchen längs eine Tasche schneiden und aufklappen. Salzen und pfeffern, mit der Gänseleberfarce füllen und zuklappen. Spitzkohlblätter salzen und pfeffern. Auf jedes Blatt 1 gefülltes Fasanenbrüstchen setzen und einwickeln.

6 Ofen auf 140 Grad vorheizen. Butter in einer ofenfesten Pfanne zerlassen. Gewickelte Brüstchen darin bei mittlerer Hitze rundum anbraten.

7 Das Ganze auf der mittleren Schiene des Ofens 20 Minuten garen lassen. Ofen ausschalten, einen Spalt öffnen und die Fasanenbrüstchen 5 Minuten ruhen lassen. Danach in 3 cm breite schräge Tranchen schneiden.

8 Bratensaft mit Trüffelsoße und Entenfond erhitzen. Trüffelsoße auf Tellern verteilen und die Fasanentranchen daraufsetzen.

Gebratene Täubchen

Für 4 Personen:

4 küchenfertige Tauben
grober Pfeffer
250 g durchwachsener Speck
350 g Schalotten
5 EL Butter
400 g Erbsen
400 ml trockener Weißwein
2 Zweige Thymian
Salz
Zucker
4 Stängel Petersilie

Zubereitungszeit: 30 Min.
Garzeit: 35 Min.

Nährwerte pro Person: 743 kcal, 3109 kJ, 54 g EW, 44 g F, 16 g KH

1 Tauben unter fließendem kaltem Wasser waschen und mit Küchenpapier trocken tupfen. Rundum mit grobem Pfeffer einreiben. Speck fein würfeln. Schalotten schälen und halbieren.

2 Butter in einen großen Bräter geben und zerlassen. Speck darin unter Rühren glasig braten. Die ganzen Schalotten zugeben und rundum anbraten. Dann beides herausnehmen und gut abtropfen lassen.

3 Tauben in den Bräter geben und unter mehrmaligem Wenden 25 Mi-

nuten braten. Geputzte Erbsen in einem Sieb waschen und abtropfen lassen. Zusammen mit Schalotten und Speck zu den Tauben geben. Das Ganze mit Weißwein aufgießen.

4 Thymian abbrausen, trocken schütteln und in den Bräter geben. Alles mit Salz und etwas Zucker würzen. Deckel auflegen und bei milder Hitze 40 Minuten garen.

5 Grill des Backofens vorheizen. Tauben aus dem Bräter nehmen, auf ein Ofenblech legen und unter dem Grill in wenigen Minuten knusprig werden lassen.

6 Petersilie waschen, trocken schütteln und die Blättchen fein hacken. Kurz vor dem Servieren zum Gemüse geben und alles nochmals mit Salz und Pfeffer abschmecken.

7 Gemüse auf Tellern anrichten und Täubchen daraufsetzen. Sofort heiß servieren.

Saftige Lammfilets

Für 4 Personen:

400 g Fleischtomaten oder stückige Tomaten (Dose)
4 Knoblauchzehen
1 Zweig Rosmarin
1 Zweig Thymian
1 Stängel Basilikum
1 Stängel Petersilie
4 Lammfilets
1 TL Öl
2 EL Balsamico-Essig oder Rotwein
Salz
Pfeffer aus der Mühle
1 TL kalt gepresstes Olivenöl
Reis als Beilage

Zubereitungszeit: 40 Min.

Nährwerte pro Person: 265 kcal, 1110 kJ, 42 g EW, 8 g F, 4 g KH

1 Tomaten kreuzweise einritzen, in einer Schüssel mit kochend heißem Wasser überbrühen, kurz ziehen lassen und abschrecken. Anschließend häuten und das Fruchtfleisch ohne Stielansätze würfeln. Knoblauch schälen und längs in Scheiben schneiden.

2 Kräuter waschen und trocken tupfen. Lammfilets kurz kalt abspülen und gut trocken tupfen. Eine beschichtete Pfanne erhitzen und das Öl hineingeben. Filets einlegen, alle Kräuter zufügen und die Fleischstücke bei mittlerer Hitze von jeder Seite 5–7 Minuten braten.

3 Knoblauchscheiben an die Seiten der Lammfilets legen und unter Rühren 2–3 Minuten mitbraten. Tomatenwürfel zufügen, Essig oder Rotwein angießen und alles 4–5 Minuten einkochen lassen.

4 Das Fleisch mit Salz und Pfeffer würzen. Die Kräuterzweige entfernen und die Soße nach Wunsch mit Olivenöl verfeinern. Sofort mit Reis servieren.

▶ Feines aus der Bratküche

Lammkeule

Für 6 Personen:

1 mittelgroße Aubergine
Olivenöl
2 Knoblauchzehen
2 EL Anchovis
2 EL abgeriebene Orangenschale (unbehandelt)
1 TL abgeriebene Zitronenschale (unbehandelt)
2 EL Salbeiblätter, frisch gehackt
1 TL Pfefferkörner, grob gemahlen
1 Lammkeule (ca. 1,8 kg), entbeint
2 EL getrockneter Oregano
Salz, Pfeffer

Zubereitungszeit: 40 Min.
Marinierzeit: 12 Std.
Garzeit: ca. 1 Std.

Nährwerte pro Person: 560 kcal, 2343 kJ, 66 g EW, 27 g F, 12 g KH

1 Aubergine waschen und längs in Scheiben schneiden. Mit Öl einpinseln, in einer Pfanne leicht bräunen und beiseitestellen.

2 2 Knoblauchzehen schälen und hacken. Die Anchovis klein schneiden. Mit Orangen-, Zitronenschale, Salbeiblättern, Pfeffer und 2 EL Olivenöl fein pürieren.

3 Fleisch kalt waschen, trocken tupfen und die Innenseite mit der Paste bestreichen. Auberginenscheiben darauflegen, Fleisch aufrollen und mit Küchengarn festbinden. Über Nacht an einem kühlen Ort ziehen lassen.

4 Ofen auf 200 Grad vorheizen. Fleisch mit Oregano, Salz und Pfeffer einreiben. In einem Bräter 2–3 EL Olivenöl erhitzen und Fleisch darin anbraten.

5 Lammfleisch in den Ofen schieben und pro ½ kg 15 Minuten plus 15 Minuten extra braten. In den ersten 30 Minuten mit Alufolie bedecken. Fertigen Braten 15–20 Minuten mit Alufolie zugedeckt ruhen lassen.

BEILAGE

▶ Servieren Sie zu diesem Gericht selbst gemachten Zaziki. Dafür 1 Salatgurke waschen und entkernen, danach raspeln. 1 Bd. Frühlingszwiebeln waschen, putzen und klein schneiden. 2 Knoblauchzehen schälen und hacken. Gurkenraspel ausdrücken und mit 450 g Joghurt, Frühlingszwiebeln, Knoblauch und etwas Zitronensaft verrühren.

Gefüllter Lammbraten

Für 4 Personen:

1 kg Lammrollbraten
Salz, Pfeffer
2 Knoblauchzehen
4 Orangen
250 g Stangensellerie
200 ml Lamm- oder Rinderfond (Glas)
200 g Sahne
1 Prise Zucker
50 g Pinienkerne

Zubereitungszeit: 30 Min.
Garzeit: 45 Min.

Nährwerte pro Person: 511 kcal, 2146 kJ, 11 g EW, 43 g F, 19 g KH

1 Lammrollbraten mit kaltem Wasser abwaschen und mit Küchenpapier trocken tupfen, salzen und pfeffern. Knoblauchzehen schälen und fein hacken.

2 2 Orangen schälen, die Filets aus den Trennhäuten herauslösen, dabei den Saft auffangen. Filets würfeln. Sellerie waschen, putzen und in feine Scheiben schneiden.

3 Das Fleisch mit Sellerie und den Orangen belegen, Knoblauch darüberstreuen, Fleisch fest aufrollen und mit Küchengarn umwickeln.

4 Backofen auf 200 Grad vorheizen. Rollbraten in eine Kasserolle legen, salzen und pfeffern. Fond angießen, Form in den Ofen geben und den Braten ca. 45 Minuten garen; ab und zu mit Fond begießen. Braten aus der Kasserolle nehmen und warm stellen.

5 Restliche Orangen auspressen, den Bratenfond mit Saft ablöschen. Sahne dazugeben und einkochen lassen. Mit Salz, Pfeffer und Zucker abschmecken. Die Pinienkerne in einer Pfanne ohne Fett anrösten und in die Soße geben.

6 Den Lammbraten vom Küchengarn befreien, in Scheiben schneiden und mit der Soße servieren.

Wachteln mit Salbei und Speck

Für 4 Personen:

4 küchenfertige Wachteln (à ca. 250 g)
Salz, Pfeffer aus der Mühle
1 Bd. frischer Salbei
8 Scheiben Frühstücksspeck
5 EL Olivenöl extra vergine
(z. B. von Bertolli)
1 Bd. Möhren, 100 g Schalotten
500 g kleine Kartoffeln
250 ml Fleischbrühe

Zubereitungszeit: 40 Min.
Garzeit: 30 Min.

Nährwerte pro Person: 712 kcal, 2979 kJ, 66 g EW, 40 g F, 22 g KH

1 Wachteln unter fließendem kaltem Wasser waschen und mit Küchenpapier gut trocken tupfen. Mit Salz und Pfeffer würzen.

2 Salbei kalt abbrausen und trocken schütteln. Blätter von den Stängeln zupfen. Wachteln mit je 3 Salbeiblättern belegen und mit je 2 Speckscheiben umwickeln.

3 Olivenöl in einen weiten Bräter geben und erhitzen. Wachteln hineingeben und rundum kurz anbraten. Herausnehmen und beiseitestellen.

4 Möhren waschen, vom Grün befreien und Enden abschneiden. Dann Möhren schälen und vierteln. Schalotten bei Bedarf putzen, dann schälen und längs halbieren. Kartoffeln waschen, schälen und halbieren.

5 Vorbereitetes Gemüse in das verbliebene Bratfett im Bräter geben. Das Ganze andünsten, dann Fleischbrühe zugießen. Ca. 10 Minuten offen bei mittlerer Hitze garen.

6 Ofen auf 200 Grad vorheizen. Übrige Salbeiblätter zum Gemüse geben und die Wachteln darauf setzen. Das Ganze in den Ofen stellen und 20 Minuten garen.

7 Nach Garzeitende die Wachteln aus dem Bräter nehmen und auf Tellern anrichten. Gemüse mit Salz und frisch gemahlenem Pfeffer abschmecken. Zu den Wachteln servieren.

Wildschweinsauerbraten in Rotweinsoße

Für 8 Personen:

800 ml Rotwein
½ l Pflanzenöl (z. B. von Biskin)
2 Lorbeerblätter, 3 Zweige Thymian
1 Zweig Rosmarin
1 EL schwarze Pfefferkörner
4 Pimentkörner, 3 Gewürznelken
1,2 kg Wildschweinkeule, ausgelöst und pariert
300 g Zwiebeln
250 g Stangensellerie
150 g Lauch, 50 g Möhren
2 EL Pflanzenfett mit Butteraroma
Salz, Pfeffer
½ TL Paprikapulver
3 EL Tomatenmark
50 ml Rotweinessig
80 g Sahne

Zubereitungszeit: 40 Min.
Marinierzeit: 12 Std.
Garzeit: 2 Std.

Nährwerte pro Person: 656 kcal, 2733 kJ, 61 g EW, 44 g F, 4 g KH

BEILAGE

▶ Zu dem Wildschweinsauerbraten passen Kräuterspätzle sowie ein kräftiger Rotwein.

1 Für die Marinade ½ l Rotwein, Öl, Lorbeerblätter, Thymian, Rosmarin, Pfefferkörner, Piment und Nelken in einer Schüssel verrühren und das Fleisch hineinlegen. Abdecken, kalt stellen und über Nacht durchziehen lassen.

2 Fleisch herausnehmen und mit Küchenpapier trocken tupfen. Marinade durch ein Sieb gießen, Gewürze beiseite legen.

3 Zwiebeln schälen und in schmale Spalten schneiden. Stangensellerie putzen, waschen und in Stücke schneiden. Lauch putzen, waschen und in Ringe schneiden. Möhren waschen, schälen und in Scheiben schneiden.

4 Pflanzencreme im Bräter erhitzen. Fleisch darin bei starker Hitze 5 Minuten rundum anbraten. Anschließend mit Salz, Pfeffer und Paprikapulver würzen. Zwiebeln dazugeben und mitrösten.

5 Gemüse unterrühren und weitere 3 Minuten rösten. Tomatenmark einrühren. Restlichen Rotwein und Rotweinessig angießen und Gewürze aus der Marinade dazugeben. Zugedeckt bei milder Hitze ca. 2 Stunden schmoren lassen.

6 Fleisch herausnehmen und warm stellen. Bratfond durch ein Sieb gießen, noch einmal erhitzen und Sahne einrühren. Mit Salz und Pfeffer abschmecken. Wildschweinbraten mit der Soße auf einer Platte anrichten.

Rebhuhn im Pilzmantel

Für 4 Personen:

4 kleine Zwiebeln
1 Bd. Petersilie
500 g Pfifferlinge
2 EL Butter
Salz, Pfeffer aus der Mühle

2 EL Pinienkerne
3 Scheiben Toastbrot
4 küchenfertige Rebhuhnbrüste
2 EL Butterschmalz
100 g Sahne
100 ml Milch
50 ml Portwein

Zubereitungszeit: 40 Min.
Garzeit: 20 Min.

Nährwerte pro Person: 649 kcal, 2715 kJ, 61 g EW, 35 g F, 20 g KH

1 Zwiebeln schälen und fein hacken. Petersilie waschen, trocken schütteln und hacken. Pfifferlinge mit einem Pinsel oder Küchenpapier putzen.

2 Butter in eine Pfanne geben und zerlassen. Pfifferlinge darin schwenken und anbraten, dann Zwiebeln mit andünsten. Petersilie untermengen. Mit Salz und frisch gemahlenem Pfeffer abschmecken. Die Hälfte der Mischung beiseitestellen.

3 Pinienkerne ohne Fett in einer Pfanne goldbraun anrösten. Toastbrot entrinden und mit Pinienkernen fein zerbröseln. Unter die beiseitegelegten Pilze mischen.

4 Ofen auf 150 Grad vorheizen. Rebhuhnfleisch rundum salzen und pfeffern. In einem Bräter Butterschmalz erhitzen und Fleisch von allen Seiten in 3 Minuten anbraten. Toast-Pilz-Mischung auf dem Fleisch verteilen und im Ofen 20 Minuten überbacken.

5 Sahne mit Milch verquirlen. Zu den Pfifferlingen in der Pfanne geben und erhitzen. Wenn die Soße zu köcheln beginnt, Portwein zugeben. Etwas einkochen lassen.

6 Rebhuhn mit der warmen Pfifferlingssoße auf Tellern anrichten. Noch heiß servieren.

Wildente auf Herbstgemüse

Für 4 Personen:

2 küchenfertige Wildenten (à ca. 800 g)
Salz, Pfeffer aus der Mühle
1 Bd. Thymian, 4 große Möhren
800 g kleine festkochende Kartoffeln
3 Knoblauchzehen
2 EL Butterschmalz, 400 ml Cidre
500 g Kürbis (Hokkaido- oder Moschuskürbis)
Muskatnuss

Zubereitungszeit: 40 Min.
Garzeit: 5 Std.

Nährwerte pro Person: 732 kcal, 3063 kJ, 41 g EW, 39 g F, 45 g KH

1 Enten mit kaltem Wasser waschen und mit Küchenpapier trocken tupfen. Mit Salz und Pfeffer würzen. Thymian kalt abbrausen, trocken schütteln und die Hälfte der Zweige in die Enten stecken. Übrigen Thymian ohne feste Stielansätze hacken.

2 Enden der Möhren abschneiden, Möhren schälen und in mundgerechte Stücke schneiden. Kartoffeln kalt waschen und gut abbürsten. Knoblauch schälen und in feine Scheiben schneiden.

TIPP

▶ Frisches Entenfleisch sollte nicht länger als 2 Tage im Kühlschrank aufbewahrt werden. Aus der Verpackung nehmen und in Frischhaltefolie gewickelt kühl stellen.

3 Möhren, Kartoffeln und Knoblauch mit dem gehackten Thymian in eine Schüssel geben und dann beiseitestellen. Kürbis schälen und entkernen, dann in ca. 1,5 cm große Würfel schneiden.

4 Ofen auf 80 Grad vorheizen. Butterschmalz in eine große Pfanne geben und erhitzen. Enten rundum ca. 6 Minuten anbraten. Herausnehmen.

5 Cidre in einen Bräter gießen, Salz und Pfeffer zugeben. Enten hineinlegen und im Ofen auf mittlerer Schiene 5 Stunden garen.

6 Nach 3 Stunden Garzeit Bräter aus dem Ofen nehmen, Enten herausheben und Kürbis mit Gemüse zugeben. Mit frisch geriebener Muskatnuss würzen. Danach die Enten wieder darauf setzen. In weiteren 2 Stunden fertig garen.

BEILAGE

▶ Reichen Sie dazu Aioli: 3 sehr frische Eigelbe mit 2 TL Dijonsenf und 3 TL Zitronensaft sowie Salz mit einem Quirl kräftig schlagen, bis die Masse schaumig wird. 150 ml Pflanzenöl und 50 ml Olivenöl in einem dünnen Strahl einfließen lassen; immer weiter schlagen, bis die Masse eine cremige Konsistenz hat. 4 gehackte Knoblauchzehen schälen und hacken, dann unter die Mayonnaise heben. Mit Cayennepfeffer abschmecken.

Gebackene Perlhuhnkeulen

Für 4 Personen:

12 Perlhuhnschenkel
2 EL Erdnussöl, 3 EL Honig
6 Zweige Rosmarin
10 Knoblauchzehen
24 kleine Kartoffeln (z. B. Bamberger Hörnchen)
50 ml Weißwein

Zubereitungszeit: 25 Min.
Garzeit: 40 Min.

Nährwerte pro Person: 535 kcal, 2238 kJ, 45 g EW, 20 g F, 42 g KH

1 Perlhuhnschenkel mit kaltem Wasser waschen und mit Küchenpapier gut trocken tupfen. Backofen auf 200 Grad vorheizen.

2 Geflügelschenkel mit der Haut nach unten in eine ofenfeste Form legen. Fleisch rundum mit Erdnussöl bepinseln und mit Honig beträufeln.

3 Rosmarinzweige abbrausen und trocken schütteln. Dann in Stückchen brechen und über dem Fleisch verteilen. Knoblauchzehen ungeschält leicht quetschen und ebenfalls zugeben. Form in den Ofen schieben und ca. 15 Minuten garen.

4 In der Zwischenzeit die Kartoffeln schälen und waschen. Dann halbieren bzw. vierteln. Mit zu den Perlhuhnschenkeln geben.

5 Das Ganze mit Weißwein übergießen und weitere 25 Minuten garen. Die letzten 15 Minuten immer wieder mit dem entstandenen Bratensaft übergießen. Möglichst heiß servieren.

Wildschweinbraten

Für 6 Personen:

2 Bd. Suppengrün
1 Wildschweinkeule (ca. 2 kg)
Salz, Pfeffer
getrockneter Thymian
2 Lorbeerblätter, 5 Wacholderbeeren
75 g Butterschmalz
100 g Räucherspeck
1 schwarze Brotrinde
½ l Gemüsebrühe, 250 g Sahne
2 EL Preiselbeeren
5 cl Wacholderschnaps

Zubereitungszeit: 45 Min.
Garzeit: 90 Min.

Nährwerte pro Person: 689 kcal, 2883 kJ, 71 g EW, 42 g F, 7 g KH

1 Suppengrün waschen und abtropfen lassen. Bei Bedarf putzen, schälen und dann alles klein schneiden.

2 Wildschweinkeule trocken tupfen. Mit Salz, Pfeffer und Thymian ein-

reiben. Lorbeerblätter und Wacholderbeeren zerdrücken und Fleisch damit ebenfalls einreiben.

3 Backofen auf 200 Grad vorheizen. Butterschmalz in einem Bräter erhitzen. Fleisch hineingeben und von allen Seiten bräunen. Speck würfeln und Brotrinde zerkleinern.

4 Beides mit Gemüse zum Wildschwein geben. Anrösten und nach einigen Minuten ¼ l Brühe angießen. Wildschweinbraten in den Ofen schieben. Ca. 90 Minuten braten lassen. Öfter mit Brühe beträufeln, da das Fleisch sonst leicht trocken werden kann.

5 Gegarte Keule aus dem Bräter nehmen, portionieren und warm stellen. Bratenfond auf dem Herd mit wenig Wasser lösen. Aufkochen und dann durch ein Sieb passieren.

6 Mit Sahne, Preiselbeeren und einem Schuss Wacholderschnaps verfeinern. Heiß zum Wildschweinbraten servieren.

Lammlachse mit Olivenkruste auf Reis

Für 4 Personen:

1 Zwiebel, 1 Knoblauchzehe
4 EL Olivenöl
250 g Patnareis (z. B. von Oryza)
450 ml Gemüsebrühe
2 große reife Tomaten
Salz, 1 Bd. Basilikum
500 g Lammrücken ohne Knochen (Lammlachs)
100 g grüne Oliven, mit Knoblauch gefüllt (Glas)
abgeriebene Zitronenschale (unbehandelt)
1 EL Petersilie, frisch gehackt
Pfeffer aus der Mühle
Fett für die Form

Zubereitungszeit: 40 Min.
Gargszeit: 20 Min.

Nährwerte pro Person: 573 kcal, 2397 kJ, 31 g EW, 26 g F, 53 g KH

1 Zwiebel und Knoblauch schälen und hacken. In einer Pfanne 2 EL Olivenöl erhitzen, beides darin unter Rühren goldgelb andünsten, Reis zufügen und alles gut verrühren.

2 Reis mit heißer Brühe aufgießen und 1 Minute bei starker Hitze offen sprudelnd kochen lassen. Herd ausschalten, Deckel auflegen und das Ganze 20 Minuten auf der heißen Herdplatte ausquellen lassen.

3 Tomaten kreuzweise einritzen, mit kochendem Wasser überbrühen, kurz ziehen lassen und häuten. Tomaten halbieren, entkernen, Stielansätze herausschneiden und das Fruchtfleisch in Würfel schneiden. Mit etwas Salz würzen.

4 Das Basilikum waschen, trocken schütteln und hacken, dabei grobe Stielenden entfernen. Basilikum zu den Tomaten geben.

5 Backofen auf 225 Grad vorheizen. Lammlachs kurz kalt abspülen und trocken tupfen. Oliven fein hacken und mit wenig abgeriebener Zitro-

nenschale, Petersilie, Pfeffer und restlichem Olivenöl vermengen. Die Gewürzmischung auf dem Fleisch verteilen und das Ganze in eine gefettete ofenfeste Form legen.

6 Fleisch in den heißen Ofen schieben, Temperatur auf 170 Grad reduzieren und das Ganze ca. 20 Minuten braten. Fleisch herausnehmen und mit Alufolie abgedeckt 10 Minuten ruhen lassen. Bratenfond mit 50 ml Wasser aufgießen und kurz aufkochen lassen.

7 Heißen Reis mit der Tomaten-Basilikum-Mischung vermengen und auf Teller verteilen. Lammfleisch in dicke Scheiben schneiden und auf den Reis setzen. Mit dem Bratenfond beträufelt servieren.

Lammkarree mit Frühlingsgemüse

Für 4 Personen:

750 g Lammkarree (z.B. aus Neuseeland)
grobes Meersalz, Pfeffer
2 Knoblauchzehen
je 4 Zweige Thymian, Rosmarin und Estragon
5 cl Pernod, 250 g grünen Spargel
250 g Zuckerschoten, 250 g Möhren
1 Mango
5 Zweige Minze, Cayennepfeffer
2 EL Apfelessig
50 g ungesalzene Cashewnüsse
3 EL Olivenöl

Zubereitungszeit: 40 Min.

Nährwerte pro Person: 678 kcal, 2837 kJ, 54 g EW, 45 g F, 15 g KH

1 Lammkarree abbrausen und trocken tupfen, mit Meersalz und Pfeffer würzen. Knoblauch schälen und fein hacken. Kräuter kalt abbrausen, dann trocken schütteln und von den Zweigen zupfen, danach fein hacken.

2 Backofen auf 200 Grad vorheizen. Fleisch in einen Bräter geben und mit den Kräutern und dem Knoblauch bestreuen. Mit Pernod beträufeln. Das Ganze in den Ofen schieben und 20 Minuten braten.

3 In der Zwischenzeit Spargel waschen und holzige Enden abschneiden. Zuckerschoten waschen und abtropfen lassen, dann Enden abschneiden. Möhren schälen und ohne die Enden in dünne Streifen schneiden.

4 Mango schälen, Stein entfernen und Fruchtfleisch grob würfeln. Minze abbrausen, trocken schütteln und Blätter grob schneiden. Mango mit Apfelessig, Minze, Salz und Cayennepfeffer würzen.

5 Cashewnüsse in einer beschichteten Pfanne goldbraun rösten und beiseitestellen. Öl in die Pfanne geben, erhitzen und Gemüse zugeben. Ca. 8 Minuten braten, dabei immer wieder wenden. Mangowürfel zugeben und nochmals abschmecken.

6 Lammkarree aus dem Ofen nehmen und in Stücke schneiden. Mit dem Gemüse auf Tellern anrichten. Mit Cashewkernen bestreut servieren.

▶ Mehl- & Eierspeisen

Mehl- und Eierspeisen

Je nachdem, ob ein süßer Pflaumenknödel, ein herzhafter Pilzstrudel oder Spätzle auf den Tisch kommen sollen – die Grundlage von allem ist der Teig. Und der wiederum besteht bei Mehlspeisen vor allem aus Mehl, bei Eierspeisen aus Eiern. In Österreich versteht man unter Eierspeise übrigens Rührei.

TIPP

▶ Gluten sind Eiweißbestandteile in Hafer, Gerste, Weizen und Roggen, die bei manchen Menschen Magen-Darm-Beschwerden auslösen. Buchweizen, Quinoa, Mais, Hirse und Reis dagegen sind glutenfrei.

Kleine Getreidekunde

Mehl unterscheidet sich in Konsistenz und Farbe, kann also fein oder grob, hell oder dunkel sein. Auf der Verpackung von Auszugsmehl ist die Typbezeichnung angegeben, die den Mineraliengehalt in Milligramm pro 100 g nennt. 100 g des gängigen Weizen-Auszugsmehls Type 405 (Weißmehl) enthalten also 405 mg Mineralstoffe.
Wenn es um gesunde Ernährung geht, ist ein dunkleres Mehl der Typen 550, 812 oder 1050 vorzuziehen, da es mehr Nährstoffe enthält. Geben Sie hier etwa 10 % mehr Flüssigkeit zu als im Rezept (für Mehl Type 405) angegeben. Vollkornmehl, das etwa der Type 1800 entspricht, enthält den größten Mineralien- und Ballaststoffanteil; verwenden Sie hier rund 20 % mehr Wasser.

WEIZEN

Die bedeutendste Getreideart der Welt wird in Weichweizen für Brot und Gebäck sowie Hartweizen für Teigwaren und Nudeln unterschieden. Weizen ist besonders reich an Ballaststoffen, Mineralien, Vitaminen und Eiweiß.

ROGGEN

Roggen hat im Vergleich zu anderen Getreidesorten den höchsten Eisengehalt. Darüber hinaus beinhaltet er die wichtigsten Vitamine des B-Komplexes sowie wertvolle Mineralien. Dieses Mehl enthält weniger Klebereiweiß als Weizenmehl und muss daher wesentlich länger quellen. Es bietet sich an, Sauerteig als Triebmittel zu verwenden.

HIRSE

Dieser Begriff fasst mehrere Getreidearten mit kleinen, runden Samenkörnern zusammen. Als Speisehirse wird in Europa meist Rispenhirse

angeboten, die einen hohen Mineraliengehalt hat und viel Zink und Kalzium enthält. Hirse ist besonders leicht verdaulich.

HAFER

Viele kennen sie nur als Flocken, also als gequetschte oder gewalzte Samen. Fett- und Eiweißgehalt sind besonders hoch. Allerdings fehlt das so genannte Klebereiweiß, weshalb die Backeigenschaften nicht besonders gut sind.

DINKEL

Dinkel ist ein Urgetreide. Durch seinen hohen Anteil an Klebereiweiß sind seine Backeigenschaften entsprechend gut, sodass Weizen gegen Dinkel ausgetauscht werden kann. Es besitzt einen hohen Anteil an Vitaminen und Mineralstoffen sowie ungesättigten Fettsäuren. Noch grün geerntete Dinkelkörner werden getrocknet und kommen als Grünkern in den Handel.

BUCHWEIZEN

Aus botanischer Sicht ist Buchweizen gar kein Getreide, sondern ein Knöterichgewächs. Doch auch aus seinen Samen lässt sich Mehl herstellen.

GRIESS

Grieß ist keine Getreideart, sondern eher die Bezeichnung für Weizenkornteile einer bestimmten Größe. Das Korn wird zunächst von Schale und Keimling befreit und dann in mehreren Durchläufen gemahlen. Nach jedem Durchlauf werden die großen Kornteile herausgenommen und wiederum gemahlen. Kleine Kornteile, der Grieß, werden herausgesiebt. Je nach Weizenart unterscheidet man zwischen Hart- und Weichweizengrieß.

Eierspeisen

Ob als Omelett, Spiegelei oder Rührei, ob als Baiser aus Eiweiß oder im Auflauf, ob pochiert, frittiert oder gefüllt – das Ei ist ein kleiner Alleskönner. Achten Sie beim Eierkauf auf die aufgedruckte Kennzeichnung:
0 steht für Biohaltung, 1 für Freilandhaltung, 2 für Boden- und 3 für Käfighaltung.

RUND UMS EI

- Das Ei steckt voller Vitamine (D, B_{12}, K und Biotin), Spurenelemente und Eiweiß. Daneben enthält es Kalzium, Selen und Eisen. Die Ansicht, dass Eierspeisen den Cholesterinspiegel erhöhen, ist inzwischen überholt.
- Je nach Hühnerrasse variiert die Farbe der Eierschale, die Farbe des Dotters ist abhängig vom Futter.
- Nach ihrer Größe werden Eier in die Gewichtsklassen S (unter 53 g), M (53–63 g), L (63–73 g) und XL (ab 73 g) eingeteilt.

TIPP

▶ Um zu sehen, wie frisch ein Ei ist, legt man es in ein Wasserglas: Frische Eier bleiben am Boden, ältere schwimmen nach oben.

▶ Ab 10 Tagen vor Ablauf des Mindesthaltbarkeitsdatums sollten Eier im Kühlschrank aufbewahrt werden.
Bis zu diesem Zeitpunkt verfügt das Ei durch Enzyme im Eiklar über einen natürlichen Selbstschutz. Sobald das Mindesthaltbarkeitsdatum abgelaufen ist, sollten Eier nicht mehr roh verwendet werden.

EIER KOCHEN

Damit das Ei nicht platzt, sollte es an der unteren, breiteren Seite vor dem Kochen mit einer Nadel angestochen werden. Dann soviel Wasser aufkochen, dass das Ei bedeckt ist und es mit einem Löffel vorsichtig in den Topf gleiten lassen. 2–10 Minuten kochen, herausnehmen und mit kaltem Wasser abschrecken – das stoppt den Garprozess.

TIPP

▶ Wenn Sie unsicher sind, ob ein Ei bereits gekocht ist, gibt es einen Trick: Legen Sie es auf eine glatte Fläche und drehen Sie es. Dreht es sich schnell, ist es gekocht. Ungekochte Eier drehen sich langsam.

WEICH ODER HART?

- 2–3 Minuten: sehr weich. Eiweiß und Eigelb sind flüssig.
- 3–5 Minuten: Eiweiß ist fester, Eigelb flüssig.
- 5–7 Minuten: Eiweiß ist fest, Eigelb hat weichen Kern.
- 8–10 Minuten: Eiweiß und Eigelb sind fest.

EIER POCHIEREN

Dazu bringt man 1 l Wasser mit 1 EL Essig zum Kochen. Das Ei wird in eine Tasse aufgeschlagen und vorsichtig in das nicht mehr kochende Wasser gelassen. Nach ca. 4 Minuten können Sie das Ei mit einem Schaumlöffel herausnehmen und servieren.

(1)

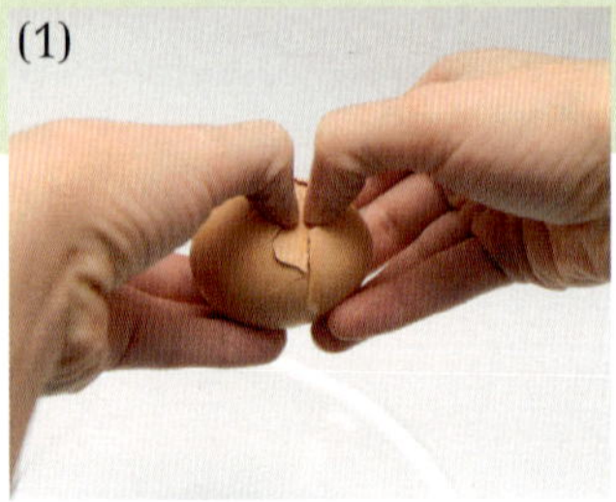

(2)

EISCHNEE

Sie möchten Cremes, Pudding oder einen Kuchenteig lockerer machen? Dann ziehen Sie Eischnee unter; durch das Aufschlagen des Eiklars bzw. Eiweißes mit den Quirlen des Handrührgeräts bildet sich ein Schaum, der Luft einschließt. Trennen Sie dazu zunächst Eiweiß und Eigelb (Bilder 1 und 2). Fügen Sie dem Eiweiß 1 TL Wasser hinzu und schlagen Sie es so lange, bis die Masse steif ist. Erst am Ende nach Belieben Zucker zufügen. Achten Sie dabei auf saubere Quirle und Schüssel, sonst wird das Eiweiß nicht fest.

Vielfalt aus Ei & Mehl

Viele vor allem süße Teige haben sowohl Mehl als auch Eier auf ihrer Zutatenliste, so fast alle Kuchen, Kaiserschmarrn, Bliny, Waffeln, Strudel, Palatschinken, Crêpes, Pfannkuchen, Knödel und einige Nudelsorten – italienische Pasta und die meisten Brote kommen ohne Ei aus.

SCHMARRN

Diese österreichische Spezialität besteht aus Eiern, Mehl und Milch. Meistens wird der Teig in der Pfanne von beiden Seiten gebacken, bevor er zerteilt wird. Die Mehlspeise wird mit der Gabel in Stücke gerissen und nicht mit dem Messer geschnitten.

PFANNKUCHEN

Butter oder Margarine, Zucker, Mehl und Eier sind die Grundzutaten. Meistens kommen noch Milch sowie Gewürze hinzu. Um den Teig besonders locker zu machen, kann die Hälfte der angegebenen Milchmenge durch Mineralwasser ersetzt werden oder Sie heben etwas Eischnee unter den Teig. Die Pfanne sollte stets nur dünn eingefettet werden, damit der Teig zwar nicht anklebt, aber gut haftet.

CRÊPES

Aus Frankreich kommen diese hauchdünnen Pfannkuchen, die meistens mit Apfelmus, Zimt und Zucker, Schokocreme oder Cointreau gegessen werden. Sie werden auf speziellen Eisen gebacken, die einer Kochplatte ähneln. Macht man sie in der Pfanne, sollte wenig Teig mit einem Teigschaber dünn verteilt werden.

WAFFELN

Süß mit heißen Kirschen und Sahne oder herzhaft als Gemüsewaffeln – Sie benötigen in jedem Fall ein Waffeleisen, das mit Kokosfett oder Butter eingefettet wird. Abhängig vom Teig können die Waffeln weich wie Pfannkuchen oder knusprig wie Kekse sein.

STRUDEL

Es gibt zahlreiche Varianten der österreichischen Mehlspeise, darunter auch herzhafte. Der Teig sollte auf einem mit Mehl bestäubten Küchentuch ausgerollt werden. Ist er so dünn wie möglich, nimmt man ihn vom Tuch ab und dehnt ihn vorsichtig, während er auf beiden Handrücken liegt. Dann den Teig wieder auf das Küchentuch legen, dicke Ränder abschneiden, füllen und aufrollen.

NUDELN

Ähnlich wie beim Strudel verlangt der Umgang mit Nudelteig etwas Übung. Einen Rezeptvorschlag finden Sie in der Einleitung zu »Pasta« (S. 192).

KLÖSSE

In Bayern und Österreich heißen sie Knödel. Klöße können aus rohen oder gekochten Kartoffeln, Grieß oder Quark hergestellt werden. Ein typischer Hefekloß ist der Germknödel. Auch Dampfnudeln werden aus Hefeteig hergestellt.

▶ Pikante Mehl- & Eierspeisen

Verlorene Eier

Für 4 Personen:

80 ml Essig
4 frische Eier

Zubereitungszeit: 20 Min.

Nährwerte pro Person: 85 kcal, 357 kJ, 7 g EW, 6 g F, 0 g KH

1 1 l Wasser mit Essig zum Kochen bringen (kein Salz zugeben!).

2 Eier einzeln in eine Tasse aufschlagen, vorsichtig nach und nach ins leicht siedende Essigwasser gleiten lassen. Außen sollen die Eier fest, der Dotter jedoch noch weich sein. Eier mit einem Schaumlöffel herausnehmen, abkühlen lassen, rundum glatt schneiden.

TIPP

▶ Verlorene Eier kann man gut für verschiedene Soßen und Suppen als Einlage verwenden und man kann sie sehr gut vorbereiten. Man legt sie in kaltes Essigwasser und wärmt sie vor Gebrauch in Salzwasser auf.

Spiegeleier

Für 4 Personen:

50–60 g Butter
8 frische Eier
Salz, Pfeffer

Zubereitungszeit: 10 Min.

Nährwerte pro Person: 277 kcal, 1161 kJ, 13 g EW, 20 g F, 0 g KH

1 Butter erhitzen. Eier einzeln aufschlagen und ins Fett gleiten lassen. Das Eigelb muss ganz bleiben.

2 Wärmezufuhr herunterschalten und die Eier langsam braten, bis das Eiweiß fest ist. Der Dotter sollte noch fast flüssig sein, auf jeden Fall heiß. Das Eiweiß, nicht das Eigelb, mit Salz würzen, mit der Pfeffermühle darübergehen.

Soleier

Für 4 Personen:

30–40 g Salz
8 Eier (10 Minuten gekocht)

Zubereitungszeit: 20 Min.

Nährwerte pro Person: 170 kcal, 715 kJ, 13 g EW, 11 g F, 0 g KH

1 1 l Wasser mit Salz zum Kochen bringen, gut durchkochen.

2 Gekochte Eier anklopfen, aber nicht schälen, in ein Glasgefäß (Einweckglas) geben, die erkaltete Salzsole darüber gießen, sodass die Eier völlig bedeckt sind. Einige Tage im Kühlschrank durchziehen lassen.

TIPP

▶ Eine Bereicherung für jedes kalte Buffet und für kalte Platten.

Rühreier mit Räucherlachs

Für 2 Personen:

4 frische Eier
1 EL Sojasoße
etwas Salz, etwas Cayennepfeffer
100 g Räucherlachs
2 Frühlingszwiebeln
½ Bd. Koriander, ersatzweise Petersilie
2 EL Öl

Zubereitungszeit: 15 Min.

Nährwerte pro Person: 134 kcal, 561 kJ, 9 g EW, 111 g F, 1 g KH

1 Eier mit Sojasoße, Salz und Cayennepfeffer verquirlen. Lachs in Streifen schneiden.

2 Frühlingszwiebeln putzen, waschen und in schmale Ringe schneiden. Koriander waschen, trocken tupfen und dann in feine Streifen schneiden.

3 Wok erhitzen, Öl hineingeben und darin Frühlingszwiebeln einige Minuten anbraten.

4 Eier und Lachsstreifen dazugeben und solange garen, bis die Masse zu stocken beginnt. Die gestockte Masse an den Rand schieben. Das Rührei mit Koriander bestreuen und servieren.

VARIANTE

▶ Dieses Eiergericht lässt sich leicht variieren: Nehmen Sie z. B. statt Räucherlachs in Streifen geschnittenen Schinken oder ergänzen Sie das Gericht mit Paprikastreifen, die Sie ebenfalls mitdünsten. Lecker sind auch frische Champignons. Sie werden mit den Lauchzwiebeln angebraten. Für 2 Personen brauchen Sie 75 g braune oder weiße Champignons und 1 EL Öl zusätzlich.

Zucchinisoufflé

Für 4 Personen:

500 g Zucchini
Meersalz
40 g Butter
10 g Sojamehl
10 g Vollkornmehl
1/4 l Milch
1 TL gekörnte Brühe
frisch gemahlener Pfeffer
Muskat
1 Bd. Petersilie
100 g Emmentaler
3 Eier für die Form
Butter

Zubereitungszeit: 50 Min.

Nährwerte pro Person: 322 kcal, 1350 kJ, 19 g EW, 24 g F, 8 g KH

1 Zucchini waschen, putzen und in feine Stifte schneiden. Mit 1 Tasse Wasser in einen Topf geben, leicht salzen. Etwa 5 Minuten offen dünsten, bis die Flüssigkeit verdunstet ist.

2 In einem zweiten Topf die Butter erhitzen, Mehl darin kurz anschwitzen. Milch einrühren. Die Soße einige Minuten unter Rühren kochen lassen, bis sie eingedickt ist. Zucchini einrühren, mit Brühe, Salz, Pfeffer und Muskat abschmecken. Die Soße leicht abkühlen lassen.

3 Den Backofen auf 220 Grad (Umluft 200 Grad, Gas Stufe 4–5) vorheizen. Eine Auflaufform darin etwa 5 Minuten anwärmen.

4 Petersilie waschen, trockenschütteln, fein hacken. Käse reiben. Eier trennen. Eiweiß mit 1 Prise Salz steif schlagen. Petersilie, Käse und Eigelbe in die Gemüsemasse rühren. Eischnee unterziehen.

5 Ein Stück Butter auf dem Boden der Form verlaufen lassen. Die Masse einfüllen und das Soufflé auf der mittleren Schiene 25 bis 30 Minuten backen, bis die Oberfläche braun ist.

6 Zum Servieren aus dem Soufflé mit einem Löffel Nocken abstechen und auf die Teller setzen.

Buchweizenpfannkuchen mit Spinat und Schafskäse

Für 4 Personen:

150 g Buchweizenmehl
100 g Weizenmehl
1/2 Päckchen Trockenhefe
2 Eier
250 g Schlagsahne
125 ml Milch
4 EL Butter
400 g frischer junger Spinat
5 EL Olivenöl
Salz, Pfeffer
200 g Schafskäse (Feta)

Zubereitungszeit: 35 Min.
Ruhezeit: 2 Std.

Nährwerte pro Person: 731 kcal, 3059 kJ, 27 g EW, 46 g F, 52 g KH

1 Buchweizenmehl und Weizenmehl in einer Schüssel vermengen. Die Trockenhefe gleichmäßig einstreuen. Eier trennen und Eigelb, Sahne und Milch zufügen. Zutaten gut miteinander verrühren. Teig ca. 2 Stunden an einem warmen Ort gehen lassen.

2 Das zuvor getrennte Eiweiß steif schlagen und nach der Ruhezeit unter den Teig heben. Sollte der Teig zu fest sein, noch ein wenig Milch hinzufügen.

3 Die Butter in einer Pfanne auf mittlerer Temperatur erhitzen und Teig portionsweise in die Pfanne gießen, dabei dünn verteilen. Mit einem Pfannenmesser wenden und von beiden Seiten goldbraun backen. Mit den weiteren Pfannkuchen genauso verfahren.

4 Den Spinat putzen, gründlich waschen und in einem Sieb abtropfen lassen. 3 EL Olivenöl in einem

großen Topf erhitzen, den Spinat hineingeben und bei mittlerer Hitze zusammenfallen lassen.

5 Gemüse ca. 2 Minuten köcheln lassen. Aus dem Topf nehmen und leicht auskühlen lassen. Mit 2 EL Olivenöl vermengen und mit Salz sowie Pfeffer würzen.

6 Schafskäse in kleine Würfel schneiden. Die Pfannkuchen mit den Würfeln und dem Spinat belegen und rollen. Möglichst warm servieren.

Omelett mit Mandeln und Brie

Für 4 Personen:

100 g Mandelstifte
1 Bd. Schnittlauch
250 g Brie
10 Eier
4 EL Sahne
Salz, weißer Pfeffer
40 g Butter
1 EL Öl

Zubereitungszeit: 20 Min.

Nährwerte pro Person: 762 kcal, 3201 kJ, 35 g EW, 68 g F, 4 g KH

1 Mandelstifte in einer Pfanne ohne Fett unter Rühren rösten, anschließend auf einen Teller geben und abkühlen lassen.

2 Schnittlauch waschen, trocken schütteln und schräg in Röllchen schneiden. Brie mit einem scharfen Messer in 12 Scheiben schneiden, dabei das Messer nach jedem Schnitt in heißes Wasser tauchen.

3 Eier und Sahne verquirlen, salzen und pfeffern. Die Hälfte der Schnittlauchröllchen unterrühren. Butter und Öl in einem kleinen Topf zerlassen.

4 Jeweils 1 EL Butter-Öl in einer beschichteten Pfanne (24 cm Ø) erhitzen. Eier durchrühren, 1/4 der Eiermasse in der heißen Pfanne ver-

laufen lassen und bei mittlerer Hitze 2 Minuten braten, dabei an der Pfanne rütteln, damit das Omelett nicht ansetzt.

5 Wenn das Omelett am Rand stockt, mit 1 TL Mandelstiften bestreuen und 3 Scheiben Brie auf eine Hälfte des Omeletts legen, andere Hälfte darüberklappen. Bei mittlerer Hitze 1 weitere Minute backen, aus der Pfanne nehmen und im heißen Backofen bei 100 Grad warm halten.

6 Auf diese Weise 3 weitere Omeletts backen. Mit übrigen Schnittlauchröllchen und restlichen Mandelstiften bestreut servieren.

TIPP

▶ **Damit frische Eier nach dem Kauf möglichst lange frisch bleiben, sollten sie grundsätzlich im Kühlschrank aufbewahrt werden, am besten in einer** Eierbox, um sie vor Fremdgerüchen, die durch die Poren der Schale relativ leicht in das Ei gelangen können, zu schützen. Übrig gebliebene Eimasse oder getrenntes Eigelb und Eiweiß können sogar eingefroren werden.

Kräuter-Crêpes mit Gemüse-Brie-Füllung

Für 4 Personen:

3 Eier
200 ml Milch
50 g Butter
150 g Mehl
Salz
Pfeffer
1 Prise Muskatnuss
3 Stängel Petersilie
1 Bd. Schnittlauch
65 g Butterschmalz
400 g Brokkoli
1 Zwiebel
2 Tomaten
150 g Champignons
150 g Brie
100 ml Weißwein

Zubereitungszeit: 30 Min.

Nährwerte pro Person: 661 kcal, 2776 kJ, 20 g EW, 47 g F, 34 g KH

1 Eier in einer Schüssel mit Milch verrühren. Butter in einer kleinen Pfanne zerlassen. Mehl nach und nach mit dem Schneebesen unter die Eiermilch rühren, ohne dass Klümpchen entstehen. Salz, Pfeffer, Muskat und flüssige Butter dazugeben.

2 Petersilie und Schnittlauch waschen, abtropfen lassen, fein hacken und unter die Eiermilch rühren.

3 40 g Butterschmalz beiseite legen, vom restlichen Butterschmalz einige Flocken in einer Pfanne zerlassen. $^1/_4$ des Teiges hineingießen, verstreichen, sodass der Pfannenboden dünn überzogen ist. Crêpes beidseitig goldbraun backen.

4 Gemüse putzen, Zwiebel und entkernte Tomaten würfeln, Champignons halbieren. Brie klein schneiden. Brokkoli in Röschen schneiden, 3–4 Minuten in Salzwasser blanchieren, abschrecken.

5 Zwiebeln in 40 g Butterschmalz anschwitzen. Champignons dazugeben, anbraten und mit Wein ablöschen. Restliches Gemüse und Brie unterheben, würzen. Crêpes damit füllen, zusammenklappen und im vorgeheizten Ofen bei 180 Grad ca. 10 Minuten knusprig backen.

Tortilla mit Gemüse

Für 4 Personen:

600 g vorwiegend festkochende Kartoffeln
3–4 EL Olivenöl
500 g Zucchini
200 g Lauch
4–5 Eier
2–3 EL Milch
Salz, Pfeffer
1 Prise Safran

Zubereitungszeit: 30 Min.

Nährwerte pro Person: 260 kcal, 1088 kJ, 11 g EW, 16 g F, 18 g KH

1 Kartoffeln schälen und in 1 cm große Würfel schneiden. Öl erhitzen und Kartoffeln darin unter gelegentlichem Rühren 10 Minuten zugedeckt braten.

2 Zucchini waschen und in Stifte schneiden. Lauch putzen, waschen und in Streifen schneiden. Beides zu den Kartoffeln geben und 5–7 Minuten dünsten.

3 Die Eier mit Milch, Salz, Pfeffer und Safran verquirlen. Über das Gemüse verteilen und zugedeckt in 4 bis 5 Minuten stocken lassen. Entweder gleich servieren oder auf einen Teller stürzen, noch ein-

mal etwas Öl erhitzen, und die Tortilla auch auf der zweiten Seite braten.

Serviettenknödel

Für 4 Personen:

Knödelbrot oder altbackene Semmeln (Brötchen) in kleinen Würfeln
½ l Milch
5 Eier
80 g Butter
Salz
2 EL Petersilie, frisch gehackt
Butter für das Tuch und zum Bepinseln
Petersilie zum Garnieren

Zubereitungszeit: 30 Min.
Ruhezeit: 20 Min.
Garzeit: 40 Min.

Nährwerte pro Person: 647 kcal, 2707 kJ, 23 g EW, 30 g F, 70 g KH

1 Knödelbrot oder Semmelwürfel in eine Schüssel geben und mit lauwarmer Milch übergießen. Eier trennen. Weiche Butter, Eigelbe und 2 TL Salz verrühren.

2 Petersilie mit Buttermasse vermengen und alles zum Knödelbrot geben. Den Teig gut durchmischen und ca. 15 Minuten ruhen lassen.

3 In einem großen Topf Salzwasser zum Kochen bringen. Ein nicht zu großes Küchentuch nass machen, auswringen und auf der Arbeitsplatte auslegen. Mit zerlassener Butter bestreichen.

4 Eiweiß mit 1 Prise Salz steif schlagen und unter die Semmelmasse heben. Den Teig zu einer Rolle von 5–8 cm Durchmesser formen und in die Mitte des Küchentuches geben. Die Serviette von beiden Seiten locker eindrehen (der Teig geht beim Kochen etwas auf) und mit Küchengarn fixieren.

5 Den Serviettenknödel in das kochende Salzwasser legen (der Knödel muss mit Wasser bedeckt sein), den Deckel auflegen und ca. 40 Minuten mehr ziehen als kochen lassen. Den fertigen Knödel herausheben, ca. 5 Minuten ruhen lassen, auswickeln und mit einem scharfen Messer in ca. 3 cm dicke Scheiben schneiden. Mit Butter bepinseln und mit Petersilie garniert servieren.

Semmelknödel

(Abbildung S. 417)

Für 8 Stück:

8 altbackene Semmeln (Brötchen)
¼ l lauwarme Milch
1 Zwiebel
1 Bd. Petersilie, frisch gehackt
1 TL Butter
2 Eier, 2 EL Mehl
Salz

Zubereitungszeit: 20 Min.
Einweichzeit: 30 Min.
Garzeit: 15 Min.

Nährwerte pro Stück: 169 kcal, 707 kJ, 7 g EW, 4 g F, 27 g KH

1 Semmeln in Scheiben schneiden, mit lauwarmer Milch übergießen, zugedeckt 30 Minuten einweichen.

2 Zwiebel schälen und fein würfeln. Mit der Petersilie in heißer Butter glasig dünsten. Etwas abkühlen lassen und mit Eiern, Mehl und 1 Prise Salz unter die Brotmasse mengen.

3 Reichlich Salzwasser zum Kochen bringen. Mit angefeuchteten Händen Knödel formen und in das simmernde Wasser geben. Bei schwacher Hitze 15 Minuten mehr ziehen als köcheln lassen.

Käsespätzle mit gerösteten Zwiebeln

Für 4 Personen:

500 g Spätzlemehl (z. B. von Aurora)
6–8 Eier
Salz
2 große Zwiebeln
Butterschmalz
200 g alter Emmentaler, gerieben
Salatblätter

Zubereitungszeit: 45 Min.

Nährwerte pro Person: 786 kcal, 3301 kJ, 39 g EW, 30 g F, 91 g KH

1 Mehl in eine Schüssel geben und in die Mitte eine Vertiefung drücken. Eier, $^1/_2$ TL Salz und Wasser hineingeben und Teig so lange schlagen, bis er sich vom Schüsselboden löst.

2 Reichlich Salzwasser zum Kochen bringen. Spätzleteig in den Schlitten des Hobels füllen und sofort in kochendes Salzwasser hobeln. Mit einem Schaumlöffel herausnehmen und auf einem Sieb abtropfen lassen.

3 Zwiebeln hacken und in Butterschmalz goldbraun rösten. Fett abseihen und in eine große, feuerfeste Schüssel oder Auflaufform geben.

TIPP

▶ Für die Zubereitung der Spätzle kann man auch den Teig portionsweise von einem Holzbrett in das kochende Wasser hineinschaben oder auch eine Spätzlepresse verwenden.

4 Spätzle in dicken Lagen abwechselnd mit Emmentaler in die Form geben. Angebräunte Zwiebeln als obere Lage darauf decken.

5 Alles im heißen Backofen erwärmen, bis der Käse geschmolzen ist. Mit Salatblättern anrichten.

Schupfnudeln mit Pilzen

Für 4 Personen:

800 g mehligkochende Kartoffeln
Salz
2 Eier
150 g Mehl
Muskatnuss, frisch gerieben
Pfeffer aus der Mühle
700 g Champignons
1 Zwiebel
1 Knoblauchzehe
4 EL Butterschmalz
Saft von 1 Zitrone
1 Bd. Petersilie
1 EL Petersilie, gehackt

Zubereitungszeit: 30 Min.

Nährwerte pro Person: 504 kcal, 2113 kJ, 17 g EW, 22 g F, 60 g KH

1 Für die Schupfnudeln Kartoffeln waschen, mit Salzwasser bedecken und 30 Minuten kochen, schälen und noch heiß durch die Presse drücken. Abkühlen lassen. Eier und Mehl dazugeben, alles zu einem glatten Teig verarbeiten und mit Muskat, Salz und Pfeffer würzen. Mit bemehlten Händen fingerdicke und daumenlange Rollen mit spitz zulaufenden Enden formen.

2 Schupfnudeln in reichlich kochendes Salzwasser geben und bei geringer Hitze ca. 2 Minuten ziehen lassen, herausnehmen, in kaltes Wasser tauchen, dann auf einem Sieb gut abtropfen lassen.

3 Pilze putzen und in Scheiben schneiden. Zwiebel und Knoblauchzehe schälen, fein hacken und in

einem Topf in 2 EL heißem Butterschmalz glasig dünsten. Pilze hinzufügen und anbraten, Zitronensaft und Sahne unterrühren und mit Salz und Pfeffer würzen.

4 Schupfnudeln im restlichen Butterschmalz goldbraun braten und mit den Pilzen auf Tellern anrichten. Mit der Petersilie bestreut servieren.

Fleischstrudel

Für 4 Personen:

200 g Mehl
Salz
60 g Butter
2 Zwiebeln
1/2 Bd. Petersilie
250 g gemischtes Hackfleisch
1 Ei, Pfeffer
1 Prise getrockneter Thymian
2 Tomaten
1 grüne Paprikaschote
1 Röhrchen Kapern
Mehl zum Bestäuben
Butter zum Einfetten
1 Eigelb zum Bestreichen

Zubereitungszeit: 30 Min.
Ruhezeit: 30 Min.
Backzeit: 35 Min.

Nährwerte pro Person: 522 kcal, 2184 kJ, 21 g EW, 31 g F, 40 g KH

1 Mehl in eine Schüssel sieben und in die Mitte eine Mulde drücken. 1 Prise Salz, 7 EL Wasser und die in Flöckchen geschnittene Butter in die Mulde geben.

2 Das Ganze verrühren und von außen nach innen zu einem Teig kneten. Gut durcharbeiten, bis er glatt und trocken ist. 30 Minuten zugedeckt ruhen lassen.

3 Zwiebeln schälen und hacken. Petersilie abbrausen, trocken schütteln und ohne grobe Stielenden hacken. Hackfleisch mit Ei, Zwiebeln, Salz, Pfeffer, Petersilie und Thymian vermischen.

4 Tomaten mit kochend heißem Wasser überbrühen, häuten, von Stielansätzen befreien und hacken. Paprikaschote halbieren, von Kernen und weißen Innenhäuten befreien und waschen, dann würfeln. Abgetropfte Kapern hacken. Alles mit dem Fleisch verrühren.

5 Ein Küchentuch auf die Arbeitsfläche legen und fein mit Mehl bestäuben. Teig darauf möglichst dünn ausrollen. Dicke Ränder abschneiden.

6 Backofen auf 220 Grad vorheizen. Hackfleischfüllung auf die Schmalseite in Form einer Rolle geben. Teig mithilfe des Tuchs zu einem Strudel aufrollen.

7 Backblech einfetten und Strudel darauflegen. Eigelb mit etwas Wasser verquirlen und Strudel damit bestreichen. Im Ofen ca. 35 Minuten goldgelb backen.

Maultaschen

Für 4 Personen:

330 g Mehl
7 Eier
Salz
330 g kalter Schweinebraten
170 g Blattspinat
1/2 Bd. Petersilie
1 kleine Zwiebel
270 g Brötchen vom Vortag
180 ml Milch
80 g Sahne
Muskatnuss, gerieben
1 Eiweiß
1 1/2 l Fleischbrühe (Instant)
Paniermehl, geröstet
Kartoffelsalat (siehe S. 82)

Zubereitungszeit: 30 Min.
Garzeit: 10 Min.

Nährwerte pro Person: 847 kcal, 3543 kJ, 44 g EW, 30 g F, 93 g KH

1 Aus Mehl, 4 Eiern und 1/2 TL Salz einen Nudelteig kneten und dünn auswellen.

2 Kalten Braten durch den Fleischwolf passieren. Spinat, Petersilie und Zwiebel klein hacken, mit dem Braten mischen.

3 Brötchen würfeln und mit heißer Milch übergießen. Sind sie weich, mit Spinat-Fleisch-Masse, 3 Eiern, Sahne, Salz und Muskat zu einem gleichmäßigen Teig mischen.

4 Vom Nudelteig 8 x 8 cm große Vierecke ausradeln, mit Fleischteig belegen. Teigränder mit Eiweiß bestreichen, übereinanderschlagen und fest andrücken.

5 Maultaschen in siedender Fleischbrühe etwa 10 Minuten gar kochen lassen. In der Fleischbrühe oder mit geröstetem Paniermehl und Kartoffelsalat reichen.

Pfannkuchen mit Hackfleischfüllung

Für 4 Personen:

200 g Mehl
Salz
3/8 l Milch, 4 Eier
100 g Butter
2 Zwiebeln
350 g gemischtes Hackfleisch
1 Knoblauchzehe
2 TL Paprikapulver edelsüß
weißer Pfeffer
5 EL Tomatenketchup
1 Tomate
1/2 Bd. Petersilie

Zubereitungszeit: 20 Min.
Ruhezeit: 10 Min.

Nährwerte pro Person: 654 kcal, 2736 kJ, 34 g EW, 37 g F, 47 g KH

1 Mehl und Salz in eine Schüssel geben. In die Mitte eine Mulde drücken. Milch und Eier verquirlen und in die Mulde gießen. Von der Mitte aus einen glatten Teig rühren. Abgedeckt ca. 10 Minuten ruhen lassen.

2 Etwas Butter in einer Pfanne erhitzen. Teig portionsweise einfüllen. Unterseite in 2 Minuten goldbraun backen. Wenden und die andere Seite backen. Insgesamt 4 Pfannkuchen zubereiten, diese warm stellen.

3 Zwiebeln schälen und fein hacken. Etwas Butter erhitzen und Zwiebelwürfel darin glasig dünsten. Hackfleisch zubeben. Unter Rühren krümelig braten.

4 Knoblauch schälen und durch eine Knoblauchpresse drücken. Unter das Fleisch rühren. Das Ganze salzen und mit Paprikapulver und Pfeffer abschmecken.

5 Ketchup unterrühren. Hackfleisch 10 Minuten köchlen lassen. Tomate waschen und trocken reiben, dann achteln. Petersilie waschen, trocken schütteln und Blättchen fein hacken.

6 Hackfleisch auf die Pfannkuchen verteilen und diese aufrollen. Mit Tomate und Petersilie garnieren und servieren.

TIPP

▶ **Verfeinern Sie die Hackfleischmasse mit einem Klecks saurer Sahne. Außerdem können Sie über das Fleisch noch geriebenen Käse streuen.**

Süße Mehl- & Eierspeisen

Blaubeerpfannkuchen mit Vanilleeis

Für 4 Personen:

300 g Blaubeeren
30 g bayer. Butter
2 Eier
80 g Mehl
120 ml bayer. Milch
1 Prise Salz
100 g Zucker
40 ml Johannisbeerlikör
1 Anisstern
$^{1}/_{2}$ TL Stärke
100 g bayer. Schmand
4 Kugeln Vanilleeis
Puderzucker zum Bestäuben
etwas bayer. Butter zum Backen

Zubereitungszeit: 20 Min.
Ruhezeit: 20 Min.

Nährwerte pro Person: 377 kcal, 1577 kJ, 70g EW, 17 g F, 45 g KH

1 Die Butter in einem kleinen Topf schmelzen, dabei darf sie hellbraun werden. Eier, Mehl, Milch, Salz, Butter und $1^{1}/_{2}$ EL Zucker zu einem glatten Teig verrühren, 20 Minuten quellen lassen. Eventuell etwas Mineralwasser dazugeben.

2 In einer großen beschichteten Pfanne mit wenig Butter nacheinander 4 dünne Pfannkuchen backen. Auf einem Teller bei 80 Grad im Ofen warm stellen.

3 Restlichen Zucker mit Johannisbeerlikör und Anis aufkochen. Blaubeeren dazugeben und 5 Minuten kochen, bis die meisten Beeren auf geplatzt sind. Mit Stärke leicht binden und dann abkühlen.

4 Den Schmand mit den Beeren verrühren. In die Mitte jedes Pfannkuchens gedünstete Blaubeeren geben, zu einem Dreieck zusammenfalten. Die gefüllten Pfannkuchen auf 4 Teller verteilen, auf jeden Pfannkuchen eine Kugel Vanilleeis setzen. Mit Puderzucker bestäuben und sofort servieren.

Buchweizen-Pancakes mit Kiwi

Für 4 Personen:

Für die Pfannkuchen:
1/4 l fettarme Milch
150 g körniger Frischkäse
2 Eier
4 EL brauner Rohrzucker
abgeriebene Schale von 1 Zitrone (unbehandelt)
100 g Buchweizenmehl
100g Weizenvollkornmehl
2 TL Weinsteinbackpulver (Reformhaus)
4 TL Öl
Für die Beilage:
4 Kiwis, 8 EL Joghurt
4 EL Ahornsirup

Zubereitungszeit: 30 Min.
Ruhezeit: 30 Min.

Nährwerte pro Person: 605 kcal, 2525 kJ, 17 g EW, 23 g F, 80 g KH

1 Für den Pfannkuchenteig Milch und körnigen Frischkäse mit Eiern, Zucker und der Zitronenschale verrühren. Buchweizen- und Weizenmehl in einer Schüssel mit dem Backpulver vermischen.

2 Mehlmischung nach und nach mit den Schneebesen des Handrührgeräts unter die Milchmischung schlagen, bis ein glatter Teig entstanden ist. Den Teig etwa 30 Minuten zum Ausquellen beiseitestellen.

3 Den Backofen auf 100 Grad vorheizen. Jeweils ½ TL Öl mit einem Pinsel in einer großen beschichteten Pfanne verstreichen, erhitzen und auf dem Herd nacheinander 20 kleine Pfannkuchen backen.

4 Dafür jeweils 2 EL Teig in die Pfanne geben und bei mittlerer Hitze in etwa 2 Minuten goldbraun backen. Wenden und von der anderen Seite noch 1 Minute backen. Fertige Pfannkuchen im Backofen warm halten.

5 Die Kiwis schälen und in nicht zu dünne Scheiben schneiden. Jeweils 4 Pancakes und einige Kiwischeiben auf einem Teller anrichten. Je 2 EL Joghurt darauf geben und 1 EL Ahornsirup darüber träufeln.

Crêpes mit Cremefüllung

Für 4 Personen:

150 ml Milch
1 Ei
50 g Mehl
1 EL Zucker
1 Prise Salz
300 g Blaubeeren
3–4 EL Zucker
250 ml Cremefine zum Schlagen
4 TL Pflanzencreme

2 TL Puderzucker
einige Minzeblättchen

Zubereitungszeit: 30 Min.
Ruhezeit: 30 Min.

Nährwerte pro Person: 292 kcal, 1216 kJ, 6 g EW, 17 g F, 29 g KH

1 Milch mit Ei, Mehl, Zucker und Salz verquirlen und 30 Minuten ruhen lassen.

2 Blaubeeren verlesen, waschen und abgetropft dann mit 2 EL Zucker bestreuen.

3 Cremefine mit restlichem Zucker aufschlagen und kalt stellen.

4 In einer beschichteten Pfanne nacheinander 4 dünne Crêpes in je 1 TL Pflanzencreme backen.

5 Cremefine mit einem Spritzbeutel auf die Crêpehälften spritzen. Die Blaubeeren bis auf 2 EL darüber verteilen.

6 Crêpes zusammenklappen und mit Puderzucker bestäuben. Mit Minze und restlichen Blaubeeren garnieren.

Kaiserschmarrn mit Apfelmus

Für 4 Personen:

1 kg Äpfel
3–4 EL Zucker
1 TL abgeriebene Zitronenschale (unbehandelt)
je 1 Msp. Zimt- und Nelkenpulver
100 g Mehl
1 EL Zucker
1 Päckchen Vanillinzucker
Salz
125 ml Milch
125 g Sahne
3 Eier
2 EL Butterschmalz
Puderzucker

Zubereitungszeit: 25 Min.

TIPP

▶ Das Apfelmus kann auch in einer größeren Menge zubereitet werden. Was nicht gegessen wird, kann dann problemlos, evtl. in mehreren Portionen, eingefroren werden. Apfelmus hält sich tiefgekühlt gut 6 Monate.

Nährwerte pro Person: 310 kcal, 1298 kJ, 11 g EW, 27 g F, 5 g KH

1 Äpfel waschen, vierteln, Kerngehäuse entfernen und in Stücke schneiden. Apfelstücke mit 3 EL Wasser, Zucker, Zitronenschale, Zimt- und Nelkenpulver einige Minuten köcheln lassen, bis die Äpfel weich sind und zerfallen, abschmecken und beiseite stellen.

2 Mehl mit Zucker, Vanillinzucker und einer Prise Salz in einer Rührschüssel vermengen, Milch und Sahne dazugeben und alles mit den Rührhaken des elektrischen Handrührgerätes gut verquirlen.

3 Eier trennen, Eigelb unter den Teig rühren. Eiweiß mit Salz zu steifem Schnee schlagen und vorsichtig unter den Teig heben.

4 Butterschmalz in einer großen, beschichteten Pfanne erhitzen, Teig hineingießen und bei mittlerer Hitze stocken lassen, bis die Unterseite leicht gebräunt ist. Mit zwei Gabeln den Teig in Stücke reißen.

5 Kaiserschmarrn mit Puderzucker bestäuben und noch warm mit Apfelmus servieren.

Dampfnudeln mit Mohnfüllung

Für 4 Personen:

250 g Backobst
1/4 l Rotwein
1/8 l Milch
100 g Zucker
20 g frische Hefe
250 g Mehl
100 g Butter
1 Prise Salz
1 Ei
80 g Mohnsamen, gemahlen
1 Eigelb
1 Zimtstange
1 Päckchen Vanillinzucker
1 Nelke
1 EL Speisestärke

Zubereitungszeit: 30 Min.
Einweich-/Ruhezeit: 1 Std.
Garzeit: 15 Min.

Nährwerte pro Person: 787 kcal, 3305 kJ, 15 g EW, 35 g F, 95 g KH

1 Backobst 1 Stunde in Rotwein einweichen.

2 Milch mit 1 TL Zucker erwärmen. Hefe in die lauwarme Milch bröseln. 1 EL Mehl hineinstreuen, verrühren und zugedeckt an einem warmen Ort gehen lassen.

3 Restliches Mehl in eine Schüssel geben und in die Mitte eine Vertiefung drücken. 50 g Butter schmelzen, mit 50 g Zucker und Salz zum Mehl geben. Hefemischung in die Vertiefung füllen. Ei hinzufügen und alles zu einem glatten Teig verarbeiten. Zugedeckt 20 Minuten gehen lassen.

4 Mohn mit 10 g Zucker, 20 g Butter und Eigelb verrühren.

5 Aus dem Hefeteig Klößchen formen, leicht flach drücken, Mohnfüllung in die Mitte geben, Teig über der Füllung zusammenschlagen und zusammendrücken. Teigklößchen wieder zu Kugeln formen und zugedeckt 20 Minuten gehen lassen.

6 Eine Pfanne mit gut verschließbarem Deckel 1 cm hoch mit Wasser füllen. Wasser mit 30 g Butter, 1 Prise Salz und 1 TL Zucker aufkochen, Klößchen in die Pfanne setzen und zugedeckt bei mittlerer Hitze 10–15 Minuten garen.

7 Obst mit Zimtstange, Vanillinzucker, 30 g Zucker, Nelke und ½ l Wasser aufkochen und mit Speisestärke binden. Soße warm oder kalt dazu servieren.

Marillenknödel auf Fruchtpüree

Für 4 Personen:

1 Dose Aprikosen (475 g Abtropfgewicht)
Zucker
500 g mehligkochende Kartoffeln
12 reife Marillen (Aprikosen)
125 g Butter
50 g Grieß
Salz
1 Ei
1 Eigelb
100 g Mehl
Mehl für die Arbeitsfläche
100 g Paniermehl

Zubereitungszeit: 30 Min.
Ruhezeit: 20 Min.

Nährwerte pro Person: 665 kcal, 2791 kJ, 13 g EW, 25 g F, 95 g KH

1 Aprikosen auf einem Sieb abschütten und im Mixer pürieren.

2 Fruchtpüree mit Zucker nach Belieben süßen und beiseite stellen.

3 Kartoffeln als Pellkartoffeln garen, ausdämpfen lassen, schälen und durch die Presse drücken.

4 Die Aprikosen waschen und dann entsteinen.

5 Kartoffeln mit 50 g Butter, Grieß, 1 Prise Salz, Ei, Eigelb und Mehl zu einem festen, geschmeidigen Teig kneten und anschließend 20 Minuten ruhen lassen.

6 Auf einer bemehlten Arbeitsfläche den Teig 5 mm dick ausrollen, in 12 Quadrate schneiden, in die Mitte je 1 Aprikose setzen und im Teig einhüllen.

7 In einem großen Topf leicht gesalzenes Wasser aufkochen.

TIPP

▶ Aprikosen haben einen hohen Gehalt an Kalzium, Kalium, Phosphor und Eisen sowie den Vitaminen Niazin, Folsäure, B5, C und vor allem Provitamin A.

Brunch

Gebruncht wird in der Regel zwischen 11 und ca. 15 Uhr. Es handelt sich also gleichzeitig um ein spätes Frühstück und um ein frühes, leichtes Mittagessen. Das verrät bereits der Name – die Bezeichnung »Brunch« setzt sich aus den englischen Wörtern für Frühstück (**br**eakfast) und Mittagessen (l**unch**) zusammen.

Kleine Gerichte und Häppchen

Einen festgelegten Speiseplan für einen Brunch gibt es nicht. Kalte und warme, süße und herzhafte Speisen sowie Fingerfood und Suppe können angeboten werden. Einige Lebensmittel und Standardgerichte sind aber fast obligatorisch, so z. B. eine Auswahl an Brötchen, Brot und Croissants, je eine Platte mit Wurst und Käse sowie Butter oder Margarine, Frischkäse und süße Brotaufstriche. Obstsalat, Müsli und Rühreier oder Omelett ergänzen das Angebot.

Bei den Getränken ist eine breite Auswahl schön: Kaffee oder Cappuccino, Tee, Säfte, Mineralwasser oder Milchmixgetränke, evtl. auch Bier oder Wein. Zu Beginn macht ein Glas Sekt zum Anstoßen Laune.

Vorbereitung

Neben der Auswahl der Gerichte müssen vorab meist noch einige organisatorische Dinge geklärt werden: Wo soll gefeiert werden, wer kommt und auf welche Art möchten Sie einladen? Hier finden Sie als kleine Unterstützung einen Organisationsplan:

4 Wochen vorher:
- ▶ Anzahl der Gäste festlegen
- ▶ Einladungen verschicken
- ▶ Liste aller benötigten Gegenstände anlegen, z. B. Dekoration, Geschirr, Besteck

2 Wochen vorher:
- ▶ Speisen und Getränke auswählen
- ▶ Einkaufszettel schreiben
- ▶ Beim Brunch im Freien evtl. Ausweichmöglichkeit für schlechtes Wetter festlegen
- ▶ Tische, Stühle, Bänke und evtl. Zelt organisieren

1 Woche vorher:
- ▶ Teller, Besteck, Tischdecke, Servietten, Dekoration organisieren bzw. ausleihen
- ▶ Fleisch, Fisch und Brot vorbestellen
- ▶ Getränke einkaufen

TIPP

▶ **Grundsätzlich sollte man bei der Dekoration nicht zu viele Farben mischen – 2 genügen, z. B. Gelb und Grün für einen Frühlingsbrunch, Orange-Braun-Töne im Herbst oder Rot- und Grüntöne zu Weihnachten.**

1–2 Tage vorher:
- ▶ Frische Lebensmittel wie Gemüse, Obst, Kräuter und Salate einkaufen
- ▶ Füllungen, Soßen, Dips und Buttermischungen zubereiten, im Kühlschrank lagern
- ▶ Salate soweit möglich vorbereiten, bis ca. 2 Stunden vor Verwendung in den Kühlschrank stellen
- ▶ Gebäck und Desserts zubereiten, wenn nötig, kalt stellen
- ▶ Getränke kühlen

Am Brunchtag:
- ▶ Frisches Brot, Brötchen und Baguette besorgen
- ▶ Salate und Salatsoßen zubereiten
- ▶ Alle Speisen fertigstellen
- ▶ Tische, Stühle, Bänke aufstellen
- ▶ Teller, Gläser, Besteck, Servietten bereitstellen
- ▶ Tische decken und dekorieren
- ▶ Warme Getränke vorbereiten, evtl. in Thermoskannen abfüllen

EINLADUNGEN GESTALTEN

Wenn Sie Einladungen nicht drucken lassen oder kaufen möchten, finden Sie Blancokarten im Schreibwarenhandel. Mit einem Foto, einer Zeichnung und einem kleinen Spruch können sie ganz individuell gestaltet werden. Aus der Einladung sollten Ort, Datum und Uhrzeit sowie der Grund des Brunchs hervorgehen. Die Bitte um rechtzeitige Ab- oder Zusage spart Ihnen Arbeit.

RUND UM GLÄSER, BESTECK & CO.

Nachdem die Einladungen verschickt sind, ist es Zeit, sich um ausreichende Sitzgelegenheiten, Gläser, Geschirr, Besteck und Warmhalteplatten zu kümmern. Ein Cateringservice stellt Geschirr und Warmhalteplatten zur Verfügung. Einfache Bierbänke und -tische können Sie ebenfalls dort oder in Getränkemärkten ausleihen.

PLANUNG DES BUFFETS

Exotisches Obst und Gemüse, Kräuter, Käse, Fisch sowie ausgefallene Fleisch- und Wurstwaren bestellt man am besten beim jeweiligen Händler vor, ebenso die Getränke. Einige Getränkefirmen nehmen volle Kästen nach Absprache wieder zurück.

DEKOTIPPS

Ein Motto wie Mittelmeermenü, orientalische Nacht oder bayerischer Abend erleichtert die Deko. Für eine italienische Einladung können Sie die Tafel z. B. mit Kräutertöpfchen, Nudeln und Tomatenrispen dekorieren, für eine Herbsteinladung mit Kürbissen oder Blättern. Ansonsten reichen schlichte weiße oder farbige Tischdecken bzw. -läufer und kleine Blumensträuße völlig aus, evtl. ergänzt durch Teelichter oder Stumpenkerzen. Kommen nur wenige Gäste, wirken Stoffservietten edel, bei einem größeren Brunch sind Papierservietten ideal. Achten Sie darauf, dass Schüsseln, Schalen und Platten problemlos erreichbar sind.

8 Knödel in das heiße Wasser geben und so lange ziehen lassen, bis sie an die Oberfläche steigen.

9 Inzwischen restliche Butter in einer Pfanne erhitzen und Paniermehl darin goldbraun rösten.

10 Die Knödel mit einem Schaumlöffel herausheben, gut abtropfen lassen, in dem gerösteten Paniermehl wenden und mit dem Fruchtpüree servieren.

Germknödel

Für 4 Personen:

250 g Mehl
½ Würfel Hefe (21 g)
1 ½ EL Zucker
6 EL Milch
1 Ei
Salz
20 g Ingwerwurzel
6 EL Pflaumenmus
4 EL Butter
4 EL Mohn
2 EL Puderzucker

Zubereitungszeit: 30 Min.
Garzeit: 10 Min.
Ruhezeit: 45 Min.

Nährwerte pro Person: 517 kcal, 2172 kJ, 12 g EW, 20 g F, 73 g KH

1 125 g Mehl in eine Schüssel sieben und eine Mulde hinein drücken. Hefe zerbröckeln, mit Zucker und etwas lauwarmer Milch verrühren, in die Mulde geben, mit etwas Mehl verrühren und für ca. 15 Minuten an einem warmen Ort gehen lassen.

2 Restliches Mehl mit restlicher Milch, Ei und einer Prise Salz verrühren, zum Vorteig geben, verkneten und weitere 30 Minuten an einem warmen Ort gehen lassen.

3 Ingwer schälen, fein reiben und mit Pflaumenmus verrühren.

4 Teig in 4 Stücke teilen, jedes Stück flach drücken und in die Mitte etwas Pflaumenmus geben. Teig zusammenschlagen und zu Knödeln formen.

TIPP

▶ Reichen Sie zu den Germknödeln flüssige Butter.

5 Leicht gesalzenes Wasser zum Kochen bringen, Germknödel hineingeben, Hitze reduzieren und Knödel ca. 5 Minuten ziehen lassen. Knödel umdrehen und weitere 5 Minuten garen lassen.

6 Butter schmelzen, Mohn mit Puderzucker mischen. Germknödel mit Zucker-Mohn-Mischung bestreuen und servieren.

Frische Waffeln mit Beerenfüllung

Für 6 Personen:

$^1/_2$ Päckchen Vanillepuddingpulver
450 ml Milch
2 EL Zucker
600 g gemischte Beeren
3 Eier
150 g Mehl
1 EL Öl
1 EL Rum
Butter für das Waffeleisen
100 g Pistazien
150 g Sahne
1 Päckchen Vanillinzucker
Puderzucker

Zubereitungszeit: 25 Min.

Nährwerte pro Person: 467 kcal, 1953 kJ, 13 g EW, 27 g F, 41 g KH

1 Puddingpulver mit 3 EL kalter Milch glatt rühren. 220 ml Milch mit 1 EL Zucker aufkochen, Puddingpulver einrühren, nochmals aufkochen lassen, vom Herd ziehen und abkühlen lassen. Dabei gelegentlich umrühren.

2 Beeren waschen, verlesen und trocken tupfen.

3 Für die Waffeln Eier trennen. Eigelb mit Mehl, 200 ml Milch, Öl, Rum und restlichem Zucker zu einem glatten Teig rühren. Eiweiß steif schlagen und dann vorsichtig unterheben.

4 Waffeleisen erhitzen und je 4 EL Teig auf das gebutterte Eisen geben und ca. 3 Minuten goldgelb backen. Waffeln herausnehmen und auf einem Kuchengitter abkühlen lassen.

5 Pistazien fein hacken. Sahne mit Vanillinzucker steif schlagen und mit den Pistazien unter den abgekühlten Pudding heben. Masse in einen Spritzbeutel füllen und auf eine Hälfte der Waffeln spritzen. Die Beeren darüber verteilen und die restlichen Waffeln aufsetzen, mit Puderzucker bestäuben und servieren.

Apfelstrudel mit Vanillesoße

Für 4 Personen:

250 g Mehl
$^1/_2$ Tasse Milch
1 Ei
1 Prise Salz
1 EL Butter, zerlassen
Mehl zum Ausrollen
1 EL Butter
2 EL Mandeln, gemahlen
400 g Äpfel
2 EL Rosinen
100 g Marzipanrohmasse
3 EL Mandeln, grob gehackt
2 TL abgeriebene Orangenschale (unbehandelt)
120 g Zucker
1 Prise Zimtpulver
Fett für das Backblech
1 Vanilleschote
250 ml Milch
250 g Sahne
5 Eigelb
Puderzucker

Zubereitungszeit: 40 Min.
Ruhezeit: 1 Std.
Backzeit: 45 Min.

TIPP

▶ **Marzipanrohmasse wird aus süßen Mandeln und Zucker hergestellt, wobei aus Geschmacksgründen häufig eine begrenzte Menge bitterer Mandeln mitverarbeitet wird.**

Nährwerte pro Person: 1067 kcal, 4463 kJ, 22 g EW, 57 g F, 116 g KH

1 Mehl auf ein Backblech sieben. Eine Mulde hineindrücken und lauwarme Milch, Ei, Salz sowie Butter hineingeben. Alles von innen nach außen verkneten.

2 Teig kneten, bis er glänzt, dann 60–70-mal auf ein bemehltes Blech schlagen. Teig zu einer Kugel formen, zudecken und bei Raumtemperatur 1 Stunde ruhen lassen.

3 Ein Leinentuch ausbreiten und mit Mehl bestreuen. Teig darauf mit einem Nudelholz dünn ausrollen.

4 Teig mit der halben Menge Butter einpinseln sowie mit gemahlenen Mandeln bestreuen.

5 Äpfel schälen, vierteln, Kerngehäuse herausschneiden, in dünne Spalten schneiden und auf der unteren Hälfte des Teiges verteilen. Dabei einen ca. 4 cm breiten Rand lassen. Rosinen, kleingeschnittenes Marzipan, gehackte Mandeln und Orangenschale darauf verteilen und mit 2 EL Zucker sowie Zimtpulver bestreuen.

6 Teig seitlich über die Füllung schlagen und mithilfe des Tuches aufrollen. Mit der Nahtstelle nach unten auf ein gefettetes Backblech legen, mit restlicher Butter bestreichen und im vorgeheizten Backofen bei 180 Grad ca. 45 Minuten goldbraun backen.

7 Vanilleschote auskratzen, Mark mit Milch und Sahne verrühren und aufkochen.

8 Eigelb mit restlichem Zucker cremig schlagen. Heiße Sahne-Milch in die Eigelbcreme rühren und alles bei geringer Hitze unter ständigem Rühren erhitzen. Nicht kochen lassen. Die Vanillesoße durch ein Sieb streichen.

9 Fertigen Strudel mit Puderzucker bestäuben und warm mit Vanillesoße servieren.

VARIANTE

▶ **Quarkstrudel: Teig wie oben zubereiten. Dann 60 g weiche Butter, 3 Eigelb und 200 g Zucker schaumig rühren. 1 kg Quark (Topfen) in einem Sieb abtropfen lassen, durch ein Sieb streichen, zur Buttermasse geben und mit 125 g süßer Sahne, etwas abgeriebener Zitronenschale (unbehandelt) sowie 100 g Sultaninen verrühren. 3 Eiweiß steif schlagen und ebenfalls unter die Masse heben. Quarkmasse auf den ausgerollten Strudelteig verteilen. Dann weiter wie oben verfahren. Nach 15 Minuten Backzeit 1/2 l warme Milch mit 1 Päckchen Vanillinzucker und 1 Eigelb verrühren. Über den Strudel gießen und weiterbacken, bis er goldbraun ist. Zwischendurch, falls nötig, immer wieder mit etwas Butter bestreichen.**

Desserts

Desserts: Verführung zum Finale

TIPP

▶ Desserts müssen nicht immer aufwendig in der Zubereitung sein: Ein Früchtequark, Obstsalat oder ein Kompott sind schnell zubereitet und warten zudem mit wenig Extrakalorien auf.

Dessert ist das französische Wort für »Nachtisch« und als süßes Finale bei Groß und Klein beliebt. Kein Wunder, denn die Auswahl an süßen Verführungen scheint schier unerschöpflich. Ob warm oder kalt, fruchtig oder sahnig, elegant oder einfach – ein Dessert ist immer eine Sünde wert.
Beim Dessert heißt es »Ende gut, alles gut«, denn das Dessert wird nach dem Hauptgang und der Käseplatte gereicht. Beim Dessert wird, je nach der Schwere der vorangegangenen Gänge, gern auf leichtere Zutaten wie Früchte und Milchprodukte zurückgegriffen. Eier sorgen für die nötige Cremigkeit, Stärkemehl, Gelatine oder Agar-Agar geben Festigkeit. Zur Geschmacksverfeinerung werden Nüsse oder Kerne, Honig, Gewürze wie Anis, Muskatnuss, Vanille, Zimt oder Schokolade verwendet.

Keine Qual bei der Dessertauswahl

Auch wenn gerade bei der Dessertplanung den Variationsmöglichkeiten und Geschmacksrichtungen kaum Grenzen gesetzt sind, braucht man bei der Entscheidung, welches Dessert man zu welchem Menü serviert, nicht zu verzweifeln. Ein paar einfache Regeln machen die Dessertküche zum Kinderspiel:

▶ Nach einem schweren, üppigen Essen reicht man ein luftig-leichtes Dessert.

▶ Soll das Dessert dagegen der eigentliche Hauptgang sein, darf dieser Menüpunkt besonders reichhaltig und kalorienschwer ausfallen.

▶ Mit Dessertklassikern wie Tiramisu oder Zitronensorbet geht man immer auf Nummer sicher.

▶ Im Sommer, wenn Früchte und Beeren Saison haben, sind Desserts auf Fruchtbasis wie Fruchtgelees, Rote Grütze und Sorbets beliebt.

▶ Im Winter und zu den Festtagen darf es auch etwas Aufwendigeres sein.

▶ Themenabende bieten die Möglichkeit, mit exotischen oder ausgefallenen Zutaten zu experimentieren. Ein chinesisches Menü wird zum Beispiel durch frittierte Honigbananen, ein italienisches Menü durch Panna Cotta und ein spanisches durch eine Crema Catalana komplett.

▶ Weil das Auge ja bekanntlich immer mitisst, sollte auch das Dessert optisch schön angerichtet serviert werden.

Gewusst wie – die Klassiker der Dessertküche

Einen Pudding kennt jedes Kind. Schwieriger wird es jedoch, wenn man die verschiedenen Dessertformen im Sinn der klassischen Küchentradition bestimmen soll. Die folgende Übersicht soll Klarheit im süßen Dessertdschungel schaffen:

▶ Flammeri: Beim traditionellen Flammeri wird Stärkemehl, Grieß, Grütze oder Sago in Milch oder Fruchtsaft zu einem dickflüssigen Brei verkocht. Die Masse wird in Förmchen oder eine Savarinform umgefüllt und nach dem Abkühlen aus der Form gestürzt.

In modernen Flammerirezepten verwendet man weniger Stärkemehl, dafür Gelatine als Bindemittel. Steif geschlagenes, untergerührtes Eiweiß sorgt für Lockerung. Mit Früchten der Saison lässt sich der Flammeri verfeinern.

▶ Pudding: Pudding wurde ursprünglich zu den Mehlspeisen gerechnet und bezeichnete eine süße oder salzige im Wasserbad gegarte Speise. Heute wird er im Küchenalltag im Allgemeinen als eine kalt servierte Süßspeise definiert, die durch das Aufkochen von Milch mit Eiern und Stärkemehl zubereitet wird. Vanille- und Schokoladenpudding sind die Puddingklassiker schlechthin.

▶ Dessertcreme: Die Dessertcreme oder Englische Creme zählt zu den Grundrezepten der gehobenen Dessertküche. Zur Herstellung werden Zucker und Eigelb so lange verrührt, bis der Zucker sich aufgelöst hat. Nach der Zugabe von Milch wird die Creme im Wasserbad unter ständigem Rühren so lange vorsichtig erhitzt, bis das Eigelb abbindet und die Creme eindickt.

▶ Bayerische Creme: Als Grundlage hierfür dient die Dessertcreme. Zusätzlich wird steif geschlagene Sahne zur Lockerung und Gelatine als Bindemittel hinzugefügt. Verfeinert wird die Creme durch Früchte.

▶ Crème brulée: Beim französischen Dessertklassiker werden Eigelb, Sahne, Milch, Zucker und Vanillemark verrührt. Die Crememasse wird in kleinen Förmchen im Wasserbad im Backofen zum Stocken gebracht. Nach dem Abkühlen wird die Crème brulée mit Rohrzucker überstreut, der mithilfe eines kleinen Gasbrenners karamellisiert wird.

▶ Crema Catalana: Die aus der spanischen Region Katalonien stammende Crema Catalana ist ein Vanillepudding, der mit Rohrzucker überstreut

und dort mit einem speziellen Brenneisen karamellisiert wird. Für den deutschen Hausgebrauch bietet sich, wie bei der Crème brulée, die Verwendung eines kleinen Gasbrenners an.

▶ Panna cotta: Bei diesem norditalienischen Dessert werden Sahne, Zucker und Vanillemark langsam erhitzt. In die heiße Creme wird Gelatine gerührt. Danach wird die Creme in Förmchen gefüllt und nach dem Erstarren gestürzt. Panna Cotta wird traditionell mit Fruchtsoßen serviert.

▶ Gelee: Der Begriff Gelee geht auf das lateinische »gelare« zurück, das mit »zum Erstarren bringen« übersetzt werden kann. In der Dessertküche werden Fruchtsaft und pürierte Früchte durch den Einsatz von Bindemitteln zu Gelees verarbeitet. Süße Fruchtgelees, die vor allem als Brotaufstrich dienen, werden durch pektinhaltigen Gelierzucker zum Erstarren gebracht. Bei Dessertgelees, die in Förmchen abgebunden und gestürzt werden, kommt Gelatine zum Einsatz.

▶ Fruchtgrützen: Sie wurden früher aus Früchten und Fruchtsaft angerührt und mit Grütze oder Sago abgebunden. Inzwischen wurde die Grütze durch in Fruchtsaft angerührte Speisestärke ersetzt und der Fruchtanteil erhöht. Die Rote Grütze ist eine typische Spezialität Skandinaviens und wird mit roten und schwarzen Johannisbeeren sowie Himbeeren zubereitet. Für Grüne Grütze werden Stachelbeeren, Kiwis und Weintrauben verwendet.

▶ Parfait, Sorbet, Granité: Sie gehören zu den »halbgefrorenen« Desserts. Beim Parfait wird Sahne und Eigelb mit Früchten oder Schokolade verrührt und im Gefrierschrank zum Erstarren gebracht. Durch gelegentliches Rühren bleibt die Masse geschmeidig.

Sorbet und Granité bestehen aus Fruchtsaft, Fruchtpüree und Zucker. Das Sorbet wird während des Gefriervorgangs öfter umgerührt, das Granité nicht.

TIPP

▶ **Eine Schwäche für Süßes ist kein Phänomen der Neuzeit. Schon Königin Cleopatra liebte in Honig eingelegte Feigen. Im Mittelalter löffelten tapfere Ritter und züchtige Burgfräulein zum Ende eines Festgelages gern einen Mandelpudding.**

Tipps und Tricks aus der Dessertküche

VERWENDUNG VON GELATINE UND AGAR-AGAR

Gelatine ist ein geschmacksneutrales tierisches Eiweiß, das zum Binden von Speisen verwendet wird. Es gibt sie als Blatt- und als Pulvergelatine. Ein Beutel Pulvergelatine (9 g) entspricht sechs Blatt. Blattgelatine muss in kaltem Wasser eingeweicht werden. Das überschüssige Wasser wird danach abgegossen und die Gelatine leicht ausgedrückt. Zur warmen Verarbeitung wird die Gelatine in die warme (nicht kochende!) Creme eingerührt und unter Rühren aufgelöst. Wenn es sich um eine kalte Creme handelt, wird die Gelatine bei schwacher Hitze aufgelöst. Dann gibt man 2–3 EL der Creme zur Gelatine. Nun wird die Gelatinemasse unter Rühren unter die restliche Creme gezogen.

Agar-Agar ist ein aus Meeresalgen gewonnenes pflanzliches Geliermittel und damit eine vegetarische Alternative zur Gelatine. Um seine Gelierfähigkeit zu aktivieren, muss es in Flüssigkeit aufgekocht werden.

CREME STÜRZEN

Die Creme mit einem scharfen Messer vom Schüsselrand lösen. Dann die Form kurz in heißes Wasser tauchen (ohne dass die Creme mit dem Wasser in Berührung kommt). Einen Teller auflegen und das Ganze schwungvoll umdrehen. Leichtes Klopfen auf dem Schüsselboden lässt die Creme aus der Form gleiten.

ZUCKER KARAMELLISIEREN

Kristallzucker unter ständigem Rühren ohne Fettzugabe bei hoher Temperatur zum Schmelzen bringen. Für Karamellsirup den karamellisierten Zucker mit kochendem Wasser ablöschen und beides durch Rühren verbinden.

EIWEISS STEIF SCHLAGEN

Beim Trennen der Eier darauf achten, dass kein Fett oder Eigelb zum Eiweiß gelangt. Eine Prise Salz sorgt dafür, dass das Eiweiß richtig steif wird. Zucker dagegen erst zum Schluss unterrühren.

SAHNE STEIF SCHLAGEN

Die Sahne sowie auch die Rührschüssel sollten vor dem Schlagen beide gut gekühlt sein.

SCHOKOLADE SCHMELZEN

Die grob gehackte Schokolade in eine Schüssel geben. Die Schüssel über einen Topf mit heißem Wasser setzen und die Schokolade unter Rühren schmelzen (siehe Bild).

PUDDINGHAUT VERMEIDEN

Bei Puddingen, die nicht gestürzt werden, verhindert das Auflegen einer Frischhaltefolie direkt auf die Oberfläche des heißen Puddings die Bildung einer Haut.

Warme Desserts

Mohr im Hemd

Für 6 Personen:

40 g geschälte Mandeln
70 g Zartbitterschokolade
70 g weiche Butter
70 g Zucker
6 Eier
1 EL Rum
Butter und Zucker für die Förmchen
1 Prise Salz
200 g Sahne

Zubereitungszeit: 45 Min.
Garzeit: 20–25 Min.

Nährwerte pro Person: 425 kcal, 1770 kJ, 11 g EW, 34 g F, 19 g KH

1 Die Mandeln in der Pfanne ohne Fett goldgelb rösten. Auf einem Teller abkühlen lassen, dann fein mahlen. Die Schokolade zerbröckeln, in einer Schüssel aus Metall in einem warmen Wasserbad schmelzen. Auf Zimmertemperatur abkühlen lassen und gelegentlich durchrühren.

2 Butter und 40 g Zucker so lange aufschlagen, bis sich der Zucker fast aufgelöst hat. Die Eier trennen. Die Eigelbe nach und nach unter die Buttercreme schlagen. Den Rum und die Schokolade unterrühren.

3 Den Backofen auf 200 Grad Unterhitze vorheizen. 6 Soufflé- oder Flanförmchen mit je 150 ml Inhalt mit Butter einfetten sowie mit etwas Zucker ausstreuen.

4 Eiweiß, Salz und 30 g Zucker steif schlagen. Den Eischnee auf die Schokoladencreme geben, die Mandeln darüber streuen und alles vorsichtig mit einem großen Schneebesen unter die Creme ziehen.

5 Die Förmchen zu $^3/_4$ hoch mit der Masse füllen und auf ein hohes Back-

TIPP

▶ Anstelle von Soufflé- oder Flanförmchen können Sie auch ofenfeste Tassen mit je 150 ml Inhalt zum Backen der Soufflés verwenden.

blech setzen. So viel kochend heißes Wasser angießen, dass die Förmchen zu $^2/_3$ im Wasserbad stehen.

6 Die Schokoladensoufflés im heißen Backofen (Umluft 180 Grad, Gas Stufe 3-4) 20 bis 25 Minuten garen. Dann aus dem Wasserbad nehmen und kurz stehen lassen. Anschließend die Soufflés an den Rändern vorsichtig mit einem Messer lösen. Auf Dessertteller stürzen. Die Sahne halb steif schlagen, die warmen Soufflés je zur Hälfte damit bedecken und sofort servieren.

Apfelkücherl

Für 4 Personen:

200 g Mehl
1 Prise Salz
2 Eigelb
4 EL Milch
2 TL Öl
$^1/_8$ l Bier
2 Eiweiß
6 große Äpfel (säuerlich)
100 g Zucker
etwas Zitrone
2 EL Rum
Schmalz zum Ausbacken

Zubereitungszeit: 30 Min.

Nährwerte pro Person: 64 kcal, 267 kJ, 1 g EW, 3 g F, 9 g KH

1 Gesiebtes Mehl, Salz, Eigelb, Milch, Öl und Bier verrühren, zuletzt steifen Eischnee unterziehen.

2 Äpfel schälen, Kernhaus ausstechen und 1–2 cm dicke Apfelringe schneiden, mit Zucker bestreuen und mit dem Zitronen-Rum-Gemisch beträufeln.

3 Durch den Ausbackteig ziehen und in schwimmendem, heißen Fett goldbraun backen, kurz abtropfen lassen und noch heiß mit Zucker bestreut anrichten.

Quarkgratin mit Beeren

Für 4 Personen:

500 g Quark
je 150 g Heidelbeeren, Johannisbeeren, Himbeeren und Brombeeren
1 Vanilleschote
4 Eier
50 g Speisestärke
190 g Puderzucker
4 Tropfen Bittermandelöl
Salz
2 EL abgeriebene Limettenschale (unbehandelt)

Zubereitungszeit: 30 Min.
Backzeit: 30 Min.

Nährwerte pro Person: 515 kcal, 2159 kJ, 23 g EW, 13 g F, 72 g KH

1 Quark in ein Sieb geben und abtropfen lassen. Heidelbeeren und Johannisbeeren kurz abbrausen. Johannisbeeren von den Rispen strei-

TIPP

▶ Für dieses Rezept lassen sich je nach Saison auch andere Früchte wie Ananas, Aprikosen, Orangen oder Kirschen verwenden. Auch mit Trockenfrüchten wie Pflaumen, Apfelstücken oder Rosinen schmeckt das Gratin toll. Das Obst jeweils in kleine Stücke schneiden und wie beschrieben verwenden.

fen und mit den Heidelbeeren auf Küchenpapier abtropfen lassen.

2 Himbeeren und Brombeeren gründlich verlesen. Alle Beeren auf ein mit Backpapier belegtes Tablett oder Blech legen und für ca. 15 Minuten in das Gefrierfach geben, um die Beeren anzufrieren.

3 Inzwischen Vanilleschote längs aufschneiden und das Mark herauskratzen. Eier trennen. Eigelb, Quark, Vanillemark, Speisestärke und 80 g Puderzucker verrühren. Mit Bittermandelöl aromatisieren.

3 Eiweiß mit 1 Prise Salz und 100 g Puderzucker sehr steif schlagen. Vorsichtig unter die Eigelbmischung heben. Den Backofen auf 180 Grad vorheizen.

4 $^3/_4$ der Beeren vorsichtig unter den Teig heben. Die Masse sofort in 4 ofenfeste Förmchen (18 cm Durchmesser) oder in eine große Gratinform geben. Restliche Beeren darauf verteilen.

5 Gratin im heißen Backofen auf der zweiten Schiene von unten 25–35 Minuten backen. Anschließend im ausgeschalteten Ofen bei leicht geöffneter Backofentür 10 Minuten ruhen lassen.

6 Gratin aus dem Ofen nehmen und mit Limettenschale bestreuen. Vor dem Servieren mit restlichem Puderzucker bestreuen

Bratäpfel

Für 4 Personen:

4 kochfeste Äpfel
Für den Sud:
400 ml Wasser
400 ml Weißwein
1 EL Zucker, Zitronensaft
Für die Füllung:
250 g Preiselbeerkompott oder Johannisbeermarmelade
Zum Überbacken:
100 g Marzipan
20 ml Rum, 2 Eiweiß
zum Garnieren einige Mandelsplitter

Zubereitungszeit: 20 Min.
Garzeit: 15 Min.

Nährwerte pro Person: 408 kcal, 1710 kJ, 5 g EW, 9 g F, 67 g KH

1 Gewaschene Äpfel schälen, das Kernhaus ausstechen und in dem abgeschmeckten Sud gute 5 Minuten dünsten. Sie sollen einen guten Biss besitzen. Äpfel halbieren, mit dem Kompott oder der Marmelade füllen und in eine gefettete Auflaufform setzen.

2 Das Marzipan weich kneten, mit einem Schuss Rum und dem bereits vorbereiteten steifen Eischnee untermischen. Die Masse auf die Äpfel verteilen und bei 200–220 Grad etwa 15 Minuten überbacken. Kurz vor Ende der Garzeit die Mandelsplitter einstecken.

TIPP

▶ **Mit heißer Vanillesoße, Vanilleeis oder Eierlikör reichen.**

Lebkuchensoufflés

Für 6 Personen:

50 g Oblaten-Lebkuchen mit Zuckerguss (z. B. von Alnatura)
Butter und braunen Zucker für die Förmchen
30 g Süßrahmbutter
30 g Weizenmehl (Type 550)
$^1/_8$ l Milch
70 g brauner Zucker
1 Msp. Lebkuchengewürz
3 Eier

2 EL Puderzucker
1 Msp. Zimtpulver

Zubereitungszeit: 30 Min.
Backzeit: 20 Min.

Nährwerte pro Person: 210 kcal, 879 kJ, 6 g EW, 24 g F, 9 g KH

1 Die Lebkuchen von den Oblaten lösen und fein zerbröseln. 6 kleine Souffléförmchen (alternativ ofenfeste Tassen oder eine Auflaufform) sorgfältig buttern und mit braunem Zucker ausstreuen. Backofen auf 180 Grad vorheizen.

2 Butter in einem Topf schmelzen und das Mehl darin unter Rühren anschwitzen. Unter kräftigem Rühren nach und nach die Milch zufügen, bis eine glatte und dicke Masse entstanden ist. Die Hälfte des Zuckers und das Lebkuchengewürz untermengen.

3 Soufflémasse in eine Schüssel füllen und 1 Ei unterrühren. Restliche Eier trennen und das Eigelb nach und nach in die warme Masse einrühren. Lebkuchenkrümel untermengen.

4 Eiweiß schaumig rühren. Den restlichen Zucker einrieseln lassen und den Eischnee sehr steif schlagen. Mit einem Spatel den Schnee vorsichtig unter die Soufflémasse heben.

5 Die vorbereiteten Souffléförmchen (bzw. Tassen oder die Auflaufform) jeweils zu $^{3}/_{4}$ mit der Masse füllen und im heißen Ofen ca. 20 Minuten backen.

6 Puderzucker mit Zimt mischen. Die fertigen Soufflés aus dem Ofen nehmen, jeweils mit Zimtzucker bestäuben und sofort servieren.

TIPP

▶ **Dazu passt Marzipansoße: 50 g Marzipanrohmasse grob raspeln und in 250 g Sahne bei milder Hitze unter ständigem**

Rühren auflösen. 6 cl Weinbrand unterrühren, Topf vom Herd nehmen und die Soße lauwarm abkühlen lassen. 75 g Walnusskerne hacken und in einer Pfanne ohne Fett unter Rühren goldbraun rösten. Walnüsse unter die Marzipansoße mengen und zu den Soufflés reichen.

TIPP

▶ Dazu können Sie nach Belieben Vanilleeis oder Schlagsahne reichen.

Beeren-Crumble mit Walnüssen

Für 4 Personen:

600 g gemischte Beeren (z.B. Himbeeren, Heidelbeeren, Johannisbeeren und Brombeeren)
2 Päckchen Vanillezucker
50 g kalifornische Walnüsse
2 EL Mehl (25 g)
2 EL Zucker
2 EL weiche Butter

Zubereitungszeit: 30 Min.

Nährwerte pro Person: 171 kcal, 716 kJ, 3 g EW, 10 g F, 16 g KH

1 Beeren verlesen, abspülen und putzen. Beeren mit Vanillezucker mischen und auf 4 ofenfeste Tassen oder Schalen verteilen.

2 Walnüsse fein hacken. Mehl mit Walnüssen, Zucker und Butter zu Streuseln vermengen. Die Streusel über die Beeren bröseln. Im vorgeheizten Backofen bei 200 Grad (Gas: Stufe 3–4, Umluft: 180 Grad) ca. 12–15 Minuten backen.

Grießbrei

Für 4 Personen:

1 l Milch
1 Msp. Salz
40 g Butter
100 g Grieß
2 Eier (getrennt)
2 EL Zucker
2 EL Zimt

Zubereitungszeit: 20 Min.

Nährwerte pro Person: 379 kcal, 1593 kJ, 14 g EW, 19 g F, 35 g KH

1 Milch mit Salz und 20 g Butter aufkochen. Grieß einrühren, unter ständigem Rühren ca. 10 Minuten quellen lassen. Restliche, kalte Butter und verquirlte Eigelb unterrühren.

2 Eiweiß mit Zucker steif schlagen, unter den Grießbrei heben. Grießbrei in Schüsselchen verteilen, mit Zimt bestreuen. Dazu passen Kirschen aus dem Glas.

Reispudding mit Mandeln und Zimt

Für 4 Personen:

700 g Basmatireis
700 ml Mandelmilch
Zimtpulver
200 g Mandelblättchen
4 TL Honig

Zubereitungszeit: 30 Min.

Nährwerte pro Person: 424 kcal, 1781 kJ, 15 g EW, 20 g F, 49 g KH

1 Reis in der doppelten Menge kochendem Wasser nach Packungsanweisung bissfest garen. Anschließend abgießen und gut abtropfen lassen.

2 Reis, Mandelmilch und 1/4 TL Zimtpulver in einem kleinen Topf gründlich vermischen. Die Zutaten bei mittlerer Hitze unter Rühren allmählich zum Kochen bringen. Anschließend bei schwacher Hitze 4–5 Minuten köcheln lassen, bis die Milch langsam dickflüssiger und der Basmatireis cremig wird.

3 Mandelblättchen in einer Pfanne ohne Fett rösten, dabei immer wieder umrühren. Anschließend Pfanne vom Herd nehmen und kurz abkühlen lassen.

4 Reis in einer Schale servieren, mit Mandeln bestreuen und Honig darauf verteilen. Mit etwas Zimtpulver bestreuen.

TIPP

▶ **Mandelmilch ist in vielen Reformhäusern und Bioläden bzw. teilweise auch im Supermarkt bei den Bioprodukten erhältlich; oftmals steht die Mandelmilch direkt bei der Sojamilch.**

Kalte Desserts

Bayerische Creme

Für 4 Personen:

60 g Zucker
400 g frische Früchte nach Saison
2 EL Fruchtlikör
2 1/2 Blatt weiße Gelatine
170 ml Milch
1/3 Vanilleschote
2 Eigelb
170 g Sahne
Puderzucker zum Bestäuben

Zubereitungszeit: 30 Min.
Ruhezeit: 30 Min.

Nährwerte pro Person: 336 kcal, 1411 kJ, 10 g EW, 18 g F, 29 g KH

1 Für den Fruchtsalat 20 g Zucker mit 50 ml Wasser in einen Topf geben und aufkochen. 1 Minute kochen und dann abkühlen lassen. Obst waschen oder schälen, evtl. entkernen und das Fruchtfleisch in mundgerechte Stücke schneiden.

2 Obst in eine Schüssel geben, Zuckersirup darübergießen und Fruchtlikör dazugeben. Alles vorsichtig vermengen und ca. 30 Minuten durchziehen lassen.

3 Gelatine in kaltem Wasser nach Packungsanweisung einweichen. Milch in einen Topf geben, Vanilleschote der Länge nach aufschlitzen, dazugeben und das Ganze aufkochen. Die Vanilleschote entfernen, das Mark mit einem Messer herauskratzen, in die Milch geben und nochmals aufkochen.

4 Inzwischen das Eigelb mit restlichem Zucker mit dem Handrührgerät cremig schlagen. Heiße Vanillemilch unter Rühren angießen, sodass eine dickliche Creme entsteht. Gelatine aus dem Wasser nehmen, ausdrücken und in der Creme unter Rühren auflösen.

5 Sahne steif schlagen. Eine Schüssel mit eiskaltem Wasser vorbereiten, Schüssel mit der Creme hineinsetzen und kalt rühren. Sahne dazugeben und rühren, bis die Creme beginnt einzudicken.

6 Die Bayerische Creme in Schüsselchen verteilen und mit marinierten Früchten servieren. Ganz nach Wunsch mit Puderzucker bestäuben und mit Minze garnieren.

TIPP

▶ **Wenn Sie die Creme für einige Zeit in den Kühlschrank stellen, lassen sich mit einem feuchten Löffel schöne Nocken ausstechen.**

Feigensorbet

Für 4 Personen:

200 g Zucker
150 ml Weißwein
100 ml Portwein
1 Vanilleschote
4 frische, reife Feigen
2 Eiweiß
Zitronenmelisse zum Garnieren

Zubereitungszeit: 30 Min.
Kühlzeit: mind. 60 Min.

Nährwerte pro Person: 620 kcal, 2600 kJ, 9 g EW, 21 g F, 87 g KH

1 100 g Zucker mit Weißwein sowie Portwein verrühren. In einem Topf bei großer Hitze 5 Minuten lang zu Sirup einkochen lassen und dann beiseitestellen.

2 Vanilleschote aufschlitzen, Mark mit einem Löffel herauskratzen und in den Sirup geben. Das Ganze umrühren und abkühlen lassen.

3 Feigen halbieren, Fruchtfleisch herauslösen und mit dem Sirup pürieren. Fruchtpüree 30 Minuten in den Gefrierschrank stellen.

4 Das Eiweiß mit dem restlichen Zucker steif schlagen und unter die halbgefrorene Masse ziehen. Wieder tiefkühlen, bis das Sorbet ganz durchgefroren ist. Dabei das Sorbet ab und zu mit dem Schneebesen durchschlagen, damit die Masse nicht zu hart wird.

5 Mit einem Eisportionierer Kugeln ausstechen und auf Desserttellern anrichten. Mit etwas Zitronenmelisse garniert servieren.

TIPP

▶ **Sorbet, auch Halbgefrorenes genannt, enthält im Unterschied zu Eiscreme keine Milchprodukte und wird nur aus Früchten, Zucker, Aromastoffen oder auch aus Alkoholika hergestellt.**

Obstsalat mit Vanille-Joghurt-Soße

Für 4 Personen:

2 Birnen
2 Kiwis
200 g weiße Weintrauben
2 Orangen
1 Banane
2 EL Zitronensaft
2 EL Honig
300 g Joghurt
1 Msp. gemahlene Vanille
Minze zum Garnieren

Zubereitungszeit: 25 Min.

Nährwerte pro Person: 230 kcal, 962 kJ, 5 g EW, 4 g F, 43 g KH

1 Birnen gründlich waschen, trocken reiben und vierteln. Kerngehäuse und Stielansätze entfernen. Birnenviertel in Spalten schneiden.

2 Die Kiwis schälen und in nicht zu kleine Würfel schneiden. Weintrauben heiß waschen und von den Stielen zupfen. Die Trauben halbieren und bei Bedarf Kernchen vorsichtig mit einem schmalen Löffelstiel herauslösen.

3 1 Orange schälen, dabei die weiße Haut entfernen. Das Fruchtfleisch aus den Häuten lösen und die Filets in Stücke schneiden. Die zweite Orange halbieren und dann auspressen.

4 Banane schälen und schräg in Scheiben schneiden. Die zerkleinerten Früchte in eine Schüssel geben und alles vorsichtig miteinander vermischen.

5 Orangensaft, Zitronensaft und 1 EL Honig miteinander verrühren, über die Früchte gießen und unterrühren. Den Salat auf 4 Dessertteller verteilen.

6 Den Joghurt mit dem restlichen Honig und der gemahlenen Vanille verrühren. Die Soße über den angerichteten Obstsalat geben, mit Minze garnieren und servieren.

TIPP

▶ Gemahlene Vanille ist viel aromatischer als Vanillezucker, da hierfür nur das Mark der Schote verwertet wird. Da dieses Produkt nicht immer und überall zu kaufen ist, kann man es auch durch ein Päckchen Vanillezucker ersetzen; allerdings wird der Salat dann etwas süßer.

Grießflammeris mit Orangensoße

Für 4 Personen:

Für die Flammeris:
$^1/_2$ l fettarme Milch
1 EL Butter
40 g brauner Rohrzucker
1 Päckchen Vanillerohrzucker
60g Vollkorngrieß
Für die Soße:
1 Orange (unbehandelt)
2–3 Orangen
1 EL flüssiger Honig
2 g pflanzliches Bindemittel (Reformhaus)

Zubereitungszeit: 30 Min.
Kühlzeit: 1 Std.

Nährwerte pro Person: 260 kcal, 1090 kJ, 7 g E, 6 g F, 43 g KH

1 Milch, Butter und Rohrzucker und Vanillerohrzucker in einen Topf geben und langsam zum Kochen bringen. Den Grieß unter ständigen Rühren einrieseln lassen, dann zugedeckt 2–3 Minuten nachquellen lassen. Den Topf vom Herd nehmen.

2 4 Puddingförmchen mit je $^1/_8$ l Inhalt kalt ausspülen und die heiße Grießmasse hineingeben. Die Förmchen in den Kühlschrank stellen und den Grießbrei etwa 1 Stunde lang erkalten lassen.

3 Für die Soße die unbehandelte Orange heiß waschen und trockentupfen, dann die Schale abreiben. Die Orange so schälen, dass die weiße Haut ganz entfernt wird. Die Filets aus den Trennhäuten schneiden und in einem Sieb über einer Schüssel abtropfen lassen. Den Saft dabei auffangen.

4 Die übrigen Orangen auspressen und den Saft mit dem aufgefangenen Orangensaft (beides zusammen sollte etwa $^1/_4$ l ergeben), Orangenschale, Honig und Bindemittel verrühren. Die Soße ca. 10 Minuten stehen lassen, bis sie leicht gebunden ist.

5 Die Grießflammeris auf 4 Dessertteller stürzen, mit der Orangensoße umgießen und mit den Orangenfilets garnieren.

VARIANTE

▶ Im Winter können Sie statt heller Orangen auch Blutorangen oder Mandarinen (dann die Orangenschale weglassen) für die Soße verwenden.

Rote Grütze mit Vanillejoghurt

Für 4 Personen:

300 g TK-Beerenmischung
380 g Schattenmorellen (Glas)
2 EL Speisestärke
2 EL Kirschwasser
1–2 EL Zucker
300 g Vanillejoghurt

Zubereitungszeit: 25 Min.

Nährwerte pro Person: 270 kcal, 1130 kJ, 4 g EW, 4 g F, 51 g KH

TIPP

▶ Im Frühsommer schmeckt auch eine Grütze aus 300 g frischem Rhabarber und 500 g frischen Erdbeeren sehr gut. Die Früchte mit ca. 80 g Zucker Saft ziehen lassen, dann wie im Rezept fortfahren.

1 Beerenmischung antauen lassen. Schattenmorellen mit Saft und Beeren in einen Topf geben. 3–4 EL Kirschsaft abnehmen und beiseitestellen. Früchte aufkochen.

2 Stärke mit dem beiseitegestellten Kirschsaft anrühren, in die kochende Grütze einrühren und alles einmal aufkochen lassen.

3 Die Grütze mit Kirschwasser und Zucker abschmecken, in eine Schüssel füllen und erkalten lassen. Kurz vor dem Servieren den Vanillejoghurt mit einem Löffel durchrühren und zur roten Grütze reichen.

Schichtbecher mit roten Beeren

Für 4 Personen:

100 g Sahne
250 g Mascarpone
Zucker nach Geschmack
8 Löffelbiskuits
50 ml Johannisbeersaft
4 cl Himbeerlikör
Himbeeren zum Garnieren

Zubereitungszeit: 20 Min.

Nährwerte pro Person: 354 kcal, 1481 kJ, 13 g EW, 9 g F, 49 g KH

1 Die Sahne steif schlagen. Mascarpone mit Zucker glatt rühren, abschmecken. Sahne unterheben.

2 Die Biskuits in einen Gefrierbeutel füllen und mit einem Nudelholz fein zerbröseln, in 4 vorbereitete Gläser geben.

3 Den Saft mit dem Likör mischen und über die Biskuitbrösel verteilen. Die Creme auf die Brösel in die Gläser geben. Das Ganze gut kühlen.

4 Mit Himbeeren garniert servieren.

Tiramisu

(Abbildung S. 443)

Für 6–7 Personen:

200 ml kalter Espresso
2 cl Cognac oder Amaretto
6 EL Crème fraîche
3 EL Milch
150 g Puderzucker
500 g Mascarpone
200 g Sahne
2 EL abgeriebene Orangenschale (unbehandelt)
300 g Löffelbiscuits
1 EL Kakaopulver

Zubereitungszeit: 30 Min.
Kühlzeit: 2 Std.

Nährwerte pro Person: 669 kcal, 2801 kJ, 14 g EW, 43 g F, 56 g KH

1 Kaffee mit Cognac vermischen. Crème fraîche, Milch und Puderzucker verrühren. Mascarpone zufügen und alles so lange rühren, bis eine glatte Creme entstanden ist. Die Sahne mit dem Handrührgerät sehr steif schlagen und die Orangenschale unterheben.

2 Den Boden einer rechteckigen Porzellan- oder Glasform von etwa 25 x 15 cm Größe mit Löffelbiscuits so auslegen, dass die poröse Seite der Kekse nach oben zeigt. Die Kekse mit einem Teil der Espresso-Cognac-Mischung beträufeln.

3 Die Hälfte der Creme auf den Biscuits verteilen. Eine neue Schicht Kekse darauflegen, diese wieder mit Espressomischung beträufeln und die geschlagene Sahne darauf verstreichen. Auf der Sahne wieder eine Lage Kekse verteilen, die Biscuits erneut beträufeln und die restliche Creme darauf geben.

4 Die Form mit Alufolie abdecken und das Tiramisu für 2 Stunden in

den Kühlschrank stellen. Unmittelbar vor dem Servieren das Kakaopulver über das Tiramisu sieben.

TIPP

▶ **Wenn Kinder beim Tiramisu mitessen, können Sie den Cognac ohne weiteres auch weglassen.**

Schoko-Nugat-Pudding

Für 4 Personen:

45 g Speisestärke
3/4 l Milch
1 Vanilleschote
100 g Vollmilchschokolade
50 g Nugatmasse
50 g gehackte Mandeln
5 EL Rum
200 g Sahne
2 EL Kokosflocken
1 EL Zucker

Zubereitungszeit: 30 Min.
Kühlzeit: 12 Std.

Nährwerte pro Person: 412 kcal, 1725 kJ, 9 g EW, 27 g F, 29 g KH

1 Speisestärke mit wenig Milch anrühren. Vanilleschote längs aufschneiden, das Mark herauskratzen und beiseitestellen.

2 Vanilleschote mit der restlichen Milch erhitzen. Schokolade und Nugat in die heiße Milch bröckeln und unter Rühren darin schmelzen lassen. Mandeln und 4 EL Rum dazugeben. Speisestärke einrühren und aufkochen, bis der Pudding andickt. Vanilleschote entfernen, den Pudding in kalt ausgespülte Formen geben und über Nacht in den Kühlschrank stellen.

3 Die Sahne mit dem restlichen Rum und dem Vanillemark halbsteif schlagen. Die Kokosflocken in einer Pfanne ohne Fett rösten, den Zucker einrühren und das Ganze leicht bräunen, dann etwas abkühlen lassen. Den Pudding auf Teller stürzen, mit der Sahne anrichten und mit den Kokosflocken bestreuen.

Kaltschale

Für 4 Personen:

400 g frische reife Aprikosen oder
1 große Dose Aprikosen
1 EL Ahornsirup
1 EL Sanddornsirup
300 g Himbeeren (frisch oder TK)
1/4 l trockener Weißwein
1 TL Speisestärke

Zubereitungszeit: 25 Min.

Nährwerte pro Person: 140 kcal, 590 kJ, 2 g EW, 0 g F, 22 g KH

1 Aprikosen mit kochendem Wasser überbrühen und kurz darin ziehen lassen. Abgießen, abschrecken, häuten und halbieren. Steine entfernen und Fruchtfleisch in Spalten schneiden.

2 Aprikosenspalten mit Ahorn- sowie Sanddornsirup, Himbeeren und Weißwein einmal aufkochen. Obst bei schwacher Hitze nur kurz garen, bis die Aprikosen gerade eben weich sind.

3 Speisestärke mit 2 EL kaltem Wasser anrühren und die Obstsuppe damit binden. Einmal aufkochen und abkühlen lassen. Suppe nach Wunsch eisgekühlt servieren.

Helle & dunkle Mousse au Chocolat

Für 8 Personen:

Für die dunkle Mousse:
150 g Zartbitterkuvertüre
1 Tasse starker Espresso
3 Eier
30 g Bourbon-Vanillezucker
125 g Sahne
2 EL Zucker
Für die helle Mousse:
150 g weiße Kuvertüre
5 Eiweiß
2 EL Zucker
30 g Bourbon-Vanillezucker
125 g Sahne
Außerdem:
geraspelte Schokolade zum Garnieren

Zubereitungszeit: 30 Min.
Kühlzeit: 3 Std.

Nährwerte pro Person: 356 kcal, 1490 kJ, 8 g EW, 24 g F, 28 g KH

1 Für die dunkle Mousse Kuvertüre grob hacken und zusammen mit dem Espresso im Wasserbad schmelzen. Eier trennen, Eigelb mit dem Vanillezucker schaumig schlagen, bis sich der Zucker gelöst hat.

2 Die gut gekühlte Sahne steif schlagen. Eiweiß mit dem Zucker zu steifem Schnee schlagen. Eigelbmasse zu der Schokolade geben und mit dem Schneebesen unterrühren.

3 Geschlagene Sahne auf die Schokomasse setzen und mit dem Schneebesen schnell untermischen, bevor die Masse fest wird. Eischnee vorsichtig unterheben.

4 Für die helle Mousse zerkleinerte Kuvertüre im Wasserbad schmelzen. Eiweiß mit Zucker und Vanillezucker steif schlagen. Die Sahne

steif schlagen. Die geschmolzene Kuvertüre in die Sahne rühren, dann den Eischnee unterheben.

5 Erst die dunkle, dann die helle Mousse in Dessertgläser füllen und zugedeckt für mindestens 3 Stunden in den Kühlschrank stellen. Zum Servieren mit je 1 EL geraspelter Schokolade bestreuen.

TIPP

▶ Eine feine Karamellschicht macht die Mousse besonders edel: Dafür die Gläser mit je 2 EL Rohzucker bestreuen und im heißen Backofengrill kurz goldbraun karamellisieren lassen. Herausnehmen, kurz abkühlen lassen und servieren.

Backobstkompott

Für 4 Personen:

250 g gemischtes Trockenobst (z. B. Pflaumen, Äpfel und Aprikosen)
1 Zimtstange
4 breite Streifen unbehandelte Zitronenschale
1 Päckchen Vanillepuddingpulver
2 TL Zucker

Zubereitungszeit: 10 Min.
Einweichzeit: 1 Std.
Garzeit: 45 Min.
Kühlzeit: 2 Std.

Nährwerte pro Person: 220 kcal, 920 kJ, 2 g E, 0,5 g F, 51 g KH

1 Trockenobst gründlich waschen und grob zerkleinern. In einen Topf geben und 125 ml Wasser hinzufügen. Topf mit dem Deckel schließen und Obst 1 Stunde einweichen. Danach die halbe Zimtstange und die Zitronenschale dazugeben.

2 Backobstmischung in dem Topf aufkochen lassen und bei mittlerer Hitze zugedeckt etwa 45 Minuten garen, bis das Obst weich ist. Anschließend Zimtstange und Zitronenschale aus dem Kompott entfernen.

3 Vanillepuddingpulver mit dem Zucker vermischen. In etwas kaltem Wasser anrühren und zur Backobstmischung in den Topf geben. Alles einmal aufkochen lassen, bis das Kompott andickt.

4 Backobstkompott in 2 Schälchen geben und abkühlen lassen. Mit Frischhaltefolie abdecken und 2 Stunden im Kühlschrank erkalten lassen.

VARIANTE

▶ Sie können das Kompott auch mit nur einer Backobstsorte zubereiten. Sehr fein schmeckt Aprikose- oder Pfirsichkompott oder ein Kompott aus Trockenpflaumen und gedörrten Apfelringen.

Schokoladeneis

Für 8 Personen:

100 g Zartbitterschokolade
$^1/_4$ l Milch
250 g Sahne
1 TL gemahlener Koriander
1 TL Zimt
100 g Zucker
2 sehr frische Eier
4 sehr frische Eigelbe
1 EL brauner Rum

Zubereitungszeit: 30 Min.
Gefrierzeit: ca. 40 Min.

Nährwerte pro Person: 354 kcal, 1482 kJ, 8 g EW, 23 g F, 28 g KH

1 Schokolade zerbröckeln. Milch, Sahne, Schokolade, Gewürze und 30 Gramm Zucker in einem Topf aufkochen.

2 Eier, Eigelbe und 70 Gramm Zucker in einer Schüssel im heißen Wasserbad zu weißen Schaum schlagen.

3 Die kochende Milch in die Eimasse rühren. Alles auf Eiswasser kalt rühren, anschließend durch ein Sieb gießen und den Rum darunter rühren. Die Eismasse in der Eismaschine nach Herstelleranweisung in ca. 40 Minuten zu Speiseeis verarbeiten.

Vanilleeis

Für 8 Personen:

3 Vanilleschoten
$^{1}/_{8}$ l Milch
375 g Sahne
100 g feiner Zucker
2 sehr frische Eier
4 sehr frische Eigelbe
1 EL brauner Rum
1 Prise Salz

Zubereitungszeit: 30 Min.
Gefrierzeit: ca. 40 Min.

Nährwerte pro Person: 346 kcal, 1449 kJ, 7 g EW, 26 g F, 20 g KH

1 Vanilleschoten längs aufschlitzen. Mark herauskratzen und die Schoten halbieren. Milch, Sahne, Vanilleschoten, Vanillemark und 30 g Zucker aufkochen.

2 Eier, Eigelbe und 70 g Zucker auf dem heißen Wasserbad zu einem weißen Schaum schlagen. Die Vanilleschoten aus der kochenden Milch entfernen.

3 Die Schüssel mit dem Eierschaum aus dem Wasserbad nehmen und die kochende Milch nach und nach einrühren. Die Schüssel auf Eiswasser stellen und die Vanilleeismasse kalt rühren. Die Eismasse durch ein feines Sieb gießen. Rum und Salz unterrühren. Die Masse in der Eismaschine nach Herstelleranweisung in ca. 40 Minuten zu Eis verarbeiten.

Beeren-Walnuss-Salat

BEILAGE

▶ Servieren Sie zu dem Beeren-Walnuss-Salat Vanillesoße, Schlagsahne oder Vanilleeis.

Für 4 Personen:

150 g Erdbeeren
150 g Himbeeren
150 g Rote Johannisbeeren
150 g Heidelbeeren
150 g Brombeeren
1 Vanilleschote
Muskatnuss
1 EL Zucker
1 TL geschroteter rosa Pfeffer
50 g Walnüsse
1/2 Bd. Minze

Zubereitungszeit: 25 Min.

Nährwerte pro Person: 157 kcal, 658 kJ, 4 g EW, 9 g F, 14 g KH

1 Erdbeeren mit kaltem Wasser abbrausen, abtropfen lassen und schlechte Stellen herausschneiden. Halbieren und den Stielansatz entfernen. Himbeeren waschen, abtropfen lassen und verlesen.

2 Die Roten Johannisbeeren waschen, abtropfen lassen und von den Rispen zupfen. Heidelbeeren und Brombeeren unter fließendem kaltem Wasser waschen, abtropfen lassen und verlesen. Alle Beeren in eine große Schüssel geben.

3 Vanilleschote längs aufschneiden. Das Mark mit dem Rücken eines Messers oder einem kleinen Löffel herauskratzen, in ein Schälchen geben. 1 Prise Muskatnuss reiben und dazugeben. Mit Zucker und rosa Pfeffer vermengen. Den gewürzten Zucker zu den Beeren geben und vorsichtig mischen.

4 Walnüsse grob hacken. Eine kleine beschichtete Pfanne erhitzen und die Walnüsse darin ohne Zugabe von Fett rösten, dabei regelmäßig schwenken. Dann auf einem Teller abkühlen lassen.

5 Minze mit kaltem Wasser abbrausen, trocken schütteln und die Blättchen von den Stängeln abzupfen. Zusammen mit den gerösteten Walnüssen unter die Beeren mischen und servieren.

Birne Helene

Für 4 Personen:

8 Birnenhälften (Dose)
250 g Blockschokolade
4 cl Birnenschnaps
250 g Vanilleeis

Zubereitungszeit: 10 Min.

Nährwerte pro Person: 553 kcal, 2317 kJ, 2 g EW, 25 g F, 75 g KH

1 Birnenhälften abtropfen lassen. Blockschokolade im Wasserbad

schmelzen lassen. Birnenschnaps einrühren.

2 Birnenhälften mit der Höhlung nach unten auf 4 Dessertteller verteilen, mit der heißen Schokoladensoße überziehen.

3 Aus dem Eis 8 Kugeln stechen. Je 2 Kugeln auf einen Teller geben. Sofort servieren.

Crème caramel

Für 4 Personen:

200 g Zucker
etwas Öl für die Förmchen
1/2 Vanilleschote
1/2 l Milch
2 Eigelb
3 Eier
Minzeblätter zum Garnieren

Zubereitungszeit: 25 Min.
Garzeit: 30 Min.
Kühlzeit: 12 Std.

Nährwerte pro Person: 431 kcal, 1807 kJ, 11 g EW, 17 g F, 56 g KH

1 Die Hälfte des Zuckers in einem kleinen Topf schmelzen, rühren, bis er sich ganz aufgelöst hat. 20 ml Wasser zugießen und erstarrten Zucker erneut schmelzen. Karamell in einer dünnen Schicht in die mit ein wenig Öl ausgepinselten Förmchen gießen.

2 Vanilleschote mit Milch aufkochen. Eigelb und ganze Eier mit restlichem Zucker verrühren, Milch nach und nach zugießen.

3 Creme kräftig schlagen, durch ein feines Sieb gießen und in die Förmchen füllen. Anschließend Creme in einem Wasserbad 20 Minuten bei 170 Grad im Ofen garen. Wasserbad darf keinesfalls kochen.

4 Creme im Kühlschrank über Nacht auskühlen lassen und kurz vor dem Servieren auf Teller stürzen. Mit Minzeblättern garnieren.

TIPP

▶ Crème caramel ist ein sehr beliebter Nachtisch aus Frankreich. Bei der Zubereitung des Karamells darf der Zucker auf keinen Fall anbrennen, da das gesamte Dessert sonst verbrannt schmeckt.

Panna cotta

Für 4 Personen:

160 ml Milch
160 g Sahne
60 g Zucker
60 g Mandeln, gehackt
5 Blatt Gelatine
160 g Joghurt
240 g TK-Erdbeeren
1 EL Puderzucker
2 cl Amaretto
20 g Mandeln, gehobelt und geröstet
frische Früchte zum Garnieren

Zubereitungszeit: 30 Min.
Kühlzeit: 4 Std.

Nährwerte pro Person: 341 kcal, 1427 kJ, 11 g EW, 33 g F, 2 g KH

1 Milch mit Sahne sowie Zucker in einen Topf geben und einmal aufkochen lassen. Gehackte Mandeln in einer beschichteten Pfanne ohne Fett hell anrösten, in die heiße Milch rühren und 1 Stunde darin ziehen lassen.

2 Gelatine in kaltem Wasser einweichen. Die Mandelmilch erhitzen, Gelatine ausdrücken, zur Milch geben und darin auflösen. Durch ein Haarsieb streichen und Joghurt unterrühren.

3 Masse in 4 kalt ausgespülte Portionsförmchen geben. Anschließend ca. 4 Stunden im Kühlschrank fest werden lassen.

4 Erdbeeren mit Puderzucker in einen Topf geben, erwärmen und durch ein Sieb streichen. Den Amaretto einrühren und das Erdbeerpüree im Kühlschrank ziehen lassen.

TIPP

▶ **Wer nicht gerne mit Gelatineblättchen arbeitet, weil er glaubt, das Rezept würde nicht gelingen, der kann getrost auf Gelatinepulver zurückgreifen. Man kann es in jedem Supermarkt kaufen.**

Zabaione

Für 4 Personen:

6 Eigelb
200 g Zucker
$^1/_2$ l Wein (z. B. Marsala)

Zubereitungszeit: 10 Min.

Nährwerte pro Person: 318 kcal, 1335 kJ, 5 g EW, 9 g F, 51 g KH

1 Eigelb und Zucker in eine hitzebeständige Schüssel geben und im Wasserbad mit einem Handrührgerät auf mittlerer Stufe schlagen, bis die Masse weiß und sahneartig ist. Wein nach und nach zugießen. Creme schaumig schlagen. In Gläser oder Schalen geben und servieren.

Crème brûlée

Für 6 Personen:

250 ml Milch
250 g Sahne
1 Vanilleschote
3 Eier
2 Eigelb
75 g Zucker
Rohrzucker zum Bestreuen

Zubereitungszeit: 20 Min.
Garzeit: 20 Min.

Nährwerte pro Person: 316 kcal, 1322 kJ, 12 g EW, 16 g F, 32 g KH

1 Milch, Sahne, ausgekratztes Vanillemark und Vanilleschote aufkochen lassen, vom Herd nehmen.

2 Eier und Eigelbe mit Zucker cremig, aber nicht schaumig schlagen, dann nach und nach langsam die warme Vanillemilch (vorher die Vanilleschote herausnehmen) einrühren.

3 Creme durch ein Sieb in 6 Portionsförmchen à ca. 150 ml gießen. Förmchen in einen Bräter oder eine Auflaufform stellen und so viel heißes Wasser angießen, dass die Förmchen zu $^{2}/_{3}$ im Wasser stehen. Die Creme im Backofen bei 200 Grad abgedeckt ca. 20 Minuten stocken lassen. Dann herausnehmen, abkühlen lassen und in den Kühlschrank stellen.

4 Vor dem Servieren die Creme mit braunem Zucker bestreuen und kurz unter den heißen Grill schieben, bis die Oberfläche karamellisiert, oder mit einem Bunsenbrenner karamellisieren.

Savarin mit Beeren

Für 1 Savarinform, ca. 16 Stücke:

42 g Hefe (1 Würfel)
200 ml Milch
500 g Mehl
100 g Butter, weich
3 Eier
2 EL Zucker
Butter für die Form
Zum Tränken:
150 ml Orangensaft, frisch gepresst
150 g Zucker
2 EL Orangenlikör
Außerdem:
600 g gemischte, frische Beeren

Zubereitungszeit: 20 Min.
Garzeit: 40 Min.
Ruhezeit: 2½ Std.

Nährwerte pro Stück: 261 kcal, 1092 kJ, 6 g EW, 7 g F, 41 g KH

1 Hefe in lauwarme Milch bröseln, Mehl in eine Schüssel sieben, in die Mitte eine Mulde drücken, die Hefe-Milch hineingießen und alles zugedeckt ca. 30 Minuten gehen lassen.

2 Butter in Flöckchen dazugeben, Eier unterschlagen und mit dem Zucker zu einem elastischen Teig verarbeiten. Zugedeckt 1 Stunde gehen lassen. In die gefettete Form geben und bei 180 Grad im vorgeheizten Ofen ca. 35 Minuten backen.

3 Orangensaft mit Zucker in einem Topf ca. 5 Minuten köcheln lassen, dann Orangenlikör unterrühren und vom Herd ziehen.

4 Den Savarin aus dem Ofen nehmen und für ca. 10 Minuten in der Form abkühlen lassen. Mit einer langen Stricknadel den Kuchen viele Male tief einstechen, aber nicht durchstechen.

5 Auf eine Platte stürzen, umdrehen, mit Orangensirup tränken und 1 Stunde ziehen lassen. Beeren waschen, verlesen und große Früchte klein schneiden. Savarin auf einer Platte mit den Beeren füllen.

Gratinierte Weincreme

Für 4 Personen:

2 Blatt weiße Gelatine
6 Eigelb
180 g Zucker
Saft von 1 Zitrone
290 ml trockener Weißwein
200 g Sahne
150 g blaue und grüne Weintrauben
4 Eiweiß

Zubereitungszeit: 30 Min.
Kühlzeit: 3 Std.

Nährwerte pro Person: 790 kcal, 3295 kJ, 25 g EW, 47 g F, 54 g KH

1 Gelatine in kaltem Wasser einweichen. Ein heißes Wasserbad vorbereiten.

2 Eigelb und 100 g Zucker schlagen, bis der Zucker aufgelöst und die Creme hellgelb ist. Zitronensaft und 1/4 l Wein zufügen, über dem Wasserbad schlagen, bis die Creme andickt. Aus dem Wasserbad nehmen und weiterschlagen, bis die Creme abgekühlt ist. Gelatine ausdrücken, mit restlichem Wein erwärmen, auflösen und gleichmäßig unter die Creme mischen.

3 Sahne steif schlagen und nach und nach vorsichtig unterheben. Die Weincreme in eine Auflaufform füllen und im Kühlschrank zugedeckt ca. 3 Stunden durchkühlen lassen.

4 Die Weintrauben waschen, halbieren und entkernen. Eiweiß zu sehr steifem Schnee schlagen, dabei restlichen Zucker einrieseln lassen. Trauben auf die Weincreme geben, Eiweißmasse mit einem Spritzbeutel dekorativ daraufspritzen.

5 Unter dem Backofengrill überbacken, bis die Baisermasse hellbraun ist. Sofort servieren.

TIPP

▶ **Sie können auch andere Früchte wie Feigen oder Pflaumen verwenden.**

Schokoladencreme auf Johannisbeerkompott

TIPP

▶ Damit sich die Kuvertüre gleichmäßig schmelzen lässt, sollte man sie zunächst auf einem Schneidebrett mit einem großen Messer grob hacken. Das Wasserbad sollte nicht zu heiß sein und auf keinen Fall kochen, da die Schokolade sonst gerinnt. Achten Sie außerdem darauf, dass während des Schmelzens kein Wasser in die Schüssel gelangt. Die optimale Wassertemperatur liegt bei 50 Grad.

Für 4 Personen:

je 250 g rote und schwarze Johannisbeeren
60 ml kräftiger Rotwein
100 g Puderzucker
2 TL Speisestärke
4 Blatt weiße Gelatine
50 g Edelschokolade (70 % Kakao, z. B. von Côte d'Or)
2 Eier, $^1/_4$ l Milch
200 g Sahne
Schokoladenraspel und Johannisbeerrispen zum Garnieren

Zubereitungszeit: 30 Min.
Kühlzeit: 4 Std.

Nährwerte pro Person: 517 kcal, 2163 kJ, 12 g EW, 27 g F, 52 g KH

1 Johannisbeeren waschen, trocken schütteln und von den Rispen streifen. In einen Topf geben und mit 50 ml Rotwein und 50 g Puderzucker aufkochen, bis die Beeren Saft ziehen. Stärke im restlichen Wein anrühren und die Früchte damit leicht andicken. In 4 Gläser füllen und dann abkühlen lassen.

2 Gelatine in etwas kaltem Wasser einweichen. Schokolade grob hacken und im Wasserbad schmelzen. Anschließend leicht abkühlen lassen.

3 Eier trennen. Eigelb, Milch und restlichen Puderzucker in einem Topf verrühren. Bei schwacher Hitze unter Rühren erhitzen, bis die Masse dickschaumig wird.

4 Schokolade unterrühren und Topf vom Herd nehmen. Gelatine ausdrücken und unter Rühren in der Masse auflösen, bis die Masse geliert.

5 Sahne und Eiweiß getrennt steif schlagen. Beides unter die Creme

ziehen. Creme auf die Gläser verteilen und im Kühlschrank 3–4 Stunden fest werden lassen.

6 Nach Wunsch vor dem Servieren Schokoladenraspel über die Creme streuen und Gläser mit Johannisbeerrispen garnieren.

Vanillepudding

Für 6 Personen:

6 Eier
150 g Zucker
½ TL Vanille, gemahlen
150 g Mehl oder 5 EL Speisestärke
1 l Milch

Zubereitungszeit: 10 Min.
Kühlzeit: 1 Std.

Nährwerte pro Person: 385 kcal, 1611 kJ, 16 g EW, 13 g F, 51 g KH

1 Eier, Zucker, Vanillepulver und Mehl (oder die Stärke) vermischen.

2 Milch zum Kochen bringen und Eiermischung hineinrühren. Unter ständigem Rühren ein paar Minuten aufkochen. Anschließend vom Herd nehmen und kalt werden lassen.

Kaffee-Krokant-Parfait

Für 6 Personen:

200 g Zucker
50 g Mandelsplitter
3 Eigelb
100 ml heißer Kaffee
4 cl Orangenlikör
400 g Sahne
Für die Soße:
600 g Himbeeren
50 g Zucker

Zubereitungszeit: 35 Min.
Kühlzeit: 6 Std.

Nährwerte pro Person: 509 kcal, 2125 kJ, 6 g EW, 29 g F, 51 g KH

1 100 g Zucker in einer Pfanne unter Rühren karamellisieren lassen. Mandelsplitter zufügen und unterrühren. Krokant auf Backpapier geben und sofort flach auseinanderstreichen. Nach dem Abkühlen in Stücke brechen bzw. hacken.

2 Eigelb mit restlichem Zucker in eine Metallschüssel geben und im heißen Wasserbad weißschaumig schlagen. Kaffee und Orangenlikör zugeben. Schüssel aus dem heißen Wasserbad nehmen. Unter Rühren Masse wieder abkühlen lassen.

3 Sahne steif schlagen und mit ⅔ der Krokantstückchen unter die Parfaitmasse heben. Anschließend in kleine Auflaufformen füllen und mindestens 6 Stunden ins Gefrierfach stellen.

4 ⅔ der Himbeeren mit Zucker pürieren und durch ein Sieb streichen. Kaffeeparfait ganz kurz in ein heißes Wasserbad stellen und vorsichtig auf große Dessertteller stürzen. Himbeersoße darüber verteilen. Mit restlichen Krokantstückchen und Himbeeren garnieren.

Beerentraum mit Walnusskaramell

Für 4 Personen:

100 g Walnüsse
120 g Zucker
400 g TK-Beeren
250 g Magerquark
500 g Vanillejoghurt
3 Päckchen Bourbon-Vanillezucker
Schale und Saft von 1 Zitrone (unbehandelt)

Zubereitungszeit: 20 Min.

Nährwerte pro Person: 563 kcal, 2356 kJ, 17 g EW, 28 g F, 60 g KH

1 Walnüsse grob hacken. 80 g Zucker in eine beschichtete Pfanne geben und gold karamellisieren lassen. Walnüsse zufügen, untermengen und die Masse sofort auf ein Stück Backpapier geben und flach streichen.

2 Das erkaltete Walnusskaramell in kleine Stücke hacken. Beerenfrüchte leicht antauen lassen, mit dem restlichen Zucker pürieren, dann nach Belieben durch ein Sieb streichen.

3 Magerquark mit Vanillejoghurt, Vanillezucker, abgeriebener Zitronenschale und dem Zitronensaft verrühren.

4 Quark abwechselnd mit Beerenfrüchten und Walnüssen in Gläser schichten. Mit Walnusskaramell verzieren.

Pfirsich Melba

Für 4 Personen:

300 g Himbeeren tiefgefroren,
Saft von 1/2 Zitrone
5 EL Puderzucker
20 ml Himbeergeist
4 Pfirsichhälften (Dose)
250 g Vanilleeis
150 g Sahne
50 g Zucker
1 Päckchen Vanillinzucker

Zubereitungszeit: 20 Min.

Nährwerte pro Person: 360 kcal, 1506 kJ, 4 g E, 16 g F 46 g KH

1 Himbeeren auftauen lassen. Zitronensaft darüber träufeln, Himbeeren pürieren. Puderzucker darüber sieben, unter die Himbeeren mischen. Himbeergeist unterrühren.

2 Pfirsichhälften abtropfen lassen. Eis in Portionen teilen und auf 4 Teller verteilen. Pfirsiche mit der Rundung nach oben darauf legen, mit dem Himbeermus übergießen.

3 Sahne mit Zucker und Vanillinzucker steif schlagen. Das Dessert damit garnieren.

Rezeptregister

Bild- und Textquellenverzeichnis

Titelbild: StockFood

Inhalt: Albrecht/Südwest Verlag: 175, 256, 266; Alf Börjesson/Norwegian Seafood Export Council: 101; Almond Board of California: 22, 73, 247, 332, 426, 453, 466; Alnatura: 16, 85, 96, 97, 120, 122, 150, 176, 338 r., 367 o. M., 367 o. r., 438 o., 439 o., 451; Alpro soya: 149, 180, 187; Arras/Südwest Verlag: 54, 62, 95, 234, 390, 448, 449; Aurora: 429; Becel: 55; Bergader Privatkäserei GmbH: 177; Bertolli: 392, 411; Birkel: 212; Biskin: 31, 70, 155, 159, 188, 200, 273, 301 u., 303, 341, 365, 367 o. l., 370, 375, 378, 381, 399, 412; Bonisolli/Südwest Verlag: 18, 28, 221, 252; Brauner/Falken Verlag: 423; Brauner/Mosaik Verlag: 460; Brauner/Südwest Verlag: 82, 203; Brettschneider/Mosaik Verlag: 32; Butaris: 154, 291, 299 o.; California Walnut Commission: 21, 297, 364, 452, 464, 472; Cassissée: 81; Compact Verlag: 5 u. l., 404 o., 403 (4x), 421 M.; Côte d'Or: 470; Cranberry Marketing Committee: 42 l., 397; digitalstock.de: 209 l., 211 o., 211 u., 211 M., 243 o.; Du darfst: 19, 294; Eising/Mosaik Verlag: 307 u. (3 x); Eksportutvalget for fisk/Norwegian Seafood Export Council: 224 u. r.; Fackelmann GmbH & Co. KG: 7 l., 269 u.; Feiler/Falken Verlag: 316, 395; Feiler/Mosaik Verlag: 179, 469; Fisch-Informationszentrum e. V.: 23; Fissler: 146, 147, 152, 268 (2 x); fotolia: Mr. Wizz 4 r., Scott Rothstein 5 M. r., Kurt Duchatschek 6, Tomac 8 o. r., Iris Bäuchler 9 r., Franz Pfluegl 11 r., arnieundeva 13, Brebca 14 l., Svenja98 14 r., jay beaumont 15 o., ewa kubicka 15 u., Sergei Didyk 24 o. l., crolique 24 u. l., foto.fritz 24 r., Maciej Mamro 25, Carmen Steiner 26 l., Profotokris 26 r., Liv Friis-larsen 27 l., Thomas Perkins 27 r., Irina Fischer 45 o., Carmen Steiner 45 u., Blue 60 o. l., Taffi 61 o. r., Rosmizan Abu Seman 74 r., Irina Fischer 75 l., zimmytws 86 l., Liv Friis-larsen 87 l., Christian Jung 87 r. o., Jef Palau 88 o., quayside 88 u., easaab 89 o., Stuart Monk 89 u., rgbdigital 106 u., Gabrieldome 107, Monika Adamczyk 108 u. r., Laurent Berthelot 109 l., foto.fred 109 u. r., Xavier Mansuy 128 l., Elena Elisseva 129 o., Otmar Smit 130 o., A.Zieba 131 u., Han van Vonno 165 o., Carmen Steiner 165 M., Siegfried Schnepf 165 u., yamix 191 u., fooddesign 192, Bruce Shippee 208 o., Can Balcioglu 208 u., Bruce Shippee 209 l., schweitzer-degen 210 u., Nikoner 240 o., Stephen VanHorn 242 o., USSR79 300 l., summersgraphicsinc 303 o., Jason Sitt 366 l., Monika Adamczyk 366 r., Tanja Hohnwald 386 o. r., François Hergott 386 u. l., Carola Schubbel 386 u. r., Isabella Rader 387 o., instants sauvages 387 u., Volker Wille 389 o., Sandra Cunnigham 402 M., Johanna Mühlbauer 418 M., Petra Reinartz 419 o. l., Stefan Thiermayer 419 u. l., resun vatansever 419 u. r., Vladimir Popovic 420 o. r. (2 x), Blue 420 u. l., Nikolai Okhitin 421 o., anna karwowska 421 u., Andreas Wöbking 438 u., Carmen Steiner 444 u., angelo.gi 445 u., martine wagner 446 o., Liv Friis-larsen 446 u., Arkady Chubykin 447 o.; Fuchs Gewürze: 60 M. l., 60 o. r., 60 u. r., 61 u. r., 396; Galbani: 206, 215; Grafschafter: 67; Henglein: 398; Hengstenberg: 94; Hermann/Südwest Verlag: 357 o. r., 357 M. r.; Holz/Südwest Verlag: 17, 37, 228, 262, 277; IHR – Ideal Home Range: 12 r., 240 u., 241, 243 u., 367 u., 404 u., 405, 439 u.; Kikkoman Trading Europe GmbH: 162, 181, 269 o., 270 (2 x), 279, 298, 338 l., 372; Knorr: 63, 112; Köllnflocken: 40, 148; Kraphol/Falken Verlag: 328; Lacroix: 408; Landesvereinigung der Bayerischen Milchwirtschaft: 197, 308, 315, 317, 350, 433, 454; Leerdammer Original: 52; Leser/Falken Verlag: 459; Livio: 117, 121; Maike Jessen/Norwegian Seafood Export Council: 68; mauritius images/Josephine Clasen: 83; mauritius images: 126, 191 o., 318; Mazola: 144, 278; Mewes/Südwest Verlag: 427; Mitsunoba Ura/Norwegian Seafood Export Council: 224 o.; Mondamin: 348; Müller`s Mühle: 145; Neuseeländisches Lamm: 393, 394, 416; Newedel/Mosaik Verlag: 20, 182, 280, 309; Newedel/Südwest Verlag: 34, 39, 456, 462; Norwegian Seafood Exoport Council: 224 u. l., 225 o. r., 225 u. r., 239, 245, 246; Oryza: 9 l., 36, 163, 166 l., 167 l., 174 (4 x), 334, 415; Ostmann Gewürze: 42 r., 61 l., 64, 343; Palmin: 326, 335; Per Gide Studio/Norwegian Seafood Export Council: 222 u.; pixelio: 389 o., 359 u. l.; Plewinski/Südwest Verlag: 56, 230, 249, 274, 290, 380, 409, 424; Pudenz/Mosaik Verlag: 223 u. r.; Rama: 59, 72, 137, 153, 272, 329, 435; reis-fit: 185; Rösle: 300 r.; Salakis: 158; Schneider: 337 o. l.; Seiffe/Food Centrale/Südwest Verlag: 443; Seiffe/Südwest Verlag: 29, 226, 282, 296, 361, 382; Severin Elektrogeräte GmbH: 5 o. r., 5 u. r., 8 u. r., 301 o., 337 u. l., 339; StockFood: 3, 4 l., 7 r., 10 (3 x), 11 l., 12 l., 30, 33, 35, 41, 43 r., 44 (2 x), 47, 48, 49, 50 (3 x), 51, 53, 57, 58, 60 u. l., 65, 66, 69, 71, 74 l., 75 r. (2 x), 76, 125, 128 r., 129 M., 129 u., 130 u., 131 o., 133, 134, 135, 136, 138 (2 x), 139 (3 x), 140 (3 x), 141 (3 x), 142, 143, 156, 157, 159, 161, 164 (2 x), 166 r., 167 r., 168, 169, 170, 171, 172, 173, 178, 183, 190 (3 x), 193 (4 x), 195, 196, 202, 205, 214, 216, 218, 219 (4 x), 220 (2 x), 222 o., 223 o. l., 225 o. l., 225 u. l., 231, 232, 248, 250, 254, 257, 258 (4 x), 259 (3 x), 260 (6 x), 261 (5 x), 263, 267, 271 u., 281, 283, 284, 285, 286, 287 (3 x), 288, 289 o., 292, 293, 295, 299 u. (3 x), 302 (3 x), 304, 305, 306, 307 o., 311, 312, 314, 319, 320 (2 x), 322, 323 (2 x), 324, 330 (3 x), 331, 333, 340, 344, 345, 346, 349 (2 x), 351, 352, 354, 355, 356/357 o., 356, 357 u., 358 (4 x), 359 u. r. (2 x), 363, 368, 369, 373, 377, 384, 385, 386 o. r., 388 (2 x), 389 u., 391, 401, 402 u., 407, 410, 413, 417, 418 o., 418 u., 425, 430, 436, 439 M. (2 x), 442, 444 o., 445 o., 447 u., 461, 465, 467, 468; Teubner Foodfoto: 236, 237 (2 x); Teubner/Mosaik Verlag: 46 (3 x), 223 o. r., 265, 289 u. (3 x); The Food Professionals Köhnen: 90, 204, 207, 213, 222 M., 229, 244, 251, 264, 275, 325, 327, 342, 347, 353, 360, 440; Theodor Kattus GmbH/Bamboo Garden: 271 o., 406; TLC/Mosaik Verlag: 455; Urban/Südwest Verlag: 93, 194, 199, 201 227, 233, 235, 276, 313, 379, 434, 457, 463; Weber: 336, 337 r.; WMF AG: 5 o. l., 5 M. l., 8 l., 43 l. (2 x)